各界評論

東尼．賈德是我喜愛的歷史學者，他有精彩的生命實踐和學術旅程，又因為在盛年罹患漸凍症而蒙上一層謎團般的光芒，他在生命終點前與提摩希．史奈德的對談《想想二十世紀》，非常精緻而扣人心弦，引領讀者走過一趟冷戰時代的社會思想史。而此次左岸再版的《戰後歐洲六十年》更是令我愛不釋手，手寫筆記塗滿頁邊空白，閱讀期間數度廢寢。它重新教育了我的當代歐洲史知識，並以這本書為標竿，我閱讀了更多的中東歐歷史。這一系列閱讀讓我反思何謂左派、何謂民族主義、何謂帝國。左岸出版的賈德，翻譯品質也十分值得信任。

——吳介民｜中央研究院社會所特聘研究員

賈德的成名著《戰後歐洲六十年》英文版出版於二〇〇五年。本書正是賈德所生存的世代——從戰後廢墟的重建、跨越一九六〇－七〇年代、一九八〇年代新保守主義的建立、一九八〇年代後期到一九九〇年歐洲共產陣營的天崩地裂，以及法德主導下歐盟建立和合作試煉；在這部以歐洲為中心的全景歷史敘事中，迥異於美蘇對峙的冷戰文化敘事，賈德從歐洲一體的思維將政治體制、文化思潮、經濟活動、空間差異和不同意識形態等複雜現象融鑄一氣。他有說故事的本能、豐富的想像力和同理心，一件小故事能說得讓閱聽者心折不已，流暢的敘事力和敏銳的觀察力當然和他長期在報章雜誌書寫文章的訓練有關。《戰後歐洲六十年》一書費時十年始完成，可說是當代史家寫當代史的成功之作。

——吳翎君｜國立臺灣師範大學歷史學系教授

賈德是出身法國史，但能「東西合修」，深入討論東歐的罕見全歐洲史史家。他有百科全書式的博學，也有行雲流水的文字。他的歷史寫作有清楚立場，卻也有姑且可以稱為「人味」的誠懇說服力。在當代各種標榜大理論、或憤世嫉俗、或起訴書式的歷史敘事中，少有這種親切感。賈德雖在創造力高峰之際因病離世，他的名著在今日讀來仍充滿卓見，也不意外地依舊是歐洲戰後史寫作的標竿。

——**夏克勤**｜美國印第安納大學歷史系副教授

「戰後」的歷史分析架構，儘管賈德用來集中描述歐洲所發生的事，不過實質上，這個架構對於我們整理中國，乃至亞洲從四〇年代中期到至少七〇年代結束，這幾十年間的事，也大有幫助。採用了這樣的分析架構，也就決定了賈德所依賴的史料，以及其敘事風格。《戰後歐洲六十年》書中有大量的統計數字，有複雜的社會動盪描述，後面的篇幅還會有精巧的集體心理討論，然而相對地，沒有太多關於個人——不管是英雄或惡棍——的刻畫。賈德忠於「戰後」的大歷史命題，要提供給讀者的，是一幅經歷半世紀變化距離才得以看清楚的歐洲鳥瞰圖，大塊大塊的色彩塗抹，讓人真的能夠快速領略從戰爭到「戰後」、到走出「戰後」的歷史軌跡。

——**楊照**｜作家、評論家，「楊照談書」節目主持人

賈德帶著反省與承擔責任的心情，揭開了過去西歐忽略或逃避的視野，豐富而自信地描述了東歐與蘇聯的關聯，更進一步說，那些對舊秩序的爬梳，正埋藏著今日情勢何以至此的解答。過去的事物，只有在被認出的瞬間，才可能被把握。……我這一代人，成長於賈德形容的樂觀時代，見過新世界陽光普照、志得意滿的模樣，如今，我們是否也像一九八九年賈德在維也納換車，當時他說：「誰都看得出，一個時代結束了，新歐洲正在誕生。」我們呢？我們看到什麼？未來，我們之中，是否有誰也將寫下：「時間是二〇二二年二月，那是大家對未來感到幻滅的時期」？

——**賴香吟**｜作家，著有《白色畫像》等書

我得大力推崇賈德的《戰後歐洲六十年》……它擺脫了陳腐的冷戰模式，合理評價歐盟的角色，為理解歐盟提出嶄新、富啟發性的觀點。

——**麥可．霍華德爵士，《泰晤士報文學副刊》年度好書**

綜合、分析、反思的上乘之作。本書把這塊大陸分裂的歷史視為一個整體來看待，提醒我們一九六八年既發生在巴黎也發生在布拉格。

——提摩西．加頓－艾許，《泰晤士報文學副刊》年度好書

他敢於以渾然一體的敘述闡明一九四五年後歐洲的總貌……這是具有慧思與人性的歷史書寫……短期內不可能有人能超越賈德的成就。

——諾曼．戴維思，《衛報》

精湛剖析今日的歐洲如何從一九四五年的灰燼和疲憊中站起來。

——J．G．巴拉德，《新政治家》年度好書

一旦了解這本書的卓絕出眾，你會大吃一驚……書中幾乎每一頁都使四十歲以上的讀者想起他們所曾感受、盼望、參與或逃離的東西。

——尼爾．艾斯徹森．《倫敦書評》

賈德以別具一格、不同於傳統的觀點貫穿全書……賈德時時謹記宏觀的觀照或跨文化的主題探討。文筆流暢、優美、引人入勝；全書八百多頁，幾乎每一頁都能予人樂趣和啟發。

——菲立普．費南德茲－阿梅斯托，《泰晤士報》

一九四五年後的歐洲復興史和那過程所受到的限制，已被人講述過許多次，但少有人講得像賈德那麼清楚，那麼從容自信……對賈德來說，以如此易讀、公允的方式敘述這段錯綜複雜的歷史乃是一大成就，而他的著作……在未來多年裡仍將是標竿之作。

——《BBC歷史雜誌》

行文優美，觀點往往令人耳目一新……賈德對過去六十年的觀察，有時是切身的觀察，既新穎且深刻。

——《週日泰晤士報》年度歷史好書

出色之作……他對歐洲知識史（包括展現他深厚學識的論解構主義那一段）的簡練評斷，無人能及……賈德為歐洲戰後史寫下權威性的工具書。它將激起有益的辯論，但我想未來大概沒有著作能超越它。

——米夏．格倫尼，《愛爾蘭時報》

了不起的成就……《戰後歐洲六十年》的確是典範之作——一如作者的本意——是身為公共知識分子的歷史學家的熱情宣示：很有自己見解的、適時的、外向的、注重道德的……一如所有最優秀的歷史學家，他很善於從廢棄物中找到有用的東西——他從其他權威、其他時代挪用的東西，還有他對這些東西的反思，都得到精妙的轉化……令人擊節叫好……賈德並未重寫歷史，但他從另一個角度寫歷史，寫出他自己版本的歷史。

——亞歷克斯．丹切夫，《泰晤士高等教育增刊》

一部精彩巨著，文筆有力，闡述清晰，具有許多來自個人在政治、社會領域之敏銳親身觀察的深刻洞見。全書涵蓋的範圍之廣令人驚嘆……賈德嫻熟運用形形色色的資料，全書展現出對已發生、正發生、且需要予以面對和了解的改變之深刻理解。

——瑪莉娜．華納，《觀察家》年度好書

《戰後歐洲六十年》是歷史研究的傑作，帶我們綜觀過去六十年東方與西方、文化與地緣政治，無縫交織在一塊的歐洲……權威之作。

——約翰．格雷，《英國獨立報》

賈德以勤奮精神和淵博學識走過一九四五年後歐洲的大路和偏僻小路……他不只探索了這個現代大陸的what和when，而且最重要的，探索了why。

——博依德．通欽，《英國獨立報》年度歷史好書真正上乘之作——了不起的成就。很難想像還有誰能寫出更好，且更易讀的著作，描述今日歐洲從一九四五年廢墟中站起來的歷史；放眼望去以二十世紀下半葉為主題的著作，我想不出有哪本著作比得上……總而言之，真正的傑作。

——伊恩·克蕭，《地獄之行》作者

東歐的親身經歷，加上學了捷克語，使賈德非比尋常，同時兼具東、西歐的知識，這些優點都表現在《戰後歐洲六十年》。

——法蘭西斯·福山，《紐約時報》

很少歷史學家有能力處理這麼大的題目，甚或為此下一結論。唯有脫胎換骨之後，深思熟慮又博學多聞如賈德者，方能膺此重任。當代史的作品很容易隨著時事演進被埋沒在書海裡，但如果兼具敘事的誠意、機智的巧辯和獨特的風格，這樣的著作就能一直被傳頌。

——艾瑞克·霍布斯邦，《倫敦書評》

了不起……以不凡的手法涵蓋廣闊領域，在引人入勝的敘述裡將東、西歐的歷史交織為一。

——多米尼克·桑德布魯克，《標準晚報》年度好書

《戰後歐洲六十年》將是我今年所讀過最欣賞的非小說類書籍。賈德不只帶領讀者綜覽那一時期，還探討了在關於歐洲未來、歐洲認同、歐洲如何與其鄰居往來上，正費神思考的許多觀念。

——戈登·布魯爾，《蘇格蘭週日報》年度好書

《戰後歐洲六十年》最了不起的成就之一，乃是揚棄正統、近乎志得意滿的戰後歐洲史敘述，說明那段歷史其實有多複雜、混亂、充斥偶然因素……賈德的洞見和對細節的掌握令人贊嘆……內容無比豐富且易讀。

——《週日泰晤士報》

這本書解答了我心中揮之不去的疑問：為什麼邪惡竟如此頑強？為什麼要實現我們許多人所期盼的平等世界，竟如此困難？即使《戰後歐洲六十年》帶有陰鬱色彩，它卻不令人絕望。本書赤裸裸記錄了人可以沉淪得多深，因此，若我們希望未來的願景不要建立在口號和童話之上，閱讀《戰後歐洲六十年》是必不可少的前提——而那樣的未來願景，即是真實和穩固的希望。

——塔納哈希．科茨，《厄運之地》二〇二一年英文版序言

戰後歐洲六十年

[上] 重建與冷戰 1945–1971

A
HISTORY
OF
EUROPE
SINCE
1945

東尼·賈德
TONY JUDT 黃中憲◎譯

POSTWAR

獻給珍妮佛

過去的已逝性質，不是更為深刻，更富傳奇色彩，
比現在更為貼近當下？

托馬斯·曼，《魔山》

目錄

第一部
戰後 1945-1953
POST-WAR

第二部

繁榮及其不滿 1953-1971

PROSPERITY AND ITS DISCONTENTS

國界
德國的蘇聯區邊界
瑞典
芬蘭
赫爾辛基
列寧格勒
斯德哥爾摩
塔林
波羅的海
里加
蘇維埃社會主義
共和國聯盟
莫斯科
維爾紐斯
加里寧格勒
格但斯克
明斯克
華沙
波蘭
基輔
哈爾科夫
克拉科夫
捷克斯洛伐克
布拉提斯拉發
布達佩斯
匈牙利
基希訥烏
羅馬尼亞
貝爾格勒
南斯拉夫
布加勒斯特
黑海
塞拉耶佛
保加利亞
索非亞
地拉那
史高比耶
伊斯坦堡
安卡拉
伊朗
阿爾巴尼亞
希臘
愛琴海
土耳其
伊茲米爾
雅典
敘利亞
伊拉克
愛奧尼亞海
賽浦路斯
黎巴嫩
克里特

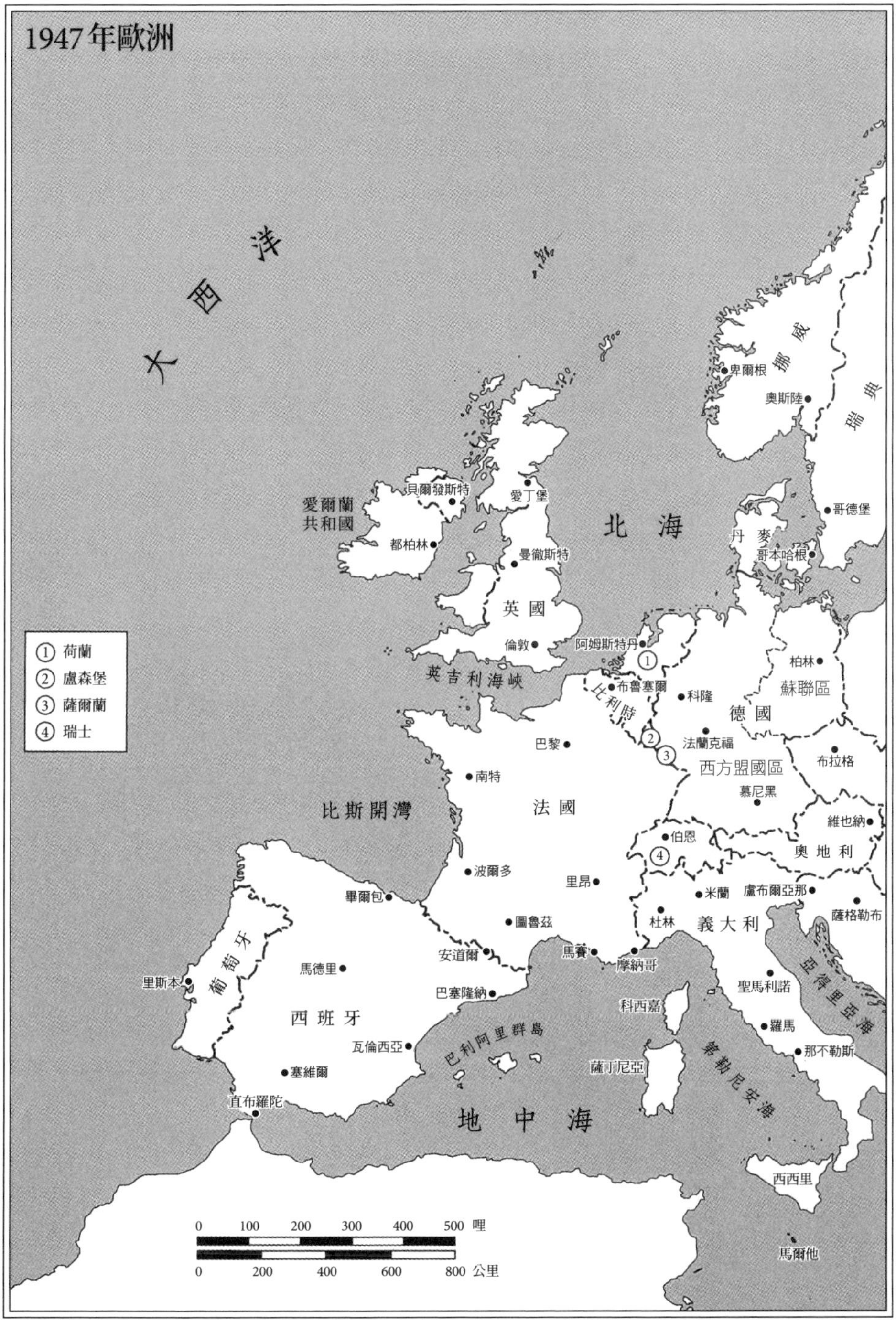
1947年歐洲
大西洋
北海
愛爾蘭
共和國
貝爾發斯特
都柏林
愛丁堡
曼徹斯特
英國
倫敦
英吉利海峽
卑爾根
挪威
奧斯陸
瑞典
哥德堡
丹麥
哥本哈根
阿姆斯特丹
布魯塞爾
比利時
科隆
德國
柏林
蘇聯區
法蘭克福
西方盟國區
布拉格
慕尼黑
維也納
奧地利
伯恩
巴黎
南特
法國
比斯開灣
波爾多
里昂
圖魯茲
馬賽
摩納哥
米蘭
杜林
盧布爾亞那
薩格勒布
義大利
亞得里亞海
聖馬利諾
羅馬
那不勒斯
科西嘉
薩丁尼亞
第勒尼安海
西西里
馬爾他
畢爾包
安道爾
葡萄牙
里斯本
馬德里
巴塞隆納
西班牙
瓦倫西亞
塞維爾
直布羅陀
巴利阿里群島
地中海
① 荷蘭
② 盧森堡
③ 薩爾蘭
④ 瑞士
0 100 200 300 400 500 哩
0 200 400 600 800 公里

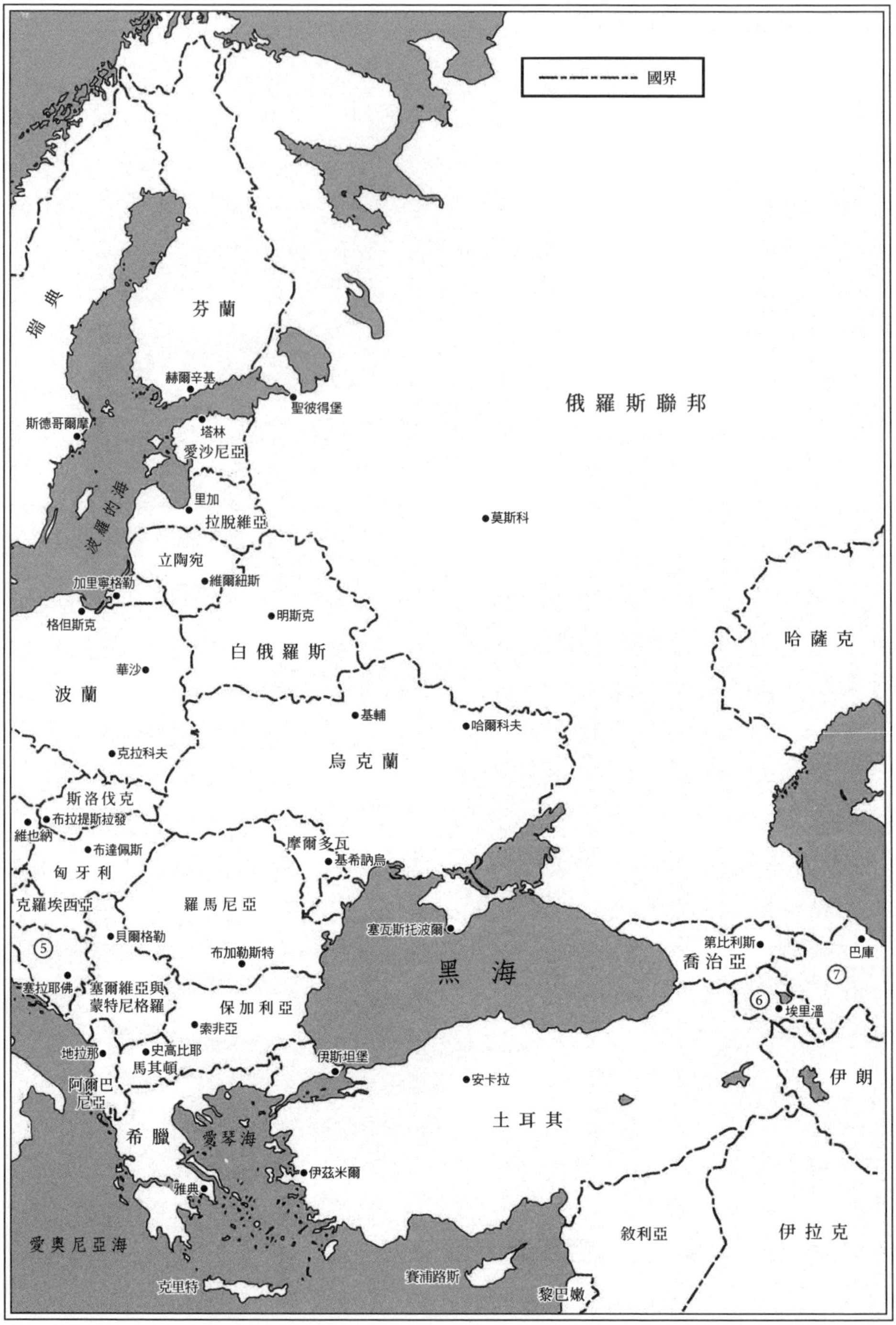
國界
瑞典
芬蘭
赫爾辛基
聖彼得堡
斯德哥爾摩
塔林
愛沙尼亞
波羅的海
里加
拉脫維亞
莫斯科
俄羅斯聯邦
立陶宛
維爾紐斯
加里寧格勒
格但斯克
明斯克
白俄羅斯
哈薩克
華沙
波蘭
基輔
哈爾科夫
克拉科夫
烏克蘭
斯洛伐克
布拉提斯拉發
維也納
布達佩斯
匈牙利
摩爾多瓦
基希訥烏
克羅埃西亞
羅馬尼亞
塞瓦斯托波爾
貝爾格勒
布加勒斯特
⑤
黑海
第比利斯
喬治亞
巴庫
⑦
塞拉耶佛
塞爾維亞與
蒙特尼格羅
保加利亞
⑥
埃里溫
索非亞
地拉那
史高比耶
馬其頓
伊斯坦堡
阿爾巴
尼亞
安卡拉
伊朗
希臘
愛琴海
土耳其
伊茲米爾
雅典
敘利亞
伊拉克
愛奧尼亞海
克里特
賽浦路斯
黎巴嫩

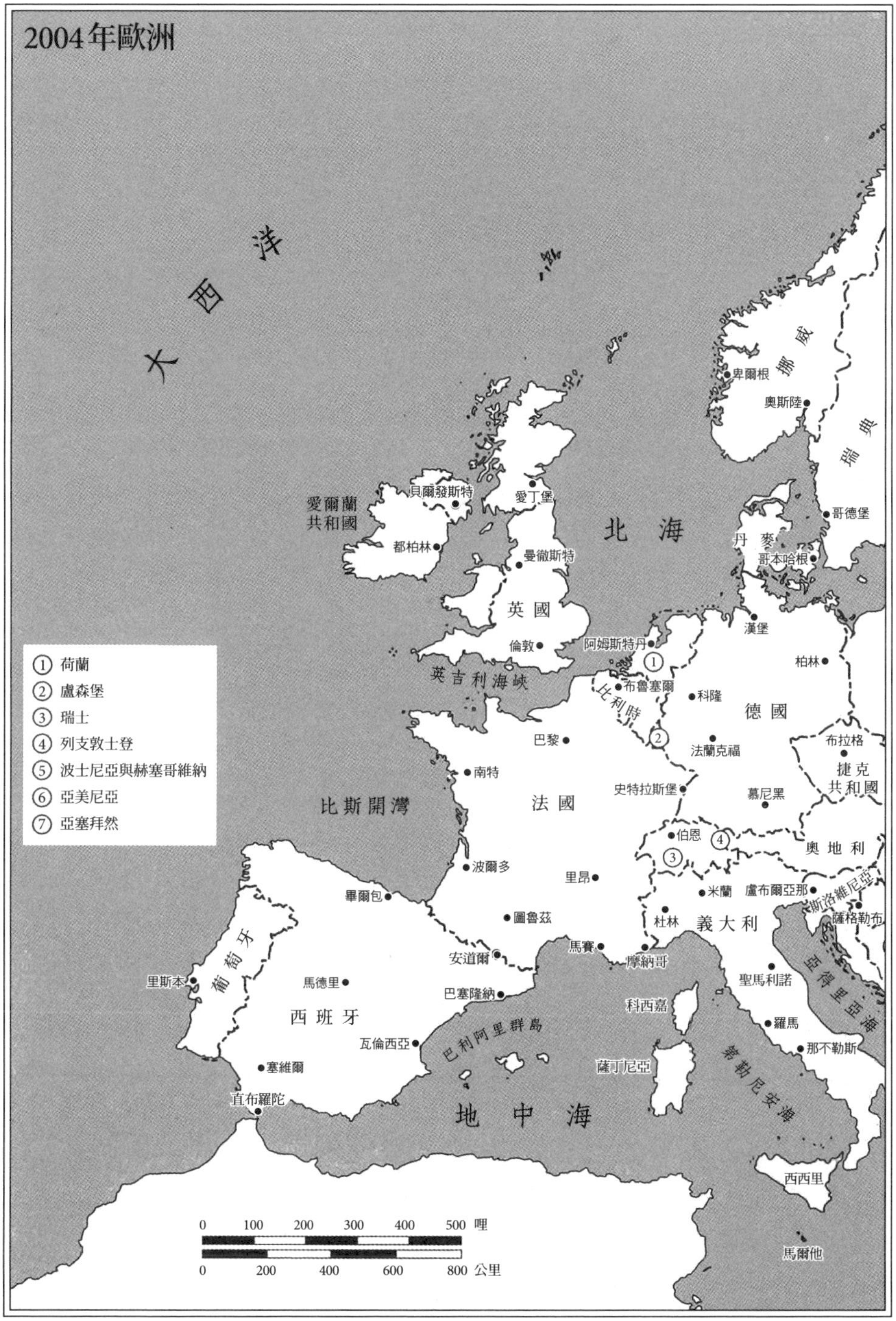
2004年歐洲
大西洋
北海
英吉利海峽
比斯開灣
地中海
巴利阿里群島
第勒尼安海
亞得里亞海
愛爾蘭
共和國
英國
挪威
瑞典
丹麥
德國
法國
比利時
捷克
共和國
奧地利
斯洛維尼亞
義大利
西班牙
葡萄牙
卑爾根
奧斯陸
哥德堡
哥本哈根
貝爾發斯特
愛丁堡
都柏林
曼徹斯特
倫敦
漢堡
柏林
阿姆斯特丹
布魯塞爾
科隆
法蘭克福
布拉格
巴黎
南特
史特拉斯堡
慕尼黑
伯恩
波爾多
里昂
米蘭
盧布爾亞那
薩格勒布
畢爾包
圖魯茲
杜林
馬賽
摩納哥
安道爾
里斯本
馬德里
巴塞隆納
聖馬利諾
科西嘉
羅馬
瓦倫西亞
塞維爾
薩丁尼亞
那不勒斯
直布羅陀
西西里
馬爾他
① 荷蘭
② 盧森堡
③ 瑞士
④ 列支敦士登
⑤ 波士尼亞與赫塞哥維納
⑥ 亞美尼亞
⑦ 亞塞拜然
0 100 200 300 400 500 哩
0 200 400 600 800 公里

第一部
戰後 1945-1953
POST-WAR

序言與誌謝
Preface & Acknowledgements

歐洲是最小的大陸，甚至算不上是大陸，只是附屬於亞洲的次大陸。整個歐洲（不包括俄羅斯、土耳其）的面積只五百五十萬平方公里，不到巴西面積的三分之二，只有中國或美國面積的一半多一點，遠不如有一千七百萬平方公里面積的俄羅斯。但歐洲內部差異與對比之大，舉世無匹。根據最新的統計，歐洲境內有四十六個國家，其中大多數國家由擁有自己語言的民族與政府（states）所構成；且有不少國家併入了沒有自己政府的其他民族與語言。所有歐洲國家都有自己獨具一格，同時又與別國相互重疊的歷史、政治、文化、記憶；且每個歐洲國家都已得到豐贍的研究。即使就二次大戰結束後，歐洲這短短六十年期間（至二〇〇五年為止）——事實上，特別是就這段期間來說——光是以英語寫成的二手文獻就多得無法窮盡。

沒有人敢誇下海口，說要寫一部包羅無遺、最具權威的當代歐洲史著作。我又因為貼近這段歷史，更難擔此重任。我生於二次大戰結束後不久，本書中描述的事件，大部分發生於我的生命階段裡，我記得自己曾在這段歷史的進展過程中，理解、注視，乃至參與這段歷史的其中許多時刻。這段經歷使我較容易還是較難理解戰後歐洲的歷史？這我不知道，但我知道這有時會使歷史學家難以達到超然客觀。

本書無意達到如此超然的客觀。我希望此書既能顧及客觀和公允，同時對歐洲晚近的歷史提出屬於個人的見解。套個已被不當賦予貶義的字眼，這本書是opinionated（固執己見的）。書中有些見解或許會引發爭議，有些在未來肯定會被證實是錯的；這些見解無一是顛撲不破的，不管是好是壞，它們都是我個人的見解，書中的任何錯誤也都是我個人的過失，尤其這本書涵蓋如此長且廣的時空，難免有所疏漏。但如果本書不致錯誤百出，而且至少某些論斷經得起論證，那在很大程度上要歸功於我研究和撰寫期間所倚賴的許多學者和朋友。

像這樣的書，首先，得倚賴既有的著作才能寫成。[1]我所借以尋求靈感和師法的現代史經典著作，包括艾瑞克・霍布斯邦的《極端的年代》，喬治・李希特海姆（George Lichtheim）的《二十世紀的歐洲》、A J P 泰勒的《一九一四至一九四五年的英國史》、已故的佛朗索瓦・傅勒（François Furet）的《錯覺的消失》（*The Passing of an Illusion*）。這幾本書和他們的作者，在各方面南轅北轍，但都具有一份來自廣博學識的篤定，還有在他們的後繼者裡鮮能找到的知性自信，以及可供史學家效法的明晰風格。

有一些學者，其論晚近歐洲史的著作，讓我受惠良多，其中我應特別提出並予以感謝的是，哈羅德・詹姆斯（Harold James）、馬克・馬佐爾（Mark Mazower）、安德魯・莫拉夫奇克（Andrew Moravcsik）。它們予我的影響，將清楚可見於此後的章節中。對於艾倫・米爾沃德（Alan S. Milward），我——還有每個研究現代歐洲者——都要致上特別的謝意，因為他對戰後經濟完成了廣博且別具新意的研究。

現今的歐洲通史著作，出自西歐歷史學家之手，因而這類著作往往冷落了中歐、東歐的歷史。如今我能夠誇口說對這兩地區的歷史有所了解，除了得感謝我的友人雅克・魯普尼克（Jacques

1 在此後的章節裡，大部分注釋屬於傳統型注釋，亦即注釋的用途在於注解本文，而非表明出處。為了避免這本為一般讀者而寫、內容已相當巨幅的書太冗長，書中不為援引的資料提供出處。《戰後》一書的資料來源和完整的參考書目，日後會刊在雷馬克研究所網站（http:/www.nyu.edu/pages/remqrque/）供讀者查閱。（編按：此書目現收錄於書後，雷馬克網站上已下架。）

Rupnik）、伊斯特萬・戴阿克（István Deák），還得歸功於一群才華洋溢的年輕一輩學者的努力成果，其中包括布雷德・亞伯蘭斯（Brad Abrams）、凱瑟琳・梅里戴爾（Catherine Merridale）、馬爾奇・修爾（Marci Shore）、提摩西・史奈德（Timothy Snyder）。提摩西・加頓－艾許（Timothy Garton Ash）所嘉惠於我的，不只是助我了解中歐（他已鑽研多年的主題），特別是還助我了解「東方政策」（Ostopolitik）期間的兩德。與揚・葛羅斯（Jan Gross）多年來的交流——且拜他開創性的著作之賜——不只讓我對波蘭史有所了解，還讓我懂得如何去理解戰爭對社會的影響（那是揚以無人能比的洞見和仁心著書立說的主題之一）。

書中論義大利的章節，顯而易見受益於保羅・金斯博格（Paul Ginsborg）的著作，同樣地，論西班牙的那幾章反映了我從傑出學者維克托・佩雷斯狄亞士（Victor Perez-Diaz）的著作和言談中得到的啟發。除了這兩位，我還要對安涅特・魏維奧卡（Annette Wieviorka），致上特別的謝忱。魏維奧卡的《放逐與種族滅絕》（*Déportation et Génocide*），精闢分析了戰後法國對猶太人大屠殺一事的矛盾回應，深深影響了我對那段紛亂歷史的描述。書末我對「作為一種生活方式的歐洲」所做的反思，受了傑出國際律師安娜瑪麗・史洛特（Anne-Marie Slaughter）之著作很大的影響。她論「解體國家」（Disaggregated States）的著作，極力主張歐盟那種國際治理方式，並非因為那種方式本來就較好，或那代表一理想的模式，而是因為在當前的世界裡，別無其他方式管用。

歐洲各地的友人、同僚、聽眾和讀者助我了解歐陸的晚近和過去，助益之大，遠遠超過從書本、檔案所得到的。我要特別感謝Krzysztof Czyzewski, Peter Kellner, Ivan Krastev, Denis Lacorne, Krzysztof Michalski, Mircea Mihaes, Berti Musliu, Susan Neiman, David Travis的殷勤接待和協助。

我要感謝Istvan Rév堅持要我務必去參觀布達佩斯的恐怖屋（House of Terror）博物館，儘管那段經驗讓人不快。在紐約，我的友人暨同僚Richard Mitten, Katherine Fleming, Jerrold Seigel，慷慨撥出時間給我，不吝給我寶貴想法。Dino Buturovic大發善心，檢視了我對南斯拉夫錯綜複雜語言現象的描述。

我要感謝紐約大學藝術與科學學院前後三任院長——Philip Furmansky, Jess Benhabib, Richard Foley——支持我的研究工作，支持我所創立旨在鼓勵研究、探討歐洲的雷馬克研究所。雷馬克研究所主辦了許多場研討會和演講，我從中獲益良多，而沒有Yves-André Istel的鼎力支持與贊助，我不可能創辦雷馬克研究所；沒有該所行政主任Jair Kessler任勞任怨、超級幹練的合作，我不可能在經營雷馬克研究所時寫成這本書。

一如許多作者，我深深感謝經紀人Andrew Wylie與Sarah Chalfant對我的友好和建言；他們始終支持這項耗時、耗力都超乎他們預期的出書計畫。我還要感謝我的編輯——倫敦的Ravi Marchandani、Caroline Knight，紐約的Scott Moyers、Jane Fleming——為讓這本書付梓獻出的所有心力。多虧Leon Wieseltier的好意，第二部第十二、十四章中出現的某些評斷和看法，得以首度以散文的形式，刊登在他於《新共和》雜誌末尾闢出的藝文版面。在寫作上，我最要感謝的是Robert Silvers，無人能及的《紐約時報書評》主編。多年來，他鼓勵我在政治、歷史領域逐步擴大探討範圍，讓我在如此冒進下既倍嘗風險，也獲益良多。

這本書大大受惠於紐約大學學生的付出。其中有些學生，特別是Paulina Bren、Nicole Rudolph、現位於萊斯大學的Daniel Cohen三位博士，透過他們本身的歷史研究，助我了解這段時期。他們的研究成果，將於本書內文得到肯定。還有些學生——Jessica Coopeman與Avi Patt——身為研究助理，給了我寶貴的幫助。這樣的書必然得用到統計報告和數據序列，沒有這類資料，我不可能寫成這本書，而Alex Molot認真用心找出並收集已刊布和未刊布的這類資料。

我家人的生活，有很長一段時間是和「戰後歐洲」一起度過，就我的孩子來說，更是占了他們小時候的全部。他們不只容忍了我寫這本書的過程中，有時候不在他們身邊、有時候外出旅行、有時候心有旁騖，他們還對該書的內容有獨特的貢獻。感謝Danilel，這本書的書名因他而起；感謝Nicholas，他提醒我好的故事並不是都能有愉快的收尾。這本書的問世，也有許多地方要歸功於妻子Jennifer，特別是她極盡細心的閱讀和讀後給我的寶貴意見，但這本書的作者虧欠她的，不只這些，還要多得更多，謹以《戰後歐洲六十年》一書獻給她。

導論
Introduction

每個時代都是個在謎題一解開就跳入深淵的司芬克斯。

海因利希．海涅

✣ ✣ ✣

（被某些先生認為無關緊要的）具體情況，
實際上賦予了每個政治原則獨特的色彩和殊異的結果。

愛德蒙．勃克

✣ ✣ ✣

事件，小老弟，事件。

哈洛德．麥克米蘭

✣ ✣ ✣

世界史不是滋生幸福的土壤。幸福時代在世界史裡是空白頁。

黑格爾

導論
Introduction

我是在維也納的火車總站——西火車站，換車時，初次決定撰寫此書。時間為一九八九年十二月，那是大家對未來感到樂觀的時期。那時我剛從布拉格回來，瓦茨拉夫．哈維爾（Václav Havel），即領導「公民論壇」的劇作家和歷史學家，正在布拉格著手推翻共產主義警察國家，要把四十年「真正存在的社會主義」（real existing socialism）掃進歷史的垃圾堆。在那幾個禮拜前，柏林圍牆已出乎眾人意料被突破。在匈牙利，一如在波蘭，人人忙著應付後共產時代的政治挑戰：幾個月前還呼風喚雨的舊體制，這時漸漸被打入冷宮。立陶宛的共產黨剛剛宣布要立即脫離蘇聯獨立。搭計程車前往火車站途中，車上的奧地利電台傳來羅馬尼亞人民起義反抗尼古拉．希奧塞古（Nicolae Ceaușescu）任人唯親之獨裁政權的最早報導。政治地震正把二次大戰戰後冰封歐洲的大地震得四分五裂。

誰都看得出，一個時代結束了，新歐洲正誕生。但隨著舊體制的消逝，許多存在已久的認知將受到質疑。原本看來歷久不衰且從某種角度看似乎不可避免的東西，將顯得不再那麼顛撲不破。冷戰對峙；將東、西歐隔開的分裂現象；「共產主義」與「資本主義」的較量；繁榮西歐與其東邊蘇聯集團諸衛星國，各有自己一套論述，彼此不交流：這些全不能再視為意識形態驅策下必然的結果，或不可移易的政治鐵律。它們是歷史的偶然產物，而歷史正把它們推進冷宮。

歐洲的未來將呈現大不相同的面貌，歐洲的過去亦然。回望過去，一九四五至一九八九這些年，不會被看成新時代的開端，而是一過渡時期：一段戰後插曲，一場衝突的未完成部分，那場衝突在一九四五年結束，但其尾聲又另外持續了五十年。不管在接下來的歲月裡歐洲會呈現什麼樣的風貌，對於已逝的過去所加諸的那個熟悉且條理井然的論述，已永遠變了樣。在中歐那個寒冷刺骨的十二月，我篤定認為戰後歐洲的歷史將需要改寫。

那個時刻讓人樂觀；那個地點亦然。一九八九年的維也納是歐洲的縮影，錯綜複雜且重疊著一個個過去。二十世紀初年，維也納**就是**歐洲：在即將爆發大動亂的時刻，富饒、焦慮、自欺欺人的文化、文明中心。在一次、二次大戰之間，維也納從光輝燦爛的帝都淪為貧困、萎縮的小國首都，一步步失去恩寵，最後成為納粹帝國的邊陲城鎮，城裡的大部分居民跟著納粹的口號熱情搖旗吶喊。

德國戰敗後，奧地利落入西方陣營，被賦予希特勒之「第一受害者」的身分。這一走運的安排——維也納根本不配擁有的安排——使維也納得以名正言順抹除其不光彩的過去。奧地利首都效忠納粹的那段過去隨之遭人遺忘，維也納這個為蘇聯的「東」歐所圍繞的「西方」城市，獲得了新的身分，即自由世界的先驅和模範。對曾歸其管轄、這時被困在捷克斯洛伐克、波蘭、匈牙利、羅馬尼亞、南斯拉夫的那些子民來說，維也納代表了「中歐」：歐洲人在那個世紀裡所丟失的一個想像的共同體，帶有超越民族、地域偏見之文明風範的共同體。在共產主義日薄西山的年月裡，維也納將成為一個接收自由訊息的情報站，一處充滿相遇與分離而重新恢復生氣的所在，東歐人由此出發逃往西方，西方人由此架起通往東方的橋樑。

因此，一九八九年的維也納是用來「思索」歐洲的好地方。奧地利體現了戰後西歐所有稍稍帶著自滿的特質：由財源豐沛的福利國家體制支撐起來的資本主義繁榮；因主要的社會團體和政黨均享有工作和特殊利益而得以維持不墜的社會安定；由西方核子保護傘暗暗確保的外部安全——另一方面，奧地利本身仍維持其洋洋自得的「中立」身分。在這同時，在東邊只幾公里外的萊塔河、多瑙河對岸，座落著黯淡、貧困、秘密警察當道的「另一個」歐洲。生氣勃勃、熱鬧非凡的維也納西火車站和黯淡、不討人喜歡的維也納南火車站兩者的鮮明對比，正貼切道出這兩個歐洲之間的差距。企業人士和度假客從西火車站搭上光鮮亮麗的現代快車前往慕尼黑，或蘇黎士，或巴黎；南火車站則是從布達佩斯或貝爾格勒搭骯髒老舊的火車前來的窮外國人聚集的地方，破舊、灰暗、隱隱讓人不安。

一如維也納的兩大火車站無意間承認了歐洲的地理分裂事實——一個火車站以樂觀、可獲利的姿態面向西方，另一個車站漫不經心地擔負維也納的東方使命——奧地利首都的街道也見證了將歐洲平靜的現在與其令人不安的過去隔開的靜默鴻溝。宏偉、自信林立於環城大道兩側的建築，讓人想起維也納曾肩負的帝國使命——雖然環城大道本身似乎太寬大、太氣派，在歐洲這個中型首都裡，僅僅作為通勤者的日常交通要道實在突兀——而維也納可以理直氣壯地自豪於其城市空間和宏偉的公共建築。事實上，維也納常令人想起更久以前的榮光，但說到較晚近的過去，它無疑緘默以對。

說到曾住在維也納市中心，為維也納如日中天時的藝術、音樂、戲劇、文學、新聞報導、觀念——使維也納的地位到達鼎盛的種種東西——付出決定性貢獻的猶太人，這城市最為緘默。將維也納猶太人逐出家園、運往東方、從維也納記憶裡抹除時，其手段之殘暴，有助於說明維也納現在那心懷愧疚的靜默。戰後的維也納，就像戰後的西歐，是聳立在令人難以啟齒之過去上面的宏偉巨構。那段過去裡最惡劣的事，有許多發生在已落入蘇聯掌控的土地上，而這正是那段過去（在西方）如此輕易就遭到遺忘、（在東方）如此輕易遭到隱瞞的原因。隨著東歐的回歸，過去將同樣令人難以啟齒；但此刻，不可避免的，將不得不道出。一九八九年後，一切的一切，包括未來、現在、特別是過去，都將改觀。

我是在一九八九年十二月決定寫戰後歐洲史，但又拖了許多年才真正動筆。有事把我耽擱了。事後看，這倒是件幸事：有許多事，在當時仍渾沌未明，在今日變得較為明朗。檔案也公開了。隨著革命性轉型而必然出現的混亂，如今已恢復正常，而一九八九年巨變所造成的較長遠影響，至少有一部分如今變得清楚。而且一九八九年的餘震並非很快就消退。我又一次來到維也納時，那城市正為安置來自鄰邦克羅埃西亞、波士尼亞的數萬難民傷腦筋。

三年後，奧地利眼見東歐革命的變化，放棄其用心經營出的戰後自治地位，[1]加入主導歐洲事務的歐盟；歐盟的浮現可以說是東歐諸國革命所直接造成。一九九九年十月走訪維也納時，我發現西火車站貼了許多自由黨的宣傳海報。該黨黨魁耶爾格·海德（Jörg Haider）公開讚揚納粹軍隊裡在東戰線「恪盡職守」的「可敬人士」，但透過利用他奧地利同胞對過去十年自己國家的種種改變心懷的焦慮和不解，他帶領該黨在那一年大選拿到百分之二十七的選票。經過將近半世紀的沉靜，維也納和歐洲其他地方一樣已重新走進歷史。

本書講述第二次世界大戰後的歐洲史，因此以一九四五年為起點：即德國人所謂的Stunde nul，零時。但一如二十世紀的其他任何事物，這段歷史的背景落在起自一九一四年、使歐陸開始墮入浩劫深淵的那場三十年戰爭。第一次世界大戰本身對所有參與者來說，都是個令人痛苦難忘的殺戮戰場——塞爾維亞十八至五十五歲的男子，有一半死於那場戰爭——但一番打殺後，什麼問題都沒解決。德國並未在那場戰爭或戰後協議中被擊垮（與當時普遍的看法相反），否則它怎能在二十五年後就站起來，將歐洲幾乎完全掌控在手裡？事實上，德國未支付其第一次世界大戰的債務，因此，協約國獲勝的代價，超過德國落敗的代價，從而使重新站起來的德國比一九一三年時更為強大。三十年前隨著普魯士興起而出現於歐洲的「德國問題」，至此仍未解決。

隨著陸上老帝國於一九一八年瓦解而出現的那些小國，貧窮、不穩定、沒有安全感，且痛恨鄰邦。在一次大戰結束到二次大戰爆發前，歐洲充斥「修正主義」國家：俄羅斯、德國、奧地利、匈牙利、保加利亞諸國全在一次大戰中落敗，等待領土重劃。一九一八年後，國際局勢未恢復穩定，大國間的關係未恢復平衡：那只是一段因為打累而不得不停下的中場休息。戰爭的暴力未稍減，反倒轉變成國內事務，變成民族主義爭議、種族偏見、階級對抗、內戰。二〇年代，特別是三〇年代，歐洲進入渾沌未明的過渡狀態，一場大戰後，餘波仍在盪漾，而爆發另一場大戰的預期心理，在人心裡隱隱滋長。

隨之而來的歐洲經濟崩潰，加劇了——在某種程度上挑起了——一次大戰結束到二次大戰爆發前那些年的內部衝突和國與國間的敵意。事實上，在那些年裡，歐洲的經濟活動受到三重打擊。第一次世界大戰傷害了國內就業，摧毀了貿易，毀掉數個地區和行將破產的國家。許多國家，特別是中歐的國家，從未從一次大戰的傷害中復原。而那些有幸復原的國家，接著又碰上三〇年代

1 編按：奧地利在此之前採取中立、消極的外交政策。

的經濟大蕭條，因而再度陷入困境。在那場大蕭條期間，通貨緊縮、企業倒閉、拚命設置關稅壁壘以阻擋外國商品競爭，不只把失業率推升到前所未見的程度，使工業生產變成白忙一場，還造成國際貿易崩潰（一九二九至一九三六年間法德貿易量跌了百分之八十三），隨之引發國與國間的激烈競爭和強烈怨恨。接著爆發第二次世界大戰，使受害國的平民和國內經濟遭到前所未有的衝擊（本書第一部探討了這一衝擊）。

這些打擊紛至沓來，摧毀了一個文明。早在歐洲加諸自身的這場災難發生時，當時人就已清楚其嚴重程度。但有些人，包括立場極左和極右者，把布爾喬亞歐洲的自我毀滅視為奮力爭取更美好未來的機會。三〇年代是奧登[2]眼中「低落、欺詐的十年」；但三〇年代也是全心奉獻和政治信仰大行其道的年代，且在因西班牙內戰而破滅的錯覺和喪失的性命中，得到最淋漓盡致的展現。這是十九世紀的激進理想在臨去之際迴光返照的時期，在這更慘淡的時代裡，理想已被投注於激烈的意識形態交鋒：「在一次大戰結束到二次大戰爆發這段時期，建立人類新秩序的渴望是何等的浩大，而要活出那理想，又是一場何等悲慘的失敗。」（亞瑟·柯斯勒語）

有些人絕望於歐洲的情勢，逃了出去：先是逃到歐洲最西邊僅存的那些自由民主國家，然後若能及時脫身，再逃到美洲。有些人，例如奧地利作家褚威格（Stephan Zweig）或德國馬克思主義文學評論家、哲學家沃爾特·班雅明（Walter Benjamin）則自殺。在歐陸終於墮入黑暗深淵的前夕，歐洲的前景似乎黯淡無光。不管在歐洲文明崩毀的過程中喪失了什麼東西——在褚威格的家鄉維也納，卡爾·克勞斯（Karl Kraus）和法蘭茨·卡夫卡（Franz Kafka）早就覺察到那份喪失所可能帶來的影響——那東西將一去不復返。在尚·雷諾（Jean Renoir）所導的一九三七年經典電影《大幻影》（*La grande illusion*）中，那個時代的「大幻影」乃是想訴諸戰爭來解決問題和隨之而來有關榮耀、等級、階層的迷思。但到了一九四〇年，在觀察敏銳的歐洲人眼中，歐洲最大的錯覺——如今被批駁得體無完膚的錯覺——乃是「歐洲文明」本身。

鑑於以前走過的路，可以理解的，後人不禁會想以沾沾自喜、乃至抒情的語調，陳述一九四五年後歐洲出乎意料復甦的那段歷史。而這段復甦過程，的確始終是講述戰後歐洲史的著作，特別是一九八九年前寫成的戰後歐洲史著作中最重要的主題——在那幾十年裡歐洲政治人物思索自身成就時也抱持這樣的心態。經過全面戰爭的無情摧殘，歐洲諸國存活下來且再度崛起；國與國間不再有紛爭，歐洲內部的合作形式體制化且逐步外擴；經濟從三十年的崩解中持續復甦，繁榮、樂觀、和平走上「正常化」：這些現象引發一誇大的反應。歐洲的復甦是個「奇蹟」。「後民族」時代的歐洲已從晚近歷史得到慘痛教訓。一塊尋求和解、愛護和平的大陸，已如「浴火鳳凰般」從其殺人如麻的——自殺的——過去之灰燼中興起。

對二十世紀下半葉歐洲這一相當中聽的描述，一如許多迷思，有少許地方屬實，但略去了許多事實。東歐——從奧地利邊界到烏拉山，從塔林（Tallinn）到地拉那（Tirana）——不符這一描述。東歐的戰後數十年，相較於那之前的遭遇，無疑是太平時代，但那全拜不請自來的蘇聯紅軍之賜：那是在坦克的威嚇下、關在牢籠裡的和平。如果說蘇聯集團的諸附庸國從事起和西歐表面上相似的國際合作，那純粹是因為莫斯科強逼他們施行「親如兄弟」的制度和交易。

2 譯注：Wystan Hugh Auden，英國詩人，二十世紀三〇年代英國左翼青年作家領袖。

戰後歐洲東西兩半的歷史，絕不能單單鎖定其中一半孤立來講。第二次世界大戰（還有二戰前那幾十年及第一次世界大戰）直接造成的結果，迫使東、西歐的政府和人民，在如何整頓以最有效避免重蹈覆轍上，面臨了一些艱難的抉擇。其中一個選項——施行一九三〇年代各種人民陣線運動的激進方案——最初在東、西歐**都**大受歡迎（由此可知，一九四五年絕非如今日有些人所覺得的那樣，是個全新的開始）。在東歐，某種徹底的變革變得勢在必行，不可能再回到那遭人唾棄的過去。那麼要代之以什麼？共產主義或許是不當的解決方案，但共產主義的確回應了那個兩難困境。

在西歐，不利於根本變革的障礙得到掃除，這有一部分得歸功於美援（和美國施壓）。人民陣線方案——和共產主義——漸漸失去青睞：這兩者都是因應艱困時期的解決方案，而在西歐，至少在一九五二年後，環境已不再那麼艱困；因此，戰後那幾年的迷茫，在接下來的幾十年裡遭到遺忘。但在一九四五年，人們的確覺得事態可能朝不同方向發展，甚至是大有**可能**朝不同方向發展；後來，西歐走上我們今日所熟悉的那條新路徑，那是為了防止舊惡魔（失業、法西斯主義、德國窮兵黷武、戰爭、革命）重返人間。後民族、福利國制度、合作掛帥、追求和平的歐洲，並非誕生自今日歐洲理想主義者在喜滋滋回顧時想像出的那個一派樂觀、雄心遠大、放眼未來的大計畫，反倒是焦慮驅策下沒有安全感的產物。西歐的諸位領袖，鑑於歷史教訓，施行社會改革，建構預防性的新制度，以防歷史重演。

當我們回想起蘇聯集團當局基本上施行了同樣的計畫，這種作為就更容易理解。他們也特別著重於設置屏障以防止政治倒退，但在由共黨統治的國家，要達到這樣的目的，並非透過社會進步，更多是訴諸武力。晚近的歷史遭重寫——公民受鼓吹去忘記那歷史——以配合以下的主張：共黨領導的社會革命，不只已斷然革除過去的弊病，還革除掉使那些弊病得以滋生的環境。誠如後面會提到的，這一主張也是個迷思；頂多是半真半假的說法。

但這一共產主義迷思在不經意間說明了東西歐處理沉重遺產的重要（和困難）。第一次世界大戰摧毀了舊歐洲；第二次世界大戰為新歐洲的誕生創造了條件。但一九四五年後，整個歐洲在兩次大戰和那期間的獨裁者所投下的長長陰影裡，生活了數十年。那是戰後那一代歐洲人彼此共有的經驗之一，也是使他們有別於美國人的經驗之一。對美國人來說，二十世紀帶來的是大不相同且絕對更令人樂觀的教訓。凡是想理解一九八九年前的歐洲史的人，都有必要從這個經驗切入，同時也會理解到，一九八九年後的歐洲史有多大轉變。

以撒·柏林（Isaiah Berlin）陳述托洛斯基的史觀時，引用希臘詩人阿基洛科斯（Archilochus）的著名詩句，為兩種推理方式做了具影響力的區別：「狐狸懂很多事，但刺蝟懂得一個大原則。」套用柏林的措辭，這本書絕不是「刺蝟」。我在書中沒有什麼關於當代歐洲史的大理論要提出；沒有包羅一切的主題要闡述；沒有包羅萬象的故事要講述。但不能因此認定，在我眼中，二次大戰後的歐洲史沒有貫穿一切的新趨勢。其實它不只出現一個新趨勢。像狐狸一樣，歐洲懂得很多。

首先，這是段歐洲勢力消退的歷史。一九四五年後，歐洲諸國再也無法奢望稱雄國際或建立帝國。惟一的兩個例外——蘇聯和只在某種程度上稱得上是例外的英國——都自認只是半歐洲的國家，且無論如何，在本書所述的這段時期結束時，兩國的勢力也都大大萎縮。歐陸上的其他地方，大部分受過戰敗、遭占領的羞辱。這些地方無法靠自力擺脫法西斯的掌控；也無法在無外援下擋住共產主義入侵。戰後歐洲靠外人來解放——或受到外人的監禁。費了很大一番努力，加上數十年歲月，歐洲人才重新掌控自己的命運。歐洲過去的海上帝國（英、法、荷、比、葡），在這些年裡失去了海外領土，全縮回他們的歐洲母土，注意力轉回歐洲自身。

其次，在二十世紀後期幾十年，歐洲史的「主敘述」漸漸式微。這些主敘述是十九世紀恢宏的歷史理論，對進步與改變、對革命與轉型，各提出它們心目中的理想形式，而且它們助長了在二十世紀上半葉將歐洲撕裂的那些政治計畫和社會運動。這一現象也是只有放在泛歐洲的大勢下觀察才能理解，而這個大勢是：隨著西歐境內政治狂熱的消退（只有在知識界裡居少數的非主流人士身上例外），基於某些大不相同的原因，東歐境內的政治信仰也消失，官方的馬克思主義遭到唾棄。在一九八〇年代，的確有一短暫期間，讓人覺得知識界右派似乎會以同樣屬於十九世紀的計畫為主軸東山再起——拆掉「社會」，把公共事務丟給不受管制的市場和最小政府去支配；但最後無疾而終。一九八九年後，在歐洲，沒有涵蓋所有面向的左派或右派意識形態計畫可供採用，只有對自由的憧憬，而現在對大部分歐洲人來說，自由是個已實現的諾言。

第三，偶然間，「歐洲模式」姍姍來遲出現了，為歐洲在意識形態掛帥的過去那些行不通的雄心，提供了不算太差的替代品。這一模式是以社會民主黨、基督教民主黨提出的法案和歐洲共同體（與後來歐盟）的蟹狀外延機構兩者折衷調合而成，是帶有鮮明「歐洲」特色，用以管理社交、國與國關係的方式。這一歐洲路線，涵蓋從孩童保育到國與國間法律規範的種種事物，代表的不只是歐盟和其成員國慣常的治理作為；二十一世紀開始時，歐洲模式已成為爭取加入歐盟者的明燈和榜樣，對美國構成全球性挑戰，與「美國生活方式」一起爭奪世人的垂青。

從只是個地理名詞（而且是個問題重重的地理名詞），變為令個人和國家都起心效法、心生嚮往的典範，歐洲這一明顯出乎意料的轉型，乃是個緩慢、層層累加的過程。套用亞歷山大·瓦特（Alexander Wat）針對兩次大戰之間波蘭政治人物的虛妄認知所提出的嘲諷性評論，歐洲不是「注定偉大」（doomed to greatness）。從一九四五年的情勢，乃至從一九七五年的情勢，肯定誰都料想不到歐洲會以這樣的身分冒出頭。這一新歐洲並非依循事先設想好的共同計畫而出現：沒有人著手催生它。但一九九二年後每個人都看出，歐洲在國際格局裡占據這新位置後，與外界的關係，特別是與美國的關係，有了新的面貌——對歐洲人和美國人來說都是。

這也是貫穿這本描述戰後歐洲之著作的第四個主題：戰後歐洲與美國複雜且常遭誤解的關係。一九四五年後西歐人希望美國參與歐洲事務，但又痛恨那參與和那參與所隱含歐洲衰落的意涵。此外，美國雖在歐洲駐軍，特別是一九四九年後那幾年，但構成「西方」陣營的大西洋兩側，彼此仍是大不相同。當時西歐對冷戰的認知，大不同於冷戰在美國所激起的那種相當危言聳聽式的反應，而接下來五〇、六〇年代歐洲的「美國化」，則在今日常遭到誇大（這在後面會提到）。

東歐對美國與美國屬性的認知，當然大不相同。但在東歐，若過度強調一九八九年前和一九八九年後美國對東歐人榜樣般的影響，同樣會悖離事實。東西歐境內的異議批評者，例如法國的雷蒙·阿宏（Raymond Aron）或捷克斯洛伐克的瓦茨拉夫·哈維爾，都特意強調他們未把美國當作可供他們所屬社會效法的模式或榜樣。一九八九年後的東歐年輕一代，的確一度渴望以美國模式

——有限的公用事業、低稅、自由市場——來將他們國家自由化，但這一模式最終未得到普遍接受。歐洲的「美國時刻」屬於過去。東歐的「小美洲」未來，則無疑要在歐洲裡尋求。

最後，歐洲的戰後史是一段被靜默籠罩的歷史；是不再兼容並蓄的一段歷史。歐陸曾如一塊精細複雜的織錦，由重疊的語言、宗教、族群、民族交織而成。其中許多城市，特別是位於新、舊帝國邊界交會處的較小城市，例如的里雅斯特、塞拉耶佛、薩洛尼卡、切爾諾維茨、敖得薩或維爾納，曾是不折不扣的多文化社會。在那些城市裡，天主教徒、東正教徒、穆斯林、猶太人和其他族群共居一地，稀鬆平常。但我們不該把這個舊歐洲理想化。波蘭作家塔德烏斯·伯羅夫斯基（Tadeusz Borowski）所謂的「在歐洲正中心燒得嘶嘶作響那個不可思議、近乎好笑的民族熔爐」，定期因為暴動、屠殺、集體迫害而四分五裂，但這樣的熔爐的確曾存在，且仍存於在世者的記憶中。

但一九一四至一九四五年間，**那個**歐洲被砸得粉碎。而轉眼之間於二十世紀下半葉出現的歐洲，變得更為整齊，鬆脫的部分變少。因為戰爭、占領、邊界調整、驅逐、種族滅絕，這時候幾乎每個人都住在自己國家裡，與自己同民族的人住在一塊。二次大戰後，有四十年時間，歐洲東西兩半的人民都住在自己民族的封閉國度裡，而國度裡殘存的宗教上或民族上的少數族群（例如法國境內的猶太人），只占全人口的極小部分，且完全被整合進主流文化與政治裡。只有南斯拉夫和蘇聯（蘇聯是個帝國而非國家，且如先前已指出的，在定位上並非純歐洲），有異於這個由一個個同質性區塊組成的新歐洲。

但一九八〇年代起，特別是蘇聯瓦解、歐盟擴大之後，歐洲走上多文化之路。難民；外勞；為了工作和自由而被吸引回帝國首都的歐洲前殖民地的居民；從位於歐洲外擴後之邊陲地區的衰落國家或高壓國家志願或非志願投奔而來的移民，已共同將倫敦、巴黎、安特衛普、阿姆斯特丹、柏林、米蘭和另外十幾個地方，轉變成多民族的世界性都市，不管那些城市是否樂見這樣的轉變。

歐洲冒出這些「非我族類」的新居民——例如歐盟境內現在可能有一千五百萬穆斯林居民，且還有八千萬穆斯林在保加利亞、土耳其等著獲准進入歐盟——不只突顯了歐洲現今對愈來愈多元的未來所感到的不安，也突顯了歐洲是如何輕易就遺忘那些在歐洲的過去裡已逝的「非我族類者」。關於戰後歐洲的穩定是如何倚賴史達林、希特勒的成就這點，在一九八九年後呈現得最為清楚。這兩位獨裁者，在戰時共犯的協助下，一起剷平了如灌木叢生的荒原般犬牙交錯的民族組成，為戰後那個較不複雜的新歐陸的誕生奠定了基礎。

這是在對歐洲如何逐步邁向邱吉爾所謂「陽光普照的遼闊高地」的流暢敘述中，一個令人窘迫的疙瘩，而在戰後東、西歐境內，這個疙瘩大體上未受到關注，至少在六〇年代之前是如此。六〇年代之後，提及這疙瘩時，通常單單用來指涉德國人對猶太人的趕盡殺絕。除了偶爾一見引發爭議的例外，其他為惡者和其他受害者的紀錄都被封住，不見天日。第二次世界大戰的歷史和記憶，通常侷限於一組眾所熟悉的道德準則：善對惡、反法西斯對抗法西斯、反抗者對抗通敵者，諸如此類。

一九八九年起——隨著存在已久的禁忌遭到打破——事實證明，人們是有可能認識到歐洲為了重生所付出的道德代價（有時是在不顧惡毒反對與否認的情況下）。如今的客觀環境，使波蘭人、法國人、瑞士人、義大利人、羅馬尼亞人和其他國家的人，較能夠去了解——如果他們有心去了解的話——幾十年前他們國內所真正發生過的事。就連德國人，如今也開始修正此前他們所接受的本國史，並帶來弔詭的結果。如今，幾十年來頭一遭，德國人的苦難和德國人的受害——不管讓他們受難受害者是英國轟炸機投彈員、俄羅斯軍人或把他們驅逐的捷克人——開始受到注意。在某些地方，再度有人試探性的提出，猶太人並非惟一的受害者……

這些探討是好是壞，見仁見智。這些公開追憶的舉動，象徵政治走上正常發展？或者如戴高樂等人所深切體會的，有時候遺忘較為明智？在書末的結語，我會探討這問題。最近這些造成紛擾的追憶動作，在與當前迸發的民族偏見或種族偏見相提並論時，有時被視為是歐洲原罪的邪惡證據：歐洲之未能從過去罪行中得到教訓、歐洲失憶症般的懷舊行為、歐洲愈來愈想回歸一九三八年的傾向。但在此我只想指出，這樣的認知沒有必要。套句美國棒壇傳奇貝拉的話，這不是「舊事重演」。

此刻的歐洲並非重新進入紛擾不安的戰時過去，反倒是在離開那段過去。今日的德國，就像歐洲其他地方，比過去五十年任何時刻，更深刻意識到其二十世紀的歷史。但這不表示德國正被拉回那個過去，因為那段歷史從未走開。誠如這本書所試圖呈現的，二次大戰的幽長暗影濃濃罩住整個戰後歐洲，但它無法得到完全的承認。對歐洲晚近歷史的緘默，乃是建構歐洲未來的必要條件。如今，在幾乎其他每個歐洲國家境內都爆發了令人不快的公開爭辯之後，德國人終於也能夠公開質疑立意良善的官方記憶所建構出來的史觀，從某種角度來說似乎是理所當然（且無論如何不可避免）的事。對此，我們或許不是很舒服；那說不定還不是個好兆頭。但那是種結束。希特勒死亡六十年後，他的戰爭和那場戰爭的後果正在進入歷史。在歐洲，戰後持續了很久，但終於要走到尾聲。

1

戰爭遺緒

The Legacy of War

歐洲化世界所蒙受的，絕非緩慢的衰落——
其他文明搖晃、崩潰，歐洲文明則可以説被炸掉。

H·G·威爾斯，《空中戰爭》（一九〇八）

✣ ✣ ✣

這場戰爭所會留下的人類問題，
尚未有人設想到，更別提有人面對過。
這樣的破壞，生活結構這樣的解體，乃是史上所未見。

安妮·奧海爾·麥科米克

✣ ✣ ✣

在那裡，處處在渴求奇蹟和對策。
這場戰爭已把那不勒斯人推回中世紀。

諾曼·劉易士，《一九四四年那不勒斯》

二次大戰結束後緊接的那段時期裡，歐洲讓人覺得未來可能是無比的悲慘和荒蕪。那時期的照片和紀錄片，呈現可憐無助的平民，川流不息走過遭轟炸過的破敗城市和荒涼田野。失去父母的小孩，孤苦伶仃地四處遊蕩，走過一群群在磚石堆裡撿拾東西的疲憊婦女。剃成光頭的遭驅逐出境者和集中營犯人，穿著條紋睡衣，無精打采對著相機鏡頭，又餓又病。就連有軌電車都像是得了戰鬥疲勞症，靠著時斷時續的電力，在受損的軌道上走走停停。每個人，每樣東西，都似乎累壞了，絕望無助，精疲力竭，只有那些吃得飽飽的同盟國占領軍不一樣。

如果要弄清楚這個凋敝的大陸如何能在幾年內迅速復原，就得對上述畫面予以精細入微的描繪。但這幅畫面在德國戰敗後，傳達了歐洲情勢的一個基本事實。歐洲人不但感到絕望，且處在極度疲憊的狀態，而這理所當然。這場隨著希特勒於一九三九年九月入侵波蘭而揭開序幕，隨著德國於一九四五年五月無條件投降而落幕的歐洲戰爭，是場全面戰爭。軍人和平民都捲入戰火。

事實上，從法國到烏克蘭，從挪威到希臘，在那些遭納粹德國占領的國家裡，二次大戰的承受者主要是平民。正規軍事戰鬥只見於大戰的開始和結束。在這中間，進行的是占領戰、壓迫戰、剝削與囚犯滅絕戰，軍人、警察、納粹德國的衝鋒隊員處理數千萬囚犯的日常生活和生存問題。某些國家，在二次大戰的大部分期間，處於被占領狀態；占領在各處帶來恐懼與剝奪。

與一次大戰不同的，二次大戰（希特勒的戰爭）的影響範圍幾乎涵蓋全球，而且打了很久——對從頭到尾參戰的國家（英、德）來說，打了將近六年。在捷克斯洛伐克，二次大戰來得更早，一九三八年十月納粹占領蘇台德地區就揭開序幕。在東歐和巴爾幹半島，二次大戰甚至未隨著希特勒戰敗而結束，因為在德國遭瓜分許久之後，（蘇軍）占領和內戰仍未消停。

在歐洲，人民對占領戰當然不陌生，一點也不陌生。十七世紀德國境內的三十年戰爭，經過三百年，仍存在於民間的記憶中，存在於地方傳說和童話故事裡。在那場戰爭裡，外籍傭兵靠當地給養，讓當地居民膽戰心驚。一九三〇年代時，西班牙祖母仍搬出拿破崙來嚇唬不乖的小孩。但二次大戰的占領經驗特別強烈，這有一部分是因為納粹對占領區人民的態度有其特殊之處。

此前的占領軍——十七世紀德國境內的瑞典軍、一八一五年後法國境內的普魯士軍——靠占領區給養，他們偶爾也會攻擊或殺害當地人，只是偶一為之，並非出於計畫。但一九三九年後落入德國統治的人民，若非被逼去為德意志帝國效命，就等著被撲殺。對歐洲人來說，這是以前沒有的經驗。在海外，在自己的殖民地，歐洲諸國為了自身利益將原住民納為契約工或奴隸，此事習以為常。為了讓這些人乖乖聽話，歐洲諸國樂於動用折磨、嚴重殘害肢體或集體殺害諸手段。但自十八世紀起，這些作為大體上已非歐洲人所熟悉，至少對布格（Bug）河、普魯特（Prut）河以西的歐洲人來說是如此。

然後，二次大戰時，為了達成征服、剝削其他歐洲人這個首要目標，現代歐洲國家史上頭一遭動用起全國之力。為打贏二次大戰，英國剝削、劫掠自己的資源；大戰結束時，英國動用了一半以上的國民生產總值在戰爭。但納粹德國打這場戰爭時，靠著洗劫其占領地的經濟資源（作法和一八〇五年後拿破崙所為差不多，但洗劫效率高得多），得到很大的幫助，尤以戰爭後幾年為然。挪威、荷蘭、比利時、波希米亞–摩拉維亞，特別是法國，為德國這種動用社會資源以支持軍隊的作法，付出很可觀的非志願性貢獻。這些國家的礦場、工廠、農場、鐵路被徵調去滿足德國所需，人民被迫投入德國的軍工生產：先是在自己國家，後來到德國境內。一九四四年九月，

軸心國占領的歐洲地區：1942年11月

德國境內有七百四十八萬七千名外國人，占德國勞動力的百分之二十一，其中大部分是被迫。

納粹極盡可能利用占領國的資源來維持自己的運作，且做得非常成功，因而直到一九四四年德國老百姓才開始感受到戰時限制與物資短缺的衝擊。但那時候，戰火已開始包圍他們，先是同盟國的空中轟炸，接著是盟軍從東西兩側的同時進逼。有許多最嚴重的實體破壞就發生在戰爭的這最後一年——在蘇聯以西爆發激烈戰役的相對較短期間裡。

從當時人的觀點看，衡量二次大戰的衝擊，不是從工業得失，或從一九四五年時相較於一九三八年時的國家資產淨值的角度，而是從他們周遭環境與社會受到多大可見傷害的角度。如果要了解令一九四五年時的觀察者注意到的那些荒涼、無助照片背後的心理創傷，就得從這裡入手。

只有極少數歐洲城鎮得以完全倖免於這場戰爭的傷害。有些歐洲名城（羅馬、威尼斯、布拉格、巴黎、牛津）的古城區和現代初期城區，受惠於私底下的同意或受惠於好運，未被列為攻擊目標。但戰爭頭一年，德軍轟炸機即轟平鹿特丹，接著摧毀英格蘭的工業城市科芬特里。納粹國防軍入侵波蘭和後來入侵南斯拉夫、蘇聯時，沿途摧毀了許多較小的鎮。中倫敦整個區域，特別是東區（East End）港區周邊較貧窮的地區，在戰爭期間受到納粹德國空軍閃電戰的大肆摧殘。

但最嚴重的實體破壞，出自一九四四、一九四五年西方盟國前所未見的轟炸戰役、蘇聯紅軍從史達林格勒往布拉格的不斷挺進。法國沿海城鎮魯瓦揚、勒阿佛、卡昂遭美國空軍炸毀。漢堡、科隆、杜塞爾多夫、德勒斯登和其他數十座德國城市，被英、美軍機的地毯式轟炸炸成廢墟。在東邊，白俄羅斯城市明斯克的城區，在戰爭結束時八成已毀；烏克蘭的基輔成了悶燒的廢墟；波蘭首都華沙，則在一九四四年秋，遭後撤的德軍逐屋逐街放火、安放炸藥，予以有計畫的破壞。

柏林在最後十四天遭四萬噸的炮彈轟擊後，一九四五年五月落入紅軍之手，歐洲戰場的戰事宣告結束。這時，德國首都有許多地方化為一堆堆冒著煙的殘磚碎瓦和扭曲的金屬。柏林城內七成五的建築無法住人。

淪為廢墟的城市，乃是控訴戰爭破壞最顯著且最上鏡頭的證據，它們成為一幅簡明有力、舉世皆知的縮影，訴說戰爭的無情。但這些損害有很大部分落在房舍、公寓上，且有許多人因此無家可歸（據估計在蘇聯有兩千五百萬人，在德國有兩千萬人，其中光是在漢堡就有五十萬人），因此，散落殘磚碎瓦的城市景觀是最直接讓人想起剛結束的那場戰爭的東西。但這樣的東西不止這一個。在西歐，交通和通訊設施嚴重受損：戰前法國有一萬兩千台火車頭，到了德國投降時只剩兩千八百台在運行。許多道路、鐵軌、橋樑遭炸毀，而動手炸毀者包括撤退的德國人、挺進的盟軍、法國反抗軍。法國商船有三分之二沉入水裡。光是一九四四至一九四五年，法國就失去五十萬棟民宅。

但法國人的遭遇相對來講算幸運，只是他們自己不知道。英國人、比利時人、荷蘭人、丹麥人、挪威人，乃至義大利人，遭遇也差不多。戰時，荷蘭人有二十一萬九千英畝土地毀於德國人的水淹，戰前的鐵公路和運河運輸量到了一九四五年少了六成，挪威的首都則在遭德國人占領期間失去百分之十四的城區。真正體會到戰爭之恐怖者，位在更東邊。納粹對待西歐人還心存些許敬意（即使那只是為了更便於剝削西歐人），西歐人也投桃報李，較少破壞或反對德國人為支持戰爭而動員社會資源的作為。在東歐和東南歐，占領當地的德國人較殘酷，這不只是因為希臘、南斯拉夫、特別是烏克蘭三地的敵後游擊隊員知其不可為仍不斷反擊德國人。

因此，德國人占領、蘇聯進攻、敵後游擊隊員反擊這三者在東歐造成的實體破壞，與西歐的戰爭經驗截然不同。在蘇聯，有七萬個村子、一千七百個鎮、三萬兩千座工廠、約六萬公里鐵軌毀於戰時。在希臘，攸關經濟命脈的該國海上商船有三分之二被毀，三分之一森林被毀，一千座村子淪為廢墟。在這同時，德國人按照德國軍事需求，而非按照希臘人支付能力，決定占領成本支付額的政策，引發極度通貨膨脹。

南斯拉夫失去境內四分之一的葡萄園、一半的牲畜、六成的公路、七成五的犁和鐵路橋樑、兩成的戰前住所、三分之一原本已不多的工業資源，還有一成的戰前人口。在波蘭，四分之三的標準軌距鐵路無法使用，六分之一的農場停擺。該國的城、鎮大部分只能勉強繼續運作（但只有華沙遭到全毀）。

這些數據雖然駭人，卻只傳達了一部分的事實：這只是整個戰禍的可怕實體背景。歐洲人在戰時所受的實體損害雖然駭人，相較於人命損失，卻微不足道。據估計，一九三九至一九四五年，約三千六百五十萬歐洲人死於與戰爭有關的原因。這數目相當於戰爭爆發時法國的總人口，且未計入那幾年間死於自然原因者，也未算到因為戰爭而未出生的孩童數目。

死亡總數驚人（此處的數據不包括喪生的日本人、美國人或其他非歐洲人）。一九一四至一九一八年的一次世界大戰，死亡人數雖然龐大，比起二次大戰，卻是小巫見大巫。自有史以來，未有哪場戰爭像二次大戰那樣，在如此短時間內奪走這麼多條人命。但其中最惹人注目的部分，乃是平民的死亡人數：至少一千九百萬人，也就是占總死亡人數一半以上。在蘇聯、匈牙利、波蘭、南斯拉夫、希臘、法國、荷蘭、比利時、挪威，平民死亡人數多於軍人。只有在英國和德國，軍人死亡人數大大超過平民。

蘇聯境內的平民死亡人數，各家的估算差異極大，但最可能的數據超過一千六百萬，差不多是蘇聯軍人死亡人數的兩倍（光是柏林戰役就倒下七萬八千名蘇聯軍人）。在戰前波蘭的土地上，平民死亡人數接近五百萬；在南斯拉夫，一百四十萬；在希臘，四十三萬；在法國，三十五萬；在匈牙利，二十七萬；在荷蘭，二十四萬；在羅馬尼亞，二十萬。其中包括了約五百七十萬猶太人（在波蘭、荷蘭、匈牙利的數據中，猶太人死亡人數特別高），還有二十二萬一千名吉普賽人（羅馬）。

平民的死因包括集體屠殺（死於從敖得薩到波羅的海之間的死亡集中營和充當進攻方的炮灰）；疾病、營養不良、飢餓；納粹德國國防軍、蘇聯紅軍、各種敵後游擊隊的槍殺、燒死人質；對平民的報復；在整個戰爭期間的東戰線和從一九四四年六月諾曼第登陸到隔年五月希特勒敗亡的西歐，炸彈、炮彈攻擊和步兵戰役在田野、城市帶來的影響；蓄意低空掃射難民隊伍，奴工在軍工生產工廠和戰俘營裡勞動至死。

軍人死亡最慘重的國家是蘇聯，據認損失了八百六十萬男女現役軍人；德國損失四百萬軍人；義大利損失四十萬陸海空軍人；羅馬尼亞約三十萬軍人喪命，大部分死於與軸心國軍隊一起在俄國戰線作戰時。但就軍人死亡人數占人口比例來說，奧地利、匈牙利、阿爾巴尼亞、南斯拉夫受害最重。把軍人、平民的死亡人數都算計在內的話，波蘭、南斯拉夫、蘇聯、希臘受害最深。波蘭失去其戰前人口的約五分之一，其中，受教育人口是納粹蓄意摧毀的對象，[1]受害比例特別高。南斯拉夫失去八分之一的戰前人口，蘇聯失去十一分之一，希臘失去十四分之一。相對地，德國失去十五分之一；法國失去七十七分之一；英國失去一百二十五分之一。

蘇聯損失的人員裡，戰俘占的比重特別大。德國人於戰時俘虜了約五百五十萬蘇聯軍人，其中四分之三是在一九四一年六月德國攻打蘇聯後的頭七個月裡被俘，其中有三百三十萬在德國戰俘營裡死於飢餓、凍餒、虐待。一九四一至一九四五年死於德國戰俘營裡的俄羅斯人，比死於一次大戰時的俄羅斯人還要多。一九四一年九月，德國人拿下基輔，俘虜了七十五萬蘇聯軍人，其中只有兩萬兩千人有幸看到德國戰敗。蘇聯人也俘虜了三百五十萬戰俘（德國人、奧地利人、羅馬尼亞人、匈牙利人占了大部分），其中大部分於戰後返回家鄉。

從這些數據來看，可想而知，戰後歐洲，特別是中歐和東歐，男人奇缺。在蘇聯，女人數目比男人多了兩千萬，後來花了超過三十年，才使男女比例恢復平衡。這時，蘇聯的農村經濟大為倚賴女人來從事各種勞動；不只是因為沒有男人，還因為已幾乎沒有馬。在南斯拉夫，由於德國人射殺十五歲以上男子以為報復，有許多村子已完全沒有成年男子。在德國，一九一八年出生的男子，有三分之二死於希特勒的戰爭；以柏林郊區特雷普托這個有留下詳細數據的聚落來說，一九四六年二月，十九至二十一歲成年人中，男人只有一百八十一位，女人卻有一千一百零五位。

針對戰後德國女男比例嚴重失衡的現象，已有人做過不少說明。德國男性從希特勒軍隊裡威風凜凜的大兵，降為一批批衣衫破爛、遲遲才返家的俘虜，一臉茫然地面對被鍛練得堅強無比、不得不學會在沒有男人的情況下生存、持家的一代女人。德國男人的屈辱、失勢，絕非虛構（戰後有成千上萬個德國小孩在沒有父親陪伴下長大，德國首相格哈德・施洛德只是其中之一）。在一九七九年《瑪麗亞・布勞恩的婚姻》（*The Marriage of Maria Braun*）一片中，導演萊納・法斯賓達

（Rainer Fassbinder）犀利呈現了這一戰後德國女性的形象。片中，女主角的母親懇求她勿做出「可能傷害妳靈魂」的事，但她還是利用自己的美貌和冷看世事的幹勁，改善自己的生活。但法斯賓達的瑪麗亞背負的是約二十年後忿恨覺醒的負擔，而一九四五年現實生活中的德國女人，面對的卻是更為當下的困難。

戰爭來到最後幾個月，蘇聯軍隊大舉西進，湧入中歐和東普魯士，數百萬平民（大部分是德國人）聞風出逃。美國外交官喬治·肯楠（George Kennan）在其回憶錄裡描述了那情景：「隨著蘇聯軍隊進入而降臨這區域的災難，乃是現代歐洲前所未有的經驗。根據目前的所有證據，蘇聯軍隊第一次通過後，這區域裡有相當多地方，幾乎沒有本地男人、女人或小孩得以活命……俄羅斯人……將本地人口殺得精光，那作風乃是自亞洲游牧民族入侵歐洲時代以來所未見的。」

受害者以各種年齡的成年男子（如果還有成年男子剩下的話）和女子為主，據診所和醫生的說法，在維也納，有八萬七千名女人在紅軍進入該城後的三個星期內遭蘇聯軍人強暴。在柏林，有比這更多一些的女人在蘇聯進軍該城時遭到強暴，其中大部分人是在德國投降前夕的五月二日至七日那個星期受害。這兩個數據肯定都是低估，且未包括蘇聯軍隊挺進奧地利、穿過波蘭西部進入德國途中，沿線村鎮裡受強暴女人的不詳數目。

紅軍這項行徑，幾乎不是秘密。當時狂熱信仰共產主義的米洛凡·吉拉斯（Milovan Djilas），即狄托在南斯拉夫敵後游擊隊裡的親密戰友，甚至向史達林本人提起此事。誠如吉拉斯所記載，

1 或史達林蓄意摧毀的對象。一九四〇年史達林下令在卡廷（Katyn）槍殺兩萬三千名波蘭軍官，然後嫁禍給德國人。

這位獨裁者的反應毫不避諱：「吉拉斯本身是個作家，他懂不懂別人在受的苦，別人的感受？走過血、火、死亡的軍人，玩玩女人或拿走小東西，這樣的事他不能理解？」

史達林的說法雖然荒誕不經，卻不盡然是錯。蘇聯軍隊沒有休假政策。許多蘇聯步兵和坦克兵在艱苦的三年中不斷投入戰役，一路反攻，經俄羅斯、烏克蘭穿越蘇聯西部。挺進期間，他們耳聞目睹了許多德國人的暴行。納粹德國國防軍對待戰俘、平民、敵後游擊隊員的方式，先是在向伏爾加河和莫斯科、列寧格勒大門昂然進發時，後來在慘烈撤退時，他們對待所有擋路的人或東西的方式，都在德軍所行經的土地上和當地人的心靈上留下了印記。

紅軍終於抵達中歐時，疲憊的紅軍軍人面對的是另一個世界。俄羅斯與西歐的差異一直很大——很久以前沙皇亞歷山大一世就很後悔讓俄羅斯人見到西歐人的生活情況——而在戰時，差異更為鮮明。德軍在東歐大肆破壞、殺人，德國本身仍很繁榮，因而德國老百姓直到戰爭相當晚期才深刻體會到戰爭對民生的傷害。戰時德國是個城鎮林立、有電、不愁吃穿、有商店、有消費性商品的世界，是女人、小孩都吃得很好的世界。對蘇聯基層士兵來說，他們的殘破家園與德國之間的差異，想必大到不可思議。德國人對俄羅斯做了喪盡天良的事，現在換德國來受這個苦。德國的財物和女人，任由他們拿取。在指揮官的默許下，紅軍肆無忌憚傷害他們剛征服之德國土地上的老百姓。

西進途中，紅軍在匈牙利、羅馬尼亞、斯洛伐克、南斯拉夫姦淫擄掠（在此這個詞難得地貼切）；但德國女人受害最烈。一九四五至一九四六年，在蘇聯所占領的德國地區，出生了十五萬至二十萬「俄羅斯寶寶」，且這數據未將不詳的墮胎數目計入。許多女人，連同她們不想要的胎兒，一起死於墮胎。安然降世的嬰兒裡，有許多人加入失去父母、無家可歸且人數愈來愈多的孤兒大軍，他們是戰爭中的流離失所者。

光是在柏林一地，一九四五年結束時，就有約五萬三千名無家可歸的小孩。羅馬的基里納雷（Quirinale）花園，曾因聚集了數千名肢體嚴重傷殘、顏面受損、無人出面領回的義大利孩童而短時間臭名遠播。在解放後的捷克斯洛伐克，有四萬九千名孤兒；在荷蘭，六萬名；在波蘭，據估計有約二十萬孤兒；在南斯拉夫，可能有三十萬。較年幼的孩童裡，猶太人占的比例極低——戰時逃過集體迫害、屠殺保住性命的猶太小孩，大部分是少年。在布痕瓦爾德（Buchenwald），盟軍解放了集中營後發現八百名還活著的小孩；在貝爾森（Belsen），只找到五百名，其中有些小孩甚至熬過了從奧許維茨（Auschwitz）出發的死亡行軍。

熬過戰爭活下來是一回事，和平降臨後活下來又是另一回事。新近成立的聯合國[2]善後救濟總署和盟軍占領部隊早早就展開有效的防治，因而未出現大規模流行病和一發不可收拾的傳染病——一次大戰後亞洲流感橫掃歐洲的記憶這時猶新。但情勢仍很嚴峻。一九四五年裡，有許多時候，維也納居民靠每天配給的八百大卡食物維生；在布達佩斯，一九四五年十二月時，官方提供的配給，只有每天五百五十六大卡（育幼院孩童每天八百大卡）。在一九四四至一九四五年荷蘭那個「飢餓冬天」期間（該國部分地區已解放之時），某些地區每週的熱量配給，不到同盟國遠征軍建議給其士兵的每日配給量；一萬六千名荷蘭人死亡，大部分是老人、小孩。

2 編按：此處「聯合國」（United Nations）指的是二戰時期的同盟國，與一九四五年成立的聯合國國際組織有所承接，但依據不同綱領與目標而設置。本書在二戰後初期所談的聯合國大多指同盟國。

在德國，一九四〇至一九四一年成人每日平均攝取兩千四百四十五大卡，一九四三年是兩千零七十八大卡，到了一九四五至一九四六年降為一千四百一十二大卡。但這只是平均值。一九四五年六月，在美國占領區，官方給「一般」德國消費者（不包括享優惠待遇的工人）的每日配給，只八百六十大卡。這些數據賦予了那則戰時德國笑話——「好好享受戰爭，和平降臨後會很可怕」——令人傷感的意涵。但在義大利大部分地方，情況好不了多少，在南斯拉夫、希臘的某些地區，情況還稍稍更糟。[3]

問題有一部分出在農田被毀，一部分出在通信中斷，大部分出在孤苦無助、無生產力但嗷嗷待哺的人太多。**能**種出糧食的歐洲農民，不願供應糧食給城鎮。大部分歐洲貨幣一文不值；甚至即使能以強勢貨幣向農民購買糧食，農民對強勢貨幣也興趣缺缺，因為有了錢也沒東西可買。因此，在黑市的確有糧食販售，但價格高到只有作奸犯科者、有錢人、占領者買得起。

在這期間，人民挨餓生病。一九四五年，在希臘的比雷埃夫斯，三分之一居民因維他命攝取嚴重不足，得了砂眼。一九四五年七月，因污水排放系統受損，水受到污染，柏林爆發痢疾。在這期間，活產兒死亡率達百分六十六。派往德國的美國政治顧問羅伯特·墨非（Robert Murphy）在一九四五年十月報告，在柏林的萊爾特火車站，每天平均有十人因精疲力竭、營養不良、疾病而陷入垂死。一九四五年十二月，在柏林的英國占領區，一歲以下嬰兒死亡率是兩成五，同月，出現一千零二十三個傷寒新病例和兩千一百九十三個白喉病例。

戰後的一九四五年夏，有幾個星期，一直面臨屍體腐爛致病的高風險，特別是在柏林。在華沙，每五人就有一人得了肺結核。一九四六年一月，捷克斯洛伐克當局報告，該國亟需救助的七十萬孩童中，有一半得了肺結核。歐洲各地孩童受苦於貧窮導致的病：特別是肺結核和佝僂病，還有糙皮病、痢疾、膿皰病。患病的小孩幾乎是求助無門：解放後的華沙有九萬孩童，境內卻只有一間醫院，且那醫院只有五十個病床。沒病的小孩則死於牛奶短缺（一九四四至一九四五年南歐、東歐戰爭期間殺掉數百萬頭歐洲牛），大部分小孩長期營養不足。一九四五年夏維也納幼兒死亡率是一九三八年的將近四倍。即使在西歐城市較富裕的市區，小孩仍挨餓，糧食嚴格配給。

飽經戰亂的歐洲平民（和數百萬前軸心國戰俘），其食、衣、住、照顧方面的問題千頭萬緒，非常棘手，而前所未見的難民危機，使這問題更難處理。歐洲沒碰過這樣的難題。凡是戰爭都使老百姓生活大亂：因為毀了他們的土地和家，因為中斷了通信，因為徵募丈夫、父親、兒子入伍，讓他們送了命。但在二次大戰時，傷害的元凶不是武裝衝突，而是國家政策。

戰時，史達林沿續其戰前將整個民族遷到蘇聯帝國各處的作法。一九三九至一九四一年間，有一百多萬人從烏克蘭西部、波羅的海地區和蘇聯占領的波蘭被驅逐到東邊。同樣那段期間，納粹也把七十五萬波蘭農民從波蘭西部往東驅逐，以騰出土地給境外德裔（Volksdeutsche），即來自納粹所占領的東歐地區、受邀「回到」新擴張的德意志帝國定居的德裔。應邀回國定居的德裔，包括約十二萬波羅的海德裔、十三萬六千名來自蘇聯所占領之波蘭地區的德裔、二十萬來自羅馬尼亞和此外其他地區的德裔（幾年後換成這些人全被驅逐出境）。因此，若欲了解希特勒在德國所征服的東部疆土進行的種族遷移和種族滅絕政策，得考慮到這政策與納粹以下計畫的直接關

3 相對地，一九九〇年法國的每日平均攝取量是三千六百一十八大卡。

係：「將自中世紀起分處各地的德意志人聚落全歸還德意志帝國」（並在納粹於占領地裡新清出的土地上定居）。德國人趕走斯拉夫人，滅絕猶太人，從東、西兩側輸入奴工。

一九三九至一九四三年間，史達林和希特勒兩人就使約三千萬人遭到離開家園、移居他處、驅逐出境、離散各地的命運。隨著軸心國軍隊撤退，這一過程反轉。移居新家園不久的德裔，跟著定居東歐各地已久的德裔，拚命逃離節節逼近的紅軍。那些安然退到德國境內的人，發現身邊還有一大群同樣流離失所而人數激增的難民。英國陸軍軍官威廉・拜福－瓊斯（William Byford-Jones）如此描述一九四五年的情勢：

> 到處是流離失所者！失去丈夫、小孩的婦女；失去妻子的男人；失去家和孩子的男女；失去大片農田、土地、店鋪、釀酒廠、工廠、麵粉廠、大宅的整戶人家。還有孤伶伶一個人帶著小包袱的兒童，身上別了讓人看了難過的標牌。他們已和媽媽走散，或者媽媽已死，由其他漂流異鄉者葬在路邊某處。

從東邊來了波羅的海人、波蘭人、烏克蘭人、哥薩克人、匈牙利人、羅馬尼亞人和其他民族：有些人純粹在逃避戰亂，有些人則是逃到西方以免落入共產黨統治。有位《紐約時報》記者描述，一道長長的人龍，兩萬四千名哥薩克軍人和家庭，穿過奧地利南部，「每個重要細節都和拿破崙戰爭時畫家筆下可能呈現的沒有兩樣。」

從巴爾幹半島投奔而來的，不只德裔，還有十多萬克羅埃西亞人。這些克羅埃西亞人來自安特．帕維利奇（Ante Pavelic）所領導的戰時法西斯政權，該政權垮台後，他們害怕遭狄托的敵後游擊隊報復而逃難至此。[3]在德國和奧地利，除了被盟軍拘留的納粹德國國防軍和從德國戰俘營新近獲釋的盟軍軍人共數百萬人，還有許多曾與德國人並肩作戰或受德國指揮與盟軍為敵的非德國人：安德烈．佛拉索夫（Andrei Vlasov）所統率抗蘇軍裡的俄羅斯籍、烏克蘭籍軍人和其他軍人；來自挪威、荷蘭、比利時、法國而志願投入納粹德國黨衛軍者；在拉脫維亞、烏克蘭、克羅埃西亞等地大量招募來的集中營職員、德國後備戰士和其他人。這些人全都有充分理由該逃避蘇聯的報復。

然後還有被納粹招募到德國工作而剛獲釋的男女。他們從歐陸各地被帶進德國農場和工廠，為數達數百萬，分散於德國本土和德國所吞併的土地上。一九四五年時，他們是被納粹強迫離開家鄉的人員中最大的一個族群。因此，對許多歐洲老百姓來說——包括一九四三年九月義大利向盟軍投降後，被其前盟友強行送到德國的二十八萬義大利人——非志願性的經濟遷徙，乃是二次大戰帶給他們的首要社會經驗。

德國境內的外籍工人大部分是不甘不願被帶到那裡，但並非都是如此。一九四五年德國戰敗時身陷德國的外籍工人，有一些乃是自願前來，例如那些在本國找不到工作而在一九三九年前接

4 他們當然要害怕。後來，在奧地利的英軍將他們交給南斯拉夫當局（根據盟軍協議，得將這類俘虜交還他們於戰時敵對的政府），其中至少四萬人遭殺害。

受納粹德國境內的工作機會且待了下來的荷蘭人。[5]對那些來自東歐、巴爾幹半島、法國、荷比盧的男女工人來說，即使戰時德國雇主付的薪水微薄，比起留在家鄉，在德國生活往往仍較優裕。至於蘇聯籍工人（一九四四年九月時德國境內有超過兩百萬），即使是被強行帶到德國，也不盡然為此感到遺憾，誠如其中一位名叫艾蓮娜・斯克賈貝納（Elena Skrjabena）者在戰後所憶道：「他們無一人埋怨德國人把他們送到德國產業工作。因為對他們每個人來說，那是離開蘇聯的惟一機會。」

另一群被迫漂流異鄉者，即集中營倖存者，感受大不相同。他們的「罪行」形形色色——政治或宗教上反對納粹或法西斯、武裝反抗、因攻擊納粹國防軍軍人或設施而集體受罰、犯了違反占領規定的小過錯、真有其事或揑造的犯罪活動、觸犯納粹的種族法。他們活著走出那些最終堆了高高屍體且有各種疾病——痢疾、結核、白喉、傷寒、斑疹傷寒、支氣管肺炎、胃腸炎、壞疽和其他許多病——流行的集中營。但即使是這些倖存者，境遇都比猶太人好，因為他們未遭到有計畫且集體的屠殺。

捱過來的猶太人少之又少。得到解放的猶太人中，有十分之四於盟軍抵達後幾星期內死亡，他們的身體之差，西方藥物也無能為力。但活下來的猶太人，就像歐洲其他數百萬無家可歸者裡的大部分人，設法進了德國。德國是盟軍將設立機構和收容營的地方，且對猶太人來說，東歐終究仍不安全。經過戰後在波蘭遭遇一連串集體迫害之後，許多倖存的猶太人永遠離開那地方；光是一九四六年七月至九月間，就有六萬三千三百八十七名猶太人從波蘭抵達德國。

因此，一九四五年所正發生且至那時已至少進行了一年的，乃是規模前所未見的種族清洗和人口遷移。在某種程度上，這是「自發性」種族隔離的結果：例如，在波蘭覺得不安全且不受歡迎而離開該地的猶太倖存者，或寧願離開伊斯特里亞半島而不願受南斯拉夫人統治的義大利人。許多曾與占領軍合作的少數民族（南斯拉夫境內的義大利人、曾遭匈牙利人占領而這時重歸羅馬尼亞人管轄的川西瓦尼亞北部境內的匈牙利人、蘇聯西部的烏克蘭人等），跟著後撤的納粹國防軍逃跑，以免遭當地多數民族或節節進逼的紅軍報復，且從此未再回來。他們的離開或許不是當地政府所明令規定或執行，但他們沒什麼選擇。

但在其他地方，早在戰爭結束前許久，官方就已在執行這方面的政策。始作俑者當然是德國人。他們趕走、滅絕猶太人，集體驅逐波蘭人和其他斯拉夫民族。一九三九至一九四三年，在德國支持下，在具有歸屬爭議的川西瓦尼亞境內新劃了邊境線，新國界兩側的羅馬尼亞人和匈牙利人各自移往另一側。蘇聯當局則在烏克蘭和波蘭之間執行了一連串強制性的人口交換；一九四四年十月至一九四六年六月，一百萬波蘭人，在家鄉變成烏克蘭西部一部分之後，逃離或被逐出家園，同時有五十萬烏克蘭人離開波蘭前往蘇聯。原本混雜著不同信仰、語言、族群的地區，在幾個月內，變成兩個涇渭分明、各住著單一民族的地區。

保加利亞把十六萬土耳其人移到土耳其；捷克斯洛伐克根據一九四六年二月與匈牙利達成的協議，從斯洛伐克境內多瑙河北岸的諸聚落移出十二萬匈牙利人，換取居住在匈牙利境內的同數目斯洛伐克人。在波蘭與立陶宛之間，在捷克斯洛伐克與蘇聯之間，也出現這類人口轉移；四十

5 但現實上他們也沒什麼選擇。一九三〇年代經濟大蕭條期間，凡是不願接受德國的工作合約者，也都可能失去其在荷蘭的失業救濟金。

萬人被從南斯拉夫南部遷到北部，以填補六十萬德國人、義大利人離去後騰出的空間。在這裡，一如在其他地方，遭遷動的族群，事前未獲諮詢。但受影響最大的族群是德意志人。

若事先知道，東歐的德意志人大概不管怎麼樣都會往西逃：他們在那些國家已世居數百年，但一九四五年時，他們在那裡已不受歡迎。在那些國家，人民普遍想教訓當地的德裔，以發洩遭戰爭蹂躪、遭德國人占領的憤恨，加以戰後的政府利用這股民氣，於是南斯拉夫、匈牙利、捷克斯洛伐克、波蘭、波羅的海地區、蘇聯西部的德裔族群注定逃不過迫害，他們對此心知肚明。

他們終究別無選擇。早在一九四二年，英國就已私下同意捷克於戰後遷走蘇台德地區德裔居民的要求，隔年美、蘇就此事達成共識。一九四五年五月十九日，捷克斯洛伐克總統艾杜瓦德・貝內斯（Edouard Benes）宣布，「我們已決定一勞永逸地解決我們共和國內的德意志人問題。」[6]德意志人（和匈牙利人、其他「叛國賊」）的資產，將歸政府管制。一九四五年六月，他們的土地遭沒收，同年八月二日，他們失去捷克斯洛伐克公民身分。接下來十八個月裡，有將近三百萬德裔遭逐入德國，其中大部分是來自捷克蘇台德地區的德裔。驅逐過程中，約略有二十六萬七千人死亡。一九三〇年時，波希米亞、摩拉維亞人口裡，德裔占百分之二十九，一九五〇年人口普查時，只剩百分之一・八。

從匈牙利，有六十二萬三千德裔遭逐出，從羅馬尼亞，七十八萬六千德裔，從南斯拉夫，約五十萬，從波蘭，一百三十萬。但最大一批德裔難民，來自德國的前東疆地區：西里西亞、東普魯士、波美拉尼亞（Pomerania）東部、布蘭登堡東部。在波茨坦會議（一九四五年七月十七至八月二日）上，美英蘇三國同意，三國政府「認同未來得將波蘭、捷克斯洛伐克、匈牙利境內剩下的德裔人口……移到德國」（後來所訂《波茨坦協定》第十三條）。從某個程度上來說，這只是追認已發生的事，但這也代表正式承認了將波蘭邊界西移可能導致的後果。屆時將會有約七百萬德裔赫然發現自己置身波蘭，而波蘭當局（和占領波蘭的蘇聯軍隊）想將他們遷走——這有一部分是為了讓波蘭人和其他民族，隨著波蘭東部地區被併入蘇聯而失去家園之後，得以給重新安置在西邊的新領土上。

最後結果就是對新的現實狀況賦予法理的承認。東歐境內的德裔人口已被強行清空：誠如史達林在一九四一年九月所承諾的，他已將「東普魯士歸還給斯拉夫人，那裡本就屬於斯拉夫人」。根據《波茨坦宣言》，「任何（人口）遷移行動都應以有條理且人道的方式為之」，但在當時情況下，這幾乎是不可能。有些西方觀察家震驚於德裔所受到的待遇。一九四六年十月二十三日，《紐約時報》通訊員安妮・奧海爾・麥科米克（Anne O'Hare McCormick）寫下她的感想：「重新安置的規模和它發生時所處的環境，乃是史上所未見。親眼目睹其駭人慘狀者，肯定都會認為那是違反人道的罪行，歷史將會為此施行嚴厲的懲罰。」

歷史並未施行這樣的懲罰。事實上，這一千三百萬遭驅逐的德裔，定居西德，且相當順利地融入西德社會，但那段記憶至今猶存，且在巴伐利亞（他們之中許多人落腳的地方），這件事仍令人大為激動。對如今的人來說，聽到德裔遭驅逐一事被說成是「違反人道的罪行」，可能會有點刺耳，畢竟在那幾個月之前，同樣那些德裔，曾犯下全然不同程度的罪行，罪行已遭到披露。

6 一九四五年五月九日，貝內斯在布拉提斯拉發演講時，宣布捷克人和斯洛伐克人再也不想和匈牙利人、德意志人生活在同一國度。自此之後，這一想法和隨之展開的行動，一直纏擾捷克、德國之間的關係和斯洛伐克和匈牙利之間的關係。

但在當時，那些德裔還是活生生存在的人，而他們所加害的人（尤其是猶太人）大部分卻已死亡無蹤。泰爾福·泰勒（Telford Taylor），即納粹領導階層在紐倫堡接受大審時的美籍檢察官，在幾十年後寫道：戰後族群驅逐和戰時人口清洗兩者間有一重大差別，「戰時，驅逐者跟著被驅逐者，以確使被驅逐者隔離在聚居區，然後不是殺死他們，就是把他們當強制性勞力使用。」

一次大戰結束時，國界遭人為創造並調整，人則大致上留在原處。[7] 一九四五年後，情況則相反：除了一個重大例外，國界大體上保持原狀，但人遭到遷移。當時的西歐決策者覺得，保護少數民族的《凡爾賽條約》和國際聯盟已證明失敗，即使只是恢復它們，都會是錯誤。因此，對於人口遷移一事，他們很輕易就默許同意。如果中歐、東歐倖存的少數民族無法得到有效的國際保護，那還不如將他們送到較願意接納他們的地方。「種族清洗」一詞當時尚不存在，但那種事實際上已存在，且完全未激起大多數人的反對或良心不安。

一如過去常有的事，波蘭又成了例外。波蘭被蘇聯拿走了東疆約十七萬六千平方公里的土地，並從德國那裡得到奧得河、尼斯河以東約十萬平方公里更好的土地作為補償。對受影響地區裡的波蘭人、烏克蘭人、德意志人來說，波蘭領土的調整突兀，且影響重大。但在一九四五年的情況下，那非比尋常，且應該視為是史達林在其帝國西緣沿線所強行進行的領土總調整的一部分。這一領土總調整，還包括從羅馬尼亞那裡收回比薩拉比亞（Bessarabia），從羅馬尼亞和捷克斯洛伐克分別奪得布科維納（Bukovina）、下喀爾巴阡山的盧森尼亞（Sub-Carpathian Ruthenia），將波羅的海諸國併入蘇聯，保住戰時從芬蘭手中奪得的卡雷利亞半島（Karelian peninsula）。

至於蘇聯新邊界以西，變動不大。保加利亞從羅馬尼亞那裡收回位於多布羅加（Dobrudja）地區的一片狹長土地；捷克斯洛伐克從匈牙利那裡取得位於多瑙河右岸、布拉提斯拉發對面的三個村子（匈牙利是戰敗的軸心國，因而只能接受）；狄托保住終戰時他的軍隊所占領，的里雅斯特周邊、威內齊亞朱利亞境內原屬義大利領土的其中一部分，一九三八至一九四五年間強行奪取的其他土地則物歸原主，過去的狀況得到恢復。

撇開某些例外不說，如此安排後，歐洲境內的國家，變成由民族組成的同質性更甚於以往任何時候的民族國家。蘇聯當然仍是個多民族帝國。戰時南斯拉夫內部爆發慘烈的種族衝突，但其種族的多元複雜，戰後絲毫未減。羅馬尼亞仍有數目不詳（數百萬）的吉普賽人，其川西瓦尼亞地區仍住著為數可觀的匈牙利裔少數族群。但一九三八年時波蘭人只占波蘭全人口百分之六十八，到了一九四六年，波蘭境內絕大多數是波蘭人。德國境內幾乎全是德意志人（未計入暫時落腳的難民和被迫漂流異鄉者）；至於捷克斯洛伐克，在一九三八年慕尼黑會議之前，境內有百分之二十二的德裔、百分之五的匈牙利人、百分之三的喀爾巴阡山烏克蘭人、百分之一．五的猶太人，這時則幾乎清一色是捷克人和斯洛伐克人；捱過戰爭的五萬五千捷克斯洛伐克猶太人中，會有三萬九千人於一九五〇年前離開該國。歐洲境內存在已久的離散民族——位於巴爾幹半島南部和黑海周邊的希臘人、土耳其人，位於達爾馬提亞的義大利人，位於川西瓦尼亞和巴爾幹半島北

7 因一九二三年的《洛桑條約》，希臘人和土耳其人是重大例外。

部的匈牙利人，位於沃倫（Volhynia，屬今烏克蘭）、立陶宛、布科維納的波蘭人，從波羅的海到黑海和從萊茵河到伏爾加河之間的德裔，各地的猶太人——這時則萎縮、消失。「更為整齊」的新歐洲漸漸誕生。

對被迫漂流異鄉者、難民的初期處置——將他們集中，為他們設立收容營，提供吃、穿和醫療——大部分由占領德國的盟軍（特別是美軍）負責。在德國，不存在其他治理機構，在同樣有難民聚集的奧地利和北義大利亦然。只有軍隊有人力、物力、財力和組織能力，處理相當於一中型國家人口的難民問題。對於幾個星期前還幾乎把全副心力放在打敗納粹德國國防軍上面的龐大軍事機器來說，這是前所未有的重任。針對軍隊在處理難民、集中營倖存者上面所受到的批評，一九四五年十月八日艾森豪將軍（盟軍最高統帥）向杜魯門總統報告：「在某些事情上，我們做得不夠好，但我要指出，全軍上下面臨了一個複雜的難題，即要從戰鬥狀態轉為負責集體遣返，再轉為應付目前獨特福祉問題的靜態模式。」

但收容營一旦建構完備，照顧數百萬被迫漂流異鄉者和最終予以遣返或重新安置的責任，就愈來愈倚重「聯合國善後救濟總署」。這機構於一九四三年十一月九日的華盛頓會議上創立，且於戰後的緊急時期繼續扮演吃重角色。這一會議是為因應戰後可能的需求而召開，共有四十四個日後將成為聯合國會員的國家派代表與會。一九四五年七月至一九四七年六月間，聯合國善後救濟總署花了一百億美元，這資金幾乎全由美國、加拿大、英國三國政府提供。其中有些援助款項直接撥給位於東歐的前盟邦（波蘭、南斯拉夫、捷克斯洛伐克）和蘇聯，還有德國等地境內負責處置被迫漂流異鄉者的機構。前軸心國集團中，只有匈牙利得到聯合國善後救濟總署的援助，且金額不多。

一九四五年晚期，聯合國善後救濟總署掌理德國境內為被迫漂流異鄉者、難民而設的兩百二十七個收容營和救濟中心，還有位於鄰國奧地利境內的二十五個和位於法國、荷比盧三國境內的幾個。至一九四七年六月，該機構在西歐境內設有七百六十二個這類單位，其中絕大多數位在德國的「西方區」。在一九四五年九月，該機構鼎盛時期，得到聯合國善後救濟總署和其他盟軍機構照顧或遣返的獲解放聯合國平民（亦即不包括前軸心國公民），有六百七十九萬五千人，此外還應加上受蘇聯管轄的七百萬人和數百萬被迫漂流異鄉者的德意志人。從國籍上看，最大的群體來自蘇聯：獲釋的犯人和曾遭強制勞役者。再來是兩百萬法國人（戰俘、勞動者、遭放逐者）、一百六十萬波蘭人、七十萬義大利人、三十五萬捷克人、三十多萬荷蘭人、三十萬比利時人和不計其數的其他民族成員。

聯合國善後救濟總署供應的糧食，在解決南斯拉夫吃的問題上貢獻特別大：沒有這機構的援助，大概會有更多的人死於一九四五至一九四七年。因有該機構的協助，波蘭的糧食消耗水平得以維持在戰前水平的六成，在捷克斯洛伐克則是八成。在德國、奧地利，該機構與國際難民組織共同承擔了處理被迫漂流異鄉者、難民的責任。

國際難民組織於一九四六年十二月獲聯合國大會確立了法律身分，運作資金大體上也是來自西方同盟國。第一年（一九四七）的預算，美國分攤了百分之四十六，一九四九年時增加到六成；英國分攤百分之十五，法國分攤百分之四。由於西方同盟國與蘇聯在強制遣返上意見不合，國際難民組織始終被蘇聯（和後來的蘇聯集團）視為不折不扣的西方工具，其服務對象因而侷限於西方占領軍所控制區域內的難民。此外，國際難民組織的業務侷限於滿足難民需求，因而，被迫漂流異鄉的德意志人也無緣得到它的救助。

被迫漂流異鄉者（the displaced person，據認有家可歸者）和難民（refugee，被歸類為無家可歸者）兩者間的差異，只是這些年被納入考量的許多細微差異的其中一個。戰時隸屬於盟邦（捷克斯洛伐克、波蘭、比利時等）的國民，或前敵國（德國、羅馬尼亞、匈牙利、保加利亞等）的國民，戰後受到的待遇隨之不同。要確立難民的遣返先後時，也搬出這一差異為依據。最先需要予以處理、遣送返鄉者是從集中營解放的聯合國國民，再來是曾是戰俘的聯合國國民，接著是被迫漂流異鄉的聯合國國民（有許多是曾遭強制勞役者），再來是來自義大利的被迫漂流異鄉者，最後是前敵國的國民。德意志人要留在原地，由當地吸收。

將法國、比利時、荷蘭、英國或義大利公民送回其母國，相對較容易，只要解決人力、物力的調派問題即可：確定誰有權去何處，找到足夠的火車載他們去那裡。到了一九四五年六月十八日，在德國投降一個月前，於德國找到的一百二十萬法國國民，只剩下四萬零五百五十人未返回法國。義大利人得等更久，因為屬於前敵對國的國民，且因為義大利政府未有完善的計畫遣返其公民。儘管如此，一九四七年時他們還是全已返國。但在東方，有兩個大難題。有些被迫漂流異鄉的東歐人，嚴格來講不屬於任何已受承認的國家，無國可回，且其中許多人不想返鄉。最初這使西方管理者大為苦惱。根據一九四五年五月在德國哈雷（Halle）簽署的一項協議，蘇聯的所有前戰俘和其他公民得返鄉，且認定他們有這意願。但有個例外：西方盟國不承認戰時史達林將波羅的海三國併入蘇聯的舉動，因此，德、奧兩國西方占領區裡安置的被迫漂流異鄉的愛沙尼亞人、拉脫維亞人、立陶宛人，可以選擇返回東邊或在西方另覓棲身之所。

但不願回去者，不止波羅的海人。許多曾是蘇聯、波蘭、羅馬尼亞、南斯拉夫公民者，也較傾向於留在德國境內的暫時收容營，而不願返回故國。就蘇聯公民來說，不願意回國往往是因為擔心自己在西方待過，會遭到報復。即使待在西方的時間都是在戰俘營度過，這樣的擔心仍有充分的根據。就波羅的海人、烏克蘭人、克羅埃西亞人和其他人來說，則是不願返回名義上即使尚未遭共黨控制、但實質上已如此的國家：在許多例子裡，不願意返國，不只是因為擔心自己因實有其事或強加的戰爭罪行而遭懲罰，還因為純粹想逃到西方，過更好的生活。

一九四五和一九四六年，西方當局傾向於不理會這類願望，逼蘇聯等東歐國家的公民返國，有時並為此動用暴力。在蘇聯官員積極赴德國收容營抓回自己國民時，來自東歐的難民想方設法欲讓困惑不解的法國、英國或美國官員相信，他們不想回「國」，寧願待在德國。他們的訴求不盡然能如願：一九四五至一九四七年，西方盟國送回兩百二十七萬兩千名蘇聯公民。

英國或美國部隊集攏烏克蘭敵後游擊隊員、從未成為蘇聯公民的俄羅斯流亡人士和其他許多人，逼他們越過邊界——有時是動手推——把他們交給等著的蘇聯人民內務委員部。[8]一落入蘇聯手裡，他們即和數十萬遭遣返的其他蘇聯國民，還有匈牙利人、德意志人、其他戰時與蘇聯為敵者，一起被紅軍流放到東邊。至一九五三年，遭遣返的蘇聯國民已達五百五十萬。其中五分之一最後遭槍殺或交給古拉格（蘇聯內務部勞改局）。還有許多人直接送到西伯利亞流放，或發配

8 一九四五年五月結束時，英軍把逃到奧地利的斯洛維尼亞軍人和平民共一萬人交給南斯拉夫當局。其中大部分人被載到科切維（Kocevje）森林，草草槍斃掉。

勞動隊。

一九四七年，隨著冷戰展開，西方願意將被迫離開蘇聯集團而漂流異鄉者視為政治難民，才不再強制遣返（一九四八年二月布拉格發生共黨政變時，仍置身德、奧兩國的五萬捷克國民，立即被賦予政治難民的身分）。共有一百五十萬波蘭人、匈牙利人、羅馬尼亞人、保加利亞人、南斯拉夫人、蘇聯國民、猶太人，因此免於遭到遣返。這些人，加上波羅的海人，構成留在德、奧兩國西方占領區裡和義大利境內被迫漂流異鄉者的絕大多數。一九五一年，《歐洲人權公約》將這類被迫漂流異鄉的外國人所理應受到的保護明文化，使他們不致遭強制遣返、迫害。

但問題仍在：他們要何去何從？難民和被迫漂流異鄉者本身對未來要走的路很篤定。據一九四八年十月珍妮特・富蘭納（Janet Flanner，筆名Genêt）在《紐約客》雜誌上所寫，「（這些被迫漂流異鄉者）願意去地球上任何地方，就是不願返鄉。」但誰會接納他們？缺乏勞力且正如火如荼重建經濟、硬體的西歐諸國，最初張開雙臂接納某幾類無國可回的人。比利時、法國、英國特別需要煤礦工、建築工、農業工人。一九四六至一九四七年，比利時接納了兩萬兩千名被迫漂流他鄉者（和其家眷），讓他們在瓦隆尼亞（Wallonia）的礦場工作。法國接納了三萬八千人，讓他們從事多種勞力型工作。英國收了八萬六千人，包括許多波蘭退伍軍人和曾在納粹黨衛軍「哈利奇尼亞」（Halychnya）師服役的烏克蘭人。[9]

接納的審核標準很簡單——西歐諸國對身強力壯的（男性）粗活工人感興趣，因此，不管波羅的海人、波蘭人、烏克蘭人戰時有何不光彩紀錄，都欣然接納。單身婦女可從事勞力型工作或幫傭而受到歡迎，但一九四八年，加拿大勞動部只要發現申請移居加國以從事幫傭工作的已婚、未婚女性，學歷超過中學，即予以駁回。沒有國家想要年紀較大者、孤兒或帶著小孩的單身婦女。再者，難民大多未受到熱情接納——戰後美國、西歐境內的民意調查顯示，對難民的困境非常冷淡。大部分人希望外來移民減少而非增加。

猶太人的問題比較特別。最初西方當局未對被迫漂流異鄉的猶太人特別看待，把他們同許多戰前迫害他們者一起收容在德國境內的收容營。但一九四五年八月，美國總統杜魯門宣布，應為美國所占領德國的地區內所有被迫漂流異鄉的猶太人，另行設置專門的收容所：根據杜魯門命人撰寫的此問題調查報告，過去收容營和收容中心不區隔收容人的作法，「在處理此問題上明顯悖離現實。不願承認猶太人的特殊身分，等於是……漠視他們過去所受較慘無人道的迫害。」到了一九四五年九月底，美國占領區裡的猶太人，全已和其他收容人分開，另行照顧。

戰後未有猶太人被送回東歐。蘇聯、波蘭或其他任何地方，都沒人表露過讓他們回來的意思。在西歐，猶太人也不是很受歡迎，特別是那些受過教育或有資格從事非勞力型工作的猶太人。因此，十足諷刺的，他們在德國留了下來。以色列國創建之後，才解決了「安置」歐洲猶太人的難題：一九四八至一九五一年三十三萬兩千歐洲猶太人前往以色列，他們若不是來自德國境內的國際難民組織收容機構，就是直接來自羅馬尼亞、波蘭和其他地方（就那些仍留在這些國家的猶太人來說）。最後還有十六萬五千猶太人前往法國、英國、澳洲和北美或南美。

9 納粹黨衛軍哈利奇尼亞師（又稱加里西亞師），由兩次大戰之間具有波蘭公民身分而戰後家鄉遭併入蘇聯的烏克蘭人組成。因此，他們雖曾與納粹德國國防軍一起在戰場上打過蘇聯，卻未被遣返蘇聯，被西方當局視為不屬於任何國家的人。

投奔那些地方的，除了猶太人，還會有收容機構裡剩下的二次大戰難民和被迫漂流異鄉者，以及一九四七至一九四九年從東中歐諸國逃出來的新一代政治難民。那幾年裡，美國共接納了四十萬人，另有十八萬五千人在一九五三至一九五七年間來美。加拿大共接納了十五萬七千名難民和被迫漂流異鄉者，澳洲接納了十八萬兩千（其中有六萬波蘭人、三萬六千波羅的海人）。

這一成就之大，在此有必要特別點出。有些人，特別是來自南斯拉夫、羅馬尼亞的某幾類德裔，因為《波茨坦協定》未觸及其安置問題，他們前途茫茫，不知何去何從。經歷過六年戰禍蹂躪，且預期將因冷戰而陷入分裂，歐陸是滿目瘡痍、愁雲慘霧、貧困不堪，但這塊大陸上的盟軍軍政府和聯合國民間機構，還是在六年時間裡，成功將來自歐陸各地、來自數十個民族與族群的數百萬絕望無助之人遣返、整合、重新安置——接受如此處置的人數之多，史上前所未見。到一九五一年結束，聯合國善後救濟總署和國際難民組織由新成立的聯合國難民事務高級專員公署取代時，歐洲境內暫時收容的被迫漂流異鄉者只剩十七萬七千人——大部分是老邁體弱者，因為沒人要。德國境內最後一個收容被迫漂流異鄉者的營區，位於巴伐利亞的佛倫瓦爾德（Foehrenwald），一九五七年關閉。

歐洲的難民和被迫漂流異鄉者，不只捱過一場各交戰國動用所有資源全力拚搏的大戰，還捱過了一連串內戰。事實上，從一九三四到一九四九年，當時歐洲諸國爆發一連串慘烈內戰，內戰之頻繁也是此前史上所未見。在許多例子裡，接下來遭外國人占領一事——不管是被德國人、義大利人或俄羅斯人占領——特別有助於內戰一方以新且殘暴的手段遂行其戰前政治計畫和敵對行動，且有助於他們將這類作為合法化。占領者當然未持中立立場。他們通常與被占領國內的特定派系合作，以打擊共同敵人。藉此，在承平時期原處於劣勢的政治傾向或少數民族，得以利用改變後的情勢一報宿仇舊怨。德國人特別喜歡挑動、利用這類情感，而這麼做不只是為了分化以便更輕易征服，還為了減少治理征服地區、維持當地平靖的麻煩和成本：他們可倚賴與他們合作的當地人為他們代勞。

一九四五年起，collaborator（合作者）一詞就被賦予明顯帶貶意的意涵，意義如同「通敵者」。但戰時的分裂對立和從屬關係，往往使被占領者與占領者的關係，比戰後「合作」與「反抗」兩詞的意涵所暗示的還要複雜，還要難以一語道斷。因此，在遭占領的比利時，有些說佛蘭芒語者，受惑於占領者給予的自治承諾和推翻說法語菁英階層對比利時的掌控、自己當家作主的機會，歡迎德國人入主，而重蹈一次大戰時已犯過的錯。在比利時，一如在其他地方，只要有利於遂行他們的目的，納粹很樂於操弄族群牌——一九四〇年納粹攻占比利時後，釋放了說佛蘭芒語的比利時戰俘，但把說法語的比利時瓦隆人（Walloon）戰俘一直關到戰爭結束。

在法國和比利時（在挪威亦然），反抗德國人的行動是玩真的，特別是德國占領最後兩年，納粹想強拉年輕男子到德國服勞役，促使許多年輕男子選擇投入風險較小的抗德游擊隊（maquis，「森林」）。但一直到德占結束，活躍的反抗分子才多過那些出於信念、貪圖金錢或自身利益而與納粹合作者。據估計，在法國，完全投入反抗或合作的可能人數，雙方約略相當，頂多在十六萬至十七萬之間。而且他們的主要敵人往往是對方：德國人大體上置身事外。

在義大利，情況較複雜。墨索里尼於一九四三年七月的宮廷政變中遭推翻時，法西斯分子掌權已二十年。或許因為這緣故，當地對法西斯政權的反抗不多；活躍的反法西斯分子大部分流亡在外。義大利於一九四三年九月正式成為同盟國陣營的「並肩作戰國」之後，德國所占領的義大利北部，陷入傀儡政權（墨索里尼的「薩洛共和國」）和實力雖弱但勇氣十足的敵後游擊隊反抗組織相持的局面。這個反抗組織與節節進逼的盟軍合作，有時還得到盟軍支持。

但在此地，在一九四三至一九四五年那些年（當大多數明智的義大利人被困在一場與一小群殺人不眨眼、且與境外強權勾結的恐怖分子的衝突裡時），雙方陣營所帶來的，其實也是場不折不扣的內戰，有為數不少的義大利人互相殘殺。說到殘暴占領者的合作者，薩洛的法西斯其實是少數，不具備代表性；但當時他們所能指望得到的國內支持卻也不容小覷，且無疑不低於他們最咄咄逼人的對手——共黨領導的敵後游擊隊——所能指望得到的。在義大利人的這場鬥爭裡，反法西斯的反抗運動其意義著實令人難堪，在戰後數十年裡，這段記憶遭到封鎖。

在東歐，情況又更複雜。斯洛伐克人和克羅埃西亞人趁德國人入主的有利形勢，按照戰前分離主義政黨所擬的計畫，建立了名義上獨立的國家。在波蘭，德國人未尋求合作者；但在更北邊——波羅的海諸國，乃至芬蘭——納粹德國國防軍最初受到歡迎，因為當地人認為若不想遭蘇聯占領、吞併，讓納粹國防軍入主，不失為好辦法。烏克蘭人特別竭盡所能利用一九四一年遭德國占領的情勢，以取得他們追求已久的獨立地位，而東加里西亞和西烏克蘭境內則爆發慘烈內戰，交戰雙方是烏克蘭裔、波蘭裔敵後游擊隊員，分別打著反納粹、反蘇聯的旗號。在上述情況裡，意識形態鬥爭、族群衝突、追求政治獨立之戰這三者間的細微差異，變得沒有意義：特別是對當地居民來說。不管是在上述哪種情況下，當地居民都是最大受害者。

波蘭人、烏克蘭人或並肩作戰或彼此交戰，或與納粹德國國防軍、蘇聯紅軍並肩作戰，或在戰場上與他們敵對廝殺，因時因地而異。在波蘭，這場衝突於一九四四年後轉變為反共產政權的游擊戰，在一九四五至一九四八年間奪走了約三萬波蘭人的性命。在蘇聯所占領的烏克蘭境內，最後一個敵後游擊隊指揮官羅曼・舒海維奇（Roman Shukhevych），於一九五〇年在利維夫（Lviv）附近遇害，但零星的反蘇活動，在烏克蘭，特別是愛沙尼亞，又持續了數年。

但在巴爾幹半島，二次大戰最讓人覺得是場內戰，而且是場特別血腥的內戰。在南斯拉夫，傳統標籤（合作者、反抗者）的意義特別模糊難解。塞爾維亞的切特尼克[10]敵後游擊隊隊長德拉札・米哈伊洛維奇（Draza Mihajlovic）是什麼樣的人？愛國者？反抗者？合作者？他們是為何而戰？反抗（德國人、義大利）占領者？報復來自兩次大戰之間之南斯拉夫國的國內政敵？塞爾維亞人、克羅埃西亞人、穆斯林之間的族群衝突？贊成或反對共黨目標？對許多人來說，動機不只一個。

因此，在納粹扶植成立的克羅埃西亞傀儡政權裡，安特・帕維利奇的克羅埃西亞革命運動（ustase）政權，殺害塞爾維亞人（二十多萬人）和穆斯林。但米哈伊洛維奇的保王派敵後游擊隊（成員以塞爾維亞人居多），也殺害穆斯林。光是因為這緣故，波士尼亞的穆斯林有時就與德軍合作以求自保。狄托的共黨敵後游擊隊，雖以將德軍、義軍趕出南斯拉夫為戰略目標，仍投入時間和

10 Chetnik，戰時的「切特尼克」敵後游擊隊，乃是根據十八世紀塞爾維亞受奧圖曼人統治時，抗擊奧圖曼統治者的幾支高地游擊隊之名命名。

資源先將切特尼克組織消滅掉——特別是因為這是他們力所能及的目標。在敵後游擊隊與切特尼克的交戰過程中叱吒風雲的米洛凡．吉拉斯，十年後以文字道出在遭占領的南斯拉夫境內戰爭與反抗的真實體驗，那時他已對那番交戰的結果大為失望：「在挨餓、流血、受到桎梏的土地上，雙方軍隊花了幾個小時爬上陡峭的峽谷岩壁，來到拔地而起約六千呎的高峰上，以免遭殲滅，或為消滅一小群往往就是自己鄰居的同胞。我想到，關於工農與資產階級鬥爭，我們說了種種理論、願景，如今卻走到這地步。」

在更南邊的希臘，就像在南斯拉夫，二次大戰予人的感受，乃是周而復始的入侵、占領、反抗、報復、內戰的過程，在一九四四年十二月共黨分子與支持保王派的英軍在雅典五個星期的衝突中，達到最高潮。一九四五年二月，衝突雙方簽訂停戰協定，但一九四六年衝突再起，又打了三年，最後是共黨潰敗，遭逐出他們位於多山北部地區的據點。希臘人的反義、反德，無疑比法國或義大利境內更為人知的反抗運動更有成效（光是一九四三至一九四四年就帶給德軍六千多人死傷），但帶給希臘人本身的傷害又更大。希臘共黨游擊隊和以雅典為大本營、受西方支持的希臘國王政府，恐嚇村民，摧毀通信設施，使國家在此後數十年陷入分裂。戰事於一九四九年九月結束時，已有一成人口無家可歸。這場希臘內戰少了許多南斯拉夫、烏克蘭內戰那種複雜的種族糾葛，[11]但從人道的角度看，付出的代價更大。

歐洲這些內戰的戰後衝擊非常巨大。簡單來說，它們意味著歐洲境內的戰爭，未在一九四五年隨著德國人離去而結束：內戰最讓人心痛難忘的特點之一，乃是敵人落敗後仍留在原處；衝突的記憶也跟著敵人留下，未曾遠離。但那些年內部的自相殘殺，帶來的衝擊不止於此。那些自相殘殺的戰爭，加上納粹、蘇聯先後占領所帶來前所未見的殘酷暴行，削弱了歐洲國家的政治結構。自此之後，一切改觀。就社會革命這個迭遭濫用的字詞來說，那些內戰把二次大戰——希特勒的戰爭——轉變為一場最不折不扣的社會革命。

首先，陸續遭外國強權占領，必然削弱當地統治者的管轄權和合法性。法國的維琪政權——就像約瑟夫．提索（Józef Tiso）的斯洛伐克國或位於薩格勒布（Zagreb）的帕維利奇的克羅埃西亞革命運動政權——名義上宣稱自治，其實是仰人鼻息的希特勒代理人，大部分人對此了然於心。在市鎮治理上，荷蘭或波希米亞境內與德國人合作的當地政府，保有一定程度的自主權，但只有在不違逆德國人主子下才享有。在更東邊，納粹和後來的蘇聯安插自己的人和機構，取代既有的體制，除非占領地內部既有的分裂對立和野心，可讓他們從中操弄而漁翁得利。說來諷刺，只有在那些與納粹結盟、從而得以自行統治的國家裡——芬蘭、保加利亞、羅馬尼亞、匈牙利——當地才真正保有一定程度的獨立，至少在一九四四年前是如此。

捲入二次大戰的歐陸國家，除了德國和蘇聯心臟地帶這兩個例外，個個都遭占領過至少兩次：先是遭敵人占領，繼而遭盟國解放軍占領。有些國家——波蘭、波羅的海諸國、希臘、南斯拉夫——在五年內遭占領了三次。每一次遭入侵之後，前一政權都被消滅，前政權的權力都被廢除，前政權的統治菁英都被貶。在某些地方，結果是促成完全重新洗牌，舊有的統治集團遭唾棄，他們的代表抬不起頭。例如，在希臘，戰前獨裁者邁塔克薩斯（Metaxas）當政時已掃除舊國會階

11 但並非完全沒有——戰後，希臘共黨以機會主義心態支持希臘北部的斯拉夫裔居住區併入共黨統治的保加利亞，對其所奮鬥的目標幾無助益。

層。德國人入主，拉下邁塔克薩斯，然後德國人也遭趕走，而那些曾與他們合作者，處境堪慮，名譽掃地。

肅清社會、經濟領域的舊菁英人士，其所帶來的改變可能最劇烈。納粹撲殺歐洲猶太人，不只讓許多人喪命，還對中歐許多由猶太人構成當地專業階層（醫生、律師、商人、教授）的城鎮，帶來重大的社會後果。後來，往往在同樣那些城鎮裡，當地資產階級的另一個重要組成部分（德意志人）也遭拔除。結果是促成社會面貌的徹底改變，使波蘭人、波羅的海人、烏克蘭人、斯洛伐克人、匈牙利人和其他族群有機會取得離去者所留下更好的工作（和家園）。

這一消除地位差異的過程——中、東歐的本土族群取代遭驅逐的少數民族——乃是希特勒對歐洲社會史最長遠的貢獻。德國人原計畫消滅波蘭與蘇聯西部境內的猶太人和當地受過教育的知識分子，把剩下的斯拉夫人貶為新農奴，把土地和政府交給遷居當地的德國人掌理。但紅軍抵達而德國人遭趕走之後，這一新形勢反倒為更激進的蘇聯計畫的施行，打造了絕佳的環境。

原因之一在於遭德國占領那些年，不只以血腥手段促成快速的向上社會流動，還促成法律和法治國家裡的生活習慣徹底瓦解。如果認為德國占領歐陸那時期，歐陸在無所不知、無所不在的權力監視下，情勢安定而有秩序，乃是悖離事實。波蘭是遭德國占領的諸地區裡受到最廣泛監控、壓制的地方，但即使在波蘭，社會仍繼續以抗拒新統治者的姿態在運作：波蘭人自行構成一個與占領者平行的地下世界，那世界裡有報紙、學校、文化活動、福利機構、經濟交易、乃至軍隊——而這些東西全在德國人禁止之列，全在法律之外運作，參與其中得冒很大的性命危險。

但重點就在這裡。要在遭占領的歐洲過正常生活，就得違法：除了占領者所頒的律法（宵禁、遷徙規定、種族法等），還有傳統律法和規範。例如，沒辦法弄到農產品的老百姓，大部分不得不透過黑市或非法的物物交易取得，以餵飽一家人。偷竊——不管是偷自國家、偷自同胞或偷自遭劫掠的猶太人商店——行徑非常普遍，因而有許多人不再把那視為犯法。事實上，由於憲兵、警察、地方行政首長代表占領者，為占領者效命，又由於占領軍本身以特定族群為對象從事有組織的犯罪行為，因此那時候犯的一般重罪，在解放後被轉而認定為是反抗行為。

尤其值得注意的，暴力成為日常生活的一部分。現代國家的最高權力，始終建立在極盡可能的獨占暴力和必要時願意動用武力之上。但在遭占領的歐洲，權力的存在只倚賴武力，武力的動用毫無顧忌。奇怪的是，正是在這些情況下，國家失去其對暴力行使的獨占。敵後游擊隊和政府軍隊爭奪合法性，而合法性取決於他們有沒有能力在特定領土上執行自己所頒布的命令。在希臘的較偏遠地區、波蘭東部邊界地區、蒙特尼格羅——現代國家的權力從來不是很穩固的地方——這最為真切。但二次大戰結束時，這也適用於法國、義大利兩國的部分地區。

暴力催生出「認為人皆自私」的心態。納粹和蘇聯的占領，遽然促成一場人人相互為敵的戰爭。他們不只阻止人效忠前一政權或國家已消失的權威，還阻止人與人以禮相待或建立情誼。整體來講，他們很成功。如果統治者無法無天地殘暴對待你的鄰居——因為那人是猶太人，或是受過教育的菁英階層或少數民族的一員，或已失寵於當權者，或毫無明顯的理由——那麼你何必再尊敬那人？事實上，明哲保身的作法，往往是做得更絕些，讓你的鄰居陷入麻煩，以搶先一步向當局邀功。

在德國所占領的歐洲地區（乃至未遭德國占領的歐洲地區），匿名通報、揭人瘡疤、謠言抹黑的事屢見不鮮。一九四〇至一九四四年間，匈牙利、挪威、荷蘭、法國境內，向納粹黨衛軍、蓋世太保、當地警方告發的事非常之多。有許多告發甚至不是為了獎賞或實質利益。在蘇聯統治下，特別是在一九三九至一九四一年蘇聯占領下的東波蘭境內，雅各賓式的鼓勵告密和質疑他人忠誠的（法國）大革命習性大行其道。

簡而言之，人人都有充分的理由害怕他人。由於猜忌他人，人們很容易就為了自己偏差的認定或非法占人便宜而告發他人。從政府那兒得不到任何保護：事實上，有權力者往往是最無法無天者。對一九三九至一九四五年間的大部分歐洲人來說，權利——民權、法律權、政治權——已不存在。國家不再是法律、正義的寶庫，反倒是在希特勒的「新秩序」政府統治下成為帶頭掠奪者。納粹對生命的看法無疑惡名昭彰；但他們對待財產的作法，很可能才是他們所留給戰後世局最重要的實用性遺產。

在德國占領下，人的財產權，再怎麼樣都受到限制。歐洲的猶太人橫遭奪走金錢、財物、家園、店鋪、生意。他們的財產遭納粹、與納粹合作者和其友人瓜分，剩下的則任由當地族群掠奪、偷竊。但財產遭扣押、充公者，絕不止猶太人。所有「權」變得很脆弱，往往沒有意義，完全視掌權者的善意、好惡或沒來由的衝動而定。

在這一連串非自願性的財產交易過程中，有輸家，也有贏家。猶太人和其他受害的少數民族離去後，當地居民得以占據他們的店鋪和寓所；他們的工具、家具、衣物遭新主人沒收或竊走。在從敖得薩到波羅的海這一大片「殺戮區」，這一過程最為徹底，但這樣的事可見於每個地方——一九四五年返回巴黎或布拉格故里的集中營倖存者，往往發現自己的家已遭戰時「擅自占用空屋者」占去，那些擅自占用者氣勢洶洶宣稱房子是他們的，不肯搬走。因此，有數十萬匈牙利、波蘭、捷克、荷蘭、法國和其他國家的老百姓，成為納粹種族滅絕行動的共犯，即使他們只是種族滅絕的受益者。

在每個遭占領的國家裡，工廠、交通工具、土地、機器、製成品全遭新統治者徵用，原擁有者得不到賠償，作法形同全面國有化。特別是在中歐、東歐，大量私人財產和一些金融機構遭納粹接收，以挹注納粹的戰爭開銷。這種作法不盡然是史上頭一遭。一九三一年後該地區轉向自給自足的經濟政策（造成災難的經濟轉向），已促成高度的政府干預和操縱，而在波蘭、匈牙利、羅馬尼亞，二次大戰前夕和大戰頭幾年，國營企業已大幅擴張，以制敵機先，防範德國的經濟滲透。在東歐，一九四五年時政府還未主導經濟。

戰後波蘭到南斯拉夫等地驅逐德裔的舉動，完成了隨著德國人拔除猶太人所揭開的激進轉型。在蘇台德地區、西里西亞、川西瓦尼亞、南斯拉夫北部，許多德裔擁有可觀的土地。這些土地遭收歸國有、重新分配時，衝擊立即出現。在捷克斯洛伐克，從德裔和與德國人合作者那兒奪來的財產，相當於全國財富的四分之一，而光是農地的重新分配，就讓三十多萬農民、農業工人和其家庭直接受惠。如此規模的改變，只能以革命性稱之。這些改變，就像二次大戰本身，既代表了陡然的中斷（與過去的斷然決裂），還代表了對未來更大改變的準備。

在解放後的**西歐**，由德國人擁有而可供重新分配的財產不多，而且二次大戰予西歐人的感受，不像東邊人民所感受的那樣是個天翻地覆的大災難。但在解放後的西歐，各國政府的合法性也受到質疑。戰時，法國、挪威、荷比盧諸國的本土政府，所作所為並不光彩，對於占領者的指示，言聽計從。一九四一年，德國只靠八百零六個行政人員，就能治理占領下的挪威。納粹治理法國，只靠一千五百名自己人。他們對法國警察和民兵非常信賴，因此，除了自己派去的行政人員，他們只另外派去六千名德國警察和憲兵，以讓法國三千五百萬人民乖乖聽話。在荷蘭亦然。阿姆斯特丹的德國情治首長於戰後作證時堅稱，「德國人在警察部門內外的最大支持者是荷蘭警察。沒有荷蘭警察，德國的占領任務大概完成不了一成。」相對地，在南斯拉夫，必須靠整整數個師的德軍戰戰競競地提防，才鎮得住武裝敵後游擊隊。[11]

這是西歐、東歐間的一項差異。另一個差異表現在納粹對待其占領國的作風上。挪威人、丹麥人、荷蘭人、比利時人、法國人和一九四三年九月後的義大利人，遭到德國的羞辱、剝削。但除非是猶太人，或共黨分子，或反抗分子，他們並未受到侵擾。因此，解放後的西歐人民得以想像重回到類似過去的生活。事實上，由於納粹入主那段插曲，連兩次大戰之間那些年的代議制民主國家，在解放後都顯得比較穩固——希特勒已使替代多元政治、法治的激進道路受到唾棄，至少使其中之一（即共產主義）受到唾棄。心力交瘁的歐陸西部人民，特別渴望在得到適切制約的政府下，重過擁有家、家人、工作、財產等的正常生活。

當時，在甫獲解放的西歐諸國，情況非常糟。但在中歐，據美國的德國管制理事會成員約翰・麥克洛伊（John J. McCloy）的說法，「經濟、社會、政治完全崩潰……除非想起羅馬帝國崩潰時期，否則那崩潰程度是史上絕無僅有。」麥克洛伊談的是德國，在那裡，盟軍軍政府得一切從頭做起：法律、秩序、公共設施、通信設施、治理機構。但至少他們有資源做這些事。在東邊，情況更糟。

因此，把楔子打入歐陸，將歐陸一分為二者，除了史達林，還有希特勒。在這方面，希特勒起的作用起碼和史達林不相上下。二戰之前，中歐——日耳曼帝國與哈布斯堡帝國的疆土、前奧圖曼帝國的北部地區、乃至沙俄最西部地區——的歷史，在程度上一直有別於西邊諸民族國家，但在性質上未必有異。一九三九年前，匈牙利人、羅馬尼亞人、捷克人、波蘭人、克羅埃西亞人、波羅的海人，或許心懷嫉羨地看著較有福氣的法國或低地國居民，但他們當然也想擁有類似的繁榮與穩定。羅馬尼亞人憧憬巴黎。一九三七年捷克經濟的表現勝過其鄰國奧地利，與比利時旗鼓相當。

二次大戰使這一切改觀。在易北河以東，蘇聯政府和其地方代表承繼了一個已與過去斷然決裂的次大陸。未全然遭到唾棄的東西，受到不可挽回的損害。流亡倫敦的奧斯陸、布魯塞爾或海牙政府能返回故土，能指望重掌他們於一九四〇年被迫放棄的合法權力。但布加勒斯特、索非亞、華沙、布達佩斯、乃至布拉格的前統治者沒有未來：他們的世界已遭納粹那具有改造作用的暴力推到一旁。接下來需要做的，就只是決定必然取代那無可回復之過去的新秩序，要呈現怎樣的政治風貌。

12 但得指出的，一九四二年時，德國對波希米亞保護國的治理，只靠一千九百名德國官員。在這方面，一如在其他方面，捷克斯洛伐克至少有一部分是像西方的。

2

懲罰
Retribution

經過這場戰爭的洗禮，比利時人、法國人、荷蘭人已然相信，
他們的愛國職責乃是去欺騙，去説謊，去經營黑市，去毀謗，去詐騙：
這些習性在五年後變得根深蒂固。

保羅－亨利·史帕克（比利時外長）

✣ ✣ ✣

報仇沒有意義，但有些人在我們所欲建造的世界裡沒有立足之地。

西蒙·波娃

✣ ✣ ✣

請給予一嚴厲且公正的判決並予以執行，以不辱國家名譽，
讓這國家最大的叛國賊得到應有的懲罰。

捷克斯洛伐克反抗組織的決議，
要求嚴懲神父約瑟夫·提索，一九四六年十一月

解放後的歐洲諸國政府，為了得到合法性，取得以正當方式組建之國家的公權力，首先得善後已遭唾棄的戰時政權。納粹和其盟友已落敗，但從他們所犯罪行的程度來看，光是擊敗他們顯然還不夠。如果戰後政府的合法性只建立在他們於戰場打敗法西斯上，那麼他們比那些戰時法西斯政權又好到哪裡去？此刻，將後者的活動界定為罪行，予以相應的懲罰，至關重要。從法理與政治的角度，都有充分的理由要他們這麼做。但報復的念頭還滿足了一個更深層的需求。對大部分歐洲人來說，他們體驗到的二次大戰不是運動戰和戰役，而是無日無夜的墮落。在那墮落過程中，男男女女遭到背叛和羞辱，被迫每天犯下輕微罪行、自我貶低，使每個人都失去一些東西，還有許多人失去所有東西。

此外，與現在仍鮮活於許多地方的二次大戰記憶截然相反地，一九四五年時沒有什麼東西讓人感到驕傲，有許多東西讓人感到難堪、感到非常愧疚。誠如前面已提過的，大部分歐洲人是以被動姿態感受這場戰爭——遭一批外國人擊敗、占領，再由另一批外國人予以解放。惟一能讓全國人民都感到驕傲的東西，乃是與入侵者周旋的武裝敵後游擊反抗運動——在西歐，真正的反抗行動其實最不常見，而「反抗」迷思在西歐卻最受看重，原因在此。在希臘、南斯拉夫、波蘭或烏克蘭——有許多真正的敵後游擊隊員公然與占領軍交戰、彼此交火——情況更為複雜。

例如，在解放後的波蘭，蘇聯當局不歡迎公開讚揚那些反共立場至少和反納粹立場一樣強烈的武裝敵後游擊隊。在戰後的南斯拉夫，誠如先前已提過的，有些反抗者自視地位高於其他反抗者，至少狄托元帥和其得勝的共黨戰士是如此認為。在希臘，一如在烏克蘭，一九四五年時當地政府大力搜捕、關押或槍殺他們所能找到的每個武裝游擊隊員。

簡而言之，「反抗」是個能不斷變身、意涵不明確的範疇，在某些地方是個虛構的範疇。但「（與敵）合作」是另一回事。不管在哪裡，都能夠認出合作者，予以咒罵。他們是與占領者共事或上床的男女，是與納粹或法西斯站在同一邊的男女，是以戰爭為掩護，趁機牟取政治或經濟好處的男女。有時他們是宗教上或民族上或語言上居少數的族群，早已因為其他原因遭到鄙視或懼怕；「合作」不是已得到法律明文定義和明訂罰則且早已存在的罪名，他人卻可以名正言順地對合作者控以叛國罪，即能讓合作者受到嚴懲、讓其他人大快人心的實有罪名。

戰事結束前，就已有合作者（真有通敵情事者和遭誣陷者）受到懲罰。事實上，整個戰爭期間一直有合作者受到懲罰，或是個人加諸的懲罰，或受地下反抗組織指示執行的懲罰。但從德軍撤退直到同盟國政府有效控制局勢這中間的空檔，受挫的民心和個人的宿怨，往往還加上趁機牟取政治利益和經濟優勢的心態，導致一段為時不長但血腥的冤冤相報期。在法國，約一萬人在「法庭外」訴訟中遇害，其中許多人命喪於獨立的武裝反抗團體之手。特別是名叫愛國民兵的反抗團體，搜捕涉嫌與占領者合作者，奪取其財產，還當場槍殺了許多人。

遭以如此方式草草處決者中，約三分之一於一九四四年六月六日諾曼第登陸之前遇害，其他人則大部分在接下來四個月法國本土陷入戰火期間遇害。事實上，若考慮到經過四年占領和維琪貝當政權統治之後，法國境內互相仇恨、猜忌的程度，這樣的遇害人數算很低；對於報復，沒人感到意外——套句法國前老外長愛德華・埃里奧（Edouard Herriot）的話，「法國將得先經過一場血洗，擁護共和政體者才能再度掌權。」

在義大利也有這樣的心態。在這裡，特別是在埃米利亞－羅馬涅和倫巴底兩地區，報復和私刑在戰爭最後幾個月奪走將近一萬五千條性命；這類行為斷斷續續又出現了至少三年。在西歐其他地方，殺戮程度低了許多，在比利時約兩百六十五名男女遭以私刑處死，在荷蘭不到百人；但其他種的報復方式也很普遍。女人遭指控通敵，也就是被冷嘲熱諷的法語人士所謂的「橫躺著合作」（collaboration horizontale）的罪名，非常普遍：在荷蘭，moffenmeiden（與占領荷蘭的德國男人有往來的女性）遭塗上柏油、黏上羽毛，在法國各地，都有女人在公共廣場衣服被脫光、頭髮被剃光，那往往發生在當地獲得解放那一天或那天之後不久。

女人遭指控——往往是遭其他女人指控——與德國男人勾搭的事層出不窮，其實正透露了一些不為人知的事。這類指控有許多的確並非誣告：提供性服務以換取食物或衣物或某種個人協助，乃是走投無路的女人和家庭脫困活命的路子之一，而且往往是惟一的路子。但這類指控受歡迎的程度和從懲罰中得到的報復快感告訴我們，不管是男人還是女人，遭外族占領的最大心理衝擊乃是**受辱**。後來，沙特以性意味鮮明的字眼描述合作，稱合作是「屈服」於占領者的權力。一九四〇年代，不只一部法國小說將合作者形容為受條頓族統治者的陽剛魅力誘惑的女人，或軟弱的（「脂粉氣」）男人。對墮落的女人施予報復，乃是化解個人與全體對記憶中那種無力回天之不安的辦法。

在解放後的東歐，無法無天施暴報復的事也很普遍，但作法不同。在西歐，占領的德國人積極物色合作者；在占領的斯拉夫人地區，則強橫施予直接統治。他們惟一鼓勵的持續性合作，乃是與當地分離主義者合作，即使如此，一旦德國人達到自己的目的，即中斷合作關係。因此，德國人一撤走，東歐境內最早受到人民自發性懲罰者，乃是少數民族。蘇聯軍隊和其當地盟友，對此毫不阻止。自發性的報復(其中有些不盡然完全無人指使),反倒有助於進一步清除可能妨礙戰後共黨掌權的當地菁英和政治人物。例如,在保加利亞,新成立的「祖國陣線」鼓勵人民自行懲罰各類戰時合作者,鼓動全面揪出「法西斯同情者」,要求告發任何有親西方立場嫌疑者。

在波蘭,人民報復的主要目標往往是猶太人。一九四五年頭四個月,解放後的波蘭境內,有一百五十名猶太人遇害,到了一九四六年四月,有將近一千兩百人。在斯洛伐克(一九四五年九月在大托波爾恰尼)和匈牙利的孔毛道勞什(Kunmadaras),迫害規模較小,但最嚴重的迫害出現於波蘭的凱爾采(Kielce)。一九四六年七月四日,在凱爾采,謠傳當地有名小孩遭猶太人劫持、殺掉祭神,於是有四十二名猶太人遇害,還有更多猶太人受傷。從某個角度來看,這也是對合作者的報復,因為在許多波蘭人(包括前反納粹敵後游擊隊員)眼中,猶太人有支持蘇聯占領者的嫌疑。

人民「自行」展開肅清、殺戮的頭幾個月期間,在蘇聯所占領的東歐,或在南斯拉夫,遇害的確切人數不詳。但不管在哪個地方,恣意報復之事,為期不長。允許武裝分子成群結隊在鄉間走動,隨意逮捕、折磨、殺害人,並不符合根基不穩的新政府的利益,畢竟這些政府還未得到全體人民的愛戴,而且往往還是臨時政府。新政府的首要任務,乃是把武力全抓在手裡,取得合法性,設立司法機構。如果有人要因為占領期間所犯的罪而被捕、起訴,那得由新成立的正當政府來執行。如果要審判人犯,就該依法治原則執行。如果要殺人,只能由政府執行。一旦新政府覺得自己夠強大,足以解除前敵後游擊隊的武裝,足以執行維護治安之責,足以壓下人民要求集體嚴懲的呼聲,就代表政府的轉變已經開始。

解除反抗分子的武裝，過程出奇平順，至少在西歐、中歐是如此。對於解放後那狂亂的頭幾個月裡所犯的殺人等罪行，態度是睜隻眼閉隻眼：比利時臨時政府下令赦免反抗組織所犯和以反抗名義所犯的所有罪行，並從公定的國家解放日那天起四十一天內有效。但所有人默然認定，甫重組的政府得擔起懲奸除惡的責任。

這時問題就來了。何謂「合作者」？他們曾與誰合作，為了什麼目的？除了那些清楚明確的殺人案、偷竊案，「合作者」犯了什麼罪？得有人為國家所受的苦難得到懲罰，但苦難如何定義，誰能勝任這一界定工作？這些棘手問題因國家而異，但有個共通的難題：歐洲人過去六年的經驗是從來沒有過的。

首先，凡是處理與德國人合作行為的法律，都必然是溯及既往的——一九三九年前並未有「與占領者合作」這罪。過去也有多次戰爭，占領軍在他們所掌控的土地上尋求當地人合作與援助，但撇開某些特定的例子——例如一九一四至一九一八年德國人占領的比利時境內的佛蘭芒民族主義者——這類行為不被視為參與犯罪，而純粹被視之為戰爭的附帶傷害之一。

誠如前面已指出的，要以既有的法律將與占領者合作的行為定罪，只有那行為等同叛國罪時。舉個具代表性的例子，法國境內許多合作者（不管合作細節為何），因為「與敵人交換情報」的罪名，被根據一九三九年《刑法》第七十五條送上法庭並定罪。送上法國法庭審判的男女，戰時往往不是為納粹工作，而是為維琪政權工作，而維琪政權由法國人領導、掌理，表面看來是戰前法國政府的合法繼承者。在此，一如在斯洛伐克、克羅埃西亞、波希米亞保護國、墨索里尼位於薩洛的社會共和國、伊翁·安東涅斯古（Ion Antonescu）元帥的羅馬尼亞、戰時的匈牙利，合作者可以辯白只為自己國家的政府效力或合作的對象是自己的國家政府，事實上也確實有人如此辯白。

就那些受雇於傀儡政權而明顯犯了替納粹效力之罪的高階警察或政府官員來說，這樣的辯詞再怎麼說都是詭辯。但較低階人物的例子——更別提成千上萬個被控受雇於那些政權或受雇於得到那些政權協助之機關或企業的人——能指出一真正令人困惑的地方。例如，有個政黨在戰前國會中擁有合法席位，但遭占領期間轉而與德國人合作，這時指控某人於一九四〇年五月後是該黨黨員，合理嗎？

法國、比利時、挪威三國的流亡政府，戰時就發布命令，要人民對戰後的嚴厲懲罰有心理準備，以事先化解這些難題。但這些命令意在嚇阻人民與納粹合作；未觸及到法學與公正等更廣泛的問題，尤其是它們無法預先化解個人責任與集體責任孰輕孰重的問題。一九四四至一九四五年，政界的主流立場，乃是將戰爭罪行與通敵罪行一股腦兒歸告於事先選定的幾類人身上：某些政黨、軍事組織、政府機構的成員。但這麼做仍會漏掉許多公認應受懲罰的個人；這麼做也很可能把無所作為或懦弱的人也納入主要過失追究之列；最重要的，這麼做將造成某種集體告發，而那是大部分歐洲法學家所無法容忍的事。

最後，被送上法庭的是個人，結果則因時因地而有很大差異。許多人遭不公平的挑出、懲罰；更多人完全逃過懲罰。程序上有許多不合理和令人覺得諷刺之處，政府、檢察官、陪審團的動機並非完全不受私利、政治考量或情緒的影響；這樣的結果並不理想。但我們評斷刑事訴訟程序和人民透過刑事訴訟消除不快記憶（代表歐洲將開始由戰爭過渡到和平的作為）時，得時時謹記不久前所發生的事對人心的衝擊。以一九四五年的情勢，法治得以重建，乃是值得大書特書的事——畢竟，在這之前，從未有整個大陸以如此規模界定一組新的罪行，使罪犯受到類似司法之物的制裁。

受罰的人數和受罰的程度，因不同國家而有很大差異。在人口僅三百萬的挪威，與納粹合作的最大親納粹組織「全國團結黨」（Nasjonal Sammlung），所有黨員（共五萬五千人）全受審，此外受審者還有將近四萬人；一萬七千名男女遭判刑，三十人遭判死刑，其中二十五人遭處決。

在其他地方，比例都沒這麼高。在荷蘭，二十萬人受到調查，其中將近半數入獄，有些人是因為行納粹禮而入獄；一萬七千五百名公務員丟掉飯碗（但在商界、教育界或專門職業領域幾乎無人遭到這樣的處置）；一百五十四人被判死刑，其中四十人遭處決。在鄰國比利時，被判死刑者多了許多（二千九百四十人），但處決比例較低（只兩百四十二人）。荷、比兩國入獄的合作者人數約略相當，但荷蘭不久就赦免了大部分判決有罪者，比利時則把他們關了比較久，被判重罪並確定的前合作者，從未能完全恢復其公民權利。與戰後流傳甚久的迷思相反的是，佛蘭芒人並未被特別鎖定為懲罰對象，但藉由有效壓制戰時「新秩序」的支持者（佛蘭芒人居多），戰前的比利時菁英——天主教、社會主義、自由派菁英——恢復他們對法蘭德斯、瓦隆尼亞兩地的控制。

戰時，挪威、比利時、荷蘭（與丹麥）的合法政府都逃亡國外，在法國，維琪政權則是許多人心中的合法政府。這兩者間的差異引人深思。在丹麥，幾乎不知何謂合作罪，但戰後每十萬丹麥人裡就有三百七十四人遭判刑入獄。在法國，戰時與占領者合作的事到處可見，正因為這個原因，戰後對此類行為的懲罰相當輕。維琪政府本身就是最大的合作者，因此，對一般老百姓扣上同樣罪行，似乎不近人情，極易造成內部分裂——由於法國境內審判合作者的法官有四分之三曾為主張合作的政權效力過，這麼做更易造成內部分裂。結果，因戰時罪行而入獄者，每十萬人中只有九十四人，也就是不到人口的千分之一。三萬八千名入獄者中，大部分受惠於一九四七年的特赦而獲釋，剩下的人又受惠於一九五一年的特赦，只剩一千五百人還被關著。

一九四四至一九五一那幾年，法國有六千七百六十三人因叛國和相關罪行，遭法庭判處死刑（其中三千九百一十人未出庭）。這些死刑判決只有七百九十一件執行。與占領者合作的法國人所受到的主要懲罰，乃是「國民降級」（dégradation nationale）。這是巴黎解放後立即推出的刑罰（一九四四年八月二十六日），珍妮特．富蘭納曾以譏諷口吻描述道：「國民降級使法國人失去他們所認為的幾乎所有好東西，例如戴作戰勳章的權利；當律師、公證人、公立學校老師、法官、乃至證人的權利；經營出版社、電台或動畫公司的權利；最重要的，當保險公司或銀行董事的權利。」

四萬九千七百二十三名法國男女受到如此的懲罰。一萬一千名公務員遭撤職或其他種懲戒（占全國公務員的百分之一．三，但比起維琪政權當家時失去工作的三萬五千人，人數少了許多），但其中大部分人於六年內復職。共有約三十五萬人遭這場肅清運動波及，其中大部分人的生活、職業生涯受到的影響不大。沒有人因為我們現今稱之為違反人道的罪行而受罰。這類罪行，就像其他戰爭罪行，全歸在德國人身上。

因為數個原因，義大利人的遭遇很特別。義大利曾是軸心國一員，但同盟國政府授權義大利自行審判、肅清，畢竟它已在一九四三年九月改投同盟國陣營。但什麼行為、什麼人該受起訴，未清楚界定。在歐洲其他地方，大部分合作者被明確扣上「法西斯」的污名，但在義大利，這字眼的內涵太籠統、太含糊。義大利於一九二二至一九四三年一直由本國的法西斯黨員統治，然後最初由墨索里尼底下的陸軍元帥皮耶特羅．巴多利奧（Pietro Badoglio）予以解放，脫離墨索里尼統治。皮耶特羅．巴多利奧組成的第一個反法西斯政府，成員大部分是前法西斯黨黨員。

惟一明確可受起訴的法西斯罪行，乃是一九四三年九月八日（德國入侵）後與敵人合作。因此，遭控告者大部分是在遭德國人占領的義大利北部，他們與在加爾達湖畔薩洛一地成立的傀儡政權有關連。一九四四年散發的那份備受譏笑的「你過去是否是法西斯黨黨員？」問卷（即「*Scheda Personale*」），重點就放在薩洛法西斯黨黨員與非薩洛法西斯黨黨員的差異。對薩洛法西斯黨黨員的制裁，倚賴一九四四年七月臨時立法大會所通過的一五九號令。這道法令描述到「特別嚴重的作為是，雖不在犯罪範圍內，但被認為違反規定與政治準則的作為」。

要根據為法西斯政權效力時的所作所為來起訴人，並不容易，畢竟那個法西斯政權是受到承認的全國性政府。為了避開這難題，立法機關通過這條意涵模糊的法令。但一九四四年九月所設立，用以審判重要犯人的高等法院，其內部的法官和律師大部分曾是法西斯黨黨員，為懲罰曾在通敵政權裡服務的小職員而成立的特別巡迴審判庭亦然。在上述情況下，訴訟程序的進行，一開始就很難說是為了贏得大部分人民的熱烈肯定。

不足為奇的是，結果令任何人都不滿意。到一九四六年二月時，有三十九萬四千名政府職員受到調查，其中只一千五百八十人遭免職。受訊問者大部分搬出「花豹主義」或「變斑」（gattopardismo），主張他們在法西斯黨的壓力下，一直在玩兩面手法——畢竟凡是公務員都得加入法西斯黨。許多訊問者知道一轉眼就會換成自己坐在受訊問席上，因此打定主意同情被告一方的辯詞。大張旗鼓審判過一些高階法西斯黨黨員和將領後，原本信誓旦旦要肅清政府中壞分子的行動漸漸無疾而終。

受命主持肅清行動的高級專員公署（High Commission），一九四六年三月遭裁撤，三個月後，發布第一批特赦令，包括撤銷所有五年以下的刑期。一九四四至一九四五年遭肅清的省長、市鎮長、中階官員，後來幾乎都回復原職或免繳罰金，因從事法西斯活動而入獄的將近五萬義大利人，大部分沒關多久。[1]頂多只有五十人因罪行確定遭司法處決，但不包括一九四五年七月十七日在史基奧監獄遭敵後游擊隊屠殺的五十五名法西斯黨黨員。

冷戰期間，常有人將義大利由軸心國出奇平順轉換為民主盟邦的舉動，歸因於梵蒂岡的政治影響和外力（美國）施壓。事實上，情況沒這麼單純。從教宗庇護十二世與法西斯政權的熱絡關係和他對納粹在義大利等地方的罪行視而不見來看，天主教會的罪責的確得到從輕發落；教會的確施加了壓力。而且英美軍事當局在努力讓整個半島的生活恢復正常時，當然不願拔除那些志節有虧的行政管理人員。整體來講，在左派反抗組織和其政治代表支配的地區裡，對法西斯黨黨員的肅清較有效率。

但起草一九四六年六月特赦令者，是領導義大利共黨五十一年的帕爾米羅·托利亞蒂（Palmiro Togliatti），起草時他在戰後聯合政府當司法部長。托利亞蒂在外流亡二十年，在共產國際裡位居要職多年，對於歐洲戰後什麼辦得到、什麼辦不到，幾可說是看得非常透澈。一九四四年三月從莫斯科返國後，他立即在薩雷諾宣布他的黨矢志促成國家統一，推行議會民主，令許多他的追隨者困惑且吃驚。

義大利有數百萬人因為和法西斯政權有瓜葛而惹上不忠的罵名，那些人在政治立場上絕非全屬右派。置身這樣的國家，托利亞蒂看出把國家推到內戰邊緣——或者應該說把已在打的內戰拖得更久——沒什麼好處。較理想的作法，乃是致力於重建秩序和恢復正常生活，把法西斯時代拋諸腦後，透過投票取得權力。此外，托利亞蒂曾在共產國際運動裡位居高職，戰略眼光未侷限於義大利本土。這份難得的歷練，使他深以希臘為戒。

在希臘，二次大戰時官場、商界菁英與占領者合作的程度相當高，但戰後肅清的矛頭未指向右派，而是左派。這一現象絕無僅有，但發人深省。一九四四至一九四五年的內戰已使英國相信，惟有在雅典牢牢重建一保守政權，才能穩住這個小但戰略地位重要的國家。若肅清或以其他方式威脅曾與義大利人或德國人合作的商人或政治人物，很可能在革命左派似乎準備要奪權的這個國家裡引發劇變。

足以威脅愛琴海域與南巴爾幹半島之穩定的勢力，立即由正在後撤的德軍轉為扎根已深的共黨和他們在山區的游擊隊盟友。因為戰時與軸心國合作而受嚴懲者少之又少，但在打擊左派的行動中，死刑卻用得毫不吝惜。雅典當局常把在戰場上與希特勒為敵的左派敵後游擊隊和戰後試圖推翻希臘政府的共黨游擊隊畫上等號（事實上兩者大多是同一批人），因此接下來幾年裡可能受審、入獄，此後幾十年無緣擔任公職者，乃是戰時的反抗分子，而非與他們為敵、戰時與占領者合作的人：就連他們的子女、孫子女都會為此受害，往往到了一九七〇年代想進入冗員充斥的政

1 晚至一九六〇年，義大利六十四位省長中，仍有六十二位曾在法西斯政權底下任職，警界一百三十五位首長則全有這資歷。

府部門服務，仍被拒於門外。

因此，希臘境內的肅清、審判，昭昭然受到政治考量的影響。但從某個角度看，在西歐境內照規矩行事的訴訟程序亦然。凡是戰爭或政治鬥爭所直接導致的司法程序，也都是政治性的司法程序。法國審訊皮耶．拉瓦爾（Pierre Laval）或菲力普．貝當（Philippe Pétain）時的氣氛，或義大利審訊警察首長皮耶特羅．卡魯索（Pietro Caruso）時的氣氛，都和傳統司法程序的氣氛大不相同。算舊帳、殺戮、報仇、政治算計，在這些和其他許多戰後審判、肅清行動中，扮演了舉足輕重的角色。我們轉而探討中歐、東歐戰後官方的懲罰作為時，得謹記這一點。

從史達林和紅軍控制地區蘇聯占領當局的觀點來看，對合作者、法西斯黨黨員、德國人的審判和其他種懲罰，無疑始終是、且尤其是，清除當地政治和社會上的障礙，以利共黨統治的方法之一。這道理同樣適用在狄托統治的南斯拉夫上。許多男女被控犯了法西斯重罪，但他們的主要罪行只是加入不當的民族團體或社會團體、與惹出問題的宗教族群或政黨有密切關係、或單純只是在當地社會裡過於凸顯地拋頭露面或受歡迎。如後面會提到的，這些肅清、土地徵收、驅逐、判刑、處決諸作為，旨在根除被認為有罪之政治對手，這乃是社會、政治轉型過程中重要的預備性作為，但受這些肅清鎖定、懲罰者中，也不乏真正的法西斯黨黨員和戰犯。

因此，狄托攻擊克羅埃西亞的天主教會時，也起訴了惡名昭彰的薩格勒布樞機主教阿洛伊斯．史帖皮納奇（Alois Stepinac），他曾為克羅埃西亞烏斯塔沙政權[2]的某些最惡劣罪行辯護。後來，史帖皮納奇遭軟禁十四年，一九六〇年死於床上。對於這樣的人生結局，他大概會感到慶幸。因為切特尼克的領袖德拉札．米哈伊洛維奇，一九四六年七月受審，然後處決。南斯拉夫獲解放後的兩年間，有數萬非共黨人士在他之後遇害。他們全是受政治動機驅動的報復政策的受害者，但以他們戰時在切特尼克、克羅埃西亞烏斯塔沙、斯洛維尼亞白色衛隊裡的作為或身為武裝「多莫布蘭奇」時的作為來看，其中許多人，不管置身哪種法律體系下，大概都會被判重刑。[3]一九四二年一月，軸心國匈牙利軍隊在伏伊伏丁那平原（Vojvodina）大肆屠殺平民，南斯拉夫以許多匈牙利裔在那些屠殺裡所扮演的角色，將他們處決、遣送出境，並將他們的土地轉移給支持新政權的非匈牙利裔人民。這是帶有目的的政治舉動，但在許多情況下，那些受害者的確是罪有應得。

南斯拉夫的情況特別糾結複雜。在更北邊的匈牙利境內，戰後的人民法庭的確以審訊名副其實的戰犯為開端，特別是一九四四年親德的多梅．什托傑（Döme Sztójay）、費倫奇．薩拉希（Ferenc Szálasi）兩政權內的活躍分子。匈牙利境內遭判刑的法西斯黨黨員和合作者，比例上未超過戰後比利時或荷蘭境內遭判決有罪者；他們的確犯下嚴重罪行，包括未待德國人指示，就積極執行德國人的滅絕計畫，搜捕數十萬匈牙利猶太人，將他們送上死路。後來，匈牙利當局才將「蓄意破壞」、「陰謀」兩項罪名加入起訴之列，這麼做明顯是為了將更多的反對者和其他可能反抗共黨接掌政權者一網打盡。

在捷克斯洛伐克，根據一九四五年五月十九日的總統令而成立的特別人民法庭，對「來自捷克、斯洛伐克國各階層的叛國賊、合作者、法西斯黨黨員」，送出了七百一十三個死刑、七百四

2 編按：一法西斯政權。

3 多莫布蘭（Domobran）是戰時的克羅埃西亞祖國衛隊（Croatian Home Guard），其成員叫做多莫布蘭奇。當然，狄托的共黨敵後游擊隊，所作所為往往也一樣惡劣，但他們贏了，拿下政權。

十一個終身監禁、一萬九千八百八十八個短期的徒刑。這句話帶有強烈的蘇聯司法措詞的味道，無疑預見了捷克斯洛伐克慘淡的未來。但在捷克斯洛伐克遭占領時，境內的確有叛國賊、合作者、法西斯黨黨員；其中之一的神父提索，一九四七年四月十八日遭吊死。提索等人是否受到公平的審訊——以當時的氣氛他們是否有可能得到公平的審訊——是個理該探究的問題。但他們所受到不公平的待遇，絲毫不遜於皮耶・拉瓦爾之流。戰後捷克的司法一心只想解決「違害國家罪」這類令人苦惱又界定不明確的罪；這一罪名的推出，乃是特別針對蘇台德地區的德意志人，欲藉此讓他們受到集體懲罰。但在那些年，法國司法也出現同樣情況，只是起訴理由可能較不充分。

在曾遭占領的歐洲地區，戰後的審訊和反法西斯肅清行動，其成敗並不易評斷。判刑模式在當時備受批評——在戰爭仍在進行之際或緊接在一國解放之後遭審訊的人，受到的刑罰往往重於那之後遭起訴者。因此，一九四五年春受審的輕罪犯，刑期比一年後才受審理的主要合作者長得多。在波希米亞和摩拉維亞，死刑執行比例非常高（百分之九十五），因為法律規定犯人在宣判後兩小時內得處決；在其他地方，凡是躲過立即處決命運者，都能期盼日後得到減刑。

當時死刑屢見不鮮，幾未招來反對：戰時人命賤如螻蟻，因此不像承平時期那樣覺得判死刑過重，還更理所當然認為該這樣判。引來更大反感，最終可能使某些地方的整個訴訟程序的重要性遭到貶損者，乃是刑罰標準的明顯不一致，更別提其中許多刑罰乃是由戰時言行有污點或更糟的法官、陪審團所宣判。作家與記者因為留下白紙黑字的戰時忠誠紀錄，下場最慘。著名知識分子的受審，例如一九四五年一月羅貝爾・布拉西亞克（Robert Brasillach）在巴黎的受審，受到大肆報導，激起卡繆之類戰時真正反抗者的抗議。卡繆認為，因為厭惡某人的看法，就將那人判死、處決，不管那看法多麼討人厭，都是既不公平也失之輕率的。

相對地，曾受惠於占領的商人和高官，戰後沒受什麼苦，至少在西歐是如此。在義大利，飛雅特公司的維托里奧·瓦列塔（Vittorio Valletta），戰時與法西斯當局過從甚密，人盡皆知，但戰後，同盟國堅持不動他。其他義大利企業的高階主管，拿出證據證明戰時他們反對墨索里尼位於薩洛的社會共和國，藉此捱過戰後的整肅──戰時他們的確常反對那政權，因為那政權太「社會主義」。在法國，以選擇性的收歸國有──例如將雷諾工廠收歸國有，以懲罰路易·雷諾對德國軍事上的大力捐輸──免去對戰時與占領者經濟合作行為的起訴。不管在哪個地方，曾協助掌理占領政權、建造「大西洋牆」以防法國遭盟軍入侵、供應德軍所需等的小商人、銀行家、官員，都留在原位置，以為繼任的民主政府提供類似服務，以促成新舊時代的平順銜接與穩定。

這類妥協大概是不可避免。一九四五年民生凋敝、道德淪喪，因此，凡是得以留在原處的東西，可能都是建造未來所不可或缺的東西。解放後那幾個月，臨時政府幾乎是孤立無援。如果要讓無助且挨餓的人民得到食物、衣物、燃料，取得經濟界、金融界、實業界菁英無條件（且心懷感激）的合作，似乎至關緊要。肅清經濟領域可能危害生產，甚至使經濟癱瘓。

但這麼做所付出的代價，就是讓人對政治絕望悲觀，使人一下子看清解放，不再對解放抱持希望。早在一九四四年十二月二十七日，那不勒斯作家古利耶莫·姜尼尼（Guglielmo Giannini）就在《凡人報》（*L'Uomo Qualunque*）寫道：「我這個人，碰到前法西斯黨黨員時，問對方『你怎麼反倒成為肅清他人者？』……我這個人，環顧四周，說『這些是法西斯的作法和制度』……我這個人，對任何事物或任何人都不再相信。」《凡人報》是義大利新政黨「凡人陣線」的機關報，該黨正以這種幻想破滅的鄙夷心情為訴求，尋求民眾支持。

如前面已提過的，義大利的情況頗棘手。但像姜尼尼那樣的感受，一九四五年晚期時遍及歐洲各地，為思想傾向上的急遽轉變鋪好了道路。追究完誰該為不久前的過去負責，懲罰了案情最為駭人或最大快人心的那些人之後，不久前才擺脫德國占領的人，大部分傾向於將那不安或不快的記憶拋諸腦後，開始整頓破碎的生活。總而言之，當時會將最惡劣的罪行歸咎在自己同胞身上的人少之又少。當時一致認同，最惡劣的罪行全是德國人所犯。

事實上，認為二次大戰的駭人罪行追根究柢全是德國人所犯的看法非常普遍，以致連奧地利都免於遭到究責。根據一九四三年的某個同盟國協議，奧地利獲正式宣告為希特勒的「第一受害者」，因此戰爭結束時將受到不同於德國的對待。這一作法正投邱吉爾之所好，因為他堅持納粹源自普魯士——他那一代人對十九世紀最後三十幾年期間普魯士開始威脅歐洲穩定一事念念不忘，由此滋生出這樣的看法。但這一作法也符合其他同盟國的需求——鑑於奧地利位居中樞的地理位置和中歐政治前途的未卜，讓奧地利免遭和德國一樣的下場，似乎是明智之舉。

但要將奧地利視同其他受納粹占領的國家，現實上不可能。奧地利要恢復正常生活，得先讓當地法西斯分子和與納粹合作者受到懲罰。在這個不到七百萬人口的國家裡，曾有七十萬納粹黨員：戰爭結束時奧地利境內仍有五十三萬六千名已登記的納粹黨員；戰時有一百二十萬奧地利人在德軍服役。在納粹黨衛軍和集中營管理單位裡，奧地利人占的比例特別高。奧地利的公眾領域和上層文化圈，充斥納粹支持者——維也納愛樂一百一十七名成員，有四十五人是納粹黨員（在柏林愛樂，一百一十名成員裡只有八名納粹黨員）。

這樣的情況下，奧地利卻得到從輕發落，輕得驚人的發落。十三萬奧地利人受到戰爭罪行調查，其中兩萬三千人受審，一萬三千六百人判刑，四十三人判死刑，只有三十人遭處決。約七萬公務員遭撤職。一九四六年秋，占領奧地利的同盟國四國同意讓奧地利此後自行處理本國的罪犯，自行「去納粹化」。受污染特別嚴重的教育體系，順利去納粹化：兩千九百四十三名小學教師、四百七十七名中學教師遭撤職，大學教授遭撤職者只有二十七名——雖然許多資深大學教授支持納粹是人盡皆知。

一九四七年，奧地利當局通過一條法律，以區別罪行「較重」與「較輕」的納粹黨員。隔年有五十萬罪行較輕的納粹黨員得到特赦，恢復投票權。罪行較重者（共約四萬兩千名）則會在一九五六年前全部得到特赦。那之後，奧地利人完全忘掉他們與希特勒曾有的瓜葛。奧地利輕易就從其與納粹的廝混中脫身，原因之一在於這符合當地人把晚近的歷史化為助力的心願：立場保守、前身為戰前基督教社會黨的人民黨，有充分理由擦亮其本身的和奧地利的「非德國」招牌，以將外界的目光引離他們於一九三四年強行成立的統合主義政權（corporatist regime）。反納粹立場毋庸置疑的奧地利社會民主黨，這時則無疑已抹除其一九三三年前要求與德國合併的前科紀錄。另一個原因是各黨都想拉攏、討好前納粹黨員，畢竟這些人占了投票人口不小的比例，足以左右奧國的政治未來。接下來是，誠如後面會提到的，冷戰的揭幕，塑造了新形勢。

這類的考量因素，在德國也不是絕對沒有。但在德國，當地人無權置喙自己的未來。一九四三年十月三十日的《莫斯科宣言》，讓奧地利效忠納粹的前科不再受到追究，但在同一個宣言裡，同盟國警告德國人，戰爭罪行將會受到追究；後來的確如此。在一九四五至一九四七年的一連串審訊中，占領德國的盟軍以戰爭罪、違反人道罪、謀殺和為實現納粹目標所犯的其他一般重罪，起訴了納粹黨黨員和與其合作者。

這些訴訟中，最為人知者是一九四五年十月至一九四六年十月在紐倫堡所舉行，審訊納粹主要領導人的國際軍事法庭，但還有其他許多法庭：英、美、法的軍事法庭在各自的德國占領區裡審訊了低階納粹黨員，且與蘇聯一起將納粹送到其他國家（特別是波蘭、法國），以讓他們在犯罪地受審。在盟軍所占領的德國境內各地，「戰爭罪審判」計畫繼續進行：在西方盟國占領區，有五千多人判定犯了戰爭罪或違反人道罪，其中只有八百人被判死刑，最後有四百八十六人遭處決——一九五一年六月，不顧德國人疾聲呼籲予以寬待，在蘭茨貝格（Landsberg）監獄處決了最後一批死刑犯。

紐倫堡大審判定，納粹黨是犯罪組織，但要單單以加入納粹黨一事懲罰德國人，幾乎不可能。黨員人數太多，而且反對集體受責的主張言之有理。無論如何，以這方式判定數百萬人有罪之後，接下來怎麼辦，未有定案。但納粹領導階層的罪責很清楚，他們可能的下場也毋庸置疑。泰爾福·泰勒是紐倫堡大審的美籍檢察官之一，後來在數場審判中擔任首席檢察官。他說，「有太多人認定自己是被第三帝國領導人不當傷害了，希望審判時考慮到這點。」

德國戰爭罪的審訊，從一開始就既要彰顯正義，還要教化人心。最重要的那場紐倫堡大審，每天在德國電台廣播兩次，審判庭所蒐羅的證據則在全國各地的學校、戲院、再教育中心裡被使用。但審判的儆戒效果並非總是一眼即可看出。最初幾場對集中營指揮官和衛兵的審訊，有許多人全身而退。他們的律師利用英美的當事人主義原則助他們脫身，並訊問、羞辱證人和集中營倖存者。在呂訥堡審判貝爾根貝爾森集中營職員時（一九四五年九月十七日至十一月十七日），力辯其當事人只是在遵循（納粹）法律、抗辯有成的律師，乃是英籍辯方律師：四十五名被告中有十五名無罪獲釋。

因此，審判納粹對德國與德國人在政治、道德上的再教育有多大幫助，難以確知。無疑有許多人痛恨那些審判，視之為「勝利者的正義」，而事實上的確如此。但它們也是對罪行確鑿無誤的真正罪犯所施以的真正審判，對未來幾十年的國際法學立下重要的先例。在德國人和其他人最想儘快忘掉過去的時刻，一九四五至一九四八年（聯合國戰爭罪行委員會解散那年）的審訊和調查，為歷史紀錄（特別是關於德國計畫滅絕歐洲猶太人的紀錄）留下了為數驚人的文獻資料和證詞。它們表明個人為了意識形態或政府目標所犯的罪行，責任仍在個人，仍可訴諸法律去懲罰。奉命行事是無效的辯詞。

但同盟國對德國戰犯的懲罰，存有兩個不可避免的缺陷。許多來自德國、東歐的時事評論員，把蘇聯籍檢察官和蘇聯籍法官的存在，解讀為偽善的明證。紅軍的行為和蘇聯在其已「解放」地區的慣常作為，人盡皆知——甚至在當時可能比在後來更為人知、更受到廣泛宣傳。而一九三〇年代蘇聯的肅清和屠殺，這時許多人仍記憶猶新。讓蘇聯人坐在上面審判納粹——有時蘇聯人本身也曾犯下那樣的罪行——使紐倫堡大審的審判被人看輕，使那些審判似乎只是在發洩反德情緒。據喬治．肯楠的說法：「這一程序所能傳達的意涵，終究只是：這類罪行由某政府的領袖在某組條件下犯下時是情有可原而可以原諒的，而由另一個政府在另一組條件下犯下時，則要懲以死刑。」

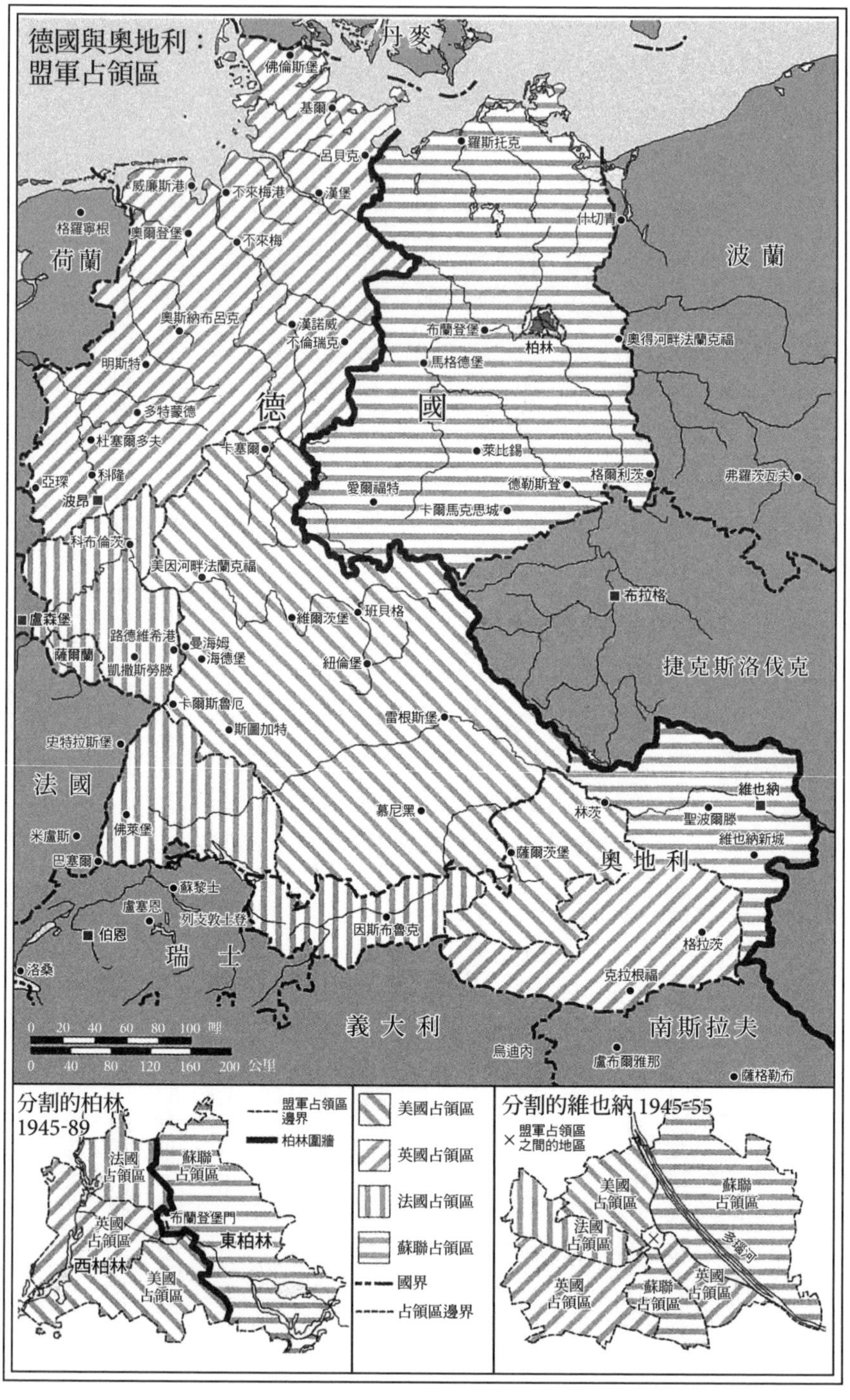
德國與奧地利：
盟軍占領區
丹麥
佛倫斯堡
基爾
呂貝克
羅斯托克
威廉斯港
不來梅港
漢堡
格羅寧根
奧爾登堡
不來梅
什切青
荷蘭
波蘭
奧斯納布呂克
漢諾威
不倫瑞克
布蘭登堡
柏林
奧得河畔法蘭克福
馬格德堡
明斯特
德
國
多特蒙德
杜塞爾多夫
卡塞爾
萊比錫
亞琛
科隆
波昂
愛爾福特
德勒斯登
格爾利茨
弗羅茨瓦夫
卡爾馬克思城
科布倫茨
美因河畔法蘭克福
布拉格
盧森堡
維爾茨堡
班貝格
路德維希港
曼海姆
薩爾蘭
凱撒斯勞滕
海德堡
紐倫堡
捷克斯洛伐克
卡爾斯魯厄
斯圖加特
雷根斯堡
史特拉斯堡
法國
維也納
林茨
聖波爾滕
慕尼黑
佛萊堡
米盧斯
維也納新城
巴塞爾
薩爾茨堡
奧地利
蘇黎士
盧塞恩
列支敦士登
因斯布魯克
伯恩
格拉茨
瑞士
洛桑
克拉根福
0 20 40 60 80 100 哩
義大利
南斯拉夫
0 40 80 120 160 200 公里
烏迪內
盧布爾雅那
薩格勒布
分割的柏林
1945-89
盟軍占領區邊界
柏林圍牆
法國占領區
蘇聯占領區
英國占領區
布蘭登堡門
東柏林
西柏林
美國占領區
美國占領區
英國占領區
法國占領區
蘇聯占領區
國界
占領區邊界
分割的維也納 1945-55
× 盟軍占領區之間的地區
美國占領區
蘇聯占領區
法國占領區
多瑙河
英國占領區
蘇聯占領區
英國占領區

蘇聯人出席紐倫堡大審，乃是為了戰時同盟，為了紅軍在擊敗希特勒上的卓越貢獻和付出的代價。但這些審判的第二個缺陷，存在於司法程序的本質裡。正因為納粹領導階層的罪責屬於個人，從希特勒以下，個個都受到完整且仔細的查明，許多德國人順理成章地認定，其他德國人是無辜的，德國人整體就和其他任何民族一樣是納粹的退縮型受害者。[4]納粹的罪行或許是「以德國之名而犯」（五十年後德國總理柯爾語），但對於那些罪是由德國人所犯一事，鮮有真正的體認。

美國人特別了解這點，立即在他們的占領區展開再教育、去納粹化，廢除納粹黨，將其連根拔除，在德國的公眾領域種下民主、自由的種子。在德國的美軍配屬有一群奉命查明德國人為何行徑如此偏差的心理學家和其他專家。英國人也執行了類似的計畫，但對這計畫的成效沒那麼有信心，投入的資源也較少。在這方面，法國人幾乎是興趣缺缺。另一方面，蘇聯最初完全同意此舉，強勢去納粹化是同盟國各占領當局少數意見一致的事情之一，至少有一段時間是如此。

所有旨在將納粹從德國人生活裡連根拔除的計畫，都有個問題，因為在一九四五年的情勢下那根本不可行。據美軍司令魯休斯．克雷（Lucius Clay）將軍的說法，「我們最大的治理難題，乃是要找出未隸屬於納粹政權或未以某種方式和納粹政權有密切關係、且能力還不錯的德國人……而符合資格的人，似乎往往……是正職公務員……且這些人有很大一部分不只（我們所定義）名義上參與納粹黨的活動。」

克雷所言並非誇大。一九四五年五月八日，歐洲戰事結束時，德國境內有八百萬納粹黨員。

4 譯注：passive victims，這類受害者弱小、不願與人正面衝突、遇欺凌時哭泣、退縮而非反擊。

在波昂，一百一十二名醫生中有一百零二名曾是納粹黨員或在敗戰之前一直是納粹黨員。在科隆這個破敗的城市裡，該市自來水機關二十一名專業人員——其專業是重建供水、污水處理系統和預防疾病所不可或缺的技能——有十八人在敗戰前一直是納粹黨員。戰後德國的行政治理、公共衛生、都市重建、私人企業，將不可避免由這類人接管，雖然是在盟軍監督下接管。不讓他們參與德國事務，根本不可能。

但還是努力往這方向走。在英、美、法三國的德國占領區裡，完成了一千六百萬份的問卷（Fragebogen），其中大部分於美國占領區裡完成。在那裡，美國當局把三百五十萬德國人（約該區總人口的四分之一）列為「可能被起訴的對象」，但其中許多人從未被送上當地的去納粹化法庭審訊。去納粹化法庭成立於一九四六年三月，由德國人自己主持，但受盟軍監督。德國老百姓被強制前往集中營參觀，強制觀看有關納粹暴行的紀錄片。納粹黨員教師遭撤職，圖書館藏書更換，新聞紙和紙張供應歸盟軍直接管制，且改由過去真正反納粹的新老闆、新編輯掌理。

即使是這些措施，都招來相當大的反對聲浪。一九四六年五月五日，日後會出任西德總理的孔拉德・艾德諾（Konrad Adenauer），在伍珀塔爾的公開演說中，反對這些去納粹化措施，要求不要打擾「納粹同路人」。兩個月後，在對其新成立的基督教民主聯盟演說時，又表明同樣觀點：去納粹化已進行太久，有害無益。艾德諾的憂心是發自肺腑。在他眼中，要德國人面對納粹的罪行——不管是在受審訊時、在特別法庭上或接受再教育計畫時——比較可能的結果是激起民族主義者的反彈，而非促成悔罪。正因為納粹在德國**如此**根深蒂固，這位日後的總理認為較明智的作法，乃是允許甚至鼓勵在這個問題上沉默以對。

他的觀點並非全然是錯。一九四〇年代的德國人，對世上其他人如何看待他們，幾乎一無所知。他們不知道他們自己和他們的領導人做了什麼，較專注於解決自己戰後的問題——糧食短缺、住屋短缺之類——而把他們所曾占領之歐洲地區境內的受害者的苦難放在其次。事實上，他們較可能把自己視為受害者，因而把受審和要他們面對納粹罪行的其他作為，視為戰勝的同盟國在報復已滅亡的政權。[5]除了某些值得尊敬的例外，戰後德國的政治、宗教當局鮮少發出與這相反的主張，而德國的菁英領導階級——自由業、司法界、公務體系的領導人——最沒有道德勇氣。

因此，這些問卷受到嘲笑。如有什麼值得一提的，那就是它們的功用，大體來講就是把原本受到懷疑的個人漂白，助他們得到品性端正的證書，也就是所謂的「Persil」證書（Persil是洗衣皂的品牌名）。再教育所帶來的影響無疑有限。可以強迫德國人出席紀錄片放映會，但無法強迫他們聚精會神看紀錄片，更別提要他們思考看到的影片內容。許多年後，作家施特凡・赫姆林（Stephan Hermlin）描述了在法蘭克福某戲院裡的情景。德國人必須到該戲院看了有關達豪、布痕瓦爾德兩處集中營的紀錄片，才能領取配給票證卡。赫姆林寫道：「在昏暗的投影機燈光下，我看到大部分人在影片開始後把臉轉開，直到影片結束才轉回來。如今我想那轉開的臉正傳達了數百萬人的心態……我所屬的這個不幸民族，既感情豐富又無動於衷。這民族不想被已發生的事擾

5 一九四六年，西德地區議會向同盟國當局建議，鑑於現今德國糧食短缺，發給被迫飄流異鄉者的食物配給應予減少。魯休斯・克雷的回應則只是提醒對方，這方面用到的食物是由其他歐洲國家，由曾遭德國侵略的那些國家所提供。

亂心志，完全不想『了解自己』。」[6]

西方同盟國因冷戰開打而停止去納粹化時，去納粹化的成效無疑非常有限。在巴伐利亞，到一九四六年時，有約一半的中學教師遭撤職，但兩年後即回復原職。一九四九年，新成立的聯邦共和國結束對公務員、軍官過去行為的所有調查。一九五一年，在巴伐利亞，百分之九十四的法官、檢察官，百分七十七的財政部職員，還有該地區農業部裡百分之六十的公務員，曾是納粹黨員。到了一九五二年，波昂外交部官員裡，有三分之一曾是納粹黨員。新成立的西德外交團，有百分之四十三曾是納粹黨衛軍成員，另有百分之十七曾在帝國保安部（Sicherheitsdienst）或蓋世太保任職。整個一九五〇年代擔任總理艾德諾幕僚長的漢斯．格洛布克（Hans Globke），戰時曾針對希特勒於一九三五年頒布的《紐倫堡法案》，[7]代表官方寫了評論文章。萊茵蘭－帕拉蒂納特（Rhineland-Palatinate）的警務首長威廉．豪瑟（Wilhelm Hauser），則是戰時在白俄羅斯執行屠殺的黨衛軍中尉。

公務體系之外，也出現同樣模式。大學和司法界支持希特勒政權人盡皆知，但戰後受去納粹化衝擊的程度最輕。商界也得到從輕發落。一九四七年被判定為戰犯的佛里德里希．佛利克（Friedrich Flick），三年後獲波昂當局釋放，回復其戴姆勒－賓士大股東的顯赫地位。在法本（I.G. Farben）和克虜伯（Krupp）這兩個遭指控犯了戰爭罪的聯合企業裡擔任要職者，全早早就獲釋，重新活躍於公眾領域，活躍程度不遜於戰前。到一九五二年，福特汽車的德國分公司已將其在納粹年代的高階管理人員全部找回。就連在美國人管轄下被判有罪的納粹法官和集中營醫生，都得到美國占領區負責人約翰．麥克洛伊（John J McCloy）的減刑。

戰後頭幾年的民意調查資料，證實同盟國的努力成果有限。一九四六年十月，紐倫堡大審結束時，只有百分之六的德國人願意承認那審判「不公平」，但四年後有三分之一這麼認為。他們如此認為，其實不足為奇，因為一九四五至一九四九年，認為「納粹主義立意佳但應用不當」的德國人一直居大多數。一九四六年十一月，美國占領區裡所做的一項調查顯示，百分之三十七的受訪德國人認為，「滅絕猶太人、波蘭人和其他非亞利安人種，乃是確保德國人安全所必需。」

在一九四六年十一月的同項民意調查裡，三分之一德國人認同「猶太人所擁有的權利不該和亞利安人種一樣」。這不是很令人意外，畢竟這些民意調查的對象在主張這一觀點的獨裁政府下過了十二年，才剛脫離這樣的統治不久。真正令人意外的，乃是六年後（一九五二年）所做的民意調查。在這個民意調查裡，有稍高比例的西德人（百分之三十七）表示，境內沒有猶太人，對德國較好。在同一年，有四分之一西德人承認對希特勒持「正面評價」。

在蘇聯占領區，納粹遺留的東西受到的對待有些不同。蘇聯法官和律師參與了紐倫堡審判，但在東德，去納粹化主要著重於集體懲罰納粹黨員和將納粹主義從所有生活領域連根拔除。當地的共黨領導階層非常清楚過去發生的事。日後會成為德意志民主共和國[8]領導人的瓦爾特・烏爾布里希特（Walter Ulbricht），在戰敗六個星期後於柏林向德國共黨代表演說時說到，「德國人的悲

6 Stephan Hermlin, *Bestimmungsorte* (Berlin, 1985), quoted in Frank Stern, *The Whitewashing of the Yellow Badge* (1992), p. xvi.

7 譯注：褫奪德國猶太人公民權的法案。

8 譯注：即東德。

劇在於他們聽命於一幫罪犯……德國勞動階層和具生產力的人口在歷史面前無能為力。」

這是艾德諾或西德大部分政治人物所不願承認的事實，至少在公開場合是如此。但烏爾布里希特，就像他的上司蘇聯當局，把確保共黨政權在德國的穩固和消滅資本主義，看得比追究納粹罪行還要重要。因此，在蘇聯占領區裡，去納粹化的程度在某些情況下比在西方同盟國占領區裡還要大，但那建立在對納粹主義的兩個曲解上：其中一個曲解乃是基於共黨理論所不得不然，另一個曲解則是審時度勢後的機會主義作為。

納粹主義是不折不扣的法西斯主義，而法西斯主義是資本主義者碰到危機時自私心態的產物。這一說法是馬克思主義者的老生常談，也是蘇聯的官方教條。因此，蘇聯當局對於納粹主義中種族歧視意識鮮明的部分和這一部分所造成的種族滅絕不大注意，反倒把焦點放在逮捕商人、思想不純正官員、教師和其他為站在希特勒後面的社會階級謀取利益而該為此受責的人上面，並沒收這些人的財產。就這點而言，蘇聯在德國拆除納粹遺毒的作法，基本上和史達林在中、東歐其他地方正推動的社會轉型沒有兩樣。

蘇聯對前納粹黨員的政策含有機會主義成分，乃是實力尚弱下的務實抉擇。在遭占領的德國境內，共黨組織尚不成氣候，而共產黨員搭著紅軍輜重車隊前來一事，幾乎不可能使他們贏得選民的愛戴。他們的政治前景，除了倚賴殘酷暴力和選舉舞弊，就只能求助於算計利害的自私心態。在德國東邊和南邊，共產黨人的自私心態表現在鼓勵驅逐德裔，當波蘭人、斯洛伐克人、塞爾維亞人住進原先德國人的農場、商家、寓所後，標榜自己是他們的保證人和保護人。在德國境內，這作法顯然行不通。在奧地利，當地的共黨於一九四五年晚期的選舉裡，失策拒絕納粹小黨員和前共黨黨員決定勝負的關鍵支持時，使得戰後的奧地利共產主義注定走上窮途末路。德國共黨看到這一教訓，於是決定向數百萬前納粹黨員提供服務和保護。

教條與利害算計，不必然相牴觸。烏爾布里希特和其同僚無疑深信，要肅清德國境內的納粹主義，只有促成社會－經濟的轉型才能辦到；對於追究個人責任或道德再教育，他們興趣不大。但他們也理解到，納粹主義不只是對無知德國無產階級玩的把戲。德國勞動階級，一如德國資產階級，未盡到自己的責任。但正因為如此，只要恩威並施且兩者輕重比例拿捏得當，改造德國勞動階級以實現共黨目標，其實可能性更大，而非更小。無論如何，東德當局，就像西德當局，沒什麼選擇——不和前納粹黨員一起治理國家，該跟誰？

因此，一方面，蘇聯的占領軍把許多前納粹黨員（到一九四八年四月有五十二萬人）撤職，任命「反法西斯主義者」擔任占領區裡的治理職。另一方面，德國共黨領導階層積極鼓勵個人污點比較少曝光的前納粹黨員與他們攜手合作。不足為奇的是，他們如願以償。前納粹黨員很樂意投靠勝利者陣營，藉此洗刷過去的污點。他們當上共黨黨員、地方行政人員、線民、警察，以實際作為證明，他們特別符合共黨國家的需要。

新制度畢竟和他們先前所熟悉的那個制度非常類似：共黨只是接收勞動陣線或街區管理員之類納粹機構或職務，再給它們新名稱，換上新上司。但前納粹黨員能適應這麼好，他們有把柄在人手裡也是原因。蘇聯當局隨時願與其前敵人勾結，一起針對東德境內納粹主義的本質和範圍撒謊——信誓旦旦表示德國的資本家和納粹遺毒侷限於西方同盟國占領區，未來的德意志民主共和國是工、農、反法西斯英雄的國度——但他們也是老狐狸，若有必要搬出納粹檔案證明前納粹黨員的前科，也不會吝於這麼做的。因此，黑市商人、發戰爭財者、各種前納粹黨員成為優秀的共產黨員，因為客觀環境使他們非討好共黨不可。

到一九五〇年代初期，東德高等教育機構的校長，有一半以上是前納粹黨員，十年後仍有一成以上國會議員是前納粹黨員。新成立的國家安全局（Stasi）不只接收納粹蓋世太保的職責和習慣作為，還接收了數千名的蓋世太保職員和密探。遭新成立之共黨政權政治迫害者，往往一律被指控為「納粹罪犯」，然後遭納粹黨員出身的警察逮捕，遭納粹黨員出身的法官審判，關入由新政權全部接管的納粹時代監獄和集中營，由納粹黨員出身的營房守衛看守。

個人和機構輕易就由納粹主義或法西斯主義陣營轉為共產主義陣營，這現象並非東德所獨有，差別之處或許只在規模。戰時義大利的反抗運動，有形形色色且人數頗多的前法西斯黨員參與，戰後義大利共黨作風的溫和，大概得歸因於其許多潛在支持者有法西斯前科。在戰後的匈牙利，共黨公開討好前法西斯政黨「箭十字黨」的黨員，甚至支持他們反對猶太人索回財產。在戰時倫敦，斯洛伐克共產黨員佛拉多・克萊門提斯（Vlado Clementis）、歐根・勒布爾（Eugen Löbl），遭到從戰前捷克法西斯黨招募來的蘇聯特務跟蹤，十年後他們受到擺樣子公審時，這些特務的證詞被用來作為不利於他們的證據。

對納粹或法西斯前科視而不見以換取其戰後政治服務者，不止共黨。在奧地利，前法西斯黨員常得到西方當局的垂青，獲准在新聞業等敏感行業工作：因為納粹的入侵和前法西斯黨員對左派的冷漠，使他們與走統合主義、獨裁路子的戰前奧地利政權的密切關係，相形之下沒那麼嚴重。位於義大利東北部邊境地區的同盟國軍政府，保護前法西斯黨黨員和與占領者合作者（其中許多人遭南斯拉夫通緝），另一方面，各地的西方情報機構招募有經驗且消息靈通的前納粹黨員供日後運用，包括有「里昂屠夫」之稱的蓋世太保軍官克勞斯．巴爾比（Klaus Barbie）：特別是用他們來對付替蘇聯服務的前納粹黨員，因為他們輕易就可認出那些黨員。

一九四九年九月二十日，德意志聯邦共和國總理艾德諾向國會第一次正式演說時，對去納粹化和納粹遺毒有如下表示：「聯邦共和國政府深信，許多人已經在內心裡為他們所犯的不算嚴重的罪進行悔過，因此我們決定在情況允許的時候，將過去拋諸腦後。」毋庸置疑地，許多德國人熱切支持這一主張。如果去納粹化遭中止，那是因為德國人已在一九四五年五月八日基於政治目的自動將自己「去納粹化」。

並不是德國人才這樣。在義大利，新成立的基督教民主黨的機關報，在希特勒死亡那天，發出遺忘過去的類似呼籲：「我們有能力忘掉！」「儘快忘掉！」在東歐，共黨最打動人心的訴求，乃是承諾在人人都有事——自身遭遇或自己做過的事——要遺忘的那些國家裡，展開一革命性的新開始。歐洲各地都出現擱下過去、重新開始的強烈意念，這股意念要人遵循伯羅奔尼撒戰爭結束時雅典雄辯家伊索克拉底對雅典人民的建言：「讓我們如從未發生過壞事般一起來治理。」

不信任短期記憶，追求有益於當下的反法西斯迷思——追求反納粹的德國、反抗納粹占領的法國或受害的波蘭——乃是二次大戰在歐洲留下的最重要有形遺產。從正面角度看，這一遺產讓狄托元帥、戴高樂或艾德諾之類人士得以向其同胞提供一看來合理、甚至引以為傲的對自我的陳述，從而有助於國家的復原。甚至連東德都聲稱自己有光彩體面的起點，一個虛構的傳統：一九四五年四月那場著名而大體上虛構的布痕瓦爾德共黨「起義」。這類陳述讓那些遭戰爭池魚之殃的國家（如荷蘭），得以撇開他們與敵人妥協的前科；讓那些激進主義已證實遭到誤導的國家（如克羅埃西亞），得以將激進主義埋在「當年勇」的模糊陳述裡。

沒有如此的集體失憶，歐洲戰後的驚人復甦不可能出現。的確，有許多後來將以令人不安的方式重現人們腦海的東西，在那時遭刻意遺忘。但許久以後，世人才明瞭戰後歐洲有多大部分建立在隨著歲月推移而裂解、移位的迷思基石上。在一九四五年的情勢下，在這塊滿目瘡痍的大陸上，抱著過去已死、已埋葬而新時代就要展開的心態來行事，會大有助益。為此付出的代價，乃是某種程度的選擇性集體失憶，特別是在德國。但話說回來，特別是在德國，有許多東西要遺忘。

3

歐洲的復興
The Rehabilitation of Europe

這時我們每個人都知道，經過這場戰爭，
不可能回到自由放任的社會體制，
這樣的戰爭為通往新形態的計畫性體制鋪平了道路，
從而促成一場無聲的革命。

卡爾．曼海姆

✣ ✣ ✣

看來幾乎所有人都認為，資本主義方法擔不起重建重任。

約瑟夫．熊彼得

✣ ✣ ✣

我們之中有些人失望於我們所回到的英國……
沒人能在一夜之間把英國變成我們希望的樣子。

溫妮．懷特豪斯夫人（引自保羅．艾迪契的《如今戰爭結束了》）

✣ ✣ ✣

解決之道在於打破惡性循環，
使歐洲人民對自己國家和整個歐洲的經濟前景恢復信心。

喬治．C．馬歇爾

歐洲遭逢的災難之慘重，打開了新契機。這場戰爭使一切改觀。幾乎在每個地方，都不可能回到一九三九年前的情況。這當然是年輕人和激進人士的觀點，但對於敏銳的老一輩觀察家來說，這同樣是昭然若揭。出身法國北部保守天主教資產階級，在法國解放時已五十四歲的戴高樂，以他一貫的精闢口吻描述了此事：「在這場浩劫期間，在戰敗的重壓之下，人心已經大變。在許多人眼中，一九四〇年的災難，可以說就是各國的統治階級和制度都垮了。」

但不管在法國還是其他哪個地方，問題都不是始於一九四〇年。各處的反法西斯反抗分子，都認為自己不只與戰時占領者和其當地代理人在戰鬥，還與直接導致他們國家遭逢災難的整個政治、社會制度在戰鬥。使他們國家陷入浩劫者，出賣一次大戰的犧牲、為二次大戰埋下引信者，乃是兩次大戰之間的政治人物、銀行家、商人、軍人。有份英國宣傳小冊痛斥一九四〇年前主張姑息政策的保守派人士，把上述那些人稱作「罪人」。那些人及其體制是戰時規畫的戰後變革所瞄準的對象。

因此，不管在哪個地方，反抗運動都隱隱帶有革命性。按照反抗運動的邏輯，這是必然之事。凡人們拒斥孕育出法西斯主義的社會，自然而然會有「除舊布新、一切重新開始的革命憧憬」（伊塔羅・卡爾維諾語）。在東歐許多地方，誠如先前已提到的，除舊工作的確做得很徹底。但就連在西歐，都普遍認為會有劇烈而急遽的社會轉變：畢竟，誰會去阻擋呢？

從戰時反抗運動的觀點看，戰後政治將是他們戰時鬥爭的延續、他們地下活動的自然投射和延伸。許多在戰時地下活動成為要角的年輕男女，對其他類型的公眾生活一無所知：在義大利自一九二四年起，在德國、奧地利和大部分東歐地區自一九三〇年代初期起，在整個淪陷的歐陸自一九四〇年起，正常政治成為絕響。政黨被禁，選舉遭操弄或廢除。要反對當局，要宣揚社會改變乃至政治改革，就要漠視法律。

因此，對這新一代人來說，政治活動的目的**就是**反抗——反抗權威，反抗傳統的社會或經濟安排，反抗過去。活躍於法國反抗運動的克羅德・布爾岱（Claude Bourdet），戰後是著名的左翼雜誌主編和作家。他在自傳《前途未卜的冒險》（*L'aventure incertaine*）中捕捉到這氛圍：「反抗運動使我們全變成不折不扣的不滿現狀者（contestataires），既不滿於社會制度，也同樣不滿於世人。」從反抗法西斯主義到反抗戰後重拾三〇年代的錯誤路線，這樣的路程似乎是自然不過的事。從中滋生出解放後不久許多觀察家所評論過的那個出奇樂觀的心態。儘管到處荒涼破敗——事實上正因為這荒涼破敗——有種嶄新且更好的東西注定誕生。義大利評論雜誌《社會》的編輯在一九四五年十一月寫道，「我們無人承認自己的過去。那似乎是我們所無法理解的……如今我們的生活被某種茫然若失的感覺和對方向的本能尋找所主宰。我們被客觀事實完全卸除了武裝。」

希特勒戰敗後緊接的那段時期裡，妨礙徹底改變的最大絆腳石，不是曾與獨裁者站在同一邊且跟著獨裁者一起被掃掉的反動分子或法西斯黨黨員，而是合法的流亡政府。戰時，這類政府大部分在倫敦坐等戰爭結束，規畫班師回朝。這類政府把祖國的本土反抗組織當作麻煩，而非盟友：他們認為得解除反抗組織的武裝，使其回復平民生活，把公共事務交給已肅清內部通敵者、叛國賊的政治集團掌理。做不到這點，國家將陷入無政府狀態，或者遭盟軍無限期占領。

已在一九四四至一九四五年時變身為多個政治運動組織的戰時反抗團體，對流亡政府的猜忌同樣強烈。在他們眼中，當年逃離占領的政治人物、官員、廷臣，有雙重污點：戰前犯錯和接下來逃到國外。在法國和挪威，一九三六年選出的議員，因一九四〇年的個人作為遭取消議員資格。在比利時和荷蘭，政府於五年占領期間出亡國外，使他們返國後無法體會留下來者的苦難和納粹占領下民心的轉變。在中、東歐，除了捷克斯洛伐克這個重要的例外，前政府都因紅軍的抵達而變得無足輕重（但他們有時遲遲才理解這點）。

班師回朝的政府，在政策上，特別是如後面會提到的，在社會、經濟的改革上，很願意妥協。但他們所堅持不讓的，乃是戴高樂等人所認為「有條理的過渡」這樣的東西。這也是東西歐境內同盟國占領軍所偏愛的選擇，反抗運動抱持的誤判錯覺因此迅即被打破。在東歐（南斯拉夫例外），決定戰後政府形態和指揮他們行動者是蘇聯。在西歐，臨時政府接掌政局，直到新選舉完成為止。無論如何，反抗運動先是受到鼓勵，最後則被迫交出武器，解散組織。

事後來看，對這一恢復體制現狀的舉動，反抗竟如此少，著實不尋常。在波蘭和蘇聯西部部分地區，武裝的敵後游擊隊多撐了數年，但他們的抗爭是高舉民族、反共大旗的抗爭。在挪威、比利時、法國、義大利，有組織的反抗平和轉化為戰後政黨和聯盟，其間只招來輕聲的抗議。在比利時，一九四四年十一月，戰時反抗運動的武裝成員，限期於兩個星期內交出武器，因此導致十一月二十五日布魯塞爾一場規模浩大的抗議大會。警方開槍鎮壓，四十五人受傷。但這類偶發事件並不常見。[1]二十萬法國反抗運動戰士順利併入正規軍，他們的組織「法國內部力量」（Forces Françaises de l'Interieur），在無抗議下遭解散；這樣的發展才比較常見。

1 義大利最後一批武裝敵後游擊隊員於一九四八年秋在波隆那附近遭一連串軍事行動圍捕。

蘇聯的策略——贊成恢復西歐境內的議會制政權（在東歐也名義上贊成）——成為遣散反抗運動成員的一大助力。法國的莫里斯．托雷斯（Maurice Thorez）和義大利的帕爾米羅．托利亞蒂之類共黨領袖，在促成他們的部眾（有時是困惑不解的部眾）與政府和睦合作上，貢獻極大。但許多人傾向於相信，反抗運動的活力和雄心此後將被導入推動國家復興的政治計畫。

反抗運動期間促成的聯繫，有時在戰後仍存在——例如荷蘭社會的「脫柱化」（depillarization），即打破天主教徒、新教徒兩族群間存在已數百年的教派區隔，就肇始於戰時打下的人際關係。但戰後成立「反抗黨」的計畫，在任何地方都未能如願。在義大利，費魯喬．帕里（Ferrucio Parri）於一九四五年六月出任總理，承諾他的行動黨將追求反抗運動的精神和目標。這是這類計畫最接近於實現的時刻。但帕里不具政治手腕，隨著六個月後他下台，政權就此落入傳統政黨手裡。在法國，戴高樂是更有謀略的政治家，但他最終不願改變自己的戰時抱負以迎合議會政治的例行程序，選擇下台（比帕里晚一個月），從而在無意間向他本人的成就——重建共和體制，使共和國體制得以賡續不斷——獻上敬意。

因此，戰後頭幾年，大部分歐洲人赫然發現，統治他們的並不是由反抗者所組成、同志情誼濃厚的新群體，反倒是由左派和中間偏左政治人物所組成、類似一九三〇年代人民陣線的聯盟。在這些年裡得以正常運行的戰前政黨，都是帶有可靠反法西斯背景的政黨，或者就蘇聯占領的東歐來說，那些（至少暫時）獲新政府冠上反法西斯背景的那些政黨。具體來講，就是共產黨、社會黨和一批自由派或激進派團體。這些政黨和團體，加上新近嶄露頭角的基督教民主黨，構成戰後頭幾年掌理國政的政黨，而許多「人民陣線」時代的政策和人，跟著他們一起進入政府。

既有的左派政黨則已從投身戰時反抗運動中大大受益，特別是在法國。法國的共黨順利將他們戰時的功績（有時流於誇大的功績）轉化為政治資本，連客觀的觀察家都相信他們擁有獨一無二的道德地位——一九四四年十二月珍妮特．富蘭納所謂的「偉大的反抗運動英雄」。因此，戰後歐洲政府的改革計畫重現並總結一九三〇年代未竟的志業，也就不是特別奇怪。

如果說一九四五年後，有經驗的政黨政治人物那麼容易就取代了戰時的活躍人士，那也是因為反抗運動組織與其接班人，雖和那些政治人物一樣抱持反法西斯精神，且普遍希望改變，但他們在細部擘畫上很含糊。義大利的行動黨有心廢除君主制，將大型資本與產業國有化，改革農業。法國全國反抗委員會的「行動計畫」，沒有國王需要罷黜，但其追求的目標差不多一樣籠統。反抗團體一直以來太關注作戰或活命，沒時間去擘畫戰後的立法。

但最重要的，反抗者有個罩門，即缺乏經驗。在諸多地下反抗組織中，只有共黨對政治活動有切實的了解，即使如此，了解也不算深（只有法國共黨例外）。但共黨特別不願意被具體而微且具有綱領性質的聲明所束縛，以免疏遠未來在戰術上可以合作的盟友。因此，在戰後計畫方面，反抗運動除了提出高調、空泛的意向聲明，未留下什麼東西；就連這些聲明，也如在其他方面支持反抗組織的佛朗索瓦．莫里亞克（François Mauriac）在一九四四年八月所指出的，「草草打出的不切實際計畫」。

但在某一點上，包括反抗者和政治人物都同意，即「規畫」。兩次大戰之間那約二十年裡的種種災難——一九一八年後錯失的機會；一九二九年股市崩盤後的經濟大蕭條；大量失業；自由放任資本主義的不公、不義、無效率，導致許多人轉而支持獨裁統治；傲慢統治階層毫不忌憚清議的冷漠心態；不適任政治人物的無能——所有這些條件全都失敗了，效果加起來成了阻礙社會變得更好。民主要能運行，民主要重獲人民的青睞，就得予以規畫。

如今，有時有人主張，此一對規畫的信任——戰後歐洲的政治信仰——源自蘇聯所立下的榜樣：有人認為，蘇聯這個計畫性經濟體，推動一系列規畫入微的「五年計畫」，因此免遭資本主義歐洲的創傷，頂住納粹的攻擊，打贏二次大戰。這完全是誤解。在戰後西歐和中歐，只有共產黨相信蘇聯式「計畫」，而且他們對這些「計畫」所知甚少，甚至完全不清楚這類「計畫」可如何應用於他們本地的環境。蘇聯對數字目標、生產配額、中央發號施令的執迷，當時只有一些主張規畫的西方人士不覺奇怪，而且這些人形形色色，利用的是大不相同的一組原始資料。

計畫、規畫風潮在一九四五年之前許久即開始。在兩次大戰之間的整個蕭條期間，從匈牙利到英國，都有人發聲支持某種計畫性經濟。在這期間提出的某些構想，特別是在奧地利所提出的和英國費邊社成員所提出的構想，源自更古老的社會主義傳統，但還有許多構想源自一九一四年之前的自由派改良主義。主張計畫性經濟者認為，十九世紀只關注安全和維持治安的「看守」政府（“caretaker” state）已經落伍。即使只是為了以防萬一——為了防止政治動亂——從此都應干預經濟事務，以節制失衡，消除無效率，彌補市場的不公不義。

一九一四年前，這類改良主義計畫的重點，侷限於要求累進式課稅、保護勞工，以及偶爾將數量有限的天然專賣事業收歸國有。但由於國際經濟瓦解和接下來的戰爭，規畫變得更為刻不容緩且更急於求成。在法國和德國境內，針對全國性的「計畫」——政府將透過積極干預，支持、抑制、促進、若有需要時指導主要經濟部門的「計畫」——各種提議百花齊放，還在年輕工程師、經濟學家、公務員間普遍流傳。

兩次大戰之間的大部分歲月，有心規畫者和其支持者，因位處政治邊陲，無法施展抱負，抑鬱不得志。老一輩政治人物對他們的懇求置若罔聞：許多保守右派和中間派人士仍對政府干預經濟深惡痛絕，而社會主義左派則普遍認為，只有革命後的社會才能合理計畫其經濟事務。在那之前，資本主義注定要因本身的矛盾而受苦，最後還會亡於那些矛盾。在兩邊陣營眼中，可「計畫」資本主義經濟，乃是胡說八道。因此，主張計畫經濟而抑鬱不得志的那些人，常不知不覺心儀於激進右派的獨裁政黨，畢竟那些政黨明顯較願意接受他們的構想。

因此，奧斯華爾德・莫茲利（Oswald Mosley）和英國其他工黨人物，心寒於工黨對經濟大蕭條的因應不當，因而轉向法西斯主義，絕非偶然。在比利時，亨德里克・德・曼（Hendrik de Man）也未能讓他的社會主義同志相信他的「計畫」可行，於是開始提出更獨裁的解決辦法。在法國，一些青年才俊型的社會黨領袖，對於該黨因應經濟危機時未能大膽創新感到挫折，於是脫黨自立門戶。其中許多人和類似他們的其他人，最後成為法西斯黨黨員。

一九四〇年前，法國、英國境內為墨索里尼鼓掌叫好者，欣羨於他們所見到墨索里尼的成就——透過政府主導的計畫和為各經濟領域設置傘狀機構，克服了義大利的經濟劣勢。阿爾貝特・施佩爾（Albert Speer），希特勒「新秩序」的管理者，因其指導、管制經濟的計畫而備受推崇。一九四三年九月，施佩爾和維琪政權的工業生產部長尚・畢歇隆（Jean Bichelonne），根據兩次大戰之間「計畫主義者」的理念，推出一套關稅裁減制度，從而比後來的歐洲貿易關係和法德經濟協調，更早就往這方向走。後來活躍於比利時政壇、主張歐洲統合的保羅・昂利・史帕克（Paul-Henri

Spaak），在「年輕歐洲」（Jeune Europe）這個社團裡，與當時來自歐洲各地理念相似者，交流有關提升政府角色的想法，其中包括後來成為戰時巴黎之納粹行政首長的奧托．阿貝茨（Otto Abetz）。「年輕歐洲」則是一九三三年為亟於找出決策新方向的年輕思想家和政治人物創立的社團。

簡而言之，「規畫」史錯綜複雜。許多主張規畫者是在戰時占領政權裡——在法國、義大利、比利時、捷克斯洛伐克，更別提在德國、義大利——當公務員、公司管理者時，有初次的規畫經驗。英國未遭占領，但在英國，也是因為戰爭，才使此前都很抽象的政府「規畫」觀念得到引進並採用。事實上，在英國，將政府推到經濟活動的中心位置者，戰爭居首功。一九四〇年五月的《緊急權力法案》授權政府可為了國家利益命令任何人做任何事，控制任何資產，指派任何工廠完成政府所選擇的任何國家目標。根據為英國戰後工黨領袖克萊門特．艾德禮（Clement Attlee）立傳的肯尼思．哈里斯（Kenneth Harris）所說，「全國性規畫和國有似乎是一九四五至一九五一年間工黨政府實踐社會主義原則的結果，其實在很大程度上是為打一場全面戰爭而組織起來的政府所留下的東西。」

因此，法西斯主義和戰爭是道橋樑，將非正統的、非主流的、往往引發爭議的經濟規畫觀念和戰後主流經濟政策連接在一塊。但規畫所受到的青睞，未因這段帶有污點的過往而有多大的減損——因為當時對規畫普遍抱持正面看法，即不管規畫與極右、極左、占領或戰爭有什麼樣的密切關係，都與兩次大戰之間那些年遭唾棄的政治明顯**沒有**關係。規畫真正的關鍵在相信政府。在許多國家，這反映了一個有根有據的體認，因為戰爭而更讓人深信不移地認知，在沒有其他管制或分配機構下，如今要讓個人免於赤貧，只有靠政府。但當時之所以熱衷於干預主義式政府，不只是因為絕望或自私，英國工黨領袖艾德禮，在一九四五年的大選中率領該黨意外大勝邱吉爾的保守黨，他的見解正貼切捕捉到當時的氛圍：眼下我們所需要的，乃是「規畫周全、建造精良的城市、公園、遊戲場、家和學校、工廠和店鋪」。

當時人深信，藉由動員、指揮人力、資源來造福大眾，解決大型難題，乃是政府的職責，也深信政府能辦到。顯而易見地，社會主義者特別這麼認為；但計畫周全的經濟會帶來更富裕、更公平、更有管理的社會這一看法，受到許多人的認同，包括當時正在西歐各地崛起壯大的諸基督教民主黨。英格蘭歷史學家泰勒（A.J.P. Taylor）於一九四五年十一月告訴英國廣播公司的聽眾，「在歐洲，沒有人認同美國人的生活方式，亦即私人企業；或更具體的說，那些認同該生活方式的人，乃似乎是和一六八八年後英格蘭境內的詹姆斯二世追隨者一樣沒前途的落敗一方。」泰勒一如以往流於誇大，最終判斷錯誤（但誰不是？），他若得知當時美國的德國管理機構裡許多位居要職的「新政派」對計畫的熱衷，大概會大吃一驚。但在當時，他的看法大體上是對的。

何謂「規畫」？這詞本身就引人誤解。凡是計畫主義者都深信應讓政府在社會、經濟事務上扮演更吃重的角色。但所有計畫者只有這一共通點，在其他方面，他們差異極大，而這通常是各國本身特有的政治傳統所致。在英國這個少有真正規畫作為的國家，真正的問題在於如何透過本身是目的而非手段的國有制，來控制產業和社會、經濟方面的服務性事業。因此，國有化（特別是礦場、鐵路、貨物運輸、水電等公用事業的國有化）和醫療服務的提供，成為一九四五年後工黨綱領的核心。簡而言之，經濟的「制高點」遭接管。但也僅止於此。

在義大利，法西斯體制已將大片經濟領域納入政府照管，戰後大體上原封不動。真正改變之處，乃是換成別種政治色彩的政黨，受惠於控股公司和國營機構給予的產業、金融權力基礎。在西德，一九四八年後，經濟大部分仍歸私人掌控，但在工廠管理、勞資關係、就業條件與分配條件方面，有經官方認可的詳細安排。在荷蘭，中央計畫推出一組適用於私人企業的預測性、規範性法令。

這時，從政府支出或公部門雇員人數來看，大部分西歐國家的公部門急速成長。但只有在法國，對政府計畫性作為的熱衷，未流於口頭宣說。一如英國，戰後法國政府將空中運輸、銀行、三十二家保險公司、水電等公用事業、礦場、兵工廠、飛機製造業、大企業雷諾收歸國有（將雷諾收歸國有，以懲罰該公司老闆於戰時為德國大力捐輸）。一九四六年五月，法國的工業總生產力有五分之一屬於國有。

這期間，在一九四五年十二月四日，尚．蒙內（Jean Monnet）向總統戴高樂提出他的「現代化計畫與設備計畫」。一個月後成立了計畫總署，以蒙內為署長。接下來幾個月裡，蒙內為多種產業（先是礦業、電力、運輸、建材、鋼、農用機械；後來又加上石油、化學品、肥料、貨運）成立了現代化委員會；這些委員會轉而提出建議和各產業的計畫。一九四七年一月，計畫總署成立整整一年後，該署的第一個全國性「計畫」，在未經討論下得到法國內閣批准。

「蒙內計畫」獨一無二，是一奇才的心血結晶。[2]但最重要的，那是一政治文化的產物，而那政治文化已傾心於獨裁式決策和藉由政府法令達成共識。在這計畫的領航下，法國成為第一個以經濟成長和現代化為官方政策，並全心全意推動該政策的西方國家。蒙內計畫的成敗，大大取決於法國能否取得德國的原物料和市場，因此該計畫的成功史，乃是戰後十年法國與德國、歐洲其他國家關係史的一部分：一段有著許多錯誤開始、限制、挫折的歷史。

最早的蒙內計畫，大體上是為解決法國戰後危機的緊急應變措施，後來才擴大、修改，以符合馬歇爾計畫的要求。但戰後法國經濟策略的基本輪廓，一開始就成形。法國的規畫一直都只是「指示性的」：只設定目標，不設定生產配額。在這方面，它與蘇聯的規畫大不相同，後者的特色（最大弊病）在於堅持按產業別、商品別各課以嚴格而不容分說的生產數據。蒙內計畫只提供政府長遠策略和方法，以積極促成某些受青睞目標的實現。當時這是極別出心裁的新作為。

在捷克斯洛伐克，一九四六年六月成立了中央規畫委員會，以指導、協調一九四五年遭總統貝內斯收歸國有而規模頗大的公部門。這個機構具有某些與蒙內計畫類似的特色與目標。一九四八年二月布拉格共黨政變的前一年，已分別有百分之九十三的運輸業受雇者、百分之七十八的工業受雇者為政府工作。銀行、礦場、保險公司、水電等主要公用事業、鋼與化學製品、食品加工業、各大型企業都已遭政府接管：共兩千一百一十九家公司，占製造業總生產量約四分之三。

因此，就捷克斯洛伐克這例子來說，國有化和政府對經濟的規畫，在共黨接管政權之前許久就已開始，代表了真正大多數選民的政策偏好——直到一九四九年二月，共黨政變的隔年，中央規畫委員會才遭整肅，改名為「國家規畫局」，職權範圍大不相同。在東歐其他地方，大規模國

2 蒙內一八八八年生於干邑（Cognac），父親是白蘭地商人。離開學校後在國外居住、工作了多年，主要在倫敦；一次大戰後獲提名為新成立之國際聯盟的秘書長。二次大戰期間，他在美國度過許多歲月，代表英國政府和「自由法國」協商軍火供應事宜。因此，他對經濟規畫的投入和後來對舒曼計畫（針對歐洲經濟合作推出的計畫）的貢獻，得益於他對大規模組織和跨國合作的熟悉。當時與他同類型的法國人，少有人有這樣的嫻熟。

有化，例如根據一九四六年一月《收歸國有法》強制施行的波蘭國有化，是由共黨領軍的聯合政府完成。但在這裡，計畫經濟同樣有其前共黨時代的根源：一九三六年，戰前波蘭共和國的獨裁政府，就已展開具有中央指令式規畫體制雛形的「四年投資計畫」。

在戰後歐陸，規畫的主要目的是公共投資。當時資本奇缺，各產業都亟需資金，因此政府的規畫要顧及以下的棘手抉擇：要把有限的國家資源放在哪裡，要為此犧牲誰的權益。在東歐，重點不可避免放在基本支出上，即鐵公路、工廠、公用事業的基本支出上。但吃、住方面能分到的資源就所剩不多，更別提醫療、教育和其他社會福利事業方面；非必需的消費性商品，則完全分不到資源。這種支出模式，得不到任何選民的支持，特別是那些已受過多年物資缺乏之苦的國家的選民。不足為奇的是，在物資奇缺的情況下，從事這種規畫的國家，幾乎遲早都走上獨裁統治和警察國家之路。

但西歐的情況與此差別不大。誠如後面會提到的，英國為了復甦經濟，被迫接受數年的「緊縮開支」。在幾乎沒有長期私人資本市場的法國或義大利，所有重大投資都得由官方出資——最早的蒙內計畫會偏向對主要產業的投資，而犧牲國內消費、住宅供應和服務性事業，原因在此。因此帶來的政治後果可想而知：一九四七年，法國已和義大利一樣受到罷工、暴力示威、對共黨和共黨工會的支持有增無減的威脅。刻意忽略消費性商品產業和將稀少的國家資源轉用於少數關鍵性產業，從長期經濟的角度來看，有其道理：但這樣的策略風險很大。

「規畫」經濟學直接借鑑了一九三〇年代的教訓，亦即戰後復甦策略要能成功，就得避免重蹈經濟發展停頓、蕭條、保護主義的覆轍，特別是要防止失業的重演。現代歐洲福利國家的問世，背後就有這些考量在推動。根據一九四〇年代的傳統看法，兩次大戰之間後十年的政治兩極化，乃是經濟蕭條和其社會成本所直接造成。法西斯主義和共產主義都靠人心絕望、靠懸殊的貧富差距壯大。民主國家要復甦，就得解決「人的狀況」這問題。一百年前托馬斯·卡萊爾（Thomas Carlyle）說道，「人沒做到的事，終有一天那事會自己做到，而且會以人人都不樂見的方式做到。」

但「福利國」——社會規畫——不只是政治動亂的預防劑。今日對種族、優生學、「退化」（degeneration）等諸觀念的不安，使我們看不到二十世紀上半葉期間它們在歐洲公眾思惟上所曾扮演的重要角色：認真看待這些事情者不止納粹。到一九四五年時，經由前後兩代歐洲醫生、人類學家、公共衛生官員、政治評論員的努力，「種族健康」、人口成長、環境福祉與就業福祉，藉以改善、確保這些東西的公共政策，已成為眾所爭辯的議題。當時有一廣泛的共識，即公民的健康狀況、道德狀態，攸關公眾利益，因此是政府要管的事務之一。

因為這緣故，一九四五年前，粗略的福利制度已很普遍，只是品質和涵蓋範圍因地而有很大差異。在這方面，德國最為先進，一八八三至一八八九年間，俾斯麥當政時，已推出退休金、意外保險、醫療保險制度。但在一次大戰爆發前幾年和一次大戰結束後幾年，其他國家開始迎頭趕上。二十世紀頭十年期間，赫伯特·阿斯奎斯（Herbert Asquith）的自由黨政府，在英國推出初步的退休金和全國保險制度；一次大戰結束後不久，英、法兩國分別在一九一九、一九二〇年成立衛生部。

一九一一年英國首開先河，推出強制性失業保險，其後，義大利（一九一九）、奧地利（一九二〇）、愛爾蘭（一九二三）、波蘭（一九二四）、保加利亞（一九二五）、德國與南斯拉夫（一九二七）、挪威（一九三八）陸續跟進。羅馬尼亞與匈牙利在一次大戰前就已施行意外險、疾病險制度，東歐所有國家在兩次大戰之間推出全國性退休金制度。子女津貼是出生率提升計畫的關鍵環節之一（戰時人員死亡慘重的國家，一九一八年後特別著意於提高出生率），且由比利時首先施行（一九三〇），接著是法國（一九三二），然後是二次大戰爆發前夕的匈牙利和荷蘭。

但這些安排，甚至就連納粹的安排，都稱不上是全面性的福利制度。它們是迫於情勢才推出的權宜性改革，並非一步到位，各用來處理某個社會問題或改善先前制度已明顯表露的缺陷。例如英國所推出的多種退休金、醫療保險制度，救濟金額很少，且只適用於在職男性；妻子和其他受扶養眷屬不在受惠之列。在兩次大戰之間的英國，要通過「經濟情況調查」（Means Test），才有資格領失業救濟金。這作法搬出了十九世紀《濟貧法》的「最低資格」原則，申請官方濟助者得證明其真正近乎赤貧，才有資格得到濟助。但在當時的歐洲，也就只有英國認定政府有義務讓所有公民，不分性別、老少、失業與否，都能享有一套特定的福利。

戰爭使這完全改觀。一如一次大戰加速了戰後的立法和社會救助——即使那只是為了照顧戰後頭幾年的寡婦、孤兒、傷殘、失業者——二次大戰改變了現代政府的角色和對現代政府的期待。改變最鮮明者是英國。在英國，戰後如梅納德·凱因斯所預見的，出現「對社會、個人保險的渴望」。但不管在哪個地方，「戰爭和福利密不可分」（史學家麥可·霍華德語）。在某些國家，營養與醫療服務在戰時的確改善了：為了動員全民打一場全面戰爭，必得更了解人民的健康狀況，凡是為讓人民保有生產力所必須做的，都要做到。

一九四五年後的歐洲福利國家，在政府所提供的資源上和政府資助資源的方式上，差異頗大。但仍能找到某些共通點。社會福利事業主要著重於提供教育、住屋、醫療，以及城市休閒區域、受官方補助的公共運輸、官方出資的藝文活動、干預型政府的其他間接救助。社會保險主要包括政府針對生病、失業、意外、老年危機提供保險。戰後每個歐洲國家的政府都提供或出資提供這些資源裡的大部分，而且加強對其中某些資源的提供。

重大差異表現在為籌措新公共救助的經費所推動的計畫上。有些國家透過徵稅取得收入，藉以提供免費的或高額補助的照顧和社會福利——英國即採行這制度，而這正反映了在當時英國對政府一手包辦的偏好。在其他國家，根據由社會因素決定的請領資格標準發放現金救濟金給公民，讓受益人自己花錢去取得他們所想要的社會福利。在法國和某些較小的國家，公民得事先出錢才能得到某些類別的醫療服務，但日後可從政府那裡拿回他們所出的大部分錢。

這些差異反映了國家財政、結算制度上的差異，但也表明策略上不同的基本抉擇。單獨地看，社會保險再怎麼慷慨，基本上都不是激進的政治作為——先前已提到即使是最保守的政權，都早早就推出社會保險制度。但全面性的福利制度，本質上就具有財富重新分配的作用，因為鑑於一體適用的特性和運作的規模之大，若不將資源從富人轉移到窮人（通常透過課稅），這種福利制度辦不成。因此，福利國體制本身屬於激進作為，一九四五年後歐洲諸福利國家間的差異，反映的不只是慈善救助手續上的差異，還有政治考量上的差異。

例如，在東歐，一九四八年後的共產政權通常都不支持全面性福利制度——沒這必要，因為他們可隨心所欲強行重分配資源，而不必把稀少的政府資源用在公共福利事業上。例如小農常因政治理由無緣享有社會保險、退休金福利。在西歐，只有六個國家（比利時、義大利、挪威、奧地利、西德、英國），在一九四五年後推行強制性、全民適用的失業保險。受官方補助的志願性保險，在荷蘭沿用到一九四九年，在法國沿用到一九六七年結束，在瑞士沿用到一九七〇年代中期。在天主教歐洲，行之有年的地方性集體失業保險，降低了施行全面性保險制度的需要，從而很可能妨礙了這類制度的推出。兩次大戰之間失業率特別嚴重的國家（英國或比利時），戰後推行社會福利，有一部分是為了維持充分就業或接近充分就業。兩次大戰之間失業率沒那麼嚴重的國家（例如法國或義大利），施政重點就相應地大不相同。

瑞典和挪威是福利事業的先驅（但丹麥不是），社會福利範圍廣泛，而西德保留了承繼自此前幾個政權的福利制度（包括納粹時代旨在促成高出生率的計畫），但以最大的雄心，致力於從頭打造一真正之「福利國家」者是英國。這有一部分得歸因於英國工黨的獨特地位。工黨於一九四五年七月的選舉大獲全勝，而與歐洲大部分其他政府不同的，工黨可以在沒有聯合政府的搭檔掣肘下，讓其選舉時提出的施政綱領全數獲得國會通過。但那也受到自成一格的英國改良主義影響。

戰後英國的社會性立法，以威廉・畢佛里吉（William Beveridge）提出的著名戰時報告為基礎。報告於一九四二年十一月出版，立即大賣。畢佛里吉生於一八七九年，父親在英國皇室直接統治下的印度當法官。他的真知灼見和雄心，和愛德華時代[3]英國那些以改革為念的偉大自由黨人士沒有兩樣。他這份報告既在控訴一九三九年前英國社會的不義，也是為戰爭結束後進行的徹底改革提出政策依據。就連保守黨都不敢反對這報告中的核心建議，這報告成為戰後工黨綱領裡最受歡迎、最持久不墜那一部分的道德基礎。

畢佛里吉針對戰後福利制度提出四項認定——會被納入下個世代之英國政策的四個認定——即應有全國性的健康服務、能滿足需要的公辦退休金、子女津貼、接近充分就業。最後一項不屬於福利事業，卻是其他所有福利事業的支柱，因為根據如此的認定，戰後健康成年人的正常狀況應是擁有全職的領薪工作。若能實現這一認定，失業保險、退休金、子女津貼、醫療服務和其他服務都能供應不虞，因為這些東西所需的經費，將藉由對全體勞動人口施予累進式課稅和對薪水課稅來籌得。

如此的福利政策帶來重大影響。沒有私人健康保險的非勞動婦女，生活首度得到保障。過去《濟貧法》／經濟情況調查制度的羞辱和社會依賴不再出現——從此，「福利國家」的公民難得需要官方援助時（當時推斷這樣的情形很罕見），不分男女都有權利得到援助。醫療和看牙服務免費提供，退休金全民皆有，子女津貼開始推行（第二個和其後的小孩每週五便士／二十五便士）。為這些福利措施賦予法源的主要法案，一九四六年十一月得到英王御准，作為福利制度核心的《國民健保法》（National Health Service Act）於一九四八年七月五日正式立法。

英國福利國制度，既是肇始於十九世紀中葉早先的改革，也是一真正激進的變革。喬治·歐威爾《通往維根碼頭之路》（*Road to Wigan Pier*，一九三七年出版）時的英國，和二十年後保守黨首相哈羅德·麥克米蘭（Harold Macmillan）以著名反駁（「日子從來沒有像現在這麼好過」）堵住詰問者

3 譯注：從愛德華七世在位直到一次大戰結束。

時的英國，兩者間的對比，正說明了《國民健保法》和伴隨該法而來的生活保障、收入補貼、就業提供施行的成功。從今日的角度回顧戰後第一批改革者的失算，很容易就小看他們的成就，乃至將其斥為不值一顧。《國民健保法》實施才幾年，就發現其中許多全民健保項目成本高到無以為繼；根據該法提供的服務，多年以來一直無法維持應有的品質；過了一段時間，誰都看出保險精算上的某些假定，包括對永遠充分就業的樂觀預測，都是流於短視甚至更糟。但凡是在戰後英國長大者（例如本書作者），都有充分理由該對「福利國」制度心存感激。

對歐陸各地的戰後一代來說，也是如此，但英國以外的地方，都未試圖以如此巨資一舉展開全面性的社會保險。由於福利國制度的施行，歐洲人比以往任何時候吃得更多且（大部分）吃得更好，活得更久更健康，穿得更好，住得更好。最重要的，活得比以往更安心。大部分歐洲人被問到對公共事業有何看法時，幾乎總是先提到戰後政府所提供給他們的保險安全網和退休金福利，這絕非偶然。甚至在社會福利上明顯達不到歐洲福利標準的瑞士，一九四八年十二月的《聯邦老年暨倖存者保險法》，都被許多公民視為他們國家最了不起的成就之一。

「福利國」代價不小。對於尚未從三〇年代經濟衰退和戰禍摧殘中復原的國家來說，福利國成本高昂。一九三八年，法國只花百分之五的國內生產毛額在社會福利事業上，到了一九四九年升高到百分之八．二，增加了百分之六十四。在英國，一九四九年時，光是社會保險就占去政府支出的將近百分之十七（不包括未列入這一類目底，由官方提供的服務和設施），比國家財政捉襟見肘的一九三八年多了五成。甚至在義大利這個更貧窮得多的國家，政府竭力將社會福利、福利的提供轉由私部門或民間企業負責，以避免背負高昂的社會保險成本，政府社會福利支出占國內生產毛額的比重，仍由一九三八年的百分之三．三增加為一九四九年的百分之五．二。

在生活仍非常困苦且物質普遍短缺之際，歐洲人為何願意為保險和其他長期的福利供應花這麼多錢？第一個原因是，正因為生活困苦，戰後福利制度可確保最低限度的公平。這不是戰時反抗運動所夢寐以求的那種精神上、社會上的革命，卻是擺脫戰前那些年之絕望無助和悲觀懷疑的第一步。

其次，西歐諸福利國家未在政治上陷入分裂。他們都想達成社會性的重分配（有些國家在這方面的意圖更強烈於其他國家），但全無革命意圖——他們未「向富人抽較重的稅」。相反地，當下感覺到受惠最大者雖是窮人，但長遠來看，真正受益者是具有專業和從商的中產階級。在這之前，他們往往沒有資格享有與工作有關的健康、失業或退休方面的救助金，且在戰前不得不花錢向私部門取得這類服務和救助金。此後，他們有充分的權利享有它們，不是免費就是低價享有。這一好處，加上政府提供免費或有補貼的中學教育、高等教育，使領薪水的專業階層、白領階層生活品質提升，可支配的收入增加。歐洲的福利國制度未使不同社會階層相互對立，反倒使他們結合緊密更甚從前，各皆有志於保存、捍衛這一制度。

但政府出資提供福利和社會服務的主要支持基礎，在於人民普遍有這些是政府所應為的認知。戰後歐洲各國都是社會福利國家，自認對其公民的福祉有未言明（往往明訂於憲法）的責任。這類國家不只有義務提供管理良好、安全、富裕之國度所不可或缺的機構和服務，還有義務參照一組包羅廣泛、日益擴增的指標來改善人民生活環境。是否真能達到這些要求，則是另一回事。

在像瑞士之類人口少、富裕、同質性的國家，實現社會福利國家「從搖籃到墳墓」的理想，顯然要比在義大利之類國家來得容易。但相信政府這一心態，在窮國至少和在富國一樣堅定，說不定還更堅定，因為在這類地方，只有政府能向人民大眾提供希望或解救。在緊接經濟蕭條、占領、內戰後的那段時期，政府作為提供福利、安全、公平的媒介，乃是共同體與社會團結的重要來源。今日許多評論者愛將國有和依賴政府視為歐洲的問題，把來自上面的救助視為時代的一種錯覺。但對一九四五年那一代來說，在政治自由和政府的理性、公平分配功能之間取得可行的平衡，似乎是脫離深淵的惟一明智出路。

一九四五年後的求新求變衝動，不止表現在社會福利的提供上。緊接二次大戰後那些年，堪稱是段短而緊湊的「改革年代」，許多早就需要解決的問題在這期間才遲遲得到處理。其中最重要的問題之一，乃是土地改革，當時許多洞察世事者認為那是歐洲最急需解決的難題。過去的重負仍沉沉壓在歐洲小農身上。只有在英格蘭、荷比盧、丹麥、阿爾卑斯山區、法國部分地區，才有富裕、獨立的農民階級可言。占歐洲人口多數的鄉村居民，絕大多數生活在背負債務的貧窮中。

造成這現象的原因之一，乃是仍有許多最良好的可耕地和特別是牧草地掌握在相對較少的有錢地主手中，而這些地主往往不住在自己土地上；在許多例子裡悍然反對讓他們的土地、佃農或工人的處境得到改善。另一個因素是農產品價格相對於工業產品價格的長期下滑。因美洲和大英國協自治領的廉價穀物、肉類先後輸入歐洲，自十八世紀起這一下滑過程就不斷惡化。到了一九三〇年代，歐洲小農陷入這一不斷惡化的處境已將近三個世代。許多小農從希臘、南義大利、巴爾幹半島、中歐、東歐外移到美國、阿根廷等地方。留下來的小農往往難敵民族主義、法西斯主義宣傳家的鼓動，開始跟著他們搖旗吶喊。因此，二次大戰後，許多人，特別是左派，認為，法西斯主義特別能蠱惑走投無路的小農，法西斯主義若在歐洲東山再起，會是從鄉間出發。因此，農業問題有雙重面向：如何改善小農的經濟前景，進而使他們擺脫獨裁統治的誘惑。

一次大戰後就已嘗試透過一連串土地改革來實現第一個目標，特別是在羅馬尼亞和義大利，但從某個程度上來講，這幾乎普見於歐洲每個地方。這些土改的目的，乃是重新分配大面積土地，減少「沒效率的小塊土地」（microfundia），讓農民有更好機會為市場做有效率的生產。但這些改革功敗垂成，原因之一出在兩次大戰之間的歐洲，經濟崩壞，價格下跌速度甚至比一九一四年前猛，剛「獨立」的有地小農其實比以前更為脆弱。

二次大戰後，土地改革捲土重來。羅馬尼亞一九四五年三月的土改，從「富農」（kulak）和「戰犯」手中徵收了一百萬公頃土地，分配給六十多萬此前貧窮或無地的小農。在匈牙利，兩次大戰之間海軍上將霍爾蒂（Admiral Horthy）當政時，阻擋任何重大的土地重分配，戰後，根據臨時聯合政府一九四四年十二月推出的塞格德計畫（Szeged Programme），從前地主手裡徵收了全國三分之一的土地。戰時的捷克斯洛伐克民族陣線政府，同年擬出類似的計畫，緊接戰後的幾個月裡，順利重新分配了大面積的土地，特別是從蘇台德地區德裔和匈牙利裔沒收來的農地。一九四四至一九四七年，東歐每個國家都出現大批感謝新政府讓他們擁有土地的小自耕農。幾年後，換成同樣這些小自耕農遭追求集體化的共產政權奪走土地。但在這同時，在波蘭、東普魯士、匈牙利、羅馬尼亞、南斯拉夫，則是有地鄉紳和大農場主階級完全消失。

在西歐，只有南義大利出現類似東歐那樣的劇烈轉變。在巴西利卡塔、阿布魯齊、西西里三地的土地遭沒收、占用之後，一九五〇年雷厲風行的《改革法》，宣布重新分配西西里和南義大利的莊園。但紅紅火火搞了一陣，卻沒改變什麼——從舊大莊園重新分配得的土地，有許多缺水、缺道路或缺住屋。二次大戰後在西西里遭重新分配的七萬四千公頃土地，有九成五是不適耕種的「貧瘠」或劣質土地。領到這類土地的貧農，沒錢、沒管道借錢；對於新持有的土地，他們幾乎只能維持原狀。義大利的土地改革失敗收場。他們所表明的改革目標（解決「南部問題」），十年後才會實現，而且是當南部的多餘小農放棄土地，前往欣欣向榮的義大利北部城市尋找工作機會時，才得到部分實現。

但南義大利的問題本就難搞。在法國和其他地方，賦予佃農的新法定權利，給了他們投資自有小土地的誘因，創新的信貸制度和鄉村銀行，則使他們得以做這樣的投資。官方補貼支持農產價格這一制度，鼓勵農民盡可能生產，並保證以固定的最低價買下他們的產品，藉此協助扭轉了已持續數十年的農產價格下滑趨勢。在這同時，戰後城市對勞動力前所未有的高需求，吸走較貧窮鄉間的剩餘勞動力，留下一批較有效率的務農人口，而且使鄉間嗷嗷待哺的人口變少。

土地問題的政治層面，則在戰後頭幾年推出的更大一套政治改革中，間接得到處理。其中許多政治改革屬於憲法層次，從而一併解決了一九一八年未解決的問題。在法國、義大利、比利時，女人終於取得投票權。一九四六年六月，義大利人投票決定走共和體制，但正反方票數差距不大（支持廢除君主制者有一千二百七十萬票，支持保留君主制者一千零七十萬票），投票結果加深義大利存在已久的地域分歧：南部地區一面倒投票支持國王（在那不勒斯達八成），只有巴西利卡塔地區除外。

相對地，希臘人於一九四六年九月投票決定保留君主政體。比利時人也留住君主政體，但拉下現任國王利奧波德三世，以懲罰他與納粹合作。一九五〇年這一決定，受了公眾的壓力，違反了稍稍過半數人口的意願，使國家沿著族群、語言的界線分裂為兩半，陷入涇渭分明的對立：說法語的瓦隆人投票贊成讓利奧波德下台，而說荷蘭語的佛蘭芒人則有七成二傾向讓他留任。法國人沒有國王可供他們發洩戰時受辱的怨氣，只在一九四六年投票贊成廢除不光彩的第三共和，換成第四共和。第四共和的憲法，就像一九四九年的德國《基本法》，旨在盡可能消弭遭獨裁或君主專制誘惑的風險——事後證明這是奢望。

頒布這些戰後憲法、提議以公民複決解決有爭議的事項、投票表決重大憲政改革案的諸國臨時議會或立憲議會，立場大部分偏向左派。戰後，在義大利、法國、捷克斯洛伐克，共黨鋒頭頗健。一九四六年的義大利選舉，義大利共黨拿下百分之十九的選票；法蘭西共黨於該年法國第二次選舉中拿下百分二十八．六的選票，是該黨成立以來的最佳戰績。在捷克斯洛伐克，一九四六年五月的自由選舉，共黨拿下全國百分之三十八的選票（在捷克拿下百分之四十）。在其他地方，共黨於自由選舉中的斬獲沒這麼出色，但對他們來講，這樣的成績——從比利時境內的百分之十三到英國境內的僅百分之〇．四——已是空前絕後。

在西歐，共黨最初的政治優勢來自他們與社會黨的密切關係。一九四七年前，大部分社會黨不願脫離在反抗運動時已自行重新組成的人民陣線式聯盟。在法國和義大利，社會黨投入戰後頭幾場選舉，成績幾乎和共黨一樣出色，在比利時，更是好得多。在斯堪的納維亞，社會民主黨的選戰成績讓其他黨瞠乎其後，在一九四五至一九四八年於丹麥、挪威、瑞典拿下百分之三十八至四十一的得票率。

但在英國和斯堪的納維亞諸國之外，共黨與社會黨的「舊左派」從未能獨掌政權。在西歐，決定國內政治天平倒向哪一邊者，始終是基督教民主黨這個新政治動物，在許多例子裡，基民黨常是最大黨。天主教政黨在歐陸頗常見，在荷蘭和比利時它們早就是政壇一大勢力。在日耳曼帝國時期（一八七一～一九一八）和威瑪共和時期（一九一八～約一九三三），德國有一天主教中央黨，而奧地利政壇上的保守派長期以來和（天主教）人民黨緊密結合。就連「基督教民主主義」本身都不是全新的觀念——它起源於二十世紀初期的天主教改良主義和在一次大戰結束後的動盪歲月裡試圖闖出一片天但功敗垂成的天主教政治中間派運動。但一九四五年後，情況大不相同，變得對他們十足有利。

首先，這些基督教民主黨，特別是西德的基督教民主聯盟、義大利的基督教民主黨、法國的人民共和運動（Popular Republican Movement，為基督教民主主義政黨，支持者多為天主教徒），這時幾乎囊括了天主教票。在一九四五年的歐洲，天主教票仍很重要：當時天主教徒選民極保守，特別是在社會問題上和在高度奉行天主教習俗的地區。在義大利、法國、比利時、荷蘭和德國南部、西部的傳統天主教選民，鮮少會把票投給社會黨，幾乎從不投給共黨。但在許多國家，儘管基督教民主黨的政治人物和政策帶有改良主義傾向，就連保守的天主教徒都往往別無選擇，只能把票投給基督教民主黨——戰後時期的奇特現象——因為傳統右派政黨不是式微就是完全遭禁。就連非天主教徒的保守派都愈來愈轉而支持基督教民主黨，以壓制「馬克思主義」左派。

其次，因為某些相關的原因，基督教民主黨是婦女票的主要受惠者，一九五二年，法國的女天主教徒有約三分之二把票投給人民共和運動，傳道士的影響無疑是原因之一。但基督教民主黨能得到婦女青睞，主要靠他們的政綱。當時就連最溫馴的社會黨、共黨的政治語言，都帶有久久不散的造反意涵，相對地，基督教民主黨的要人——法國的莫里斯·舒曼（Maurice Schumann）、喬治·比多（Georges Bidault）、義大利的阿爾奇德·德加斯佩里（Alcide de Gasperi）、西德的艾德諾——始終強調和解和穩定。

基督教民主主義避用從階級出發的訴求，強調社會、道德改革，特別是堅持**家庭**的重要。在單親家庭、赤貧家庭、無家可歸者亟需救助之際，把家庭這個十足基督教的主題納入政策，自然大有助於施政。因此，天時、地利使基督教民主黨得以利用戰後情勢的幾乎所有層面（渴望穩定和安全、期盼復興、少了傳統右派的替代者、對政府寄予厚望）來壯大自己，因為相較於上一代傳統天主教徒政治人物，基督教民主黨的領袖和他們較激進、較年輕的追隨者，毫不忌諱動用公權力來實現目標。其實戰後頭幾年的基督教民主黨員把主張自由市場的自由派，而非主張集體主義的左派，視為頭號大敵，急欲證明現代國家可適應非社會主義形式的善意干預。

因此，在義大利和西德，基督教民主黨（在美國援助下）幾近獨占了未來許多年的政治權力。在法國，因為兩次殖民地戰爭腐蝕其權力根基，加上接下來一九五八年戴高樂重掌大權，人民共和運動的發展遜色得多。但即使如此，該黨在五〇年代中期之前仍一直是權力的仲裁者，某些關鍵部會（特別是外交部）形同它的禁臠。具有基督教民主主義傾向的天主教政黨，在荷比盧三國獨掌政權三十多年，在奧地利則直到一九七〇年為止。

基督教民主黨的領袖，一如英國的邱吉爾，乃是前一時代的人物：艾德諾生於一八七六年，阿爾奇德・德加斯佩里晚五年出生，邱吉爾生於一八七四年。這絕非只是巧合或引人好奇的生平軼聞。一九四五年時，許多歐陸國家已失去兩代政治領袖：第一代死傷於一次大戰，第二代死傷於法西斯主義的誘惑或死傷於納粹、納粹盟友之手。這一斷喪所帶來的影響，可由這些年青年一輩政治人物才具相當平庸一事看出，但以政工身分在莫斯科度過此前二十年裡的許多歲月的帕爾米羅・托利亞蒂是例外。萊昂・布呂姆（Léon Blum）於遭維琪政權關押，再遭監禁於達豪、布痕瓦爾德後重返法國政壇。他的特殊魅力，不只在於他的英勇事蹟，還在他的年紀（生於一八七二年）。

乍看之下可能會覺得奇怪，戰後歐洲的復興，怎麼有那麼大的比例出於幾十年前就已成熟、進入政壇的男子之手。一九〇一年初次進入國會的邱吉爾，總是自稱「維多利亞時代之子」。艾德禮生於一八八三年，也是維多利亞時代人。但這或許不是那麼令人意外。首先，這些老一輩的人，捱過三十年動亂，仍安然屹立於政壇，道德上也無污點，展現了過人的一面——可以說正因為他們這樣的人如鳳毛麟角，他們在政治上更能博得人民的信任。其次，他們全屬於一八八〇至一九一〇年間達到成熟的那不凡的歐洲社會改革者一代——不管是身為社會主義者（布呂姆、艾德禮）、自由主義者（畢佛里吉，或生於一八七四年、後來出任義大利總統的路易基・伊諾第）、還是進步派天主教徒（德加斯佩里、艾德諾）皆是如此。他們的天賦才能和興趣在戰後氛圍裡如魚得水。

但第三，這些重建西歐的老人代表了連貫性（這或許是最重要的因素）。兩次大戰之間那些年，人們著迷於新和現代的東西。許多人——不止法西斯黨黨員和共產黨黨員——將議會和民主被視為墮落、停滯、腐敗，無論如何無法勝任現代國家之重任的東西。戰爭和占領打掉這些錯覺，對選民是如此，甚至對知識分子來說都可能是如此。在和平的冷光照射下，憲政民主的乏味妥協散發新的魅力。一九四五年時大部分人所渴望的，的確是社會進步和復甦，但除此之外，還希望有穩定、熟悉而令人安心的政治形式。一次大戰帶來政治化、激進化的效應，二次大戰則帶來截然相反的結果：對常態的深深盼望。

因此，走過兩次大戰之間那動盪的二十年，更經歷過一九一四年前那較安穩、較有自信之時代的政治家，特別令人欣賞。他們能以其橫跨不同時代的閱歷，協助完成一艱難任務——從過度狂熱於政治的晚近，過渡到即將降臨的社會快速轉型時代。到了一九四五年，歐洲老一輩的政治家，不管外表被貼上哪一個政黨標籤，都已經無法真正信仰什麼了，只能務實地搬演「可能之藝術」。[4]他們個人對兩次大戰之間那些狂妄政治教條的冷淡，正忠實反映了他們選民的心思。後「意識形態」的時代於焉揭幕。

二戰後歐洲的政治若要穩定、社會若要進行改革，首先取決於歐陸的經濟能否復甦。再怎麼完善的政府規畫，再怎麼高明的政治領導，都無法像變戲法般一下子打消一九四五年時歐洲所面臨的艱鉅難題。二次大戰對經濟最明顯的衝擊，表現在住屋上。倫敦都會區有三百五十萬戶住宅

4 譯注：即政治。

毀於戰火，傷害比一六六六年倫敦大火還要嚴重。華沙有九成住宅被毀。一九四五年的布達佩斯，只有百分之二十七的房子可以住人。德國毀了四成住宅，英國三成，法國兩成。在義大利，一百二十萬戶住宅被毀，大部分位在人口五萬或五萬以上的城市裡。誠如先前已提過的，無家可歸的問題可能是戰爭剛結束後那段時期最顯而易見的戰爭惡果——在西德和英國，住屋短缺的問題要延續到一九五〇年代中期才消失。如同某中產階級婦女走出倫敦「戰後住宅展示會」後所說的，「我好想有間房子，想要到什麼都不挑剔，只求有四面牆、一片屋頂就好。」[5]

第二個受創明顯的領域是運輸——商船船隊、鐵軌、所有火車頭和車廂、橋樑、公路、運河、有軌電車。從巴黎到出海口的塞納河沿線，橋樑蕩然無存，萊茵河上只剩一座橋完好無損。因此，即使礦場、工廠能生產必需的物品，也運不出去——一九四五年十二月時歐洲已有許多煤礦復工，但維也納仍無煤可用。

視覺上的衝擊最嚴重：許多國家看去就像已被打爛，回天乏術。捲入二次大戰的歐洲國家，幾乎個個經濟都陷入停滯，甚至連兩次大戰之間那些年平庸的經濟表現都比不上。但戰爭所帶給經濟的不盡然是災難，反倒在某些領域可能是促成快速成長的強勁刺激。拜二次大戰之賜，美國躍升為無可質疑的商業、科技頭等強國，就和拿破崙戰爭期間英國的轉變差不多。

而且就像同盟國調查員迅即了解到的，反希特勒戰爭對經濟造成的破壞性衝擊，絕不像他們最初以為的那麼全面，即使在德國境內亦然。空中轟炸雖奪走許多人命，但其所造成的經濟傷害，卻沒有主張展開空中轟炸者所預期的那麼大。一九四五年五月時，只有兩成多一點的德國工廠遭毀；即使在魯爾這個盟軍重點轟炸區，仍有三分之二的工廠、機器完好無損。在其他地方，例如在捷克，農、工業在德國占領期間蓬勃發展，幾乎毫髮無傷走出二次大戰。斯洛伐克，一如匈牙利部分地區，戰時工業化速度加快，戰後生活其實比戰前好。

一九四五年後核心經濟部門的復原會如此出人意表的迅速，得歸因於戰爭的許多傷害並非全面性，而是偏於某些部分——人員和土地受創嚴重，工廠、貨物受到的傷害相對較輕。戰時，機械業欣欣向榮。二戰結束時，英、蘇、法、義、德（和日、美）所擁有的工具機都多於戰爭開始時。在義大利，只有航空業和造船業嚴重受創。機械製造公司座落於北義大利，因此未遭到義大利戰役期間最激烈的戰事波及，從而運作非常順利（一如它們在一次大戰期間），戰時的產量和投資足以抵過它們所受的傷害還有餘。至於在戰時德國，後來成為西德的那部分地區，工具機業的設備只有百分之六．五毀於戰爭傷害。

當然，有些國家完全未受到戰火摧殘。愛爾蘭、西班牙、葡萄牙、瑞士、瑞典，戰時一直保持中立。這不表示他們未受戰爭影響，相反地，歐洲大部分中立國密切但間接投入納粹的戰爭努力。德國戰時所需的錳，很倚賴佛朗哥統治下的西班牙供應。鎢從葡萄牙的殖民地，經里斯本運到德國。德國戰時的鐵礦砂需求，有四成由瑞典供應（用瑞典船運到德國港口）。而德國購買這些物資全以黃金支付，其中許多黃金盜自德國的占領地，經瑞士付給賣方。

瑞士所扮演的角色，不只是洗錢者和德國人付錢的管道，本身也對希特勒的戰爭貢獻很大。一九四一至一九四二年，瑞士有六成軍火業、五成光學工業、四成機械業的產量是為德國生產，

5 引自Maureen Waller, *London 1945* (2004), p. 150.

收到的報酬是黃金。一九四五年四月，比勒－厄利孔（Bührle-Oerlikon）輕武器公司仍在賣速射槍給納粹國防軍。二次大戰期間，德意志帝國銀行總共存了相當於十六億三千八百萬瑞士法郎的黃金在瑞士。戰爭爆發前，瑞士當局要求德國在其所發護照上注明護照持有人是否是猶太人，以更有效防杜不樂見的存款。

明哲保身的瑞士當局，有充分的理由與納粹交好。納粹國防軍的最高指揮部暫時擱下其一九四〇年六月入侵瑞士的計畫，卻從未打消那些計畫：比利時、荷蘭的悲慘遭遇提醒瑞士當局，脆弱的中立國若擋了希特勒的路會有什麼下場。基於類似的理由，瑞典人也向自古以來他們賴以取得煤的柏林表態合作。合作之前，瑞典賣鐵礦砂給德國就已賣了許多年，戰前德國進口的鐵礦砂有一半來自波羅的海對岸，瑞典出口的鐵礦砂有四分之三輸到德國。無論如何，瑞典由於擔心俄羅斯染指其中立地位，心態上老早就偏向德國。因此，與納粹合作——在巴巴羅薩行動[6]展開時，同意一萬四千七百名納粹國防軍取道瑞典進攻蘇聯，以及同意挪威境內的德國休假軍人取道瑞典返國，讓瑞典鐵礦工人緩服兵役以確保鐵礦砂能定期運到德國——並非悖離既有作風之舉。

戰爭剛結束時，國際上對瑞士人懷恨在心，猜測他們是助紂為虐的納粹幫凶（但瑞典人未受到如此懷疑）；在一九四六年五月的《華盛頓協議》中，瑞士人被迫「志願」捐贈兩億五千萬瑞士法郎供歐洲重建之用，同盟國就此不再追究透過瑞士銀行進行的帝國銀行交易。但這時候瑞士已獲改造重生，成為正派管理財務的富裕小國：其銀行獲利率高，其農場和機械業開始供應糧食、機器給亟需這些物資的歐洲諸市場。

戰前，不管是瑞士還是瑞典，都算不上特別富裕，事實上境內有許多地區是貧窮鄉村。但事實證明，他們在戰時取得的領先地位歷久不衰：如今兩國都屬歐洲聯盟裡的前段班，穩居這樣的地位四十年。在其他地方，復原之路較難走。但即使在東歐，至少經濟基礎設施都得到快速修復。儘管遭撤退的納粹國防軍和入境的紅軍施予慘不忍睹的破壞，匈牙利、波蘭、南斯拉夫的鐵公路、橋樑、城市都得到重建。一九四七年時，中歐的交通網和火車車頭、車廂的數量，都已回復或超越戰前的水平。捷克斯洛伐克、保加利亞、阿爾巴尼亞、羅馬尼亞這幾個受戰爭破壞較輕的國家，這方面的復原過程都比南斯拉夫或波蘭快。但就連波蘭經濟復甦都頗快，這有一部分得歸因於新近從德國割來的肥沃西部領土，且境內有工業鎮和工廠，有利於經濟復甦。

在西歐，實體損害的修復也很快——大體上比利時最快，法國、義大利、挪威稍慢，荷蘭最慢。荷蘭所受到的最嚴重傷害（對農田、堤防、道路、運河、人員的傷害），全發生於戰爭最後幾個月。比利時人受益於安特衛普作為歐洲惟一大港的優越地位——戰爭結束時此港大體上完好——還受益於盟軍集結了大量部隊於該國，為這個早就專精於煤、水泥、金屬半成品（全是重建所不可或缺的東西）生產的經濟體，帶來源源不斷的現金。

挪威的情況相對慘得多。該國一半的漁船、商船毀於戰火。由於納粹國防軍撤退時蓄意破壞，一九四五年挪威的工業產值只有一九三八年水平的百分之五十七，該國的股本失去將近五分之一。接下來的幾年，滿懷怨恨的挪威人清楚感受到他們與瑞典的天壤之別。儘管如此，挪威還是在一九四六年結束時修復了境內大部分鐵公路；隔年，一如西歐其他地方和東歐大部分地方，

6 譯注：Operation Barbarossa，納粹入侵蘇聯的行動代號。

經濟復甦不再受到燃料短缺和通信設施不足的阻撓。

但對當時的觀察家來說，復原能力最驚人者似乎是德國。這得歸功於萬眾一心重建破敗國家的德國人民的辛苦奮鬥。希特勒死去那天，只有一成的德國鐵路在營運，全國根本是一灘死水。一年後的一九四六年六月，已重新開通九成三的德國鐵路，重建好八百座橋樑。一九四五年五月，德國煤產量幾乎不到一九三九年的十分之一；一年後即成長了四倍之多。隨美軍進入德國西部的觀察家索爾・帕多佛（Saul K. Padover），一九四五年四月時覺得，遭夷為平地的亞琛市肯定要花上二十年才能重建完成。但不到幾個星期，他就寫到亞琛市輪胎廠、紡織廠已重新運轉，經濟活動已展開。

德國一開始復原如此快速，原因之一在於工人的房子一旦得到重建，運輸網一旦重建完成，產業立即就可出貨。在福斯工廠，九成一的機器捱過戰時轟炸和戰後掠奪，一九四八年該工廠的產能已占西德汽車產能的二分之一。德國的福特大體上無損。拜戰時投資之賜，一九四五年時德國工業設備很新，三分之一上線不到五年，相對地，一九三九年時只有百分之九。戰時德國最大力投資的產業——光學、化學、燈光工程、車輛、非鐵金屬——正是為五〇年代的快速成長奠下基礎的產業。一九四七年初期，德國復甦的主要障礙不再是戰爭損害，而是原物料等物資的短缺，以及最重要的，該國政治未來的不確定性。

一九四七年是關鍵的一年，歐陸命運的轉捩點。在那之前，歐洲人一直忙著修復和重建，或忙著讓重要的基礎設施開始運作以利長期復甦。同盟國戰勝後的頭十八個月期間，歐陸的氣氛由和平即將降臨、一切即將重新開始因而感到如釋重負，遽轉為面對千頭萬緒的重建工作感到的冷漠無奈和愈來愈不再抱持幻想。一九四七年開始時，情勢清楚顯示，最艱難的決定尚未做出，而且這樣的決定再拖也拖不了多久。

首先，糧食供應這個基本問題尚未解決。糧食短缺普見於瑞典、瑞士之外的每個地方。靠一九四六年春聯合國善後救濟總署增加供糧，奧地利人才不至於在接下來的一年裡餓死。在英國占領的德國地區，卡路里供應量從一九四六年中期的每個成人每天一千五百大卡，降為一九四七年初的一千零五十大卡。義大利人在一九四五、一九四六年接連遭遇飢荒，一九四七年春的糧食平均水平居西歐諸國之末。一九四六年間在法國所做的幾次民意調查，「糧食」、「麵包」、「肉」始終是民眾最關注的東西。

問題有一部分出在西歐再也無法像過去那樣靠東歐糧倉取得糧食。因為在東歐，也是人人吃不飽。在羅馬尼亞，因為土地改革不當和天候惡劣，一九四五年欠收。從瓦拉幾亞西部經摩達維亞到烏克蘭西部和蘇聯伏爾加河中游地區，欠收和乾旱導致一九四六年秋近乎饑荒，有救助機構形容一歲大的小孩體重只有三公斤，並傳回吃人肉的報導。在阿爾巴尼亞，救濟人員形容當地情況是「令人驚駭的困苦」。

然後一九四七年的嚴冬降臨，那是一八八〇年以來最嚴寒的冬天。運河封凍，道路一連數個星期無法通行，鐵路網因結冰而完全癱瘓，剛展開的戰後復原停擺。仍然短缺的煤，供給跟不上國內需求，而且根本運不出來。工業生產陡然大跌，才剛開始復甦的鋼產量，在前一年裡已驟降四成。雪融時，歐洲許多地方淹水。幾個月後的一九四七年六月，歐陸進入有紀錄以來最熱、最乾的夏季之一。很明顯地，收成將會不足，在某些地方將是連續第三年收成不足：農產量甚至比收成極不理想的前一年還少了約三分之一。煤的不足可由從美國進口（一九四七年三千四百萬噸）來局部填補。糧食也可從美國、大英國協自治領買進。但這些進口品都得以強勢貨幣支付，通常是美元。

一九四七年的歐洲危機源於兩個結構性難題。一個是德國形同從歐洲經濟消失。戰前，德國是中、東歐大部分地區和荷蘭、比利時、地中海地區的主要進出口市場之一，例如，一九三九年前，德國買進百分之三十八的希臘出口品，供應希臘約三分之一的進口品。德國煤是法國製鋼業的重要來源之一。但在德國的政治前景明朗化之前，德國的經濟雖已恢復潛力，仍如冰封的大地，大大阻撓了歐陸其他地方的經濟復甦。

第二個問題與美國有關，與德國無關，雖然這兩個國家關係密切。一九三八年，英國進口的機器，從金額來看，百分之四十四來自美國，百分之二十五來自德國。一九四七年，則分別是百分之六十五和百分之三。在歐洲其他國家，情況類似。對美國貨的需求如此劇增，正說明歐洲經濟更為活絡，但要購買美國產品或物資，需要美元。歐洲沒有東西可賣給歐洲以外的地方；但沒有強勢貨幣，歐洲無法購買糧食以免數百萬人餓死，也無法進口欲增進生產所需的原料和機器。

這場貨幣危機很嚴重。一九四七年，國債自一九三九年來已增加三倍的英國，將近一半進口品買自美國，現金快速流失。世上最大的煤進口國法國，與美國的收支逆差達一年二十億四千九百萬美元。歐洲大部分其他國家甚至沒有貨幣可用來貿易。羅馬尼亞的通貨膨脹於一九四七年八月達到最嚴重。鄰國匈牙利的通貨膨脹達到有紀錄以來最嚴重，遠超過一九二三年德國的通貨膨脹，最嚴重時五的三十次方張一彭格（pengo）紙幣合一美元——這意味著一九四六年八月廢掉彭格，改用福林（forint）時，所有流通中的匈牙利鈔票的價值只合千分之一美分。

在德國，沒有通行的貨幣。黑市猖獗，香菸是眾所公認的交易媒介：在被迫漂流異鄉者的收容營執教的老師，每星期薪水是五包香菸。在柏林，一條美國菸值六十至一百六十五美元不等，給了占領德國的美軍拿配給的香菸換美金的機會，他們先用香菸換美金、再用美金換回香菸，藉以大賺其錢：盟軍占領頭四個月裡，光是柏林美軍寄回國的錢，就比他們的薪餉多了一千一百萬美元。在不倫瑞克（Braunschweig），六百根香菸可買到一輛腳踏車——腳踏車在德國，一如在義大利，是不可或缺的東西，維托里奧．狄西嘉（Vittorio de Sica）一九四八年的電影《單車失竊記》，對此有令人難忘的描繪。

美國人注意到歐洲危機的嚴重性，誠如後面會提到的，那是美國人不管有沒有蘇聯的合作，都努力解決德國問題的主要原因之一。在喬治．肯楠之類見多識廣的美國總統顧問眼中，一九四七年春的歐洲正搖搖欲墜。西歐人最初滿心以為會快速復甦，返回正常經濟狀況，沒想到復甦速度比預期慢，因而備感挫折。這份挫折和德國人、其他中歐人的絕望，加上一九四七年突如其來的生存危機使絕望加深，只會使共產主義更能吸引民心，或使局面更可能墮入無政府狀態。

共產主義的確有其吸引力。義大利、法國、比利時的共黨（和芬蘭、冰島的共黨），在一九四七年前一直留在聯合政府裡，但透過他們在工會裡的成員和人民示威，他們仍能鼓動民怨，利用所在國政府的失敗壯大自己。共黨在選舉上的斬獲，加上紅軍戰無不勝的光環，使義大利（或法國和捷克）的「通往社會主義之路」似乎言之有理且吸引人。到一九四七年時，已有九十萬七千名男女加入法國共產黨。在義大利是兩百一十五萬，比波蘭乃至南斯拉夫，都多了許多。甚至在丹麥和挪威，都有八分之一的選民最初對共黨的政見感到心動。在德國的西方盟國占領區，盟軍當局擔心對納粹時代美好日子的懷念，加上對去納粹化計畫的反彈、糧食短缺、輕型犯罪猖獗，可能使情勢轉而有利於新納粹乃至蘇聯。

西歐諸國或許該慶幸，一九四七年春，他們境內的共黨仍在走一九四四年所採行的溫和民主道路。在法國，莫里斯．托雷斯仍在鼓勵煤礦工人「生產」。在義大利，英國大使稱托利亞蒂緩和了他那些「急性子」的社會黨盟友的衝動。出於自身的考量，史達林尚未鼓勵其在中、西歐的許多支持者利用人民的憤怒和挫折壯大共黨勢力。但即使如此，內戰和革命的幽靈從未遠離。在比利時，同盟國觀察家稱族群間的緊張和政治緊繃很嚴重，把比利時和希臘、義大利同列為「不穩定」國家。

在法國，一九四七年冬天的經濟困境，已開始讓人民對戰後的新共和體制不再抱持幻想。一九四七年七月一日的某份法國民意調查，九成二受訪者認為法國情勢「壞或相當壞」。在英國，工黨籍財政大臣休．道爾頓（Hugh Dalton）思索了戰後頭幾年洩了氣的民間熱情後，在日記裡透露：「光明、有信心的早晨不再。」法國國家經濟部長（相當於英國財政大臣），社會黨籍的安德烈．菲立浦（André Philip）則在一九四七年四月的某場演說中，以更為聳動的口吻表達了同樣觀點：「我們面臨經濟、金融完全崩潰的威脅。」

這種大難即將臨頭的絕望心情，充斥於各地。一九四七年三月，珍妮特．富蘭納從巴黎報導，

「過去兩個月，在巴黎，或許在整個歐洲，有股非常明確且日益增長的隱隱不安氣氛，彷彿法國人或所有歐洲人，都認為會有事發生，或更糟糕的，什麼事都不會發生。」誠如她在幾個月前指出的，歐陸正慢慢進入新冰河期。喬治・肯楠若聽到這感想，大概也會心有戚戚焉。六個月後，在政策計畫處的某份文件中，他表示真正的問題不在共產主義，或者說如果問題在共產主義，那也是間接造成。歐洲人隱隱不安的真正根源，乃是戰爭所帶來的改變和肯楠所謂的「廠房與精神力的極度耗盡」。戰後初迸發的希望和重建潮已漸漸消失，歐陸所面臨的障礙似乎大到無法跨越。《外交事務》雙月刊是美國外交政策制定機構的內部閱讀刊物，也是很有影響力的刊物。該刊物主編漢彌爾頓・費許（Hamilton Fish）於一九四七年七月如此描述他對歐洲的觀感：

樣樣東西都太少——火車、電車、巴士、汽車太少，無法讓人搭車準時上班，更別提載人去度假；麵粉太少，無法做出完全道地的麵包，麵包都不夠讓粗重勞動者取得體力；紙張太少，使報紙只能報導世界新聞的其中一小部分；用來播種的種籽太少，用來替種籽施肥的肥料太少；供人住的房子太少，且沒有足夠的玻璃讓每間房子都安上窗戶；製鞋的皮革太少，製毛衣的毛料太少，烹煮用的瓦斯太少，製尿布的棉布太少，製果醬用的糖太少，煎炒用的油太少，給嬰兒喝的牛奶太少，洗濯用的肥皂太少。

今日的學者普遍認為，雖然當時一片愁雲慘霧，戰後初期的復甦和一九四五至一九四七年的改革、計畫，為歐洲日後的安康奠下了基礎。事後來看，一九四七年的確是歐陸復甦的轉捩點，至少對西歐來說是如此。但在當時，這並非顯而易見。反倒是二次大戰和緊接著的戰後時期，本大有可能加速歐洲無可挽回的衰落。對艾德諾和其他許多人來說，歐洲混亂的程度甚至比一九一八年還要嚴重。許多歐美觀察家最不敢遺忘的，乃是一次大戰後歐洲犯錯的先例，因此他們的確擔心事態惡化到最糟。他們估算，最理想的狀況下歐陸都要貧窮、奮鬥數十年。美國占領區的德籍居民認為至少要二十年德國才會復原。一九四五年十月，戴高樂以傲慢口吻告訴法國人民，要「拚命苦幹」二十五年，法國才會復原。

但在悲觀者眼中，復原還沒到來，歐陸早就會瓦解，重新陷入內戰、法西斯主義、共產主義的魔掌。美國國務卿喬治·馬歇爾參加過在莫斯科舉行的同盟國外長會議，一九四七年四月二十八日返國時，失望於蘇聯不願合作解決德國問題，震驚於他所目睹的西歐經濟和心理狀況之糟。那時他心裡很清楚，得有令人振奮的霹靂作為，而且得儘快。鑑於巴黎、羅馬、柏林等地瀰漫著認命、劫數難逃的心態，這一開創新猷的作為將得由華府來帶頭。

接下來幾個星期，馬歇爾與他的顧問商討出「歐洲復興計畫」（European Recovery Program，ERP），並在一九四七年六月五日哈佛大學的著名畢業典禮演說中將其公諸於世。馬歇爾的計畫既振奮人心且獨一無二，但那並非憑空突然冒出。從戰爭結束到馬歇爾計畫公布前這期間，美國已透過撥款、貸款對歐洲投下數十億美元。那時，最大受惠者是英國和法國，兩國已分別得到四十四億、十九億美元的貸款，但其他國家也未遭排除在外——至一九四七年中期，對義大利的貸款已超過五億一千三百萬美元，波蘭（兩億五千一百萬）、丹麥（兩億七千兩百萬）、希臘（一億六千一百萬）和其他許多國家也都向美國借了錢。

但這些貸款是用來補洞，應付緊急需求。至這時為止，美援並非用來重建或長期投資，而是用來提供基本必需品、服務、修繕。此外，這些貸款，特別是對西歐諸大國的貸款，有附帶條件。日本投降後，美國總統杜魯門立即撤銷戰時「租借」協議——很不明智的作為——致使梅納德．凱因斯在一九四五年八月十四日的備忘錄中告訴英國內閣，英國面臨一場「經濟上的敦刻爾克大撤退」。接下來幾個月裡，凱因斯替英國談定一份金額龐大的美國貸款協議，以讓英國有美元購買再無法透過租借協議取得的物資，但美國訂下的條件極苛刻，特別是要求英國放棄對其海外自治領施行的帝國優惠制，放棄匯兌管制，讓英國貨幣可完全兌換。結果，一如凱因斯等人所預估的，爆發戰後第一樁英國貨幣擠兌事件，使英國的美元儲備快速流失，造成隔年一場更為嚴峻的危機。

一九四六年五月美、法在華府協商出的貸款條件，幾乎一樣苛刻。除了勾銷二十二億五千萬美元的戰時借款，法國還得到數億美元的貸款，美國並承諾還會給予數筆低利貸款。巴黎則得保證放棄保護主義式的進口配額制，讓美國和其他國家的產品可自由進入。這一協議，一如對英國的貸款協議，目的之一是為了實現美國更自由的國際貿易、開放且穩定的貨幣交換、更密切國際合作的計畫。但事實上，借來的錢不到一年就花完，惟一留下的中程影響，就是人民更為痛恨財大氣粗的美國炫耀其經濟實力（這股民怨還遭左派大加利用）。

華府為解決歐洲經濟困境採行的雙邊互惠辦法，至一九四七年春已明顯失敗。一九四七年歐洲與美國的貿易赤字達到四十七億四千兩百萬美元，比一九四六年多了一倍多。如果這就是後來評論家所謂的「成長的打嗝」，那麼歐洲已快窒息。英國外長厄尼斯特．貝文（Ernest Bevin）為何將馬歇爾的哈佛畢業典禮演說稱作「世界史上最偉大的演說之一」，原因在此，而他的確沒說錯。

馬歇爾的建議斷然揚棄了過去的作法。首先，儘管美籍顧問和專家會在美援的管理上扮演舉足輕重的角色，但除了某些框架性的締約條件之外，在是否接受美援和如何使用美援上，將交由歐洲人自己決定。其次，美援將分成數年連續給予，從而從一開始，美援就是眼光長遠的復甦、成長計畫，而非急難救助金。

第三，美援的金額的確非常龐大。馬歇爾計畫於一九五二年結束時，美國已花了約一百三十億美元，比此前美國所有海外援助的總額還要多。其中英、法得到的援助金額最多，但義大利和較小受援國所受到的衝擊，相對來講大概還更大：在奧地利，該國在「歐洲復興計畫」頭一整年（從一九四八年七月至一九四九年六月）的收入，有百分之十四來自「馬歇爾援助」。對當時來講，這些援助非常龐大：從幣值角度看，「歐洲復興計畫」的援金約相當於今日（二〇〇四年）的一千億美元，但如果以這筆援金占美國國內生產毛額的比例來看——一九四八至一九五一年它耗掉美國國內生產毛額的約百分之零．五——若換算成二十一世紀初的同樣比例，將是約兩千零十億美元。

馬歇爾發表該演說後，英、法、蘇聯的外長立即在貝文的建議下，在巴黎會晤，商討如何回應。七月二日，蘇聯外長莫洛托夫（Vyacheslav Molotov）退出，兩天後，英、法正式邀請歐洲二十二國代表（只有西班牙、蘇聯未受邀）前來討論馬歇爾的建議。七月十二日，歐洲十六國參與了討論。這十六國——英、法、義、比、盧、荷、丹麥、挪威、瑞典、瑞士、希臘、土耳其、愛爾蘭、冰島、奧地利、葡萄牙——最終將受惠於馬歇爾計畫。波蘭、捷克斯洛伐克、匈牙利、保加利亞、阿爾巴尼亞諸國，這些最初表露興趣，但日後將成為共產集團成員的國家，無一參與「歐洲復興計畫」或得到馬歇爾計畫的現金援助。

此時不妨停下來思考一下此一現象的可能影響。金援對象只限於西歐（和作為西歐名譽成員的希臘、土耳其），無疑較有利於杜魯門的「歐洲復興計畫」於隔年得到國會通過。但到了隔年那時候，情況已大大改變，國會已願意相信「馬歇爾援助」是阻擋蘇聯擴張的經濟屏障。但一九四七年六月，美國還是一視同仁，向歐洲每個國家表示願透過馬歇爾的新計畫給予援助。史達林和莫洛托夫當然懷疑美國的居心——馬歇爾所提的條件與封閉式蘇聯經濟格格不入——但在東歐目前尚未「集團」（bloc）化的地方，他們的想法並未得到普遍的認同。

因此，非共產黨籍的捷克斯洛伐克外長揚．馬薩里克（Jan Masaryk），興致昂揚接受了七月四日的英法聯合邀請。隔天，蘇聯把捷克共黨領導人暨總理克萊蒙特．戈特瓦爾德（Clement Gottwald）叫到莫斯科，要他出席巴黎的會議。但他接獲的指令很清楚：利用出席會議的機會，闡明「英法計畫不受歡迎，阻止採行一致決，然後離開會場，同時帶走其他國家的代表，帶走愈多愈好」。

四天後，史達林改變想法。蘇聯要戈特瓦爾德收回該國同意應邀赴巴黎的承諾。接見捷克政府代表團（包括馬薩里克）時，史達林告訴他們，「我們認為這件事是攸關（捷克）與蘇聯關係好壞的基本問題。你們如果去巴黎，就等於表示你們想（與人）合力去推動旨在孤立蘇聯的行動。」隔天，捷克聯合政府果然宣布將不派團到巴黎。「捷克斯洛伐克若參加，外界會將那解讀為對蘇聯與我們其他盟邦的不友善舉動，因此政府一致決定不赴會。」

捷克人為何讓步？他們的鄰國波蘭、匈牙利由共黨當家，有紅軍在近旁監管，除了聽從蘇聯「指導」，別無選擇。但紅軍老早就離開捷克斯洛伐克，共黨也未獨掌該國政權。不過，馬薩里克和其同僚一看到史達林面露不悅，就縮了回去。捷克境內共黨以外的政黨若堅持要接受「馬歇爾援助」，大概會得到該國絕大多數人民（和不少捷克共產黨員）的支持，使史達林更難以順理成章執行其意志。從後慕尼黑時代更廣闊的政治背景看，捷克迎合蘇聯心思，做出這一決定，乃是可以理解的事，但那也確定了，為七個月後共黨在布拉格的政變成功鋪下坦途。

捷克斯洛伐克不接受馬歇爾援助計畫，為該國的政治、經濟帶來浩劫。就該地區被迫接受那個「抉擇」的其他每個國家來說，後果亦是如此，或許對蘇聯本身來說，最是如此。決定不參加「歐洲復興計畫」，乃是史達林所犯的最大戰略錯誤之一。不管美國人有何圖利自己的居心，既已向歐洲所有國家表示願讓他們加入「歐洲復興計畫」，若東歐同意加入，美國人只有接受，而若真如此發展，對未來的影響將是無可估量。結果，美援只限於西歐，歐陸東西兩半就此分道揚鑣。

從一開始，「馬歇爾援助」就有自我設限之意。誠如馬歇爾本人在其哈佛演說裡所陳述的，這一計畫的目的，在於「打破惡性循環，恢復歐洲人民對他們自己國家和對整個歐洲之經濟前景的信心」。它不只要提供現金援助，還提議免費供應貨物，並根據每個受援國所擬作為四年計畫之一部分的年度需求，將貨物運到歐洲國家。這些貨物在每個國家出售後，將在當地貨幣裡產生所謂的「對等基金」（counterpart fund），且可根據華府與每個國家政府所達成的雙邊協議使用這基金。有些國家用這些基金買進更多進口品；有些國家，例如義大利，把它們轉為國家儲備金，以供日後外匯需要。

這一特別的援助方式，富有創新精神。這一計畫迫使歐洲諸國政府事先計畫，計算未來的投資需求。它使歐洲諸國政府不止要與美國商議，且彼此間也要商議，因為這計畫中所提到的貿易和交換，旨在盡快將雙邊的貿易和交換，轉變為多邊的貿易和交換。它迫使諸國政府、企業、工會同心協力去規畫如何提高生產率，如何打造有利於提高生產率的環境。最重要的，它使歐洲不致再度受惑於曾在兩次大戰之間大大阻礙經濟發展的那些東西：減產、導致兩敗俱傷的保護主義、貿易瓦解。

主持馬歇爾計畫的美國人毫不隱瞞他們的期望，但把援助程度和援助分配方式交給歐洲人自己決定。歐洲政治人物習慣於先前雙邊借款協商時美國人大剌剌的自私心態，因而對美國人的新作風大感吃驚。他們的困惑可以理解。美國人自己對馬歇爾計畫的目標都未有共識。推崇「新政」模式的理想派（戰後美國政府裡有許多這樣的人）認為，這是按照美國模式重建歐洲的機會，強調現代化、基礎建設的投資、工業生產力、經濟成長、勞資合作。

因此，馬歇爾計畫出資成立的「生產力觀摩團」（productivity mission），把成千上萬經理人、技術人員、工會會員帶到美國，學習美國人經商之道——一九四八至一九五二年光是法國就派出五千人（占總數的四分之一）。光是一九五一年三月至七月，就有一百四十五個「歐洲生產力團隊」來到美國——大部分團隊由從未踏足歐洲以外土地的男子組成（女人少之又少）。同時，在歐洲經濟合作組織（Organization for European Economic Cooperation，一九四八年為便於運用「歐洲復興計畫」的資金而成立的組織）裡，熱心的新政派向他們的歐洲籍同僚推銷自由貿易、國際合作、國與國整合的好處。

不容否認地，美國人的這些推銷，當下收效並不大。大部分歐洲政治人物和規畫者，還無意去思考工程浩大的國際經濟整合計畫。馬歇爾計畫的規畫者在這方面的最大成就，或許是促成歐洲支付聯盟（European Payment Union）的成立。一九四九年十二月有人提出這構想，隔年成立，目的只在為歐洲諸貨幣的借方、貸方成立某種結算所，藉以將歐洲貿易「多邊化」，以防止歐洲各國可能以限制他國進口的方式儲存亟需的美元，從而使每個國家最終都受害。

歐洲諸國受鼓勵以國際清算銀行（Bank of International Settlements）為代理人，根據自己的貿易需要取得相應的貸放最高限額。然後，他們不會用光稀少的美元，反倒能透過歐洲內部的信用轉移清償他們的債務。要緊的不是你與誰貿易，而是以歐洲貨幣計價的借貸平衡。到一九五八年撤掉支付聯盟時，這組織已不只默默促成歐洲內部貿易的平穩增長，還默默促成前所未見且互蒙其利的合作——在此應該指出的，初期的放款基金得到大筆美金的挹注。

但從傳統的美國觀點來看，自由貿易和伴隨而來的好處，本身就足夠作為「歐洲復興計畫」的目標和推行該計畫的有力理由。美國受一九三〇年代貿易和出口遽跌的打擊特別嚴重，不遺餘力欲說服其他國家去相信，關稅制度自由化和貨幣可兌換攸關戰後復甦的成敗。一如一九一四年英國自由黨大力鼓吹自由貿易，美國籲請讓貨物無限制流動，也不是全然大公無私。

但自私歸自私，卻顯然很有見識。畢竟，誠如中情局長亞倫·杜勒斯（Allen Dulles）所說的，「這個（馬歇爾）計畫預先認定，我們想協助恢復一個能夠和將會在世界市場上與我們競爭，且正因為如此而將能買下大量我們產品的歐洲。」在某些事例裡，馬歇爾計畫帶來立竿見影的好處：在美國國內，政府承諾凡是美國援贈的實物，都會以美國所擁有的船運出，且替這些船裝貨者，都是已加入勞工聯合會－產業工會聯合會（AFL–CIO）的美國碼頭工人。藉此一承諾，政府取得了工會工人對馬歇爾計畫的支持。但如此直接且立即帶來好處的事例很罕見。大體上來講，杜勒斯講得沒錯：馬歇爾計畫將藉由恢復其主要貿易夥伴的元氣，而非藉由將歐洲貶為帝國附屬國，讓美國受益。

但馬歇爾計畫所帶來的影響不止於此。一九四七年歐洲面臨了一個抉擇，即使當時並非所有人都體認到這一點。抉擇的一部分是要復甦還是要瓦解，但更深層的問題是歐洲和歐洲人是否已不再能掌控自己的命運，歐洲內部三十年慘烈戰爭是否已將歐陸的命運交給美、蘇這兩個邊陲強權。蘇聯滿心得意等著這一天到來——誠如肯楠在其自傳裡所寫的，一九四七年籠罩歐洲的恐懼氛圍，正準備讓歐陸像成熟的果實般落進史達林手裡。但對美國決策者來說，歐洲的脆弱是個麻煩，而非機會。誠如一九四七年四月某份中情局報告所主張的，「美國最大的安全威脅，乃是西歐可能經濟崩潰，從而導致共黨勢力掌權。」

美國國務院、陸軍部、海軍部三者之協調委員會底下的某個特設小組，在一九四七年八月二十一日的某份報告中，對這點有更完整的闡述：「讓握有或保護金屬、石油等天然資源之來源的地區，讓握有戰略目標或戰略要地的地區，讓含有龐大工業潛力的地區，讓擁有大量人力和有組織之軍力的地區，或讓基於政治或心理因素，使美國能對世界穩定、安全、和平施加更大影響力的地區，繼續掌控在友我人士手中，很重要。」這是馬歇爾計畫更廣闊的背景，該背景涉及嚴峻的政治情勢和安全。在這環境中，美國的利益與脆弱、病懨懨的歐亞次大陸的利益密不可分。

接受馬歇爾援助同時對世局有透徹了解的歐洲人，特別是英國外長貝文和法國外長喬治．比多，對此清楚得很。但歐洲各國國內對歐洲復興計畫的興趣高低和該計畫的用途，當然因不同國家而有很大差異。在很可能是最沒那麼迫切需要美援的比利時，馬歇爾計畫長期來看甚至可能帶來不利影響，讓政府得以大筆投資於傳統工廠和開採煤礦之類政治敏感產業，而不必計算長期成本。

但在大部分情形下，馬歇爾援助的運用方式符合原來的構想。馬歇爾計畫實施頭一年，義大利拿到的金援大部分用於進口迫切需要的煤和穀物，以及挽救紡織業之類苦苦掙扎的產業。但此後，義大利的對等基金，九成用於直接投資：投資於機械、電力、農業、交通網。事實上，在阿爾奇德・德加斯佩里和基督教民主黨主政下，四〇年代末期義大利的經濟規畫很類似東歐國家，消費品遭刻意冷落，糧食消耗被壓到戰前水平，資源轉用於基礎建設的投資。這麼做幾乎可以說是過了頭，反可能造成傷害：美國觀察家開始緊張，於是鼓勵義大利政府實施更累進式的課稅，放寬緊縮措施，讓儲備金減少，避免經濟衰退發生，但義大利政府聽不進去。在此，一如在西德，美國的馬歇爾計畫者大概會樂見社會、經濟政策偏向中央集權式，遠離主張通貨緊縮的傳統政策了。

在法國，馬歇爾援助著實完成了那些「規畫者」的願望。誠如與蒙內關係密切的皮耶・烏里（Pierre Uri）後來所承認的，「我們利用美國人之力，強迫法國政府接受我們所認為『必要』的東西」，不理會美國人的「自由化」要求，但熱切回應美國「要投資、要現代化」的勸告。在馬歇爾計畫施行那幾年，歐洲復興計畫提供的美元——一九四八至一九四九年十三億美元、接下來三年又十六億美元——為「蒙內計畫」下的法國公共投資，提供了將近一半的資金。若沒有這些錢，法國絕對撐不下去。因此，馬歇爾計畫在法國受到最強烈的民間批評，實在令人覺得非常諷刺。一九五〇年代中期，只有三分之一法國成人坦承聽過馬歇爾計畫，其中百分之六十四聲稱那對他們國家「有害」！

馬歇爾計畫在法國形象不佳，代表了法國共產黨在宣傳上的成功，說不定更是他們在宣傳上的最大成就。[7]在奧地利，受到仍占領該國東部之蘇聯軍隊支持的當地共黨，從未著手削弱美國人和美援所受到的歡迎——美國人幫忙填飽人民肚子，而填飽肚子是最重要的事。在希臘，情況又更明朗。在正打著慘烈內戰的情況下，一九四八年四月給予希臘的馬歇爾援助，使許多人保住性命，免於赤貧。歐洲復興計畫援助希臘的六億四千九百萬美金，養活了難民，驅除了挨餓、疾病：光是運送騾子給貧困的農民，就使數千小農得以保住性命。一九五〇年，希臘的國民生產毛額有一半得歸功於馬歇爾援助。

歐洲復興計畫成就多大？西歐確切無疑地復原了，而且就在馬歇爾計畫期間（一九四八～一九五一）。到一九四九年，法國工、農生產都首度超過一九三八年水平。同樣地，荷蘭於一九四八年獲致持續性復甦，奧地利和義大利是一九四九年，希臘、西德是一九五〇年。戰時遭占領的國家，只有比利時、丹麥、挪威較快復甦（一九四七）。一九四七至一九五一年，西歐國民生產毛額的總和成長了三成。

短期來講，歐洲復興計畫對這一復甦的主要貢獻，無疑在於提供美元貸款。這些貸款彌補了貿易赤字，促成亟需之原料的大規模進口，從而讓西歐度過一九四七年中期的危機。一九四九至一九五一年歐洲人所消耗的小麥，八成來自美元區國家。沒有馬歇爾援助，是否還能在可接受的政治代價下，解決燃料短缺、糧食不足、棉花不足和其他大宗商品缺乏的問題，沒人說得準。因

7 但要注意，法國的共黨選民，兩成不顧該黨反對，贊成接受馬歇爾援助。法國人反對馬歇爾計畫，文化因素勝過政治因素；許多人似乎對美國官員所擬出「乏味且龐雜的問卷」特別感冒——那些問卷提醒他們正臣服於一劣等的文明，令他們特別惱火。

為西歐諸經濟體若沒有美援，無疑**仍能**繼續成長，但只有藉由壓抑國內需求，削減新近施行的社會福利事業，進一步降低本地人的生活水平，才有可能繼續成長。

上述風險乃是大部分民選政府所不願冒的，且這種心態是可以理解的。一九四七年，西歐諸聯合政府陷入困境，而且他們很明白自身的處境。今日的我們，不難以後見之明認知到，馬歇爾援助「只是」打破了因需求重現而產生的僵局，華府的新辦法克服了「暫時」的美元短缺。但當時誰敢打包票說這一僵局不會把脆弱的歐洲諸民主國推落深淵？歐洲復興計畫的貢獻即使只是爭取到時間，都是重大的貢獻，因為時間似乎正是歐洲所欠缺的。馬歇爾計畫是經濟計畫，但它所消除的危機卻是政治危機。

馬歇爾計畫的正面效益，持續愈是長遠者，愈難評估。有些觀察家失望於美國人似乎未能如他們最初所希望的，說服歐洲人通力合作整合他們的計畫。的確，不管歐洲人最終獲致哪種合作性的習慣和機構，即使美國人有功，也只能間接歸功於美國人的努力。但從歐洲晚近的歷史來看，朝這方向邁出的**任何**一步都代表進步；馬歇爾的號召至少迫使相互猜忌的歐洲諸國一起坐下來，協調他們的回應和其他許多事。《泰晤士報》於一九四九年一月三日的社論中陳述，「把去年的合作性作為與兩次大戰之間那些年強烈的經濟民族主義相比，無疑可以說馬歇爾計畫正開啟歐洲史上一個充滿希望的新時代」，而這一立論並不算太離譜。

真正的益處在心理層面。事實上，幾乎不妨說馬歇爾計畫提升了歐洲人的自我感覺。它協助歐洲人斷然揚棄沙文主義、經濟蕭條、獨裁式解決辦法所帶來的後果，使協調式經濟決策顯得正常而非特例，並使三〇年代的以鄰為壑式貿易和貨幣作法先是顯得不明智，接著顯得沒必要，最後顯得荒謬。

馬歇爾計畫若被當作將歐洲「美國化」的藍圖來提出，這些事無一可能發生。其實，戰後歐洲人很清楚自己低聲下氣地仰賴美國援助和保護，因此，美國任何不上道的施壓，肯定會帶來政治上的反效果。華府讓歐洲各國政府實行從國內妥協和經驗得出的政策，避免以不分大小一體適用的方法來執行復甦計畫，藉此其實不得不放棄其對西歐整合的一些冀望，至少短期上是如此。

歐洲復興計畫並非被空投進真空般的地方。西歐能從美援獲益，乃是因為西歐是個歷史悠久的地區，保障私人財產，施行市場經濟，且有穩定的政體（但晚近幾年例外）。但正因為這原因，西歐得自己做決定，而且會堅持這麼做。誠如英國外交官奧利佛·法蘭克斯（Oliver Franks）所說的，「馬歇爾計畫著重於將美元交給歐洲人，以便歐洲人購買復甦所需的工具。」其他的部分——可兌換的貨幣、良好勞資關係、平衡的預算、自由化的貿易——則由歐洲人自己負責。

但明顯的對比不在美國的構想和歐洲的實際作為之間，而在一九四五和一九一八之間。這兩個戰後時期出奇的相似之處，比我們今日所想到的還要多。一九二〇年代，美國人已在鼓勵歐洲人採用美國的生產技術和勞資關係。一九二〇年代，許多美國觀察家認為歐洲的自救之道在於經濟整合和資本投入。一九二〇年代，歐洲人也向大西洋彼岸尋求指引未來的路，尋求當下的實際援助。

但主要的差異在於一次大戰後美國只貸款給歐洲，而非直接給予金錢；而且這些貸款幾乎都是透過私人資本市場提供，因此得付出代價，且貸款通常是短期。三〇年代經濟大蕭條爆發時，美方要求付清借款，隨之造成災難性的後果。在這方面，差異非常明顯——經過一九四五至一九四七年間一開始的幾個失策後，美國決策者用心修正前一個戰後時期所犯過的錯。馬歇爾計畫的意義重大，不只在於它所做的，還在於它所小心避免的。

但歐洲有個問題，乃是歐洲復興計畫既無法解決且無法避開的，但若不解決這問題，其他事又都辦不成。這就是德國問題。德國未復甦，法國的種種規畫將無從施展：例如法國打算用馬歇爾對等基金在洛林建造新的大煉鋼廠，但沒有德國煤，這些鋼鐵廠將是巧婦難為無米之炊。用馬歇爾貸款來購買德國煤，的確設想周全，但如果沒有煤怎麼辦？一九四八年春，德國的工業產量仍只有一九三六年的一半。英國若仍得投入龐大無比的資金（光是一九四七年就達三億一千七百萬美元），只為養活德國西北部英國占領區裡孤苦無助的人，英國經濟就沒有指望復原。由於沒有德國購買荷比盧、丹麥的產品，這些國家的貿易將一蹶不振。

按照馬歇爾計畫的邏輯，必須撤銷對（西）德生產與產量的所有限制，以使德國能再度為歐洲經濟付出重要的貢獻。事實上，國務卿馬歇爾一開始就表明，若要實行他的「計畫」，法國人就得斷了向德國索取戰爭賠償的念頭——畢竟重點在於發展、整合德國，而非使德國成為受國際社會遺棄的依賴者。但為避免重蹈一九二〇年代的悲劇——事後來看，在那段期間，欲向戰敗的德國索取戰爭賠償而不果一事，似乎直接導致法國人沒有安全感、德國人心懷怨恨、希特勒崛起——美國人和其友邦都認識到，只有將馬歇爾計畫當作一更廣泛政治安排的一環來運作，而且法國人、德國人在這安排裡都可看到真實久遠的好處，這計畫才行得通。這一道理不難理解——戰後德國的安排是歐洲未來榮枯的關鍵——莫斯科，一如巴黎、倫敦或華府，對此非常清楚。但該如何安排，爭議較大。

4

無解的難題

The Impossible Settlement

沒有親身經歷的人可能難以理解，
恐懼德國復興之情，如何深刻主導了戰後那些年的歐洲政治，
如何使人全心防止這事再發生。

麥可．霍華德爵士

✣ ✣ ✣

毫無疑問的，希臘以外的整個巴爾幹半島會赤化，
而對此，我束手無策，無力防止。
對波蘭，我也是束手無策。

邱吉爾，一九四五年一月

✣ ✣ ✣

讓我想起文藝復興時期的專制君主——
沒有原則，不擇手段，但不講漂亮話——總是Yes或No，
但即使他說No，你也只能倚賴他的支持。

艾德禮論史達林

✣ ✣ ✣

在這五年期間我們生出一難以消除的自卑感。

沙特，一九四五

「這世上，不管是誰，若未和比利時人、法國人或俄羅斯人談過，都無法理解歐洲人對德國人的想法。在他們眼中，好的德國人都是已作古的德國人。」寫下這段文字者是索爾·K·帕多佛，即第三章裡提過的那位與美軍同行的觀察家。他在一九四五年的日記裡寫下這段話。凡是想描述戰後歐洲分裂現象者，都應謹記他這一感想。二次大戰歐洲戰場的重點在擊敗德國，只要戰事未停，其他所有考量幾乎全被擱到一旁。

戰時同盟國最憂心的，乃是自己陣營裡有人抽腿退出戰場。美國人和英國人一直擔心史達林會與希特勒個別締和，特別是一旦蘇聯收復一九四一年六月後失去的土地時。就史達林本人來說，他把遲遲未開闢第二（西）戰線，視為西方盟國的詭計——目的是讓俄國氣力耗盡，然後前來接收她犧牲換來的果實。雙方都有理由將戰前的姑息和協定視為對方不可靠的明證；雙方只因有共同的敵人而結合在一塊。

同盟國三強在戰時所達成的協議和非正式協議，都帶有互相提防的心態。一九四三年一月，在卡薩布蘭加，與會者一致同意，歐洲的戰爭只有在德國無條件投降下才能結束。十一個月後，在德黑蘭，「三巨頭」（史達林、羅斯福、邱吉爾）原則上同意戰後拆解德國，恢復波蘭與蘇聯之間那條所謂的「柯曾線」（Curzon Line），[1]承認狄托在南斯拉夫的統治權，蘇聯有權進入前東普魯士港口柯尼斯堡（Königsberg）處的波羅的海。

這些協議的受益者，一眼即可看出是史達林，但由於在與希特勒的戰爭中紅軍扮演最吃重的

1 一次大戰後英國外長所提議的波蘭、蘇聯國界線。

角色，這並非不合理。因為同一原因，一九四四年十月邱吉爾在莫斯科與史達林會晤，主動提起那個惡名昭彰的《百分比協定》時，只是把已肯定會落入史達林之手的土地讓給這位蘇聯獨裁者而已。邱吉爾草草寫好協定書，遞給桌子對面的史達林，史達林「拿起藍筆，在那上面打了一個大勾」。在這份協定裡，英、蘇同意戰後南斯拉夫、匈牙利由他們兩國各控制一半；羅馬尼亞九成歸俄國控制，保加利亞是七成五，而希臘則是九成歸英國控制。

關於這項秘密「交易」，有三點值得細究。第一，針對匈牙利、羅馬尼亞制定比例一事完全是照章辦事：真正爭執的地方在巴爾幹半島。其次，如後面會看到的，這一交易大體上得到雙方的信守。但第三，不管相關各國覺得這一交易如何的冷血，這交易其實不重要。一九四五年二月在雅爾達舉行的會談亦然。西方同盟國在《雅爾達協定》中出賣了波蘭和德、俄之間的其他小國。如今，在中歐的政治語彙裡，「雅爾達」一詞已等於遭西方出賣的同義詞。

但雅爾達其實不是很重要。同盟國的確都簽了《歐洲解放宣言》——「為打造讓獲解放人民得以行使那些（民主）權利的環境，三國政府將共同協助歐洲任何獲解放國家裡或歐洲前軸心國衛星國裡的人民……」，建立代議制政府，促進自由選舉和諸如此類的事。日後蘇聯不兌現這些承諾，可想而知那些忿忿不平的鐵幕國家代表，會把蘇聯的這種態度拿來當面質疑西方國家。不過我們要注意雅爾達會議上決定的事項，無一不是在德黑蘭或其他地方就已議定過了。

雅爾達會議最值得一提的，乃是它提供了一個顯著的誤判個案，尤其是羅斯福本人就是被自己的錯覺誤導。因為那時候，史達林想在東歐做什麼，幾乎不需西方的同意（至少英國對此是一清二楚）。根據一九三九、一九四〇年納粹、蘇聯秘密協定所割給史達林的東部領土，再度牢牢握在蘇聯手裡：雅爾達會議時（一九四五年二月四日～十一日），由蘇聯紅軍輜重車隊載往西邊以接管戰後波蘭的波蘭共黨「盧布林委員會」（Lublin Committee），已在華沙就定位。[2]

事實上，雅爾達會議擱下真正重要的議題——對戰後德國的安排——乃是因為那太重要，太棘手。即使西方領袖有想到從史達林那兒談成更有利的協議，在戰爭那最後幾個月期間，也不可能如願。對波蘭人和其他人民來說，惟一的指望就是史達林會厚待他們，以換取西方的善意。但不管怎樣，史達林終究得到西方的善意，而且即使在希特勒落敗許久以後，還是西方同盟國尋求史達林合作，而非史達林求西方合作。西方同盟國認為，得把蘇聯留在戰場上對抗德國（然後，就如當時的想法，要蘇聯對抗日本）；中歐的問題可等和平降臨再解決。若非有求於蘇聯，對於一九四四年八月，二十萬波蘭人在華沙一場無望的起義中遭德國人殺害，而紅軍卻在維斯圖拉河對岸袖手旁觀，羅斯福、邱吉爾的抗議不會那麼溫和。

西方領袖當時或許未像史達林那樣，把波蘭人的地下反抗組織「家鄉軍」（Home Army）視為「一票渴求權力的投機取巧者和罪犯」，但他們的確無意在諾曼第登陸才過了六個星期時與他們最大的戰友為敵。對當時和那之後的波蘭人來說，這背叛了戰爭的目的——畢竟英、法是在一九三九年九月因希特勒入侵波蘭而向希特勒宣戰。但對西方同盟國來說，讓史達林在東歐為所欲為，理由再明顯不過。戰爭的重點在打敗德國。

2 位於倫敦的波蘭流亡政府要求國際調查卡廷屠殺案，史達林與該政府的關係隨之於一九四三年決裂。揭露屠殺地點的德國人聲稱那是蘇聯將波蘭軍官俘虜集體處決的地方。蘇聯當局和其在西方的支持者，當時和接下來的五十年，都憤憤否認此事。

一直到戰爭結束，這都是首要的追求。一九四五年四月，德國已完全潰敗，只差沒宣告投降，但羅斯福仍宣布，即使在對戰後德國的安排上，「我們的態度仍應是研究最後決定，以及將該決定延後。」採取這一立場有其充分的理由——誠如當時洞悉世事的觀察家已能看出的，找到德國問題的解決辦法將會是難上加難，而同盟國既是因為一致反德而結為同一陣營，讓這個反德陣營盡可能維繫下去，也就是明智之舉。但正因為這緣故，決定戰後歐洲大勢的首要因素，不是戰時的協議和秘密交易，而是德國人投降時占領軍的所在位置。誠如莫洛托夫對立意良善的《歐洲解放宣言》的措詞表示疑慮時，史達林向莫洛托夫所說明的，「我們可以照自己的方式實現它。要緊的是各勢力的相互關係。」

在東南歐，一九四四年底時戰爭已打完，蘇聯軍隊完全控制巴爾幹半島北部。到一九四五年五月，在中歐和東歐，紅軍已解放並重新占領捷克斯洛伐克大部分領土和匈牙利、波蘭。蘇聯軍隊穿過普魯士，進入薩克森。在西邊，英美軍隊正分別在德國西北部、西南部打幾乎是獨力進行的戰爭，盟軍統帥艾森豪無疑**本有可能**搶在俄國人之前抵達柏林，但華府不讓他這麼做。西方盟軍若向柏林挺進，邱吉爾大概欣然樂見，但羅斯福既顧慮到他麾下將領對兵員損失的憂心（二次大戰時美軍損失的兵員，有五分之一損失於前一個冬天在比利時阿登高地打的突出部之役），也顧慮到史達林對德國首都的興趣。

因此，在德國和捷克斯洛伐克（美國陸軍挺進到距布拉格將近三十公里處，解放了波希米亞西部的皮爾森地區，卻在不久後將該地區交給紅軍），將那地區隔開的界線，比戰事本來會打出的界線還更偏西一些，當時那界線還不是鐵幕之下的「東」、「西」歐之分。但這個偏西也只有一些：因為巴頓或蒙哥馬利兩位將軍再怎麼奮力挺進，最後的結果都不會有太大的改變。同時，在更南邊，南斯拉夫的民族解放軍和英國第八軍於一九四五年五月二日在的里雅斯特正面相遇，兩者劃出一條分界線，貫穿這個民族最多元的中歐城市（後來這分界線成為第一條真正的冷戰邊界）。

「正式」的冷戰當然是後來的事，但在一九四五年五月之前許久，在某些方面來說，冷戰就已開始。只要德國仍是敵人，使蘇聯和其戰時盟友無法打成一片的更深層爭執和敵意，就很容易給甩到一旁。但那些爭執和敵意終究存在。在勾心鬥角的合作下與共同的敵人生死搏鬥了四年，只稍稍消除了將近三十年的相互猜忌。因為事實上冷戰並非始於二次大戰後，而是在一次大戰結束後就開始。

這在波蘭、在英國、在法國、在西班牙，特別是在蘇聯，都清楚可見。波蘭在一九二〇年與甫誕生的蘇聯打了一場孤注一擲的戰爭。在英國，邱吉爾於兩次大戰之間博得的名聲，有一部分是靠一九二〇年代初期的「紅色恐懼」（Red Scare）和反共大旗。在法國，反共是從一九二一年至一九四〇年五月德國入侵為止，右派在國內事務上的最強烈訴求。在西班牙，誇大共產主義在內戰時的角色，此舉對史達林與佛朗哥都有利。最重要的是，在蘇聯內部，史達林能夠獨攬大權和對批評共黨者施予血腥整肅，是靠著指控西方和其本地同路人陰謀削弱蘇聯、摧毀共產主義實驗。一九四一至一九四五年只是西方民主政體與蘇聯極權主義之國際鬥爭裡的一個插曲，興起於歐陸中心的法西斯主義和納粹主義對這兩方所帶來的威脅，模糊了這場鬥爭的面貌，但未改變其基本性質。

使俄羅斯與西方在一九四一年組成同一陣營者是德國，就和一九一四年前德國促成這樣的結合差不多。但這一結盟注定會散。一九一八至一九三四年蘇聯對中歐、西歐的策略——分裂左派、鼓動顛覆與暴力抗議——間接促成「布爾什維克主義」在當地基本上格格不入且具敵意的形象。儘管蘇聯境內出現審訊和集體殺害的情事，但紛擾且引發爭議的四年「人民陣線」聯盟，還是稍稍化解了共產主義給人的這一不良印象。但一九三九年八月的《莫洛托夫－里賓特洛甫協定》（Molotov-Ribbentrop Pact），還有隔年史達林與希特勒聯手瓜分了他們共同的鄰國波蘭，使人民陣線數年來的宣傳成果大打折扣。靠著一九四一至一九四五年紅軍與蘇聯公民的英勇表現和前所未見的納粹罪行，才協助驅散了這些更早的記憶。

至於蘇聯人，他們對西方的不信任從未消失。這一不信任的根源無疑可溯至一九一七年之前許久，但後來的事態發展大大助長了這一心態：一九一七至一九二一年俄國內戰期間西方的軍事干預，接下來十五年蘇聯在國際機構和國際事務缺席，還有蘇聯人心中有根有據的一個懷疑——大部分西方領袖若非得在法西斯黨員和共產黨員之間擇一，會選擇法西斯黨員——以及，蘇聯人直覺認為西方，特別是英法，樂見蘇聯、納粹打起兩敗俱傷、徒讓其他國家漁翁得利的戰爭。即使戰時雙方結盟，雙方都想擊敗德國，但互不信任的心態仍很顯著：由戰時東西方很少交換敏感情報就可見一斑。

因此，戰後的拆夥和接下來歐洲的分裂，並非肇因於某個錯誤、赤裸裸的自私或惡意；這樣的發展有其歷史根源。二次大戰前，美、英兩國與蘇聯的關係，就一直很緊繃，差別之處在於雙方都對廣大的歐陸抱持置身事外的立場。此外，有諸多因素，包括法、德的存在，將他們隔開。

但隨著一九四〇年法國遭占領和五年後德國戰敗，情勢完全改觀。冷戰於歐洲重燃的可能性始終存在，但並非必然會走到這一步。冷戰的發生，肇因於有利害關係的各方在目標和需求上背道而馳。

拜德國發動戰爭之賜，美國首度成為歐洲境內的強權。美國國力之強不需多說，就連那些沉迷於紅軍戰績者也非常清楚這點。美國的國民生產毛額在戰時翻了一倍，到一九四五年春美國的製造業產量已占去世界一半，糧食剩餘量占去全球大部分，且囊括幾乎全部的國際金融儲備。美國投下一千兩百萬兵力攻打德國和其盟國，日本投降時，美國艦隊的噸位數已大過世上其他所有艦隊的總和。美國會如何利用其實力？一次大戰戰後時期，華府選擇不用它；二次大戰後情勢會有多大的改變？美國想要什麼？

就德國來說（美國的戰爭努力有八成五用來對付德國），美國最初的態度非常不留情面。一九四五年四月二十六日，羅斯福去世兩個星期後，杜魯門總統收到參謀長聯席會議呈上的JCS1067命令。這份命令反映了美國財政部長亨利．摩根索等人的看法，建議道：

「應清楚告訴德國人，德國的殘酷戰爭和納粹的拚命抵抗已摧毀德國經濟，造成無可避免的混亂和苦難，德國人加諸自身的苦難，德國人自己責無旁貸。對德國的占領，將不是為了解放該地，而會當作戰敗敵國來占領。」或者，一如摩根索本人所說，「讓德國每個人都理解到這一次德國是戰敗國，至為重要。

簡而言之，重點在避免《凡爾賽條約》所犯下的重大錯誤之一（事後來看一九四五年的決策者似乎這麼覺得）：未能讓德國人清楚了解他們的罪大惡極和他們所受到的報應。因此，美國對德國問題的解決之道，最初著重於去軍事化、去納粹化、去工業化，以拿掉德國的軍事、經濟資源，重新教育德國人民。這一政策得到順利施行，至少在某些方面是如此：正式解散納粹國防軍（一九四六年八月二十日）；一如第二章裡已提過的，施行去納粹化計畫，特別是在美國占領區；嚴格限制德國的工業生產力和生產量，根據一九四六年三月的「戰後（德國）經濟水平計畫」，製鋼量受到特別嚴格的約束。

但從一開始，「摩根索策略」就受到美國自己政府內部的猛烈批評。使（受美國控制的）德國淪落到形同前工業時代有什麼好處？戰前德國所擁有的最肥沃農地，這時大部分落入蘇聯手中或已轉移給波蘭。在這同時，西德境內充斥著得不到土地與糧食的難民。對都市或工業產量設限或許可讓德國無法再作怪，但那無法支撐德國所需也無法重建德國。這一負擔，非常沉重的負擔，終會落在得勝的占領者身上。占領者遲早得把這一重擔轉到德國人身上，屆時將不得不允許德國人重建其經濟。

除了有這些憂慮，批評美國一開始之「強硬」路線的美國人，還考慮到一問題。逼德國人體認到自己的戰敗是很好，但除非讓他們對更美好的未來心生期待，不然結果可能和以前一樣：一個受辱、心懷怨恨而易受左派或右派宣傳操縱的國家。誠如美國前總統胡佛在一九四六年當面向杜魯門表示的，「要報復或和平，操之在你，但你無法兩者兼而有之。」在美國對待德國問題上，如果「和平」考量漸占上風，那大體上是因為美蘇關係的前景愈來愈黯淡。

人數不多的華府核心人士，從一開始就清楚認知到美蘇利益的扞格會導致衝突，劃出明確的勢力範圍或許是解決戰後問題的明智辦法。喬治．肯楠就如此認為。他在一九四五年一月二十六日寫道，為什麼「我們不能和（蘇聯）達成尚可以接受且明確的妥協？——將歐洲明明白白劃為兩個勢力區——俄國的勢力區和我們的勢力區，兩邊井水不犯河水？……而不管留給我們的是什麼樣的勢力範圍，在那範圍裡，我們至少可以……在戰後，在一不失顏面且穩定的基礎上，（努力）去恢復生氣。」

六個星期後，美國駐莫斯科大使艾佛勒．哈里曼（Averell Harriman），針對蘇聯在東歐的行動，在備忘錄裡向羅斯福總統提出一更為悲觀且隱含對抗意識的回應：「除非我們有意接受二十世紀時對歐洲的野蠻入侵，讓鎮壓行動在東歐日益蔓延，不然我們得想辦法遏止蘇聯的霸道政策……現在不正視這些問題，歷史會把下一個世代寫為蘇聯時代。」

在如何因應蘇聯的行動上，哈里曼與肯楠有未言明的差異，但在對史達林所作所為的陳述上，兩人卻是一致。然而美國其他領袖樂觀得多，且不只是在一九四五年春時如此認為。另一位美國外交官查爾斯．博倫（Charles Bohlen），即上述肯楠那封信的收信人，深信有可能根據自決、強權合作這兩個大原則解決戰後問題。博倫等人，一如戰後的國務卿詹姆斯．伯恩斯（James Byrnes）認知到，在德國問題的解決上需要蘇聯的繼續合作，因此對於同盟國軍事占領前軸心國和他們的衛星國，並根據在雅爾達所擬出的方針舉行自由選舉一事，具有信心。後來，觀察過蘇聯占領當局在盟國管制理事會支持下的作為，特別是在羅馬尼亞、保加利亞的作為，他們才相信這些目標難以兼顧，開始認同肯楠劃出個別勢力範圍的「強權政治觀」(realpolitik)。

當時普遍認為史達林無意挑起對抗和戰爭，這是最初之所以心懷樂觀的原因之一。誠如一九四六年六月艾森豪將軍親自向杜魯門總統和其參謀長聯席會議陳述的，「我不相信共產黨想打仗。眼下，他們能靠武裝衝突得到什麼？他們得到的已夠多，再多就消化不了。」從某個有限的角度看，艾森豪沒錯：史達林無意和美國兵戎相向（據此可合理推斷蘇聯有意和其前盟友合作無間，但事實並非如此發展）。既是如此，美國身為惟一擁有原子彈的國家，對蘇聯敞開溝通之門，針對共同的問題尋求雙方都可接受的解決辦法，這樣做風險不大。

戰後初期美國政策的另一個特色是，美國人所協助成立且衷心企盼其成功的新國際機構，其中最為人知的機構當然是聯合國。聯合國憲章於一九四五年十月二十四日生效，一九四六年一月召開第一次會員國大會。但當時的決策者或許更為看重的，乃是與「布雷頓森林會議」(Bretton Woods）有關的金融、經濟機構和協議。

對於歐洲（與世界）危機肇因於兩次大戰之間那些年的經濟崩潰一說，美國人似乎特別相信。欲避免一次大戰後的貨幣體系在一九三一年九月瓦解的惡夢重演，除了讓貨幣可兌換，讓國家從貿易增長中互蒙其利，別無他法。凱因斯是促成一九四四年七月新罕布夏州布雷頓森林會議的推手，在他的領軍下，經濟學家和政治家尋找新的國際金融制度，以取代戰前的制度：新制度不像金本位制那麼僵固、那麼容易造成通貨緊縮，但比浮動匯率貨幣制度更可靠、更趨向於相互支持。凱因斯主張，不管會是什麼樣的新制度，都需要一個類似國際銀行的機構來掌理，那機構的功能很像一國的中央銀行：以維持固定匯率，同時鼓勵並促進外匯交易。

布雷頓森林會議所談成的，基本上就是這個。國際貨幣基金會（靠美國資金）成立，「以利國際貿易的擴張和均衡成長」（第一款）。初成立的執行董事會，仿聯合國安全理事會成立，有來自美、英、法、中、蘇的代表。有人提議成立國際貿易組織，該組織雖未能成立，但一九四七年催生出《關稅暨貿易總協定》（世界貿易組織的前身）。會員國同意接受對締約國施行的關稅和其他優惠，同意貿易行為規範和違規、糾紛的處理程序。這一切代表斷然揚棄早期的「重商主義式」作法，有意在一段時間後開啟新的開放商業時代。

布雷頓森林會議所議定的目標和機構（還包括新成立的「世界銀行」），背後具有一未言明的意涵，即對國家的作為施予前所未見的外力干預。此外，貨幣要變成可兌換，根據其與美元的關係來兌換，因為貨幣可兌換是達成永續、穩定之國際貿易的必要條件。實際執行後發現，說是一回事，做又是另一回事：英、法兩國都不願讓貨幣可兌換，英國是因為考慮到他們的受保護「英國貨幣區」[3]和他們戰後經濟的虛弱，法國則是因為長久以來執迷於「強勢法朗」，且有意維持對不同產業、產品施行的多元匯率（某個已逝時代的新柯爾貝爾式〔neo-Colbertian〕遺風）。完全兌換花了十幾年才實現，法朗和英鎊終於分別在一九五八、一九五九年加入布雷頓森林體系（接著是德國馬克於一九五九年五月加入，義大利里拉於一九六〇年一月加入）。

3　印度和英國某些海外自治領持有以信貸形式積累（特別是戰時所積累）的大量英國貨幣。若讓英鎊於戰後時期可自由兌換為美元，這些持有的英幣可能會流失掉許多，進而進一步削弱英國已薄弱的外匯儲備。當初英國為取得美國貸款，不得不接受華府貨幣可兌換的要求，結果釀成金融災難，於是在一九四七年重新管制英國貨幣，原因在此。

因此，戰後的布雷頓森林體系並非一舉就建構成。布雷頓森林會議的參與者原預期一九四〇年代結束時貨幣將可在國際上全面兌換，但他們的估算未考慮到冷戰到來所引發的政治、經濟後果（或更確切的說，馬歇爾計畫帶來的政經後果）。換句話說，那些制訂計畫和機構用以打造更佳國際體系者，其崇高的理想使他們認定會有一個情勢穩定、讓所有人都受惠的國際合作時代。最初蘇聯是布雷頓森林會議所提議之金融體系不可或缺的一分子——蘇聯將會是國際貨幣基金配額的第三大出資國。美國人（和某些英國人）認為俄羅斯（或甚至法國）決策者會接受這些提議，或許流於天真；無論如何，他們埋頭擬訂計畫，不向俄國人或法國人或其他任何人徵詢意見，藉此避開這阻礙。

不過，他們還是衷心認為，國際貿易成長和金融更趨穩定將帶來互蒙其利的結果，進而終會打破國家傳統思維和政治上的不信任。因此，蘇聯於一九四六年初斷然宣布不會加入布雷頓森林機構時，美國財政部是真正的感到困惑不解；為解釋史達林此舉背後的心態，喬治·肯楠在一九四六年二月二十二日夜從莫斯科發出那封著名的「長電報」（Long Telegram），從而為美國承認對抗態勢的到來，跨出重要的第一步。

如此解讀蘇聯這一決定，形同把肯楠以外的美國外交決策者說成是大大的蒙昧無知。而或許他們真是這樣的人，且不止參議員埃斯提斯·基佛沃（Estes Kefauver）、沃特·李普曼（Walter Lippmann）之流是如此——對於別人所告知蘇聯在東歐和其他地方的作為，他們根本不相信。至少直到一九四六年中期為止，許多美國領袖仍似乎發自內心的相信，戰時與史達林的合作會在戰後繼續下去。就連羅馬尼亞共黨領導階層的高階人物，即後來在自己國家遭到擺樣子公審的魯克雷修・帕特拉斯卡努（Lucretius Pătrășcanu），都在一九四六年夏《巴黎和約》談判期間，有感而發道，「美國人太離譜了。他們給俄羅斯人的，比俄羅斯人所要求、期盼的還要多。」[4]

但美國政策不是無知兩字可道盡。一九四五年和接下來一段時間，美國滿心期待盡快從歐洲脫身，因而，可以理解的，急於推出一個不需要美國參與或監督而且可行的解決方案。戰後美國這一想法，今人只有模糊的記憶或理解，但在當時，那是美國最重要的考量——誠如羅斯福在雅爾達所說明的，美國預期其占領德國（從而留在歐洲）的時間頂多不會超過兩年。

強大壓力逼杜魯門實現這一盡快脫身的承諾。斷然結束《租借法案》，乃是全面縮減對歐洲經濟、軍事支持的一部分。一九四五至一九四七年，美國國防預算裁減了六分之五。歐洲戰事結束時，美國部署了九十七個隨時可作戰的地面師，到一九四七年中期只剩十二個師，其中大部分師的編制不足額，且投入行政工作。其他師都已返國、復員。這符合美國選民的期待，一九四五年十月時只有百分之七的選民認為對外問題比內政重要；但這大大傷害了美國的歐洲盟邦，後者開始擔心美國重拾兩次大戰之間的孤立主義政策。他們的擔心不全然是杞人憂天；誠如英國人所知道的，一九四五年後蘇聯一旦入侵西歐，美國的應變之道乃是立即撤退到位於英國、西班牙、中東的邊陲基地。

但就在美國外交官降低對歐洲的軍事支持時，他們也在短時間內對局勢有了切實的認識。最初還相信戰時協議和蘇聯善意的那位國務卿伯恩斯，一九四六年九月六日在斯圖加特演講時，要

4 據肯楠所述，「我們的華府領袖完全不知道在俄國貝里亞（Beria）時代秘密警察支持下的蘇聯占領，對被占領人民所代表的意義，且大概無法想像那是什麼樣的景況。」

他的德國觀眾放心：「只要德國需要占領軍，美國陸軍都會是那占領軍的一部分。」那稱不上是對歐洲防衛明白清楚的承諾，但或許是受了六月杜魯門一封來信（「我受夠了，不想再把俄羅斯人當嬰兒般百般呵護」）的刺激，那反映了美國對蘇聯難搞的失望。

需要美國人再三保證以求安心者，不止德國人。對於美國人似乎有意擺脫歐洲這個累贅，英國人特別憂心。華府的人並非個個喜歡英國。在一九四六年四月十二日的演說中，美國副總統亨利．華萊士（Henry Wallace）提醒台下聽眾，「除了有共同的語言和共同的文學傳統，我們與帝國主義英格蘭，就和我們與共產主義俄羅斯一樣再沒有共通之處。」華萊士對共產主義的態度的確是眾所皆知的「寬厚」，但他對美國涉入英國、歐洲事務的那種厭惡，也普見於各種政治立場者身上。邱吉爾於一九四六年三月在密蘇里州的富爾頓發表那篇著名的「鐵幕」演說時，《華爾街日報》以尖刻口吻評論道：「我國對邱吉爾先生富爾頓演說的反應，想必讓人相信美國的確不想與任何國家結盟，或與任何國家達成任何類似結盟的東西。」

對於華萊士或《華爾街日報》社論主筆的說法，有些人並不會感到驚訝，邱吉爾本人尤其是如此。早在一九四三年，他就已完全了解羅斯福欲清算大英帝國的念頭，甚至曾有些時候，羅斯福欲削弱戰後英國的念頭，至少和圍堵蘇聯的念頭一樣強烈。如果說一九四四至一九四七年美國有個一貫的戰略，那將會是：與史達林合力解決歐陸問題；逼英國放棄其海外帝國並接受開放貿易和英幣可兌換；以最合理的速度儘快撤離歐洲。其中只有第二個目標達成，第三個目標因第一個目標不可能實現而跟著成為泡影。

英國人的觀點大不相同。一九四四年，英國內閣某小組委員會列出與蘇聯打交道時該謹記的四個關注焦點：一、中東石油；二、地中海域；三、「重要的海上通路」；四、英國工業實力的維持與保護。在此應該指出，這四點中，除了第二點說明英國涉入希臘的程度之外，其他全與歐洲本身無直接相關。也未提及東歐。如果英國領袖與史達林打交道時小心翼翼，那不是因為對史達林在中歐的計畫有任何憂心，而是因為預期到蘇聯日後在中亞、近東會有的舉動。

從英國所一貫認為其在東亞、印度、非洲、加勒比海的事務該優先處理來看，這麼做有道理。但同樣是這些帝國錯覺（這時已有某些人，不止在華府的人，如此稱呼這些優先事項），使英國的深謀遠慮之士，在談到歐洲問題時，比其美國盟友更現實得多。從倫敦的觀點來看，打二次大戰是為了擊敗德國，而如果為此所付的代價是讓蘇聯宰制東歐，那也樂觀其成。英國仍從均勢的角度看待歐洲大局：英國外交部的威廉·史詮（William Strang）爵士就說「比起讓德國主宰西歐，讓俄國主宰東歐，更為理想」。

史詮這句話寫於一九四三年。到一九四五年俄國宰制的範圍漸趨明朗時，英國領袖已沒有美國領袖那麼樂觀。經過一九四五年二月布加勒斯特發生由俄國一手主導的政變，然後羅馬尼亞、保加利亞都受到蘇聯的粗暴施壓，明眼人都看得出，若讓蘇聯稱霸，當地付出的代價會很高。但英國人未奢望該地區的情勢有所改善，誠如英國外長厄尼斯特·貝文向美國國務卿伯恩斯所說的，「在這些國家，我們得有拿一批壞蛋換另一批壞蛋的心理準備。」

對於歐洲，英國真正憂心的不是蘇聯會控制東歐（一九四四年晚期時那已是既成事實），而是蘇聯可能把被重擊倒地且心懷怨恨的德國也拉進其勢力範圍，從而宰制整個歐陸。誠如英國參謀總長在一九四四年秋斷定的，為防止此事發生，大概得將德國分割，然後占領其西部地區。這樣一來，誠如一九四五年三月英國財政部某機密文件所斷言的，德國問題的解答，或許在於不再尋求整個德國的解決之道，轉而將由西方占領的德國區完全併入西歐經濟裡。又如大英帝國參謀總長亞倫・布魯克（Alan Brooke）在一九四四年七月二十七日的日記裡所透露的，「德國不再是主宰歐洲的強權。俄羅斯才是……她……從現在起十五年內定會成為主要威脅。因此，該提攜德國，把她漸漸拉上來，帶進西歐聯盟。遺憾的是，這一切都必須在蘇、英、美神聖同盟的幌子下為之。」

當然，四年後所發生的事，差不多就是這樣。同盟國諸強權中，就屬英國所預判、乃至追求的解決方案，最接近於後來真正出爐的方案。但英國人無法以一己之力硬促成這樣的結果，事實上也使不上什麼力。二戰結束時，倫敦顯然已無法和華府、莫斯科平起平坐。英國在與德國這場大戰中耗盡元氣，就連想維持住強權的門面都維持不了多久。從一九四五年的歐戰勝利日到一九四七年春，英軍兵力從巔峰時期的五百五十萬現役男女軍人，減為只有一百一十萬。一九四七年秋，英國甚至被迫取消海軍演習以節省燃油。對英國處境深表同情的美國大使威廉・克雷頓（William Clayton）說道，「英國人眼巴巴盼望藉由我們的協助，保住大英帝國和他們對那帝國的領導地位。」

在上述情況下，英國人所關注的問題，可以理解的，不是俄羅斯會攻擊——英國政策的制訂建立在蘇聯侵略會以戰爭**以外**的其他任何形式為假定之上——而是美國人會撤走。英國執政黨工黨內，少數人樂見美國人撤走，而把對戰後局勢的信心放在傾向中立的歐洲防衛聯盟上。但首相艾德禮沒有這樣的錯覺，並在寫給工黨同僚芬納・布羅克威（Fenner Brockway）的信中解釋了緣由：

過去（工黨內）有些人認為我們該把所有心力投注於在歐洲打造第三勢力。這想法很好，真的。但在當時，不管是精神基礎或物質基礎，都付諸闕如。歐洲剩下的力量，不足以獨力抵抗俄羅斯。你得有一世界性的力量，因為你面對的是世界性的力量……沒有美國人的遏阻，俄羅斯人可能早就試圖揮師挺進。我不知道他們會不會這麼做，但那可能性不是你所能置之不理。

但美國人可靠嗎？英國外交官未忘記一九三七年的《中立法案》。他們當然很清楚美國人對參與海外事務的矛盾心態，因為那和更早之前他們自己的立場差異不大。從十八世紀中葉一直到一九一四年英國派遠征軍赴法為止，英國人一直較喜歡打代理人戰爭，不設常備軍，避打曠日廢時的大陸戰爭，不在歐陸常駐軍隊。過去，想用別國軍隊打歐洲戰爭的海上強權，可指望得到西班牙人、荷蘭人、瑞士人、瑞典人、普魯士人、當然還有俄羅斯人的結盟。但時代已經變了。

因此，一九四七年一月，英國決定開始自製原子彈。但這一決定的意義，後來才看得出。在戰後頭幾年的情勢下，英國最保險的作法乃是鼓勵美國繼續參與歐洲事務（這意味著要公開擁護美國所相信透過協商解決問題的作法），同時在不悖離現實的情況下與蘇聯合作。只要擔心德國復仇被擺在首要考量，這一政策就幾可以說是會繼續下去。

但一九四七年初，這一政策已明顯撐不下去。蘇聯是否是當下真正的威脅並不清楚（晚至一九四七年十二月就連貝文都認為俄國的威脅不如日後東山再起的德國來得大）。但擺在眼前，令人不快的事實，乃是德國懸而未決的狀態不可能持久。德國經濟受縛於政治問題的議而未決而無法開展，英國則為他們的德國占領區投入龐大資金。德國經濟需要重振，不管蘇聯同不同意。英國人與德國人打了兩場長期戰爭，都是從戰爭開始直打到結束，辛苦打贏，卻使國力大衰。但最急於結束這時代，在歐陸事務上找到臨時解決辦法，然後大步走向新時代者，卻是英國。

若非情勢太糟，英國人大概已退回他們島上（就和他們所懷疑美國人想退回他們本土差不多），而把西歐的安全交給其傳統守衛者法國人。晚至一九三八年，這都還是英國戰略考量的基礎：歐陸最強的軍事強權法國，不只可賴以制衡德國在中歐的野心，甚至可賴以反制更東邊蘇聯日後的威脅。法國作為歐洲強權之一——歐洲惟一強權——這一形象，在慕尼黑遭到動搖，但在東歐諸總理官署之外，尚未被打破。因此，一九四〇年五、六月，法國大軍潰敗瓦解，眼睜睜看著德國坦克在默茲河對岸、在皮卡迪省到處屠戮時，這股橫掃歐洲的震撼，因為如此出人意料而更為劇烈。

在令人傷痛難忘的六星期裡，歐洲國與國關係的主要參照點永遠改變。法國不只不再是強權，甚至稱不上是有影響力的國家，儘管後來幾十年戴高樂不遺餘力地努力，法國自此未再躋身強權之林。因為在一九四〇年六月的慘敗之後，法國受到四年蒙受羞辱、抬不起頭、百依百順的占領，陸軍元帥貝當的維琪政權對殘暴侵略的德國俯首貼耳。不管法國領袖和決策者在公開場合說了什麼，都不得不承認他們國家所發生的事。誠如一九四四年巴黎解放一個星期後，法國某份內部政策文件所說的，「如果法國在下一個世代期間不得不臣服於第三次攻擊，屆時法國恐怕……會就此滅亡。」

那是私底下的心聲。在公開場合，戰後法國的政治家和政治人物堅持要外界承認他們國家是戰勝的同盟國陣營一員，是理該與其他大國平起平坐的世界性強權。這一錯覺能持續不消，在某種程度上，乃是因為如此假裝，符合其他大國的利益。蘇聯希望在西方有一個與她一樣對「盎格魯－美利堅人」心存疑忌的策略性盟友；英國希望復興後的法國在歐洲理事會負起應有的職責，讓英國得以卸下對歐陸的義務；就連美國人都認為讓巴黎躋身國際大家庭的最高階之列於己有利，雖然益處不大。因此法國獲得新成立的聯合國安全理事會常任理事國之位，在對維也納、柏林的聯合軍事管理中獲指派任務，並（在英國堅持下）從位於德國西南部（與法國領土相毗鄰且東距蘇聯邊界線甚遠的地區）的美國占領區，割出一塊區域讓法國人占領。

但這些鼓勵最終只是使已經威信掃地的法國更覺羞辱難當。最初法國人以動輒發火的方式回應——這是可預期的反應。在位於德國的盟國管制理事會上，法國人一再阻攔或否決該會議所做決定的執行，理由是法國未參與「三巨頭」的波茨坦會議。針對被迫漂流異鄉者的處理，法國臨時政府最初不願與聯合國善後救濟總署和同盟國軍政府合作，理由是法籍難民和被迫漂流異鄉的法國人應視為法國人所單獨、獨立作業的一部分，並依此原則予以管理。

最重要的，戰後法國政府強烈感覺到自己遭排除於同盟國最高決策會議之外。他們認為英國人和美國人，個別來看，都不可信賴（別忘了一九二〇年後美國人撤出歐洲和一九四〇年七月英國摧毀凱比爾港的法國艦隊）；但最重要的是，他們合在一塊也不可信賴——戴高樂忘不了戰時作客倫敦時被貶低的遭遇和美國總統羅斯福對他的看輕，這種不信任的心態在他身上尤其強烈。法國人漸漸認定，華府和倫敦會獨斷做出與法國人直接有關的決定，法國人在決策過程中毫無置喙餘地。

法國一如英國是個帝國，至少表面上是。但在遭占領期間，巴黎已對其殖民地的死活漠不關心。無論如何，儘管法國在非洲、東南亞擁有可觀的殖民地，它始終是個陸權國家。蘇聯在亞洲的動作，或即將發生的中東危機，對這時候的法國人來說，都只是間接相關的事，不像英國人是直接相關。正因為這時法國縮小了，歐洲在其視界裡相應顯得更為龐然可畏。在歐洲，有值得巴黎憂心之處；東歐是兩次大戰之間法國外交最活躍的地方，但這時法國在東歐的影響力已消失：一九三八年十月，困惑不安的捷克斯洛伐克總統艾杜瓦德．貝內斯私下表示，他「在歷史面前所犯的最大錯誤……將會是信賴法國」，他這種幻滅之感普見於該地區。

這時候，法國把注意力鎖定在德國上，或更確切地說，過度執迷於德國。這其來有自：一八一四至一九四〇年，法國領土遭德國入侵、占領五次，其中三次，都還令時人記憶猶新。法國損失了土地、物資和人命，經歷了苦難，付出無可估量的代價。對於一九一八年後未能推出一套可行的控制、結盟辦法，以遏制東山再起且報仇心切的德國，法國外交部一直深以為戒。希特勒戰敗後，法國的首要之務就是確保不會重蹈這覆轍。

因此，在德國問題上，法國最初的立場很明確，直接搬出一九一八至一九二四年的前車之鑑：由於太念念不忘於歷史教訓，在外人看來，法國簡直就是想照搬一次大戰戰後時期的作法，只是這次是靠別國的軍隊。法國決策者所追求的，乃是徹底解除德國武裝，徹底摧毀德國經濟：禁止生產武器和與武器相關東西，要求德國賠償（包括要德國派工人到法國服義務性勞役），徵用、搬走農產品、木材、煤、機器。魯爾、薩爾州、部分萊茵蘭地區的礦區，應不歸德國政府管轄，那些礦區的資源和產物應交給法國人用。

這計畫一旦實施，肯定會摧毀德國，使德國許多年不得翻身；而那是法國所局部承認的目標（且是令法國人心動的政治計畫）。但那也會符合將德國龐大的初級資源用於法國本身之復興計畫的目標——事實上，「蒙內計畫」特別看重德國煤的取得，沒有德國煤，法國鋼鐵業會停擺。一九三八年，法國已是世上最大的煤進口國，其所需的煤和焦煤有約四成買自國外。一九四四年，法國國內煤產量已下滑到不及一九三八年的一半，使法國更為倚賴外國煤。但一九四六年國內煤產量恢復到一九三八年水平時，法國進口的煤（約一千萬噸）仍極不敷所需。沒有德國煤和焦煤，戰後法國復甦會夭折。

但法國人的考量裡仍有一些缺陷。首先，二十五年前凱因斯對法國政策所提的針砭仍然成立。如果德國資源是法國本身復甦所不可或缺，毀掉德國資源就沒有道理；逼德國人為法國賣力，同時又把德國國內生活水平壓低，讓德國人無望於更美好的未來，根本不可行。如此看來，在一九四〇年代激起德國人的民族主義，對戰後外國壓迫的反彈，其危險性至少和二十年前一樣大。

但法國針對戰後德國所擬的計畫，其最嚴重的缺陷，乃是幾未考慮到法國之西方盟邦的利益或計畫，在法國於國家安全上和人民生計上都完全仰仗那些盟邦的時候，這實在是大大失策。在次要問題上，西方盟國可以考慮到法國的需求，例如一九四七年讓法國全權作主，處理與薩爾州地區的關稅和貨幣合併問題。但在德國未來安排這個中心議題上，巴黎沒有辦法逼「盎格魯－美利堅人」照其意思行事。

法國與蘇聯的關係有些不同。在這之前五十年，法國和俄羅斯於加入和退出聯盟上一直是同進退，這時候俄國在法國民心中仍占有特殊地位：戰後法國的幾次民意調查，都顯示對蘇聯大為同情。[5]因此，在緊接德國戰敗那段時期，法國外交官大有理由指望，基於雙方利益的契合——都擔心德國、都懷疑「盎格魯－美利堅人」——蘇聯會一貫支持法國的外交目標。一如邱吉爾，戴高樂在言談和想法裡都把蘇聯視為「俄羅斯」，且以古君王的豐功偉績自況：一九四四年十二月，他前往莫斯科，商談訂定一個相當無意義的法俄條約，以防範德國再生侵略之心，途中他向隨從說道，他與史達林打交道，就像四百年前佛朗索瓦一世與蘇萊曼大帝打交道一樣倍感親切：[6]差別在於「十六世紀法國境內沒有穆斯林黨」。

但史達林不像法國人看不清事實。他無意當法國手中的砝碼，助法國抵銷倫敦、華府的外交政策影響力，不過直到一九四七年四月，莫斯科召開同盟國外長會議時，莫洛托夫不願支持喬治·比多將萊茵蘭分割出來，以及由外國控制魯爾工業帶的提議時，法國人才清楚史達林的立場。但法國人不死心，繼續悖離現實，思索可獲致獨立自主政策的替代辦法。法國人和捷克斯洛伐克、波蘭協商，以為法國的鋼和農產品取得煤和市場，但都未能如願。晚至一九四七年，法國陸軍部還私下提議，法國該採取國際中立立場，與美國、蘇聯達成防範未然的友善協議或結盟，以防美國或蘇聯侵略法國。

如果說法國終於在一九四七年放棄這些幻想，轉頭支持她西方夥伴的立場，那也是因為三個因素。首先，法國的對德策略已經失敗：德國不會遭拆解，不會有賠償。法國無力強要他國接受她的德國問題解決方案，其他國家無一需要她所提的方案。法國放棄其最初立場的第二個原因，乃是一九四七年中期危急的經濟情勢：一如歐洲其他國家，法國（誠如先前已提過的）不只亟需美援，還亟需德國復甦。而美援的獲得，間接但清楚取決於法國同意美國制訂的德國復甦策略。

但第三——決定性的因素——法國政治人物和法國民心在一九四七年下半年有了明確的轉變。蘇聯拒絕馬歇爾援助，以及成立共產國際情報局（Cominform，下一章會探討），使具影響力的法國共產黨，從聯合政府內倡促不安的夥伴，變成對法國所有國內外政策肆無忌憚的批評者：由於批評得太厲害，在許多人眼中，一九四七年後半和一九四八年大部分時期，法國似乎就要陷入內戰。在這同時，巴黎出現了堪稱是戰爭恐慌的氣氛，一方面，法國仍憂心德國復仇，另一方面又出現蘇聯即將入侵的新傳言。

在上述情況下，法國人又吃了莫洛托夫的閉門羹後，不情不願地轉向西方。一九四七年四月美國國務卿喬治・馬歇爾問以法國是否是美國所「能倚賴」的夥伴時，法國外長比多答以「是」——假以時日且法國能免於內戰的話。可以理解的，馬歇爾不是很欣賞這回應，就和十一個月前他形容比多「緊張不安」時一樣。馬歇爾覺得法國對德國威脅的念念不忘「落伍且不切實際」。[7]

對於法國憂心德國威脅一事，馬歇爾的評斷無疑切合事實，但那也顯示他對法國晚近的歷史欠缺同情的理解。因此，當一九四八年法國國會同意英美兩國的西德計畫時，雖然是以二九七比二八九票的相近比數通過，意義仍是非同小可。法國人非常了解他們別無選擇。如果希望經濟復甦，希望從英、美得到某種程度的安全保障，以防範德國東山再起或蘇聯擴張，法國人不得不和

5 一九四五年二月，針對誰會最賣力協助法國復甦這問題，四分之一受訪者答以蘇聯，百分之二十四答以美國。

6 編按：法國傳統上和阿拉伯世界的關係密切。

7 從比多那兒得知，法國官方強調德國威脅，純粹是為了講給國內聽時，馬歇爾大概不是很放心。

英、美合作，特別是在法國捲入中南半島一場所費不貲而亟需美國援助的戰爭的此時。

美國人和英國人能確保法國不致受到德國東山再起的軍事威脅；美國政策能保證讓德國經濟復甦。但這兩者全未解決法國苦惱已久的難題，即如何讓法國取得使用德國當地物質與資源的特權。如果不打算用武力或併吞方式來達成這些目標，勢必得另尋他法。接下來幾個月內，法國人想出了解決之道，即將德國問題「歐洲化」：誠如比多於一九四八年一月再度陳述的，「在經濟層面上，還有在政治層面上，都必須……向同盟國和德國人提議，把將德國整合進歐洲當作目標……那是……催生出政治採分權制度但經濟繁榮的德國，且使德國不悖離這條路的惟一法門。」

簡而言之，如果不能毀掉德國，那就讓她加入歐洲架構裡，在這架構裡她無法用武力傷人，但在經濟上能造福甚大。如果說一九四八年前法國領袖未想到這點，那不是因為他們想像力貧乏，而是因為他們清楚認定那是下下策。只有在純「法國」的解決方案遭揚棄時，才可能採用「歐洲」方案解決法國的德國問題，而法國領袖花了三年才認清這點。在那三年裡，法國已在實質上認命地接受對三百年歷史的遽然否定。在當時情況下，這成就非同小可。

一九四五年時蘇聯的情況和法國正相反。遭排除於歐洲事務之外二十年後，俄國重新露臉。蘇聯人民的韌性，紅軍的成就，還有不得不說的，納粹使連最支持他們的反蘇國家都轉而與納粹自身為敵的本事，已使史達林在歐洲諸國的政府和民間都取得公信力和影響力。

布爾什維克新獲得的這份魅力，建立在國力予人的誘惑上。因為蘇聯的確非常強大：儘管在德軍入侵頭六個月損失慘重（紅軍失去四百萬軍人、八千架飛機、一萬七千輛坦克），到一九四五年時，蘇聯軍隊已恢復實力，成為歐洲歷來最龐大的軍力：光是在羅馬尼亞和匈牙利，他們在整個一九四六年間一直駐有約一百六十萬部隊。史達林直接或間接（就南斯拉夫來說）控制了東歐、中歐大片土地。若非蒙哥馬利率領的英軍快速挺進，在千鈞一髮之際攔住史達林的軍隊，蘇聯軍隊已穿過德國北部，直抵丹麥邊界。

誠如西方將領所清楚知道的，如果史達林命紅軍挺進到大西洋岸，根本擋都擋不住。不過美國人和英國人的確在戰略轟炸能力上享有明確優勢，而且誠如杜魯門於一九四五年七月在波茨坦告訴史達林之前，史達林就已知道的，美國有原子彈。史達林無疑也想有原子彈——他為什麼堅持將德東那些地區，特別是蘊藏有鈾礦的捷克斯洛伐克，納入蘇聯控制，這是原因之一；再過不到幾年，就會有二十萬東德人在這些礦場工作，為蘇聯的原子彈計畫效命。[8]

原子彈雖令蘇聯領袖憂心，使史達林更加懷疑美國的動機和計畫，蘇聯的軍事考量卻未因此而改變多少。這些考量直接源自史達林的政治目的，而這些政治目的又源自蘇聯與俄羅斯長久追求的目標。目標之一與領土有關：史達林想收復布爾什維克在一九一八年《布列斯特－立陶夫斯克條約》（Treaty of Brest-Litovsk）和兩年後與波蘭戰爭期間所失去的土地。一九三九、一九四〇年，他與希特勒所簽協定的秘密條款，使這一目標得到部分實現。剩下部分的實現，則歸功於希特勒決定於一九四一年六月入侵蘇聯，使紅軍得以趁機向柏林反攻期間重新占領那些有歸屬爭議的土

8 根據一九四五年三月的捷克、蘇聯秘密協議，蘇聯有權開採西波希米亞境內亞希莫夫（Jachymov）礦床的鈾礦。

地。藉此，蘇聯的占領、併吞羅馬尼亞的比薩拉比亞（Bessarabia）、羅馬尼亞的布科維納（Bukovina）、捷克斯洛伐克的下喀爾巴阡山的盧森尼亞（Sub-Carpathian Ruthenia）、波蘭的烏克蘭西部、芬蘭東部、波蘭的海三獨立共和國、東普魯士的柯尼斯堡（加里寧格勒），就全都可視為是戰利品，而非來自與法西斯敵人不光彩的交易。

對蘇聯來說，這一領土擴張行動有兩重意義。它結束了蘇聯在國際社會的卑賤地位。這對史達林來說頗為重要，這時他已成為一龐大歐亞集團的領袖，而蘇聯力主新設立的聯合國安理會採行否決制，正象徵該集團新具備的實力。但土地所代表的不只是威望，還有最重要的，安全。從蘇聯的觀點看，國土西邊的緩衝地帶，即德國人若想進攻俄國必得通過的一大片土地，攸關蘇聯的國家安全。在雅爾達，還有在波茨坦，史達林清楚表明俄、德間的地區，若不完全併入蘇聯，必得由「沒有法西斯、沒有反動分子」的友善政權來治理。

日後的發展會顯示，對「沒有法西斯、沒有反動分子」這話的解讀將引發極大爭議。但在一九四五年，美國人、英國人都無意為此向史達林提出抗辯。他們覺得蘇聯人已贏得照自己意思界定其國家安全的特權；一如一開始英、美就同意莫斯科有權從前軸心國（德國、奧地利、匈牙利、羅馬尼亞、保加利亞、芬蘭）取得賠償、戰利品、勞動力、設備。事後看來，我們或許很想在這些領土占領、經濟掠奪裡，很早就觀察到歐洲東半部赤化的頭幾個階段，後來的發展也說明那的確是赤化的開端。但在當時，那並非人人都清楚看出的——在西方觀察家眼中，莫斯科戰後初採的立場，甚至讓人覺得熟悉，令人放心地恪守傳統，[9]而且此前就有先例。

總括說來，除非認真看待俄國共產政權的意識形態主張和野心，我們無法理解該政權。但仍有某些時候，例如一九四五至一九四七年，即使對俄國共產教條所知不多，光是看看沙皇的政策，就可能可以相當充分地理解蘇聯的外交政策。畢竟是彼得大帝開始施行日後讓俄國得以透過「保護」其鄰邦來稱霸的策略，是凱薩琳大帝將俄羅斯帝國往南、往西南拓展版圖，尤其是沙皇亞歷山大一世為俄國在歐洲的帝國擴張奠定了基礎。

一八一五年的維也納會議上，結盟但彼此猜忌的諸戰勝大國，在擊敗專制君主拿破崙後，（如一九四五年般）共聚一堂以重建歐陸均勢。在這場會議上，亞歷山大一世的目的就已昭然若揭。諸小國憂心將被貶為二級國家，聽命那些強權行事。英國把重心擺在海外，且歐陸沒有其他大國足以和俄國相抗衡，因此戰後歐陸如何安排將由沙皇決定。各地的抗議將被視為對這整個安排的威脅，將會被適切地予以撲滅。俄國的安全，將由沙皇所控制的土地來確保（絕不能再讓西方軍隊得以長驅直抵莫斯科），由那些土地上的居民對這新制度的認命接受來界定。

用上面這段話來說明一九四五年蘇聯的盤量，也毫無扞格不入之處。事實上，亞歷山大一世和其大臣若看到一九四四年十一月外交人民委員會副委員伊凡·邁斯基（Ivan maisky）所寫的政策備忘錄，大概連一個毛病都挑不出來：「對我們來講，最有利的情況就是戰後歐洲只剩一強大的陸權國家蘇聯和一強大的海權國家英國。」當然，隔了一百三十年，情況已大不相同：一九四五年的史達林比亞歷山大一世更關注中亞和近東（雖然亞歷山大一世後的幾位沙皇在那兩個地區很活躍）；而且蘇聯的謀士未像沙皇那樣死盯著君士坦丁堡、博斯普魯斯與達達尼爾兩海峽、巴爾

9 在波蘭，當然就一點也不令人放心，因為那太令人熟悉了。

幹半島南部。但政策延續的部分遠比差異的部分重要。可以說，薩朱諾夫（Sazunov，一九一四年一次大戰爆發時的俄國外長）的盤算，把延續和差異的部分串連了起來。薩朱諾夫當年就已預見到東歐未來將是弱小國家林立，那些國家名義上獨立，但實質上是大俄羅斯的附屬國。

除了沙皇對歐外交政策裡這些歷久不衰的主題，史達林還加了他個人特有的盤算。他的確認為西歐經濟即將崩潰——根據兩次大戰間的先例和馬克思主義的信條推斷出——且誇大了英、美兩帝國為競奪日益萎縮的世界市場而「不可避免」的衝突。據此，他推斷，不只局勢會更為動盪——進而使蘇聯有必要確立其利益，「分裂」西方陣營一事確有可能成真：特別是因中東問題，但可能也加上德國問題。這是他為何不急於在德國問題上立即達成協議的原因，畢竟史達林深信時間站在他那邊。

但他並未因此較為安心。相反地，蘇聯外交政策處處帶有防衛、猜忌的心態（一九四六年喬治·肯楠所謂的「克里姆林宮對世界局勢的神經質觀點」），於是而有一九四六年二月九日在波修瓦劇院（Bolshoi Theatre）那場著名演說。史達林在那演說中宣布，蘇聯要重拾其戰前對工業化、備戰、資本主義與共產主義衝突之不可避免的強調，並再次表明已經很清楚的事，即從此之後蘇聯只有在符合自身利益時才會與西方合作。

這番話毫無新意：史達林要重拾的是一九二一年前和從一九二七年至人民陣線成立之間布爾什維克兩次採行的「強硬」路線。布爾什維克政權始終不穩定——畢竟它是在不利的情勢下、在高度不受支持的環境裡，誕生自一場少數派的政變——而史達林，一如所有專制君主，需要在國內外都挑起威脅、樹立敵人。此外史達林比大部分人清楚二次大戰贏得很險：如果德國人按照希特勒原規畫的在一九四一年更早一個月入侵，蘇聯大有可能已完蛋。蘇聯領導階層擔心其所新贏得的地位會遭到「突襲」和挑戰，且擔心到妄想狂的程度。在這方面，蘇聯的心態類似珍珠港事變後的美國，但有更充分的理由這麼擔心。俄羅斯人數十年來一直把德國視為主要威脅（甚至比法國人視德國為主要威脅更久）。[10]

那麼史達林想要什麼？毋庸置疑的，他的確預期與西方的關係會轉冷，決心善用他的優勢，趁西方勢弱時好好壯大自己，但除此之外，看不出來史達林有什麼明確的策略。誠如研究戰後蘇聯占領東德歷史的史學家諾曼·內馬克（Norman Naimark）所斷言，「驅動蘇聯的，是該區域所發生的具體事件，而非事先想好的計畫或出於意識形態的必然要求。」這說法吻合我們對史達林大原則的了解，也適用於東德以外的地方。

蘇聯的確未針對短期內發生第三次世界大戰預為籌謀。一九四五年六月至一九四七年結束，紅軍員額從一千一百三十六萬五千減為兩百八十七萬四千，裁減比例與英、美裁減比例相當（但仍留下規模大得多、由許多武器精良的機械化師構成的野戰部隊）。蘇聯的盤算當然絕非當時西方人所一眼就能看出，甚至那些把史達林視為謹慎務實主義者的人，都對蘇聯的盤算沒有把握。但莫洛托夫於自傳中表示，蘇聯偏愛趁情勢有利時行事，但不會為了促成有利情勢而冒險，這的確道出了實情：「我們的意識形態主張情勢許可時採攻勢，不許可時就等待。」

史達林本人討厭冒險是出了名的，這也是為什麼當時和那之後有些評論家遺憾西方未能更

10 據報導，一九九〇年，蘇聯外長謝瓦納茲論道，雖與美國冷戰了四十年，他的孫子玩打仗遊戲時，仍拿德國當敵人。

早、更進一步展開「圍堵」。但在那時，沒人想再打一場戰爭，而且儘管能輕易就勸史達林打消破壞巴黎或羅馬局勢穩定的念頭（因為他在當地沒有駐軍），但誠如當時每個人都認知到的，蘇聯在更東邊處駐軍乃是沒得商量的事。在保加利亞或羅馬尼亞的盟國管制理事會裡，蘇聯連裝出考慮英國人或美國人之希求的樣子都沒有，更別提當地人的企求。只有在紅軍老早就撤走的捷克斯洛伐克，蘇聯還有點含糊其詞。

從史達林的觀點看，他在做莫斯科眼中天經地義的事。他和他的同僚認為，西方同盟國明瞭蘇聯打算占領、控制「他們的」那一半歐洲；對於西方抗議蘇聯在占領區的行為，他們傾向將那視為虛應故事，視為換湯不換藥的民主空話。當蘇聯領導覺得西方把自己的漂亮話太當一回事，而要求讓東歐享有自由與自治時，他們即以發自肺腑的憤慨加以回應。一九四五年二月莫洛托夫寫了份便條，評論西方干預波蘭前途一事時，即體現了這心態：「比利時、法國、希臘等國政府如何組成，我們不知道。沒有人問我們，但我們沒說我們喜歡其中哪個政府。我們未干預，因為那屬於英美的軍事行動區。」

人人都期望二次大戰和一次大戰一樣以全面性的和約作結，一九四六年在巴黎的確簽了五個條約。這些條約解決了羅馬尼亞、保加利亞、匈牙利、芬蘭、義大利諸國境內領土等方面的問題，但挪威不在此列，因為嚴格來講挪威與德國還處於交戰狀態，直到一九五一年才結束。[11]但不管這些發展對相關的人民有多重要（且就羅馬尼亞、保加利亞、匈牙利來說，這些發展表明了他們

將無可置疑的受到蘇聯的支配），這些協議能談定，乃是因為諸強權無一願意為了他們去冒相互對抗的風險。

但德國的情況迥然有別。特別是對俄國人來說，德國真的至關緊要。二次大戰的關鍵在德國，同樣的，和平的關鍵也在德國，蘇聯人戰後的盤算就和法國人戰後的盤算一樣，揮不去對德國復仇主義的擔憂。史達林、杜魯門、邱吉爾於波茨坦會晤時（從一九四五年七月十七日至八月二日，工黨贏得英國大選後由艾德禮取代邱吉爾），一致同意將德國人逐出東歐、將德國分割治理以便順利占領、追求「民主化」、「去納粹化」、「去卡特爾化」，但離開這些共識，歧見就出來。

因此，雖然眾皆同意將德國經濟體視為一不可分割的單位，卻也同意蘇聯有權索取、拿走其占領區裡的貨物、服務、金融資產。西方同盟國還同意從其占領區的賠償金裡撥出一成給蘇聯，以換取來自德國東部的糧食和原料。但這些協議把東、西德的經濟資源分別看待，從而產生了矛盾。因此，從一開始，賠償就是引發分裂對立的問題（一如一次大戰後的情形）：俄國人（和法國人）想要賠償，從一開始，蘇聯當局就不管其他占領國同不同意，立即拆走德國工廠和設備。

關於德國與波蘭的新邊界，西方與蘇聯並未談定，甚至將波蘭民主化這一共同認知，在落實時都帶來麻煩。據此，諸同盟國領袖同意各自保留不同意見，日後再由外長繼續談。於是接下來兩年，同盟國外長進行了數次會談（起初是蘇、美、英三國外長，後來加進法國外長）：第一次會談在波茨坦會議，兩個月後在倫敦舉行，最後一次是一九四七年十二月，也在倫敦。這些會談

11 義大利失去其所有殖民地，賠償三億六千萬美元給蘇聯、南斯拉夫、希臘、阿爾巴尼亞、衣索匹亞，把伊斯特里亞半島割給南斯拉夫。邊境城市的里雅斯特的歸屬，又紛擾了八年才定案。

的目的，原則上是敲定戰後德國的解決方案，擬定同盟國諸大國與德、奧的和約。但就在這幾次會談期間，特別是一九四七年三、四月的莫斯科會談，蘇聯與西方在解決德國問題上的分歧明朗化。

審慎的政治考量是影響英美策略的因素之一。如果西方占領區裡的德國人一直處於頹喪、貧困的境地，覺得未來改善無望，那麼他們遲早會重新投入納粹主義的懷裡，或轉而投入共產主義的懷抱。因此，在由英、美軍政府占領的德國地區，重心早早就轉為重建民間、政治機構，讓德國人管理自己內政。戰後的德國政治人物，因此取得很大的影響力——比戰爭結束時他們所能指望得到的還要大得多。而他們也毫不遲疑善用這影響力——宣稱得改善德國情況，占領者得採納他們的意見，否則他們無法為德國日後政治發展的方向負責。

對西方諸同盟國來說，所幸在柏林和蘇占德東境內施行的共產主義占領政策，未打動心懷不滿的德國人，未吸引到他們的選票。美國人或英國人或法國人再怎麼不受滿懷怨恨的德國人歡迎，總比俄國人好得多：如果史達林真如戰後頭幾年他向德國共產黨所指示的，真心希望德國維持統一，那麼蘇聯的作法就是太不顧實際情況。從一開始，蘇聯就在未經同盟國同意下，在其占領區建立一實質上由共黨領導的政府，且肆無忌憚取走、拆走落入他們控制範圍內的所有東西，從而使《波茨坦協定》形同具文。

史達林手中的選擇不多。除了動用武力，共產黨不可能將德國，甚至不可能將蘇聯所占領的德國地區，納入掌控。一九四六年十月二十日的柏林市選舉，共黨候選人贏得的席次遠遠落後於社會民主黨和基督教民主黨。有鑑於此，蘇聯的政策明顯變得更強硬。但這時候，美英法三占領國有自己的難題要解決。一九四六年七月時，為了餵飽英國占領區（都市化、工業化的德國西北部）的當地居民，英國已不得不用美國的借款買進十一萬兩千噸的小麥、五萬噸的馬鈴薯。

英國從德國索取的賠償頂多兩千九百萬美元，但倫敦為占領付出的代價卻是一年八千萬美元。在英國政府不得不在國內施行麵包配給（整個戰爭期間英國政府都未祭出這樣的緊急措施）時，這兩者間的差額只能由英國納稅人負擔。在英國財政大臣休·達爾頓（Hugh Dalton）看來，英國人在「付賠償金給德國人」。美國人的經濟沒這麼捉襟見肘，他們所占領的地區受戰爭損害的程度也沒麼嚴重，但對他們來講，情況似乎一樣的荒謬——美國陸軍尤其不高興，因為餵飽數百萬飢餓德國人的花費全算在他們的經費上。誠如喬治·肯楠所說：「德國的無條件投降……使我們一肩挑起對德國某個地區的所有責任，而那地區從步入現代起，經濟就從未能自給自足，而且自給自足能力已因為二戰戰禍和德國戰敗而摧殘殆盡。接下那重任時，我們尚未針對我們所占領地區的經濟重建制訂計畫，希望將那問題全交給日後的國際協議解決。」

鑑於這一難題，加上德國人對於工廠、設備遭拆解東運日益不滿，美國占領區軍政府首長克雷將軍，眼看蘇聯當局未能信守《波茨坦協定》對他們的要求，於是在一九四六年五月單方面暫時中止將賠款由美國占領區送往蘇聯（或其他任何地方）。兩個月後英國人跟進。這代表東、西方頭一次分道揚鑣，但也止於此。法國人，一如蘇聯，仍希望得到賠款，而且同盟國四強形式上仍信守一九四六年的「工業水平」協議——根據該協議，德國人的生活水平不得高於歐洲平均生活水平（不計入英國、蘇聯）。此外，英國內閣於一九四六年五月開會時，仍不願接受將同盟國占領的德國正式分為東西兩半的作法，因為考慮到那對歐洲安全所會帶來的種種影響。

但情勢愈來愈清楚，占領德國的四強無意達成協議。在紐倫堡大審於一九四六年十月結束，《巴黎和約》的條款於次月定案之後，將戰時同盟國諸成員綁在一塊的，就幾乎只剩他們對德國的共同責任，而彼此在這方面的矛盾也隨之更加白熱化。美國人、英國人於一九四六年結束時同意將兩國占領區的經濟合為所謂的「聯合占領區」（bizone）；但這尚不表示將德國明確分割，更別提承諾將英美聯合占領區融入西方。相反地，三個月後的一九四七年二月，法國人和英國人敲鑼打鼓簽署了《敦刻爾克條約》，彼此承諾日後若德國侵略，將合力對抗德國。一九四七年初，美國國務卿馬歇爾仍然樂觀認為，不管在解決德國經濟難題上達成什麼安排，都不必然導致德國遭分割。至少在這點上，東西方仍在形式上意見一致。

關係真正破裂，發生於一九四七年春美、英、法、蘇四國外長在莫斯科會談時（三月四日～四月二十四日）。這是為敲定對德、對奧和約所召開的會議。這時候，分歧已很明顯。英國人和美國人決意強化西德經濟，以便不只讓德國人得以自力生存，且有助於整個歐洲經濟的復甦。蘇聯代表希望再度取得來自西方同盟國德國占領區的賠款，因此，希望如最初在波茨坦所構想的（雖然只見雛形），讓德國在行政治理和經濟上維持單一實體。但這時候西方同盟國已不再追求由單一政府治理整個德國，因為如此一來不只會導致德國西部諸占領區的人民遭到拋棄（這是在本質上就應該考慮的政治問題），而且會形同將德國送入蘇聯的控制範圍，因為當時東西方軍力不對稱，蘇聯有明顯的優勢。

誠如德國境內美國軍政府的政治顧問羅伯特・墨菲（Robert K. Murphy）所認知到的，「真正為鐵幕的落下發出落幕鈴者……是一九四七年的莫斯科會議。」還未抵達莫斯科，厄尼斯特・貝文就已對德國問題的達成協議不抱任何希望，但對馬歇爾（和比多）來說，那是決定性的時刻。對莫洛托夫和史達林來說，無疑亦然。等到四國外長下次於巴黎會面，談馬歇爾那引人注目的新「計畫」時（六月二十七日至七月二日），英國人和美國人已（在五月二十三日）同意讓德國人參與新成立的英美聯合占領區「經濟委員會」（西德政府的雛形前身）。

自此之後，情勢迅速明朗。雙方都未做出或尋求進一步的讓步：美國人和英國人老早就擔心俄德自行簽訂和約，為了阻止此事成真，而贊成延後、妥協，後來認為這件事發生的可能不大，決定不把這事考慮在內。八月，他們單方面提高英美聯合占領區的產量（不顧蘇聯、法國的批評聲浪）。美國參謀長聯席會議的JCS1067號指令（「摩根索計畫」）遭揚棄，易之以正式承認美國新目標的JCS1779號指令：統合德國西占領區的經濟和鼓勵德國人當家作主。德國人很快地不再是敵人，特別是對美國人來說。[12]

一九四七年十一月二十五日到十二月十六日，四國外長（莫洛托夫、貝文、馬歇爾、比多）最後一次會談，地點在倫敦。這是場耐人尋味的會談，因為他們的關係實際上已破裂。西方同盟國正在推動自己的西歐復興計畫，而史達林已在兩個月前設立共產國際情報局，指示法國、義大利的共產黨在各自內政上採不妥協路線，且嚴厲壓制由共黨控制、現已屬於蘇聯集團的那些國家。四國外長一如以往，討論在同盟國控制下和有利於和約簽訂的其他條件下，完全由德國人自

12 事實表明美國人很快就得到德國人的接納。有位美國大兵在嘗過法國人對解放者相當冷淡的反應後，驚喜於在德國所受到的接納，「哇塞，這些人比法國人還乾淨，且友善得多。他們跟我們是同類。」引自Earl Ziemke, *The U.S. Army in the Occupation of Germany, 1944–46* (Washington DC, 1985),p. 142.

己組成政府的可能性。但在共同管理德國或對德國未來的安排上未能達成一致，會談最終破裂，未排訂下次會談時間。

英、法、美三國轉而加開一場會議，開始就德國的未來展開三方會談。這次同樣在倫敦舉行，始於一九四八年二月二十三日。同一個星期裡，捷克斯洛伐克的共黨政變成功，代表史達林已鐵了心，揚棄其先前的策略，接受對抗的不可避免，不再追求與西方達成共識。在布拉格政變的影響下，英、法將《敦刻爾克條約》擴大為三月十七日的《布魯塞爾條約》(Brussels Pact)，把英、法、荷比盧諸國結合成共同防禦同盟。

西方諸領袖這時再無顧忌，倫敦會議迅速同意將馬歇爾計畫擴及西德，同意為最終成立西德政府一事擬定計畫(法國代表團同意這一安排，以換取將薩爾地區割離——暫時割離——德國，並提議設立獨立機構監督魯爾的工業)。這些計畫代表西方明確揚棄了《波茨坦協定》的精神，柏林盟國管制理事會的蘇聯代表瓦西利・索科洛夫斯基(Vassily Sokolovsky)將軍表示抗議(但避而不談蘇聯自己頻頻違反那些協議)。

三月十日，索科洛夫斯基譴責西方針對德國西部制定的計畫，乃是強行將資本主義利益施加在德國人民身上，使他們沒有機會表達其對社會主義的想望。他並重申蘇聯的看法——認定西方諸大國正濫用他們在柏林的勢力干預德東事務——聲稱柏林是蘇聯占領區的一部分。十天後，在三月二十日於柏林召開的盟國管制理事會會議上，索科洛夫斯基譴責西方同盟國「在德西所採取的」「片面行動」，「違背了和平國家和熱愛和平、追求國家和平統一、民主化的德國人的利益」。然後他猛然退出會議室，蘇聯代表團其他成員跟進。會中未敲定下一次開會日期。同盟國對德國的聯合占領至此結束：不到兩個星期後的四月一日，柏林的蘇聯軍事當局開始干預德西與西方同盟國柏林占領區之間的地面交通。歐洲境內的冷戰真正揭幕。

從這段陳述應可清楚看出，問「誰開啟冷戰？」沒什麼意義。冷戰的揭幕既與德國有那麼大程度的關連，分割的德國，大概比一個團結足以對付列強的德國，更為相關各方所一致樂見。一九四五年五月時，沒有人打算走到這一步，但真的走到時，只有少數人對此深感不滿。有些德國政治人物，特別是孔拉德・艾德諾本人，其仕途甚至得歸功於德國的分裂：德國若繼續處於由四強占領的處境或依舊是統一國家，一個來自極西部天主教萊茵蘭地區，沒沒無聞的地方政治人物，幾可確定不可能登上最高行政首長之位。

但不管艾德諾私底下多麼樂見德國分裂，都不可能把德國分裂當成目標。德意志聯邦共和國成立頭幾年，他的頭號大敵，社會民主黨的庫特・舒馬赫（Kurt Schumacher），乃是來自西普魯士的新教徒，鍥而不捨宣揚德國統一的理念。與艾德諾截然相反地，為了維持國家一統，他會樂於接受德國中立化這個代價，而那似乎正是史達林所提議的方案。在當時的德國，舒馬赫的立場大概較受歡迎，因此，艾德諾不得不小心行事，務使德國分裂的責任完全落在占領軍身上。

對於德國遭一分為二，一九四八年時，美國和英國一樣，並未感到不滿，畢竟美國的支配範圍涵蓋面積較大的德西。但儘管有些人，例如喬治・肯楠，早已預見這結果（早在一九四五年他就斷言美國「別無選擇，只能帶領她所占領的德國地區……走上非常富裕、非常安全、非常優越、致使德東無法威脅它的某種獨立地位」），他們終究居於少數。在這些年，美國人，一如史達林，隨機行事，事先未有規畫。有人主張美國的某些重大決定和宣言，特別是一九四七年三月的杜魯門主義，加速史達林從妥協退往強硬，使歐洲的分裂得歸咎於華府的感覺遲鈍，或更糟糕地，歸咎於華府的不妥協。但事實並非如此。

因為，以杜魯門主義為例來說，它對蘇聯的盤算影響甚小。一九四七年三月十二日杜魯門總統對國會宣告，「支持自由人民抗拒武裝少數分子征服或抗拒外在壓力，必須是美國的政策。」這一宣告乃是美國對於一九四七年二月英國經濟危機後，英國無力繼續援助希臘、土耳其一事，做出的直接回應。美國將得接下英國的重擔。因此，杜魯門尋求國會同意增加其海外援助預算四億美元：為順利得到這筆撥款，他以共黨叛亂危機為背景提出這要求，以增加說服力。

國會把他的話當真，但莫斯科沒有。史達林對土耳其、希臘（美援計畫的主要受惠者）興趣不大，而且他清楚知道他的利益範圍不可能受到杜魯門激情演出的影響。反倒他仍推斷西方陣營內部大有可能分裂，美國接下英國在東地中海的擔子就是個跡象和先兆。不管是什麼因素促使史達林調整其在東歐的盤算，都絕不可能是美國國內政壇華而不實的言詞。[13]

造成德國、歐洲分裂的最直接原因，其實是史達林在這些年所犯的幾個錯誤。在中歐，若能選擇，史達林大概較樂見一個統一但衰弱而中立的德國。他在中歐享有有利形勢，卻在一九四五年和接下來的幾年，以毫不妥協的固執和對抗性手段浪費了那有利形勢。如果說史達林所希望的，乃是任由德國腐爛，直到德國人怨恨、無助的果實自然落進他懷裡，那麼他大大失算——但的確有某些時候，德西的同盟國當局懷疑他最終還是會得手。從那角度看，歐洲的冷戰乃是這位蘇聯獨裁者的性格和他所掌理的制度雙雙促成的不可避免結果。

但德國就在史達林腳邊，依舊是不爭的事實。這點，他的對手也很清楚——誠如一九四八年二月十三日馬歇爾向國家安全委員會說的，「麻煩在於我們正在玩火，卻沒有東西可用來滅火。」蘇聯所需要做的，就只是接受馬歇爾計畫，讓大部分德國人相信莫斯科是真心在追求一中立、獨立的德國。一九四七年，蘇聯若真這麼做，將徹底改變歐洲的均勢，不管馬歇爾、貝文或他們的顧問會如何看待這些行動，大概都無力阻止它們。史達林最終慮不及此，都是他的誤判，並不是西方的功勞。誠如美國國務卿艾契遜在另一個場合所說的，「我們很幸運有那樣的對手。」

在打了一場慘烈的戰爭以削弱歐陸中心過度強大的德國之後，諸戰勝國最後未能在戰後如何壓制德國巨人再起上達成協議，致使只能將德國一分為二，以從恢復強大的德國中各蒙其利。事後來看，這實在有點反諷。這時大家——先是英國人，再來是美國人，接著是遲遲才看出的法國人，最後是蘇聯人——都清楚看出，要使德國不再搗亂，惟一辦法就是改變辯論的條件，並把那條件宣告為解決辦法；這令人不自在，但管用。諾爾·安南（Noel Annan）是在遭占領的德國工作的英國情報軍官，他表示，「發覺自己與原樂於和希特勒合作的人結盟，以共同防範共產主義入侵，實在令人很不快。但對西方來說，最欣然樂見的，乃是鼓勵德國人自己去打造一個西方民主國家。」

13 一九四七年九月，共產國際情報局的成立大會上，安德烈·日丹諾夫（Andrej Zdanov）一如以往為主子史達林辯護，告知與會代表，杜魯門主義的矛頭，指向英國的程度，至少和指向蘇聯的程度一樣大，「因為它意味著英國將被逐出其在地中海、近東的勢力圈。」

5

冷戰來臨
The Coming of the Cold War

想像奧地利帝國分裂為眾多大大小小的共和國。
為世界性的俄羅斯君主國奠下多麼理想的基礎。
佛朗提塞克·帕拉茨基，一八四八年四月

✣ ✣ ✣

南斯拉夫人想拿下希臘的馬其頓，也想要阿爾巴尼亞，
甚至奧地利、匈牙利的部分地區。
這沒道理。我不喜歡他們的作風。
史達林，一九四五

✣ ✣ ✣

要抵達北海，紅軍所需要的，就只是靴子。
丹尼斯·希利

✣ ✣ ✣

歐洲秩序這觀念不是德國人為創造出來的，
而是不可或缺的東西。
保羅－昂利·史帕克，一九四二年四月

✣ ✣ ✣

這是我們直覺知道我們辦不到的事。
安東尼·艾登，一九五二年一月

「這場戰爭和過去不一樣；凡是占領土地者，都將其社會制度強加在那土地上。個個都是軍隊到哪裡，就把自己的制度強加到那裡。只能如此。」史達林這段著名格言——米洛凡・吉拉斯在其《與史達林交談》（*Conversations with Stalin*）一書中所述——遠不如表面上看來那麼發人所未發。二次大戰絕非歐洲第一場由軍事勝負決定社會制度的戰爭：十六世紀的宗教戰爭結束於一五五五年的《奧格斯堡條約》，而在奧格斯堡，誰的領地信誰的宗教（cuius region eius religio）這原則，授權統治者在自己的領土上建立自己所中意的宗教；十八世紀初期的歐洲，拿破崙四處攻城略地的初期，軍事勝利迅速轉化為以法國為師的社會、制度革命。

但史達林的觀點很清楚，而且他在共產主義接管東歐之前許久，就已向吉拉斯表明。從蘇聯這一方來看，二次大戰是為打敗德國、恢復俄羅斯在西部邊疆的勢力和安全而戰。不管德國本身會變成怎樣，將德國與俄國隔開的那片地區絕不能任其處於未定狀態。從芬蘭到南斯拉夫呈南北弧形走向的這大片地區，弱小國家林立，在兩次大戰之間，這些國家的政府全敵視蘇聯（只有捷克斯洛伐克局部例外）。特別是波蘭、匈牙利、羅馬尼亞對莫斯科始終不友善，懷疑蘇聯對他們居心不良。對史達林來說，惟一可接受的結果就是，在未被蘇聯搶先併入版圖的該地區裡，建立絕不會威脅到蘇聯安全的政府。

但要萬無一失促成這結果，惟一辦法就是使東歐諸國的政治制度與蘇聯一模一樣，從一開始這就是史達林所希望、所打算的。另一方面，情勢看來這一目標似乎是輕而易舉就可達成：羅馬尼亞或匈牙利之類國家的舊菁英階層已遭唾棄，拔掉他們，換上全新一批人馬，不會是難事。在許多地方，蘇聯占領者最初被當成解放者和改變、革新的先鋒而受到歡迎。

但另一方面，蘇聯在其西邊諸鄰國境內，除了駐紮了當地難攖其鋒的強大兵力，對那些國家的內政幾乎使不上力。在該地區許多地方，此前四分之一世紀的大部分期間，共產主義被禁止參與公眾生活和法定政治活動。即使在共黨可合法活動的地方，由於他們與俄羅斯的關係和一九二七年後的大部分時期裡莫斯科逼他們施行的僵固、出於黨派考量的策略，也已使他們淪落為東歐政壇上無足輕重的小黨。蘇聯關押、整肅避難於莫斯科的許多波蘭、匈牙利、南斯拉夫等國的共產黨人，更進一步削弱這些共黨：以波蘭來說，兩次大戰之間波蘭共黨的領導階層遭剷除殆盡。

因此，當匈牙利共黨領袖馬特雅斯·拉科西（Mátyás Rákosi）於一九四五年二月從莫斯科返回布達佩斯時，只能指望得到匈牙利境內大約四千名共產黨人的支持。在羅馬尼亞，據羅馬尼亞共黨領袖阿娜·波克（Ana Pauker）本人所述，全國人口將近兩千萬，該黨黨員不到千人。在保加利亞，情況好不到哪裡去：一九四四年九月，共產黨員約八千人。只有在波希米亞、南斯拉夫的工業地區（認為共黨與敵後游擊戰的成功有密切關係的地區），共產主義才擁有類似群眾基礎的東西。

因此，行事一貫謹慎且無論如何仍與西方諸強維持共事關係的史達林，最初採行的是拜三〇年代人民陣線和西班牙內戰期間共黨作為之賜，已為人所熟悉的策略：支持組成「陣線」政府，即由共產黨、社會黨、其他「反法西斯」黨組成的聯合政府，這樣的政府將排斥並懲罰舊制度和舊制度的支持者，但會是審慎且「民主的」、「改良主義的」而非革命的。二戰結束時，或二戰結束後不久，東歐諸國個個都已有這樣的聯合政府。

鑑於學界對歐洲分裂的責任歸屬一直未有共識，在此或許該強調，不管是史達林還是他在東歐的當地代表，都很清楚他們的長程目標。在共黨向來處於劣勢的地區，聯合政府是共黨掌權的途徑；聯合政府只是達成這目的的手段之一。誠如一九四五年東德共黨黨員困惑於黨的政策時，該黨領袖瓦爾特·烏爾布里希特（Walter Ulbricht）私底下向黨員解釋，「事情很清楚，得有民主的樣子，但我們得把什麼東西都控制在手裡。」

事實上，控制比政策重要得多。在東歐各個聯合政府裡（「祖國陣線」、「團結政府」或「反法西斯政黨集團」），共產黨人都設法控制某些關鍵部會——內政部、司法部、農業部——絕非偶然。內政部讓共黨得以掌管警方、安全部隊，得以核發或撤回報紙發行執照；司法部掌管肅清行動、法庭、法官；農業部掌管土地改革、土地重分配，因而能施予恩惠、買得數百萬小農的忠誠。共產黨還安插自己人出任「去納粹化」委員會、區委員會、工會的要職。

相對地，東歐共產黨人不急於拿下總統、總理或外長這些要職，往往較樂於將這些職位留給他們在聯合政府裡的社會黨、農民黨或自由黨籍盟友。戰後初期政府職位如此安排（共產黨員居於少數），讓西方觀察家放心。當地居民卻未上當，自行採取了預防措施——一九四五年底羅馬尼亞共產黨員已增加到八十萬人——但在許多方面共黨策略的確溫和地令人放心。該黨未將土地集體化，反倒竭力主張將土地分配給無地者。除了沒收「法西斯黨員」的資產，共黨未力推國有化——在這方面無疑和聯合政府裡的某些夥伴一樣不積極，通常還更消極。而且共黨鮮少談到要以「社會主義」為目標。

一九四五、一九四六年共黨所表述的目標，乃是「完成」一八四八年未完成的資產階級革命，以及在歐洲境內始終未能重新分配資產、確保平等、維護民主權利的地方，實現這三項目標。這些目標看來合理，至少表面上如此，而在該地區和西歐，這些目標打動了許多想肯定史達林和其目標的人。但在德東、奧地利、匈牙利的一連串地方、全國性選舉中，它們對共產黨人本身的吸引力卻劇降。在那些地方，早早就清楚顯示（以匈牙利來說是在一九四五年十一月的布達佩斯市選舉），共產黨人再怎麼成功躋身當地要職，將很難透過選舉取得公權力。儘管有軍事占領和經濟贊助所帶來的種種優勢，共黨候選人一再敗於舊自由黨、社會民主黨、農民黨／小地主黨的代表。

於是，共黨改採暗地施壓的手法，繼之以公開恐嚇和壓制。一九四六年到一九四七年，選舉對手遭扣上「法西斯黨黨員」或「與敵合作者」的帽子，威脅、毒打、逮捕、審訊，然後入獄，乃至槍殺。「人民」民兵組織協助營造恐懼、不安的氣氛，然後共黨發言人將那氣氛的造成怪罪在政敵對他們的批評上。不屬於共黨的弱勢或不受歡迎的政治人物，遭鎖定為公開辱罵的對象，他們的同僚則認可這樣的不當待遇，冀望自己可因此免遭同樣的下場。因此，在保加利亞，早在一九四六年夏時，就有農民聯盟執行委員會二十二名成員中的七人，以及該黨管理委員會八十名成員中的三十五人入獄。農民聯盟記者庫涅夫（Kunev）所遭到的指控——在某篇文章中「以不折不扣違法的方式稱保加利亞政府是政治上、經濟上的空想家」——乃是他們所受到的典型指控之一。

一段時間後，共黨看出拿農民黨、自由黨和其他主流政黨開刀容易得手。這些政黨遭扣上具有法西斯主義或反國家思想的帽子，逐步遭到翦除。共產黨要實現其野心，較棘手的絆腳石是與共產黨有同樣改革抱負的當地社會黨和社會民主黨。要對中歐或東歐的社會民主黨員扣上「法西斯主義」或通敵的帽子並不容易，因為他們受過的壓迫通常不遑多讓於共產黨。而在農民占人口絕大多數的東歐，凡是工業勞動階層選區，該選區居民效忠的對象向來是社會黨，而非共產黨。因此，既然無法輕易打敗社會黨，共產黨決定轉而加入他們。

或者更確切的說，使社會黨員加入他們。這是個頗有歷史且令人佩服的共黨策略。從一九一八至一九二一年，列寧最初的策略是分裂歐洲的社會黨，使激進左派分子脫離出來，另組共產運動組織，而把殘餘的社會黨員斥為反動、食古不化。但接下來二十年裡共黨處於少數時，莫斯科改弦更張，共產黨人轉而向（大部分情況下勢力較大的）社會黨提議希望左派「團結」——但是，是在共黨支持下。以解放後東歐的情況，許多社會黨員覺得這是個合理的提議。

甚至在西歐，都有義大利、法國社會黨的某些左傾成員，被共黨合組單一政治勢力的邀請打動。在東歐，經過一段時間後，顯示這股壓力根本是無可抗拒。這過程始於蘇聯占領的德國地區。一九四六年二月在莫斯科召開的某場秘密會議上，德東共產黨員決定與人數多他們許多的社會黨「盟友」合併。兩個月後，合併實現，誕生社會團結黨（這些合併有一特色，即新合併成的黨，黨名刻意避用「共產黨」這字眼）。後來，不少德東社會民主黨的前領袖接受這一合併，在這新政黨和後來的東德政府裡獲授以榮譽職。抗議或反對這新政黨的社會黨員，遭公開痛批、開除黨籍，至少都被迫退出政壇或流亡。

在蘇聯集團的其他國家，共產黨與社會黨「聯盟」，結構類似，但出現較晚，時間是一九四八年間：在羅馬尼亞，出現於一九四八年二月；在匈牙利和捷克斯洛伐克，是六月；在保加利亞，則是八月，在波蘭，為十二月。這時候，諸社會黨已因為合併的問題一再分裂，因而，在消失於政壇之前許久，這些政黨早就已是他們各自國家裡名存實亡的政治勢力。而且一如在德國，與共產黨結合的前社會民主黨員，都獲授予虛銜：在共產匈牙利，第一任國家元首（任命於一九四八年七月三十日），乃是前社會黨員阿爾帕德・薩卡希茨（Árpád Szakasits）。

東歐的社會民主黨員處境艱難。西歐的社會黨員常鼓勵他們與共產黨合併，那若非天真地相信人人都將因此受益，就是冀望藉此節制共黨的行為。晚至一九四七年，東歐諸多保有獨立地位的社會黨（例如拒絕和其共黨同志合作的社會黨員），仍遭以妨礙「進步」力量結盟為理由，禁止加入國際社會主義組織。同時，在國內，他們受到羞辱和暴力傷害。即使他們接受共產黨的擁抱，處境仍幾無改善——一九四八年二月羅馬尼亞兩政黨的「合併」大會上，共黨領袖阿娜・波克指控她過去的社會黨同僚從事有組織的破壞、屈從於反動政府、從事反蘇誹謗。

將主要政敵大批殺害、入獄或吸收後，一九四七年的選舉，共黨的確席次大增，此後，藉由對剩下政敵的暴力攻擊、在投票所恐嚇選民、公然作票，共黨勢力更為壯大。然後出現由共黨或新合組的「工人」黨或「團結」黨公然把持的政府：即使有其他黨加入組成聯合政府，那些黨也只是花瓶，沒有實權。配合這一從統一陣線聯盟往共黨獨攬政權的轉變，一九四八至一九四九年蘇聯的策略，重拾起官方控制、集體化、摧毀中產階級、肅清和懲罰真正的和虛構的反對者這一激進政策。

上述蘇聯在東歐的初期接收過程，普見於東歐所有國家。史達林的盤算通常不考慮國家的差異。在共產黨可合理指望藉由合法手段或表面看來合法的手段取得政權的地方，史達林似乎較傾向於這麼做，至少到一九四七年秋天結束時是如此。但重點在取得政權，而非合法與否，這就是為什麼一旦看出不可能贏得選舉，即使要付出喪失外國支持的代價，共產黨的策略還是走向更為對抗、更不甩司法或政治束縛的原因。

但各地之間其實差異頗大。在保加利亞和羅馬尼亞，蘇聯的手段最為粗暴，這有一部分是因為戰時兩國與蘇聯交戰，一部分是因為當地共黨勢弱，但大部分純粹因為他們從一開始就因為地理因素而被納入蘇聯勢力範圍。在保加利亞，早在一九四六年十月，共黨領袖（暨前共產黨、工人黨情報局書記）喬吉．季米特洛甫（Georgy Dimitrov），就毫無顧忌地宣布，凡是把票投給反對共黨者，都會被視為叛國者。即使如此，反對共黨的政黨還是在接下來的大選中，贏得四百六十五個國會席次中的一百零一席。但反對勢力終究劫數難逃，占領的紅軍和其當地盟友未立即公開消滅所有異議分子，純粹是因為在對保加利亞的和約簽署上需要與西方同盟國合作，以及需要英美承認共黨領導的政府為保加利亞的合法政府。

和約一旦簽署，共黨即無等待的必要，此後發生的一連串事件揭露了共黨的野心。一九四七年六月五日，美國聯邦參議院無視美國駐索非亞、布加勒斯特外交官的憂心，批准與保加利亞、羅馬尼亞、匈牙利、芬蘭、義大利的《巴黎和約》。隔天，保加利亞政壇的頭號反共人物，農民黨領袖尼可拉．佩特科夫（Nikola Petkov）遭逮捕（他不願跟著較與人為善的農民黨員加入共黨之祖國陣線〔Fatherland Front〕），然後從八月五日受審到十五日。九月十五日，《保加利亞和約》正式生效，四天後美國表示願給予索非亞政府外交承認。保國政府拖到美國發布這一正式聲明才對佩特科夫宣判，並在此後不到九十六個小時將他處決。以司法手段除掉殺害佩特科夫之後，保加利亞共黨再無絆腳石要擔心。誠如蘇聯將領比留佐夫（Biryuzov）事後探討紅軍如何支持保加利亞共黨對付「資產階級」政黨時所說的，「對於保加利亞人民消滅這個卑鄙小人的行動，我們無權不伸出援手。」

在羅馬尼亞，共黨處境比在保加利亞更差。在保加利亞，至少有一段親蘇歷史可供共黨利用。[1]蘇聯雖保證將一九四〇年羅馬尼亞被迫割給匈牙利的川西瓦尼亞北部歸還羅馬尼亞，史達林卻無意將已被併入蘇聯的比薩拉比亞或布科維納，以及這時屬於保加利亞的羅馬尼亞東南部的南多布羅加地區歸還羅國，因此，羅馬尼亞共黨不得不想辦法證明這一重大領土損失為正當。他們這時的處境，就和兩次大戰之間那些年，他們被蘇聯對當時屬於羅馬尼亞領土的比薩拉比亞提出的領土要求弄得窘迫不堪差不多。

更糟糕的是，羅馬尼亞共黨領袖常常不是羅馬尼亞人，至少就羅馬尼亞傳統標準來看是如此。阿娜．波克是猶太人，艾米爾．博德納拉斯（Emil Bodnaras）是烏克蘭人，瓦西列．盧卡（Vasile Luca）是川西瓦尼亞德裔出身，其他領袖則是匈牙利人或保加利亞人。羅馬尼亞共黨被視為外來勢力，因此徹底倚賴蘇聯力量。他們在國內的存亡，不是取決於能否打贏選戰（這從未是切實可行的目標），而是取決於能否又快又狠地占領統治機器，將「曾有過風光歷史」的那些中間自由派政黨裡與他們作對的人分割、消滅。事實證明他們幹起這事無比的熟練——早在一九四八年三月，政府推出的候選人就在全國大選裡拿下四百一十四個席次裡的四百零五席。在羅馬尼亞，一如在保加利亞或阿爾巴尼亞——在阿爾巴尼亞，恩佛．霍德薩（Enver Hodxa）動員南部的托斯克語（Tosk）族群，對付北部蓋格語（Gheg）族群的部落反抗——顛覆、暴力不是選項之一，而是奪權的惟一憑藉。

波蘭人也是早早就注定會在二次大戰後落入蘇聯勢力範圍，原因出在他們的地理位置（地處柏林到莫斯科途中）；出在他們的歷史（長久以來妨礙俄羅斯帝國往西擴張）；還因為在波蘭，靠人民投票自行誕生友蘇政府的機率也是微乎其微。但波蘭與巴爾幹諸國的差異在於，戰時波蘭是希特勒的受害者，而非盟友；曾有數十萬波蘭軍人在東、西戰線與盟軍並肩作戰；波蘭人對自己的戰後前途懷有期待。

誠如波蘭人所發現的，未來並不算是很黯淡。一九四四年七月，蘇聯當局成立了所謂的盧布林委員會（Lublin Committee），以便紅軍抵達華沙時，蘇聯即有一現成的政府可主掌波蘭。該委員會裡的波蘭共產黨員，幾乎談不上有群眾基礎，但在當地，特別是在年輕族群裡，他們享有某種程度的支持，而且與蘇聯「交好」的確有某些好處可供他們拿出來宣說：有效防杜德國再度壯大後奪回失土（當時波蘭人真的考慮到此事），施行民族交換政策——「清除」掉波蘭境內剩下的烏克蘭裔少數族群，把來自東邊的波蘭裔遷入新邊疆地帶。這些考慮使波蘭共黨雖然位處政治邊陲（其中許多人也是猶太裔），仍能在波蘭的民族傳統裡，乃至民族主義政治傳統裡，占得一席之地。

但波蘭的共產黨人若走選舉路線，也注定永遠是無足輕重的少數。史坦尼斯拉夫．米科拉伊

1 在這些年，保加利亞人的立場，其實在熱情親德和超級親斯拉夫之間劇烈搖擺，且兩邊都沒討好。誠如當時某保加利亞評論家所說，保加利亞總是選錯牌……又啪一聲把那牌**攤在桌上**！

奇克（Stanislaw Mikolajczyk）領導的波蘭農民黨，一九四五年十二月時有黨員約六十萬人，比起共產黨「波蘭工人黨」——一九四八年十二月吸併社會黨後成為波蘭統一工人黨——裡的行動主義分子，人數多了九倍。但戰時流亡政府總理米科拉伊奇克，受制於該黨堅持既反納粹且反蘇的波蘭一貫作風，終至葬送政治生涯。

誠如後來的發展所揭露的，史達林對於「社會主義」在波蘭的成功大體上漠不關心。但對於波蘭政策——特別是波蘭外交政策——的大方向，則是密切注意。事實上，那和西方、蘇聯在德國僵持的結果，同是史達林最看重的事，至少是歐洲方面他最看重的事。於是，農民黨遭逐步排擠到角落，支持該黨者遭威脅，該黨領導階層遭攻擊，該黨公信力遭到質疑。一九四七年一月的波蘭國會選舉遭公然作票，共黨領導的「民主集團」囊括八成選票，農民黨只得到一成。[2]九個月後，擔心性命不保，米科拉伊奇克逃到國外。剩下的戰時「家鄉軍」（Home Army）成員，繼續對共黨當局打游擊戰又打了幾年，但終究無力回天。

在波蘭，蘇聯毫不掩飾其對波蘭複雜政局的關注，以至於波蘭人的戰時錯覺（雅爾達會議前和會議後的錯覺），可以視為悖離現實。但在匈牙利，認為存有一條「通往社會主義的匈牙利道路」，卻不盡然是空想。對於戰後的匈牙利，莫斯科最主要的考量，乃是一旦紅軍有需要往西進入奧地利（或後來往南進入南斯拉夫），匈牙利可作為紅軍的安全管道。若匈牙利人民普遍願意支持本地共黨，該黨的蘇聯籍顧問可能比該黨還願意執行更久的「民主」戰術。

但事實是，匈牙利共黨也是始終不得民心，甚至在布達佩斯亦然。小農黨（等同於其他地方的農民黨），雖被視為反動分子、乃至法西斯黨黨員而遭到抨擊，仍在一九四五年十月的全國大選裡拿到絕對多數。靠社會黨的支持（該黨領導人安娜．凱斯利不相信共產黨會卑劣到做出選舉舞弊的事），共產黨成功將部分小農黨議員逐出議會，並且在一九四七年二月以同謀罪起訴他們；對於小農黨領導人貝拉．科瓦奇（Béla Kovacs），則以刺探紅軍情報的罪名起訴（科瓦奇被送到西伯利亞，一九五六年從西伯利亞返國）。一九四七年八月的幾輪新選舉，共黨籍內政部長拉斯洛．拉伊克（László Rajk）無恥篡改票數，使小農黨的得票率降到一成五，但共產黨也只拿到兩成二的選票。在這樣的情況下，匈牙利通往社會主義之路迅速與其東邊諸鄰邦的通往社會主義之路合流。到了下幾次選舉時（一九四九年五月），「人民陣線」囊括了百分之九十五．六的選票。

事後回顧，很容易就可看出一九四五年後東歐不可能走上民主之路。在中歐和東歐，本土民主傳統或自由主義傳統很薄弱。歐洲這一區域，兩次大戰之間的政權全是腐敗、專制政權，有些還是殘暴政權。舊統治階級往往為了錢幾乎什麼事都做得出來。在兩次大戰之間的東歐，真正的治理階層是政府官員，而這些官員也就是後來擔任共黨國家行政體系骨幹分子的那些社會團體。「社會主義」講得天花亂墜，但從專制落後過渡到共產主義的「人民民主」，只是短短一步，輕鬆的一步。歷史轉了一次彎，並不是很令人意外。

此外，反共陣營提出的替代辦法——讓一九三九年前羅馬尼亞或波蘭或匈牙利的政治人物和政策重出江湖——大大削弱了反共理據，至少直到蘇聯的恐怖威力於一九四九年後徹底展現出來為止都是如此。畢竟，誠如法國共黨領袖雅克．狄克洛（Jacques Duclos）在一九四八年七月一日的

2 俄羅斯武裝人員親自監督波蘭重大選舉，這不是頭一遭：一七七二年，當波蘭舉行國會選舉，要選出願意瓜分自己國家的議員時，外國部隊虎視眈眈站在一旁，以確保投票結果如他們所要。

共黨機關報《人道報》（*l'Humanité*）上所詭詐問道的：蘇聯不是確保這些國家不致回到糟糕的舊日子，確保他們國家獨立的最好保障嗎？當時真有許多人這麼覺得。誠如邱吉爾論道：「有一天，德國人會想拿回他們的失土，波蘭人將無力阻止。」這時蘇聯自居為羅馬尼亞、波蘭兩國新邊界的保護者，當然也自認有責任保護該地區在驅逐德裔和其他民族後所重新分配的土地。

這令人想起紅軍的無所不在。第三烏克蘭陣線的第三十七軍，一九四四年九月從占領羅馬尼亞的部隊抽出，駐守保加利亞，直到一九四七年《巴黎和約》簽署才撤走。蘇聯軍隊待在匈牙利直到五〇年代中期（一九五六年後又進駐），在羅馬尼亞待到一九五八年。德意志民主共和國存世四十年期間一直受到蘇聯的軍事占領，且蘇聯軍隊定期過境波蘭。蘇聯無意放掉歐洲這塊地區，如後來的發展所呈現的，這地區的未來與其龐然鄰國的命運緊密交織在一塊。

明顯的例外，當然是捷克斯洛伐克。許多捷克人把俄國人當解放者，歡迎他們的降臨。拜一九三八年九月的慕尼黑會議之賜，他們很清楚西方諸大國的作風，艾杜瓦德．貝內斯所領導、總部設在倫敦的流亡政府，是惟一在一九四五年之前許久就主動向莫斯科明白示好的流亡政府。誠如貝內斯於一九四三年十二月親自向莫洛托夫表示個人立場時所說的，「關於重大問題，（我們）……會始終於以蘇聯政府代表所樂見的方式來表述、行動。」貝內斯或許不如他的恩師，已故總統托馬斯．馬薩里克（Tomáš Masaryk）那麼提防投入俄國或蘇聯懷抱的風險，但他也不是傻瓜。布拉格打算與莫斯科交好，就和布拉格於一九三八年前追求與巴黎建立緊密關係，出於同樣的原因：捷克斯洛伐克是中歐的弱小國家，需要人保護。

因此，儘管在東歐諸國裡，捷克斯洛伐克在許多方面都是最西方的——擁有頗有歷史的多元政治文化、舉足輕重的都市、工業部門、戰前即欣欣向榮的資本主義經濟，戰後西方導向的社會—民主主義政策——儘管因蘇聯的領土「調整」而失去其最東邊的下喀爾巴阡山的盧森尼亞這塊土地，捷克斯洛伐克卻也是一九四五年後蘇聯在該地區最親密的盟友。這也是為什麼戰時東歐、東南歐諸流亡總理中，只有貝內斯能帶著他的政府班師回朝的原因。回國之後，他在一九四五年四月改組政府，納入七位共產黨員和來自其他四個政黨的十一位部長。

克萊蒙特·戈特瓦爾德領導的捷克共黨，真心相信他們大有機會透過選舉掌權。戰前捷克斯洛伐克最後幾次選舉，他們成績亮眼，一九三五年拿下八十四萬九千票（一成得票率）。他們不倚賴紅軍，紅軍在一九四五年十一月撤出捷克斯洛伐克（但在布拉格，一如在其他地方，蘇聯仍透過其外交機構維持可觀的情報、秘密警察人員）。一九四六年五月真正自由但瀰漫憂心氣氛的捷克斯洛伐克選舉裡，共黨在捷克的波希米亞、摩拉維亞兩地區拿下百分之四〇·二的選票，在農民、天主教徒居多的斯洛伐克拿下百分之三十一選票。只有斯洛伐克民主黨選得比共黨好，而支持該黨者無疑都是占人口三分之一的斯洛伐克人。[3]

捷克共黨滿心認為會續創佳績，因此最初樂見馬歇爾援助，並大肆招募新血，以在日後的選舉拿下更好的成績——黨員數從一九四五年五月的約五萬人，增加到一九四六年四月的一百二十二萬人，一九四八年一月達到一百三十一萬人（全國人口只一千兩百萬）。共黨當然不吝於藉由恩庇、施壓來獲取支持。而且一如在其他地方，他們已採取預防措施，拿下重要部會，並把自己

3 捷克境內的農民黨和其夥伴，斯洛伐克境內的人民黨，因為默許納粹政策而在戰後遭禁。

人安插在警務和其他領域的重要職務。但捷克斯洛伐克的本土共黨，懷著對一九四八年選舉的滿心期盼，正準備藉由一條這時看來仍與東邊諸國大不相同的「捷克路」，邁向全面執政。

蘇聯領導階層是否相信捷克斯洛伐克共黨會如戈特瓦爾德所保證的，會在無外力援助下獲勝，不得而知。但至少在一九四七年秋之前，史達林都未干擾捷克斯洛伐克。捷克人已趕走蘇台德地區的德國人（此舉招來德國的敵意，從而使捷克斯洛伐克更為倚賴蘇聯的保護），而貝內斯所領導的戰後政府對經濟計畫、國營、苦幹實幹的強調，使人想起蘇聯斯達漢諾夫運動（stakhanovism）初期的措詞和氣氛，至少在一九四七年五月時某位法國記者這麼認為。早在共黨建立自己的政府之前許久，還沒獨攬政權之時，布拉格的告示板就已並置張貼了總統貝內斯和史達林兩人的肖像。前面已提過，一九四七年夏，捷克斯洛伐克外長揚．馬薩里克和其同僚，在莫斯科授意下，毫不遲疑就婉拒了馬歇爾援助。簡而言之，對於捷克斯洛伐克的作為，史達林毫無不滿之處。

但一九四八年二月，共黨在布拉格發動政變，趁幾位非共黨籍部長因為共黨滲透警務體系這個重要但棘手的問題而魯莽辭職的機會，控制住國家。布拉格政變意義重大，因為政變發生在一直以來似乎對莫斯科非常友善且大體上民主的一個國家。這場政變令西方諸盟國大為震驚，使他們據此推斷共產主義正在西擴。[4]這場政變大概救了芬蘭人：由於捷克政變給史達林在德國和其他地方帶來難題，史達林不得不在一九四八年四月與赫爾辛基妥協，簽署友好條約（史達林最初的如意算盤是強迫芬蘭接受東歐式的解決辦法，分裂社會民主黨，迫使該黨與共黨合組「芬蘭人民防衛聯盟」，藉此使共黨掌權，但未如願）。

布拉格政變使西方社會黨人士猛然看清東歐政局的真相。一九四八年二月二十九日，已屆古稀之年的萊昂．布呂姆在法國社會黨報紙《人民報》（*Le Populaire*）刊出一篇極具影響力的文章，批評西方社會黨人未能大膽說出對東歐同志之遭遇的看法。拜布拉格政變之賜，法國、義大利、其他地方非共黨的左派分子，將有許多人從此堅定站在西方陣營這邊，此舉使非蘇聯勢力範圍內之國家的共黨陷入孤立，更為衰弱。

如果說史達林主導布拉格政變，卻未完全預料到這些後果，那不只是因為他始終打算以某種方式在整個集團內執行他的命令，也不是因為捷克斯洛伐克情勢攸關大局。布拉格所發生的事和同時在德國所正發生的事——在德國，蘇聯的政策正從阻撓、反對前盟友，迅速轉為公開對抗前盟友——代表史達林重拾先前某個時期的作風和策略。這一轉變，整體來講，肇因於史達林對自己無力隨心所欲左右歐洲、德國事務而心生焦慮；但也肇因於，特別是肇因於，他對南斯拉夫日益火大並不耐。

◆

一九四七年，狄托領導的南斯拉夫共黨政府是個異數。南斯拉夫共黨掌權，既不靠當地盟友，也不靠外援，而靠一己之力，歐洲諸共黨中只有它是如此。雖然，英國於一九四三年十二月就已不再援助南斯拉夫共黨的對手切特尼克敵後游擊隊，轉而在背後支持狄托，且戰後頭幾年，聯合國善後救濟總署撥給南斯拉夫的援助金額（四億一千五百萬美元）高居歐洲之冠，其中百分之七

4 西方輿論也受到馬薩里克一九四八年三月十日去世的影響。據稱他是從窗戶「跌落」外交部院子喪命，真正死因至今不明。

十二來自美國。但對當時人來說，重要的是只有南斯拉夫共黨敵後游擊隊打贏反德、反義占領的戰爭。

狄托的共產黨員受到戰勝的鼓舞，不願像獲解放的東歐其他地方那樣組成聯合政府，而是立即著手剷除所有異己。一九四五年十一月，戰後的頭幾次選舉，選民面對的是一清楚明白的選擇：狄托的「人民陣線」……或被公開標上「反對」之名。一九四六年一月，南斯拉夫共黨照搬蘇聯憲法行憲。狄托不顧一切繼續大規模逮捕反對者，將他們入獄、處決，並在鄰國匈牙利、羅馬尼亞的共黨仍小心翼翼營造較隨和的形象時，強行將土地集體化。這時的南斯拉夫似乎走在歐洲共產主義的最前端。

表面上，南斯拉夫的激進作風和南斯拉夫共黨牢牢掌控戰略重要地區，似乎有利於蘇聯，莫斯科與貝爾格勒關係熱絡。莫斯科盛讚狄托和其共黨，對他們的革命成就顯得興致濃厚，把南斯拉夫捧成其他國家效法的榜樣。南斯拉夫領導階層也投桃報李，一有機會就強調其尊敬蘇聯老大哥；他們自認把布爾什維克的革命、政府模式引進巴爾幹半島。誠如米洛凡·吉拉斯所憶道，「我們個個都在精神上傾心於（蘇聯）。要不是因為蘇聯大國的忠誠標準，我們個個如今都還是獻身於它。」

但從史達林的觀點看來，南斯拉夫對布爾什維克主義的獻身，始終有點熱心過了頭。誠如前面提過的，史達林感興趣於權力更甚於革命。共黨策略該由莫斯科決定，什麼時候該走溫和路線，何時該走激進路線，也該由莫斯科來決定。作為世界革命的源頭，蘇聯不是革命的模範之一，而是惟一的模範。適切的情況下，小老弟共黨可以仿效老大哥辦事，但他們誤信人言，竟搶了蘇聯的風頭。在史達林眼中，這是狄托改不了的缺點。這位前敵後游擊隊將軍滿懷雄心欲在東南歐樹立共產主義標竿，但衝得太過頭，超過蘇聯的盤算。革命成功沖昏他的頭：他變得比國王還更保王派。

史達林並非立即就得出這些結論，但他對「稚嫩」狄托的失望，早在一九四五年一月就見諸記載。除了莫斯科愈來愈覺得狄托狂妄自大，想創立南斯拉夫本土的革命模式，和蘇聯的革命模式互別苗頭之外，史達林與狄托還因地區政策的現實問題而失和。狄托領導下的南斯拉夫人懷抱著孕育自早期巴爾幹歷史的雄心，欲吞併阿爾巴尼亞、保加利亞、部分希臘地區，在新「巴爾幹聯邦」的大旗下建立大南斯拉夫。這一想法在南斯拉夫境外有一定程度的號召力——在索非亞共黨領袖之一的特萊伊喬．科斯托夫（Traicho Kostov）眼中，從經濟上考量，這對保加利亞是合理的安排，且將代表進一步揚棄戰前大大妨礙這些國家發展的小國民族主義。

史達林本人最初並不討厭談巴爾幹聯邦的事，而史達林在共產國際的親信暨保加利亞第一任共黨黨魁季米特洛甫，晚至一九四八年一月才公開提及這一可能性。但這個將整個東南歐納入共黨統治組成聯邦的動人計畫，因為兩個難題而少了些許吸引力。在心存懷疑的史達林眼中，這個計畫原本是當地共產黨員彼此合作的基礎，但不久後就變得比較像是其中一人追求區域霸權的手段。光是這點大概就會在一段時間後促使史達林去壓制狄托的野心。但除此之外，更緊要的是，狄托正給史達林在西方添麻煩。

南斯拉夫人不僅在一九四四年，更重要的是，在希臘內戰於三年後重燃時，公開支持、鼓勵希臘人叛亂。這一支持符合狄托本身相當自戀的激進主義——協助希臘共黨走跟他一樣的成功之路——同時也代表南斯拉夫對希臘馬其頓這個有歸屬爭議的「斯拉夫人」地區很有興趣。但誠如邱吉爾和杜魯門所先後清楚表明的，希臘攸關西方的利益。史達林無意因希臘與西方齟齬，在他眼中希臘是次要問題。希臘共黨天真以為他們起來造反會激使蘇聯出手相助，說不定還引來蘇聯軍隊的干預，但這絕無可能。相反地，史達林認為他們是不聽話的冒險分子，在追求必然失敗的目標，可能招來美國的干涉。

因此，狄托煽動希臘叛亂分子，惹惱史達林——史達林推斷若沒有南斯拉夫協助，希臘困局早就已自行平和解決，事實的確如此[5]——並且疏離了史達林與其在巴爾幹的追隨者。但狄托不只是在南巴爾幹令史達林難堪、使英美惱火，在的里雅斯特和伊斯特里亞半島，南斯拉夫的領土野心還是妨礙同盟國敲定《義大利和約》的原因之一：一九四七年九月該和約終於簽署時，的里雅斯特地區的歸屬仍未定，同盟國部隊駐守該地區以防南斯拉夫接管。在相鄰的卡林西亞（Carinthia，奧地利最南端地區），狄托要求以有利於南斯拉夫的方式解決領土問題，史達林則偏愛懸而未決的現狀（維持現狀明顯有利於蘇聯，使蘇聯得以在奧地利東部、進而在匈牙利駐軍）。

因此，狄托既想收復南斯拉夫失土，又抱持敵後游擊隊革命狂熱的作風，使史達林愈來愈難堪。根據《英國官方二次大戰史》，一九四五年五月後，西方軍事圈普遍相信，如果不久後會爆發第三次世界大戰，會是在的里雅斯特地區。但史達林無意挑起第三次世界大戰，且肯定不會為義大利東北部微不足道的一隅挑起大戰。看到義大利共黨被其共黨鄰邦不得人心的領土野心弄得窘迫不堪，史達林也不是很高興。

因為上述原因，一九四七年夏，史達林私底下已對南斯拉夫很惱火。保加利亞首都的火車站張貼史達林、季米特洛甫、狄托三人的海報，肯定讓他不高興，匈牙利共黨開始談著要仿效南斯拉夫的共黨統治模式無疑也是原因之一——甚至據說連對史達林卑躬屈膝、唯命是從的拉科西，都在一九四七年晚期的莫斯科會議上，當著史達林的面盛讚狄托。狄托不只使蘇聯在其與西方同盟國的外交往來上難堪，還在國際共產主義運動內部帶來麻煩。

在外界觀察家眼中，共產主義是單一政治實體，由莫斯科「中央」來主導。但在史達林看來，事情沒這麼簡單。從二〇年代晚期直到二次大戰爆發，莫斯科的確成功將全球共產主義運動納入其掌控，只有中國例外。但二次大戰使局面完全改觀。蘇聯抵抗德國人時，不得不祭出愛國心、自由、民主和其他許多「資產階級」的目標。共產主義失去其革命優勢，在刻意的安排下，成為廣大反法西斯聯盟的一部分。這無疑也是戰前人民陣線所採的策略，但在三〇年代，莫斯科透過金援、親自干預、恐怖，已能牢牢掌控其外國政黨。

戰時，蘇聯失去這一掌控，一九四三年共產國際吹熄燈號就是表徵。戰後頭幾年，蘇聯未能完全恢復這掌控：南斯拉夫共黨是歐洲境內惟一未在蘇聯干預下掌權的共黨，但在義大利、法國，共黨雖宣稱繼續效忠於莫斯科，卻是時時刻刻都自主行事，未聽國外的意見或指示。這兩國的共黨領袖無從得知史達林的意向。他們走他們所謂的法國或義大利「通往社會主義之路」，在聯合政府裡奮鬥，把國家目標和共產主義目標視為可並行不悖。在這點上，他們類似捷克人，但更少受到蘇聯的指導。

5 狄托與史達林絕裂後，一九四九年七月關閉希臘與南斯拉夫的陸界，希臘共黨的反抗幾乎立即瓦解。

這一切於一九四七年夏開始改變。一九四七年五月，在法國和義大利的共黨籍部長遭逐出政府部門。這令他們有點意外，法國共黨黨魁莫里斯．托雷斯，有一段時間，仍認為他的黨不久後就能重新加入聯合政府；在一九四七年六月該黨於史特拉斯堡召開的黨代表大會上，他把那些主張全面反對者稱作「冒險分子」。西歐的共黨拿捏不定如何回應馬歇爾計畫，遲遲才學史達林的樣子予以拒絕。整體來講，莫斯科與其西方共黨之間溝通不良。法國共產黨員離開公職之後，安德烈．日丹諾夫發了一封密函給托雷斯（值得一提的是，還發了副本給捷克共黨黨魁戈特瓦爾德）：「許多人認為法國共黨的行動與（我們）有關。你知道這並非事實，你們所採取的措施令中央委員會十足意外。」

我們可以清楚看出，西歐的共黨處於狀況外。六月二日，寄出那封信給托雷斯後才幾個禮拜，莫斯科已忙著和其東歐鄰國和衛星國締結商業條約。此舉乃是反制馬歇爾計畫和該計畫對該地區蘇聯影響力所構成之威脅的行動之一。布拉格、巴黎、羅馬的共黨在此之前得到史達林默許的合作政策，迅即也遭揚棄，轉而重新祭出日丹諾夫所宣揚的，以兩「陣營」勢不兩立理論為代表的對抗策略。

為實行這新策略，史達林於一九四七年九月下旬在波蘭的什克拉斯卡．波倫巴（Szklarska Poręba）召開會議。受邀與會者是波蘭、匈牙利、羅馬尼亞、保加利亞、捷克斯洛伐克、南斯拉夫、法國、義大利的共黨，當然還有蘇聯的共黨。表面上這次會議的目的是設立共產國際情報局（Cominform）。這是共產國際的後繼組織，旨在「協調」國際共產活動，改善莫斯科與其衛星國間的溝通。但這次會議和共產國際情報局（成立後只開了三次會，一九五六年解散）的真正目的，乃是重建蘇聯在國際運動裡的支配權。

一如二十年前他在布爾什維克黨內的作法，史達林開始懲罰「右傾」分子，使他們名譽掃地。在什克拉斯卡．波倫巴，法、義兩國代表遭南斯拉夫代表艾杜瓦德．卡爾戴利（Edvard Kardelj）和米洛凡．吉拉斯，以高高在上的口吻，就革命策略訓了一頓。而卡爾戴利、吉拉斯足為楷模的「左派行為」，則受到蘇聯代表日丹諾夫、馬林科夫（Malenkov）特別點名稱許。西方共產黨員（包括這番批評矛頭所指的捷克共黨、斯洛伐克共黨代表）大感意外。和平共存，即他們在內政上追求的那種和平共存，畫上句點。「反帝國主義民主陣營」（日丹諾夫語）開始形成，新路線將當道。從此以後，莫斯科深信共產黨人會更密切注意蘇聯的利益，把蘇聯的利益擺在各自所在地區的利益之上。

各地的共產黨人追隨什克拉斯卡．波倫巴的腳步，轉採對抗策略：罷工、示威、有計畫的反對馬歇爾計畫，以及（在東歐）加快接掌政權。法國共黨中央委員會於一九四七年十月二十九、三十日在巴黎開會，正式對其之前的社會黨盟友發動抹黑運動。義大利共產黨人花了較長時間才完成如此的轉變，但在一九四八年一月義大利共黨的代表大會上，該黨也採行「新路線」，以「奮力爭取和平」為重點。西歐的共產黨人無疑因此受害，在內政上遭邊緣化，以義大利的共黨來說，則在一九四八年四月大選（梵蒂岡、美國大使館站在反共一方大舉介入的一次大選）中慘輸。[6] 但那不要緊。在日丹諾夫的「兩陣營」理論中，西方陣營裡的共產黨人這時受命扮演搞破壞的次

6　一九四八年的選舉，義大利共黨的得票的確稍稍增加，但那是在社會黨慘敗下達成。獲勝的基督教民主黨，得票比左派得票總合還多四百多萬票。

要角色。

或許有人會認為，之前南斯拉夫過度囂張的革命主義，是史達林外交活動的絆腳石，這時則將成為助力。在什克拉斯卡．波倫巴，似乎就予人這樣的感覺，在該地，南斯拉夫共黨被賦予主角的角色。法國、義大利和其他國家的代表，無疑從未原諒南斯拉夫人在什克拉斯卡．波倫巴所表現出那種自認優越、享有特權的倨傲姿態：蘇聯與南斯拉夫決裂後，各地的共產黨人都非常樂於譴責「狄托主義的偏差行徑」，幾乎不需蘇聯的鼓動，就公開指責、鄙視名譽掃地的巴爾幹同志。

但狄托、史達林的正式決裂，始於史達林在一九四八年二月譴責巴爾幹聯邦構想以及蘇聯取消貿易談判，繼之次月從貝爾格勒召回蘇聯軍職、文職顧問。決裂過程中雙方展開一連串正式溝通和指控，各自都聲稱自己用心最良善，在狄托拒絕參加即將召開的第二次共產國際情報局代表大會時達到白熱化。在一九四八年六月二十八日舉行的那場大會上，決裂終於成定局，會中以南斯拉夫未能承認紅軍和蘇聯在該國獲得解放和社會主義轉型上貢獻最大，正式決議將南斯拉夫趕出該組織。表面上，南斯拉夫遭指控執行民族主義外交政策，實行錯誤的國內政策。事實上，南斯拉夫在國際上等於是反對史達林獨攬大權的「左翼反對派」，[7]衝突勢不可免：史達林得與狄托劃清界線，以讓追隨狄托的共產黨人清楚了解莫斯科不會容忍任何異議分子。

當然狄托並未因此垮台。但他和他的國家比當時人所覺得的還更脆弱，若非西方與日俱增的支持，狄托大概捱不過蘇聯的經濟制裁——一九四八年南斯拉夫與蘇聯集團的貿易，占去該國貿易的百分之四十六，一年後降為百分之十四——和看來確會發生的蘇聯干預威脅。南斯拉夫人無疑為他們的獨斷獨行付出高昂的代價。接下來兩年，共產國際情報局對他的抨擊逐步升高。套用列寧主義者老練的罵人用語，狄托成為「猶大・狄托和其教唆犯」、「泛塞爾維亞人的新沙皇和南斯拉夫整個資產階級的新沙皇」。他的追隨者是「可鄙的叛徒和為了錢什麼都幹的帝國主義走狗」，「戰俘營與死亡集中營的邪惡傳令官、奸詐的戰爭販子、當之無愧的希特勒接班人」。南斯拉夫共黨被斥為「一幫間諜、挑唆者、殺人犯」，「被美國人牽著、啃咬帝國主義者給的骨頭、為美國資本吠叫的狗」。

值得一提的是，狄托和其追隨者遭到抨擊時，正好是史達林主義個人崇拜達到最巔峰和接下來幾年對異己發動整肅、擺樣子審判的時候。因為，幾乎毋庸置疑地，史達林的確在狄托身上看到威脅和挑戰，擔心狄托削弱其他共黨政權和共黨對他的忠誠和順服。在共產國際情報局的機關刊物和出版品裡，該組織堅持要「加重從資本主義過渡到社會主義期間的階級鬥爭」，強調黨的「領導角色」，此舉反而可能讓人想起，這些正是一九四五年後南斯拉夫共黨的政策。因此，該組織隨之強調效忠於蘇聯和史達林，拒斥所有通往社會主義的「民族」道路或「特殊」道路，要求「加倍提防」。第二個史達林主義冰河期已經開始。

史達林如此大費周章主張、重申其在東歐的威權，大體上是因為他在德國正漸漸失去主動權。[8]一九四八年六月一日，西方同盟國在倫敦會談，宣布打算建立與德東無關的西德政權。六

7 譯注：一九二三至一九二七年蘇聯共產黨內實質上由托洛斯基領導的派系。

月十八日，發布新貨幣德國馬克；三天後開始流通（鈔票於美國秘密印製，在美軍護送下運到法蘭克福）。舊「帝國馬克」收回，每個德國居民可以用一比一的比例兌換新馬克，但上限四十元，超過四十元，就只能用十比一的比例兌換。新馬克最初不受歡迎（因為毀了存款、推升實質價格、使大部分人買不到東西），但隨著商店裡堆滿貨物，農民和商人願意以固定價格販售，以換取可靠的交易媒介，新馬克迅即得到接受。

六月二十三日，蘇聯當局發行新的東德馬克，切斷柏林與西德之間的鐵路（三個星期後還關閉運河），作為回應。隔天，柏林的西方軍政府不讓蘇聯將東德新貨幣流通到西柏林——這是重要的原則問題，因為柏林市受四強共管，西柏林在這之前從未被視為蘇聯所占領的東德地區的一部分。由於蘇聯軍隊加強管制進入柏林的地面交通，英、美政府決定以空運補給他們所占領柏林市區所需食物和其他必需品，六月二十六日第一架運輸機降落（西）柏林的滕伯爾霍夫（Tempelhof）機場。

空運柏林持續到一九四九年五月十二日。在那十一個月裡，西方盟國出動二十七萬七千五百架次，運送了約兩百三十萬噸食物，付出盟國飛行人員七十三人喪命的代價。史達林封鎖柏林，目的在逼西方是離開柏林市（利用《波茨坦協定》未對同盟國走陸路進入該市給予任何書面保證這一漏洞），或是放棄成立西德政權的計畫。後者是史達林真正的意圖——柏林於他始終是談判籌碼——但最終他兩頭都落空。

西方盟國死守他們所占領的柏林市區不放（這令他們自己有點驚訝，也令——西——柏林人既驚愕且感激），而且，不只如此，緊跟在布拉格政變後出現的柏林封鎖，只使得西方盟國更堅決推動成立西德國的計畫，因為蘇聯的封鎖使德國人自己更願意接受將德國一分為二。法國於一九四九年四月加入英美「聯合占領區」，創造出有四千九百萬居民的單一西德經濟體（相對地，蘇聯占領區裡只有一千七百萬人）。

一如史達林大部分的外交冒險行徑，封鎖柏林是臨時起意，並非精心算計過的侵略計畫（但不能以當時西方不知此點而怪罪西方）。史達林無意為柏林開戰，[9]因此，發現封鎖失敗，這位蘇聯領袖即改弦易轍。一九四九年一月三十一日，他公開提議撤銷封鎖，以換取延後成立西德政權。西方諸盟國在這方面無意讓步，但同意開會討論此事，五月十二日蘇聯結束封鎖，得到的回報只是排定於五月二十三日召開的外長會議。

這場會議如期舉行，開了一個月，但可以預期的，沒有任何交集。事實上，由西方占領區各州議會代表組成的協商會議，在波昂正式通過《基本法》，建立西德政府時，這場會議才剛開始；一個星期後，史達林宣布打算成立相對應的東德政權作為回應，並於十月七日正式創立。[10]會議於六月二十日破局時，西德境內的軍政府已換成由美、英、法三國成立的高級專員公署。德意志聯邦共和國已然問世，但同盟國仍保留某些干預權，甚至若判定有必要，他們得恢復對西德的直

8 一九四八年三月十八日，即索科洛夫斯基將軍步出德國盟軍管制理事會議事會場的四十八小時前，蘇聯籍顧問撤出南斯拉夫，這絕非偶然。

9 若他真希望為此開戰，現實上他幾乎可以說是手到擒來。一九四八年春，蘇聯有三百個師可趕到柏林，美國在整個歐洲只駐有六萬兵力，在柏林則不到七千兵力。

10《基本法》刻意標榜為**臨時**性質——「在過渡期間賦予政治活動新的秩序」；換言之，到國家統一為止。

二次大戰後的中歐與東歐

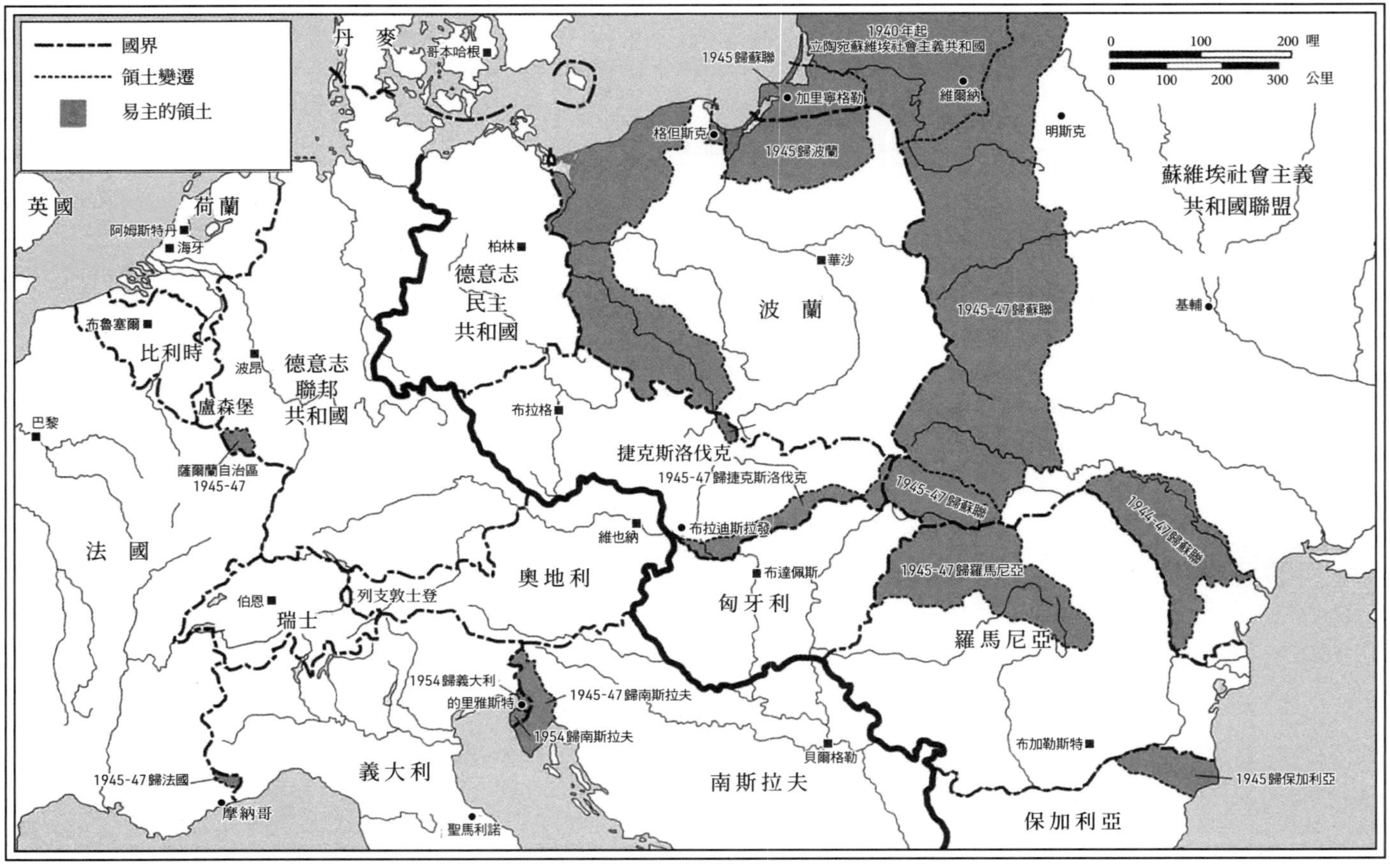

接統治。艾德諾的基督教民主黨於一九四九年八月的選舉獲勝之後，次月十五日，艾德諾出任該共和國第一任總理。

柏林危機帶來三個重大結果。首先，它直接催生出兩德——四年前沒有一個同盟國希望這樣的結局。對西方諸大國來說，這已成為誘人且可達成的目標；事實上，此後他們口頭上說樂見德國統一，但沒有人會急著見到那發生。誠如九年後法國總統戴高樂問以對德國統一的看法時，英國首相哈羅德·麥克米蘭（Harold Macmillan）所回覆的，「理論上。我是說理論上，我們肯定始終支持統一。那不會帶來危險。」對史達林來說，既然贏不了德國人的效忠，也無法逼同盟國放棄其計畫，另行成立東德共產政權是最可以接受的壞結局。

其次，柏林危機使美國首次保證會在歐洲無限期駐以大軍。這是英國外相厄尼斯特·貝文的功勞——杜魯門得到馬歇爾和（駐柏林美軍司令）克雷將軍保證，空運柏林的風險值得一冒之後，是貝文說動美國人主持空運行動。法國人對柏林危機涉入較輕，因為從一九四八年七月十八日至九月十日，法國處於政治危機之中，國民議會裡沒有一黨擁有足以掌權的明確多數。

但第三，隨前兩個結果而來的，柏林危機直接促成西方重新評估其軍事考量。如果西方要保護受其控制的德國，使其免遭蘇聯入侵，就得讓德國本身足以自衛。柏林危機開始時，美國就在英國派駐了戰略轟炸機，這些轟炸機裝備了原子彈（當時美國有五十六顆原子彈）。但華府對原子彈的使用未有明確的政策（杜魯門本人特別不願意動用原子彈），一旦蘇聯進攻，美國在歐洲的策略仍是撤離歐陸。

捷克政變促成西方開始重新思考軍事策略。在捷克政變所引發的情勢下，歐洲進入一段高度不安的時期，戰爭將臨的氣氛濃厚。就連一向不愛誇大其詞的克雷將軍也和許多人一樣憂心：「有好幾個月，我根據理性分析，覺得至少十年內不會有戰爭。最近幾個星期裡，我感覺到蘇聯的態度有了微妙轉變，那轉變我說不清楚，但此刻我覺得戰爭可能以雷霆萬鈞之勢突然降臨。」就是在這氣氛下，美國國會通過馬歇爾計畫，歐洲諸盟國於一九四八年三月十七日簽署《布魯塞爾條約》。但《布魯塞爾條約》是傳統的五十年條約，把英、法、荷比盧諸國結合起來，「倘若德國重啟侵略，即彼此互助」，但顯而易見的是，歐洲的政治人物愈來愈清楚他們面對蘇聯壓力卻束手無策。就這方面來說，他們和以往一樣難以抵禦外力入侵：誠如荷蘭外長迪爾克．史提克（Dirk Stikker）事後寫下的，「在歐洲的我們只得到杜魯門總統口頭保證美國將會力挺。」

但率先找上華府洽談因應之道者是英國人。在一九四八年一月二十二日的國會演說中，貝文保證英國會與其歐陸鄰邦奉行共同防禦策略——「西歐聯盟」——因為英國的安全需求已與歐洲的安全需求不可分割。這代表英國人揚棄了過去的思維。這一西歐聯盟隨著《布魯塞爾條約》而正式啟動，但誠如貝文在三月十一日的信函中向馬歇爾解釋的，這樣的安排若未把整個北大西洋安全視為整體來考量，依此精神擴大聯盟範圍，將不夠周全——由於當時史達林正大力施壓挪威，欲使其和蘇聯簽署「互不侵犯」條約，馬歇爾對此論點更加支持。

然後，在貝文敦促下，英、美、加拿大三國代表在華府秘密會商，以草擬《大西洋防禦條約》。一九四八年七月六日，即開始空運柏林十天後，緊接在南斯拉夫遭逐出共產國際情報局後，這一會商開放《布魯塞爾條約》其他簽約國參與。其中的法國人發現「盎格魯－美利堅人」再度背著他們安排世局，心裡頗為不快。隔年四月，北大西洋公約組織（NATO）得到英、加、歐洲十國同意並簽署。

北約的誕生，意義不凡。晚至一九四七年，都少有人預料得到美國會承諾參與歐洲軍事同盟。事實上，美國國會裡有許多人明顯地不願批准該公約的第五條（規定北約成員國一旦受攻擊得彼此援助的條款），而該公約經過三個月討論終於獲得國會批准，乃是因為它被視為大西洋防禦公約，而非歐美同盟。事實上，國務卿艾契遜在參議院表達行政部門的主張時，刻意強調美國不會在歐洲部署大量地面部隊。

美國人的確如此打算。如果美國人破天荒承諾會加入讓其難以脫身的歐洲聯盟，那是因為華府有許多人看待北約的心態，就和看待馬歇爾計畫差不多：把那視為手段，藉以協助歐洲人增強自信心，管理自己的事——就此來說，就是掌理自己的防衛事宜。歐洲的軍事平衡絲毫未因北約而有所改變：駐守西歐的十四個師裡，只有兩個是美國師。西方諸盟國的地面兵力仍是美軍兵力的十二倍之多。一九四九年，美國參謀長聯席會議推估，最快也要到一九五七年，萊茵河畔才可能達到有效防禦。一九四九年四月九日，在華府憲法廳的《北大西洋公約》簽署典禮上，樂隊演奏「我什麼都沒有……」（I've Got Plenty of Nothing...），絕非失當之舉。

然而，從歐洲一方看來，情況大不相同。美國人不大看重軍事同盟；但，如沃爾特·史密斯（Walter Bedell Smith）在國務院政策計畫處向其同事忠告的，「歐洲人遠比我們更重視那張表明支持之意的文件。」這或許不是很令人驚訝——除此之外，歐洲人一無所有。英國人至少仍置身海島。但法國人，一如其他歐洲人，和以往一樣難以抵禦外敵：德國人和如今加上的俄羅斯人。

因此，特別對巴黎來說，北約有兩重吸引人之處：它把對蘇聯軍隊的防線往東推進到此前未有過的更遠處——誠如查爾斯·博倫在簽署此公約的幾個月前所論道，「（法國人）之所以還能有信心，有一未言明的因素，即美軍，不管兵力多寡，終究駐守在他們和紅軍之間。」或許更為重要的，此公約形同為防杜德國人復仇加了一道保險。事實上，正因為北約的保護承諾，對一次大戰的結果仍牢記在心的法國政府，才同意西德政權建立。

因此，法國人樂見北約的成立，把那當作若是德國東山再起的保障，畢竟此前三年他們透過外交手段都得不到這樣的保障。荷蘭人和比利時人也在北約裡看到可防杜德國日後復仇的東西。義大利人也獲納入其中，以協助阿爾奇德·德加斯佩里抵抗共黨的批評，穩住國內人民對他的支持。英國人把《北大西洋公約》視為他們在爭取美國參與歐洲防務上的重大成就。而杜魯門政府把這一公約當作阻止蘇聯在北大西洋侵略的屏障，據此向國會和美國人民推銷該公約。一九五二年出任北約第一任秘書長的伊斯梅勛爵，因此說出那句名言：北約的目的，乃是「拒俄國人於門外，把美國人留在裡面，使德國人起不來」。

北約是虛張聲勢的東西。誠如後來出任英國國防部長的丹尼斯·希利（Denis Healey）在其自傳裡所說的，「對大部分歐洲人來說，北約若無法防止另一場戰爭發生，就是個廢物；他們不想打仗。」這一公約的新意，不在於它所能達成的，而在於它所代表的：就像馬歇爾計畫和該計畫所催生出的《布魯塞爾條約》，北約說明了歐洲（和美國）因二次大戰而產生的最重大改變——願意分享訊息，在防禦、安全、貿易、貨幣管制和其他許多方面合作。畢竟，在承平時期，成立統合一切的盟軍司令部，乃是此前聞所未聞的事。

但北約並未一下子就從一九四九年的協議化為完整的組織。一九五〇年春，華府仍擔心要如何向法國人和其他歐洲人說明，對於西歐的防衛，惟一切合實際的指望，乃是重新武裝德國，因為這一主張令每個人不安，而且可能激起史達林無法預料的反應。無論如何，沒人想把珍貴資源花在重整軍備上。除了難以防禦的對抗，中立是另一條可走的路；在法國和德國，中立都日益受到青睞。要不是韓戰就在這時爆發（這可以合理想像，因為韓戰差一點就沒有爆發），晚近歐洲史可能呈現大為不同的面貌。

史達林支持金日成於一九五〇年六月二十五日入侵南韓，乃是他最大的失策。美國人和西歐人立即據此斷定（錯誤的斷定），在朝鮮半島生事是聲東擊西或序曲，接下來會輪到德國——瓦爾特·烏爾布里希特大言不慚說德意志聯邦共和國是下一個倒下者，更加深這樣的認知。蘇聯剛在八個月前成功試爆一枚原子彈，促使美國軍事專家誇大蘇聯的戰備程度；但即使如此，若非韓戰爆發，美國國家安全委員會在一九五〇年四月七日提出的第六十八號文件裡要求增加的預算，幾乎可以肯定過不了。

爆發歐洲戰爭的可能性遭過度誇大，但不盡然全無可能。史達林**正在思考**要不要出兵攻擊——但是是攻擊南斯拉夫，而非西德——最後鑑於西方重整軍備，打消此念頭。一如西方誤判蘇聯在朝鮮半島的目的，史達林也誤以為美國人對其在東歐的勢力範圍有攻擊意圖（但他的情報機構發現韓戰爆發後美國迅速加強軍備，的確是事實）。但這些推斷和誤判在當時都被信以為真，政治人物和將領根據有限的情報和過去的經驗，做出最佳因應。

西方重整軍備的規模的確驚人。一九五〇年八月美國國防預算是一百五十五億美元，杜魯門總統宣布國家進入緊急狀態後，一九五一年十二月增加為七百億美元。到了一九五二至一九五三年，國防支出占去美國國民生產毛額的百分之十七・八，相對地，一九四九年時只占百分之四・七。美國的北約盟邦也回應華府的要求，增加國防支出：英國國防支出從一九四六年起逐步下降，但一九五一至一九五二年成長為占國民生產毛額將近一成，成長速度比戰前幾年拚命重整軍備時還要快。法國也把國防支出增加到類似水平。一九五一至一九五三年，北約每個成員國的國防支出都增加到戰後高峰。

軍事支出陡增對經濟的衝擊同樣是前所未見。機器、工具、車輛等產品的訂單紛至沓來，尤其是在特別適合供應這些產品的西德。西德被禁止製造武器，因而可全力製造其他東西，從而更適合扮演這一供應角色。光是西德的鋼產量，就從一九四六年的兩百五十萬噸、一九四九年的九百萬噸，增加為一九五三年時的將近一千五百萬噸。對歐洲、對世上其他地方的美元逆差，一年之內就減少了百分之六十五，因為美國在國外花大錢於武器、後備設備、軍事陣地和部隊。杜林的飛雅特公司拿到其第一批美國合約（這是美國駐羅馬大使館基於政治理由向華府力推的合約），承製地面支援噴射機。

但對經濟的衝擊不盡然是正面的。英國政府不得不挪用社會福利的公共支出以滿足國防開銷，這一選擇使執政的工黨分裂，間接促成其在一九五一年的選舉落敗。西歐的生活開銷隨著政府支出助長通膨而上升，在法國，消費者物價於韓戰爆發後的兩年期間上升了四成。才剛開始嘗到馬歇爾援助之好處的西歐人，顯然無法支應這形同戰爭經濟的局面太久，一九五一年的美國《共同安全法案》（Mutual Security Act）認知到這點，實質上結束馬歇爾計畫，將其轉型為軍援計畫。一九五一年底時，美國對西歐的軍援已將近五十億美元。

北大西洋公約組織從心理層面提振了歐洲信心，因此本身成為一重大的軍事承諾，利用看來取之不竭的美國經濟資源，使美國和其盟邦義無反顧投入前所未見的承平時期建軍備戰工程。艾森豪將軍以盟軍最高指揮官的身分返回歐洲，盟軍總司令部和行政機構在比利時、法國成立。北約自此是個不折不扣的同盟組織，其首要任務乃是軍事計畫者所謂的歐洲「前進防衛」：亦即在德國境內與紅軍正面對抗。為執行這一任務，一九五二年二月在里斯本召開的北約理事會會議上，與會者同意這一同盟得在兩年內新建至少九十六個師。

但即使有美國派駐大軍，而且駐軍兵力有增無減，北約只有一個辦法實現其目標，即重新武裝西德。拜韓戰之賜，儘管杜魯門總統本人起初不願意，美國人還是覺得該提出這敏感問題（國務卿艾契遜於一九五〇年九月的外長會議上首次正式提出此事）。一方面，沒人想在歐洲獲解放才五年就把武器交到德國人手上；另一方面，與三年前英美聯合占領區所碰到的經濟困境類似的，花數十億美元幫西德人防範俄國攻擊，卻未要求他們自己出力，實在悖離常理。如果要德國如某些人所期盼，成為緩衝區和日後的戰場，就不能忽視德國人心可能因此悖離、中立心態可能因此變強的風險。

莫斯科當然不會樂見西德重整軍備。但一九五〇年六月後，蘇聯的想法不再是西方的主要考量因素。英國人再怎麼不願意，除了想辦法武裝德國，同時使德國受同盟國牢牢掌控，別無他計。始終最堅決反對德國重新武裝者是法國人，而法國無疑不希望在加入北約後，見到北約成為德國重新軍事化的保護傘。一九五四年前，法國都成功阻擋、延遲德國的重新武裝。但在那之前許久，法國政策已有了重大轉變，巴黎願意心平氣和接受德國有限度的恢復國力。雖感到不滿又挫折於自己被貶為大國行列裡的最末位，但法國已投身一新使命——新歐洲的發起者。

歐洲聯盟——不管是哪種形式的聯盟——並非新構想。十九世紀時中歐、西歐就出現過多種大體上失敗收場的關稅聯盟，甚至在一次大戰之前，就偶有理想主義者力陳歐洲的未來繫於相異的各部統合為一這觀念。一次大戰未打消這一樂觀的願景，反倒似乎給了這願景更大的動力：誠如積極鼓吹歐洲公約、歐洲聯盟的法國政治家亞里斯蒂德．白里安（Aristide Briand，一八六二～一九三二）所強調的，從此該打破過往的敵對，從歐洲的角度去思考、去說話、去感覺。一九二四年，法國經濟學家夏爾．紀德（Charles Gide）與歐洲各地的其他簽署者，一同發起歐洲關稅聯盟國際委員會。三年後，英國外交部的某位次長宣稱「震驚」於歐陸竟如此熱衷於「泛歐洲」構想。

說得明白些，一次大戰已經以某種奇特的方式，讓法國人和德國人更深刻體認到彼此的互相依賴。戰後的混亂一平息，巴黎不再白費力氣向德國索賠，法國、德國、盧森堡、比利時、（當時享自治地位的）薩爾地區，隨之於一九二六年簽署國際性《鋼約》（Steel Pact），以規範鋼的生產，防止產量過剩。隔年，捷克斯洛伐克、奧地利、匈牙利加入，但它仍只是傳統類型的卡特爾；不過德國總理古斯塔夫．史特萊斯曼（Gustav Stresemann）無疑在它身上看到日後跨國協議的雛形。有此感想者不止他一人。

一如一九二〇年代其他雄心遠大的計畫，《鋼約》勉強捱過一九二九年危機和接下來的經濟蕭條。但《鋼約》認知到法國製鐵業者在一九一九年已清楚看出的道理：法國的鋼業規模一旦隨著亞爾薩斯、洛林的歸還而成長一倍，將完全倚賴德國的焦炭和煤，因此將需要為長期合作關係找出基礎。德國人同樣清楚看出這情況；一九四〇年納粹占領法國，與貝當達成協議，欲共同建立一套形同強行將法國資源用於德國作戰需要的付款、交貨制度時，雙方有許多人在這一最新的法、德「合作」裡，看到新「歐洲」經濟秩序的萌芽。

因此，皮耶．普歇（Pierre Pucheu）——後來遭「自由法國」處死的維琪政府高級官員——預見到戰後的歐洲秩序，在那秩序下，關稅壁壘將消除，整個歐陸將構成單一歐洲經濟體，用單一貨幣。普歇的願景——阿爾貝特．施佩爾（Albert Speer）等多人也抱持的願景——代表了在希特勒支持下施行的「拿破崙大陸封鎖政策」的最新版，打動了一九三〇年代經歷過經濟決策挫敗的年輕一輩歐陸官員和技術人員。

這類計畫之所以特別吸引人，是因為它們是從泛歐洲共同利益的角度提出的計畫，而非個別國家圖利自己的計畫。它們是「歐洲的」，而非德國的或法國的，戰時得到那些拚命想相信納粹占領能帶來好處的人激賞。嚴格來講，納粹顯然已統一了大半歐洲——拆除邊界、沒收財產、整合交通網等等作為——此一事實使上述主張更顯得言之有理。在歐洲之外，也有人心動於歐洲擺脫過去、不再相互敵對的遠景。納粹戰敗四年後的一九四九年十月，喬治．肯楠向國務卿艾契遜坦承，他能理解德國在西歐事務上扮演日益吃重的角色所引發的憂慮，但「戰時住在那裡時，我常覺得希特勒的新秩序不理想的地方，在於那是『希特勒』的新秩序」。

肯楠這番話是私下道出。一九四五年後，在公開場合，很少人願意為戰後的「新秩序」說句好話（肯楠大大低估了「新秩序的效率不彰和欺妄不實」）。提倡歐洲內部經濟合作的呼聲當然未減，例如戰後尚．蒙內仍如一九四三年般相信，為享有「繁榮與社會進步……歐洲諸國必須組成……一『歐洲實體』，使各國合而為一」。在邱吉爾鼓動下於一九四七年一月成立的「歐洲一體化運動」(Movement for European Unity)，則有一些死忠支持者。

邱吉爾老早就鼓吹成立某種歐洲議會，是這方面很有影響力的鼓吹者。一九四二年十月二十一日，他寫信告訴安東尼．艾登：「我得承認我的心思主要放在歐洲，放在歐洲榮光的再現……如果俄羅斯的布爾什維克主義蓋過歐洲古老諸國的文化和獨立，那將是無法估量的浩劫。眼下雖然很難說，但我相信歐洲大家庭可以在歐洲議會的主持下，以單一個體的形式一起行動。」但戰後的政局似乎不利於這類理想的實現。頂多只能指望創立某種歐洲對話論壇。一九四八年五月歐洲一體化運動在海牙召開的代表大會，就提議成立這種機構。這一建議所催生出的「歐洲理事會」(Council of Europe)，一九四九年五月在史特拉斯堡成立，同年八月在該地開了第一次會議；有英國、愛爾蘭、法國、荷比盧、義大利、瑞典、丹麥、挪威的代表與會。

歐洲理事會沒有權力，沒有管轄權；不具有司法、立法或行政身分。該委員會的「代表」，不代表任何國家。它最大的貢獻，乃是它的存在這一事實，但一九五〇年十一月，它發布了在爾後數十年倍受看重的《歐洲人權公約》(European Convention on Human Rights)。誠如邱吉爾一九四六年九月十九日在蘇黎士演說時所已認知到的，「重建歐洲大家庭的第一步，肯定是法、德締結夥伴關係。」但在戰後頭幾年，法國人，一如先前已提過的，完全不樂見這種夥伴關係。

但法國北鄰的小國，腳步快得多。戰爭結束前，比利時、盧森堡、荷蘭的流亡政府就已簽署《比荷盧協議》(Benelux Agreement)，藉此消除關稅壁壘，期盼三國間的勞力、資本、服務最後達到自由流動。比荷盧關稅聯盟於一九四八年一月一日生效，接著荷比盧、法、義諸國針對將這類合作擴及更大地域的計畫，展開無規畫的漫談。但這些半成形的「小歐洲」計畫，最後都因德國問題的阻礙而夭折。

一如一九四七年七月在巴黎協商馬歇爾計畫者所斷定的，眾皆同意「應把德國經濟以有助於提升整體生活水平的方式整合進歐洲經濟。」問題是如何整合？即使在一九四九年成為國家之後，除了透過馬歇爾計畫和盟軍占領——兩者都是暫時措施——西德與歐陸其他地方都沒有有機的連結。大部分西歐人仍把德國視為威脅，而非夥伴。荷蘭人在經濟上始終依賴德國——一九三九年前荷蘭的「無形」收入，百分之四十八來自取道荷蘭港口、水道的德國貿易——德國的經濟復甦對他們至關緊要。但一九四七年，只有百分之二十九的荷蘭居民對德國人持「友好」觀點；荷蘭人還認為經濟重振活力的德國，在政治、軍事上應維持弱勢。這一觀點在比利時受到衷心的認同。除非有英國令人安心的涉入，以平衡德國勢力，沒有哪個國家願讓德國稱心如意。

一九四八至一九四九年的幾樁國際事件，打破這僵局。由於布拉格政變、西方同意建立德意志聯邦共和國、柏林封鎖、北約成立計畫，喬治·比多、羅貝爾·舒曼（Robert Schuman）之類法國政治家清楚認識到，法國得重新思考其德國政策。此後將出現管轄範圍涵蓋魯爾、萊茵蘭地區的西德政治實體，只有小小的薩爾蘭遭暫時割離德國主體，而且薩爾地區的煤不適於煉成焦炭。新成立的德意志聯邦共和國，其資源要如何予以控制並利用，才有利於法國？

一九四九年十月三十日，美國國務卿艾契遜籲請舒曼，由法國採取主動將新國家西德納入歐洲事務。法國人清楚知道得**有所作為**——誠如尚·蒙內日後向喬治·比多提醒的，美國肯定會鼓勵剛獨立的西德增加鋼產，屆時鋼很可能充斥市場，迫使法國保護自己的鋼產業，從而倒退回貿易戰。誠如第三章裡提過的，蒙內自己的計畫——和隨此計畫而來的法國復甦——其成敗有賴於成功解決這難題。

就是在上述情況下，尚．蒙內向法國外交部提出後來被稱之為「舒曼計畫」的構想。這是一不折不扣的外交大變革，雖然那變革已醞釀了五年。基本上那很單純。引用舒曼的話說，「法國政府建議，法德的煤、鋼生產，完全交由一聯合『最高機構』管轄，這機構位於一組織架構內，也開放歐洲其他國家加入。」舒曼的提議，超越煤、鋼卡特爾，但遠遠談不上是歐洲整合的藍圖，它代表的是一個務實的解決辦法，用以解決從一九四五年起一直困擾法國的難題。根據舒曼的構想，「最高機構」將有權力鼓勵競爭，制訂定價政策，主導投資，代表參與國買賣。但最重要的，它將控制魯爾和德國其他重要資源，使其不再純由德國人掌控。它代表了歐洲對法國所面臨的難題——法國的惟一難題——所提出的解決辦法。

羅貝爾．舒曼於一九五〇年五月九日宣布其計畫，並在前一天先告知了艾契遜，但未事先知會英國人。這讓法國外交部感到些許的快意恩仇：對於英美未徵詢巴黎即作出決定的獨斷作風，法國多次回以小小的報復，這是其中的第一次。英美的獨斷獨行，最晚近的事例，乃是八個月前英國單方面貶值英鎊三成。當時英國只事先知會美國人，歐洲其他國家不得不跟進貶值。[11]正是經濟只顧私利之風再起，以及歐洲國家間毫無聯繫所可能帶來的危險，點醒了蒙內等人，使他們把眼光放遠，想出這個計畫。

德國政府立即歡迎舒曼的提議，他們沒有強烈理由不歡迎這提議：孔拉德．艾德諾滿心歡喜回應舒曼，宣布「法國政府這一計畫，使我們兩國間本可能因猜疑和保留而停擺的關係，有了走向建設性合作的新動力」。或者，誠如他向助理更為直言不諱表示的：「這是我們的重大進展。」（Das ist unser Durchbruch.）德意志聯邦共和國將首度與其他獨立國家平起平坐，一起進入國際組織；誠如艾德諾所希望的，將從此和西方聯盟綁在一塊。

頭一個批准舒曼計畫者是德國人。義大利與荷比盧跟進，雖然荷蘭人最初的立場是與英國同進退。英國婉拒舒曼的邀請，不加入該計畫，斯堪的納維亞諸國也就不可能加入。因此，一九五一年四月簽署《巴黎條約》，成為歐洲煤鋼共同體創始成員者，只有西歐六國。

在此，或許該岔開本題，談談當時人已注意到的這個共同體的特色。一九五一年簽署此約的六國外長，都是他們國內基督教民主黨的黨員。德義法三大會員國裡主掌國政的政治家——孔拉德·艾德諾、阿爾奇德·德加斯佩里、羅貝爾·舒曼，都來自他們國家的邊陲地區：德加斯佩里來自義大利東北部的特倫蒂諾（Trentino）；艾德諾來自萊茵蘭；舒曼來自洛林。德加斯佩里出生時，特倫蒂諾屬於奧匈帝國——在他成年許久以後仍是——且他在維也納求學。舒曼於洛林長大，當時洛林已被併入德意志帝國。一如艾德諾，他年輕時加入天主教各種協會——事實上就是十年前艾德諾已加入的那些協會。三人碰面時，以共通的語言德語交談。

對這三人來說，歐洲合作計畫，從經濟角度，還有文化角度來看，都是明智之舉，對他們那些來自雙語盧森堡、來自雙語和雙文化比利時、來自荷蘭的基督教民主黨同僚亦然：他們有充分

11 法國外長昂利·克耶（Henri Queuille）向美國駐法大使抱怨英國「完全不講道義」。

理由該肯定這計畫，認為它有助於消除把他們年輕時不同民族、不同文化兼容並蓄的歐洲撕裂的那場文明危機。舒曼三人出身自各自國家裡長久以來擁有多元認同和易變動邊界的邊陲地區，對於有朝一日國家主權可能漸漸消失，沒有特別感到不安。歐洲煤鋼共同體這個新組織的六個會員國，全都在不久前，在戰時和遭占領時，有過主權被漠視、被踐踏的遭遇：要再喪失，也剩沒多少主權可喪失。他們所屬的基督教民主黨，都注重社會團結和集體責任，從而使他們都可以安然接受以一超越國家的「最高機構」為共同利益行使行政權的觀念。

但在更北邊，人們看到的是大不相同的遠景。在斯堪的納維亞和英國這些新教地區（或在舒馬赫之類北德人的新教眼光中），歐洲煤鋼共同體帶有些許專制意味。一九四八至一九六八年任瑞典總理的社會民主黨人塔格．埃蘭德（Tage Erlander），把他游移不定於是否要加入，歸因於這個新共同體裡天主教徒占了絕大多數。貝文的資深顧問肯尼思．楊格（Kenneth Younger），在一九五〇年五月十四日（得知舒曼計畫五天後）的日記裡寫道，他大體上贊成歐洲經濟整合，但這些新提議說不定「在另一方面……只是鞏固天主教『黑色國際』的一個措施，而我始終認為『黑色國際』是在幕後推動歐洲理事會的一大力量」。[12]當時這算不上是極端的想法，也不是罕見的想法。

歐洲煤鋼共同體不是「黑色國際」。它甚至稱不上是特別有效的經濟工具，因為「最高機構」從未行使蒙內所希望的那種權力，反倒類似在這些年裡新成立的其他許多國際機構，為歐洲重拾自信邁步向前，提供了心理準備。誠如十年後艾德諾向麥克米蘭說明的，歐洲煤鋼共同體甚至稱不上是經濟組織（因此，在他看來，英國有權利不加入）。雖然蒙內對這組織懷有美好憧憬，它不是旨在促成歐洲統合的計畫，反倒是在簽署該約時，西歐當時所擁有共同利益的最小公分母。

它是披著經濟外衣的政治性工具，是用來打消法德敵意的工具。

在這期間，原先歐洲煤鋼共同體所旨在處理的那些難題卻開始自行化解。一九四九年最後三個月，德意志聯邦共和國的工業生產恢復到一九三六年的水平；一九五〇年底時，已超過那些水平三分之一。一九四九年，西德與歐洲的貿易收支，以原物料（基本上是煤）的出口為基礎。一年後，到了一九五〇年，隨著德國開始消耗自己的原物料以促進本土產業，對歐貿易變成逆差。到了一九五一年再度變成順差；由於德國輸出製成品，未來許多年都一直是順差。一九五一年底時，德國出口額已成長到一九四八年的六倍多，德國煤、成品、貿易已成為推動歐洲經濟復興的動力——事實上，五〇年代晚期時，西歐還受苦於煤產過量。這有多大部分可歸因於歐洲煤鋼共同體，未有定論，畢竟，使西德的產業機器開始高速運轉的是韓戰，而非舒曼。但那終究不是很重要。

如果歐洲煤鋼共同體的目標和成就，實際上遠不如某些人所聲稱的那麼偉大——如果法國之承諾獻身於超國家的組織，只是為了控制他們仍不信任的德國，如果「最高機構」對競爭、就業、價格的影響微乎其微，而歐洲經濟的高速成長，受惠於「最高機構」的作為甚少——那麼英國人為何不願加入？而英國人之不參加，又為何顯得如此重要？

12 譯注：黑色國際即一八八一年在倫敦成立的國際無政府主義政治組織「國際勞動人民協會」（International Working People's Association）。

英國人沒理由反對歐洲關稅聯盟——他們相當贊成，至少贊成其他歐洲人走到這一步。讓他們不安的地方，乃是「最高機構」設立本身隱含的超國家層次行政部門的觀念，即使行政事項只限於兩種大宗商品的生產和定價。倫敦清楚此點已有一段時間——一九四八年貝文與工黨內閣討論美國在日後將成立歐洲經濟合作組織的建議時，他最在意的乃是「有效控制應交給國家代表來負責……以防止秘書處（或「獨立」主席）獨斷獨行……絕不該有該組織下指示給個別會員國的事」。

英國完全不願交出對國家的掌控權一事，顯然與蒙內所期望歐洲煤鋼共同體達成的目標相牴觸。但英國人把歐洲煤鋼共同體視為歐陸介入英國事務的開端，而且因為其可能的後果不明朗，英國人更不敢冒險加入。正如貝文為英國不願加入一事辯解時向艾契遜說明的，「在這類重大事情上馬虎不得，我們不能沒搞清楚狀況就貿然同意，（我）想如果美國人處於同樣情況，肯定也會這麼認為。」或者，他向助理表達他對歐洲理事會的憂慮時以更生動的口吻所說的，「如果把那只潘朵拉的盒子打開，絕對不曉得會跳出什麼特洛伊木馬。」

英國人的推斷有一部分是從經濟角度切入。英國經濟，特別是倚賴貿易的那個經濟領域，看來比其歐陸諸鄰國，遠遠更健全得多。一九四七年，英國出口額相當於法、義、西德、荷比盧、挪威、丹麥諸國的出口總和。當時西歐諸國的貿易主要是彼此間的貿易，而英國的貿易對象則廣及全世界，事實上一九五〇年英國與歐洲之間的貿易大大少於一九一三年時。

因此，在英國官員眼中，承諾和那些前途看來未卜的國家締結綁手綁腳的經濟協議，弊多於利。舒曼提出其建議之前一年，英國高級文官私下即表達了英國立場，認為「與歐洲長期經濟合作一事，引不起我們興趣。在最好的情況下，那會使我們的資源流失，最糟的情況下，則可能嚴重傷害我們的經濟」。此外還應加上一個因素，即工黨很擔心五十年前創立工黨的老產業工會之集體利益的「社會主義」政策，會因為加入歐陸協議，使其無法在國內自主地執行那些政策：誠如一九五〇年英國政府（短暫）考慮要不要接受舒曼的邀請時，代理首相赫伯特・莫里森（Herbert Morrison）向內閣說明的，「那沒有好處，不能做，德勒姆礦工不會同意。」

然後還有大英國協。一九五〇年，大英國協涵蓋非洲、南亞、澳大拉西亞、美洲的大片地區，其中許多地區那時仍受英國直接管轄。從馬來亞到黃金海岸（迦納），英國諸多殖民地都是賺得比花得多，在倫敦存了大筆英鎊——惡名昭彰的「英鎊結存餘額」（sterling balances）。大英國協是原物料和糧食的主要來源之一，且大英國協（或當時大部分人所仍稱之的大英帝國），乃是英國國家主體所不可或缺的一部分，或者說當時是這麼認為的。對大部分決策者來說，讓英國成為歐陸體系的一部分，為此而與其主體的另一個部分割離，都是明顯不智、現實上不可行的。

因此，英國不只是歐洲的一部分，還是全球英語系帝國團體的一部分。英國與美國保有非常特殊的關係。英國人對美國往往又愛又恨，既遠遠欣羨美國，將它視為「盡情消費的天堂」（馬爾孔・布雷德貝里語），與他們縮衣節食的生活截然相反，又正因為這原因而痛恨美國。但英國政府仍忠於後來被稱作這兩國間「特殊關係」的那種關係。這在某種程度上源自戰時英國與會了決定世局的「最高階會議」，源自英國是參與雅爾達、波茨坦會議的三大世界強國之一，源自英國於一九五二年成功試爆原子彈後成為世上第三個核子強權。這也受到戰時英美兩國合作無間的影響，且有一小部分是因為英國對於美國所懷有的特殊優越感，雖然美國在大英帝國巔峰時就把他們拉下全球霸主寶座、取而代之。[13]

美國人失望於英國獨善其身，不願與歐洲同甘共苦，惱火於英國堅持保有其帝國地位。但對於一九五〇年倫敦的立場，不能只以自欺欺人的帝國幻覺或故意作對的心態來解讀。誠如後來尚．蒙內在其自傳裡坦承的，英國未遭入侵或占領：「她不覺得有必要替歷史除魔。」在英國人的體驗裡，二次大戰是國民和解、團結一心的時刻，而非像英吉利海峽對岸人民腦海裡所記得的，是政府組織、國家結構的漸漸撕裂。在法國，二次大戰揭露了該國政治文化的所有弊病；在英國，二次大戰則似乎證實了該國制度、習慣裡所有對且好的東西；對大部分英國人來說，二次大戰是德國與英國間的戰爭，而且最後英國獲勝，英國的想法被證明是對的。[14]

英國對於自己能苦撐、最終贏得勝利所抱持的這種不張揚的驕傲，使英國與歐陸顯得截然不同。這一驕傲心態也影響了戰後時期的政治文化。一九四五年的選舉，工黨首度在國會拿下絕對多數，誠如前面已提過的，強行實施多種國有化、社會改革政策，最終建立世上第一個全面福利國家。工黨政府的改革大部分受歡迎，但對英國最根深蒂固的習慣和喜好改變甚少。引用普里斯特利（J.B. Priestley）一九四九年七月在《新政治家》所寫的文章，「我們是社會主義君主國，其實也是最後一個自由主義典範。」

戰後英國的內政忙於執行社會正義和執行實現社會正義所必需的制度改革。這在很大程度上得歸因於前幾任政府始終未能處理好社會不平等的問題；遲遲才把辯論的焦點重新擺在亟需的公共開支上——健康、教育、交通、住房、退休金、諸如此類的公共開支上——在許多人眼裡，似乎正是對該國晚近之犧牲理當享有的獎賞。但那也意味著大部分英國選民（和英國許多國會議員）

完全不清楚他們國家有多窮，為打贏對德國的那場長期戰爭，耗去他們多少資源。

一九四五年，英國處於無力清償債務的境地。比起其他任何國家，英國更為全面且長久地動員：一九四五年，有一千萬男女披掛武器或在製造武器，而該國的成年受雇人口是兩千一百五十萬。在戰爭動員上，邱吉爾未根據國家有限的資源量入為出，反倒使國家破產：為了確保金錢、裝備源源不斷流入，向美國人借錢，賣掉英國的海外資產。如同戰時英國某財政大臣所說，這些年裡「英國從世上最大債權國的身分，變成世上最大債務國」。英國為二次大戰付出的成本是為一次大戰的兩倍；英國失去四分之一的國家財富。

這說明了英國戰後為何頻頻陷入貨幣危機，因為英國竭力從大為縮水的收入裡，撥款償還以美元結算的龐大債務。這可說明為何馬歇爾計畫在英國對投資和產業現代化幾無影響，因為有百分之九十七的對等基金用於償還英國的高額債務（比例居世界之冠）。任何歐洲中型國家，若處於英國戰後這種窘迫的處境，大概都應付不來這些難題；就英國來說，由於肩負全球級的帝國責任，更加重這些難題。

13 戰後，英國向美國洽商借款期間，某不知名人士寫下的以下詩句，正貼切表達這一觀點：

「在華府，哈利法克斯勛爵
曾向凱因斯勛爵附耳低語：
『沒錯，他們有的是錢
但我們有的是腦袋。』」

14 可想而知，德國人當時不是如此追憶這場戰爭，而且他們在接下來幾十年裡，聽到英格蘭足球迷的歡呼聲和看到英國八卦報紙大標題提到「Huns」、「Krauts」之類蔑視德國佬的字眼時，都感到大惑不解。

英國為維持其世界級強權地位所付出的成本，已比一九三九年時增加許多。一九三四至一九三八年英國的軍事、外交支出是每年六百萬英鎊。一九四七年，光是軍事支出，政府就列了兩億九百萬英鎊。一九五〇年七月，韓戰爆發前夕，亦即尚未因韓戰爆發而增加國防支出之時，英國在大西洋、地中海、印度洋，各有一支全編制的海軍艦隊，還有一常設的皇家海軍駐華中隊。英國在全球各地維持一百二十個皇家空軍中隊，在以下地方有常駐軍隊或小部隊：香港、馬來亞、波斯灣與北非、的里雅斯特與奧地利、西德和英國本土。此外，還在全球各地配置龐大且所費不貲的外交、領事、情報機構，以及殖民地行政部門。殖民地行政部門已因不久前英國撤出印度而縮小了規模，但仍是行政、治理上的一大負擔。

對英國來說，要在這些已無力應付的情況下勉強打平開銷，惟一辦法就是強迫自己接受從未有過的自我克制和自願節衣縮食——這說明了這些年為何會出現那個頻頻被人論及的特色：驕傲、勝利的英國似乎比歐陸大地上任何一個曾遭擊敗、占領、劫掠的國度，更吃緊、更窮困、更消沉、更慘淡。每樣東西都配給、受限制、受控制。在最順遂情況下都很悲觀的主編和散文家昔里爾・康諾利（Cyril Connolly），比較一九四七年四月英、美兩國時，貼切捕捉到當時的氣氛：

> 在此，自我是處於半受逼壓的狀態；我們大部分人不是男人、女人，而是廣大、無精打采、工作過度、受立法過度規範之不陰不陽群體的一員，有著褐色衣衫、配給票證簿和凶殺故事、以及心懷嫉羨且嚴厲的舊時代冷漠——一群憂心忡忡的人。這一氣氛的象徵，就是倫敦。如今倫敦是最大、最悲傷、最髒的大城，有著綿延數哩未上漆、未住滿的房子，有著聽不到切

肉聲的牛排館，有著沒有啤酒的酒吧，城裡原很熱鬧的區域變得毫無個性，城裡的廣場失去了優雅……城裡的人群穿著破爛雨衣，在永遠陰沉、像一面金屬盤罩的天空下，在自助餐館髒污的綠色柳條籃附近閒晃。

這是個克難度日的年代。為增加英國的出口（藉以賺取重要的外匯），幾乎所有東西不是配給，不然就買不到：肉、糖、衣服、汽車、汽油、出國，乃至糖果。戰時從未實施的麵包配給，一九四六年開始施行，直到一九四八年七月才取消。政府於一九四九年十一月五日盛大慶祝「管制取消」；但其中許多管制措施，隨著韓戰造成的緊縮開支，而不得不重新實施，在英國，直到一九五四年才結束基本糧食配給——比西歐其他地方還晚。蘇聯集團的公民，若置身戰後英國，對當地的街頭景象大概不會覺得陌生。引用英格蘭某家庭主婦對那段歲月的回憶，「什麼東西都要排隊，即使你不知道自己在排什麼……你就是跟著排，因為你知道人龍盡頭有東西。」

事實表明英國人很能容忍生活的拮据——這是因為他們深信這些該是整個社會的人所公平承擔——但對配給、管制日積月累的失望，還有某些工黨籍部長（特別是財政大臣史塔福．克里普斯爵士）積習難改的清教徒式家父長作風，促成保守黨在一九五〇年代贏得選舉，奪回政權。戰後英格蘭的第一代，存有別無選擇、政府最懂的心態，這種心態使他們「謹慎、不專斷、對小小的恩惠心存感激、野心不大」，一如小說家大衛．洛吉（David Lodge）回憶年輕時光一般；他們與下一代大不相同。而且那些恩惠似乎並不算小。誠如德勒姆礦工工會的資深領袖山姆．華森（Sam Watson），一九五〇年在工黨年度代表大會上提醒的：「貧窮已掃除。飢餓滋味已不知。病者得到照料。老人得到愛護，小孩在充滿機會的土地上成長。」

這時英國仍是個慣於順從且階級分明的社會，而福利國制度，一如前面已提過的，「中等收入者」受益最大。但戰後立法使收入和財富的確得到重新分配——人口中最富有的百分之一，其所占國家財富的比例，由一九三八年的百分之五十六減為一九五四年的百分之四十三；失業率形同降為零，與戰前的慘淡十年形成令人樂觀的強烈對比。一九四六至一九四八年，十五萬英國人移民加拿大、澳洲、紐西蘭，還有許多人考慮跟進；但一九五一年起，最苦的日子似乎已經過去，英國舉辦了「英國節」（Festival of Britain），慶祝亞伯特親王所辦一八五一年萬國工業博覽會一百週年，營造復甦、進步的樂觀景象。

韓福瑞．詹寧斯（Humphrey Jennings）一九五一年所拍的英格蘭紀錄片《全家福照》（*Family Portrait*），貼切捕捉到當時的感受。片名本身指出英國的特殊之處——在法國，或義大利，或德國，或比利時，大概都不會有紀錄片製作人想到運用這個詞。這部片在頌揚英格蘭特質——受到對不久前戰時苦難與光榮的共同回憶強烈影響的特質——充斥著對英國這地方獨特之處懷有的孤芳自賞的驕傲。片中大力強調科學與進步、設計與工作，完全未提及英格蘭的（原文如此）鄰邦或盟友。這部片在一九五一年所呈現的英國，一如一九四〇年時的心境：孤家寡人。

一八二八年，德國詩人海涅發出那個大家已很熟悉的感想，即「英格蘭人在國會辯論時，幾乎不可能談原則。他們所討論的只有某東西的功效或無效，提出事實，然後贊成和反對」。英國人拒絕羅貝爾．舒曼一九五〇年的邀請，因為他們認為加入歐洲經濟計畫無用，因為他們長久以來不安於歐陸的糾纏。但英國人決定不加入歐洲煤鋼共同體，最主要的是出於本能、出於心理因素、乃至情緒性的決定，肇因自英國晚近獨一無二的經歷。一九五二年一月安東尼·艾登向紐約聽眾扼要說明了英國這一決定，說「這是我們打從骨子裡知道我們絕不能做的事」。

這並非最後的決定；但真正做出決定後，事實證明英國大受其害。由於英國（和追隨英國腳步的斯堪的納維亞諸國）不加入，西歐這個「小歐洲」的內部主導權自然落在法國手上。法國人一如預期，做了英國人在其他情況下可能會做的事，以法國自身為範本塑造「歐洲」，最後以法國過去例子裡所常見的模式塑造了歐洲的公共機構和政策。當時是歐陸人對事態的發展表示遺憾，而不是英國人；歐洲許多重要領導人極希望英國人加入。比利時暨歐洲政治家保羅－昂利·史帕克（Paul-Henri Spaak）後來以遺憾口吻寫到，「這一道德領袖身分，只要你們開口，就是你們的。」後來蒙內也回顧這段歷史，好奇於英國若在其權威仍無人能挑戰時選擇主動出擊，情況會是如何不同。的確，十年後，英國人重新思考此問題。但在戰後歐洲，十年很長，而且十年後，大局已定。

6

進入旋風
Into the Whirlwind

不管你怎麼説，共產黨人就是腦筋比較好。他們有冠冕堂皇的計畫，
有打造嶄新世界，讓每個人在那世界中各得其所的計畫……
從一開始就有人理解到自己的性情不適宜田園詩般的世界，
想離開這國家。但田園詩般的世界，本質上是個適合所有人的世界，
因此想移出去的人正暗暗表明那不是田園詩般的世界。
他們沒出國，反倒入了監獄。

米蘭·昆德拉

✣ ✣ ✣

因此得讓人知道別去思考和下判斷，得強迫他們看見根本不存在的東西，
得反駁人人都看得一清二楚的事。

博里斯·帕斯特納克，《齊瓦哥醫生》

✣ ✣ ✣

在勞改營裡，我碰到許多這樣的人，他們既敏鋭了解整個國家大局，
又對史達林有宗教式崇拜，巧妙地將兩者合而為一。

尤金尼亞·金斯伯格，《進入旋風》

✣ ✣ ✣

史達林主義意指殺掉圈內人。不管詭辯家說了什麼，
不管共產主義知識分子說了什麼謊，歸根究柢都會走到這一步。
得殺掉圈內人，才能把共產主義的十誡安植於靈魂裡。

亞歷山大·瓦特

✣ ✣ ✣

在此他們先把人吊死，再審訊。

莫里哀，《普爾索涅克先生》

對一九四五年後頭幾年裡的西方觀察家來說，蘇聯代表令人生畏的未來。紅軍徒步行進，用靠役獸拉的車子運送武器和物資；紅軍戰士沒假可休，只要對命令有所遲疑，就會受到絕不寬貸的處置：光是一九四一和一九四二年就有十五萬七千五百九十三名紅軍戰士因「懦弱」遭處死。但在蹣跚的起步之後，蘇聯在生產上、戰鬥上都勝過納粹巨人，直搗黃龍，取下德國龐然軍事機器的核心。不管是在蘇聯的朋友還是敵人眼中，蘇聯在二次大戰的勝利，都證明了布爾什維克成就非凡。史達林的政策獲證實為正確，他戰前的罪行大部分遭人遺忘。誠如史達林所清楚了解的，成功是致勝的法寶。

但蘇聯的勝利是以特別高昂的代價買得。二次大戰所有戰勝國裡——事實上是包括戰勝國、戰敗國在內的所有參戰國裡——就只有蘇聯遭受永遠未消的經濟傷害。人力、資源上可量化的損失無比巨大，在此後數十年都感受得到。一九五〇年在莫斯科求學的捷克共產黨員日得涅克．姆萊納（Zdeněk Mlynář）憶道，莫斯科深陷「貧窮與落後」之中，是個「小木屋林立的大村子」。出了城市，情況更糟。白俄羅斯、烏克蘭、西俄羅斯境內，許多地方的道路、橋樑、鐵路遭刻意摧毀。五〇年代初期的穀物收成比一九二九年還少，而一九二九年的收成又比沙俄時最後一次承平時期的收成要少很多。蘇聯最好的可耕地，有一部分成為二次大戰時的戰場，戰時殺掉數十萬隻馬、乳牛、豬和其他牲畜。從未從三〇年代蓄意造成的懲罰性饑荒中復原的烏克蘭，一九四六至一九四七年的那個冬、春，又碰上饑荒（這一次是非計畫性的饑荒）。

但戰時也發生了某種轉變，即蘇聯人生活的準軍事化，後來，那樣的生活在戰後持續了很久。中央一把抓的指導和不斷將坦克、槍炮、飛機的生產視為中心要務，已使戰時蘇聯成為戰力驚人的戰爭機器。這一戰爭機器不顧人命和人民福祉，卻極適合打全面戰爭。戰時形成的那一代共黨官僚（布里茲涅夫一代），認為國防工業的大規模生產是國力、成功的指標，在接下來四十年治理國家時，時時謹記這一模式。列寧主義的長期象徵——階級鬥爭和對抗——自此可以和一場真實戰爭的驕傲回憶連結在一塊。以黨領政的蘇聯，得到一新的神話當立國基礎：偉大的衛國戰爭。

由於納粹未善待他們所統治的土地與人民，一九四一至一九四五年蘇聯境內的戰爭成為一場偉大的衛國戰爭。史達林鼓勵人民自發性表達俄羅斯的民族、宗教情懷，允許這場反擊德國人入侵的浩大戰爭其崇高的共同目標，暫時凌駕黨和黨的目標。對蘇聯之帝俄歷史淵源的強調，也在戰後入侵中歐的行動中，有助於史達林實現其目標。

誠如前面已提過的，史達林在歐洲最想得到的是安全，但他也想從西歐境內的勝利得到經濟好處。從波蘭到保加利亞的中歐諸小國，在二次大戰之前許久就已生活在德國支配的陰影裡：特別是一九三〇年代，納粹德國是他們的最大貿易夥伴和外來資本的來源。戰時，這一關係簡化為主、奴關係，德國竭盡所能從土地與人力榨取資源，以支應其作戰需求。一九四五年後則換成蘇聯扮演同樣角色，接收德國人留下的地方，把東歐視為可任意剝削的資源，使東歐成為其經濟的附屬物。

蘇聯從戰時與希特勒結盟的匈牙利、羅馬尼亞那裡強索賠償。這些賠償，一如蘇聯在其所占領德國地區索得的實物賠償，彌補不了多少俄國的損失，但對賠償國來說，卻是很大的損失：一九四八年，羅馬尼亞對蘇聯的賠償，占去該國全國收入的一成五；在匈牙利是一成七。對於未在戰時與他為敵的國家，史達林同樣需索無度，但是以「兄弟友好」的角度，而非懲罰的角度索取。

據估計，一九五〇年代晚期時，蘇聯從德意志民主共和國、羅馬尼亞、匈牙利索得的賠償，已大大超過其為控制他們所付出的費用。在捷克斯洛伐克，則打平。在保加利亞，特別是在波蘭，一九四五至一九六〇年，莫斯科的援助花費，大概多於莫斯科從該地的貿易和其他交付的東西裡所得到的。宗主國與殖民地的經濟關係裡這種有得有失的經濟模式，乃是研究殖民主義的歷史學家所熟悉的，在這方面，蘇聯與其西邊諸國的關係，乃是傳統所謂的「帝國與臣民」的關係（但就蘇聯來說，有一處不符這定義，即帝國中心其實比臣屬於它的周邊地區更窮、更落後）。

史達林與其他帝國建造者不同之處，乃至與先前的沙皇不同之處，在於他堅持在控制的領土裡，**全盤複製**蘇聯那種政府和社會。一如一九三九至一九四一年他在波蘭東部所做的，和一九四〇年、一九四五年（從納粹手中再度征服波羅的海諸國後），在波羅的海諸國兩度所做的，史達林著手以蘇聯為範本重新塑造東歐；在已歸共黨控制的東歐每個小國裡，複製蘇聯的歷史、制度、慣常做法。

引用某學者的貼切描述，阿爾巴尼亞、保加利亞、羅馬尼亞、匈牙利、捷克斯洛伐克、波蘭、德意志民主共和國，將成為「相毗鄰的翻版國家」。[1]每個國家都將仿蘇聯憲法制憲（最早採行蘇聯憲法者是一九四七年十二月的保加利亞，最後一個是一九五二年七月的波蘭）。每個國家都將施行經濟「改革」，採用「五年計畫」，以使其制度、慣常做法和蘇聯的一致。每個國家都將成為和蘇聯一模一樣的警察國家，都將由實質上聽命於莫斯科共黨機器來治理。[2]

1 加州大學柏克萊分校的肯尼思·周伊特（Kenneth Jowett）教授。

史達林在諸衛星國複製蘇聯社會的動機，同樣不難理解。戰後東歐對和平、土地、食物以及嶄新開始的普遍渴望，或許有助於共黨奪取權力，但不保證那會使東歐支持蘇聯政策。要讓共黨統治的實際經驗延續下去，不能倚賴共產黨人較法西斯黨黨員更得民心一事，或冀望某種民主社會主義較受青睞一事。即使蘇聯提供防杜德國復仇的保證，都可能隨著歲月而失去吸引力。

史達林得確保其衛星鄰國堅定不移效忠他，在他眼中，只有一個辦法能辦到。首先，得讓共黨獨攬大權。引用一九四九年八月匈牙利憲法的條文，共黨得肩負並維持「領導角色」，消滅或吸併其他所有政黨。共黨成為社會流動的惟一媒介、惟一的恩庇來源、正義的執行者（透過其所控制的法院）。各國的共黨和其國家安全機關，與由共黨一手把持的政府密不可分，且直接聽命於莫斯科，是蘇聯最直接的指揮工具。

其次，黨國體制要把經濟決策一手抓。這並非易事。東歐諸國的經濟差異頗大。有些是現代、城市、工業型經濟，有人數可觀的勞動階層；有些國家（大多數國家）則是貧困的農村型經濟。有些國家，例如波蘭、匈牙利，有規模相當大的政府部門——肇始於戰前防範德國經濟滲透的保護策略；有些國家，例如捷克斯洛伐克，戰前財產和商業大部分操縱在私人手裡。有些國家和地區有發展蓬勃的商業部門；有些國家和地區則與蘇聯部分地區類似。東歐大部分地區受三〇年代經濟大蕭條和為抵抗大蕭條所採取的自給自足保護主義政策危害甚烈；但誠如前面已提過的，戰時，某些產業部門——特別是在匈牙利、斯洛伐克——其實從德國的軍工生產投資中獲益。

儘管東歐各地的經濟差異頗大，共黨奪權之後都立即統一整個地區的經濟。首先，政府沒收服務、貿易、工業三領域裡尚未由官方掌控的大公司，以符合列寧主義將「社會主義」的重心改擺在所有權上而非社會關係上的新趨勢。其次，凡是雇用員工超過五十人的公司，政府都予以接管，予以課稅，或使它們歇業。在捷克斯洛伐克，一九四八年十二月時，員工超過二十人的民間企業，所剩無幾。至同一時期，匈牙利工業百分之八十三由政府控制，波蘭是百分之八十四，羅馬尼亞是百分之八十五，保加利亞則達到百分之九十八。

在東歐，官方有幾種方法可消滅擁有財產的中產階級，其中之一是貨幣改革。這一辦法用來打掉小農和企業家的現金存款很有效，那是古老強徵稅（例如強制性資本稅）的現代版。在羅馬尼亞，貨幣改革了兩次，分別是一九四七年和一九五二年一月。第一次改革有「終結極度通貨膨脹」這個名正言順的目標，第二次時，則讓之前四年辛苦存了點錢的小農（沒什麼東西可讓他們花錢），眼睜睜看著自己的錢化為烏有。

在蘇聯所掌控的東歐，一如在蘇聯，小農注定沒好日子過。戰後鄉村的初期改革，已把小塊土地配發給大批農民。但這些改革在政治上再怎麼受歡迎，都只是惡化該地區存在已久的農業險境：對機器與肥料的投資太少，閒置的人力太多，農產品價格五十年來持續下跌。在牢牢掌控政權之前，東歐共黨鼓吹的是無效率的土地重分配，但一九四九年起，他們開始愈來愈急迫且強勢地摧毀富農（kulak）和蘇聯新經濟政策時期的短期經營私人企業者（nepman）。

鄉村集體化的初期階段，有地小農——這時大地主已所剩無幾——受到不公平對待：懲罰性課稅（往往超過其金錢收入），有利於新集體農場、國營農場的差別價格和配額，拒發給他們配

2 德意志民主共和國的制度稍有不同，反映了蘇聯眼中該國的過渡性身分。但該國的法律精神和慣常做法乃是無可挑剔的蘇聯正統。

給票證簿，對他們孩子施予歧視性待遇（小學畢業即不能再升學）。即使在如此處境下，仍有多到令人吃驚的獨立小農堅持下去，儘管他們大部分靠的是兩公頃或兩公頃不到「沒效率的小塊土地」。

在羅馬尼亞，有數萬小農於一九五〇年秋遭強制赴集體農場工作，該國政權肆無忌憚動用武力，儘管如此，直到一九六二年，後來出任總統的尼古拉．希奧塞古才得以得意宣布「比預定時程提早三年」完成鄉村集體化。在保加利亞，從一九四九年開始的頭兩次五年計畫期間，將適合耕種的農地全部收歸國有。在捷克，集體化較晚才展開（一九五六年大部分可耕地仍歸私人擁有），但在接下來十年期間，會有百分之九十五的農地遭接收，在斯洛伐克境內落後且交通進出不便的地區，接收比例則較少（百分之八十五）。但一如匈牙利和整個東歐地區，獨立農民名存實亡。他們被壓迫，市場和配銷網也被消滅，使其注定貧困、甚至破產。

蘇聯經濟措施裡不理性、偶爾還不顧現實的特質，在整個集團裡如實重現。一九四八年九月三十日，羅馬尼亞共黨領袖喬治．喬治烏德治（Gheorghe Gheorghiu-Dej）宣布，「我們希望以鄉間資本主義分子為代價，完成社會主義積累。」但在這個國家的鄉村經濟裡，明顯沒有「資本主義分子」。在斯洛伐克，一九五一年間，官方甚至試圖將都市辦事員和公務員送到田裡幹活。這個計畫名叫「七萬人行動肯定有生產力」，結果卻是災難一場，迅即遭打消；但這一在維也納東方八十公里處，類似日後毛澤東作風的嘗試，頗能說明當時的氣氛。同時，在甫遭赤化的巴爾幹地區，共產主義的土地改革，卻使這些原本糧食充盈且便宜的國家，陷入匱乏，長期不得翻身。[3]

為解決這一無法掩飾的失策，統治當局引進蘇聯式法律，把「寄生」、「投機」、「蓄意破壞」

列為犯法行為。日丹卡．帕丘瓦（Zdenka Patschová）博士是法官和捷克斯洛伐克國民議會議員，一九五二年三月二十七日向她的議會同僚說道，「揭開村中富人的真面目，是最首要的刑事訴訟工作……未實現、未完成（農業）生產計畫，得視作蓄意破壞予以嚴懲。」這段話照搬一九三〇年代以來蘇聯的激昂措詞，而誠如這段話所間接表示的，厭惡小農和完成鄉村集體化，乃是達成史達林主義之正統性的最大考驗之一。

短期來講，以蘇聯為師的工業計畫，其執行成果還不到一塌糊塗的地步：指令式經濟體做起某些事，還真能做出成績。土地集體化和摧毀小企業，為礦場、工廠釋出充沛的男女勞動力；共產黨犧牲消費性產品和服務，獨重對重機械品的生產投資，使產出有了前所未見的增長。各地都施行五年計畫，訂下高得離譜的目標。從生產總量的角度來看，這一個世代的工業化期間，成長率令人刮目相看，特別是幾乎從一無所有幹起的保加利亞或羅馬尼亞之類的國家。

即使是在捷克斯洛伐克這個東歐境內城市化最高的國家，農業雇用人口都在一九四八至一九五二年間降了百分之十八。在蘇聯所占領的德國地區，粗鋼產量從一九四六年的十二萬噸成長到一九五三年的兩百多萬噸。東歐部分地方（波蘭西南部、布加勒斯特西北方的工業帶），幾乎一夜之間改頭換面：建成全新的城市，以安置數千名生產鋼、鐵、機器工具的工人，例如位於克拉科夫附近的新胡塔。蘇聯在兩次大戰之間進行的那種準軍事化、規模龐大的第一代工業化，以較

3 被完全併入蘇聯的波羅的海三國，境遇比東歐其他地方更慘。一九四九年，愛沙尼亞北部的集體農莊接到命令，得在收割之前就開始運送穀物，以與南方四百公里處的拉脫維亞作業一致。原本富庶的愛沙尼亞，至一九五三年，其鄉村地區的情況已惡化到乳牛被風吹倒後，因為太虛弱，自己站不起來。

小的規模在蘇聯集團各處重新上演。和俄國共黨在俄羅斯的作為幾乎一樣的，東歐的共產黨人重現了十九世紀西歐的工業革命，而且比西歐的那場革命更緊湊，速度更快。

從這角度看，一九四五年後東歐的經濟史，與同一期間西歐復甦的模式，有些許相似。在西歐，也是把對生產力、成長方面的投資看得比消費性商品和服務的供給來得重要，但馬歇爾計畫緩解了這一策略帶來的痛苦。在西歐，某些產業和地區也從低起始點開始發展，一九五〇年代期間從鄉村到城鎮都出現劇烈轉變，特別是法國、義大利。但相似之處僅止於此。共產東歐經濟史與眾不同的地方在於，第一個世代的蘇聯式工業化除了製造出煤、鋼、工廠、公寓大樓，還製造了奇形怪狀的扭曲和矛盾，這情形甚至比蘇聯境內還嚴重。

一九四九年一月成立經濟互助委員會[4]之後，共產國家間的貿易，有了規則可循。每個國家將與蘇聯從事雙邊貿易（又一個重現納粹時代之要求的舉措，莫斯科再度代替柏林的角色），且被指定在國際共產主義經濟裡扮演沒得討價還價的固定角色。因此，東德、捷克斯洛伐克、匈牙利將供應工業成品給蘇聯（價格由莫斯科訂定），波蘭、羅馬尼亞專門生產、出口糧食和初級工業產品。蘇聯則賣給他們原物料和燃料。

撇開先前已提出那耐人尋味的角色對調——帝國中心提供原物料，殖民地輸出成品——不談，這一結構令人想起歐洲的海外殖民活動。東歐的情況，一如那些歐洲之外的殖民地：本土經濟遭扭曲，未充分發展。有些國家不得製造成品，有些國家奉命大量製造某些產品（在捷克斯洛伐克是鞋，在匈牙利是卡車），賣給蘇聯。經濟學上的「比較優勢」遭漠視。

三〇年代的蘇聯模式，是為應對蘇聯特有的情況（它疆域遼闊、原物料豐富、無專門技能的勞工取之不盡且廉價）而臨時提出，但用在匈牙利或捷克斯洛伐克之類欠缺原物料但擁有具專門技能的工業勞動力和存在已久的高附加價值產品國際市場的國家身上，完全行不通。以捷克為例，尤其能說明此點。二次大戰前，捷克的波希米亞、摩拉維亞兩地區（一九一四年前已是奧匈帝國的工業心臟地帶），人均產出高於專門生產皮革製品、機動車輛、高科技軍火產品、形形色色奢侈品的法國。從工業技能水平、生產力、生活水平、占外國市場的比重來衡量，一九三八年前的捷克斯洛伐克與比利時不相上下，大大領先奧地利、義大利。

一九五六年時，共產捷克斯洛伐克不只落後奧地利、比利時、西歐其他國家，還比該國二十年前遠更沒效率，更貧窮得多。一九三八年，捷克斯洛伐克與奧地利的人均汽車擁有量相差無幾；到了一九六〇年，變成只有後者的三分之一。就連捷克斯洛伐克仍擁有競爭優勢的產品，特別是小型軍火製品，都不再讓捷克人受益，因為他們受到約束，所有出口品一律外銷他們的蘇聯主子。捷克斯洛伐克也成立了超大型製造廠，例如位於俄斯特拉法（Ostrava）境內，與波蘭、東德、匈牙利、羅馬尼亞、保加利亞、蘇聯境內的煉鋼廠一模一樣的戈特瓦爾德煉鋼廠。但這些製造廠的成立，對捷克人來說，代表的不是快速工業化，而是被迫落後不前（捷克斯洛伐克蘊藏的鐵礦很少，卻卯足勁推動以製鋼為基礎的工業化計畫）。靠著初級產業前所未見的高度成長，捷克斯洛伐克享受到起始階段的好處，但接下來即每下愈況。其他的蘇聯衛星國也是個個如此。到五〇

4 Comecon，經濟互助委員會最初有保加利亞、捷克斯洛伐克、匈牙利、波蘭、羅馬尼亞、蘇聯參加，不久後加入阿爾巴尼亞、德意志民主共和國。後來，南斯拉夫、蒙古、中國、北韓、北越也成為會員。一九六三年，經濟互助委員會的成員國占國際貿易的比重是百分之十二，一九七九年時是百分之九，且逐年下降。

年代中期，蘇聯掌控下的東歐已開始漸漸墮入「有計畫」的退化。

對蘇聯集團諸經濟體這段簡短描述，有兩國不全然適用。波蘭對初級工業化的追求，和東歐其他任何地方一樣積極，但對於土地集體化，則不然。史達林似乎理解到逼波蘭小農到集體農場工作不可行，但他未逼波蘭將土地集體化，不會只是因為這層考量。蘇聯處理波蘭時小心謹慎（這點我們後面還有機會看到），有特殊考量。與東歐其他蘇聯帝國子民大相逕庭的，有些波蘭人，其反抗俄國的能力和傾向，乃是數代俄國軍官和官員非常清楚的；蘇聯的統治，在波蘭比在其他任何地方，招來更為明顯的痛恨。

從蘇聯的角度看，波蘭人的反抗令人惱火——波蘭戰時地下反抗分子的殘部，對共產政權發動游擊戰，至少直到一九四〇年代結束時才停止——而且似乎不應該。戰後波蘭人不是將六萬九千平方英哩的東部沼澤地轉給蘇聯，藉此換得四萬平方英哩相當肥沃的農地？人人都預料德國會東山再起，而到那一天，莫斯科不是波蘭人賴以防範德國侵犯的（惟一）保障？此外，波蘭這時甩掉了戰前境內的少數民族：猶太人已遭德國人殺害，而德裔、烏克蘭裔則已遭蘇聯人趕走。如果這時的波蘭比其複雜歷史上的任一時期都更為「波蘭」，那得感謝莫斯科。

但國與國的關係，特別是蘇聯集團內的這類關係，不是取決於有無感激之心。波蘭對莫斯科的最大用處，乃是防範德國或西方入侵的緩衝。波蘭成為社會主義國家，乃是莫斯科所樂見，但重點是波蘭得維持穩定、可靠。為換取波蘭國內的安定，史達林願意讓波蘭享有其南鄰或東鄰所無緣享有的待遇，容忍其境內存有一群獨立農民（不管那些農民再怎麼沒效率、意識形態再怎麼不統一），容忍活躍於公共領域的天主教會。波蘭的大學也幾乎完好如初，與鄰國捷克斯洛伐克和其他地方境內高等教育機構的教師遭整肅拔除，截然不同。

另一個例外，當然是南斯拉夫。史達林和狄托決裂之前，南斯拉夫一如先前已提過的，乃是東歐境內，在走向社會主義的道路上最「先進」的國家。狄托的頭一個五年計畫，追求比蘇聯集團內其他任何國家更高比例的工業投資，藉此取得比史達林還出色的成績。其他衛星國還未開始集體化，南斯拉夫就已成立七千座集體農場；戰後的南斯拉夫，其鎮壓機器的高效率而且無所不在，已快讓莫斯科相形見絀。戰時敵後游擊隊的安全機構，擴大為編制建全的警察網絡，其任務，據狄托所說，乃是「把恐懼打進不喜歡這種南斯拉夫的那些人心坎裡」。

與史達林決裂時，南斯拉夫的人均收入是歐洲倒數第二，僅高於鄰國阿爾巴尼亞；本就貧困的國度，在遭占領、內戰的四年期間，更被打成赤貧。戰爭留給南斯拉夫的痛苦感受，因為其複雜的民族組成而更為難解。南斯拉夫是歐洲最後一個真正多民族的國家，據一九四六年的人口普查，一千五百七十萬人口中，有六百五十萬塞爾維亞人、三百八十萬克羅埃西亞人、一百四十萬斯洛維尼亞人、八十萬穆斯林（大部分住在波士尼亞）、八十萬馬其頓人、七十五萬阿爾巴尼亞人、四十九萬六千匈牙利人、四十萬蒙特尼格羅人、十萬瓦拉幾人（Vlach），還有數目不詳的保加利亞人、捷克人、德意志人、義大利人、羅馬尼亞人、俄羅斯人、希臘人、土耳其人、猶太人、吉普賽人。

這些民族中，只有塞爾維亞人、克羅埃西亞人、斯洛維尼亞人、蒙特尼格羅人、馬其頓人，在一九四六年憲法中獲承認為自成一體的民族，但他們被鼓勵和其他人民一樣以「南斯拉夫人」自居。[5]身為南斯拉夫人，前景似乎真的很黯淡。羅倫斯・達勒爾（Lawrence Durrell）一九四〇年代底從貝爾格勒寫信給希臘友人時，如此描述這國家：「這裡的情況很不樂觀，幾乎處於戰時狀況，過度擁擠，貧窮。至於共產主義，親愛的昔奧多，來這裡不必很久，就足以讓人斷定，資本主義值得爭取。資本主義儘管黑暗，血跡斑斑，但比起這個死氣沉沉而可怕的警察國家，至少沒那麼讓人悲觀、那麼枯燥而絕望。」

與史達林分道揚鑣後的頭幾個月，狄托變得更激進，更「布爾什維克」，好似為了證明他主張的合法性，和批評他的那些蘇聯人的虛假。但光靠他一人之力，這樣的姿態絕不可能維持太久。沒有外援，且蘇聯入侵真的可能成真，他轉向求助於西方。一九四九年九月，美國輸出入銀行貸予貝爾格勒兩千萬美元。次月，南斯拉夫從國際貨幣基金會借到三百萬美元，同年十二月，與英國簽署貿易協議，收到八百萬美元的貸款。

蘇聯的威脅迫使狄托增加國防支出，從一九四八年占南斯拉夫少得可憐的國家收入百分之九・四，增加為一九五〇年的百分之十六・七；國內的軍火工業遷到波士尼亞山區以策安全（一九九〇年代戰爭時，此舉對局勢頗有影響）。一九五〇年，已相信南斯拉夫可能在全球冷戰中發揮重大影響的美國國會，根據一九五〇年的《南斯拉夫緊急救濟法案》，再提供五千萬美元的援助，一九五一年十一月通過一協議，讓南斯拉夫得以根據《共同安全法案》收到軍援。一九五三年，南斯拉夫的經常帳赤字已由美援完全彌補；一九四九至一九五五年，狄托獲自西方的援助共計達十二億美元，其中只償還了五千五百萬美元。使南斯拉夫自一九四五年五月起與義大利、西方交惡的的里雅斯特歸屬僵局，終於隨著一九五四年十月五日南斯拉夫、義大利、英國、美國簽署一份諒解備忘錄而得到解決。

西方援助使南斯拉夫政權得以繼續發展重工業和國防，像一九四八年與蘇聯決裂前那樣。雖然南斯拉夫共產黨員聯盟仍牢牢掌控大權，但戰後時期的超級布爾什維克主義卻已遭到揚棄。一九五一年春時，只有郵政和鐵路、航空、河運受聯邦（亦即中央政府）掌控，其他的服務性事業和所有企業，都交給各加盟共和國掌理。到了一九五四年，隨著一九五三年三月三十日頒布法令，允許農民個人和土地退出集體農場，已有八成農地回到私人手裡。七千座集體農場，只剩一千座。

打敗希特勒後，史達林因「他的」紅軍在國內外締造的輝煌戰果而志得意滿，權勢之盛遠勝以往。對這位蘇聯獨裁者的個人崇拜，戰前就已大力推行，戰後更是達到巔峰。以二次大戰為題而大受歡迎的蘇聯紀錄片，把史達林描寫成幾乎是隻手打贏戰爭的英雄，籌謀畫策，指揮戰役時，沒有其他將領跟著入鏡。從方言到植物學，幾乎在世間每個領域，史達林都是最高明、無可挑戰的權威。蘇聯生物學家奉命採用學術騙子李森科（Lysenko）的理論。李森科向史達林保證，如果他後天特徵可遺傳的理論獲得官方採納，運用於蘇聯農業，定可使農業得到意想不到的改善——結果是一場浩劫。[6]一九四九年十二月七十大壽時，史達林的肖像，由懸掛於汽球下的探照燈打光，照亮克里姆林宮的夜空。詩人競相歌頌「領導人」的偉大，一九五一年拉脫維亞詩人魯克斯（V.

5 根據一九四六年憲法，六個加盟共和國（塞爾維亞、克羅埃西亞、斯洛維尼亞、波士尼亞、馬其頓、蒙特尼格羅），有權退出南斯拉夫聯邦，但七年後這一權利遭到剝奪。

6 值得一提的，史達林從未干涉他的核子物理學家，從未逾越分際修正他們的計算結果。史達林或許瘋了，但可不笨。

Lukss）所寫的對句，就是個代表性例子：

像美麗的紅紗，我們將其織進心裡，
史達林，我們的父兄，你的名字。

對這位獨裁者的新拜占庭式奉承——認為他擁有近乎法力的能力——在愈來愈暗的專制、恐怖背景前展開。戰爭最後幾年，在俄羅斯民族主義的幌子下，史達林把多個小民族從西部、西南部邊疆，特別是從高加索地區，往東趕到西伯利亞和中亞：在伏爾加德裔於一九四一年遭遣送出境後，車臣人、因古什人、卡拉柴人（Karachays）、納爾卡爾人（Nalkars）、卡爾梅克人（Kalmyks）、克里米亞韃靼人和其他民族，被流放到西伯利亞、中亞。如此殘酷對待弱小民族，以前就發生過——一九三九至一九四一年，有數十萬波蘭人、波羅的海人遭流放到東邊，一九三〇年代的烏克蘭人和一九二一年其他民族也有同樣遭遇。

戰後東歐各地對與敵合作者和叛國者所進行的審訊，最初也呼應民族主義情緒。一九四五至一九四七年，波蘭、匈牙利、保加利亞的農民黨領袖，遭以許多虛實交雜的罪名——從戰時與敵合作期間支持法西斯黨到為西方刺探情報——逮捕、審訊、槍斃；但在每個案子裡，檢察官都特別花心思去質疑他們的愛國心，質疑他們不配當保加利亞／匈牙利／波蘭「人民」的代表。拒絕共黨擁抱的社會黨人，也遭扣上人民公敵的罪名，挑出來懲罰，例如一九四六年受審、判刑、三年後死於獄中的保加利亞人克拉斯廷·帕爾塔霍夫（Krastyn Partakhov）。

這些早期公審的非共黨籍受害者，引人注目之處乃是，他們都高調拒絕加諸他們的「反國家」罪——只有真與德國人合作導致個人「事蹟」廣為周知的那些人例外。一九四七年八月，保加利亞農民黨領袖尼古拉・佩特科夫（Nikola Petkov）和其「同謀者」，在索非亞接受明顯遭外力操弄的擺樣子公審時，五名被告中，四人儘管受拷打、被假證據誣陷，仍宣稱自己清白。[7]

由於一九四八年的南斯拉夫危機，史達林的態度轉變了。作為莫斯科之外的替代選擇，貝爾格勒令許多人心動。與史達林不同，狄托未構成立即的威脅（但在巴爾幹當地例外）；這位南斯拉夫領袖解放了他的國家，在未得到莫斯科援助下，帶領他的國家走向共產主義，進而為仍很想以民族情懷作為本地革命基礎的東歐共產黨人，立下一個吸引人的榜樣。史達林的多疑——懷疑別人可能威脅他獨攬大權的地位——眾所皆知，但那不表示他把狄托和「狄托主義」視為不折不扣的威脅是錯的。因此，從此以後，民族主義（「小國民族主義」、「資產階級民族主義」），不再是東歐諸國的資產，反倒成為最大敵人。在一九四八年六月的共產國際情報局會議上，「民族主義」一詞首度被以貶義用在共黨詞彙裡，以譴責南斯拉夫的「偏差」。

但國內所有非共黨的反對者，不是死，就是入獄或流亡，蘇聯在東歐的獨霸地位真有受到什麼威脅？對於知識分子，可以用收買或恐嚇的方法，要其噤聲。東歐諸國的軍隊受到占領當地的蘇聯軍隊牢牢掌控。只有群眾抗議對東歐諸共產政權構成重大威脅，因為那將嚴重削弱「工農」

7 但他們最後還是遭處決。佩特科夫死亡三星期後，共產政權刊出他的「供狀」。但這份供狀造假痕跡太明顯，即使在共產保加利亞，都迅即讓當局感到難堪。當局不再談它，而笨得將供狀公諸於世的保加利亞秘密警察頭子，則如外界所預期遭槍決。

政權的公信力。但這些人民民主政權，在其掌政初期，絕非始終不受其所宣稱代表的無產階級愛戴。相反的，這些政權摧毀中產階級、趕走少數民族，為農民、工人和他們小孩打開了翻身之門。

翻身機會所在多有，特別是在低社會階層和公務員領域：可找到工作，可以用受政府補貼的租金住進公寓，工人的小孩可進入專門為他們而設、不准「資產階級」小孩入讀的學校就讀。政治立場比個人能力更受重視，就業得到保障，迅速壯大的共產政權物色可靠的男女，出任從街坊組織負責人到警方訊問人的各種職務。[8]蘇聯掌控下的東歐，特別是在較落後地區，大部分人民沒有不滿，願意接受自己的處境，至少在這些年裡是如此。

這一概括說法有兩個最為人知的例外，兩例外都發生在蘇聯集團裡最都市化、最先進的地方：一個是工業地區波希米亞，一個是蘇聯占領下的柏林街頭。捷克斯洛伐克一九五三年五月三十一日的「貨幣改革」，看似「給予前資本家毀滅性的打擊」，卻造成工業薪資削減百分之十二（肇因於伴隨此改革而來的價格上揚）。加上在這個以報酬優厚、專技工人為基礎，原屬先進工業經濟體的地區，勞動環境逐步惡化，此一改革遂引發波希米亞西部工業大城比爾森（Plzeň）境內斯柯達（Škoda）工廠的兩萬工人發動群眾示威，繼之在一九五三年六月一日，數千名工人手持貝內斯和戰前總統托馬斯・馬薩里克的肖像，在市府大樓旁遊行抗議。

比爾森示威，侷限於一地方城市，以失敗收場。但數天後，在北邊數十哩處，德意志民主共和國明令大幅調高工作定額（卻未相應加薪），引發一場規模更大得多的抗議。強行實施這規定者是個不得人心的政權，行事比莫斯科的蘇聯主子更不知變通（而且這不會是最後一次）。莫斯科勸東德共黨領導班子接納改革與妥協，以遏止具專門技能的工人大量流向西方，但東德共黨聽不進去。六月十六日，約四十萬工人在東德各地罷工，柏林則爆發最大規模的示威。

一如比爾森抗議者，這些德國工人很快就遭「人民警察」壓下，但並非沒有死傷。將近三百人於紅軍坦克奉命進場鎮壓後遇害；還有數千人被捕，其中一千四百人被判長期徒刑。兩百名「帶頭老大」遭槍殺。德國詩人貝托爾德．布萊希特（Berthold Brecht）始終——有點矛盾地——支持東德共黨政權，惟一一次在詩作裡抒發對這政權的不滿，就是因為這場柏林暴動：

六月十七日的暴動後
作家聯盟的書記
在史達林林蔭道上發送宣傳小冊
小冊上寫道，人民
已喪失對政府的信任
只有加倍努力才能拾回。
在這些情況下，解散人民，
選出另一批人民，
對政府來說不是較省事？

8 晚至一九六六年，波蘭公務員仍有五分之四只有小學學歷。整個國家由一群教育程度明顯不足的行政人員治理。

蘇聯帝國工業化西陲地區憤怒、不滿的工人，向共產主義的美好宣傳打了一巴掌，但對蘇聯的支配地位幾乎不構成威脅——而比爾森、柏林兩暴動都發生在史達林死後，絕非巧合。史達林在世時，真正構成威脅的挑戰來自共黨機器內部。這是南斯拉夫自立門戶一事的真正意涵，而史達林就是為直接回應「狄托主義」，才重拾先前的辦法，並根據現實情況更新、修正這些辦法。從一九四八到一九五四年年底，共產世界經歷第二波的逮捕、整肅和最重要的——政治性「擺樣子公審」。

這些年的整肅和審訊，過去就不乏先例，但主要的先例當屬一九三〇年代的「蘇聯恐怖」時期（Soviet Terror）。那時，主要的受害者也是共產黨內的自己人，目標是肅清黨內「叛徒」和質疑總書記之政策、個人的其他人。一九三〇年代，被認定的帶頭老大是托洛斯基——一如狄托，托洛斯基不靠史達林之力自己闖出一片天，他是不折不扣的共產主義英雄，對於共黨策略和做法有自己一套觀點。三〇年代的恐怖統治保住且展現了史達林的無上權力，戰後期間的整肅，則在東歐實現類似的目的。

但一九三〇年代莫斯科的審判異己，特別是一九三八年的審判尼古萊·布哈林（Nikolai Bukharin），是獨一無二、帶有戲劇性的新東西，其令人震驚的效果來自「革命」不只吞噬「革命」子女、也吞噬「革命」締造者這樣的可怕場景。後來幾十年諸衛星政權的審訊和整肅，則是其無恥的翻版，刻意仿效過去蘇聯的做法。結果這些政權都在一長串司法整肅結束後誕生。

除了戰後的叛國罪審訊和對反共政治人物的政治性審訊，東歐共產政權還利用法庭懲罰、關閉各地的教堂，惟獨波蘭例外，因為在波蘭，共產政權認為與天主教會公開對抗風險太大。一九四九年，保加利亞統一新教教會（United Protestant Church）的諸領袖，遭以陰謀「恢復資本主義」的罪名審判。前一年，新成立的羅馬尼亞共黨政權，強迫東方天主教會（Uniate Church）與較聽話的羅馬東正教會合併，其作法一脈相承，可溯及十八世紀俄國沙皇的漫長迫害歷史。捷克斯洛伐克當局以替梵蒂岡（和美國）刺探情報的罪名，在布拉格兩次將優秀的天主教神父送上法庭，課以十年徒刑到終身監禁不等的刑期；到了一九五〇年代初期，有八千修士、修女被關在捷克斯洛伐克監獄。樞機主教明曾蒂（Mindszenty）入獄後，一九四九年一月由格羅茨大人（Monsignor Grosz）繼任匈牙利天主教會領導人。結果，格羅茨也被判定犯罪，也就是致力復辟哈布斯堡王朝、陰謀與狄托分子共同武裝匈牙利法西斯分子。

對共產黨自己人的審判，分為兩大類。第一類始於一九四八年，直到一九五〇年結束為止，乃是對狄托、史達林決裂的直接回應。在阿爾巴尼亞，共黨籍內政部長科奇・左傑（Koçi Xoxe）於一九四九年五、六月受審，被判有罪，次月吊死。左傑被控以狄托主義的罪名，而他的確以支持狄托和狄托的巴爾幹計畫而著稱於世，但他支持時，狄托和狄托的巴爾幹計畫是得到蘇聯支持的。就此而言，他的案子，一如這案子本身採秘密審理一樣，有點不尋常。

阿爾巴尼亞這場審判之後，繼之以特萊伊喬・科斯托夫在保加利亞被捕、受審、處決。科斯托夫是保加利亞共黨創黨人之一，兩次大戰之間受保加利亞統治者迫害而跛腳。[9]許多人都知道，他反對狄托，批評狄托欲將保加利亞併入巴爾幹聯邦（狄托也不喜歡科斯托夫，兩人互無好感）。

9 一九二四年，二十七歲的科斯托夫遭保加利亞警方逮捕、拷打。擔心自己挺不住，出賣（地下）共黨同志，他從索非亞警局四樓窗戶往下跳，摔斷雙腿。

但史達林還是不信任他——科斯托夫曾冒冒失失批評某蘇聯和保加利亞的經濟協議，認為那不利於他的國家——而欲藉由審判來表明民族主義的罪行，拿他開刀最為理想。

他和他的「團體」(「特萊伊喬・科斯托夫的狡詐刺探、破壞團體」)，一九四九年十二月被控以三項罪名：與戰前保加利亞法西斯黨黨員合作、為英國情報機構刺探消息、與狄托同謀。禁不住不斷的刑求，科斯托夫終於屈服，簽下「供狀」，但出庭時他不願唸事先同意的書面資料，公開翻供，在聲稱自己清白聲中被押出法庭。兩天後的一九四九年十二月十六日，科斯托夫遭吊死，他的「同謀」被以開庭前史達林和警察頭子拉夫倫蒂・貝里亞（Lavrenti Beria）就已決定的懲罰，判處終身監禁。科斯托夫案子的不尋常之處，在於他是惟一在公開審理時翻供、辯稱自己無辜的東歐共產黨人。這使保加利亞政權在國際上有點難堪（科斯托夫審訊過程有電台廣播，在西方廣受報導），隨之接獲指示，這種事絕不可再發生。結果真的未再發生。

科斯托夫遭處死前不久，匈牙利共黨已對**他們**黨內有意效法狄托的內政部長拉斯洛・拉伊克，辦了場擺樣子公審。書面資料和保加利亞那場審判的資料一樣，真的是逐字逐句一樣，只有名字改一改。罪名、細節、供狀全和保加利亞的一模一樣，其實不足為奇，因為兩場審判的書面資料都是在莫斯科擬好。拉伊克本人絕非無辜；擔任共黨政權內政部長時，他把許多人送進監獄，或施予更殘酷的待遇。但就他的案子來說，起訴書特別強調他「拿錢替某外國勢力辦事」的「叛國勾當」；蘇聯的占領在匈牙利特別不受歡迎，莫斯科不想冒險，讓拉伊克搖身變成「民族共產主義」的英雄。

結果，這是多慮。拉伊克乖乖唸出別人要他唸的，承認他曾當英美特務，致力於壓制匈牙利的共黨勢力，且告知法庭他的真名是Reich（說明了他是德裔，而非匈牙利裔），他在一九四六年受南斯拉夫情報機構招募，加入該組織，還說南斯拉夫情報機構揚言，「如果不照他們的話做」，他們會抖露他戰時與匈牙利納粹分子合作的事。審判拉伊克和其「同謀」的過程，以及拉伊克於一九四九年九月十六日的認罪，由布達佩斯電台現場直播。九月二十四日，法庭宣布事先已定好的判決；拉伊克和另外兩人被判死刑。十月十五日吊死。

拉伊克、科斯托夫的公審，只是東歐諸共黨、諸政府為捕殺狄托分子所發動的秘密審判和臨時法庭的冰山一角。受害最烈者是最靠近南斯拉夫的「南邊那排」共黨國家：保加利亞、羅馬尼亞、阿爾巴尼亞、匈牙利。由於匈牙利毗鄰南斯拉夫，且塞爾維亞的伏伊伏丁那（Vojvodina）地區有為數眾多的匈牙利裔少數民族，以及一九四七年期間匈牙利在外交政策上與南斯拉夫亦步亦趨，因此，史達林憂心狄托主義在匈牙利逐漸壯大，倒是有其道理。光是在匈牙利，就有約兩千名共黨骨幹分子遭草草處決，另有十五萬人遭判處徒刑，約三十五萬人遭開除黨籍（而開除黨籍往往意味著丟掉飯碗、住所、基本權利和受高等教育的權利）。

波蘭、東德境內的迫害，使數千男女入獄，但未帶來重大的擺樣子公審。在波蘭，有一人被視為是狄托－科斯托夫－拉伊克之流的人物，即波蘭統一工人黨的總書記暨波蘭部長會議（Council of Ministers）副主席瓦迪斯瓦夫·哥穆爾卡（Wladislaw Gomulka）。哥穆爾卡曾公開批評波蘭境內的土地集體化計畫，公開支持走波蘭「民族道路」前往社會主義的言論。事實上，他已因為這一點遭波蘭共黨內忠於史達林主義者批評，一九四八年八月遭撤除總書記一職，由博列斯瓦夫·畢耶魯特（Boleslaw Bierut）接任。五個月後，哥穆爾卡辭部長職，一九四九年十一月他遭開除黨籍，同年十二月，畢耶魯特公開指控哥穆爾卡和其「團體」走民族主義、狄托主義路線。

哥穆爾卡被貶去當華沙社會保險協會的主管，一九五一年七月終於被捕，一九五四年九月才獲釋。但他未受傷害。在華沙完全沒有審判狄托主義的事發生。在波蘭，有幾樁審判，其中一樁，有一群軍官被控以陰謀反政府，審判始於一九五一年哥穆爾卡被捕那天。按照莫斯科特務機關擬定的計畫，要把哥穆爾卡與拉伊克、狄托等人扯上關係——聲稱哥穆爾卡透過以美國人諾埃爾·費爾德（Noel Field）為中心的複雜聯絡網，和拉伊克等人接上線，這些連絡人有的是真有其人，有的是虛構，費爾德則是戰後一位論派教會（Unitarian Church）在歐洲救濟活動的負責人。這個虛構的費爾德聯絡網據說由間諜頭子和狄托分子組成，總部設在布達佩斯。之前，對拉伊克等人的指控中，已搬出這個聯絡網，這時用來對付哥穆爾卡，將成為不利於他的主要證據。

但波蘭人頂得住蘇聯的施壓，沒像匈牙利那樣展開全面且公開的獵巫行動。流亡蘇聯的波蘭共黨人士，十年前在莫斯科遭史達林殺害殆盡，已使畢耶魯特預先體認到，如果波蘭也捲入逮捕、整肅、審判的漩渦，他自己大概會是什麼下場。波蘭人也是走運，時機對他們有利：哥穆爾卡不願屈服於訊問或不願簽署捏造的供狀，使有關哥穆爾卡的卷宗遲了一些日子才備好，因而等到波蘭人開始審判他時，史達林已死，他的打手貝里亞也已喪命。最後，有些蘇聯領導人無疑認為，剛開始那幾年，在眾目睽睽之下撕裂波蘭共黨領導階層，太不明智。

但在捷克斯洛伐克，就沒有這些顧忌。一九五二年十一月，最大一場擺樣子公審在布拉格上演。一九五〇年起，緊接在拉伊克、科斯托夫遭整肅之後，共黨當局就已開始計畫在該國演一場大型的擺樣子公審。但終於上場時，重點卻已轉移。狄托仍是敵人，為西方刺探情報的指控仍是起訴書的重點。但「審判反政府陰謀中心領導階層」時，十四名被告中有十一人是猶太人。起訴書第一頁，不厭其煩地說明這絕非偶然。「托洛斯基派－狄托派資產階級－民族主義叛徒和捷克斯洛伐克人民的敵人」，也是（且尤其是）「猶太復國主義者」。

史達林一直都是反猶的。但在二次大戰之前，他對猶太人的厭惡安穩包藏在他對其他類人——舊布爾什維克、托派分子、左傾與右傾分子、知識分子、資產階級等——的摧毀行動中，因而人們覺得那些人的猶太裔身分跟其遭遇沒有因果關係。無論如何，共產主義不與種族偏見或宗教偏見有瓜葛，乃是共黨的信條；一旦蘇聯的大業掛上「反法西斯」的大旗，一如一九三五至一九三九年八月和一九四一年六月之後的作為，歐洲猶太人最好的朋友，就非史達林莫屬。

最後那句話不盡然是嘲諷。歐洲的共產黨，特別是中、東歐的共產黨，猶太人占了黨員頗大比例。兩次大戰之間，波蘭、捷克斯洛伐克、匈牙利、羅馬尼亞的猶太人，是遭壓迫、厭惡的少數民族。年輕且宗教意識淡薄的猶太人，在政治上的選擇不多：猶太復國主義、同盟主義、[10]社會民主主義（在把這主義視為合法的地方）、或共產主義。其中，共產主義反民族的立場最堅定，最有雄心抱負，有其獨特的吸引力。不管蘇聯過去有哪些缺點，在中、東歐人民似乎得在專制過去和法西斯未來作個選擇之際，蘇聯提供了一個革命性的替代選項。

10 同盟（Bund）是猶太人勞工運動組織，創立於戰前的沙俄，活動限於波蘭境內。

戰時經驗使猶太人對蘇聯更抱以厚望。德國人於一九三九年掀起戰爭後，置身蘇聯所占領之波蘭境內的猶太人，多次被往東遣送，許多人死於疾病和困苦。但他們未遭到有計畫的撲殺。紅軍取道烏克蘭、白俄羅斯進入波羅的海三國、羅馬尼亞、匈牙利、捷克斯洛伐克、波蘭、德國，拯救了那些國家裡倖存的猶太人。解放奧許維茨集中營者是紅軍。史達林打二次大戰的確不是為了猶太人；但若希特勒贏了——若德國人和與其合作者仍掌控著他們在史達林格勒戰役之前所取得的土地——還會有數百萬猶太人遭屠殺。

共黨在東歐當家作主時，其領導班子裡有許多人是猶太裔。這在次高階層的職位上特別顯著：波蘭、匈牙利的共黨籍警察首長是猶太人，經濟決策者、行政秘書、著名記者、共黨理論家亦然。在匈牙利，共黨黨魁（馬特雅斯・拉科西）是猶太人；在羅馬尼亞、捷克斯洛伐克、波蘭，共黨黨魁不是猶太人，但核心領導班子的成員大部分是。蘇聯集團內部的猶太裔共產黨員能這麼風光，完全得歸功於史達林。他們返國後（往往是流亡在外許久之後），在那些國家裡不是很受歡迎：不管是以共產黨員的身分，還是以猶太人的身分，都是如此。戰爭與被占領的經驗，使當地居民比以往更加痛恨猶太人（海妲・馬格利烏斯從奧許維茨死亡行軍中逃出，在戰爭結束時千辛萬苦回到布拉格，結果有鄰居問她：「妳為什麼回來？」）；[11]對史達林來說，東歐的猶太裔共產黨人會很聽話，可能比其他任何族群都還聽話。

戰後頭幾年，史達林對其猶太裔下屬未表現出任何敵意。在聯合國，蘇聯積極支持猶太復國運動的計畫，贊成在中東創立一猶太國家，以遏制英國的帝國野心。在國內，史達林肯定猶太人反法西斯委員會的表現。這是戰時所成立的組織，旨在鼓勵猶太人於蘇聯境內和（特別是）國外去支持蘇聯的反納粹鬥爭。蘇聯的猶太人，一如莫斯科治下的其他許多民族，樂觀認為戰時——史達林尋求並接受來自任何角落之援助的時期——那種廣為包容的氣氛，會在勝利後化為更令人安心自在的局面。

結果正好相反。誠如先前已提過的，戰爭還未結束，史達林就已開始將一個個民族整個流放到東邊，無疑對猶太人也抱有類似的打算。猶太人在蘇聯的境遇，一如在中歐：即便猶太人的損失已超過其他任何族群，但拿猶太人當代罪羊，把其他族群的苦難怪罪到他們身上，卻是容易且常見。戰時所祭出的俄羅斯民族主義大旗，已使蘇聯的論述更近似過去俄羅斯反猶人士的斯拉夫排外主義用語；這當然不會不利蘇聯政權。對史達林本人來說，這代表他可以回復本性了，從他對希特勒成功利用民間反猶情緒的看法，正突顯了他本人的反猶本性。

基於數個原因，淡化納粹暴行裡明顯的**種族歧視**特性，始終符合蘇聯的利益：烏克蘭猶太人在娘子谷遭受的屠殺，被官方定調為「愛好和平之蘇聯公民遇害」事件來緬懷，一如戰後在奧許維茨所立的紀念碑，只籠統提到「法西斯主義的受害者」。種族歧視在馬克思主義的詞彙裡無安身之處；死去的猶太人，死後被納入他們在世時極度厭惡他們的那些當地族群裡。但隨著冷戰的壁壘分明，以及戰時的國際人脈和跨國聯繫在史達林眼中開始成為有害無益的包袱，猶太人那種跨國界的特質——國際性連結是德國出兵攻擊後慘淡的那幾個月裡，史達林希望引為助力的——再度被拿來對付他們。

11 見海妲·馬格利烏斯·科瓦利（Heda Margolius Kovaly）的《殘忍星星下》（*Under a Cruel Star*）。二戰結束後的十八個月裡，在波蘭、匈牙利、捷克斯洛伐克遇害的猶太人，比戰前十年裡遇害的猶太人還要多。

第一批受害者是戰時反法西斯委員會的猶太裔領袖。該委員會的頭號人物同時是俄羅斯意第緒劇院（Yiddish Theatre）之重要人物的索羅門．米霍爾斯（Solomon Mikhoels），一九四八年一月十二日遇害。一九四八年九月十一日以色列大使高爾達．梅爾（Golda Meir）抵達莫斯科，引燃猶太人的熱情，猶太人在歲首節、贖罪日舉行街頭示威，在以色列公使館外高呼「明年在耶路撒冷」。不管什麼時候，這樣的事本就會讓史達林覺得挑釁、不以為然。他對新以色列國的熱情正迅速消失：不管以色列國隱隱帶有什麼社會主義傾向，顯然都無意成為蘇聯在中東的盟友；更糟糕的，這個猶太國家正在敏感時刻展現令人心驚的親美心態；柏林封鎖剛開始，蘇聯與狄托的決裂正進入激烈階段。

一九四八年九月二十一日，《真理報》（*Pravda*）登出伊利亞．艾倫堡（Ilya Ehrenburg）的文章，文中清楚指出對猶太復國主義的立場轉變。從一九四九年一月起，《真理報》上開始出現文章抨擊「無祖國的四海為家者」、「不愛國的戲評團體」、「無根的四海為家者」、「沒有認同者」、「沒有護照的流浪者」。意第緒語學校和劇院遭勒令停業，意第緒語報紙遭禁，意第緒圖書館遭關閉。猶太人反法西斯委員會本身，則在一九四八年十一月二十日遭勒令停止運作，該委員會剩下的領導人、藝術家、作家、公務員於次月被捕，關了三年。蘇聯當局嚴刑逼供，欲逼他們坦承陰謀「反蘇」，顯然準備拿他們辦一場擺樣子公審。

主持調查的安全部隊上校佛拉基米爾．科馬羅夫（Vladimir Komarov），想在他們頭上再加上一條猶太人奉華府、台拉維夫指示陰謀大規模反蘇的罪。誠如他向其中一位犯人索羅門．洛左夫斯基（Solomon Lozovsky）所說的，「猶太人是低劣骯髒的民族，所有猶太人都是可惡的混蛋，所有反黨勢力都由猶太人組成，蘇聯各地的猶太人都在從事反蘇聯的耳語運動。猶太人想把俄羅斯人消滅淨盡。」[12]但如此公然的反猶言論，就連史達林聽了，可能都會覺得尷尬；最後，十五名被告（全是猶太人）於一九五二年夏遭軍事法庭秘密審判。十四人遭處死；惟一的倖存者，莉娜．什特恩（Lina Shtern）判十年徒刑。

在這同時，反猶浪潮在諸衛星國愈演愈烈。羅馬尼亞有許多猶太人捱過二次大戰、保住性命，一九四八年夏有人發起反猶太復國主義運動，往後六年，此一運動雖有起有落，但持續不斷。不過，羅馬尼亞猶太人人數眾多，且與美國有聯繫，使他們免於遭到直接攻擊；事實上，曾有一段時間，羅馬尼亞人考慮過讓境內猶太人離開——從一九五〇年春起同意猶太人申請簽證，直到一九五二年四月才中止，至停發簽證時，已有九萬羅馬尼亞猶太人前往以色列。

在羅馬尼亞，擺樣子公審的計畫，鎖定（非猶太裔的）羅馬尼亞共黨領袖魯克雷修．帕特拉斯卡努（Lucretius Pătrășcanu）。羅馬尼亞當局正打算像匈牙利對付拉伊克那樣，以支持狄托主義的罪名找人開刀辦場公審，而帕特拉斯卡努公開質疑鄉村集體化，自然而然成為開刀的對象。一九四八年四月他被捕，但等到審訊他的人準備將他送上法庭時，對付的目標已經改變，帕特拉斯卡努的案子被和阿娜．波克的案子綁在一塊。波克是猶太人，她父親是來自摩達維亞的合格猶太屠師，她本人則是羅馬尼亞歷史上第一位猶太裔政府部長（且是世上第一位女性外長）。她也以在

12 *Stalins Secret Pogrom: The Postwar Inquisition of the Jewish Anti-Fascist Committee* (Yale University Press, 2002), edited by Joshua Rubenstein and Vladimir Naumov, page 52. 後來科馬羅夫的下場和許多人一樣，入獄，遭處決，但至死仍拿他的反猶功績替自己辯解。

教條、政策方面立場強硬而著稱，因此成為欲討好本國人民的羅馬尼亞領導階層理想的開刀對象。

史達林之死，使羅馬尼亞共黨領袖喬治・喬治烏德治欲拿波克等人辦場擺樣子公審的計畫停擺。但一九五三至一九五四年初，羅馬尼亞共黨以受雇於「帝國特務」當猶太復國主義間諜的罪名，對一些次要角色執行了一連串秘密審判。受害者從真正的（右翼）修正主義猶太復國主義者，到被猶太復國主義污染的猶太共產黨人，都被控以和以色列有非法關係、戰時和納粹合作的罪名，最後被判從十年到無期不等的徒刑。帕特拉斯卡努在獄中受折磨了六年，一九五四年四月終於受審；被控為英國人刺探情報，判決有罪，然後處死。

波克較幸運：她受到莫斯科（先是史達林、再來是莫洛托夫）的保護，從未被直接扣上「猶太復國主義者」的帽子，一九五二年九月遭開除黨籍後保住性命，此後沒沒無聞，直到一九六〇年去世。東歐諸共黨中，羅馬尼亞共黨黨員最少，最不與外界往來，一直因為內部暗鬥而分裂。打垮「右派」帕特拉斯卡努和「左派」波克，對作惡多端的喬治烏德治來說，尤其是一場派系的勝利。他的統治作風，就像他的繼任者尼古拉・希奧塞古，讓人厭惡的想起巴爾幹半島上舊式的獨裁統治。

在這些年裡，猶太人被從羅馬尼亞共黨和政府裡清除掉，在東德和波蘭境內亦然。在這兩個國家，一如在羅馬尼亞，共黨內的某派系可動員民間的反猶心態對付黨內的「四海為家者」。東德尤其有利於這類派系大展身手。一九五三年一月，「醫生陰謀案」（Doctors' Plot）在莫斯科沸沸揚揚時，東德著名的猶太人和猶太裔共產黨人紛紛西逃。東德中央委員會委員漢斯・延德勒茨基（Hans Jendretsky）要求不得讓猶太人（「國家的敵人」）參與公眾生活。但因為機運，或因為時機，或因為明智考量，這三國政府都未進行莫斯科所計畫、布拉格所施行的那種全面的反猶太擺樣子公審。

後來人稱「史蘭斯基審判」的那場審判，是典型的共產黨擺樣子審判。這場審判精心準備了三年多才付諸行動。頭一批受到「調查」的，乃是一群斯洛伐克共黨領袖，特別是一九五〇年被捕、被控以「資產階級民族主義」之罪名的捷克斯洛伐克外長佛拉基米爾・克萊門提斯（Vladimir Clementis）。此外還有數類中階捷克共產黨人，和上述斯洛伐克人一起被控參與狄托派－托洛斯基派陰謀。但這些在一九五〇、一九五一年期間被宣告犯罪而入獄者，官階都不夠高，不夠格稱作名義首腦和帶頭老大，撐不起史達林所要求的重大公審。

一九五一年春，蘇聯警察頭子貝里亞指示捷克人，將調查矛頭從狄托派轉向猶太復國主義陰謀。自此之後，整個整肅行動由蘇聯特務機關主持——科馬羅夫上校和另一位軍官奉派到布拉格主持調查，捷克安全警察和共黨領導階層都聽命於他們。得找一位夠份量的人開刀，因此蘇聯把目標鎖定捷克統治集團裡地位僅次於總統克萊蒙特・戈特瓦爾德（Klement Gottwald）的第二號人物，共黨總書記魯道夫・史蘭斯基（Rudolf Slánský）。戈特瓦爾德是個恪盡職責的名義上首腦和處事圓融的忠貞黨員，相對地，史蘭斯基雖然全力支持史達林（類似他之前的拉伊克），卻是個猶太人。

最初戈特瓦爾德不願讓史蘭斯基被捕，畢竟過去三年他們兩人密切合作一起整肅同僚，如果總書記被宣告犯錯，下一個遭殃的可能就是戈特瓦爾德本人。但蘇聯不肯退讓，出示將史蘭斯基與美國中情局扯上關係的偽證，戈特瓦爾德終於讓步。一九五一年十一月二十三日，史蘭斯基被捕；仍是自由之身的其他猶太裔知名共產黨員，接下來幾天跟著入獄。此後，安全機關著手從他們手中的許多犯人取供、取得「證據」，以便拿史蘭斯基和其黨羽辦大案。這些犯人（特別是那位前總書記）面對殘酷的刑求，並未一下子就屈服，因此安全機關花了大半年才取得所要的東西。

最後，一九五二年九月，起訴書終於寫成。然後，供狀、起訴書、事先定好的刑期、審訊腳本送到莫斯科，以取得史達林的親自認可。在布拉格，「彩排」了審判全程，並錄了音。這是事先準備的一套，供「實況轉播」之用，以防有被告在公審時像科斯托夫那樣翻供。結果沒用上。

這場審判從一九五二年十一月二十日持續到十一月二十七日。它沿襲已行之有年的做法：指控被告做了、說了他們沒做、沒說過的事（根據向其他證人，包括他們的同案被告，強逼取得的供狀），把他們確實做過但被賦予新意涵的事歸罪於他們（因此其中三名被告被指控於貿易協議時偏袒以色列，儘管當時這是蘇聯的政策）；檢察官指控克萊門提斯與狄托（「殺害南斯拉夫人民的劊子手和帝國主義走狗狄托」）會晤——但當時克萊門提斯是捷克斯洛伐克副外長，狄托仍受蘇聯眷愛有加。

兩個特色使這場審判有別於之前的其他所有審判。檢察官和證人一再強調被告的猶太人特質——「四海為家的魯道夫·馬格利烏斯」、「史蘭斯基……被共黨內所有猶太人寄予厚望者」、「國際猶太復國主義的代表」諸如此類。「猶太出身」（有時「猶太復國主義者出身」）成為罪證，成為懷有反共、反捷克意圖的根據。檢察官的用語，透過捷克斯洛伐克電台廣播出去，重現了在「莫斯科審判」中檢察官費辛斯基（Vyshinsky）粗俗的罵人話，甚至更有過之：「令人厭惡的叛徒」、「狗」、「狼」、「像狼一樣的希特勒接班人」，以及其他類似的辱罵。捷克報紙也扼要報導了該檢察官在庭上的話。

審判第四天，布拉格共黨報紙《紅色權利報》（*Rudé Právo*）刊出如下社論：「一看到這些冷酷無情的傢伙，就令人厭惡、反感得發抖。猶大史蘭斯基……（在指望）這些非我族類的東西，這些有著不光彩過去的下等人（幫他）。」社論作者解釋道，凡是捷克人都不可能犯下這些罪：「只有懷疑人性、沒有祖國的猶太復國主義者……被美元收買的精明四海為家者。在這一犯罪活動中，他們受到猶太復國主義、資產階級猶太民族主義、種族沙文主義的指導。」

十四名被告有十一名遭判死刑並處死，另外三人被判終身監禁。一個月後，戈特瓦爾德在捷克斯洛伐克共黨的全國代表大會上致詞時，如此說到他的前同志：「一般來講，銀行家、實業家、前富農不入我們黨。但如果他們是猶太裔，具有猶太復國主義傾向，我們就很少注意到他們的階級出身。這一情況源自我們厭惡反猶主張、尊敬猶太人所受的苦難。」

史蘭斯基審判假司法公開之名，行殺人之實。[13]就像此前在莫斯科對反法西斯委員會舉行的那場審判，布拉格這場審判也是一九五三年一月十三日逮捕蘇聯猶太醫生行動的序曲。那些猶太醫生被《真理報》披露「陰謀」不軌，被指為「一幫猶太復國主義恐怖分子」，被控謀殺安德烈・日丹諾夫，與「英美資產階級」合搞陰謀，在美國猶太聯合分配委員會（和已故的「資產階級猶太民族主義者」索羅門・米霍爾斯）默許下，推動「猶太民族主義」事業。法庭裁定史蘭斯基案不到三個月，這些猶太醫生就給送上法庭。

13 保住性命者後來全獲釋，但他們和其他同類受害者，要到一九六八年才完全獲得平反，宣告無罪。

跡象顯示，克里姆林宮把這場審判視為集體搜捕蘇聯猶太人，接著將他們驅逐至比羅比詹（Birobidzhan）和蘇聯中亞的前奏和藉口。比羅比詹位於東邊，是劃出來給猶太人居住的「家園」，蘇聯中亞則是在一九三九至一九四一年間已有許多波蘭猶太人被送去那裡。內政部出版社已印製百萬份宣傳小冊，並準備四處發送，宣傳小冊說明了「為何得將猶太人移出本國工業區，安置他地」。但就連史達林似乎都猶豫不決（伊利亞．艾倫堡提醒他拿猶太醫生辦場擺樣子審判會極不利於蘇聯在西方的形象）；無論如何，他還來不及決定，就在一九五三年三月五日去世。

史達林的猶太偏見不需費心去解釋：在俄國和東歐，反猶本身就令人快意，不需要為了什麼好處才去反猶。更令人感興趣的乃是，史達林搞這些一眼就可看出是造假的整肅、起訴、供狀、審判，用意何在？這位蘇聯獨裁者為何需要費事搞審判？在蘇聯集團裡，莫斯科想翦除哪個人，不管那人在哪裡，都能透過「行政手續」把那人幹掉。審判似乎反而害事；那些一眼即可看出造假的證詞和供狀，那不怕人說閒話、挑出特定人士和族群來對付的舉動，絕不可能讓外國觀察家相信蘇聯司法程序毫無作假。

但共產集團的擺樣子公審，並不是為了正義，毋寧說是在藉由公審以昭炯戒；這是共產國家裡頗有歷史的一項制度（蘇聯境內最早的這類公審發生於一九二八年），其目的在以實例證明蘇聯制度裡的權力結構。這類公審告訴大眾誰對誰錯；為政策失敗找出究責對象；褒揚忠誠、順服；甚至寫審訊腳本，寫出經過認可、供用於公眾事務討論的語彙。魯道夫．史蘭斯基被捕後，提到他時一律稱之為「間諜史蘭斯基」，這一定名舉動如同政治放逐。[14]

擺樣子公審，或費辛斯基一九三六年《蘇聯刑事調查手冊》裡所謂的特別法庭（tribunal），明顯是為了「動員無產階級輿論」而做。誠如捷克斯洛伐克一九五三年一月《法庭組織法》赤裸裸說明的，法庭的作用「在於教導公民獻身、效忠於捷克斯洛伐克共和國之類的」。一九四八年在布達佩斯受審的羅伯特・佛格勒（Robert Vogeler）在當時記載道：「從我們的審訊腳本的撰寫方式來看，確立我們的象徵身分，比查明我們的『罪責』還來得重要。我們每個人都得在個人證詞中，為了共產國際情報局出版機構和電台『揭露』自己。」

原被認定是政治批評者或反對者的被告，被貶為一幫目無法紀、帶有貪腐、背叛之心的陰謀者。蘇聯帝國作風的笨拙有時掩蓋這一目的——在大城市布達佩斯，為了動員輿論，而重提那些反對「鬥爭富農」者所犯的錯誤，當地人聽了會怎麼想？但「大眾」未被要求去相信他們所聽到；只被訓練去重述他們所聽到的。

公審的用處之一是找出代罪羔羊。如果共黨經濟政策未能取得其事先宣告的成果，如果蘇聯外交政策受阻或被迫妥協，就得有人承擔責任。要不然如何解釋永不會犯錯的「領袖」的失策？代罪羔羊有許多人選：史蘭斯基在捷克斯洛伐克共黨內外都很不得人緣；拉伊克原是嚴酷的史達

14 審訊腳本寫得很嚴謹。安德烈・馬爾蒂（André Marty）於一九五二年十二月遭法國共黨中央委員會私下「審判」時，他的「檢察官」萊昂・莫維（Léon Mauvais）指控他提到「托洛斯基派國際」，而非提到「托洛斯基派人渣」或「托洛斯基派警察密探群體」（共產黨人提到托洛斯基派時「自然且習慣」使用的字眼）」。光是這一用語上的疏失，就使馬爾蒂受到嚴重懷疑。

林主義內政部長；正因為他們執行了這時被認為已經失敗且不得人心的政策，所有共黨領袖和部長都可能成為代罪羔羊。一如法國革命戰爭時戰敗的將領常被控以叛國罪，當共黨籍部長所實行的政策未能符合人民期望時，他們得承認自己在搞破壞。

除了具有轉移罪責這個象徵性用途，認罪還進一步確認了共產主義教條。在史達林的世界裡，沒有意見不同，只有異端；沒有批評者，只有敵人；沒有過失，只有犯罪。擺樣子審判既標舉史達林的優越之處，確認了敵人的罪行，並說明史達林的妄想狂程度和他周遭瀰漫的猜疑文化。猜疑文化包含了對俄羅斯的未來根深蒂固的不安，以及更為普遍的「東方」自卑感，擔心西方的影響和來自西方富裕的誘惑。一九五〇年在索非亞，有場「保加利亞境內美國間諜」的審判，案中被告被控散播「上帝的選民從地理上說全來自東方，但如今全住在西方」的觀點。起訴書還把被告描寫成「對奴性的低估」表露「諒解」，且這種心態已被西方間諜成功利用。

於是，西方是個得一再驅除的威脅。西方當然派有如假包換的間諜。一九五〇年代初期，韓戰爆發後，華府的確考慮過要搗亂東歐局勢，而且美國情報機關多次欲滲入蘇聯集團而不果，使那些據稱與美國中情局合作或為英國特務機關蒐集情報的共產黨人的供狀，表面上看來的確不假。而史達林晚年時似乎真的認為會爆發戰爭；誠如他在一九五一年二月接受《真理報》「訪談」時所說明的，資本主義與共產主義的對抗不可避免，如今可能性愈來愈大。從一九四七年到一九五二年結束，蘇聯集團始終處於戰爭態勢：捷克斯洛伐克的軍火生產在一九四八至一九五三年間增加了六倍，有更多蘇聯軍隊被調到東德，並擬好了成立戰略轟炸機部隊的計畫。

因此，逮捕、整肅、審判是對即將到來之對抗的公開提醒；是蘇聯為何憂心戰爭爆發的正當理由；是將列寧主義政黨精實化，使其做好作戰準備的策略（幾十年前就已為人所熟悉的策略）。一九四九年拉伊克被控與英、美合謀推翻共黨政權一事，在許多共產黨人和西方支持他們的人眼中，乃是信而有徵。甚至對史蘭斯基等人所提出的指控，在其他方面顯得離譜，但都援引了普遍被承認的事實，即捷克斯洛伐克的確與西方往來密切，高居蘇聯集團諸國之冠。但為何是拉伊克？為何是史蘭斯基？這些代罪羔羊是怎麼選出來的？

在史達林眼中，凡是在蘇聯鞭長莫及的西方待過的共產黨人，不管他們在那裡做什麼，都很可疑。三〇年代西班牙內戰期間活躍於西班牙的共產黨人——其中有許多人來自東歐和德國——乃是最早受到懷疑的。拉斯洛·拉伊克在西班牙打過仗（當拉科西營的政委）；史蘭斯基的同案被告奧托·史靈（Otto Sling）也是。佛朗哥獲勝後，許多西班牙退役軍人逃到法國，最後陷身法國拘留營。其中有許多人在那裡加入法國反抗運動，與避難於法國的德國和其他外國的共產黨員合作。這類男女人數不少，法國共黨因此將他們組織為共黨地下組織的分支「移民工人」。戰後著名共產黨人，例如阿圖爾·倫敦（Artur London，史蘭斯基案的另一個同案被告），透過戰時在「移民工人」的工作經歷，與西方有豐富的人脈關係，而這也引來史達林的猜疑，後來成為不利於他的把柄。

戰時蘇聯境內的猶太人反法西斯委員會奉命與西方建立關係，詳細記錄納粹的暴行——結果這些活動反倒在日後成為對他們刑事控告的依據。德國共產黨人，例如戰時待在墨西哥的保羅·梅克爾（Paul Merker）；斯洛伐克共產黨人，例如曾在倫敦工作、後來出任外長的克萊門提斯；任何留在納粹占領區者，只要被控曾接觸西方特務或戰時曾與非共黨籍的反抗人士太密切合作，全難以脫身。被關進布痕瓦爾德但保住性命的捷克共產黨人約瑟夫．法蘭克（Josef Frank），在史蘭斯基一案中被控利用陷身該集中營時結交可疑人士，那些人是「階級敵人」。

只有在莫斯科待過很長時間，受克里姆林宮嚴密監視過的共產黨人，才未在一開始就遭史達林猜疑。這些人特別值得信賴，因為他們在蘇聯當局的眼皮底下過了那麼多年，若與外人有接觸，也是不多；而且如果他們捱過三〇年代的整肅（流亡蘇聯的波蘭、南斯拉夫等國家的共黨領導成員大部分在這些整肅中遭翦除），可想而知應會毫無二心聽命於這位蘇聯獨裁者。另一方面，「民族」共產主義者，[15]也就是留在母土的共產黨人，則被視為不可靠。他們在國內反抗運動上擁有豐功偉業，而在戰後靠紅軍之助從莫斯科返國的同志，則在這方面通常相形失色。因此，他們在本國更得人心，更可能對本土或本國的「通往社會主義之路」有自己的見解。

因為這些因素，戰後擺樣子審判的主要受害者，幾乎都是這些「國家」共產主義者。因此，拉伊克是「民族」共產主義者，而拉科西與蓋羅（Gerö）——主導拉伊克審判的兩位匈牙利共黨領導人——則是「莫斯科人」（雖然蓋羅也曾活躍於西班牙）。除此之外，這兩種人差別不大。在捷克斯洛伐克，組織斯洛伐克人民起義反抗納粹者（包括史蘭斯基），則是現成的蘇聯猜疑對象；史達林不喜歡與人共享解放捷克斯洛伐克的功勞。克里姆林宮較喜歡可靠、沒有英雄性格、平凡且是其所認識的「莫斯科人」，例如克萊蒙特．戈特瓦爾德。

特萊伊喬．科斯托夫於戰時便領導保加利亞共黨敵後游擊隊，直到被捕為止；戰後他躋身二把手的位置，地位僅次於剛從莫斯科返國不久的喬吉．季米特洛甫，但一九四九年他的戰時經歷成為攻擊他的把柄後，被拉下台。在波蘭，哥穆爾卡曾在納粹占領期間與馬里安．斯彼哈爾斯基

（Marian Spychalski）共同組織武裝反抗運動；戰後史達林中意畢耶魯特和其他以莫斯科為活動基地的波蘭人。斯彼哈爾斯基和哥穆爾卡後來雙雙被捕，如前面提過的，差一點成為擺樣子審判的主角。

但有一些例外。在羅馬尼亞，「民族」共產主義者喬治・喬治烏德治一手策劃，將「民族」共產主義者帕特拉斯卡努拉下台，並使根正苗紅的莫斯科人、史達林主義者阿娜・波克失勢。即使是科斯托夫，他曾在三〇年代初期的莫斯科待過，服務於共產國際的巴爾幹事務處，對狄托的批判也是無可置疑（但出於個人理由：科斯托夫認為狄托承繼了塞爾維亞人對保加利亞的領土野心），但這未救了他，反倒加重他的罪行——意見一不一致，乃至贊不贊同，史達林都不在意，他只想要堅定不移的服從。

最後，在審判對象的挑選和對他們的指控上，帶有相當程度的個人挾怨報復和不信任人性之工具主義的成分。誠如一九五二年十二月十七日卡羅爾・巴奇列克（Karol Bacílek）在捷克共黨全國代表大會上說明的，「誰有罪、誰清白這個問題，最終將由黨在國家安全機關的協助下決定。」在某些例子裡，國家安全機關根據偶然發生的事或莫須有的事羅織罪名，把人送上法庭；在其他例子裡，他們明知實情，卻睜眼說瞎話。在史蘭斯基案中，就有兩名被告被控在將捷克產品賣給莫斯科時低價高報。一般來講，在衛星國製造的商品，均遭刻意壓低價格以利蘇聯壓低購買成本；只有莫斯科能准許例外情況。但在捷克這件案子中，「低價高報」是蘇聯行之有年的做法，

15 譯注：National Communist，這類人主張實現共產主義目標的方法，應考慮各國情況來訂定，而非套用外國模式，因而在政策上走自己路線，未必聽蘇聯指揮。

且那些檢察官非常清楚，那是為了把現金經由布拉格送到西方，作為情報活動的經費。

對阿娜．波克的指控，同樣顯現了對人性的不信任，也是抹黑運動的一部分。波克被控既右傾又左傾：首先她「批判」鄉村集體化，然後又不顧小農意願強迫他們集體化。拉伊克被控於一九四七年解散匈牙利警察機關內的共黨組織；事實上他這麼做（在一九四七年選舉前夕且得到官方認可），只是個幌子，欲藉此名正言順拔掉警察機關內勢力遠更強大的社會民主黨組織。後來他在警察機關內偷偷重建共黨組織，卻同時禁止其他政黨這麼做。他的作為在當時是百分之百符合蘇聯的要求，卻在蘇聯欲扳倒他時成為整他的把柄。

重大擺樣子公審的被告全是共產黨人；其他遭整肅的共產黨人，則未經公開審判或未經司法程序。但蘇聯和諸衛星國境內遭史達林整肅者，非共產黨人當然占了絕大多數。在捷克斯洛伐克，一九四八至一九五四年間，共產黨人只占被判刑或下放勞動營者的千分之一，二十人被判死刑者中只有一人是共產黨人。在東德，國家安全部（Stasi）於一九五〇年二月八日成立，負責監視、控制不只共產黨員，還有整個社會。史達林平日懷疑的對象，不只是有西方人脈或經歷的共產黨人，還有曾住在蘇聯集團以外地區的**所有人**。

因此，不消說，在這些年裡，東歐的人民幾乎個個受到克里姆林宮的懷疑。但這並不是說戰後蘇聯**內部**的壓制較沒有那麼撲天蓋地：正如一八一三至一八一五年間西方影響力長驅直入俄羅斯，被認定為一八二五年十二月黨人暴動鋪下了坦途，史達林在世時也擔心戰時與西方的接觸會帶來污染和抗議。因此，凡是捱過納粹占領或監禁的蘇聯公民或軍人，都是可疑對象。最高蘇維埃主席團於一九四九年通過法律，以下放勞改十到十五年懲罰犯強暴罪的軍人，但其實，紅軍當初在東德、奧地利各地的無法無天並不是他們真正關心的，這法律真正的動機是設計出一項工具，藉以恣意懲罰返國的蘇聯軍人。

二戰後十年期間加諸蘇聯、東歐公民的懲罰，規模浩大，特別在蘇聯以外，規模更是空前。審判只是種種壓迫——下獄、流放、強制徭役——裡可見到的一小部分。一九五二年，史達林第二次恐怖統治時期的高峰時，有一百七十萬犯人關在蘇聯勞改營，八十萬人關在勞改所，兩百七十五萬三千人關在「特殊聚落」。下放勞改營的刑期「正常」是二十五年，若有幸活著出來，通常接著是流放西伯利亞或蘇聯中亞。在保加利亞，工業勞動人口不到五十萬，其中九分之二是奴工。

在捷克斯洛伐克，據估計一九五〇年代初期一千三百萬人口中有十萬名政治犯，這還不包括該國礦場裡的數萬名被迫勞動者。「行政清算」是另一種懲罰方式，受到這種懲罰的男女，消失在獄中，在未引起公眾注意或未經審判下即遭悄悄槍決。受害者的家人可能等上一年或更久，才得知他或她已「失蹤」。然後，三個月後，那人才在法律上被推斷為死亡，但官方未給予進一步的承認或證實。在捷克，恐怖統治的高峰時，每天當地報紙上會出現約三十至四十則這類聲明。數萬人如此從人間蒸發，還有數十萬人遭剝奪基本權利、住所和工作。

據估計，一九四八至一九五三年間，匈牙利不到千萬的人口中，有約一百萬人遭逮捕、起訴、關押或流放。三分之一的匈牙利家庭受直接衝擊，他們的親人也受到牽連。史蘭斯基之某位「同謀者」的妻子佛莉齊．洛布勒（Fritzi Loebl），被關在布拉格市外魯濟涅鎮的監獄一年，受到稱她是「發臭猶太妓女」的俄羅斯人訊問。獲釋後，她被流放到北波希米亞的工廠。犯人與遭流放者的妻子失去工作、住所、個人財產。最好的情況是，就此無人聞問，例如史蘭斯基案證人奧斯卡・蘭格（Oskar Langer）的妻子約瑟芬・蘭格，後來在秘密審判裡被判二十二年徒刑，她和她幾個女兒在一間囚室裡生活了六年。

羅馬尼亞境內的迫害可能最嚴重，無疑持續最久。一百多萬人遭拘禁於多瑙－黑海運河畔的監獄、勞改營，在那運河畔當奴工，其中有數萬人死亡，而且這一百多萬還不包括被遣送到蘇聯的那些人。除此之外，羅馬尼亞以其監獄環境的嚴酷和多種「實驗性」監獄而引人注意，特別是位於皮特什蒂（Pitești）那座監獄。從一九四九年十二月到一九五二年晚期這三年間，那座監獄的犯人被要求以身心折磨的方式來彼此「再教育」。受害者大部分是學生、「猶太復國主義者」、非共黨籍的政治犯。

共產國家始終處於對自己公民未宣而戰的狀態裡。一如列寧，史達林知道他的政權需要敵人，就是在這個史達林主義的統治邏輯下，該政權不斷動員人民對抗政權敵人——外部敵人，但尤其是國內敵人。捷克斯洛伐克司法部長史帖反・萊斯（Stephan Rais），在一九五二年六月十一日的捷克斯洛伐克律師大會上致詞道：

（律師）得……倚賴世上最成熟、獨一無二正確且真實的學科，倚賴蘇聯的法學，並徹底利用蘇聯的法律實踐經驗……當前這時期有一不可避免的需要，即愈來愈多的階級鬥爭。

共產黨人所極愛用的軍事用語，呼應這一被衝突綁住的情況。軍事比喻充斥：階級衝突需要結盟，與群眾聯繫，迂迴，正面進攻。史達林主張：階級戰爭隨著社會主義逼近而更為升高；此一主張被用來說明，即使各地的選舉顯示黨得到百分之九十九的支持，黨的敵人仍在增生，得以更堅定的決心打這場仗、得排除萬難將蘇聯的國內史複製到蘇聯集團的各國身上。

主要敵人表面上看來是小農和資產階級，事實上知識分子往往是最容易下手的目標，一如納粹當年所認為的。安德烈．日丹諾夫對詩人安娜．阿赫馬托娃（Anna Akhmatova）的惡毒抨擊——「是個修女或婊子，或者應該說既是修女也是婊子，既禱告也賣淫。阿赫馬托娃的詩與人民完全疏離」[16]——重現了史達林主義者傳統的反智主題：宗教、賣淫、與群眾疏離。阿赫馬托娃若和中歐許多知識分子一樣是猶太人，加諸她的這一誇大描述會更是無懈可擊。

史達林主義降臨東歐之前，東歐就已經歷過政治壓迫、出版檢查、甚至獨裁，但凡是有辦法比較的人都同意，與其當「人民民主政體」的訊問者和犯人，還不如當兩次大戰之間匈牙利、波蘭或羅馬尼亞的訊問者和犯人。共產國家於一九四七年後賴以運作的那些控制、製造恐怖的工具，在史達林的黨羽手中臻於完善，但大部分來講，它們不需要從東方輸入，它們早就現成可用。設立皮特什蒂監獄，並由名叫歐根．圖爾卡努（Eugen Turcanu）的人為羅馬尼亞共黨秘密警察（Securitate）治理該監獄，絕非偶然。在前一個人生階段，圖爾卡努是雅西（Iași）大學的學生激進

16 Catherine Merridale, *Night of Stone: Death and Memory in 20th-Century Russia* (2000), page 249.

分子，為「鐵衛」(Iron Guard，兩次大戰之間羅馬尼亞的法西斯組織）效命。

但共黨的黨國體制和之前的專制政體的差別，主要不在其壓迫機器的效率高超，而在權力和資源遭一手把持和濫用，幾乎只為造福一個**外國**強權。蘇聯繼納粹之後頗為平順地占領東歐，過渡期間的混亂並不嚴重，東歐隨之逐步深陷蘇聯的勢力範圍（對於擺脫十二年納粹獨裁統治的東德公民來說，過渡又更平順）。這一過程和其結果——從產業製造流程到學術頭銜，東歐事事物物「蘇聯化」、「俄羅斯化」——將遲早使絕大部分人不再效忠於蘇聯，只有那些最頑固不化的史達林主義者例外。

這種對蘇聯的幻想破滅具有附帶效應：使許多人記不清最初面對共產主義所帶來的轉變時，自己曾懷有的矛盾心態。事隔幾年後，人很容易就忘記史達林主義公共語言的反猶與排外心態，曾在東歐許多地方得到共鳴，一如在蘇聯本身境內得到共鳴。在東歐當地，經濟民族主義過去曾受許多人贊同，徵收、國有化、控制、政府管理人民工作，也絕非陌生的東西。例如，在捷克斯洛伐克，於一九四六年開始施行的兩年計畫下，不聽話的工人可能被下放勞改。（但一九四六至一九四八年大部分捷克法官不願處以這些刑罰，也是事實。）

即使不考慮華沙或布拉格當地少數年輕人對共產主義的前景所寄予的厚望，最初當蘇聯接收東歐時，情況也不像事後看來的那麼一面倒、那麼殘酷的過渡階段。然而，回溯一九四一至一九四二年納粹從蘇聯手中「解放」的那些地區，納粹的殘暴使原本可能歡迎他們的當地民心悖離他們，史達林不久也使諸衛星國幻想破滅，期望落空。

把蘇聯自身那乏善可陳的經濟歷程，強迫其西邊那些較發達的國家以更快的速度全盤照搬複製，其結果為何，前面已提過。共黨管理人惟一可始終倚賴的資源，乃是已被催逼到快要撐不下去的勞力密集生產。一九四八至一九五三年東歐的史達林主義恐怖統治，為何如此肖似二十年前蘇聯的史達林主義恐怖統治，原因在此：兩者都死守強制性工業化政策。中央計畫經濟體的確很能從礦工和工廠工人身上強行壓榨出剩餘價值，但僅止於此。蘇聯集團的農業每下愈況，偶爾還可見到那種離譜的無能，從一九六〇年伏龍芝（Frunze，今吉爾吉斯的比日凱克〔Bizkek〕）官員的作為可見一斑：這些官員鼓勵當地農民從當地商店買進奶油，以達到他們（無法達到、上級所隨興規定）的奶油上繳配額……

審判與整肅，以及隨之而來種種虛假不實的評論，使東歐公領域裡所剩下的好東西也跟著變質變壞。政治與政府成為腐敗和隨意壓迫的同義詞，一群貪污之人隨意壓迫人民以圖利自己，而這個群體本身又因猜忌和恐懼陷入分裂。當然，這在東歐算不上新鮮事。但共產黨的暴政，流露出明顯不信任人性的心態：往日的濫權枉法行徑，如今給突兀地嵌入高談公平、社會進步的冠冕堂皇言詞中；這種虛偽，不管是兩次大戰之間的寡頭統治者或戰時的納粹占領者，都不覺得有必要如此。如前所述，這是種幾乎只為造福一個外國強權而施行的暴政，也是使蘇聯式統治在蘇聯本土以外地區如此受到痛恨的原因。

東歐蘇聯化的影響，乃是將它逐漸拉離歐陸西半部。就在西歐即將步入劇烈轉型和空前繁榮的時期時，東歐漸漸墮入昏迷狀態：那是死氣沉沉、聽天由命、間或出現抗議、然後遭制伏之事、持續將近四十年的寒冬。就在「馬歇爾計畫」為西歐經濟的復甦投入約一百四十億美元那幾年期間，史達林透過索取賠償、強迫上繳、強行設立極不利於東歐的貿易壁壘，從東歐索取了約略相當的金額。現今看來，史達林此舉並不讓人覺得突兀；東、西歐日後發展的差異，從中已露出端倪。

至這時為止，東歐始終不同於西歐。但東、西歐間的差別，不是歐洲賴以了解自己的惟一憑藉，甚至也不是最重要的憑藉。地中海歐洲明顯不同於西北歐；在這些古老國家內部和國與國間，宗教的角色遠比政治來得突出。在二次大戰前的歐洲，北歐與南歐、富與窮、都市與農村間的差別，比東歐、西歐間的差別更重要。

因此，蘇聯統治對維也納以東地區的衝擊，在某些方面，比對俄羅斯自身的衝擊，更為顯著。畢竟俄羅斯帝國的歐洲成分始終不純；彼得大帝後的俄羅斯，其歐洲身分在列寧政變前的那個世紀裡廣受爭議。布爾什維克粗暴切斷蘇聯與歐洲歷史、文化的聯繫，使其漂泊無依，嚴重且持續傷害了俄羅斯。但他們對西方的懷疑和對西方影響的擔心並非如今才有；在一九一七年之前許久，在具有親斯拉夫自覺的著作和作為中，就深深扎下了這種懷疑、擔心的根。

在中歐和東歐，沒有這類先例。事實上，波蘭人、羅馬尼亞人、克羅埃西亞人等民族，自認不是位處歐洲文明邊緣、遠離主體的先遣者，而是未受到應有肯定的歐洲核心傳統之捍衛者——一如捷克人和匈牙利人相當合理地自認居住在歐洲的最中心——而這種心態乃是他們沒安全感之小國民族主義的一部分。羅馬尼亞與波蘭的知識分子，在思想和藝術上向巴黎尋找最新的潮流，就和前哈布斯堡帝國（從下喀爾巴阡山的盧森尼亞到的里雅斯特）的德語系知識分子總是向維也納尋求指引差不多。

那個整合的、超越民族、地域畛域的歐洲，當然只對少數人來說曾經存在，而且那歐洲已在一九一八年消失。但在凡爾賽孕育出的那些新國家，本質脆弱，從一開始就讓人覺得不可能長存於世。因此，兩次大戰之間那二十年是某種空窗期，不和也不戰；在那期間，走出帝國時代的中歐、東歐仍然是前途未卜。最可能的結果——東山再起的德國成為從斯德丁（Stettin）到伊斯坦堡這片地區上那些舊帝國的實質接班人——因為希特勒自己犯了錯，才得以驚險避開。

是俄羅斯而非德國的強制施行，將易遭攻擊的歐洲東半部割離歐陸本體。當時，西歐人對此並不是很在意。西歐人對東歐的消失大體上無動於衷，只有受歐洲分裂的影響最直接但又不便於對此表示不滿的德國人是例外。事實上，西歐人不久就習慣於此事，兩眼只專注於自己國內不尋常的改變，因而對他們來說，從波羅的海到亞得里亞海布設一道滴水不漏的武裝屏障，顯得理所當然。但對那屏障以東的人民來說，他們覺得被推回到自己大陸上一個骯髒、無人聞問的角落，受到和他們一樣貧困、如寄生蟲般吸取他們愈來愈少的資源、顯得有些格格不入的「強權」支配，此時歷史本身緩緩停住了腳步。

7

文化戰爭
Culture Wars

我們個個拒斥前一個時代。
我主要透過圖書資料去了解它，
我覺得那似乎是個愚蠢、野蠻的時代。

米蘭・希梅茨卡

✣ ✣ ✣

二十世紀中葉，每個行動都事先假定了對蘇聯計畫的立場，
且得對蘇聯的計畫抱持立場。

雷蒙・阿宏

✣ ✣ ✣

我做錯卻對，而你和你那一類人做對卻錯了。

皮耶・庫爾塔德（給埃德加・莫朗）

✣ ✣ ✣

不管喜不喜歡，社會主義的建構不是每個人都做得來的，
因為要了解社會主義，就得擁護其組織，採納其目標。

沙特

✣ ✣ ✣

你無法阻止大家抱著錯誤動機去站在正確的一邊……
擔心自己與壞朋友為伍，不是政治潔癖的表現，而是缺乏自信的表現。

亞瑟・柯斯勒

歐洲境內法西斯與民主的鬥爭才結束，就以令後人困惑不解的高速被一新的決裂取代：使共產主義者與反共人士分庭抗禮的決裂。政界、知識界表態支持或反對蘇聯，在歐洲戰後分裂之前就有。但把東歐與西歐、左派與右派隔開的那道分界線，乃是在戰後這些年，在一九四七至一九五三年間，深深鑿進歐洲的文化界、知識界。

當時的情勢讓人特別樂觀。兩次大戰之間，極右派所受到的支持，超乎大部分人後來所能回想的。從布魯塞爾到布加勒斯特，一九三〇年代論戰性的新聞報導和著作，充斥著種族歧視、反猶太、極端民族主義、教權主義、政治反動的思想。二次大戰前和戰時擁護法西斯主義或極端反動思想的知識分子、記者、教師，在一九四五年後有充分理由該高聲且堅定的表態自己新覓得的個人立場——究竟是前進派或激進派（不然的話就要退出江湖，暫時銷聲匿跡，或永遠銷聲匿跡）。法西斯屬性乃至極端民族主義屬性的政黨和刊物，這時大部分遭禁（只有在與此反其道而行的伊比利半島是例外），因此，政治效忠的公開表態，只限於中間派和左派。右翼思想和看法在歐洲已經式微。

公開發表的文章和公開活動的內容，雖因希特勒、墨索里尼和他們追隨者的落敗而大大改變，但基本精神仍沒多大改變。法西斯黨黨員急於掀起善惡大對決；他們的主張採行暴力性、「一勞永逸」的解決辦法，好似真正的改變必然得透過徹底的毀滅才能實現；厭惡自由主義民主的妥協與「偽善」，熱衷兩極化的選擇（非全即無，非革命即墮落）：這些衝動對極左派同樣大有用處，且於一九四五年後大大助長了左派勢力。

兩次大戰之間的法西斯主義作家，滿腦子想著民族、退化、犧牲、死亡，目光朝著一次大戰。

一九四五年後的左派知識分子，也受到戰爭經驗的左右，但這一次是陷入無法並存的兩種道德選項的衝突，不容任何妥協：善對惡、自由對奴役、反抗對合作。擺脫納粹或法西斯政權的占領，普遍被視為政治、社會徹底變革的契機；是將戰時的破毀，轉為大破大立、開創新局的機會。誠如前面提過的，當那機會似乎落空、「正常」生活被草率恢復時，受挫的期盼迅即轉為悲觀懷疑——或者在再度被水火不容的兩個政治陣營撕裂的世界裡，轉向極左。

戰後歐洲的知識分子急於立竿見影，對妥協感到不耐。他們年紀尚輕。一次大戰時，一代的年輕男子遭殺害。但二次大戰後，消失於舞台者是較老一輩且名譽掃地的一群人。替補他們空位者，是年紀太輕，對一九一四至一九一八年那場大戰沒有親身體驗、但又急著彌補二次大戰時失去那些歲月的作家、藝術家、記者、政治行動主義者。他們的政治歷練來自「人民陣線」、反法西斯運動上場的那個時代；當他們在政治上得到肯定，取得政治影響力（往往拜他們戰時活動之賜）時，從歐洲傳統標準來看，還真是年少得志。

在法國，二戰結束時，沙特四十歲；西蒙．波娃三十七歲；卡繆，他們之中最具影響力的人士，只有三十二歲。老一輩中，只有佛朗索瓦．莫里亞克（François Mauriac，一八八五年生）影響力及得上他們，這是因為他戰時未與受唾棄的維琪政權有任何瓜葛。在義大利，前一代的義大利公眾人物，戰後只剩下那不勒斯哲學家貝內戴托．克羅齊（Benedetto Croce，生於一八六六年）。在法西斯政權倒台後的義大利，生於一九〇〇年的伊尼亞齊奧．西洛內（Ignazio Silone）是具影響力的老一輩知識分子之一；小說家暨政治評論家阿爾貝托．莫拉維亞（Alberto Moravia）三十八歲，共黨籍主編和作家埃利奧．維托里尼（Elio Vittorini）三十七歲。在德國這個公共知識分子和作家因戰爭、支持納粹而被摧殘最嚴重的國家，海因利希・伯爾（Heinrich Böll）——希特勒戰敗兩年後合組「四七年團體」（Group 47），自覺不同前一代的新一代作家中，最有才華的作家——戰爭結束時只有二十八歲。

在東歐，戰前的知識界菁英沾染了極端保守主義、神秘民族主義或更受唾棄的印記，而年輕一輩在社會嶄露頭角。切斯瓦夫・米沃什（Czesław Miłosz）於一九五一年出版具影響力的散文集《被禁錮的心靈》（*The Captive Mind*）時才四十歲，並且已走上政治流亡之路，這樣的人物在戰後東歐並非異數。耶日・安德熱耶夫斯基（Jerzy Andrzejewski）在米沃什著作中的形象可說並不好看，而他本人拿戰後波蘭為背景，出版備受肯定的小說《灰燼與鑽石》（*Ashes and Diamonds*）時，才三十多歲。生於一九二二年的塔德烏斯・伯羅夫斯基出版奧許維茨回憶錄《各位女士先生，毒氣室這邊請》（*This Way to the Gas, Ladies and Gentlemen*）時，才二十五歲上下。

東歐共黨的領袖，一般來講是以政治犯的身分或其他名義流亡莫斯科（或兩者兼具），捱過兩次大戰之間的歲月，他們多是年紀稍長的男性。但緊接在他們之後者，是一群非常年輕、以理想主義獻身於蘇聯所支持的接收行動的男女，接收行動成功得大大歸功於他們的奉獻。在匈牙利，蓋札・洛松濟（Géza Losonczy）和數百位志同道合者籌劃讓匈牙利共黨掌權時，才二十幾歲（後來，一九五六年匈牙利暴動後，他遭到蘇聯壓迫，死於獄中）。海妲・科瓦利的丈夫魯道夫・馬格利烏斯是一九五二年十二月史蘭斯基受審時的同案被告之一，出任捷克斯洛伐克共黨政府部長時三十五歲；另一位同案被告，阿圖爾・倫敦，在共黨掌權時更年輕，才三十二歲。倫敦在戰時法國反抗運動裡得到政治歷練；一如共黨地下組織裡的許多同志，年紀輕輕就懂得如何履行政治、軍事職責。

不管是在東歐，還是西歐，中產階級知識分子對於共產主義前景，普遍抱著昂揚熱情；對無產階級，即藍領勞動階層，抱著鮮明的自卑感。戰後頭幾年，與民眾記憶猶新的三〇年代大蕭條歲月截然相反的是，有專門技能的體力勞動者奇缺。有煤待開採；鐵公路、建築、輸電線待重建或更換；有工具待製造，以用那些工具製造其他商品。就這些工作來說，受過訓練的勞工不敷所需；誠如前面已提過的，在被迫漂流異鄉者的收容營裡，體格健全的男子很容易就找到工作和庇護，帶著子女的婦人或任何一類「知識分子」則正好相反。

此一現象帶來的結果之一就是，工業勞動和工人受到普遍的肯定——對宣稱代表工人的政黨來說，這是難得的政治資產。左傾、受過教育、為自己的社會出身感到難堪的中產階級男女，可藉由擁抱共產主義來緩和內心的不安。但有許多中產階級，特別是法國、義大利境內的許多藝術家、作家，即使未走到加入共黨這一步，「仍匍伏在無產階級面前」（亞瑟．柯斯勒語），把「革命勞動階級」（一般來講被以相當社會主義－寫實主義兼法西斯主義的角度，想像成嚴厲、陽剛、肌肉發達的一群人）推崇到幾近偶像的地位。

這一現象普見於整個歐洲，並不限於共產政治圈（歐洲知識界最有名的「工人主義」提倡者是從未加入法國共黨的沙特），但這類想法真正開花結果是在東歐。英、法、德等地的學生、老師、作家、藝術家，湧至（與蘇聯決裂前的）南斯拉夫，用雙手協助重建鐵路。一九四七年八月，伊塔洛．卡爾維諾（Italo Calvino）興致昂揚描寫了來自義大利而在捷克斯洛伐克從事類似工作的年輕志工。獻身於開創新猷、崇拜一真正存在或虛構的工人群體、欣賞蘇聯（和攻無不克的蘇聯紅軍），使戰後年輕一代與其社會根源、民族過往割離。

一般來講，共產主義者——或「馬克思主義者」，在當時馬克思主義者通常意指共產主義者——是在年輕時就決定投入共產主義的懷抱。捷克人盧德克・帕赫曼（Ludek Pachman）就是如此：「我在一九四三年成為馬克思主義者。那時我十九歲，突然覺得一切豁然開朗，能清楚任何事的緣由，覺得我將與全世界的無產階級一起前進，先是對付希特勒，然後對付國際資產階級。這種感覺令我陶醉。」即使是未被共產教條的魅力迷得神魂顛倒的人（例如切斯瓦夫・米沃什），都明確歡迎共產主義的社會改革：「我很高興見到波蘭的半封建結構終於遭摧毀，大學向年輕工人與小農廣開大門，土地改革在施行，國家終於踏上工業化之路。」誠如米洛凡・吉拉斯回憶其擔任狄托心腹助手的過往時所說的，「極權主義一開始是熱情和信念；後來才變成組織、威權、追名逐利。」

最初共黨吹捧知識分子，而對知識分子來說，共產主義的抱負令人心動，與他們祖國的小國褊狹心態和納粹的狂暴反智心態截然相反。對許多年輕知識分子來說，共產主義不是相不相信的問題，而是信不信仰的問題——誠如亞歷山大・瓦特（另一位後來脫離共黨的波蘭人）後來所說，波蘭的世俗界知識分子渴求一部「精妙的《教理問答》」。東歐學生、詩人、劇作家、小說家、記者或教授只有少數成為活躍的共產主義者，但這些人往往是他們那一代最有才華者。

因此，在後來幾十年裡以異議分子和後共產時代散文家、劇作家身分揚名國際的帕維爾・科胡特（Pavel Kohout），當初是以超級狂熱支持祖國新政權的身分，在故鄉捷克斯洛伐克第一次受到大眾矚目。一九六九年他回顧過往，談到一九四八年二月捷克政變那天在布拉格擁擠的舊城廣場上，看著共黨領袖克萊蒙特．戈特瓦爾德時，他心中「篤定的感覺」。那時，二十歲的科胡特，「在啟程追求正義的人民群眾裡，在正帶領他們打決戰的這個人（戈特瓦爾德）身上」，找到「康米紐斯（John Amos Comenius）所未能找到的安全中心（Centrum Securitatis）」。四年後，擁抱這一信仰的科胡特寫下了〈獻給我們共黨的大合唱〉：

讓我們以歌聲迎接黨！
她的年輕由年輕突擊隊體現出來
她有一百萬人的理智
數百萬人的力量
她的軍隊是
史達林與戈特瓦爾德的話語。

在花開的五月
遠至遙遠的邊界
古老城堡上方，旗幟飄揚
還有「真理勝利！」的話語。
話語光榮的應驗：
工人真理已得勝！

我們國家興起，邁向光輝的未來。
榮耀歸戈特瓦爾德的黨！
榮耀！
榮耀！[1]

這種信念普見於科胡特那一代人心裡。誠如米沃什後來所說的，共產主義的運作，遵循一原則：作家不需思考，只需**了解**。即使是去了解，所需要做的，都幾乎只是深深地相信而已，而深深地相信正是該地區的年輕知識分子所追求的。十五歲（一九四六）就加入捷克斯洛伐克共黨的日得涅克·姆萊納寫道，「我們是戰爭的子女，未真正和人廝殺過，帶著戰時心態進入戰後頭幾年，而在這頭幾年，我們終於有了和人廝殺的機會。」姆萊納那一代人滿腦子是戰爭和遭納粹占領那幾年的經歷，在那期間「不是站在這一邊，就是站在另一邊，沒有中間地帶。因此，獨特的經歷使我們認定，正確理念要獲勝，非常簡單，就是要清洗、摧毀他人」。[2]

東歐某些年輕人對蘇聯以及共產主義的那種率真熱情（誠如作家盧德維克·瓦楚利克在加入捷克共黨時向其女友興奮說到的，「我處於那種革命心情……」），並不因此就抵消了莫斯科最後接收了他們國家所應負的責任，但有助於說明那之後他們不再著迷而且幻想破滅的程度。年紀稍大一些的共產主義者，例如生於一九一一年的吉拉斯，大概從一開始就知道，「對熱情的操縱是

1 印第安那大學的Marci Shore教授英譯，並得到TJ稍加修正。我還要感謝Shore教授提供盧德克·帕赫曼那段話。
2 Zdenék Mlynář, *Night Frost in Prague* (London, 1980), page 2.

奴役的根源。」但較年輕的共產主義者，特別是知識分子，發現共黨規章的嚴苛和史達林主義者掌權的真相後，震驚不已。

因此，一九四八年後強行施加日丹諾夫的「雙文化」教條，還有該教條堅持對從植物學到作詩的所有事物採取「正確」立場一事，在東歐諸人民民主國家，特別令人驚愕。斯拉夫知識界恪守黨的路線一事，在蘇聯存在已久，畢竟在蘇聯，存有從蘇聯誕生之前傳下來的壓迫異己、標榜正統的傳統，但要不久前才脫離較溫和的哈布斯堡王朝統治的那些國家也恪守黨的路線，就沒那麼容易。在十九世紀的中歐，知識分子和詩人已養成代表國家發言的習慣和責任。在共黨統治下，他們的角色不同。過去他們在那些地方代表抽象的「人民」，這時他們幾乎等於是（真實存在的）暴君的文化喉舌。更糟的是，不久後那些暴君為自己的錯誤卸責時，他們會——以四海為家者、「寄生蟲」或猶太人的身分——成為犧牲品。

因此，史達林死亡時，東歐大部分知識分子對共產主義已是熱情不再——即使是對共產主義最熱衷的捷克斯洛伐克亦然——只是在那之後，那熱情仍會以「修正」計畫或「共產主義改革」計畫的形式，繼續存在數年。共產國家內部的對立，不再是共產主義與反共者間的對立。重大的區隔再度出現在當權者——一黨專政政權和其警察、行政系統、御用知識分子——和其他所有人之間。

從這角度來看，冷戰斷層線不是位在東、西歐之間，而是位在東歐、西歐各自的**內部**。誠如前面已提過的，在東歐，共黨與其統治機器處於和社會其他人不宣而戰的狀態，與共產主義交情的深淺，已在社會裡劃下新的戰線；戰線一邊是靠共產主義得到社會優勢的人，另一邊是因為共產主義而遭歧視、失望、壓迫的人。在西歐，許多知識分子因這條同樣的斷層線而分處對立的兩邊，但那種建立在共產主義理論上的熱情，常隨著對共產主義實際而直接的體驗而遞減。

對當時東歐境遇的普遍無知，加上西歐對東歐愈來愈不關心，乃是令東歐許多人感到困惑、挫折的原因之一。對東歐知識分子和其他人來說，問題不在他們周邊的情勢，畢竟這是他們好久以前就已認命接受的命運。一九四八年後令他們心痛的地方，乃是他們遭受雙重排除：一是因蘇聯的接管而遭排除於自己歷史之外，一是遭排除於西方的意識範圍之外，西方最著名的知識分子完全未考慮他們的體驗或他們所立下的範例。五〇年代初期在東歐人有關西歐的著作中，一再流露受傷害、既困惑又驚訝的心情，也就是米沃什在《被禁錮的心靈》裡所描述的「愛遭辜負」的心情。流亡在外的羅馬尼亞人米爾切亞·埃利阿德（Mircea Eliade）在一九五二年四月寫道，歐洲不知道她已被截掉一塊肉？「因為……這些國家全在歐洲，這些人民全屬於歐洲大家庭。」

但他們不再是歐洲一部分，而這就是重點。史達林如願在歐洲中央深處鑿建出環形防線，把東歐挖離歐陸本體。二次大戰後歐洲的知識活動、文化活動，在已把波蘭人、捷克人等民族草草移走、規模大為縮水的舞台上演出。儘管「共產主義所帶來的挑戰」是西歐辯論、爭執的核心議題，但對於東邊幾十哩外「真正存在的共產主義」的真實體驗，西歐卻少有聞問：而那些最狂熱推崇共產主義的西歐人，對此更是完全不聞不問。

西歐知識界戰前戰後的變化非常大，若有人從二十世紀初期一下子跳到戰後，大概會認不出那竟是西歐的知識界。說德語的中歐——二十世紀頭三分之一期間歐洲文化的發動機房——已不存在。已在一九一八年哈布斯堡王朝遭推翻後失去往日榮光的維也納，在戰後和柏林一樣遭同盟國四強分區占領。它連滿足其居民衣食需求都很勉強，更別提為歐洲的知識活動貢獻心力。奧地利哲學家、經濟學家、數學家、科學家，一如當時匈牙利和前奧匈帝國其他領地內的同僚，不是已流亡在外（到法、英、英國自治領或美國），或和當權者合作，就是已遇害。

德國本身一片廢墟。一九三三年後德國知識分子外移，剩下的知識分子幾乎全因為和納粹政權打交道而蒙上人格污點。哲學家海德格與納粹黨那人盡皆知的眉來眼去行徑，在當時德國知識界司空見慣，若說有什麼特別之處，就只是此舉對其具影響力的哲學著作所帶來的爭議性影響而已；在學校、大學、地方與中央的公家機關、報社和文化機構裡，有數萬個名聲沒那麼顯赫的海德格之流，同樣因為積極根據納粹需求調整自己的著作和作為，而使人格蒙上污點。

戰後德國的情況因為兩德的存在而更為複雜棘手，其中一個德國聲稱只有她承繼了「優良」的德國過去：反法西斯、進步、開明。許多知識分子和藝術家想與蘇聯占領的德國區和從該區演變出來的德意志民主共和國站在一塊。以波昂為首都的德意志聯邦共和國，未完全去納粹化，不願正視晚近的德國歷史，與此不同的是，東德驕傲地強調其反納粹的功績。共黨當局歡迎那些有心讓讀者或觀眾知道「另一個」德國之罪行的歷史學家或劇作家或電影製片人——前提是他們尊重某些禁忌。有些從威瑪共和時代倖存下來的最有才華人士便移居東德。

他們之所以這麼做，原因之一是蘇聯所占領的東德是東邊集團裡惟一具有西方「幽靈分身」（doppelganger）的國家，該國的知識分子能以羅馬尼亞或波蘭作家所無緣享有的方式接觸到西方讀者大眾。如果出版檢查和壓力大到無法忍受，仍可選擇通過柏林出入境站回到西方，至少在一九六一年前柏林圍牆建成之前可以如此。因此，貝托爾德·布萊希特選擇住在東德；克莉絲塔·沃爾夫（Christa Wolf）之類年輕作家選擇在東德留下；更年輕的作家，例如後來成為異議分子的沃爾夫·畢爾曼（Wolf Biermann），則移民東德求學、寫作（一九五三年，他十七歲時）。[3]

德意志民主共和國靠其自我標榜的進步、主張人人平等、反納粹的形象，打動來自「物質主義」西方的激進知識分子。這樣的東德替失望於德意志聯邦共和國者，提供了簡練、持重的另一個歸宿。因為西德似乎被它所不願討論的歷史壓得沉沉下垂，但同時又出奇地輕飄飄，政治上沒有根，文化上倚賴創造它的西方諸盟國，特別是美國。德意志聯邦共和國成立初期，知識活動欠缺政治方向。政治光譜最兩端的激進選項，都被明確排除於公眾生活之外，伯爾之類年輕作家不願投身政黨政治（與他們的下一代截然相反）。

文化的宣洩口毫無疑問並不短缺：一九四八年時，紙張與新聞紙短缺的問題已解決，配銷網已重建，在西方盟國的德國占領區裡已有兩百多份文學、政治性刊物在流通（但其中許多刊物於貨幣改革後消失），新成立的聯邦共和國可以誇耀境內有形形色色的優質報紙，特別是在漢堡出刊的新報紙《時代週報》（*Die Zeit*）。但西德位處歐洲知識活動主流的邊陲，未來許多年仍擺脫不了這地位。以柏林為工作基地的西方記者暨主編梅爾文·拉斯基（Melvin Lasky），寫到一九五〇年德國的知識界情況：「我想，在現代史上，從未有哪個國家，哪個民族，顯得如此疲憊、如此缺

3 布萊希特保留奧地利護照，預留後路。

乏靈感、乃至才華。」

西德在文化上的表現，與更早時德國的耀眼傑出迥然不同，這是國內外許多觀察家思索這個新共和國時感到失望的原因之一；雷蒙・阿宏憶道，早期德國的表現讓人覺得那會是德國的世紀，不過有如此感慨者不止他一人。德國有太多文化傳統因為曾遭納粹徵用而受到污染、淘汰，因此，看不出這時的德國人能對歐洲有何貢獻。可以理解的是，德國作家和思想家滿腦子想著如何解決德國特有的難題。積極參與戰後論辯的人士裡，只有一位重要人物出身自前納粹時代的知識界，即卡爾・雅斯培（Karl Jaspers）。值得注意的是，雅斯培最為人知的事蹟，乃是對德國內部論辯的一項貢獻：他於一九四六年所寫論「德國人罪責問題」的文章。但德國的知識分子之所以在戰後頭十年陷入邊緣化，大部分得歸咎於他們在西歐公共討論的氣氛激烈且陷入兩極對立時，極力避免碰觸意識形態政治。

在這些年裡，英國人大體上也處於歐洲知識活動的邊陲，但出於大不相同的原因。使歐洲分裂的那些政治爭辯，在英國並不陌生——兩次大戰之間因反戰、三〇年代大蕭條、西班牙內戰而起的對抗，使工黨和知識界左派分道揚鑣，而且這些分裂在後來的歲月裡未遭遺忘。但在兩次大戰之間的英國，法西斯分子和共產主義者都未能將社會上的意見分歧轉化為政治革命。法西斯分子的活動範圍，大部分侷限在倫敦較窮的幾個區，一九三〇年代有段時間，他們在那裡利用民間的反猶心理壯大自己；英國共黨出了其在蘇格蘭造船業、某些採礦聚落、中部英格蘭西區幾個工廠裡的早期據點，就一直未得到多大的支持。即使在一九四五年該黨締造其史上最佳選舉成績時（曇花一現的高峰），也只拿到十萬兩千張選票（全國選票的百分之〇・四），選上兩名國會議員

——兩人在一九五〇年選舉時未能連任。一九五一年選舉時，英國共黨在約四千九百萬人口中只得到兩萬一千人支持。

那時候，共產主義在英國是抽象的政治理論，未能付諸實踐。倫敦知識圈和大學裡的知識分子，未因此而不支持馬克思主義。從一開始布爾什維克主義就對威爾斯（H.G. Wells）之類英國費邊社成員有某種吸引力，威爾斯認為列寧乃至史達林的政策裡保有令人熟悉、與他契合的東西：由最能幹的人從上而下展開社會工程。英國知識界的左派名流，一如他們當時的外交部官員，對於德、俄之間那些小國的困境無暇關心，他們始終把那些小國視為惹人厭煩的小東西。

但儘管這些事會在英吉利海岸對岸引發激烈爭辯，共產主義在英國動員或分裂知識界的程度，未達到其在歐陸的程度。誠如喬治·歐威爾於一九四七年所說，「英格蘭人對知識方面的事興趣不大，因而不致不容忍那些事。」在英格蘭（英國其他地方亦然，只是程度上較低），知識、文化方面的辯論其實聚焦於國內事務：即為時數十年對國力「衰落」的焦慮，在此出現了第一波徵兆。這顯示了戰後英格蘭的矛盾心態：國家剛經過六年苦戰打贏死敵，眼下正從事史無前例的福利資本主義實驗，但文化評論家卻只注意著失敗、衰落的徵兆。

因此，詩人艾略特在其一九四八年的《文化定義隨筆》（*Notes Towards the Definition of Culture*）中，「頗為篤定」的斷言，「我們當前處於衰落期；文化水平低於五十年前；這一衰落的證據可見於人的各個活動領域。」出於類似的憂心，英國廣播公司於一九四六年開播「第三頻道」（Third Programme, BBC Radio 3 的前身）：這是個立意崇高、高文化水平的節目，清楚表明其宗旨在鼓勵、散播「品質」，聽眾鎖定在會被歐陸人士視為「知識階層」的那群人；但其結合古典音樂、時事演講、嚴肅討論，卻極力避免會引發對立或政治敏感的話題，清楚表現了英國人的一貫作風。

英國人對歐洲事務並非不感興趣。週刊和期刊常報導歐洲政治、文學方面的動態，英國讀者若有心了解，可從中充分掌握歐洲情況。英國人對於歐洲所剛經歷過的創傷之深痛，也並非不知曉。一九四五年九月昔里爾．康諾利在其自家刊物《地平線》(*Horizon*)上，如此寫到歐洲當時情況：「從精神上、經濟上說，歐洲打輸這場戰爭。我們全都在歐洲文明大帳篷的黃燈下長大，在那黃燈下讀、或寫、或愛、或旅行，而今那頂大帳篷已倒下；側繩已磨損，中桿已斷，桌椅全四分五裂，篷裡空蕩蕩，玫瑰枯萎在台子上……」

但儘管如此關注歐洲的狀況，英國評論家，特別是英格蘭評論家，卻袖手旁觀；好似歐洲的問題與英國的問題，雖然明顯相關，卻在重要方面不同。除了某些值得一提的例外，[4]英國知識分子未在歐陸的大辯論裡扮演舉足輕重的角色，而只是站在一旁觀察。大體來講，在歐洲迫切需要解決的**政治性**事務，在英國只有知識分子感興趣；在歐陸攸關**知識領域**的主題，在英國，即使受到注意，也通常只有學術界會談。

義大利的情況則幾乎完全相反。西歐諸國中，對那時代的人禍有最直接**體驗**者是義大利。義大利被世上第一個法西斯政權治理了二十年，被德國人占領，然後被西方同盟國解放，陷入持續將近兩年、範圍涵蓋全國四分之三地區、進展十分緩慢的消耗戰、毀滅戰裡，使許多土地和人民變得幾乎一無所有。此外，從一九四三年九月到一九四五年四月，義大利北部陷入戰事，雖無全面內戰之名、但完全符合全面內戰之實，動盪不安。

身為前軸心國成員，義大利受到東、西歐兩方的猜疑。在狄托與史達林決裂之前，義大利與南斯拉夫未定的邊界是最不穩定、最可能引爆戰爭的冷戰邊界，而且義大利與其共產鄰國的不安關係，因為義大利境內存有蘇聯集團之外最大的共黨而變得複雜棘手：一九四六年拿到四百三十五萬張選票（得票率百分之十九），一九五三年成長為六百一十二萬兩千張（得票率百分之二十三）。同年，義大利共黨宣稱擁有付費黨員兩百一十四萬五千人。義大利共黨在某些地區——特別是以波隆納市為中心的埃米利亞－羅馬涅（Emilia-Romagna）地區——幾乎全面執政；該黨可指望從皮耶特羅．南尼（Pietro Nenni）的義大利社會黨得到支持；[5]精明、善體人意的該黨黨魁帕爾米羅．托利亞蒂普受愛戴；這些都更進一步強化該黨在義大利的影響力。

因為上述原因，戰後義大利的知識分子活動，政治化程度很高，而且與共產主義的難題有密不可分的關係。當時絕大多數的義大利年輕知識分子，甚至包括某些心儀於法西斯主義者，都受到貝內戴托．克羅齊的薰陶。克羅齊兼採哲學上的黑格爾唯心主義和十九世紀政治學上的自由主義，形成獨具一格的學問，為一代反法西斯知識分子提供了道德基準；但在戰後環境裡，那似乎顯然不足。義大利人所面對的真正抉擇，嚴峻而不討人喜歡：不是擁抱政治化的教權主義——（庇護十二世領導的）保守梵蒂岡與美國支持的基督教民主黨兩者的聯盟——就得投奔政治馬克思主義。

4 最為人知的例外當然是亞瑟．柯斯勒，但那時候他的身分除了是英國人，可能會被視為匈牙利人、或奧地利人、或法國人、或猶太人。

5 在這些年裡，義大利社會黨因與共產黨走得很近，且聽命於共黨——在東歐反而較常見——在西歐諸社會黨裡獨樹一格。

義大利共黨有種特殊特質，使其與東、西歐的其他共黨都迥然不同。從一開始該黨就由知識分子領導。托利亞蒂，一如安東尼奧．葛蘭西（Antonio Gramsci）和二十年前該黨其他年輕創黨黨員，比歐洲大部分其他共黨的領袖聰穎，且尊重智慧。此外，戰後十年裡，該黨公開歡迎知識分子入黨、結為盟友，費心淡化該黨言詞裡可能激起他們反感的那些成分。事實上，托利亞蒂以他自己構思出的準則——「半克羅齊、半史達林」——調整共黨作風，以打動義大利知識分子。

這一準則極為管用。義大利共黨最有才幹的年輕領袖，有一部分人從克羅齊的自由主義反法西斯出發，走向政治馬克思主義：例如喬吉奧．阿孟多拉（Giorgio Amendola）、盧奇奧．隆巴多．拉迪切（Lucio Lombardo Radice）、皮耶特羅．因格勞（Pietro Ingrao）、卡洛．卡索拉（Carlo Cassola）、埃米利奧．塞雷尼（Emilio Sereni）——這些人全是從哲學界、文學界踏進共產主義政治圈。一九四六年後，有一些人，因為行動黨（Action Party）未能落實戰後反抗運動的抱負而感到失望，轉而加入他們的行列；此舉代表不再對世俗化、激進、非馬克思主義的替代方案在義大利公共領域大展身手抱持希望。當時有位作家稱他們是「羞愧的克羅齊徒眾」。

義大利共黨被視為是遲滯不前的國度裡進步、現代性的喉舌，是最有可能實現社會、政治務實改革的政黨，吸引了一群志同道合的學者、作家圍在它身旁，而該黨和該黨的政治主張也因為這些人的加持，散發出可敬、睿智、乃至普世的光環。但隨著歐洲的分裂，托利亞蒂的策略受到愈來愈大的壓力。一九四七年九月的第一屆共產國際情報局會議上，蘇聯對義大利共黨的批評，揭露了史達林欲更嚴加控管義大利共產黨人（類似對法國共產黨人）的決心；義大利共黨的政治策略得與莫斯科更密切協調之後才能推出，他們對文化事務那種開放自由的作法得揚棄，換成日丹諾夫那不妥協的「雙文化」原則。在這同時，由於美國肆無忌憚干預一九四八年選舉，成功將基督教民主黨送上台，托利亞蒂在自由民主體制裡運作的戰後政策開始顯得昧於現實。

這時，不管心中有何疑慮，托利亞蒂除了加緊控制，施行史達林主義的準則，別無選擇。這激起黨內某些知識分子公開反對。在此之前，這些知識分子認為自己有權決定哪些事物歸黨的政治權威管理（他們所無異議接受的東西），哪些事務屬於「文化」領域（他們重視自己在這領域裡的自主權）。誠如共黨文化刊物《理工人》（*Il Politechnico*）主編維托里尼在一九四七年一月的一封公開信裡向托利亞蒂提醒的，「文化」不能臣屬於政治，否則只會傷害到文化，犧牲真理。

托利亞蒂一九三〇年代在莫斯科度過，一九三七至一九三八年在共產國際的西班牙行動中扮演領導角色，對此有不同的認知。在人人聽從上級指示的共黨裡，事事都要聽命於政治，「文化」不是不需要蘇聯指導的保護區。維托里尼和其同志得接受黨在文學、藝術、觀念上的路線，不然就得離開。接下來幾年裡，義大利共黨更緊緊追隨蘇聯當權者，維托里尼和其他許多知識分子如外界預期棄黨而去。但儘管托利亞蒂堅定效忠莫斯科，義大利共黨從未完全喪失那不執著於教條的「光環」——惟一容忍、甚至擁抱知識界異議和思想自主的主要共黨——且在此後數十年裡，義大利共黨將大大受惠於這一名聲。

事實上，批評托利亞蒂的非共左派人士，始終被國內和（特別是）國外普遍的一項認知——義大利共黨與其他共黨不同——弄得左支右絀。誠如伊尼亞齊奧．西洛內後來承認的，義大利社會黨人和其他人要怪也只能怪自己。義大利共黨與社會黨的親密關係（至少在一九四八年前是如此），以及非共黨的馬克思主義者因此不願批評蘇聯的心態，使義大利政壇沒有機會在共產主義之外出現一明確左傾的替代選項。

但如果義大利因為其共產黨人相對較討喜而在西歐顯得與眾不同，無疑也因為另一個原因而顯得不同於一般。一九四三年推翻墨索里尼，無法抹除許多義大利知識分子在其二十年統治期間助紂為虐的事實。外國文化和影響是墨索里尼的極端民族主義所欲反制的目標之一；而且法西斯主義針對文學和藝術施行了類似那強加在一般外國產品上的政策，著重保護和取代的自給自足，藉此大剌剌地支持「本國」知識分子。

不可避免的，許多義大利知識分子（特別是較年輕的知識分子）接受了法西斯政權的支持和補助：不然就是得流亡國外或噤聲。埃利奧・維托里尼本人在法西斯政權的文學競賽中拿過幾次獎。維托里奧・狄西嘉在成為戰後新寫實主義的主要鼓吹者之前，是法西斯政權時代著名的電影演員。與他同樣鼓吹新寫實主義的導演羅貝托・羅賽里尼（Roberto Rossellini），在戰後導演的電影中，政治立場明顯傾共，但就在那幾年前，他在墨索里尼掌政的義大利，靠當局的援助，拍了一些紀錄片和電影，而且他並非特例。一九四三年時，對於數百萬義大利人來說，其成年後的記憶裡，除了墨索里尼政權，未有其他承平時期的政府，因此墨索里尼的統治是天經地義。[6]

因此，戰後時期大部分義大利知識分子的道德立場，反映了該國相當矛盾的國際地位：整個國家擺脫不掉其獨裁統治歷史的瓜葛，因而無法在戰後歐洲舞台上自在扮演主角。無論如何，義大利老早就被擠到現代歐洲文化的邊陲，這或許是因為其本身各小中心林立的歷史和安排：那不勒斯、佛羅倫斯、波隆納、米蘭、杜林各自構成自成一體的小世界，有自己的大學、報紙、學院、知識階層。羅馬是權威的來源、恩庇的泉源、權力的中心，但從未獨霸該國的文化活動。

於是，在戰後時期，最終可能只有一個地方，可以從事道地歐洲的知識活動：只有一個城市，一個國都，其執著和分歧既能反映又能界定整個歐陸的文化狀況。那城市的競爭對手，不是身陷囹圄，就是已自我毀滅，或目光短淺，心胸褊狹。自一九二〇年代起，隨著一個又一個歐洲國家落入獨裁者手裡，政治難民和流亡知識分子投奔法國。有些人在戰時留下，加入反抗運動，有許多人因而遭到維琪政權和納粹的毒手。有些人逃到倫敦或紐約或拉丁美洲，但解放後則返國。還有些人，例如切斯瓦夫・米沃什或匈牙利歷史學家暨政治記者佛朗索瓦・費伊特（François Fejtö），未移居國外，直到東歐發生共黨政變，才不得不逃出國，而那時，直奔巴黎似乎是他們惟一理所當然的選擇。

結果是，自一八四〇年代卡爾・馬克思、海因利希・海涅、亞當・密茨凱維奇（Adam Mickiewicz）、朱塞佩・馬志尼（Giuseppe Mazzini）、亞歷山大・赫爾岑（Alexander Herzen）流亡巴黎以來，法國再度成為遭剝奪應享權利的知識分子在歐洲當然的棲身之所，現代歐洲思想與政治理論的交換中心。戰後巴黎的知識活動，其超越民族、地域畛域的性質因此特別濃厚：來自歐洲各地的男女在此共聚一堂——而且巴黎是歐洲境內惟一讓本土想法和爭執放大、傳送到廣大國際觀眾的舞台。

6 狄西嘉《擦鞋童》（一九四六年拍攝，時間亦設定在一九四六年）片中少年監獄的典獄長不但以法西斯手勢行禮——他改不掉這個習慣——談到墨索里尼時代的低犯罪率，更明白表現出懷念之情。

於是，儘管法國於一九四〇年慘敗，儘管很不光彩地臣服於德國四年的占領，儘管陸軍元帥貝當的維琪政權道德立場曖昧（甚至比曖昧更糟），儘管該國在戰後時期的國際外交上難堪地聽命於英美，法國文化仍再度成為國際注目的焦點：法國知識分子成為時代的代言人，在國際上取得特殊地位，法國政治論辯的整體走向具體而微說明了全世界意識形態上的分歧。巴黎再一次，且最後一次，成為歐洲的首都。

這一結果的諷刺意味，當時人已體察到。歷史的偶然把法國知識分子在這些年裡推到舞台燈光下，因為他們本身所關注的範圍，和其他任何人一樣褊狹。戰後法國和其他任何國家一樣，忙於處理自己算舊帳、物資缺乏、政治不穩的問題。法國知識分子根據自己執著的事物重新解讀世界其他地方的政治，巴黎在法國境內那種自戀式的自大，未經批判便投射到全世界。誠如亞瑟・柯斯勒對戰後法國知識分子留下的那段令人難忘的描述，他們（「聖傑曼德佩區賣弄風情的小傢伙」），是「透過牆上的洞觀看歷史之淫逸的窺淫狂」。但歷史已給了他們一個他人無緣享有的顯赫位置。

後來成為法國知識界之特色的那些分歧對立，當時並未立即就顯然可見。沙特於一九四五年創立評論刊物《現代》（*Les Temps Modernes*）時，編輯群不止有西蒙・波娃、莫里斯・梅洛龐蒂（Maurice Merleau-Ponty），還有雷蒙・阿宏，反映了以左翼政治和「存在主義」哲學為核心的廣泛共識。被稱為存在主義者的，還包括卡繆，但卡繆本人很不喜歡別人往他扣上這標籤。當時卡繆與沙特、波娃是至交好友，他們透過在《戰鬥》日報社論頁的專欄文章，成為戰後法國最有影響力的作家。

他們全抱持某種「反抗主義」心態（但只有卡繆曾積極參與戰時反抗運動，阿宏戰時在倫敦追隨「自由法國」，其他人則是大體上與世無爭地度過遭占領那幾年）。引用梅洛龐蒂的話說，戰時抗爭已為法國知識分子解決了「存在vs.作為」（being versus doing）的難題。從此以後他們在歷史「裡」，必須和歷史完全接合。他們的處境使知識分子無法再奢望拒絕獻身於政治選擇；真正的自由得接受這一真理。引用沙特的話說，「所謂自由，不是去做自己想做的，而是想去做自己能做的。」

沙特和他那一代人宣稱從二次大戰得到的另一個教訓，乃是政治暴力的不可避免，以及因此之故，政治暴力在某種程度上值得追求。這一對晚近經歷的解讀，絕非法國特有：一九四五年時，已有許多歐洲人經歷三十年的軍事暴力、政治暴力。歐陸各地的年輕人所習慣的言語上、行動上的公共殘暴，已到了若讓他們的十九世紀先民見到會大為驚愕的程度。現代的政治措詞提供了「辯證法」，用以喚起暴力和衝突：《精神》（*Esprit*）雜誌主編、在基督教左派裡甚有影響力的埃瑪努埃爾・穆尼耶（Emmanuel Mounier），於一九四九年斷言，在每天都有資本主義的受害者受到「白色暴力」，若有誰反對暴力或階級鬥爭，乃是偽善行徑，這一主張無疑說出了許多人的心聲。

但在法國，訴求暴力式解決辦法，代表的不只是晚近經驗的投射，還是更古老傳統的重現。指控通敵、出賣、叛國，要求懲罰，重新開始，這些事並非在解放後才有。它們只是一古老法國傳統的重演。早自一七九二年起，法國公眾生活的革命、反革命兩極端，就體現並強化了該國的二元對立：贊成與反對君主制、贊成與反對革命、贊成與反對羅伯斯比、贊成與反對一八三〇和一八四八年憲法、贊成與反對巴黎公社。沒有哪個國家有如此漫長且不間斷的兩極化政治經驗，這一政治經驗隨著傳統史學著作對國家革命神話的描述，數十年來反覆灌輸給法國學童，更為突顯。

此外，就西歐諸民族國家來說，法國的知識階層最為肯定、甚至最為崇拜暴力作為公共政策工具。據喬治桑記載，一八三五年她與友人在塞納河畔散步時，那友人急切主張該掀起血腥的無產階級革命：那人解釋道，只有塞納河變紅，巴黎起火燃燒，窮人得到他們應有的位置，才可能實現正義與和平。幾乎整整一百年後，英格蘭散文家彼得・克內爾（Peter Quennell）在《新政治家》裡寫到，「近乎病態的暴力崇拜，似乎支配了許許多多法國作家的心。」

因此，當上了年紀的「激進黨」政治人物，直到一九五七年以八十五歲高齡去世才卸下法國國民議會議長之職的愛德華・埃里奧（Edouard Herriot），在法國獲解放時宣布，只有「先經歷過一段血洗」，法國才可能恢復其正常政治活動時，在法國人聽來，這番話並不驚世駭俗，即使那出自政治中樞大腹便便的老派國會議員之口。對於歷史變革和血腥清洗兩者密不可分的看法，法國讀者和作家老早就耳熟能詳。當沙特和與他同時代的人強調，共產主義暴力是「無產階級人道主義」的一種，是「歷史的接生婆」時，他們其實比自己所理解到的還要傳統。

法國人的想像世界裡對革命暴力的熟悉，加上對古老法、俄同盟的泛黃回憶，使法國的知識分子得以可能用情有可原的諒解心態，接受共產黨人為蘇聯暴行所做的系統性辯護。辯證法也有推波助瀾的作用。在沙特的《現代》雜誌上評論史蘭斯基受審案時，馬塞爾・佩居（Marcel Péju）提醒讀者，殺害政敵，毫無不妥。布拉格沒做對的地方，乃是「用來殺掉他們的儀式（亦即擺樣子公審）顯得只是作態，比不上按照共產主義的觀點將此一暴力行為正當化。畢竟那些指控乍看之下並非不合情理。」

走訪蘇聯集團的法國知識分子，比大部分親眼目睹共產主義建設者，顯得更為浪漫熱情。於是有詩人暨超現實主義者保羅．艾呂雅（Paul Eluard），一九四八年十月在布加勒斯特向一群（無疑感到困惑的）觀眾演說道：「我來自一個不再有笑聲、歌聲的國度。法國在陰影中，但你們已找到幸福的陽光。」隔年他在遭蘇聯占領的匈牙利說道：「每個民族都絕對得是自己土地的主人，幾年後，幸福會是最高律法，喜悅會每日降臨。」

艾呂雅是共產主義者，但有許多從未加入共黨的知識分子和藝術家，也抱持和他一樣的情懷。捷克政變後，西蒙．波娃於一九四八年認定共產主義就要在各地拿下勝利：誠如與她同時代的保羅．尼贊（Paul Nizan）在這之前多年就已寫道，革命哲學家只有選擇帶有革命氣息的階級，才能一展所長，而共產主義者自認是那階級的代表。不管個人道德上偶爾會有什麼樣的變化，入世的知識分子都得站在進步與歷史這一邊。[7]

法國知識分子之所以如此看重共產主義問題，法國共黨的無所不在也是原因之一。法國共黨的黨員數（鼎盛時期有八十萬黨員）從未像義大利共黨那麼多，但在戰後頭幾年，法國共黨的選舉成績卻較出色，一九四六年拿下百分之二十八的選票。與義大利共黨不同的是，法國共黨不必面對團結的中間偏右天主教政黨。反倒是法國社會黨因其在兩次大戰之間對共黨策略的長期體

7 保羅．艾呂雅本人對蘇聯的文化政策心懷疑慮，卻不願當著他共黨支部勞動階級同志的面批評日丹諾夫主義。如同他向克羅德．魯瓦（Claude Roy）說明的，「可憐的人，那只會令他們沮喪。絕不可以把那些參與鬥爭者弄得不高興；他們不會懂。」

驗，在冷戰初期並未完全和共黨站在同一陣線（雖然有少數社會黨員會樂見該黨完全支持共黨）。因此，法國共黨比其他任何共黨更強大，卻也更孤立。

法國共黨對知識分子也特別不友善。與義大利共黨截然相反的，至這時為止法國共黨始終由冷酷務實、直腸子的黨工領導。礦工出身、從一九三二年至一九六四年去世為止一直領導該黨的莫里斯·托雷斯就是個典型例子。在史達林眼中，托雷斯最重要的特質，乃是可指望他聽命行事，毫無質疑，就和捷克斯洛伐克的戈特瓦爾德一樣。托雷斯於一九三九至一九四〇年假戰期間，[8]逃離法國軍隊，接下來在莫斯科待了五年，這事絕非偶然。因此，法國共黨是個雖有點固執僵化但可靠的衛星政黨，能詮釋、實踐史達林主義路線的好用工具。

戰後學生世代，尋求領導、方向、磨練、與「工人」並肩行動的承諾，而法國共黨那種固執僵化，對他們來說，正帶有某種吸引力，至少有幾年時間是如此：和捷克或波蘭的共黨差不多，法國共黨最初令東邊的共黨同志熱情昂揚。但對較有定見的法國知識分子來說，法國共黨的文化政委在該黨日報《人道報》的浮誇文章和其他地方狂熱推銷正統觀念的作為，等於是每天都在挑戰他們的進步信念。凡是與法國共黨站在同一陣營的作家或學者，都不可能像義大利的維托里尼或倫敦的共黨史學家團體那樣，有偏離正統的餘地。[9]

因此，巴黎知識分子的好惡，乃是我們了解冷戰時期歐洲境內信仰、意見之斷層線的最可靠指標。不同於任何其他地方，巴黎知識界的門派之別跟這些人在政治上的歧異循著相應的斷層線，無論他們人是在法國還是在海外。東歐的擺樣子審判在巴黎受到特別激烈的爭辯，因為有太多受到擺樣子審判的東歐共黨人士，此前在法國住過、工作過：拉斯洛·拉伊克曾於西班牙內戰後在法國淪為階下囚；阿圖爾・倫敦曾在法國反抗運動裡工作，娶了著名的法國共產黨人為妻，後來又成為另一位著名法國共產黨人的岳父（或公公）；「安德烈・西莫內」（André Simone，即史蘭斯基案的另一位同案受害者奧托・卡茨〔Otto Katz〕），則因為三〇年代期間在巴黎新聞界工作過，而在巴黎新聞界廣為人知；特萊伊喬・科斯托夫因為在巴黎的保加利亞外事部門工作，而令巴黎人深深銘記——他在索非亞被捕一事，甚至登上卡繆《戰鬥》日報的頭版。

巴黎本地甚至也上演了兩場具影響力的政治審判。一九四四年四月叛逃美國的蘇聯中階官員維克托・克拉夫岑科（Victor Kravchenko），一九四六年出版了自傳《我選擇自由》（*I Chose Freedom*）。隔年五月該書以*J'ai choisi la Liberté*為書名在法國出版時，因書中敘及蘇聯的整肅、屠殺、特別是蘇聯的古拉格集中營體系，蔚為轟動。一九四七年九月，共產國際情報局在波蘭召開會議，法國共黨領導人因為未能緊緊跟隨蘇聯的新強硬路線而在會上遭到叱責。兩個月後的十一月，以知識分子為對象的共黨期刊《法國文學》（*Les Lettres françaises*）刊出一系列文章，斷言克拉夫岑科的自傳是美國特務機關捏造的一整套謊言。一九四八年四月該報一再重述這些指控，並進一步說明指控的內容，克拉夫岑科於是按鈴控告該報誹謗。

案子從一九四九年一月二十四日審理到四月四日，審理期間，克拉夫岑科陸續提出多位比較沒名氣的證人支持他的論點；但被告有法國非共黨籍知識界名人的作證書可呈給庭上。這些名

8 譯注：指一九三九年九月英國對德宣戰到一九四〇年五月法國戰役之前這幾個月。

9 住在巴黎的佛朗索瓦・費伊特在幾年後寫道，義大利共產黨人對他的東歐史著作給予雖有所防備但熱情的歡迎，法國共黨則斥之為只是又一個脫黨分子的著作。

人為數眾多，犖犖大者包括戰時反抗運動小說家韋科爾（Vercors）、物理學家和諾貝爾獎得主佛雷德里克・約里奧－居里（Frédéric Joliot-Curie）、反抗運動英雄和巴黎現代藝術館館長尚・卡蘇（Jean Cassou）。這些作證書全申明法國共黨在反抗運動上無可批評的貢獻、蘇聯無可爭議的革命成就、克拉夫岑科的主張裡令人無法接受的意涵——即使那些主張是事實。最後宣判時，克拉夫岑科獲得一法朗的象徵性損害賠償金。

「進步左派」得到這場「道德」勝利的同時，東歐也正展開第一波重大擺樣子審判，知識界正針對支持或反對蘇聯表明立場——誠如幾個月前沙特就已開始強調的，「得在蘇聯和盎格魯撒克遜集團擇一。」但對許多批評蘇聯的人士來說，克拉夫岑科是個極不理想的代言人。他曾長期擔任蘇聯共黨黨工，然後選擇流亡美國，對於那些同時想與華府保持距離，又想否認莫斯科獨攬了進步功績的歐洲反共知識分子（說不定是大部分知識分子）來說，他毫無吸引力。一九五〇年一月沙特和梅洛龐蒂寫道，對於這樣一個人，我們生不出同志之情：他是「馬克思主義價值在俄羅斯本國境內」低落的活見證。

但另一場審判則令人較難以視而不見。一九四九年十一月十二日，即拉斯洛・拉伊克在布達佩斯遭處死四個星期後，大衛・魯賽（David Rousset）在《費加洛文學報》（*Le Figaro littéraire*）撰文籲請曾被納粹關進集中營者，協助他調查蘇聯的集中營。他根據蘇聯自己的《勞改法》，主張這些不是官方所宣稱的改造中心，而是與蘇聯的經濟、刑罰制度不可分割的集中營體系。一個星期後，同樣在《法國文學》上，共黨作家皮耶・戴（Pierre Daix）、克羅德・摩根（Claude Morgan）指控他捏造消息來源，以惡劣的誣陷不實之詞抹黑蘇聯。魯賽控告他們誹謗。

這場衝突大戲裡的人物特別有意思。魯賽不是蘇聯變節者。他是法國人；長期屬於社會黨；有時是托派；是戰時反抗運動英雄和布痕瓦爾德、新加默（Neuengamme）集中營的倖存者；是沙特的友人，一九四八年與沙特共同創立短命的「政治組織革命民主同盟」。這樣的人指控蘇聯操作集中營或勞動營，代表的是與當時的傳統政治立場斷然決裂。戴也曾因戰時反抗運動遭逮捕、流放——流放到毛特豪森（Mauthausen）集中營。同屬左派陣營、同樣曾效命反抗運動、同樣待過集中營而保住性命的兩人，竟以如此方式反目，說明了過去的政治結盟和效忠如今卻受到共產主義這問題何等的左右。

魯賽的證人名單，包括多位來自不同領域、在蘇聯監獄裡待過、極富公信力的蘇聯監獄體系研究專家，其中瑪格麗特・布伯－諾伊曼（Margarete Buber-Neumann）的精彩證詞，為這場作證掀起高潮。在證詞裡，布伯－諾伊曼不只表明自己曾在蘇聯勞動營待過，也曾在拉文斯布呂克（Ravensbrück）集中營待過。一九三九年八月德、蘇簽訂互不侵犯條約後，蘇聯於一九四〇年將她交還納粹，納粹把她送到拉文斯布呂克集中營。最後魯賽打贏官司。他甚至稍微衝擊到當時人的道德良心、意識。一九五〇年一月宣判後，莫里斯・梅洛龐蒂坦承，「這些事實使俄羅斯制度受到徹底質疑。」西蒙・波娃則是儘管心裡不願意，仍不得不在她的新真人真事小說《名士風流》（*Les Mandarins*）中，安排她小說中的主角就蘇聯集中營的新聞展開一連串痛苦辯論。（但她懷著討好的心態重新調整事件發生順序，好讓人覺得沙特和其友人早在一九四六年初就已知道這些事。）

為反制魯賽和他的同黨——並讓「進步派」知識分子聽話——諸共黨祭出「反法西斯」這個道德工具。這項法寶具有熟悉性，因此帶來了吸引力。對許多歐洲人來說，第一次體驗到政治動員，乃是在一九三〇年代的反法西斯、人民陣線聯盟裡。在大部分人的記憶裡，二次大戰乃是戰勝法西斯主義的一場戰爭，法國、比利時從這個角度來慶祝二次大戰，特別是在戰後時期。「反法西斯」讓人聯想到一段更單純的時期，是讓人放心、眾人都能領會的聯想。

左派陣營祭出的反法西斯論調，乃是以一簡單的政治效忠二分法為核心：我們與他們是截然相反的兩種人。他們（法西斯分子、納粹分子、佛朗哥主義者、民族主義者）是右派，我們是左派。他們是反動分子，我們是進步分子。他們支持戰爭，我們支持和平。他們是惡勢力，我們站在善的一方。引用克勞斯・曼（Klaus Mann）一九三五年在巴黎說的話：不管法西斯主義為何，我們都不屬於法西斯主義，而且我們反對它。大部分「反法西斯」的反對者則旗幟鮮明地表明，自己的政治主張最為反共（在北迄丹麥、南至羅馬尼亞的多個國家裡，納粹主義能令戰時保守派上層人士心動，這是原因之一），因此，這一截然二分法有助於共產黨在辯論中占上風。順著這思路推演，親共，或最起碼反反共，乃是反法西斯的基本精神。[10]

戰後時期，特別是美國取代德國，成為蘇聯敵人之後，蘇聯當然熱衷於將目光引至它的反法西斯功績上。自此，反法西斯的矛頭對準美國，美國先是被控捍衛懷有復仇心態的法西斯分子，繼而被擴大描述為本身就是帶有法西斯主義原始要素的威脅。這一共黨策略之所以特別管用，原因當然出在歐洲境內普遍且發自內心擔心法西斯東山再起，或至少擔心同情法西斯主義的新風潮從廢墟中生起。

「反法西斯」和其主張反抗、結盟的潛台詞，也令人想到仍未消失的蘇聯戰時正面形象，與許多西歐人對庫斯克、史達林格勒戰役的英勇勝利者發自肺腑的同情。誠如西蒙・波娃於其自傳裡某概括性的聲明裡所說的，「我們對蘇聯的友善毫無保留：俄國人民的犧牲證明俄國領導人體現了俄國人民的願望。」據埃德加·莫朗的說法，史達林格勒之役掃除所有懷疑、所有批評。此外，巴黎由西方同盟國解放，所以西方同盟國的罪惡在當地人的記憶裡顯得特別鮮明。

但知識界的親蘇，不止因為這因素。不要忘了東邊幾十哩處正發生的事。知識界對共產主義最熱情的時期，往往不是「馬鈴薯燉牛肉的共產主義」時期或「具人性的社會主義」時期，而是共黨政權最殘暴的時期：一九三五至一九三九年和一九四四至一九四五年。作家、教授、藝術家、教師、記者欣賞史達林，常常不是因為他們忽視史達林的過錯；他們正是因為那些過錯而欣賞史達林。在史達林大規模屠殺人民、在擺樣子審判以其最恐怖的戲劇手法展示蘇聯共產主義時，那些處在史達林統治範圍之外的人最難以抗拒的就是史達林和史達林的個人崇拜誘惑。使心懷善意、尋找奮鬥目標的男女難以抗拒共產主義誘惑的，乃是漂亮言詞與現實間那大到離譜的落差。[11]

共產主義以希特勒、（特別是）自由民主主義都望塵莫及的方式，令知識分子雀躍萬分。共產主義在出身上是異國的，在規模上是宏大的。雷蒙·阿宏於一九五〇年論及「那可笑、令人驚訝的事……歐洲左派竟把某個金字塔的建造者當成它的神」。但那真的令人如此驚訝嗎？舉例來

10 因此，埃瑪努埃爾·穆尼耶在一九四六年二月的《精神》雜誌上寫道：「反共……是法西斯主義東山再起所必需的力量，且反共就足夠讓法西斯主義東山再起。」

11 西方對毛澤東的崇拜，也是在文化大革命最火熱時，在毛澤東正迫害作家、藝術家、教師達到最高峰之際，而且也正因為毛澤東的這些迫害，對他的崇拜達到最高峰。

說，沙特對共產黨最著迷的時刻，正是那個「金字塔建造者」正進行其瘋狂的最後計畫之時。蘇聯正從事一項大業，其雄心抱負使其缺點得到合理化、並找到辯護的理由，這點特別令理性主義知識分子心動。法西斯主義擺脫不了的罪過，在於其偏狹的目標；但共產主義的目標是無可挑剔的普世且超越。許多非共黨籍的觀察家，把共產主義的罪行視為與歷史打交道時所要付出的代價，所以可以原諒。

但即使如此，在冷戰頭幾年，西歐有許多人，若不是因為擔心讓政敵得到援助和慰藉，本有可能更公開批評史達林、蘇聯、他們本國的共產黨。這也是「反法西斯」的遺緒，堅持「沒有左派敵人」的心態（必須表明的是，這是史達林本人幾乎不在意的一個規則）。誠如進步分子阿貝·布利耶（Abbé Boulier）試圖阻止佛朗索瓦·費伊特寫拉伊克受審案時向他解釋道的：讓世人注意到共黨的罪惡，乃是在「玩帝國主義的遊戲」。[12]

這種擔心讓反蘇人士得利的心態，並非這時才有。但到五〇年代初期，那已是歐洲知識分子辯論時的主要考量之一，尤以法國境內為然。即使東歐的擺樣子審判，終於使埃瑪努埃爾·穆尼耶和他《精神》團體裡的許多人與法國共黨保持距離，他們仍小心翼翼不讓外界覺得他們已成為「反共人士」——或更糟糕的，他們已不再「反美」。反反共本身漸漸成為政治上、文化上的目的。

在歐洲文化分隔線的一邊，是共產黨人和他們的友人、辯護者：進步人士和「反法西斯人士」。在另一邊是反共人士，他們不只人數遠較前者多（蘇聯集團之外），且異質性明顯。反共人士涵蓋從托派到新法西斯分子的各類人，因此，批評蘇聯者常赫然發現自己的政綱或訴求，竟與有著令他們痛惡之其他政治主張的人相同。如此不神聖的聯盟是蘇聯議題辯論時的首要辯論標的，而且有時難以說服批評共產主義的自由派人士公開陳述自己的意見，因為擔心被扣上反動的污名。誠如亞瑟·柯斯勒一九四八年在紐約市卡內基廳向眾多聽眾說明的，「你無法阻止大家抱著錯誤動機去站在正確的一邊……擔心自己與壞朋友為伍，不是政治潔癖的表現，而是缺乏自信的表現。」

真正反動的知識分子，在戰後頭十年裡，為數不多。即使是那些坦然無愧以右派自居的人，例如法國的雅克·洛朗（Jacques Laurent）或羅傑·尼米耶（Roger Nimier），有點樂於承認他們的目標是成功無望的，樂於為遭到唾棄的過往塑造某種新波希米亞式的懷舊，樂於把他們在政治壇上的無足輕重當作榮耀的徽章來展示。如果左派一帆風順，意氣風發，且有歷史在旁相助，那麼新一代右翼知識分子會自豪於當個頑強不屈的輸家，樂於將德里厄·拉羅歇爾（Drieu la Rochelle）、恩斯特·容格爾（Ernst Jünger）之類兩次大戰之間的作家不折不扣的墮落和自找死路的唯我論，轉化為某種社交的、表面性的風格，從而預示了柴契爾夫人治下英國那些「保守年輕人」（young fogeys）。

更具代表性的是厭惡共產主義三十年來幾無改變的保守派知識分子，至少在英、法兩國是如此。在這兩個國家，一如在義大利，積極入世的天主教知識分子，在反共辯論中扮演舉足輕重

12 在這些年裡，「進步人士的政見」，一如雷蒙·阿宏所尖刻論道的，在於「提出共產黨的論點，卻表現得好像從獨立的思索之後自然冒出來一般」。

的角色。伊佛林．沃（Evelyn Waugh）、葛雷安．葛林（Graham Greene）接替伊萊爾．貝洛克（Hillaire Belloc）和切斯特頓（G. K. Chesterton），填補英國文化界專為才華洋溢、個性陰鬱的天主教傳統派人士保留的位置。但當英格蘭保守派可能憤怒於現代生活的空虛或完全退出現代生活時，佛朗索瓦．莫里亞克之類法國天主教徒卻相當自然地給拉進和政治左派的言語交鋒之中。

莫里亞克戰後長期投身公共事務，定期為《費加洛報》撰文，直到八十幾歲才停筆（一九七〇年以八十五高齡去世）。在這段漫長期間，他的論點幾乎始終帶有道德立場——先是和卡繆論辯戰後整肅曾與納粹合作的法國人是否正當，繼而與他的保守派同志辯論阿爾及利亞戰爭（他所不認同的戰爭），且始終和他所痛惡的共產黨論辯。誠如他在一九四九年十月二十四日向《費加洛報》讀者解釋的，法國共黨為當時正在進行的布達佩斯擺樣子審判合理化的行徑，乃是種「精神淫穢」。但在這些年裡，莫里亞克除對共黨罪行抱持明確的道德立場，同時也對美國社會的「外來價值觀」抱持同樣道德化的厭惡：一如歐洲許多保守派人士，他始終對於因冷戰而得支持美國一事感到有些不快。

對雷蒙．阿宏之類自由派現實主義人士，這不是問題。一如歐洲政治中心的其他許多「冷戰鬥士」，阿宏對美國沒什麼好感。他曾寫道，「在我看來，美國經濟是既不適合於人類，也不適合於西方的模式。」但阿宏了解戰後歐洲政治最重要的事實：國內衝突和對外衝突自此交織在一塊。他在一九四七年七月寫道，「當今之世，決定其他所有選擇的那個選擇，是個全球性的選擇，實質上是個地理性的選擇，這對個人，一如對國家，都是如此。不是置身由自由國家組成的世界，就是置身由受蘇聯嚴厲統治的國度組成的世界。從今以後，法國的每個人都得表明自己的選擇。」

或者，誠如他在另一個場合所說的，「這絕不是善與惡的鬥爭，而是較合意者與令人憎惡者間的鬥爭。」

因此，自由派知識分子，不管是阿宏或路易基．伊諾第（Luigi Einaudi）之類歐陸型知識分子，還是以撒．柏林（Isaiah Berlin）之類英國型知識分子，始終比大部分保守派知識分子，明顯更安然接受歷史所強加給他們的，與美國的關係。儘管可能讓人覺得奇怪，但就社會民主黨人士來說，亦是如此。這有一部分是因為對小羅斯福總統的記憶猶新，且這些年裡與歐洲人打交道的美國外交官和決策者，有許多是鼓勵政府在經濟、社會政策上扮演積極角色，政治立場支持左派的新政派。

但那也是美國政策直接造成的結果。美國勞工聯合會－產業工會聯合會、美國情報機構、國務院，把以工會為基礎、立場溫和的社會民主黨、工黨，視為阻止共黨勢力進犯的最佳屏障，特別是在法國、比利時（在義大利，政情不同，他們把希望和龐大資金投在基督教民主黨上）。一九四七年中期之前，這大概會是個沒把握的賭注。但在那年春天共黨被逐出法國、比利時、義大利的政府之後，特別是在一九四八年二月布拉格政變之後，西歐社會黨和共黨分道揚鑣。共黨工會、社會黨工會間的暴力衝突，共黨領導的罷工者和奉社會黨籍部長命令進場鎮壓的部隊間的暴力衝突，加上從東歐傳來社會黨人遭逮捕、入獄的消息，使西歐許多社會民主黨人轉而成為蘇聯集團的死敵，隨時願接受美國的秘密金援。

對於法國的萊昂．布呂姆、德國的庫特．舒馬赫（Kurt Schumacher）之類社會黨人來說，冷戰帶來了至少在某一方面令他們覺得熟悉的政治選擇：他們認識從前的共產黨人，歲數夠大，知道人民陣線聯盟組成之前那段殘酷歲月裡同胞相殘的慘烈。年輕一輩對世局憂心忡忡，不像他們安然以對。曾短暫加入共黨、然後在一九三〇年代於阿爾及利亞脫離共黨的卡繆，戰後和他當時許多人一樣，對由共產黨人、社會黨人、各類激進改革者組成的反抗聯盟深信不移。一九四四年三月他在阿爾及利亞寫道，「反共是獨裁的開始。」

卡繆是在法國戰後的審判、整肅時期開始心生懷疑，那時共黨以反抗黨（Party of the Resistance）的身分走強硬路線，要求將數千名真有其事或遭誣陷的與敵合作者開除、入獄、判予死刑。然後，隨著政治、知識界效忠的動脈於一九四七年起開始硬化，卡繆發覺自己愈來愈懷疑他政治盟友的真誠善意——那懷疑當初出於習慣、為了團結而在心中被壓下。他於一九四七年六月交出《戰鬥》的經營權，在政治上不再像三年前那般有信心或樂觀。在同年出版的卡繆主要小說《瘟疫》（*La Peste*）中，可清楚看出他不安於他親密政治夥伴稜角分明的政治現實主義。誠如他透過筆下人物塔魯之口所說的，「我已決定，凡是直接或間接，使人喪命的東西，或替他人致人於死的行徑合理化的東西，我一律不接受。」

但卡繆仍不願公開與他的前友人決裂。在公開場合，他仍試圖既忠實批評史達林主義，又同時持平、「客觀」地提及美國的種族歧視和資本主義陣營裡犯下的其他罪行，力求不偏不倚。但魯賽受審和東歐的擺樣子審判，戳破了他本可能保有的任何虛妄認知。他在不公開的筆記本裡透露，「我的遺憾之一，乃是為了客觀，讓步了太多東西。客觀有時是遷就通融。如今情況很清楚，某樣東西是集中營，就該叫那東西是集中營，即使那是社會主義亦然。從某個角度來說，我不會再客套。」

這段話或許在無意間重述了兩年前（一九四七年六月）國際筆會大會上某場演講的內容。在那場大會上，伊尼亞齊奧·西洛內以「智慧的尊貴和知識分子的受輕蔑」為題演講，對他自己和他左派知識界同志的沉默公開表示遺憾：「我們把適用於每個人的自由原則，把人的尊嚴和其他東西，像把箱子存放在倉庫般，束之高閣。」一如接著在理察·克羅斯曼（Richard Crossman）一九五〇年選集《失敗的上帝》（*The God That Failed*）中，貢獻一篇出色文章的西洛內，卡繆自那之後愈來愈尖刻批評「進步人士」的虛妄認知，並在他一九五一年散文集《反抗者》（*L'Homme révolté*）中譴責革命暴力，致使他與巴黎左派知識界的前友人終於決裂時，批評達到極致。對沙特來說，激進知識分子的首要本分，乃是不背叛工人。對卡繆來說，就像西洛內一樣，最重要的乃是不背叛自己。文化冷戰的戰線就此劃下。

事隔數十年回頭看，很難完全再現早期這些年裡冷戰的鮮明對比和辭令。那時，史達林還不是個令人難堪的東西，反倒正相反。誠如莫里斯·托雷斯於一九四八年七月所說的，「有人以為可藉由把『史達林主義』這字眼扣在我們共產黨人頭上來羞辱我們。其實，對我們來說，那標籤是我們拚命想得到、希望當之無愧的榮耀。」而誠如前面已提過的，許多才智不凡的非共人士，同樣不願譴責史達林，想方設法盡可能淡化他的罪行或完全原諒他的罪行。在對蘇聯抱著一廂情願之虛妄認知的同時，也對美國普遍心懷憂慮或更糟的心態。[13]

美國，還有新誕生的德意志聯邦共和國，成為共黨言詞暴力的主要施暴對象。這是個高招。美國慷慨援助歐洲經濟重建，但美國在西歐不是很受歡迎——在某些地方，正因為慷慨援助歐洲經濟重建，美國不是很受歡迎。一九四七年七月，只有百分之三十八的法國成人相信，馬歇爾援助未嚴重威脅法國的獨立地位，而戰爭導致的一九四八年物資缺乏和兩年後韓戰爆發，更加深法國人對美國人動機的疑慮。共黨誣稱美軍在朝鮮半島使用生物性武器，而他們的聽眾也願意相信。

在文化事務上，共產黨人連帶頭起鬨都不需要。擔心遭美國宰制，擔心失去國家自主和主動權的心態，把各種政治立場和無政治立場的男女推到「進步」陣營。相較於依附美國的貧困西歐諸國，美國似乎在經濟上掠奪成性，文化上蒙昧無知：兩者構成一致命的組合。一九四九年十月，即馬歇爾計畫實施第二年，設立北約的計畫正要定案之時，法國文化評論家皮耶・埃瑪努埃爾（Pierre Emmanuel）告訴《世界報》讀者，美國送給戰後歐洲的最大禮物……乃是陰莖；即使在司湯達爾的國度裡，「陰莖都漸漸要成為神」。三年後，《精神》雜誌的基督教徒編輯提醒讀者，「我們從一開始就要大家小心某種美國文化對我們國家福祉帶來的危險，那美國文化攻擊歐洲人民之精神、道德團結的根。」

在這同時，有個美國大量生產的東西，悄悄在歐陸各地散播開來。一九四七至一九四九年間，可口可樂公司在荷蘭、比利時、盧森堡、瑞士、義大利設立了瓶裝廠。西德創立不到五年，境內就有九十六家這類工廠，成為美國以外最大的市場。在比利時、義大利有人出聲抗議，但是是在法國，可口可樂的計畫引發公眾風暴。《世界報》揭露可口可樂公司已設定一九五〇年在法國銷售兩億四千萬瓶的目標之後，引發反對聲浪。此一反對聲浪的形成，共黨只是從旁助長，非一手主導，共黨的作為就只是提醒人們可口可樂的配銷組織還會兼當美國的情報刺探網。誠如《世界報》於一九五〇年三月二十九日的社論上寫道的，「可口可樂是歐洲文化的但澤。」

「可口可樂─開拓殖民地」所引發的怒火，有其小題大作的一面（謠傳該公司打算在艾菲爾鐵塔掛上霓虹燈標誌……），但支撐這怒火的心態卻是嚴肅的。美國文化（從電影到飲料）的粗俗，還有美國勢力伸入歐洲背後的私利考量和帝國主義野心，乃是許多左派、右派歐洲人普遍的認知。蘇聯或許在當下威脅歐洲，但長遠來看，為歐洲帶來較不利且難察覺的挑戰者是美國。韓戰爆發，美國開始力促讓西德人重新武裝後，這一觀點得到採信。自此，共產黨人可以在抨擊波昂的「前納粹分子」時，加上美國正在支持「法西斯分子復仇運動」的指控。民族主義者對「盎格魯－美利堅人」的敵意，在戰時遭占領期間得到助長但解放後趨於沉寂，這時則在義大利、法國、比利時被重新端出，當作攻擊武器——在德國境內亦然，使用者是布萊希特等東歐作家。

史達林決意利用這一初萌發但普遍存在的憂心戰爭爆發的心理，還有歐洲菁英分子對美國事物懷有的猜疑，在國際上發起和平運動。從一九四九到史達林去世為止，「和平」是蘇聯文化策略的核心。這一和平運動於一九四八年八月在波蘭佛羅茨瓦夫（Wrocław）的「世界知識分子代表大會」上宣告成立。佛羅茨瓦夫大會後，接著是一九四九年四月在巴黎、布拉格、紐約差不多同時舉行的第一屆「和平代表大會」。這一和平運動組織是典型的「掩護性」組織，表面上由著名科學家、知識分子（例如佛雷德里克·約里奧－居里）領導，實際上共產黨人控制了該組織各個委員會，且該組織的活動在執行前與共產國際情報局經過密切協調。而共產國際情報局在布加勒

13 一九四八年四月，布拉格有份報告說明孩童第一次聽共黨籍小學老師授課的情景，而該報告在無意間以誇張手法呈現了上述心態：「小朋友，你們都知道在美國，人民住在從地上挖出的洞裡，是一些資本家的奴隸，所有利潤都讓資本家拿去。但在俄國，人人幸福，在布拉格的我們也很幸福，這得歸功於克萊蒙特·戈特瓦爾德的政府。現在，小朋友，跟著我大聲念：『我們很滿意，我們肯定戈特瓦爾德政府。』」

斯特出版的機關刊物，這時改名為「為了可長可久的和平，為了人民民主」。

從其自身的角度來看，這一和平運動組織相當成功。一九五〇年三月「和平游擊隊世界代表大會常設委員會」在斯德哥爾摩發起的一項訴求，在西歐得到數百萬人聯署（此外在蘇聯集團也得到數千萬人聯署）。事實上，收集這些聯署是該和平運動組織的主要活動，特別是在對該組織支持最力的法國境內。但在和平運動組織的保護下，其他掩護性組織也闡明了以下主張：蘇聯站在和平一方，美國人（和其在朝鮮半島、南斯拉夫、西歐諸政府裡的友人）則是一票愛打仗的人。一九五〇年五月在巴黎為《紐約客》撰文時，珍妮特·富蘭納大為嘆服：「此刻，共產黨的宣傳特別成功，該黨在法國的宣傳從沒有這麼成功過，特別是在對非共黨籍人士的宣傳上。」

共產黨人對其群眾運動的態度隨目的而改變——和平運動組織只是遂行蘇聯政策的工具，一九五一年該組織為何在史達林改變其國際策略後採取類似作法，突然高舉「和平共存」的大旗，原因在此。私底下，共產黨人，特別是東歐集團內的共產黨人，對共黨同路人[14]的虛妄認知，心裡幾乎只有鄙視。和平運動支持者（絕大部分來自法、義、印度）組團拜訪人民民主國家期間，地主國盛宴款待，表彰他們的支持；但私底下嘲笑他們是「鴿子」，是新一代的列寧式「有用的白癡」。[15]

共產黨在西歐的成就（最起碼得到許多人有條件的支持），特別是法國、義大利境內，共黨拿對美國心存懷疑的文化菁英對他們的支持大做文章，激起一群西歐知識分子遲來但堅定的回應。他們憂心若不出手阻止，史達林會在這場文化戰役中獲勝，於是著手建立自己的文化「戰線」。「文化自由代表大會」的成立大會，一九五〇年六月在柏林召開。這一組織的成立，意在回應前一年莫斯科的和平運動攻勢，但正巧韓戰於這時爆發，使它更富意義。選在柏林而非巴黎召開是經過深思熟慮：從一開始這一組織就是要對蘇聯展開文化攻勢。

文化自由代表大會是在伯特蘭・羅素、貝內戴托・克羅齊、約翰・杜威、卡爾・雅斯培、法國天主教哲學家雅克・馬利丹（Jacques Maritain）的正式支持下成立。這些德高望重的老人賦予這新組織崇高地位和權威，但它背後的政治動力和知識界力量，來自一群熠熠發亮的自由派或前共產黨人中生代知識分子——亞瑟・柯斯勒、雷蒙・阿宏、阿耶（A. J. Ayer）、馬格麗特・布伯－諾伊曼、伊尼亞齊奧・西洛內、尼古拉・基亞洛蒙特（Nicola Chiaromonte）、悉尼・胡克（Sidney Hook）。而這些人又有一群晚輩協助，這些晚輩以美國人居多，負責文化自由代表大會活動的日常規畫和管理。

文化自由代表大會最後會在全球三十五個國家開設辦事處，但這組織關注的焦點在歐洲，而在歐洲內部，關注焦點則放在法、義、德。目標是團結、激勵、動員知識分子和學者，共同為與共產主義的鬥爭奮鬥，作法主要是出版、散發各個文化性期刊：英國境內的《遭遇》（*Encounter*）、法國境內的《證明》（*Preuves*），義大利境內的《現在》（*Tempo Presente*），德國境內的《月份》（*Der Monat*）。這些刊物的發行量一直不大，其中發行量最大的《遭遇》，誇稱一九五八年時發行一萬六千份；同年，《證明》只有三千訂戶。但它們的內容幾乎始終維持高品質，撰稿人是戰後幾十年最優秀的作家，而且它們填補了一個很有發揮空間的重要空缺——特別是在法國，文化界被中

14 譯注：指西歐境內贊同共黨綱領的非共黨人士。

15 譯注：指西歐境內支持蘇聯者。他們天真自認是蘇聯的盟友，卻不知蘇聯對他們心懷鄙視。

立派、和平主義者、共黨同路人、或表明自身共產黨員身分者所辦的期刊所支配，《證明》在這樣的世界裡提供了惟一的自由派、反共論壇。

這一代表大會和其許多活動受到福特基金會公開支持，得到美國中情局私下提供經費——該組織的行動主義者和撰稿人，幾乎都是在多年以後此事遭揭露時才知道。美國政府在歐洲偷偷補助反共的文化組織，事後來看非同小可，但在當時說不定沒那麼嚴重。當時共黨刊物、「掩護性」刊物、各種文化產品都受到莫斯科的暗中補助，文化自由代表大會的作家若得知該組織有美國人暗中支持，肯定有一些人不會覺得難堪。亞瑟·柯斯勒、雷蒙·阿宏或伊尼亞齊奧·西洛內，不需要美國官方鼓動，就對共產主義採取強硬路線，而且沒有證據顯示他們會為了討好華府出錢主子，而壓低或修改他們對美國的批判觀點。

打這類文化戰爭，美國是新手。蘇聯在一九二五年就設立「對外文化關係協會」（Society for Cultural Relations with Foreign Nations）；法國人、德國人、義大利人在一九一四年前就積極出資從事海外「文化外交」。美國人直到二次大戰前夕才開始撥款從事這類活動，而且到一九四六年成立富爾布萊特計畫（Fulbright Program），才認真投入這領域。一九四七年秋之前，美國在歐洲的文化、教育計畫，都以「民主重定位」為目標；在那之後，反共才成為首要戰略目標。

到了一九五〇年，美國新聞局已全面掌管美國在歐洲的文化交流和資訊計畫。加上美國在德西、奧地利占領機關裡的新聞事務分部（全權掌管這兩個國家美國占領區裡的所有媒體機構和文化性組織），美國新聞局得以在西歐的文化活動領域發揮很大影響。到了一九五三年，冷戰高峰之時，美國的對外文化計畫（不含暗中補助和私人基金會），雇用了一萬三千人，投入經費為一億兩千九百萬美元，其中許多經費花在爭取西歐知識界菁英的認同、支持。

「為和平而戰」（共黨新聞媒體語）是在文化「戰線」上進行，開打者是「書本之役」（請注意帶軍事化特色的列寧派用語）。頭幾場交鋒於一九五〇年初春在法國、比利時、義大利境內展開。著名共黨作家——艾爾莎·特里奧列（Elsa Triolet）、路易·阿拉貢（Louis Aragon）——到許多城市演說、簽書、展示共產世界的文學成績。事實上，這對宣揚共黨主張助益不大——戰後法國最暢銷的兩本書是亞瑟·柯斯勒的《正午的黑暗》（*Darkness at Noon*，一九四五至一九五五這十年間賣了四十二萬冊）維克托·克拉夫岑科的《我選擇自由》（*I Chose Freedom*，同一期間賣了五十萬三千冊）。但重點不在賣書，而在提醒讀者和其他人，共產主義代表文化——特別是法國文化。

美國的回應乃是設立附有圖書館和閱報室的「美國館」，主辦演講、會議，開辦英語班。到一九五五年，歐洲境內有六十九家這類美國館。在某些地方，它們的影響力相當大：接受馬歇爾援助期間，有一億三千四百萬冊英語書配送到奧地利全國各地，而在奧地利的維也納、薩爾茨堡（前者受四強治理、後者位在美國占領區裡），有相當大比例的居民前往當地的美國館借書、閱報。英語取代法語和古希臘語、拉丁語，成為奧地利高中生修習外語的第一選擇。

一如由美國支持的廣播公司（自由歐洲電台於韓戰爆發一個月後在慕尼黑開播），美國館的計畫有時受到華府粗魯宣傳要求的掣肘。麥卡錫主義最猖狂時，美國館的館長花許多時間在移除館內藏書。有數十位作者，其作品被視為不當；這些作者裡，除了明顯有嫌疑者——約翰·帕索斯（John Dos Passos）、亞瑟·米勒（Arthur Miller）、戴希爾·哈米特（Dashiell Hammett）、厄普頓·辛克萊（Upton Sinclair）——還有愛因斯坦、托瑪斯·曼、阿爾貝托·摩拉維亞（Alberto Moravia）、湯姆·

潘恩（Tom Paine）、亨利・梭羅。最起碼在奧地利，有許多觀察家覺得，在「書本之役」中，美國最難纏的敵人有時就是它自己。

對西歐來講，幸運的是美國流行文化所具有的吸引力幾乎不會因美國政治上的無能而失色。共產黨大大居於劣勢，因為他們官方拒斥墮落的美國爵士、美國電影的作法，與納粹宣傳部長約瑟夫・戈培爾的觀念如出一轍。東歐共產國家把爵士斥為墮落、外來的東西而予以禁止時，自由歐洲電台每個星期一至五的下午，向東歐播放三個小時的流行音樂，並在每個整點時插入十分鐘的新聞報導。在共黨掌控的國家，當局能管制電影（當時另一個通行全世界的媒材）；但在整個西歐，美國電影風靡各地。在這方面，蘇聯的宣傳徹底敗北，就連西方進步人士都往往著迷於美國電影、音樂，不支持黨的路線。

冷戰初期的文化競爭是非對稱的。歐洲文化菁英圈裡，仍普遍存有如下想法：他們擁有一超越意識形態藩籬、甚至打破鐵幕隔離的共通文化，而且這共通文化受到美國威脅。法國人尤其這麼認為，於是像戰後初期的法國外交官般，欲擬出一不受美國控制的國際政策。柏林市法國占領區法國文化代表團團長費利克斯・魯塞（Félix Lusset），與蘇聯同性質機構的負責人亞歷山大・德姆希茨（Alexander Dymschitz）的交情，好過他與柏林市英國或美國代表的交情，而且他和他的巴黎上司一樣，希望恢復從巴黎綿延到柏林、再伸展到列寧格勒的一道文化軸線。

美國人花了數億美元，試圖贏得歐洲人好感，但因此而誕生的出版品和產品，有許多是粗俗，反而帶來反效果，只落實了歐洲知識界固有的猜疑。在德國，美國對共黨罪行的過度關注，被許多人視為是有意藉此讓人忘掉納粹的罪行或將納粹罪行相對化。在義大利，梵蒂岡以聳動手法展開的反共運動，削弱了西洛內、維托里尼等人反史達林主義的說服力。只有在藝術和文學上——畫家、詩人的領域直接受到荒謬的史達林主義文化政策侵犯——西方知識分子才始終與莫斯科保持距離；即使如此，他們也因為擔心陷入美國「宣傳」的囚籠而不敢出聲反對。[16]

另一方面，在爭取西歐人民群眾的支持上，蘇聯正節節敗退。除了義大利這個例外，其他各地的共黨，得票數都從一九四〇年代晚期起每下愈況；如果民意調查是可信的話，即使是那些真把票投給共黨的人，都是在藉投票表達象徵性的抗議，不然就是藉投票表達階級或族群的團結一心。一九五六年，歐洲大部分知識分子從原本支持蘇聯集團驟然轉向，但在這一劇變之前許久，其他西歐人大部分已決定朝向大西洋。

16 法國詩人克羅德．魯瓦於戰時加入法國共黨之前，曾與極右派組織法蘭西行動（Action Française）有段浪漫往來。他寫道，「對於發生在我們所非常了解的領域裡的蠢事，我們無法容忍，但在我們所知甚少的事情上，我們原諒罪行。」

尾聲　舊歐洲的終結

Coda: The End of Old Europe

✣ ✣ ✣

戰後，生活的改變出乎意料地少。

大衛．洛吉

✣ ✣ ✣

「我早年在幾個工業城和它們近郊度過，生活周遭是磚塊和煤煙、煙囪和用大卵石鋪成的街道。出門到不遠的地方搭有軌電車，出遠門搭火車。我們每餐吃的是買來的新鮮食物，這不是因為我們講究吃，而是因為我們沒冰箱（較不會腐壞的東西存放在根菜作物窖）。我母親每天早上冒著酷寒起床，在客廳爐子裡生火。流出來的自來水永遠只有一種溫度：冰冷。我們靠信件互通訊息，主要從報紙接收消息（但我們還算很現代，因為我們有台和文件櫃差不多一樣大的收音機）。我早期的教室有如男人大腹形狀的取暖爐和雙人書桌，書桌上嵌有墨水池，供我們的筆蘸墨。我們男生穿短褲，直到十二歲舉行聖餐儀式為止。諸如此類。但這不是在喀爾巴阡山區哪個遺世獨立、未被發現的地方，而是在戰後西歐，而在西歐，『戰後』是持續將近二十年的一段時期。[1]

這是比利時作者呂克．桑特（Luc Sante）對一九五〇年代工業地區瓦隆尼亞的描述，這段描述用在那段時期西歐大部分地方也會很貼切。敝人戰後在內倫敦普特尼區長大，我記得那時常去光顧一家昏暗的糖果店，店老闆是個乾癟的老太婆，老太婆以責備的口吻告訴我，她「從老女王登基五十週年慶的時候」——亦即一八八七年起——「就開始賣糖果給像你這種髒兮兮的小男孩了」；她所謂的女王，當然是指維多利亞女王。[2]在同一條街上，有名叫賽恩斯伯里的食品雜貨店，店裡地板上散落鋸屑，店員包括穿著條紋襯衫的粗壯男子和披著漿硬圍裙、戴著帽子的活潑少婦，看去就和一八七〇年代該店開張時所拍下，掛在牆上的泛黃照片沒有兩樣。

戰後頭十年的日常生活，若讓五十年前的人看到，大概不會覺得陌生，因為有許多基本特色和五十年前沒有兩樣。在那十年裡，英國的燃料需求仍有九成靠煤來滿足，比利時和新成立的歐洲煤鋼共同體的其他成員國，則是百分之八十二。倫敦因為到處都在燒煤，這個舖著有軌電車和碼頭的城市，仍定期籠罩在濕霧中，和這工業城市的維多利亞時代晚期照片裡所見景象極類似。這時期的英國電影，散發出鮮明的愛德華時代氛圍——若非在那些電影裡的社交場景感受到（例如一九四八年的*The Winslow Boy*），就是在它們當時的語調裡感受到。一九五一年電影《穿白西裝的男子》（*The Man in a White Suit*），把當時的曼徹斯特呈現為凡是基本必要的東西（手推車、住屋、社交關係）全是十九世紀模樣的城市；老闆和工會領袖都把外行的企業（entrepreneurial amateurism）經營方式視為良善之事，不管得為此在生產效率上付出什麼樣的代價。三百萬英國人每週到領有

1 Luc Sante, *The Factory of Facts* (1998), p.27.

2 像她這樣提及維多利亞時代的生活經歷者，不止她一人。當時的英國首相邱吉爾常提醒聽眾，他在一八九八年九月，蘇丹的恩圖曼（Omdurman）之役裡，親身參與了英國陸軍最後一次的騎兵衝鋒。

經營執照的舞廳跳舞，而五〇年代初期，光是在約克夏的哈德斯費爾德鎮，就有七十家以勞動男子為顧客的夜總會（但這兩種社交活動正漸漸失去年輕人青睞）。

在歐陸許多地方，也瀰漫著這種時光停滯不前的感覺。比利時的農村生活和十九世紀畫家米勒筆下的情景沒什麼兩樣：用木耙收集乾草，用連枷打麥稈，用手拔水果、青菜，用馬拉車運走。在法國的地方城鎮，戴貝雷帽的男子，返家途中從轉角的和平咖啡館（Café de la Paix，一九一九年時常見的咖啡館名字）買條棍子麵包，而西班牙則被困在佛朗哥的獨裁統治裡，與這兩個地方類似的比利時和英國，也停滯在某種愛德華時代遲遲未退、未來混沌不明的狀態中。戰後歐洲仍在靠十九世紀經濟革命漸漸消逝的餘燼取暖，而那場經濟革命至這時已幾乎到了尾聲，而沉澱下來的文化習慣和社交關係，與飛機、原子彈所象徵的新時代愈來愈格格不入。甚至應該說，二次大戰已使情勢逆轉。一九二〇年代、乃至一九三〇年的現代化狂熱已經消逝，留下更古老的生活秩序。在義大利，一如在歐洲許多鄉村，孩童仍在讀完小學後（或更有可能的，還未讀完小學）即投入就業市場；一九五一年，超過十三歲的義大利孩童，只有九分之一上學。

宗教，特別是天主教，短暫沉浸在恢復威權的美好時光中。在西班牙，天主教統治集團有財力、也有政治後盾再發動反宗教改革運動：在一九五三年的某項協定中，佛朗哥不只准予天主教會免稅、不受政府任何干涉，還讓教會有權要求檢查它所反對的任何書寫資料或演說。天主教統治集團則維持並執行宗教與國家認同的保守結合作為回報。事實上，天主教會這時成為有關國家認同、義務的敘述中絕對不可分割的一部分，因而最通行的小學歷史教科書，一九四三年首度出版的《我是西班牙人》（*Yo soy español*），把西班牙史當成毫無中斷、渾然一體的歷史來教授：始於伊甸園，終於大元帥佛朗哥。

此外還有對死者——晚近那場內戰勝利一方的「烈士」——的新崇拜。西班牙境內有數千處公墓，埋葬被反教權共和主義害死的亡魂，西班牙教會在這些公墓辦了不計其數的典禮和追悼儀式。宗教、世俗權威、勝利紀念儀式三者的高明結合，強化了天主教統治集團在宗教上、記憶上的獨占地位。佛朗哥需要天主教的程度，高於天主教會需要他的程度——不這樣，如何維持西班牙戰後與國際社會、「西方」脆弱的關係？——因此，他給了天主教會實質上不受限制的權限，讓其得以在現代西班牙重現舊制度時代的「十字軍」精神。

在西歐其他地方，天主教會得和競爭對手、敵對勢力爭奪人民的效忠；但即使在荷蘭，天主教統治集團都自信滿滿，而敢於在戰後頭幾次選舉時，將把票投給其工黨對手的選民開除教籍。晚至一九五六年，也就是庇護二世去世，標誌著舊秩序走入歷史的兩年前，仍有十分之七的義大利人定期上教堂做禮拜日彌撒。一如在法蘭德斯，義大利天主教會的宗教工作在君王派人士、女人、老人身上做得特別成功，而這些人占了全人口的明確多數。一九四七年三月通過的義大利憲法的第七款，明智地對墨索里尼與羅馬教會簽署的一九二九年《宗教協議》給予了進一步的確

3 在中學歷史教科書裡，佛朗哥掌權的意義得到清楚的陳述：「經過三百年，西班牙的未來終於和過去的命運結合為一！……那古老的行進行列未停……死者和生者在它的道路上前進，心中充滿基督教精神，而不知何去何從、陷入毀滅性動亂的世界，把注意力集中在基督教精神上，靠它安身立命……這是上帝留給今日西班牙的重任……一個不凡的命運……透過這帝國，獻給上帝！」Feliciano Cereceda, *Historia del imperio español y de la hispanidad* (Madrid, 1943), pp. 273-74，轉引自 Carolyn Boyd, *Historia Patria: Politics, History and National Identity in Spain, 1875-1975* (Princeton, 1997), p. 252.

認：天主教統治集團保有其對教育的影響力和其對有關婚姻、道德的所有事務的監督權力。在托利亞蒂的堅持下，就連共黨都不情不願地投票支持這項法律，但梵蒂岡未因此就不將隔年投票支持義大利共黨的義大利人開除教籍。

在法國，天主教統治集團和其政治支持者對自身實力很有自信，於是在一場短暫重現一八八〇年代政教鬥爭歷史的「學校戰爭」中，極力要求在教育上擁有特權。主戰場是政府撥經費給天主教學校這個老問題：那是個傳統要求，但挑這要求來做文章甚為高明。在法國，一如在義大利或德國，鼓動十九世紀反教權主義的動力已大部分銷聲匿跡，或者被導入隨時代而演變的新意識形態衝突，但他們孩童的教育成本和品質，仍是可讓連最疏於上教堂的人都跟著起舞的少數議題之一。

四〇、五〇年代，在歐洲諸傳統宗教中，只有一個宗教其積極參與政治事務的教徒人數有增無減，那就是天主教。這有一部分是因為只有天主教會擁有與它直接相關的政黨（以及在某些例子裡倚賴它支持的政黨）——在德國、荷蘭、比利時、義大利、法國、奧地利；還有一部分是因為歐洲境內天主教義根深蒂固的地區，正好是這些年裡最遲於改變的地區。但最重要的，天主教會給了它的信徒當時大為欠缺的東西：在這個過去十年劇烈改變、未來幾年更為激烈轉變的世界裡，給了延續感，給了安全、安心的感覺。在那幾年過渡期間，賦予天主教會特殊魅力的，乃是該教會與舊秩序的密切關連，甚至應該說該教會堅定反對現代性、反對改變的立場。

西北歐的那些新教教會，沒有這樣的吸引力。在德國，有相當多非天主教籍的居民這時受共黨統治；德國福音派教會的地位，一如一九四五年新教領袖的斯圖加特悔罪書（Stuttgart Confession of Guilt）所局部坦承的，已因為和希特勒妥協而不如從前。但在西德，一如在其他地方，主要問題在於新教教會未在現代世界之外提供替代選擇，反倒提出與現代世界和諧共處的方法。

教會賦予新教教堂牧師或英國國教教區牧師宗教權威，不是要他們拿那權威去與政府競爭，而是要他們當政府的小老弟搭檔——這些年裡中歐的新教教會為何擋不住共黨政府的壓力，這是原因之一。但在西歐政府正致力於大幅提升自己在精神上、物質上守護公民的角色時，教會與政府作為公共禮儀和道德的仲裁者，兩者間的區隔就變得相當模糊。因此，四〇年代晚期和五〇年代初期成為過渡時期，在這期間，有關社會服從的規範和對階級、權威的主張仍占支配地位，但現代國家已開始取代教會、乃至階級，成為集體行為仲裁者。

英國廣播公司於一九四八年印製供內部使用的一本指導小冊（《英國廣播公司綜藝節目：作家與製作人方針指南》，一九四八），貼切概括了這一時期的特色。這家公共廣播公司自我要求的道德責任相當明確：「（英國廣播公司）對聽眾的影響很大，維持高水準品味的責任也就很高。」開宗教的玩笑不准，把過時的音樂喜好說成「B.C.」——Before Crosby[4]——也不行。不准提及「lavatory」（抽水馬桶），不准開「男人娘娘腔」玩笑。作家不准使用已在戰時輕鬆環境裡流行開來的玩笑，或不得以「winter draws on」之類雙關語提及女人的內衣褲。任何影射性愛的字眼都不准說——不准說「兔子」或「動物習性」之類的。[5]

此外：國會議員不得出席可能「有辱或不適合」公眾人物的電台節目，也不得開可能助長「罷

4 Bing。編按：Bing Crosby（1903-1977）是當時美國非常受歡迎的歌手和演員，對音樂工業的錄音工程也有偉大的貢獻。但是「B.C.」也是「before Christ」，故褻瀆了宗教。

工或產業紛爭、黑市、贓物或黑市商品販子、懶漢」的玩笑或提及可能助長這些人或事的話。「贓物或黑市商品販子」(spiv)和「懶漢」(drone)指心術不正的人和犯小罪者,「黑市」(black market)則是用在規避配給和其他限制的商人、顧客身上的全方位用語。這三個字眼說明了英國戰後至少仍在戰爭陰影下生活了數年。進入一九五〇年代許久以後,英國廣播公司仍可以因為高人氣電台喜劇 The Goon Show 的製作人彼得・伊頓(Peter Eton),讓「德尼斯・布拉德諾克少校」(彼得・塞勒斯飾)靠「在戰事正烈時倒垃圾桶」的行為,獲頒大英帝國勛章一事(還有讓某演員「模仿女王的聲音在特拉法爾加廣場噓走鴿子」一事),而斥責伊頓。

這類約束,還有伴隨它們而來太正經八百、流露愛德華時代改良主義精神的調子,可能是英國所獨有。但它們的口吻大概是歐陸各地的人都不會覺得陌生的。在學校,在教堂,在國營電台的廣播裡,在正派大報乃至八卦報自信、自認比讀者有見識的報導風格裡,在公眾人物的演說和穿著裡,歐洲人仍非常遵守古早時期的習慣和規定。我們已在前面提過,當時的政治領袖有許多是另一個時代的人——英國的艾德禮若置身在維多利亞時代派到工業貧民區的教會慈善機構,並不會覺得格格不入,而且這位為英國過渡到現代福利國家掌舵的首相,其公共生涯的開端正是一次大戰前在倫敦東區從事慈善工作,實在十分合適。

當時的歐洲還停留在上個時代,以古老時代的步調運作,既被戰爭改變了,卻又受到戰前例行作息和習慣束縛。在這樣的時代背景下,我們仍得指出當時歐洲主要的娛樂來源,在性質上卻是毫無疑問地**現代**。當時是電影的黃金時代。在英國,看電影人次於戰爭結束後很快就達到高峰,一九四六年英國五千家戲院賣出十七億張電影票。同年,有三分之一的人每週上本地戲院。即使在一九五〇年，看電影人次已開始下滑時，一般英國人上電影院仍達一年二十八次，比戰爭爆發前一年高出將近四成。

英國看電影人次於五〇年代逐步下滑，但在歐陸，卻是有增無減。一九五〇年代頭五年期間法國境內開了一千家新戲院，西德境內的數目也差不多；在義大利，出現三千家新戲院，使全國戲院總數於一九五六年時達到約萬家。在義大利，看電影人次於前一年達到最高，賣出八億張左右的電影票（人口與英國約略相當，票數是英國的一半）。法國看電影人次於一九四〇年代結束時達到最高，但遠低於英國，甚至連義大利都比不上。[6]西德的看電影人次直到一九五九年才達到最高，雖然仍遠比不上英、義，看電影者還是很多。甚至在西班牙亦然。一九四七年時西班牙成年人看電影的人均次數，在歐洲是最高之一。

戰後如此熱衷看電影，原因之一是戰時看電影（特別是美國電影）的需求遭到壓抑——納粹、墨索里尼（一九三八年後）、法國貝當政權禁播大部分美國電影，還有戰時民生匱乏這個更普遍的因素導致看不起電影。一九四六年，義大利的票房收入有百分之八十七來自外國電影（大部分是美國電影）；一九三九至一九五〇年代結束馬德里放映約五千部電影，其中四千兩百部是外國電影（同樣又以美國電影居多）。一九四七年，法國本土電影業製作了四十部電影，相對地，從美國進口了三百四十部。美國電影不只如大軍壓境般出現於各地戲院，還很受歡迎：戰後柏林最

5 英國戰時的幽默一般主要拿物資缺乏、委婉影射性愛、對美國大兵過度享有特權潛在的不滿來做文章。有時則同時拿這三者開玩笑：'Have you heard about the new Utility underpants? One Yank and they're off!'

6 但請注意，法國以電影為主題的出版品數量，多於英、義的總和。

賣座的電影是卓別林的《淘金熱》和《馬爾他之鷹》（又名《梟巢喋血戰》，一九四一年拍成，但直到戰爭結束才在歐洲上映）。

但美國稱霸戰後歐洲電影業，不光是因為流行口味突然的轉變。這有其政治背景：「正面」美國電影大舉湧入義大利時，正好趕上一九四八年的關鍵選舉；美國國務院鼓勵派拉蒙在那年重新發行《俄宮豔史》（*Ninotchka*，一九三九），以協助催出反共選票。此外，華府要求約翰・福特的《憤怒的葡萄》（*Grapes of Wrath*，一九四〇年拍成）暫時不要在法國發行：該片對經濟大蕭條時代的美國有負面的描寫，可能被法國共黨拿去大做文章。整體來說，美國電影是美國魅力的一部分，因而是文化冷戰的得力工具。只有知識分子可能被俄國導演艾因斯坦（Sergei Eisenstein）在《波坦金戰艦》（*Battleship Potemkin*）裡對敖得薩的描述大大感動，而將他們的審美欣賞轉化為親俄立場；但每個人，包括知識分子，都能欣賞美國演員亨佛萊・鮑嘉（Humphrey Bogart）的演技。

但美國電影大舉進入歐洲，最重要的動力來自經濟因素。美國電影早就輸出歐洲，在歐洲賺錢。但二次大戰後，美國製片人受到國內看電影人數下滑、影片製作成本升高的雙重夾擊，極力要求進入歐洲市場。相對地，歐洲政府比以往更不願意向美國產品開放市場：本土電影業需要保護，防範美國「傾銷」，且電影業仍是重要產業，特別是在英國和義大利；而且美元太缺、太珍貴，不該花在進口美國影片上。

早在一九二七年，英國國會就通過一道法律，去制定配額制度，要求在英國放映的電影，到一九三六年時得有五分之一是英國本土出產。二次大戰後，英國政府的目標是要配額在一九四八年達到三成。法國人、義大利人、西班牙人也追求類似、乃至野心更大的目標（德國電影業當然無法要求這類保護）。但好萊塢的強力遊說，使國務院不斷向歐洲協商者施壓，不過，戰後頭十年裡，美國與其歐洲盟邦所談成的每個重大雙邊貿易協定或貸款協議，都把同意讓美國電影進入歐洲列入其中。

因此，在一九四六年五月《布呂姆－伯恩斯協議》（Blum-Byrnes accords）的規定下，法國政府百般不情願地將其對本土影片的保護配額，從每年占百分五十五降為百分之三十，結果不到一年，本土電影產量就減半。英國工黨政府同樣未能將美國電影拒於門外。只有佛朗哥得以限制美國電影進入西班牙的數量（但一九五五至一九五八年美國製片人試圖「抵制」西班牙市場未果），這主要是因為他沒有民意壓力或不需要預期自己的決策會帶來的政治影響。但即使在西班牙，誠如先前已提過的，放映的美國電影仍大大多於本土電影。

美國人知道自己在幹什麼：一九四九年後的歐洲政府開始課徵電影門票捐，以補助本土電影製片業時，美國製片人開始直接投資外國電影拍製，至於挑歐洲哪個國家來拍製一部或一組電影，往往視該國「國內」補助金額多寡而定。於是，一段時間之後，歐洲政府發覺自己在透過本地中間人間接補助好萊塢。到了一九五二年，美國電影業收入有四成來自國外，其中大部分來自歐洲市場。六年後更達到五成。

由於美國稱霸歐洲市場，這時期的**歐洲**電影不盡然是了解歐洲看電影者之體驗或感受的最可靠指標。特別是英國的電影觀眾，在形塑對當時英格蘭人特質的認知時，很可能既倚重自己的直接經驗，也在同樣程度上倚重好萊塢電影所呈現的英格蘭。值得注意的，四〇年代的諸多電影裡，《忠勇之家》（*Mrs Miniver*，一九四二）講述的是非常**英格蘭**的故事——本土人民的堅忍和耐力、中產階級的緘默和堅持不懈，圍繞著把這些特質發揮得最淋漓盡致的敦刻爾克災難來鋪陳——卻是不折不扣的好萊塢製品。但對於初次見到這部影片的那一代英格蘭人來說，它將會在許久以後仍是國民記憶與國民自我形象最忠實的呈現。

美國電影之所以如此風靡，除了因為它們替灰暗的當地帶來艷麗和光彩，還因為它們的「品質」。它們製作品質高，通常放映在遠非歐洲任何製片人所承擔得起的帆布上。但它們不像一九三〇年代「無厘頭」喜劇片或浪漫愛情幻想片那樣「逃避現實」。事實上，四〇年代晚期最賣座的美國電影，有幾部是（後來歐陸欣賞者所謂的）「黑色電影」。它們可能是偵探片或社會劇情片，但氣氛——和電影質感——比幾十年前的美國電影更昏暗、陰沉。

當時較可能製作逃避現實電影者往往是**歐洲人**——例如五〇年代初期內容空洞、以黑森林或巴伐利亞阿爾卑斯山區童話般的景致為背景的德國浪漫愛情電影，或英國出品純粹博君一笑的喜劇電影，例如《皮卡迪利事故》（*Piccadilly Incident*，一九四六）、或《公園巷裡的春天》（*Spring in Park Lane*，一九四八）、或《梅費爾區的五月時節》（*Maytime in Mayfair*，一九四九）。這三部片全是赫伯特·威爾考克斯（Herbert Wilcox）所導演，以倫敦的高級住宅區「西區」（受損較輕微的地區）為背景，由安娜·尼格（Anna Neagle）、麥可·懷爾丁（Michael Wilding）、雷克斯·哈里遜（Rex Harrison）主演說話風趣、初次進入社交界的人，和性格多變的貴族。與它們同性質、內容同樣空洞的義大利、法國電影，通常是改編的古裝劇，偶爾以技工或商人取代小農、貴族的角色。

戰後十年最好的歐洲電影——日後觀眾最能一眼就看出其好在哪裡的那些電影——不可避免的都以二次大戰為題材。解放期間出現一波短暫的「反抗運動」電影風潮——法國的《行刑隊》

（*Peloton d'execution*，一九四五）、《最後審判》（*Le Jugement dernier*，一九四五）、《鐵路爭奪戰》（*La Bataille du Rail*，一九四六）；義大利的《羅馬：不設防城市》（*Roma: citta aperta*，一九四五）、《同胞》（*Paisan*，一九四六）、《生命中的一天》（*Un Giorno della vita*，一九四六）——在這些電影裡，都以道德上的天壤之別，區隔英勇的反抗者和怯懦的通敵者、殘暴的德國人。緊接在這些電影之後，出現了一批以殘破（城市實體的殘破和精神上的殘破）的柏林為背景的電影：羅貝托・羅賽里尼（Roberto Rosselini）的《德意志零年》（*Germania anno zero*，一九四七）；《柏林艷史》（*A Foreign Affair*，一九四八）——美國出品，但由移居美國的奧地利裔比利・懷爾德（Billy Wilder）導演；沃爾夫岡・史陶特（Wolfgang Staudte）導演的《凶手就在你身邊》（*Murderers Are Among Us*，一九四六）。最後這部電影是惟一開始探討納粹暴行之道德意涵的德國電影，因此在當時受到矚目（但片中從未提到「猶太」這字眼）。

這些電影中有三部是羅貝托・羅賽里尼導演，即《不設防城市》、《同胞》、《德意志零年》。羅賽里尼與維托里奧・狄西嘉合作——狄西嘉導演了《擦鞋童》（*Sciuscià*，一九四六）、《單車失竊記》（一九四八）、《風燭淚》（*Umberto D*，一九五二）——在一九四五至一九五二年完成一組新寫實主義電影，從而將義大利製片人推到國際影壇的最前列。這些新寫實主義電影，就像當時在伊林製片廠（Ealing Studios）製作的一兩部英格蘭喜劇電影——特別是《到皮姆利科的通行證》（*Passport to Pimlico*，一九四九）——以戰爭帶來的損害和破壞，特別是城市的損害和破敗為背景，在某種程度上也作為戰後電影的表現題材。但即使是最優秀的英格蘭電影，都無法企及義大利電影傑作那種嚴肅深刻的人道主義精神。

這些電影的「寫實」之處，反映的與其說是當時歐洲世界的現實面，不如說是通過戰時記憶和迷思的格網呈現的歐洲世界。工人、未受損的鄉間，特別是孩童（尤其是男童），被拿來和階級、財富、貪婪、通敵、豪奢與感官享受這些虛偽的價值觀相比照時，代表的是好的、未受腐化的、真實的東西——即使在凋敝、貧困的城市裡亦然。大部分情況下，這些影片裡見不到美國人（只有在《擦鞋童》一片裡讓擦鞋童擦鞋的那些美國大兵，或《單車失竊記》裡與貧困的廣告張貼工人並置的麗塔．海沃思海報是例外）；這是歐洲人的歐洲，那些歐洲人靠他們城市半建成、半毀壞的邊緣地區過活；那些地區呈現於電影裡的方式，幾乎和紀錄片沒兩樣（因而這些影片的問世，得部分歸功於戰時隨軍隊四處走動得來的紀錄片拍攝經驗）。一如戰後歐洲世界本身，寫實主義電影於一九五二年後消失不見——但在西班牙，新寫實主義耐人尋味地局部復生。在西班牙，路易斯．賈西亞．貝蘭加（Luis Garcia Berlanga）於一九五三年導演了《歡迎馬歇爾先生》（*Bienvenido Mister Marshall*），胡安．安東尼奧．巴爾登（Juan Antonio Bardem）於三年後完成了《一名單車騎士之死》（*Death of a Cyclist*）。

一如當時其他娛樂，看電影是種集體休閒。在義大利小鎮，每週放映的電影大部分鎮民都會去觀看和評論，成為公開討論的公共娛樂。在英格蘭，星期六早上為孩童播放的電影，會在銀幕上播放歌曲，且鼓勵觀眾跟著字幕上逐字跳動的小白球的節奏唱出來。有一首一九四六年左右的這類歌曲，出現在某人的戰後南倫敦童年回憶錄裡：

> 我們在星期六早上來
> 對每個人微笑招呼。

我們在星期六早上來
知道這很有意義。
身為Odeon戲院的一員，我們都決心
長大時成為好公民
和自由價值的倡導者。[7]

這種說教語氣並不具代表性——至少如此明顯地說教並不具代表性——在幾年後就消失。但這種發自內心的老派語氣，貼切捕捉到當時的氛圍。工人間流行的消遣，例如養鴿子、摩托車競速、賽狗，在這些年裡達到高峰，然後逐步衰退，並從一九五〇年代晚期起加速退燒。從觀眾所戴的帽子，可看到它們有著維多利亞時代晚期的淵源：貝雷帽（法國）和扁平工人帽（英格蘭）都在一八九〇年代左右蔚為流行，一九五〇年時仍是標準打扮。男孩的穿著打扮仍類似他們的祖父，只有到處可見的短褲不同於祖父輩。

跳舞也很流行，這主要得歸功於美國大兵。美國大兵引進強節奏爵士樂和博普爵士樂（be-bop）。這兩種音樂在舞廳和夜總會普遍，還透過收音機流行起來（一九五〇年代中期前只有少數人買得起錄音機，投幣式自動唱機尚未使現場演奏伴舞樂團退出舞台）。下個十年會出現的代溝，這時尚不明顯。一九四七年二月克莉斯汀・迪奧（Christian Dior）的「新貌式」（New Look）——意

7 Trevor Grundy, *Memoir of a Fascist Childhood* (1998), page 19.

在與戰時布料短缺形成對比的強烈放縱風格，有著及踝長裙、「羊腿形」墊肩、一大堆蝴蝶結和褶皺——在有錢做這種打扮的地方，受到各種年齡的婦女青睞；打扮的差異仍取決於階級（和收入），而非年齡。

當然，不同世代間存有緊張關係。戰時，倫敦的贓物或黑市商品販子和巴黎「青年爵士樂迷」，都穿受美國影響的「佐特套裝」（zoot suits），令他們的長輩驚駭且不以為然；四〇年代晚期時，放蕩不羈的文化人和知識分子熱愛連帽粗呢風雪大衣——從比利時漁民傳統外衣改造過來的衣服——暗示了即將在年輕人圈子裡流行起來的穿著風格：穿得隨便，而非穿得正式。在一九四七年四月開張的「禁忌」這家超級時髦的巴黎夜總會裡，衣服剪裁的簡單率性極受看重。一九四九年的法國電影《七月的約會》（*Rendezvous de Juillet*），則大大著墨於被寵壞的年輕一代，他們的舉止不再莊重：吃午餐時，傳統資產階級家庭的老派父親，驚駭於他么子的行為，特別是他么子堅持不打領帶用餐。

但這一切只是青少年叛逆行為的小小改變，不是什麼新鮮事。戰後歐洲，不管是哪個年齡的人，大部分人最在意的事乃是把日子熬過去。一九五〇年代開始時，有四分之一的義大利家庭生活貧困，其他大部分家庭的處境則只是稍好一些。不到三分之一的家庭有室內廁所，只有八分之一的家庭有浴室。在義大利最東南邊的最糟糕地區，貧窮司空見慣：在馬爾凱薩托・迪・克羅托內地區的庫托村，全村九千居民只靠一公共泉水取得淡水。

義大利南部地區（Mezzogiorno）的情形屬於極端，不是常態。但在一九五〇年的西德，全國四千七百萬人裡，仍有一千七百萬人被列為「貧困」，這主要是因為他們沒地方住。即使在倫敦，等著分配房子或公寓的倫敦家庭，平均來講都得等上七年才能分配到住屋；在這期間，他們被安置在戰後的「組合屋」——在倫敦周邊空地上搭起的金屬小屋，用以在新住所興建完成、應付得了需求之前，為無家可歸者提供棲身之所。在戰後民意調查裡，「住所」始終是人民最關心的問題：在狄西嘉的《米蘭奇蹟》（又名《慈航普渡》，*Miracle in Milan*，一九五一）中，無家可歸的群眾反覆喊道：「我們需要棲身的家，好讓我們和我們的小孩相信還有明天。」

戰後歐洲的消費模式，反映了歐陸仍未擺脫的貧窮和三〇年代經濟大蕭條、二次大戰所帶來的持久衝擊。實施配給最久的國家是英國。在英國，麵包配給從一九四六年七月實施到一九四八年七月，衣物配給券實施到一九四九年，戰時為節約材料而製作標準化實用服裝、家具的制度，直到一九五二年才廢除，而肉類等多種食物的配給直到一九五四年夏才結束——但一九五三年六月為慶祝伊莉莎白女王二世登基，曾短暫取消糧食配給，那時每個人多配發一磅的糖和四盎司的人造黃油。[8]但即使在配給制較早廢除（因而黑市也較早消失）的法國，戰時對糧食供應的憂心，最早也要到一九四九年才有所緩解。

幾乎每樣東西不是供應不足，就是尺寸不大（英國工黨政府正在興建，而人民所極渴望擁有的家庭新居——有三間臥室的房子——官方建議的大小，只有九百平方英呎）。只有極少數歐洲人擁有車或冰箱——英國的生活水平高過歐陸大部分國家，但在英國，勞動婦女每天採買食物兩次，不是徒步就是搭公共運輸系統，和她們的母親、祖母那一輩差不多。來自遙遠異地的商品，

8　在東歐，廢除配給的時間點，分別是捷克斯洛伐克、匈牙利、波蘭、保加利亞在一九五三年；羅馬尼亞在一九五四年，阿爾巴尼亞在一九五七年，東德在一九五八年。但由於共產經濟造成整體性的短缺，拿來和西歐相比並不恰當。

新奇有趣且昂貴。對跨國旅行的管制（以省下寶貴外匯），防止外國工人和其他移民入境的立法（戰後的法蘭西共和國繼續施行自一九三〇年代和遭占領時期以來，旨在防止外國工人和其他不受歡迎的外人入境的所有法令，只根據情勢需要，對某些外人放行，而這些獲准入境者大部分是具有專業技能的體力勞動者），更進一步強化了受管制、受限制、受壓抑的普遍感覺。

從許多方面來看，一九四〇年代晚期、一九五〇年初期的歐洲不如一九一三年時那麼開放、流動，思想比較狹隘保守，且無疑較破敗。而破敗的不止是柏林。到一九五〇年，柏林全城因戰爭留下的瓦礫，只清掉四分之一。英格蘭社會史家羅伯特·休伊森（Robert Hewison）形容這些年裡的英國人，是「用破舊機器工作、累癱了的一群人」。在美國，一九四〇年代結束時，大部分工業設備用不到五年，在戰後法國，機器的平均已使用年齡是二十年。法國一個農民的產量，一般來講，養活五個法國人；美國農民的產量則已是那個的三倍。四十年的戰爭和經濟蕭條，帶來慘重損失。

因此，「戰後」持續了很久；無疑比史學家有時認為的還要久。史學家從後來數十年繁榮時期的溢美角度，陳述戰後艱辛歲月時，把那段期間縮短了。那時，只有少數歐洲人預期到他們所將面臨的巨變，無論其見識多寡。前半世紀的經歷，使許多人對世事存疑，心態悲觀。一次大戰爆發前那幾年，歐陸洋溢樂觀氣氛，歐陸的政治家和評論家對未來信心滿滿。三十年後，二次大戰結束，人懷著緊張心情牢牢盯著可怕的過去。許多觀察家認為歷史還會重演：會有另一場戰後經濟大蕭條、極端主義政治會重演、會有第三次世界大戰。

但歐洲人在二十世紀上半葉所加諸自身又深又重的集體苦難，帶來深遠的去政治化作用：二次大戰後那段慘淡歲月，歐洲民眾未像一次大戰後這些年那樣轉而訴諸極端的解決辦法，反倒遠離政治。這所帶來的影響，當時只能隱約察覺到——在法西斯政黨或共產黨未能如願利用人民生活的艱困壯大自己上；在經濟取代政治成為集體行動目標和語言的方式上；在國內休閒和國內消費崛起，取代公共事務的參與上。

此外，還有別的改變。誠如《紐約客》的珍妮特·富蘭納於一九四六年五月就已注意到的，法國戰後亟需製造的「實用性」產品，排第二位者是嬰兒車（僅次於內衣）。經過這麼多年，歐洲人首度又開始生兒育女。在英國，一九四九年的出生率比一九三七年高了百分之十一；在法國，成長率達到前所未見的百分之三十三。在這個自一九一三年來一直以早夭作為人口學上最主要標記的大陸，出生率如此顯著而突然的增長，影響非常巨大。一個新歐洲，以當時大部分人所未能完全預見的方式，開始誕生。

第二部
繁榮及其不滿 1953-1971
PROSPERITY AND ITS DISCONTENTS

8

追求政治穩定
The Politics of Stability

在大部分人眼中，歐洲諸國能彼此爭奪世界支配權的時代已經逝去，
想必已是昭然若揭的事，甚至在二次大戰使這成為顯而易見的事實之前，
就已是昭然若揭。朝這方向走，歐洲人已沒有東西可追尋，
而凡是仍渴望稱霸世界的歐洲人，都必然不是落入絕望，
就是遭到嘲笑，就像瘋人院裡那許多的拿破崙。

馬克斯．佛里施，一九四八年七月

✣ ✣ ✣

由於有我們在那裡駐軍，歐洲人未做他們份內該做的事。
他們不會為了自衛而犧牲自己，提供子弟兵。

德懷特．艾森豪

✣ ✣ ✣

反對法國人擁有核子資訊的主要論點，
乃是那會影響德國人，鼓勵德國人起而效法。

約翰．F．甘迺迪

✣ ✣ ✣

條約這東西就像女孩和玫瑰，有其時效性。

戴高樂

✣ ✣ ✣

單單政治組織就能形成一國家的性格。

斯塔爾夫人

針對十八世紀初期英格蘭政治穩定局面的形成，英格蘭史學家普蘭姆（J. H. Plumb）寫了部經典著作。在這著作中他寫道，「民間普遍有一看法，大體上源自愛德蒙・勃克（Edmund Burke）與十九世紀史學家的看法，認為政治穩定局面的形成，像珊瑚一樣緩慢；認為政治穩定是歲月、環境、審慎、經驗、智慧，經數百年慢慢積累而成。我認為再沒有比這更偏離事實的說法（……）在一個社會裡，政治的穩定往往非常快速就形成，就像水結成冰那麼突然。」[1]

一九五〇年代前半，相當出人意表地，歐洲出現了堪稱是政治穩定的局面。

從一九四五年到一九五三年初期，誠如前面提過的，歐洲人生活在二次大戰的陰影裡，忐忑不安地預期第三次世界大戰將會爆發。以失敗收場的一九一九年協議，政治家和民眾都還記憶猶新。共產主義在東歐霸王硬上弓，讓人清楚想起一次大戰後革命情勢所造成的不穩定。布拉格政變、柏林緊張情勢、遠東的韓戰，似乎令人不安地想起三〇年代一連串國際危機。一九五一年七月，西方諸盟國已宣布將結束他們與德國的「戰爭狀態」，但在冷戰急速加劇的情況下，仍未能敲定和約，而且看來不大可能簽署和約。法西斯主義會不會在未解決的德國問題上，或在其他任何地方，找到滋長的沃土，這一點也沒有人敢打包票。

由國際聯盟、國際機構、國際協議交織成的網絡日益擴大，未替國際秩序的和諧提供什麼有力的保障。憑著後見之明，今日的我們能看出，在這些聯盟、機構、協議之中，歐洲理事會、歐洲煤鋼共同體、歐洲支付聯盟（European Payment Union），特別是北大西洋公約組織，乃是新而穩

1 J. H. Plumb, *The Growth of Political Stability in Early Eighteenth-Century England 1675-1725* (London, 1967), p. xvii.

定之國際關係體系的基礎。某些文件，例如歐洲理事會一九五〇年的《人權保護公約》，會在接下來幾十年裡變得舉足輕重，重要性歷久不衰。但在當時，這些文件，就像頒布它們的機構，非常類似一九二〇年代那些立意良好但注定失敗的條約、聯盟。當時人心存懷疑，不是很看重它們，自有其道理。

但隨著史達林去世和韓戰結束，西歐在有點出乎意外的情況下突然進入一段驚人的政治穩定時期。四十年來歐陸西半部諸國首度既無戰事纏身，也未受到戰爭即將爆發的威脅，至少在它們彼此之間是如此。國內的政治鬥爭平息。義大利以外的各國共黨，都開始慢慢退居政治邊陲。而法西斯主義東山再起的威脅不再有人相信，或許只在共黨的政治群眾大會上有人相信。

西歐人新獲得的安康幸福，得歸功於冷戰的前途未卜。政治衝突的國際化和隨之促成美國的加入，使國內政治衝突不再那麼讓人無法忍受。過去幾可確定會導致暴力、戰爭的政治議題——未解決的德國問題、南斯拉夫與義大利間的領土紛爭、遭占領的奧地利的未來安排——全受到壓抑，且將在時機成熟時，在歐洲人幾乎無權置喙的大國對峙、協商的環境裡，得到解決。

德國問題至這時仍未解決。即使一九五〇年的恐慌已平息，西方諸領袖體認到史達林當下未有在中歐「上演韓戰」的計畫之後，雙方意見的分歧仍和以前一樣大。西歐官方的立場，乃是一九四九年誕生的兩德應統一為民主國家。但除非所有德國人都能自由選擇自己願置身的政治制度，否則這統一不可能實現。在這期間，德意志聯邦共和國（西德）會被視為所有德國公民的代表。**私底下**，美國人，一如西歐人，倒是樂見德國永遠分裂下去。誠如約翰·佛斯特·杜勒斯於一九五九年二月向艾森豪總統表示的，「關於現狀，有許多值得肯定」之處，但那不是「我們能公開採取的立場」。

蘇聯的立場，出乎意料地，與西方類似。史達林晚年仍維持蘇聯官方立場，即莫斯科希望德國統一，甚至只要德國統一後無武裝，願意接受中立的統一德國。在一九五二年春的一連串照會中，史達林建議占領德國的四強，針對以下目標擬定和約：建立中立、非軍事化的統一德國，所有占領軍撤走，德國政府透過全德國人參與的自由選舉選出。歷史學家批評華府未接受史達林這些建議，「錯失」了結束冷戰或至少紓解冷戰最危險對峙的「機會」。

的確，西方諸領袖未把史達林的照會當一回事，不願接納蘇聯的提議。但誠如事後發展所證明的，他們是對的。蘇聯領袖本身就不大看重自己的建議，而且並未真的認為美國人、英國人、法國人會撤出占領軍，任由一中立、無武裝的德國在一分裂大陸的中央自由行動。甚至，史達林和其繼任者反而樂見美國繼續駐軍德國；從那一代的蘇聯領導階層的觀點來看，美國駐軍西德乃是防止德國壯大後復仇的較可靠保障之一。為了得到這個保障，莫斯科願意放棄建立受蘇聯左右的非軍事化統一德國（而若能達致此一目標，莫斯科樂於拋棄受其庇護的東德人和他們的民主共和國），但缺少這個保障的犧牲都不值得一試。

俄國人絕對不希望看到的，乃是重新軍事化的西德。蘇聯外交方針的重點，不是與西方在德國統一上達成協議，而是阻止德國即將重新武裝的前景。美國人之所以在希特勒戰敗只五年後即提出讓德國重新武裝，韓戰是直接原因。如果要美國國會同意杜魯門政府的要求，增加海外軍事援助，那麼美國盟邦（包括德國）就得對他們大陸的防務實際付出心力。

美國國務卿艾契遜於一九五〇年九月開始和英、法討論德國重新武裝之事時，法國激烈反對此議。先前法國人就懷疑北大西洋公約組織的存在，不代表美國對防衛法國東疆的堅定承諾，而只是欲讓德國重新軍事化的幌子。美國的上述舉動，正坐實了法國人在這方面的種種猜疑。就連德國人自己都不願意，只是他們有自己的理由。艾德諾清楚了解上述情勢的改變所賜給他的機會：德意志聯邦共和國未一把抓住機會重新武裝，反倒暫時停止不前。若要德國為西歐防衛出力，波昂會堅持得讓德意志聯邦共和國得到完全的國際承認，赦免遭盟軍拘禁的德國戰犯的罪行，才肯照辦。

法國人預期到會有這類協議在他們背後偷偷談成，於是提出反提案以先發制人，阻止進一步討論德國人對北約付出軍事貢獻之事。一九五〇年十月，法國首相勒內．普列文（René Pleven）提議比照舒曼計畫成立歐洲防禦共同體（European Defense Community, EDC）。除了議會、部長理事會、司法院，這一共同體還將有自己的歐洲防衛隊。美國人，一如英國人，不喜歡這構想，但同意將它列為解決歐洲防禦問題的中策。

於是，《歐洲防禦共同體條約》在一九五二年五月二十七日簽署，同時也簽署了數份附帶文件，文件言明一旦所有簽約國批准這條約，美國、英國會與歐洲防禦共同體充分合作，對德軍事占領也將結束。蘇聯提出一個將德國非軍事化的和約，試圖使這項協議觸礁，但未如願。西德聯邦議院於一九五三年三月批准《歐洲防禦共同體條約》，荷比盧三國跟進。[2]只待法國國民議會批准，這條約即可生效，屆時西歐將擁有類似歐洲軍隊的建制，而且這支軍隊由多國派部隊混合組成，彼此密切協調，包括德國部隊。

但法國人仍不高興。誠如珍妮特．富蘭納於一九五三年十一月的精闢評論，「對所有法國人來說，歐洲防禦共同體的問題在德國，而非俄國，對美國人來說亦然。」法國遲遲不同意，令美國人惱火——在一九五三年十二月的北約理事會會議上，艾森豪的新任國務卿約翰．佛斯特．杜勒斯揚言，如果歐洲防禦共同體未能成立，美國會對其政策給予「令人痛苦的重新評估」。儘管普列文計畫是法國首相所構思出來，但公開辯論顯示了不管在哪種條件下法國人都極不願意讓德國重新武裝。此外，德國重新武裝與成立歐洲軍隊的提議，提出的時機再糟糕不過：法軍正在越南遭受挫敗、羞辱，而新任法國首相皮耶．孟戴斯－佛朗斯（Pierre Mendès-France）評估，把他脆弱聯合政府的未來，賭在讓國家敵人重新武裝這個不受歡迎的提議上，殊為不智。

因此，《歐洲防禦共同體條約》終於送到國民議會尋求批准時，孟戴斯－佛朗斯雖可把它操作成對內閣的信任投票，卻未這麼做，一九五四年八月三十日，該議會以三一九比二六四的票數予以否決。成立歐洲防禦共同體的計畫，和隨之而來讓重新武裝的德國加入歐洲軍隊一事，就此夭折。與比利時外長保羅－昂利．史帕克、盧森堡首相約瑟夫．貝克（Joseph Bech）私下交談時，受挫的艾德諾把孟戴斯的行為歸因於他的「猶太人特質」——據這位德國總理的說法，孟戴斯藉由支持法國民族主義情緒來抵銷其「猶太人特質」，但做過了頭。孟戴斯本人對歐洲防禦共同體的未能成立，則有如下看來較合理的解釋：「在歐洲防禦共同體裡，整合過度，但英格蘭參與太少。」

歐洲人和其美國盟友回到了起點。但這時情勢已大不相同。韓戰已經結束，史達林已死，

2 一九五一年三月，禁不住美國施壓，荷蘭克服國內強大的中立主張，勉強同意增加國防預算一倍，同意在一九五四年前備好五個可供部署的師。

北約已是國際舞台上的固定角色。法國人如願將歐洲防禦問題的解決推遲一陣子，但無法推遲太久。法國國民議會投票否決歐洲防禦共同體才幾個星期，西方三強（美、英、法）就在倫敦、巴黎匆匆召開會議，會晤了兩次。在英國外長艾登的倡議下，有組提議[3]（所謂的《倫敦協議》）迅速得到認可。這些提議後來化為《巴黎條約》，構成接下來五十年歐洲防禦政策的基礎。

為解決「英格蘭參與太少」這問題，艾登主動表示願派英軍（四個師）常駐歐陸（中世紀以來首見）。一九四八年的《布魯塞爾條約》將擴大為西歐聯盟（Western European Union），德國、義大利加入該聯盟（儘管當初擬定《布魯塞爾條約》時，擺明是為了互保，防範德國入侵）。法國同意西德建立不超過五十萬兵力的軍隊作為回報；德國則以主權國家的身分加入北約。[4]

這些條約一旦得到批准生效，德國占領法將隨之失效，屆時西方諸盟國將在實質上與其昔日大敵正式締和。盟軍部隊繼續留在西德，以防德國再度對外侵略，但盟軍部隊是以歐洲軍隊一部分的身分駐留，且得到雙方同意。法國人並非個個歡迎這些新計畫，但在否決自己的替代提議之後，法國人難以再反對新計畫，儘管西德在一九五四年這些條約下所得到的條件，比普列文計畫若實行，西德所能得到的條件還要優厚。在有關德國的國際紛爭上，法國成為自己最難纏的敵人，這不是第一次。可以理解的是，法國人對《巴黎條約》的支持，心裡非常矛盾。法國國民議會於一九五四年十二月三十日表決《巴黎條約》時，以二八七比二六〇的票數通過，支持者只比反對者多二十七人。

如果說法國人遲疑不前，俄羅斯人則是明顯不悅。一九五五年五月十五日，即西德正式被納入北約、盟國駐西德高級專員公署撤銷十天後，蘇聯宣布成立華沙公約組織。波蘭、捷克斯洛伐克、匈牙利、羅馬尼亞、保加利亞、阿爾巴尼亞、蘇聯，組成一「友善、合作、互助」的聯盟，並聽命於統一的指揮機構。莫斯科廢止其與英、法的戰時同盟條約，並接受必不可免的結果：明確主張德意志民主共和國擁有完全主權，將它納入華沙公約組織。德國問題未完全解決；但由於兩德都給完全納入各自的國際聯盟裡，這問題將暫時擱置，由遭分割的前首都柏林取代這個仍未解決的難題。

由於短期內德國的未來已經底定，雙方隨之趕緊去處理次要衝突和緊張。克里姆林宮的新領導階層，特別是布里茲涅夫，認真看待他們針對在歐洲「和平共存」所提的行動方案，與美國一樣希望將日後衝突的風險降到最低。宣布成立華沙公約組織的隔天，四占領國簽署《奧地利國家條約》。根據該條約，奧地利將是獨立且中立，不加入北約，也不加入華沙公約，可自行選擇要走的路。[5]四國占領部隊都要撤走——但已從東奧地利的蘇聯占領區索得約一億美元的蘇聯，以奧地利有義務另用一億五千萬美元「買斷」蘇聯在該國東部的經濟利益為理由，刮下最後一塊肥肉。

同一時間，在奧地利南邊，南斯拉夫與義大利已同意結束因的里雅斯特地區而起的僵局。根據由英國人、美國人於一九五四年十月居間促成的一項協議，的里雅斯特市仍屬於義大利，但絕大多數居民是斯洛維尼亞人的該市周遭地區，將還給南斯拉夫。《的里雅斯特協議》，和這些年裡

3 據艾登的說法，這組提議是根據他晨浴時想到的點子鋪陳出來。
4 對德國重新武裝一事，只明確施加了一條限制，即絕對禁止德國在當時或以後發展核武。
5 奧地利中立地位，條約原文裡未提及；那是奧地利國會在辯論這一國家條約時所加入。

的其他許多協議一樣，之所以能談成，得歸功於雙方私底下都認知它會被視為「臨時性」協議：用義大利駐美大使阿爾貝托．塔爾基亞尼（Alberto Tarchiani）的話說，《的里雅斯特協議》「只有外表看來是臨時性，但其實已是定案」。

歐洲局勢的新「和解」氣氛，使奧地利、南斯拉夫、義大利的問題得以達成協議，而一九五五年七月在日內瓦召開的高峰會（波茨坦以來的首場高峰會）和十六個新國家獲准加入聯合國，打破東西方十年僵局，正是這一氣氛的表徵。除了艾森豪、赫魯雪夫、艾登三人友善的互動氣氛，在日內瓦會議上獲致解決的最重要問題，乃是仍在蘇聯手中的約一萬名德國囚犯的命運。蘇聯領袖同意送回這些人，以換取艾德諾於一九五五年九月訪問莫斯科和蘇德兩國建交：其中九千六百二十六人在該年獲釋，剩下的於一九五六年一月底前獲釋。在這同時，德國西邊的小鄰國也與波昂達成某種程度的和解：丹麥人於一九五五年在次要邊界問題和德國戰爭罪行賠償上與德國達成協議，比利時人則是一年後（但盧森堡大公國直到一九五九年才與德國人達成協議，荷蘭人則拖到一九六〇年）。沒有人真的開口說要把歐洲戰爭的罪行、懲罰和戰後時期畫下句點，但實際上已在往這方向走。

這些令人安心的發展，乃是在重大國際武器競賽的背景下展開。這一弔詭——就在當時兩大強國正拚命武裝自己，準備應付一場可能爆發的熱核戰爭時，歐洲問題越來越有平順解決的可能——其實不如表面上看來那麼古怪。隨著美、蘇的戰略思惟愈來愈看重核武器，以及用來投射核武的洲際飛彈問世，歐洲諸國便無須在這個領域競爭，因為它們的資源遠遠不及美俄這兩個超級強權，即使中歐仍是日後戰爭爆發時最可能的兵家必爭之地。因此，西歐對冷戰的體驗，大不同於這些年裡美國、乃至蘇聯的體驗。

美國的核武數量於一九五〇年代暴增。美國軍隊手裡的核武器儲備，從一九四六年的九枚，增加為一九四八年的五十枚，再到一九五〇年的一百七十枚，到一九五二年時已達到八百四十一枚，到德國加入北約時增加為兩千枚左右（七年後古巴危機前夕則達到兩萬八千枚）。為投射這些炸彈，美國空軍擁有一支前沿部署的B－29轟炸機隊，一九四八年柏林封鎖開始時這機隊有約五十架飛機，五年後增加到一千多架；第一批跨洲飛行的B－52轟炸機於一九五五年六月服役。鑑於蘇聯的兵力、傳統武器在歐洲擁有壓倒性的優勢，這些空投核武不可避免成為華府戰略的核心，特別是在杜魯門總統於一九五〇年三月十日秘密下令加速發展氫彈之後。

杜魯門這一決定，受了蘇聯一九四九年八月成功試爆一枚原子彈的刺激。美、蘇核武實力的差距正漸漸縮小：一九五二年十一月一日，美國在太平洋埃魯格拉布環礁第一次成功熱核試爆；蘇聯則在十個月後的一九五三年八月十二日，宣布已在塞米巴拉金斯克完成其第一次熱核試爆。美國的戰場核武於次月首度運往西德；隔年一月，杜勒斯宣布艾森豪的「新展望」（New Look）政策。北約將「核子化」：揚言歐洲戰場使用戰術核武，將成為盟國防衛策略之一。為使蘇聯相信西方真會發射核武，核武與傳統武器將不再區分。杜勒斯於一九五四年四月向北約理事會會議解釋：「美國認為，運用原子武器的能力，對於北約在面臨當前威脅時的防禦至關重要。簡而言之，如今得把這類武器視為傳統武器。」

北約核子化的同時，歐陸情勢變穩定，這絕非偶然。中歐、西歐的傳統武器，戰略價值漸漸低落，從蘇聯的觀點來看亦是如此。莫斯科也儲備了核武，從一九五〇年的只有五枚，到一九五〇年代結束時，已建造了約一千七百枚。但蘇聯關注的重點，乃是研發出能將核武投射到大洋彼岸、而非投射到歐洲戰場的工具，以反制美國人將核武部署在距俄國只幾百哩處的德國境內之計畫。

一九六〇年約翰・甘迺迪競選美國總統時提到的「導彈戰力差距」乃是個迷思，是蘇聯式宣傳手法的成功範例；當時普遍提到的蘇聯在教育、科技占上風的說法也是迷思。比德國總理赫爾穆特・施密特（Helmut Schmidt）還早二十年，赫魯雪夫和他某些高階同事已直覺了解到，他們所統治的帝國基本上是「擁有導彈的上伏塔」。[6]但蘇聯無疑正大力研發其彈道飛彈戰力。蘇聯第一次成功試射洲際彈道飛彈是一九五七年八月，比美國人早了五個月。接下來在一九五七年十月四日發射史潑尼克號太空船，則顯現了蘇聯的本事（令美國人驚駭的本事）。[7]

彈道武器——能將核彈頭從蘇聯內陸投射到美國目標的洲際飛彈——特別得到赫魯雪夫的青睞。這類武器的造價比傳統武器低廉，且使赫魯雪夫既得以和重工業、軍方維持良好關係，又能將資源轉用於消費品的生產。如同雙方後來都會體認到的，這類武器帶來一奇怪的結果：使大型戰爭爆發的機率比以往降了許多。核武使莫斯科和華府表面上都更為好戰——讓人覺得想用它們時，隨時可以用它們，而且願意用它們，這很重要——但事實上自制得多。

美國人更愛彈道武器，因為另有用處。美國領袖抱著真心善意插手棘手的歐洲事務，但仍在想辦法脫身。歐洲核子化將是讓他們如願的辦法之一。歐洲一旦核子化，美國將不必再去煩惱在歐洲心臟地帶無限期駐守大軍的事——政治家和軍事謀略家都期盼有一天歐洲能幾乎純靠一己之力自衛，美國對它的支持，只是堅定承諾歐洲一旦遭蘇聯攻擊，美國會發動大規模核子彈報復。誠如艾森豪於一九五三年重申的，美國在歐洲駐軍，從來都只是「使我們的海外友邦得到信心、安全的權宜之計」。

美國人從未能如願撤離歐洲，原因有多個。一九五〇年代底，美國極力主張歐洲應建立一支由歐洲集體指揮的歐洲核子嚇阻力量，但未得到英、法支持，這不是因為英、法政府原則上反對核武。英國人於一九五二年八月在澳洲沙漠引爆其第一顆鈽彈；十四個月後，英國第一顆原子彈交付皇家空軍。基於軍事、經濟理由，當時的英國政府很想揚棄大陸防禦策略，改採核子嚇阻策略：英國的敦促，乃是使艾森豪提出其「新展望」策略的因素之一，對於在英國本土駐守能投射核武的美國轟炸機一事，英國人並不反對。[8]

法國人也有原子武器發展計畫，一九五四年十二月由孟戴斯－佛朗斯批准進行，但直到一九六〇年二月法國才首次成功試爆其獨立研發的原子彈。不過，不管是英國人還是法國人，都不願意把核武的控制權交給一歐洲防禦組織；尤其是法國人，懷疑美國人可能讓德國人有權動用核

6 編按：指沒有能力提供民生物資，卻花費巨資在國防武力。

7 蘇聯展示的科技能力，不只令美國人驚慌而已。一九六〇年，英國保守黨籍首相哈羅德・麥克米倫私底下斷言，「他們（蘇聯）不再害怕遭侵略。他們的核子武力至少和西方一樣強大。他們有內部（通信）線路，有繁榮的經濟，且不久會在物質財富的較量上勝過資本主義社會。」

8 至於若真的動用這些轟炸機，英國人會有多大發言權，並不清楚。當時（一九五二），有份邱吉爾－杜魯門聯合公報用很模糊的措詞宣布，「這些基地的緊急動用，將視當時情況……由雙方共同決定。」

武。美國人無奈承認他們在歐洲駐軍是不可避免——而這正是他們的歐洲盟邦想聽的。[9]

使美國無法如願退出歐洲的第二問題是柏林問題。由於一九四八至一九四九年柏林封鎖行動失敗，德國的前首都仍可以說是座不設防城市；東西柏林電話相通，靠縱橫貫穿諸占領區的運輸網相連。它也是從東歐進入西歐的惟一通路。往西逃的德國人，可從德意志民主共和國的任何地方來到東柏林，可從柏林的俄羅斯占領區進入西方盟國占領區，然後從西柏林走公路、鐵路前往德意志聯邦共和國其他地方。一旦抵達，他們即自動具備成為西德公民的資格。

這趟路不盡然全無風險，難民只能攜帶帶得走的東西；但年輕一輩的東德人未因此怯步。一九四九年春到一九六一年八月這段期間，約有兩百八十萬至三百萬東德人經柏林前往西德，占了東德約百分之十六的人口。其中許多人是受過教育的專業人士——東德未來所繫；但也包括了逃避一九五二年農村集體化的數千農民、一九五三年六月暴力鎮壓後拋棄東德政權的工人。

因此，對東德的共黨政權來說，柏林的奇怪身分，時時令他們難堪，大大傷害他們的公共形象。誠如蘇聯駐東德大使在一九五九年十二月向莫斯科委婉提出的意見：「柏林境內存在一個開放的社會主義、資本主義邊界，貼切地說，是一個不受控制的邊界，不經意間促使居民拿這城市的兩邊比較，而令人遺憾的是，比較結果不盡然都對『民主柏林』有利。」柏林的情況對莫斯科當然有用處，一如對其他國家有用處——這城市已成為冷戰的首要監聽站和情蒐中心；一九六一年時該市境內已有約七十家情報機構在運作，而且蘇聯情報機構最成功的情蒐，有一些是在柏林達成。

但由於蘇聯領導階層已接受兩德分裂的事實，且將德東占領區提升為不折不扣的主權國家，就無法再無限期漠視其人員不斷流失。然而，當莫斯科再度把國際目光導向柏林，以該城市的身分為引爆點，引發長達三年的國際危機時，並非因為考慮到東德統治者受傷的情感才這麼做。一九五八年時，蘇聯再度憂心美國人打算武裝受其保護的西德人，並憂心這次是用核武來武裝。誠如前面已提過的，這不盡然是杞人憂天——畢竟某些西歐人也懷有這樣的憂心。俄國人強烈覺得波昂就要核子化，於是赫魯雪夫開始利用柏林——原本俄國人並不關心其死活的一個城市——為槓桿，阻止此事成真。

「柏林危機」的第一步出現於一九五八年十一月十日，赫魯雪夫以西方列強為對象，在莫斯科公開演說時：

帝國主義者已把德國問題轉化為久久不消的國際緊張來源。西德統治圈正竭盡所能激化對德意志民主共和國的軍事敵對情緒……總理艾德諾和國防部長史特勞斯的演說、德意志聯邦防衛隊裝備的原子武器、各種軍事演習，全說明西德統治圈明確的政策傾向……眼前，顯而易見地，《波茨坦協定》的諸簽約國該放棄殘餘的柏林占領政權，從而使德意志民主共和國得以在其首都創造正常狀況。蘇聯會把柏林境內仍由蘇聯機構行使的功能，轉交給具主權地位的德意志民主共和國。

9 一九五六年十一月美國逼英、法撤離蘇伊士一事（見第九章），使北約諸國擔心，一旦發生戰爭，美國可能退回其本土，拋下受攻擊的歐洲人。因此，華府才認知到有必要先後在柏林、古巴問題上「堅守立場」，以讓美國那些難以抵禦攻擊的盟邦安心。

赫魯雪夫的攻勢，表面上是為了使美國人放棄柏林，同意讓柏林成為「自由市」，而兩個星期後這位蘇聯領導人要求西方承諾於六個月內撤出柏林，更顯出他急於實現這目標。如果美國人真這麼做，美國人防禦西歐的總承諾，其公信力將大大受損，西德和其他地方境內的中立、反核聲浪將很可能隨之升高。但即使西方列強堅持留在柏林，蘇聯仍可能可以拿它對此事的同意，換取西方堅定承諾不讓波昂擁有核武。

西方諸領袖在柏林問題上毫不讓步，聲稱蘇聯在未談定任何「條約」之前，就將東柏林完全併入德意志民主共和國的政府和制度裡，已違反其在波茨坦許下的承諾。但赫魯雪夫不死心。一九五九年夏，雙方外長在日內瓦接連會談數次均無結果，然後一九六〇年、一九六一年六月，赫魯雪夫兩度重提他的要求。西方必須撤出在柏林的駐軍，否則蘇聯將單方面撤離柏林，自行與德意志民主共和國簽訂和約，讓西方自己去與獨立的東德國談判其在柏林占領區的存廢。從一九五八年十一月到一九六一年夏天結束，柏林危機持續悶燒，雙方外交關係緊張，東德人的出逃變成滾滾洪流。

赫魯雪夫的一九六一年最後通牒，是在維也納與美國新任總統甘迺迪舉行高峰會談時提出。上一場美蘇高峰會（一九六〇年五月赫魯雪夫與艾森豪的會談），在蘇聯射下美國空軍飛行員蓋里．鮑爾斯所駕的U2偵察機，而美國人（在一開始表示對此毫不知情後）不情不願地承認他們的確一直在從事高空情蒐活動後，宣告流會。與甘迺迪會談時，赫魯雪夫揚言，該年結束之前若未達成協議，蘇聯將「清算」西方在柏林的權利。

在公開場合，一如其前任的艾森豪，甘迺迪走強硬路線，堅稱西方絕不會放棄其承諾，華府根據《波茨坦協定》所賦予的權利行事，且正增加國防預算以支持美國在德國的駐軍。但私底下，美國的立場沒那麼死硬。美國人——與受他們保護的西德人不同——接受東德為主權國家的事實，並了解艾德諾和特別是他的國防部長佛朗茨．約瑟夫．史特勞斯（Franz Josef Strauss）晚近言論的強勢語氣令蘇聯焦慮不安。美國得有所作為，以改善德國情勢——誠如一九六〇年三月二十八日艾森豪向麥克米倫所說的，西方禁不起「在接下來五十年都站在一枚十分錢硬幣上」。抱著類似的心態，甘迺迪在維也納向赫魯雪夫保證，美國「不會讓蘇聯失去對東歐的控制權」：言下之意就是俄國人手上有的，俄國人都能保住，包括蘇聯的德東占領區和過去屬於德國，現屬於波蘭、捷克斯洛伐克、蘇聯的那些土地。[10]

甘迺迪返回華府不久，東德當局即開始對有意移居國外者施行遷徙管制。對此，美國總統予以直接回應，公開重申西方對西柏林的承諾——從而默認柏林市東半部屬蘇聯勢力範圍。通過柏林出逃的人數更勝以往：七月時有三萬零四百一十五人投奔西方；到了一九六一年八月第一個禮拜時，又已有兩萬一千八百二十八人跟進，其中半數不到二十五歲。照這種外流速度，德意志民主共和國不久後就會成為空殼。

赫魯雪夫的回應，乃是快刀斬亂麻，直接砍斷柏林與西方的聯繫。八月六日，同盟國外長在巴黎會晤，拒絕接受蘇聯的又一次照會；這照會揚言若未達成協議，將自行與德意志民主共和國簽訂和約。遭拒後，莫斯科指示東德在東西柏林間劃一條界線，將兩邊徹底隔開。一九六一年八

10 甘迺迪這番話不只在當時被列為機密，三十年後這場高峰會的文件首度公諸於世時，仍剔除掉這番話。

月十九日，東柏林當局派軍人、工人建造一道隔牆貫穿全市。不到三天就蓋起一道粗略的圍牆，使柏林市人民再無法於東、西兩區間隨意往來。接下來幾星期，圍牆加高、加固，加上探照燈、帶棘鐵絲網、衛哨；緊鄰這圍牆的建築，其門、窗先是不准人員進出，繼而砌磚封死。街道、廣場遭一分為二，東、西柏林間的通訊全受到嚴密監控或完全切斷。柏林圍牆誕生。

西方表現出的官方反應是驚駭。西方宣稱依據原來的四強協議，他們仍有權利進入東柏林，於是一九六一年十月，東德當局測試西方維護、申明這一權利的意願，美、蘇坦克隔著將他們各自占領區隔開的檢查站——它們之間僅剩的連結管道之一——對峙了三天。面對當地美軍指揮官的不妥協態度——不承認東德有權利阻礙盟軍行動——蘇聯不情不願地讓步；接下來三十年，占領四強全未撤走，但雙方都在實質上將各自占領區交給當地德國人自行管理。

背地裡，許多西方領袖因為柏林圍牆的出現而暗暗鬆了口氣。三年來，柏林一直危機四伏，隨時可能引爆國際衝突，一如一九四八年的情勢。甘迺迪和其他西方領袖私底下同意，比起戰爭，柏林圍牆是好得多的結局——不管公開場合說得如何義正詞嚴，西方政治界少有人真的敢要自己的軍人「為柏林而死」。誠如甘迺迪的國務卿魯斯克所低調表示的，柏林圍牆有其用處：「從現實角度來看，這有可能使柏林問題更容易解決。」

柏林危機的結果顯示，兩大超強的共通之處，比他們有時所體認到的還要多。只要莫斯科同意不再提同盟國在柏林的地位問題，華府會接受東德政府的存在，會拒絕西德政府的核子武裝要求。雙方都想維持中歐的穩定；但更貼切地說，美、蘇雙方都厭倦於回應各自保護下德國人的要求和抱怨。冷戰頭十年給了東、西德的德國政治人物，左右各自莫斯科、華府主子無與倫比的影響力。美蘇兩大超強都擔心失去「他們的」德國人的信任，於是任由艾德諾、烏爾布里希特脅迫，採取「寸步不讓」的立場。

誠如先前已提過的，莫斯科原本未打算在德東占領區建立附庸國，最後是在無更佳選擇下，勉強接受它成為附庸國，然後只好付出超乎尋常的心力，支持這個衰弱且不受它喜歡的柏林共產政權。相對地，東德共黨始終有點擔心遭蘇聯主子出賣。[11]因此，儘管失望於赫魯雪夫在柏林圍牆蓋起後不願繼續要求簽訂和約，柏林圍牆還是讓他們稍感安心。至於波昂，該地長久存在的疑慮，乃是美國人會起身拍拍屁股走人。華府始終賣力說服波昂放心，美國矢志支持波昂，但柏林圍牆立起，而美國人默然接受這事實後，西德的不安更增。於是，在柏林圍牆蓋起來後，華府重申其絕不會退出其占領區的承諾——就是在這背景下，一九六三年六月甘迺迪發表著名的「我是柏林人」（Ich bin ein Berliner）宣示。一九六三年時駐紮歐洲的美軍已達二十五萬，顯然美國人和俄國人一樣，只要冷戰未停，就無法從歐洲脫身。

柏林圍牆使柏林不再是世界局勢和歐洲局勢的危機地帶。在進出柏林的問題上，雙方花了十年才達成正式協議，但一九六一年十一月後柏林不再受重看，西柏林在政治上的地位開始下滑，愈來愈無足輕重。就連俄國人都對它失去興趣。怪的是，當時西方並未立即就認清這點。隔年古巴危機爆發時，甘迺迪和其顧問深信赫魯雪夫使出一馬基維利式的複雜招數，以實現他期盼已久的對德目標。一九四八至一九五〇年的教訓太深刻了！

11 他們在一九九〇年會發現，這不是杞人憂天。

一如杜魯門和艾契遜把北韓入侵南韓，視為可能是蘇聯進犯德西的投石問路之舉，甘迺迪和其同僚也把蘇聯在古巴部署飛彈，視為蘇聯欲藉此脅迫難以抵禦飛彈攻擊的美國，在柏林問題上讓步。古巴危機頭十天，幾乎時時刻刻都有美國領導階層的成員重提西柏林的問題，重提有必要「反制」他們所認為赫魯雪夫會在這分裂城市發動的對抗。一九六二年十月二十二日甘迺迪向英國首相哈羅德・麥克米倫解釋的，「不必我說，你也應該清楚赫魯雪夫這一秘密、危險舉動與柏林間可能的關係。」

問題出在甘迺迪把蘇聯晚近的咆哮、宣傳太當一回事，且繞著柏林問題來理解美、蘇關係。在這種心態下，古巴危機的嚴重性就大大升高，甘迺迪因此在十月十九日如此告知其最親信的顧問：「我認為我們沒有令人滿意的替代辦法可用……我們的問題不只古巴，還有柏林。我們認知到柏林對歐洲的重要，認知到盟邦對我們的重要，因為這認知，這件事才在近日成為頭痛的問題。不然，我們的回應會很容易。」三天前，古巴危機開始時，國務卿魯斯克已扼要說明了他個人對蘇聯行動的看法：「我也認為柏林與這件事關係很大。我頭一次開始懷疑赫魯雪夫先生對柏林是否完全理性。」

但事實證明赫魯雪夫對柏林是**完全**理性。在傳統武力上，蘇聯在歐洲的確大占上風，它若想占領西柏林（和西歐大部分地方），隨時都能得手。但由於美國已誓言用各種手段（實際上意味著用核武）來保衛西柏林的自由，赫魯雪夫無意為德國冒掀起核子戰的風險。蘇聯駐美大使後來在自傳裡論道，「甘迺迪過度高估赫魯雪夫和其盟邦在柏林問題上採取斷然行動的意願，其實在這方面他們最具侵略性的表現，乃是築起柏林圍牆。」[12]

柏林危機、古巴危機發生後，兩大超強以令人驚訝的積極和速度，著手解決第一場冷戰的不穩定狀態。一九六三年六月二十日，華府與莫斯科間建立「熱線」；一個月後，美、蘇、英三國代表在莫斯科會談，最後談成《部分禁止核試驗條約》。這一條約於十月十日生效，對歐洲意義重大，但之所以意義重大，主要不是因為該條約公開表明的目的，而是因為那些目的底下的「潛台詞」。

兩大超強都不想讓中國、西德擁有核武，這才是該條約的真正目的。莫斯科願意在柏林問題上與美國和解，乃是以美國承諾不讓德國擁有核武為交換條件；美國人為何不惜把自己搞得在波昂不得人心也要和莫斯科和解，原因在此。西德人有點心懷怨恨地接受德國不得擁有核武的事實，把那視為換取美國繼續駐軍所不得不付出的代價，一如他們先前以同樣的認知，接受柏林分裂的事實。在這同時，這一條約證實蘇聯的戰略關注焦點有了明顯的轉移，移離歐洲，移向其他大陸。

歐洲境內冷戰局勢的穩定化、冷戰變「熱」戰的可能性降低、還有這些事大體上不是西歐人所能左右這一事實，使西歐人相當安心地認定，傳統武裝衝突已經過時。在一九五三至一九六三年間的許多觀察家眼中，戰爭是不可能發生的，至少在歐陸是如此（在其他地方，一直都是偏愛透過戰爭來解決衝突）。如果真爆發戰爭，兩大超強眾多的核武，意味著那必會帶來無法想像的

12 Anatoly Dobrynin, *In Confidence* (Times Books, 1995), p. 46。赫魯雪夫是真心厭惡戰爭。誠如十月二十六日古巴危機最嚴重時他寫給甘迺迪的，「如果戰爭真會爆發，那就不是我們所能阻止，因為戰爭就是這樣。我打過兩次戰爭，知道戰爭結束時，對它襲捲過的城市、鄉村，在每個地方撒下死亡、破壞之時是什麼樣子。」

可怕後果，因而只有某一方誤判才會走到這一步。要真走到這一步，發生那些可怕後果，要歐洲人再去挽救，也幾乎是束手無策。

並非人人都這樣看待世局。有少數一群人，因為同樣證據的啟發，開始成立組織，疾呼裁減核武。英國裁減核武運動，一九五八年二月十七日在倫敦成立。從一開始這個運動就明確承繼了英國激進政治活動的偉大異議傳統：它的支持者大部分是受過教育、左傾、非暴力者，且他們的要求最初是向他們自己的政府、而非向俄國人或美國人發出（儘管一九五〇年代結束時英國兩大黨都清楚知道，沒有美國提供導彈、潛水艇，英國的炸彈絕無法射及目標，但他們都深信英國需要擁有獨立的核嚇阻能力）。

該運動每年以奧爾德馬斯頓（Aldermaston）的原子武器研究所為終點舉辦抗議遊行，一九六二年該運動最盛時期，能動員到十五萬支持者參與遊行。但這一英國運動，和西德、荷比盧三國境內志同道合的裁武運動，都在六〇年代式微。《部分禁止核試驗條約》問世後，反核運動人士失去了著力點：歐洲即將毀滅的說法愈來愈難取信於人，新主題取代裁武，成為激進人士的關注目標。甚至在蘇聯境內，連身為異議分子的原子物理學家安德烈．沙卡洛夫（Andrei Sakharov），都不再那麼關注核子大屠殺即將降臨的風險——誠如他自己說的，他的關注「從世界性的問題轉向捍衛個人的人權」。

毋庸置疑的，大部分西歐人思考核武裁減一事時，贊成裁減核武：一九六三年的民意調查顯示，義大利人特別支持廢除所有核武。法國人支持廢除者的比例沒那麼高，而德國人、英國人雖然支持、反對者都有，反核者都占明確多數。但與一九二〇年代和三〇年代初期令人憂心的裁減軍備辯論不同的，核子問題在歐洲未激起多大關注。那太抽象了。只有英國人和（名義上）法國人擁有核武，而在其他國家，只有西德統治階層裡的少數人追求核武。

義大利人、丹麥人、荷蘭人偶爾為自己境內有美軍基地而憂心，因為一旦戰爭爆發，他們將因那些基地陷入險境。但引發憂心的那些武器屬於超強所有；大部分歐洲人斷定，莫斯科、華府會做什麼決定，他們完全無法左右，而這樣的斷定不無道理。事實上，美國冷戰辭令那種強硬的**意識形態**口吻，在當下的核戰威脅一消失之後，使西歐許多人得以告訴自己，他們其實在藉由讓美國保衛他們來幫美國的忙。因此，西歐人未投身於裁減軍備的辯論，反倒關心自己的家園。

一九五〇年代歐洲政局最引人注目的地方，不是它所看到的改變，而是它所**未**看到的改變。自治民主國家在戰後歐洲的重新出現，有點令人驚訝，這些國家既無方法、也無意願發動戰爭，而且領導這些國家者是老人，那些老人未言明但共通的政治信條是「絕不做實驗」。出乎外界普遍的預期，西歐的政治氣候從過去四十年的狂熱往下掉。由於人民對晚近的苦難記憶猶新，大部分歐洲人覺得好不容易鬆了口氣，厭惡集體動員的政治。能否提供治理與服務，取代了革命希望和經濟絕望，成為選民的關注焦點（在許多地方這時候婦女首度擁有投票權）：政府與政黨也據此做出相應的回應。

在義大利，改變特別顯著。與歐洲其他地中海國家（葡萄牙、西班牙、希臘）不同的，義大利成為民主國家——不管其民主多不完善——且在戰後幾十年期間一直是民主國家；這成就不小。義大利是個分裂嚴重的國家。事實上，它是否算得上是個國家，在這之前許久就有爭議，且在爾後還會引發爭議。從一九五〇年代初期的數個調查顯示，不到五分之一的義大利成人只以義大利語交談：許多義大利人仍把對自己生長地方或地區的認同放在對國家的認同之上，大部分的日常交談使用自己家鄉的方言或語言。對那些只有小學學歷的人來說，尤其是如此。在這些年裡，那些人占了人口大多數。

眾人皆知義大利南部（Mezzogiorno）相當落後——戰時在那不勒斯駐守過一段時間的英國陸軍軍官諾曼．劉易斯（Norman Lewis），對那不勒斯處處可見的提水人印象特別深刻，那些人「幾乎和龐貝城濕壁畫裡的提水人沒有差別」。卡洛．列維（Carlo Levi）是來自北義大利皮埃蒙特地區的醫生，戰時因參與反抗運動遭墨索里尼流放。他撰寫的《基督順道走訪埃博利》（*Christ Stopped in Eboli*，一九四五年初版），精彩描述他在南義大利貧瘠山區某偏遠村落的生活，書中也有和上述類似的觀察。但南義大利不只未改變，而且窮。一九五四年的國會調查顯示，義大利最窮的家庭，百分之八十五住在羅馬以南。義大利東南部阿普利亞（Apulia）地區的鄉村工人，工資再高，也只能達到倫巴底省同性質工人的工資一半。把那一年義大利的人均收入定為一百的話，在西北部的皮埃蒙特地區（義大利最富裕的地區）會是一七四；在最南邊的卡拉布里亞（Calabria），則只有五十二。

二次大戰加劇義大利古已有之的分裂：北部從一九四三年九月開始，經歷了將近兩年的德國統治和政治反抗，繼之盟軍占領北部最激進的城市，而南部則自盟軍抵達以來，就實質上脫離戰爭。因此，在南義大利，從法西斯分子手中承繼下來的社會結構、行政體系，在經歷過使墨索里尼被其麾下將領取代的那場不流血政變之後，毫髮無傷，繼續運作。南、北義大利在政治、經濟上存在已久的差異，這時更多了戰時記憶上的明顯差異。

戰後土地改革的失敗，促使義大利政府採取新辦法解決該國惱人的「南方問題」。一九五〇年八月，義大利國會設立南部基金，以將國家財富輸送到貧困的南部。這不是新構想，至少二十世紀初期有心改革的喬凡尼·喬利蒂（Giovanni Giolitti）政府，就已著手解決南部的貧困與無助。但過去的努力收效甚微，義大利南部人要擺脫困苦，惟一有效的辦法乃是移民國外，自現代義大利建國以來就是如此。但南部基金的設立，代表比以往任何計畫遠更龐大的資源挹注，成功希望較大，因為它在新義大利共和國的核心政治機構裡運作很順利。

新共和國政府的職責，和其前身法西斯政權差異不大——這共和國的官員大部分承接自前法西斯政權：[13]羅馬中央的職責在於為只有從它那兒才能得到救助的許多義大利公民，提供工作、服務、福利。透過多種中間人和控股機構，義大利政府將義大利大部分經濟領域——特別是能源、運輸、工程、化學製品、糧食生產——納入擁有或掌控，而這些控股機構裡，有一些是墨索里尼所創立之工業復興公司或國立社會安全研究所之類的機構，有些則是一九五〇年代所設立之國立油氣管理局之類的機構。

這一策略的根源，有一部分來自兩次大戰之間法西斯黨對經濟自給自足的追求，而不管這一策略遭人從經濟上提出什麼反駁，它在政治、社會上的好處非常清楚。一九五〇年代開始時，工

13 晚至一九七一年，仍有百分之九十五的義大利高級公務員，其公務員生涯始於法西斯政權遭推翻之前。

業復興公司雇用了二十一萬六千人；其他機構，包括國家行政體系的許多分支部門，又雇用了數十萬人。由南部基金出資的發包工程——蓋馬路、建都市住宅、鄉村灌溉工程——和政府對新工廠、商業服務機構的補助，也提供了就業機會，是地方取得中央撥款的重要來源。政府本身也提供就業機會：到五〇年代中期，有將近三分之二的公務員來自南部，儘管南部只占全國人口三分之一多一點。

這些安排為貪污、犯罪提供了溫床；在此，義大利共和國也明確承繼了國家統一初期的許多特色。誰控制義大利政府，誰就獨占了直接、間接施予特殊照顧的地位。戰後義大利的政治，不管散發出什麼樣的宗教狂熱或意識形態狂熱，主要都是場鬥爭，目的在於占據統治機器、取得特權工具與恩庇工具。而說到這些工具的取得和運用，在阿爾奇德·德加斯佩里和其繼任者領導下的基督教民主黨，展現了無人能及的本事和企圖心。

一九五三，還有一九五八年，基督教民主黨兩度拿到超過四成的選票（直到一九七〇年代晚期得票率才低於百分之三十八）。他們與中間派諸小黨組成聯合政府，直到一九六三年才轉與非共左派的少數黨合作。支持他們最力者，除了威尼斯、威內托地區歷來信仰天主教的選民，就是南部選民：巴西利卡塔（Basilicata）、莫利塞（Molise）、卡拉布里亞、薩丁尼亞島、西西里島的選民。使小鎮選民心向基督教民主黨，且數代不改其效忠對象的東西，不是信仰，而是服務。南部的基督教民主黨籍鎮長或國會裡的基督教民主黨籍議員，靠著電力、室內管線、農村抵押貸款、道路、學校、工廠、就業機會方面的承諾，一再連選連任，而由於該黨獨攬大權，鎮長或議員能實現承諾。

義大利的基督教民主黨，在許多方面類似西德、荷蘭、比利時的類似政黨。它沒有意識形態包袱。儘管德加斯佩里和其繼任者的確用心於定期和梵蒂岡當局會晤，且從未提出或支持梵蒂岡所不贊同的法案；從某些方面來說，戰後義大利是羅馬教會向一八六一年後新義大利國家積極反教權的世俗主義復仇的時刻。但天主教會在義大利政壇的活躍程度，沒有其捍衛者和批評者所認為的那麼高。遂行社會控制的主要工具，乃是強有力的中央部會——值得注意的，德加斯佩里，一如戰後頭幾年的東歐共黨，務使內政部牢牢聽命於基督教民主黨。

久而久之，基督教民主黨所創立，靠恩庇和特殊照顧維持的侍從體制，成為整個義大利政治的一貫特色。其他政黨不得不跟進：在由義大利共黨當政的城市和區域，特別是「紅色」波隆納和其周邊的埃米利亞地區，共黨支持**他們**的友人，特別照顧**他們**的侍從者，即波河下游地區的城市工人和鄉間小地主。如果有差別的話，差別就在共黨強調他們在市鎮治理上的正派、廉潔，與基督教民主黨當政的南部市鎮那種公認的貪污和謠傳與黑道掛鉤的行徑截然不同。一九五〇年代，大規模貪污幾乎只見於基督教民主黨籍的政治人物；後來的幾十年，掌理北部大城的社會黨員有樣學樣，且學得很成功。在政治上，貪污大體上是機會的副產品。

義大利式治理方式，有些地方令人難以苟同，但的確管用。經過一段時間，整個公共活動和公民活動領域，實質上被政治家族瓜分壟斷。一個個產業整個落入基督教民主黨「掌控」。報社、電台——和後來電視——的控制權和人事晉用權，遭基督教民主黨、社會黨、共黨瓜分；偶爾才照顧人數已減少的老派反教權自由派選民。政黨根據個人或組織在地方、地區、全國層級的政治影響力高低，創造並給予工作機會和特殊照顧。從工會到球隊的各種社會組織，因支持政黨（基督教民主黨、社會黨、共黨、共和黨、自由黨）的不同而壁壘分明。從「經濟人」的角度看，這套制度極無效率，不利於民間的積極進取和財政效率。義大利「經濟奇蹟」（誠如後面會提到的），不是因為它而出現，而是儘管有它，仍然出現。

不過，義大利的戰後穩定，乃是該國經濟成就和後來社會轉型的關鍵條件。而可能令人覺得弔詭的，那穩定有賴於上述那些相當獨特的制度性安排。義大利缺乏支持某政黨或某計畫的穩定多數，而複雜的比例代表選舉制度，產生對立太嚴重而無法在重大法案或爭議性法案上達成一致意見的議會：戰後的共和國憲法直到一九五六年才需要憲法法庭裁決其法律，而備受討論的地區自治需求，十四年後才在國會付諸表決。

因此，一如在第四共和的法國，出於某些同樣的原因，治理義大利者，實際上是在中央政府或準官方機構裡——這樣的準官方機構不少——工作的非民選管理者。這一明顯不符民主的結果，使史學家對義大利政治制度心懷鄙視。利用職權不當取財、受賄、貪污、政治上偏差待遇、公然搶劫的機會很多，而這些機會的存在，特別有利於幾乎獨攬國政的基督教民主黨。[14]但事實證明，在這些安排的保護下，義大利政府和社會面臨新、舊挑戰時，韌性特別強。拿加拿大或丹麥來比，一九五〇年代的義大利或許欠缺公部門廉潔和制度性透明。但比起義大利過去的內鬥頻頻，或比起其他地中海國家（歷來被拿來和義大利比較的國家）的普遍情況，義大利已有顯著進步。

從重要方面來看，義大利的戰後情況與奧地利頗為類似。兩個國家都在戰時和德國同一陣營，在戰後付出相應的代價（義大利總共付了三億六千萬美元賠償蘇聯、希臘、南斯拉夫、阿爾巴尼亞、衣索匹亞）。一如義大利，奧地利是個貧窮且不穩定的國家，若根據其晚近歷史來預判，怎麼也料想不到它會在戰後復興。該國兩大政黨於兩次大戰之間惡鬥不休。大部分奧地利社會民主黨員，把一九一八年哈布斯堡帝國解體、從中誕生奧地利國一事，視為經濟上、政治上的愚蠢之舉。在他們眼中，奧匈帝國解體後留下的德裔人民，理所當然應和他們的德意志同胞合併，倘若當年《凡爾賽條約》的民族自決條款得到一體適用，這樣的合併便已經成真。

奧地利左派最強有力的支持，始終來自維也納與奧地利東部城市的勞動階級。兩次大戰之間，奧地利第一共和時期，該國大部分其他地方——鄉村、阿爾卑斯山區、且天主教信仰濃厚的地方——投票時支持基督教社會黨，而那是個心態保守、對改變和外人心懷猜忌的地方政黨。與社會民主黨不同的，基督教社會黨沒有併入城市化、新教徒居多之德國的泛德意志念頭，但他們也不贊同維也納工人運動組織的社會民主黨政策；一九三四年，右派主導的一場政變，摧毀了社會民主黨在「紅色維也納」的堡壘，從而摧毀了奧地利民主。從一九三四年到納粹入侵前，奧地利由一獨裁的教權主義政權統治；在此政權裡，這個天主教政黨獨攬大權。

奧地利第一次接觸民主的不愉快經驗，重重壓著戰後的奧地利共和國。以奧地利人民黨之名重出江湖的基督教社會黨，得意宣揚自己一九三八年反對德國接收奧地利的事功；但對於他們四年前摧毀奧地利民主的獨特貢獻，則顯然閉口不談。這時以社會黨之名為人所知的社會民主黨，

14 但鑑於義大利更早期的歷史，將該國的體制性貪腐怪罪於美國的外交政策，並不盡公允。見Eric J. Hobsbawm, *The Age of Extremes. A History of the World, 1914-1991* (New York, 1994), pp. 238-39.

可以有憑有據地聲稱自己兩度受害：先是受害於一九三四年的內戰，再來受害於納粹。但這番說詞所隱瞞的事實，乃是他們此前熱衷追求與德國合併。社會黨黨魁和根據一九五五年《奧地利國家條約》創立的獨立共和國的首任總統，卡爾·雷納（Karl Renner）博士，晚至一九三八年，對奧德合併的追求，仍是熱情不減。

因此，兩黨都有意甩掉過去——前面已談過在戰後奧地利，去納粹化初期的作為如何失敗收場。社會黨是維也納的多數黨（維也納人口占全國人口四分之一），而人民黨在阿爾卑斯山區谷地的鄉間、小鎮擁有死忠選民。從政治的角度看，奧地利的內部分裂幾乎是勢均力敵的對峙：一九四九年的選舉，人民黨的得票數只比社會黨多十二萬三千票；一九五三年，社會黨只領先三萬七千票；一九五六年，人民黨再度勝選，只贏了十二萬六千票；一九五九年，社會黨以兩萬五千票之差勝選；一九六二年情勢再度逆轉，人民黨以六萬四千票之差勝選（總投票數超過四百二十五萬）。

這些小小的勝負差距，令人想起兩次大戰之間奧地利類似的勢均力敵的選舉。因此，天主教奧地利和社會黨奧地利，有可能再度出現退化為文化內戰的議會政治。即使有第三黨自由黨援助——該黨對前納粹分子選票的倚賴到了令他們困擾的程度，且得票每下愈況——都沒有哪個奧地利政黨敢指望組成穩定的政府，任何具爭議性的法案都可能會喚起痛苦記憶。奧地利民主前景黯淡。

但奧地利不只成功避掉歷史重演，還在短短期間內改頭換面，成為阿爾卑斯山區的模範民主國家：中立、繁榮、穩定。這有一部分得歸功於近在咫尺、令人不舒服的紅軍。紅軍占領下奧地利州（Lower Austria），直到一九五五年才撤到東邊數公里處——此一事實提醒奧地利人，奧地利的鄰邦這時包括三個共黨國家（南斯拉夫、匈牙利、捷克斯洛伐克），該國的地理位置難以抵禦外來攻擊，使其對內對外都審慎施行具備和解性質、不引發爭議的政策。此外，冷戰使奧地利因為對外往來的關係，得到一個它原本難以從內部發展出的身分——西方的、自由的、民主的國家。

但奧地利戰後能成功解決政治對立，主要得歸功於奧地利人的一項普遍認知：有必要避免戰前令國家四分五裂的那種意識形態對立。既然奧地利必會獨立——一九四五年後不可能和鄰國德國合併——該國的政黨就得找到辦法和平共存。該國諸領袖決定的解決辦法，乃是永久齊心協力治理國家，藉此消弭對抗。在政治上，兩大黨同意合組政府：從一九四七至一九六六年，奧地利都由社會黨、人民黨組成的「大聯合政府」治理。內閣部會由兩黨平分，一般來講由人民黨員出任首相，社會黨員出任外長，諸如此類。

在公共管理上，也達成名叫「比例代表制」的類似分工；在戰後奧地利，公共管理包括所有公務領域、大部分媒體、從銀行業到伐木的許多經濟領域。幾乎每個層級的職缺，都透過協議方式，由兩大黨的其中一黨所提出的人選填滿。久而久之，這套「為男孩提供工作」的制度深入奧地利人的生活，構成一環環相扣的恩庇、侍從關係，恩庇者與侍從者解決爭執時，幾乎若不是透過協商，就是透過特殊照顧與人事任命的交換。勞動紛爭靠仲裁而非靠對抗來解決，因為這個雙頭馬車政府，試圖藉由將相競爭的政黨納入其共有的利益、報酬制度來消弭異議。這些年裡前所未見的繁榮，使「大聯合政府」得以掩飾意見分歧或利益衝突，換得該國賴以達成均勢的共識。

奧地利社會裡，有些群體不可避免遭到冷落——小店老闆、獨立工匠、孤立農民、因為工作關係或不中聽的意見而無緣分配到好處、地位的人。而在有某一方占絕對優勢的地區，比例原則有時會遭漠視，轉而讓那一方的成員獨享職位和特殊照顧。但為了避免對抗而形成的壓力，通常會高過對地方私利的追求。一如奧地利新獲得的中立地位被興高采烈地採用為該國的身分標誌，為了取代令人難堪的記憶中那些來自過去而具爭議性的身分——「哈布斯堡」、「德意志人」、「社會主義者」、「基督教徒」——聯合政府治理和依比例代表制管理所含有的後意識形態（其實是後政治）意涵，漸漸成為奧地利公眾生活的特色。

乍看之下，這似乎會是奧地利與義大利在解決政治不穩定的方法上的差異之處；畢竟，在義大利，重大的政治分歧使共產黨人與天主教徒各走各的路，這種現象實在稱不上「後意識形態」。[15]但事實上，這兩國相當類似。托利亞蒂和其政黨的獨特之處，在於他們於戰後數十年期間對政治穩定的強調：強調民主公眾生活之體制的保存和強化，甚至不惜為此葬送共黨身為革命先鋒的信譽。而義大利也是透過一套提供特殊照顧和工作而與奧地利的比例代表制有些許類似的制度來治理國家，只是這套制度大大偏重於某一方的利益。

如果說義大利為了政治穩定而付出嚴重到令人無法忍受的公共貪腐的代價，那麼奧地利人所付出的代價雖沒那麼具體可見，危害卻同樣嚴重。曾有位西方外交官將戰後奧地利描寫成「由替身唱的一首歌劇」，說得極為貼切。一次大戰使維也納失去其作為帝國首都的最重要理由；遭納粹占領和二次大戰期間，維也納失去其猶太人，而維也納教育程度最高、世界性最強的公民裡，有很大一部分是猶太人。[16]一九五五年俄國人離開後，維也納甚至少了已分裂為東西兩半的柏林那種不名譽的魅力。在許多造訪者眼中，奧地利最鮮明的特色，乃是其單調乏味到令人放心的特質；事實上，由此正可看出在克服自己的紛擾過去上，奧地利成就多麼斐然。

但奧地利這個日益繁榮的「阿爾卑斯山共和國」，在其平靜無波的魅力背後，也有它腐敗的一面。一如義大利，它是以忘記國家過去為代價，得到它所新獲得的安全。但大部分其他歐洲國家，特別是義大利，至少有人民曾抵抗德國人占領的神話可拿出來宣說，而奧地利人卻無法如此利用其戰時經驗。與西德人不同的，他們未被迫去承認他們所犯下或縱容的罪行，至少未被迫公開如此做。耐人尋味地，奧地利類似東德，而且不只在市民活動設施清一色的官僚特質上類似。兩國都誕生自外力的專斷決定，都只是個地理名詞，而且它們戰後的公眾生活建立在一心照不宣的共同認知上，即捏造一言過其實的新身分供公眾使用——惟一的差別在於奧地利在這方面成功得多。

有心改革的基督教民主黨，國會中的左派，不將過去遺留下來的意識形態分歧或文化分歧擴大到會導致政治兩極化、政治不穩定的共識；這些是戰後西歐走向和解的鮮明特色。義大利或奧地利這一模式，幾乎在每個地方都可見到，只是結構上各不相同。甚至在斯堪地納維亞，政治動員的熱度都從一九三〇年代中期的最高峰逐步往下掉：在瑞典，勞動節紀念章的年銷售量，從一九三九到一九六二年逐年下滑（戰爭結束時短暫陡增），然後隨著新一代人民對此熱衷而再度上揚。

15 一九四五年的選舉，奧地利共黨只拿到十七萬四千張選票（百分之五），把四名該黨候選人送進國會。此後他們在奧地利政壇毫無影響力。

16 一九三八年德奧合併前夕，維也納有十八萬九千名猶太人。一九四五年該市解放時，剩不到一千人。

在荷比盧三國，不同的族群（荷蘭的天主教徒和新教徒、比利時的瓦隆人和佛蘭芒人），老早就被組織成以族群為基礎而彼此涇渭分明的柱狀體（zuilen或pillars）；這些柱狀體涵蓋了人的大部分活動。在新教徒居多數的荷蘭，天主教徒不只禱告方式不同於他們的新教徒同胞，也上不同的教堂。他們的投票支持對象不同，看的報紙不同，聽自己語言的電台節目（後來則看不同的電視頻道）。一九五九年，荷蘭的天主教徒孩童，九成上天主教小學；同年，荷蘭天主教農民，九成五屬於天主教農民聯盟。天主教徒遠行、游泳、騎單車、踢足球，都依靠天主教組織；他們保天主教社團的險，死後當然也埋在天主教墓地裡。

比利時北部的荷語族群，從生至死的生活作息受到類似的特點左右，儘管與瓦隆尼亞的法語族群都是大部分信天主教，卻自成一體，彼此少有往來。但在比利時，「柱子」（pillars）不只界定了語言族群，還界定了政治族群：有天主教聯盟和社會黨聯盟，天主教報紙和社會黨報紙，天主教電台頻道和社會黨電台頻道——每一個又再一分為二，分別服務荷語族群和法語族群。相應地，兩國國內規模較小的自由黨社團，公社性格則沒那麼強。

二戰與遭占領的經驗，以及更早幾十年前市民爭鬥對立的記憶，促成這些公社性的族群更傾向於合作。較極端的運動組織，特別是佛蘭芒民族主義者，因為戰時見風轉舵與納粹合作，而名聲大壞；整體來講，二戰使人不再那麼強烈認同既有的政黨，但未使人對與那些政黨有密切關係的社群服務機構的認同降低。在比利時和荷蘭，天主教政黨（比利時的基督教社會黨、荷蘭的天主教人民黨），從一九四〇年代晚期到六〇年代晚期和此後，始終是政府的組成分子。[17]

荷比盧三國的天主教政黨，在措詞上屬於溫和改良主義者，發揮的作用非常類似其他地方的基督教民主黨——保護天主教徒族群的利益，掌控從中央到地方市鎮的各級政府機關，透過政府預作準備，以便滿足他們廣大選民的需求。撇開提及宗教的部分，這段描述用在主要反對黨上也很貼切——荷蘭工黨、比利時工人黨（後來的社會黨）。這兩個黨都較近似以工會為基礎的北歐式勞工運動組織，而不像有著較激進傳統和頻頻發出反教權主義辭令的地中海社會黨，且它們與天主教政黨爭權（和共享戰利品）時，只激起少許的不安。

就是這一結合了自給自足文化性族群和中間偏左、中間偏右改良主義政黨的戰後特殊組合，在荷比盧三國確立了政治均勢。在這之前並非總是如此。特別是比利時，一九三〇年代佛蘭芒分離主義者和萊昂·德格雷爾（Léon Degrelle）的法西斯組織雷克斯黨（Rexistes），合力威脅議會制政權時，國內出現嚴重政治暴力，而一九六〇年代起，這國家還會經歷新一波造成更大分裂的族群衝突。但一九四五年時統治地位曾遭短暫威脅的舊政治、行政菁英（和當地天主教統治集團），這時重拾大權，同時給予福利制度和其他改革相當大的施展空間。「柱子」就這樣倖存下來，走進一九六〇年代——這時前政治時代不合時宜地重現了，而這一重現的持續時間，剛好夠讓它在經濟急促轉型期間在文化上、體制上發揮穩定的作用。

西德是戰後歐洲政治穩定最引人注目的例子，無疑也是最重要的例子，而事後來看並不令人

17 在比利時，歷史悠久的天主教黨改名為基督教黨，以突顯其訴求乃是跨越教派，其目標具有現代特色、傾向改良。而在荷蘭，基督信仰各教派之間的差異相當重大，天主教黨則保留原有名稱。

覺得意外。德意志聯邦共和國於一九五五年加入北約時，它已在經濟上突飛猛進，就要達成它後來引以自豪的經濟奇蹟。但西德更值得注意的地方，乃是它讓東西兩陣營裡預期西德會陷入最糟狀況的許多觀察家都跌破眼鏡。雖有國內外批評者憂心忡忡，在艾德諾掌舵下，西德已平安駛過新納粹主義、親蘇中立主義兩相夾擊的險境，安穩停靠於西方聯盟裡。

為將重蹈威瑪共和國覆轍的風險降到最低，戰後德國的制度經刻意整頓。政府權力下放：首要的治理責任和服務的提供，轉移給聯邦州（Länder），即德國最高一級的地方行政單位。其中有些州，例如巴伐利亞或石勒蘇益格－荷爾斯泰因（Schleswig-Holstein），前身是曾經保有獨立地位、十九世紀時遭併入德意志帝國的日耳曼邦。還有些州，例如西北部的萊茵蘭－威斯特伐利亞（Rhineland-Westphalia），則是出於治理上的方便，透過結合較古老的領土單位或將這類領土單位切成兩半來形成。

西柏林於一九五五年成為聯邦州，可參加由各州代表出席的上議院，但在直接民選的下議院，西柏林代表在院會上沒有投票權。中央政府的權力，比起此前政府的權力，大大受限——西方盟國把希特勒的崛起歸咎於普魯士的獨裁政府傳統，於是著手防範其重演。另一方面，總理一旦經由民意選出並組成政府，下議院無法隨意拉總理和其政府下台；要拉總理下台，下議院得先備好一位得到足夠議員支持的接班候選人，以確保順利接班。這一限制意在防止威瑪共和最後幾年出現的那種政局連續不穩定和弱勢政府局面；但這有助於艾德諾和他之後施密特、柯爾之類強勢總理的長久任期和權威建立。

這種對轉移衝突或抑制衝突的關注，形塑了西德的整個政治文化。「社會市場」法案，旨在降低勞動衝突或政治紛爭政治化的可能性。根據一九五一年的《共決法》（Co-Determination Law），煤、鋼、鐵這三個重工業裡的大企業，都得將員工代表納入其監事會，後來其他產業和小公司也施行這規定。聯邦政府和州在許多經濟產業裡扮演積極角色；五〇年代的基督教民主黨政府，原則上反對國營專賣，卻擁有或掌控了四成的煤、鐵生產、三分之二的電廠、四分之三的製鋁業，以及重要的——過半的德國銀行。

換句話說，權力下放不代表這是個不干涉的政府。西德的地區政府和中央政府以直接或間接（透過控股公司）的方式，維持在經濟上的積極角色，藉此得以鼓勵有助於私人獲利和社會安定的政策和作為。銀行扮演政府和企業之間的中間人，發揮了舉足輕重的作用，這些企業一般來講有銀行業者當其董事。古老的德國經濟習慣重出江湖，特別是定價和共識性分享市場。尤其在地方層級，納粹時代的官員、企業家或銀行業者被除掉的不多，到一九五〇年代晚期時，西德的經濟，有許多領域的經營方式，若讓那之前數十年的大托辣斯、卡特爾看到，會覺得很熟悉。

這實質上正走在統合主義（corporatism）之路上，但可能不是監管這新德意志共和國的美國人心裡所希望的——因為托辣斯和其權力被普遍認為是希特勒崛起的推手，而且不管如何都不利於自由市場。當年若讓長期擔任艾德諾政府經濟部長的經濟學家路德維希·艾哈德（Ludwig Erhard）盡情發揮其理念，西德經濟和隨之而來的西德社會關係，可能已是大不同的局面。但不管在一般的社會原則上，還是從務實考量的角度來看，市場管制和政商親密關係，在基督教民主黨的施政綱要裡都是天經地義的事。工會與商業團體大體上彼此合作——在這些年，經濟成長非常快速，足以滿足大部分需求，不致引發衝突。

基督教民主聯盟從一九四九年西德第一次選舉直到一九六六年一直執政，未曾間斷；艾德諾一直掌理西德國政，直到一九六三年以八十七高齡辭職為止。基督教民主聯盟（以艾德諾為總理）為何能如此不間斷長期執政，原因有多個。其中之一是天主教會在戰後西德的強硬立場：除了布蘭登堡、普魯士、薩克森這三個由新教徒占多數的地區這時落在共黨手裡，天主教徒占西德人口的比例剛好過半。在保守天主教徒占選民絕大多數的巴伐利亞，當地基督教社會聯盟擁有堅不可破的權力基礎；為了利用這基礎，艾德諾在組成聯合政府時，永遠都得找它這個小老弟搭檔。

艾德諾本人年紀夠大，仍記得威廉帝國初期天主教會被俾斯麥列為「文化鬥爭」對象的往事；他戒慎恐懼，不從這新的勢力平衡中獲取太多利益，以免衝突又因政教關係而起，特別是在德國教會於納粹統治時的不光彩行徑仍餘波蕩漾之時。因此，從一開始，他就致力於將他的政黨打造成全國性的基督教選舉工具，而非單獨為天主教服務的選舉工具，強調基督教民主黨以所有基督徒為訴求對象。在這點上，他顯然很成功：一九四九年選舉時，基督教民主聯盟／基督教社會聯盟險勝社會民主黨，但到了一九五七年，他們的選票已幾乎翻了一番，得票率超過五成。

基督教民主聯盟／基督教社會聯盟聯手能夠大有斬獲（兩黨此後的全國得票率始終至少有百分四十四），相關原因之一乃是，這一結盟，就像義大利的基督教民主黨，打動了廣大選民。巴伐利亞基督教社會黨，就如荷比盧三國的同性質政黨，吸引力受限，只能吸引到來自單一地區某個有上教堂習慣的保守族群的選票。但艾德諾的基督教民主聯盟，雖然在文化事務上向來保守——例如，在許多小鎮和鄉村，當地的基督教民主聯盟積極活動分子與天主教會、其他基督教團體結盟，以控制、檢查戲院放映的影片——但在其他方面不執著於自己教派的理念：特別是在社會政策上。

藉此，德國的基督教民主黨在德國政壇打下一個跨越地區、跨越教派的基礎。他們能倚賴來自鄉間與城鎮、雇主與工人的選票。義大利基督教民主黨掌控了政府，在德國，基督教民主聯盟掌控了議題。在經濟政策上，在社會服務和福利上，特別是在仍然敏感的東西德分裂和許多遭逐出家園之德裔的命運這些主題上，艾德諾領導的基督教民主聯盟牢牢將自己定位為廣納百川、以占多數的中間選民為訴求對象的政黨，而在德國的政治文化上，這代表了新的開端。

基督教民主聯盟壯大之下，最大的受害者是社會民主黨。表面上，社民黨照理應較占上風，即使考慮到德國東部、北部傳統上傾向社會黨的選民流失，亦應如此。在反納粹上，艾德諾並非一路走來如終如一：晚至一九三二年他仍相信可將希特勒導回正軌，而他在一九三三年（遭革除科隆市長之職）和戰爭最後幾個月（被以反對納粹政權遭短暫囚禁），兩度遭納粹懷疑，或許是因禍得福。若沒有這些事為其形象加分，西方盟國會不會提拔他出掌大權，恐怕很難說。

另一方面，社會黨領袖庫特・舒馬赫從一開始就堅決反納粹。一九三二年二月二十三日，在德國國會殿堂上，他痛斥國家社會主義是「對人類內在豬性的不斷訴求」，成功「不斷動員人類的蠢性」，在德國歷史上顯得獨一無二。一九三三年七月遭捕後，他在集中營裡度過此後二十年裡的大部分歲月，造成他健康上的永久傷害，從而縮短了他的壽命。瘦削、佝僂的舒馬赫，散發英雄色彩，在戰後堅定不移主張德國得承認自己的罪行，他不只是社會黨人理所當然的領袖，還是戰後德國惟一本可能為其同胞提供明確道德指南的全國性政治人物。

儘管有這麼多崇高特質，怪的是，舒馬赫遲遲才掌握歐洲的新國際局勢。生於普魯士克萊斯塔特（Kreisstadt）的他，不願放棄建立統一、中立德國的理想。他不喜歡、不信任共黨，且對共黨不抱幻想；但他似乎很相信去軍事化的德國將得以在不受干擾下決定自己的命運，而且這樣的環境將有利於社會黨。因此他激烈反對艾德諾的傾向西方，明顯不願支持德國的無限期分裂。對社會黨來說，恢復有主權、統一且政治中立的德國，比涉入國際事務更為重要。

對於艾德諾熱衷支持西歐統合計畫，舒馬赫尤其有意見。在舒馬赫眼中，一九五〇年的舒曼計畫旨在建立一個「保守、資本主義、教權主義、由卡特爾支配的」歐洲。他是否大錯特錯，在此不是討論重點。癥結在於舒馬赫的社會民主黨未在批評之外提出切實可行的建議。藉由結合他們在國有化、社會保障方面的傳統社會主義計畫和統一、中立的要求，他們在一九四九年的第一次西德選舉時表現出色，拿下百分之二十九．二的選票，得到六百九十三萬五千名選民的支持（比基督教民主聯盟／基督教社會聯盟少四十二萬四千票）。但到了五〇年代中期，由於西德已和西方聯盟、和歐洲聯盟的初期計畫緊密結合，由於社會黨那些看衰未來的經濟預言已證明是虛妄之言，社民黨陷入困境。一九五三、一九五七年的選舉，社會黨得票數只有小增，得票率則停滯不前。

只有在一九五九年，舒馬赫英年早逝七年後，新一代德國社會黨人才正式揚棄該黨信奉七十年的馬克思主義，心甘情願地和西歐現實狀況妥協。在戰後德國的社會主義裡，馬克思主義始終只是供嘴皮上宣說——即使社民黨真曾抱有革命雄心，最晚在一九一四年時該黨已死了這條心。但決定揚棄已漸漸過時的社會主義最高綱領，也使德國的社會黨人得以放手改造他們的基本思想。許多人仍不滿意德國在新成立之歐洲經濟共同體裡的角色，但的確認同德國參與西方聯盟，認同該黨有必要轉型成為跨階級的人民政黨——而非倚賴他們的勞動階級核心——如果他們真想拉下大權獨攬的艾德諾的話。

社民黨的改革者心血未白費：一九六一、一九六五年的選舉，該黨席次增加，促成一九六六年基督教民主聯盟與這時由威利・布蘭德（Willy Brandt）領導的社會民主黨組成「大」聯合政府。這是自威瑪時代以來社民黨首度主政，該黨政治前景更為光明，但他們也將因此付出令人倍覺諷刺的代價。只要德國的社會民主黨堅持其對艾德諾大部分政策不可妥協的反對立場，他們就在無意間促成西德的政治穩定。共黨在西德從未成氣候（一九四七年只拿到百分之五・七的選票，一九五三年百分之二・二，一九五六年遭西德憲法法庭禁止活動）。社民黨因而獨占政治左派光譜，把當時所有年輕、激進的異議分子都吸收進來。但一旦它與基督教民主黨合組政府，採取溫和、改良主義路線，它就失去極左派的效忠。議會**以外**隨之敞開一塊空間，供新一代破壞穩定的政治激進分子施展身手。

西德的政治領袖不需擔心納粹的直系接班人再起，因為共和國《基本法》明文禁止這類政黨。但西德境內有數百萬會投票支持納粹者，其中大部分散居於各主流政黨裡。然後這時又多了一類選民：遭逐出家園者（Vertriebene），即從東普魯士、波蘭、捷克斯洛伐克、其他地方被逐出家園的德裔。這些人共約一千三百萬，其中將近九百萬最初定居於西方盟國占領區；由於不斷有難民經由柏林投奔西德，到了一九六〇年代中期，又有一百五十萬從東部土地抵達西德。

遭逐出家園者以小農、店主、企業家居多，人數龐大，不容忽視。身為德裔，他們的公民權利、難民權利明訂於一九四九年的《基本法》。西德成立頭幾年，他們比其他德國人更難得到體面的住所或工作；他們的投票意願很強烈，最能左右他們政治立場的議題，乃是返回他們位在蘇聯集團國家裡之老家的權利，或者若無法返回老家，得賠償他們損失的主張。

除了遭逐出家園的德裔，還有數百萬二戰老兵——一九五五年赫魯雪夫同意歸還剩下的戰俘後，這類人更多。一如遭逐出家園者，戰爭老兵和他們的代言人最強烈的自我認知，乃是自認是遭戰爭和戰後協議不當對待的受害者。任何認為德國——特別是德軍——的所作所為是他們受苦的根源，或拿前述作為來合理化他們受苦的說法，都遭他們忿忿斥為不值一哂。艾德諾領導之德國所偏愛的自我形象，乃是三度受害者的形象：先是受害於希特勒——《最後一座橋》（*Die Letzte Brücke*，一九五四年上映，以一位女醫生抵抗納粹為主題）、《卡納里斯》（*Canaris*，一九五五）之類電影的大賣，有助於將大部分正派德國人戰時反希特勒這一認知普及開來；其次受害於他們的敵人——戰後德國遭炸得滿目瘡痍的城市景觀，助長了德國人在本土，一如在前線，都受到敵人可怕傷害的觀點；最後則是受害於戰後宣傳的惡意「扭曲」，當時德國人普遍認為戰後宣傳刻意誇大德國的「罪行」，淡化德國的損失。

聯邦德國成立頭幾年，有些跡象顯示這些想法有可能演變成嚴重的政治反彈。一九四九年選舉，幾個民族主義右派民粹政黨已共同拿下四十八個國會席次，是共黨席次的三倍之多，幾乎和自由民主黨的席次相當。難民獲准組黨後，即出現「遭逐出家園者和遭剝奪公民權的集團」：在石勒蘇益格－荷爾斯泰因（曾是納粹黨的鄉村據點）的地方選舉中，這一「集團」於一九五〇年拿下百分之二十三的選票。隔年，在附近的下薩克森，以類似選民為訴求對象的社會主義帝國黨（Sozialistische Reichspartei），拿下百分之十一的選票。就是考慮到這群不容小覷的選民，艾德諾極力避免直接批評德國的晚近歷史，還公開責備蘇聯和西方同盟國不斷帶給德國難題，特別是那些肇因於《波茨坦協定》的難題。

為滿足難民和其支持者的需求，艾德諾與基督教民主聯盟對東德持強硬立場。在國際關係上，波昂堅持在最後的和會召開前，德國一九三七年的疆域仍有法定效力。根據一九五五年提出的赫爾斯坦主義（Hallstein Doctrine），聯邦德國拒絕與任何承認德意志民主共和國（從而暗暗否認了波昂根據一九四九年《基本法》，稱西德代表所有德國人之主張）的國家建交。惟一的例外是蘇聯。一九五七年艾德諾於狄托承認東德後與南斯拉夫斷交，說明了波昂的固執。接下來十年，西德與東歐的關係，實質上凍結。

在內政上，除了投入相當多的資源協助難民、返國戰俘和他們家人融入西德社會，五〇年代的政府還提倡以明顯不帶批判意味的立場看待德國的晚近歷史。一九五五年，外交部就該年坎城影展讓阿倫·雷奈（Alain Resnais）的紀錄片《夜與霧》（*Night and Fog*）參展一事，提出正式抗議。由於聯邦德國即將以正式夥伴的身分進入北約，這部影片可能傷害西德與其他國家的關係：引用官方的抗議措辭來說，它「強烈地提醒那段痛苦的過去，會破壞這影展的各國和睦氣氛」。法國政府接受抗議，撤下該片。[18]

這絕非只是一時的反常表現。一九五七年前，沃爾夫岡·史陶特（Wolfgang Staudte）所導演，從海因利希·曼（Heinrich Mann）的小說改編的東德電影《稻草人》（*Der Untertan*，一九五一），一直遭到西德內政部禁演——該片表示德國的獨裁作風有深遠的歷史淵源，因而遭到禁演。這件事似

18 對此，雷奈回應，「可想而知，原本我不知道那個國家社會主義政權會有代表出席坎城影展，但現在，當然，我懂了。」

乎證實了戰後德國得了嚴重集體失憶的說法；但事實上沒這麼單純。與其說是德國人忘記，不如說是德國人選擇性記憶。整個五〇年代，西德官方鼓勵令德國人對自己過去感到釋懷的史觀，在這史觀下呈現的是，納粹德國的國防軍表現英勇，納粹分子只占少數，且已受到應有的懲罰。

經過一連串赦免，原本關在獄中的戰犯陸續獲釋，恢復平民生活。在這同時，罪行最嚴重的德國戰犯——在東歐和集中營裡犯下罪行的那些人——大部分未受到調查。雖然一九五六年在斯圖加特成立了州司法部總署，當地檢察官仍刻意不作為，直到一九六三年波昂開始施壓，他們才開始調查；直到一九六五年聯邦政府延長殺人罪的二十年追訴時效之後，調查才較有成效。

艾德諾本人對這些事的態度很複雜。一方面他清楚覺得審慎緘默比以挑釁口吻公開陳述真相更為明智——那一代的德國人，幹過太齷齪的事，道德上站不住腳，若不付出隱瞞真相的代價，民主無法運行。此外的任何作為，都可能造成右翼東山再起。舒馬赫曾公開且令人動容地談到猶太人受自德國人的折磨，德國總統特奧多爾·豪斯（Theodor Heuss）則在一九五二年十一月於貝爾根貝爾森（Bergen-Belsen）宣布，「沒人能移除我們心中這一羞愧。」（Diese Scham nimmt uns niemand ab.）而與他們兩人不同，艾德諾很少對此表示意見。事實上，他只談到猶太受害者，從未提到德國加害者。

另一方面，他承認賠償的壓力如排山倒海而來。一九五二年九月，艾德諾與以色列總理摩西·夏里特（Moshe Sharett）達成協議，願以數年時間付給猶太倖存者相當於一千多億德國馬克的賠償。達成這一協議，艾德諾得在內政上承擔某種風險：一九五一年十二月，只百分之五的受訪西德人承認對猶太人感到「愧疚」。另有百分之二十九承認，德國應賠償猶太人。其他受訪者則分持兩種意見，一種認為只有「真正做出不當之事」的人該負責、該賠償（約占受訪者四成），另一種認為「猶太人本身要為第三帝國期間他們自己的遭遇負部分責任」（占百分之二十一）。一九五三年三月十八日下議院辯論這一賠償協議時，共黨投票反對，自由民主黨棄權，基督教社會聯盟和艾德諾的基督教民主聯盟則是內部意見分歧，其中許多人投票反對賠償。為讓協議通過，艾德諾得靠他的政敵社會民主黨的票。

艾德諾不止一次利用國際上對納粹可能在德國東山再起的緊張心理，促使西德的盟邦朝他所希望的方向移動。他建議，如果西方盟國希望德國為歐洲防禦盡一分心力，那麼最好就不要再批評德國人的行為或提起動盪紛亂的過去。如果西方盟國不希望德國國內反彈，就該堅定支持艾德諾，拒絕蘇聯對東德的計畫。諸如此類。西方盟國清楚了解艾德諾在做什麼，但他們也看到德國的民意調查結果。因此他們給了他相當大的自主權，接受他的主張：換掉他，他們就得和遠沒這麼好商量的人打交道；要接受他的要求，因為如果要讓他在國內好辦事，外國就得讓步。一九五一年一月，就連艾森豪都在勸說之下宣布，他一直錯將納粹德國國防軍與納粹當成同一回事——「德國軍人為其祖國而戰，表現英勇可嘉。」繼艾森豪之後接任歐洲盟軍最高統帥的李奇微（Ridgeway）將軍，一九五三年也以類似心態要求盟國高級專員公署，赦免先前被判定在東戰線犯下戰爭罪的所有德國軍官。

艾德諾的行為未招來與他對話者的好感——特別是艾契遜，相當厭惡波昂堅持先設定條件才肯同意加入文明國家陣營，好似西德在幫戰勝的西方同盟國的忙。但當華府或倫敦難得一見地公開表露其失望時，或每當有消息傳出他們可能背著波昂和莫斯科談時，艾德諾立即將這情勢轉為他的政治優勢——提醒德國選民德國盟邦性格多變，要照顧國家利益，只能靠他。

一九五〇年代時，德國重新武裝的議題，在德國國內未受到特別有力的支持，而一九五六年（戰敗只有十一年後）新西德軍的創立，未激起廣泛的關注。就連艾德諾本人原都很矛盾，堅持——懷著他所認為的一丁點真誠——他是在回應國際壓力。一九五〇年代初期蘇聯所支持的「和平運動」，其成就之一乃是成功讓許多西德人相信，如果西德宣布「中立」，他們的國家可以既得到統一，且獲得安全。五〇年代初期的民調顯示，超過三分之一的受訪成人不管在什麼情況下都支持中立、統一的德國，將近五成的人希望聯邦德國在戰爭一旦爆發時宣布中立。

鑑於歐洲境內最可能引爆第三次世界大戰的因素就是德國情勢，這些希求看來可能讓人覺得奇怪。但對某些西德公民來說，西德的特權地位——成為實質上受美國保護的國家——既是安全的來源，也是痛恨的來源，而這點乃是戰後西德的奇特之處之一。五〇年代晚期起情勢清楚顯示，德國境內若發生戰爭，可能使用核武——在完全由外人掌控下使用核武——這時，這類情緒只是更為濃烈。

一九五六年時，艾德諾已警告，聯邦德國不可能永遠當個「受核子保護的國家」。一九六〇年代初期情勢清楚顯示，西方盟國已在這敏感問題上與莫斯科達成協議，且他們雙方都絕不會讓德國取得核武，這時他勃然大怒。[19]有段短暫時間，聯邦德國讓人覺得似乎會把效忠對象從華府轉到戴高樂的巴黎。波昂和巴黎都痛恨英、美的專橫跋扈，都懷疑美國想擺脫對其歐洲附屬國的義務，因此意氣相投。

法國欲擁有獨立核子嚇阻力量一事，的確為西德提供了一個有為者亦若是的榜樣，而戴高樂在試圖使波昂脫離其美國友人時，巧妙利用了這一心理。誠如戴高樂在一九六三年一月十四日對英國加入歐洲經濟共同體一事回以「不行！」的那場記者會上所說的，他「諒解」西德想成為核子國家的心理。次週，他把那份「諒解」化為《法德友好條約》。但這一條約，儘管大肆宣揚，內容卻空洞。艾德諾看似要琵琶別抱的舉動，遭他黨內許多人劃清界線；同年更晚，他的同僚密謀拉下他，然後重申對北約的忠誠。至於戴高樂，就他對德國人最不抱幻想。六個月前，在漢堡，這位法國總統向一群興高采烈的群眾說，「法德友誼萬歲！你們是偉大的民族！」（Es lebe die Deutsch-franzosiche Freundschaft! Sie Sind ein grosses Volk!）但他也向某助理說道，「如果他們真仍是偉大民族，就不會向我那樣地歡呼！」

無論如何，不管雙方關係如何冷淡，沒有哪位西德領袖敢於為了法國這個不可靠的新選擇，與華府決裂。但艾德諾的外交政策詭計，迎合了某種隱而不顯的痛恨情緒——痛恨德國無可避免地事事聽命於美國。事後來看，我們太輕率就推斷戰後聯邦德國熱情歡迎美國所有東西；推斷美國大兵在這些年遍布德國中部、南部各地，他們的軍事設施、基地、車隊、電影、音樂、食物、衣物、口香糖、金錢，樣樣都受到靠他們來保住自由的那些人普遍的熱愛、採用。

事實上沒這麼單純。大體上，個別美國（和英國）軍人的確受到喜愛。一開始西德人慶幸於「解放」他們者是西方（而非紅軍），但在這一慶幸之情消逝之後，其他的感受浮現。戰後遭盟軍占領那困苦的幾年，相較之下，不如納粹統治下的生活。冷戰期間，有些人怪美國人把德國擺到

19 他的誇張說法不自覺地流露心跡，將《禁止核子擴散條約》稱作「摩根索計畫的二次方」。

「他們自己」與蘇聯衝突的正中央，使西德陷入險境。許多保守派人士，特別是位在信仰天主教的南部的保守人士，把希特勒的崛起歸咎於西方的「世俗化」影響，主張德國應在現代三大邪惡（納粹主義、共產主義、「美國主義」）之間走「中道路線」。而西德在西方聯盟東緣日益吃重的角色，不知不覺中令人想起納粹德國自封的角色：俯視亞洲蘇聯游牧民族的歐洲文化屏障。

此外，西德的美國化——還有外來占領者的無所不在——與人民所渴望、經過淨化的德國，特別是五〇年代初期因為國內懷舊電影的大量灌輸而培養出來的德國形象，形成發人深省的強烈對比。這些所謂的「故鄉」（Heimat）電影，通常以德國南部的山區為背景，以愛情、忠貞、族群的故事為特色，戲中人穿某時期或某地區的服裝。這些大受歡迎的電影，劇情庸俗無比，往往是納粹時代電影的重拍之作，有時片名隻字未改（例如一九五〇年的《黑森林少女》就是一九三三年同名電影的重拍之作）；在納粹時期就功成名就的漢斯．戴普（Hans Deppe）之類導演的作品，或魯道夫．申德勒（Rudolf Schündler）之類他們教出來的年輕一輩導演的作品。

片名——《灌木荒野是綠的》（一九五一）、《微笑之地》（一九五二）、《白丁香又開花時》（一九五三）、《維多莉亞與她的輕騎兵》（一九五四）、《忠貞的輕騎兵》（一九五四）、《歡樂的村子》（一九五五）、《阿爾卑斯山玫瑰開花時》（一九五五）、《來自黑森林的羅琦》（一九五六），還有數十部同類電影——呈現出未受炸彈或難民騷擾的土地與人民，「深邃的德國」：生氣勃勃的、鄉村的、未受污染的、快樂的、白膚金髮的德國。這些電影散發出的亙古不變特質，帶來令人舒懷的暗示，暗示這個國家和人民不只擺脫掉來自東、西方的占領者，還洗刷掉愧疚，未受到德國晚近歷史的玷污。「故鄉」電影反映了聯邦德國成立初期的鄉野特質、守舊性格，由衷希望不受外人干擾的念頭。女人在成年人口裡的比重超乎異常地的大，或許使得德國人不再熱衷政治動員。戰後第一次人口普查（一九五〇年），三分之一的西德家庭由離婚婦女或寡婦操持。即使在倖存的戰俘於一九五五、一九五六年從蘇聯返國後，這種性別失衡現象仍在：一九六〇年，聯邦德國的女、男比例是一二六：一〇〇。一如在英國或法國，家庭和家事是民眾最關注的事項。在這個由女人撐起的世界裡——其中許多女人做全職工作，獨力撫養兒女，[20]懷著戰爭最後幾個月和戰後初期個人的辛酸記憶——國家、民族主義、重新武裝、軍事上的豐功偉業或意識形態對立，很難打動人心。

採取別種公共目標，取代過去那些受唾棄的目標，乃是刻意的舉動。誠如艾德諾於一九五二年二月四日為其同胞概述舒曼計畫的重要性時，向其閣員說明的，「得給予人民一新的意識形態，而且那必得是歐洲的意識形態。」西德與眾不同之處，在於只有它會藉由加入國際組織來恢復主權；而歐洲這個概念本身能替補德國民族主義遭掏空後在德國公眾生活領域裡敞開的空白——正如舒曼所曾清楚表達的心願。

就知識分子和政治菁英來說，奮鬥的目標的確就此轉移。但對民間婦女來說，真正取代舊政治的東西，不是新「歐洲」，而是如何活下去，如何發達致富。據英國工黨政治人物休·道爾頓（Hugh Dalton）的說法，戰爭結束時，邱吉爾表示希望德國會長得「胖但無能」。德國的確如此發展，且比邱吉爾所敢於希望的還更快變成這樣，變得更「胖但無能」。希特勒戰敗後的二十年期間，西德人不需外力導引，就將其注意力移離政治，移向生產和消費：它全心全意、一心一

20 當前德國的高階公眾人物，有許多是在那個時代度過童年，在單親家庭裡由職業婦女撫養長大，包括撰寫本書時的聯邦德國總理和外長。

意往那方向走。

製造、儲蓄、取得、花費，不只成為大部分西德人的主要活動，還是受到公開確認、認可的國民生活目標。作家漢斯・馬格努斯・恩岑斯貝格（Hans Magnus Enzensberger），在許多年後反思這一奇怪的集體轉型，反思聯邦德國公民那種一心一意埋頭苦幹的熱情時論道，「若不接受德國人已將他們的缺點轉為長處的看法，就無法了解他們那令人費解的幹勁。他們真的是失了魂，而那是他們日後成功的條件。」

希特勒垮台後，德國人遭國際譴責戰時盲目服從不道德的命令，因此，戰後他們把自己一板一眼服從命令的缺點轉為民族優點。德國的徹底戰敗和接下來遭占領的遭遇，摧毀了西德人的傲氣，使他們願乖乖接受強加的民主體制，若早個十年，少有人料得到德國會走到這一步。一九五〇年代的德國人，揚棄了一個世紀前海涅首度在德意志民族身上觀察到的「為統治者奉獻」的精神，靠著對效率、細節、製成品品質投以類似的全心全意奉獻，得到國際的尊重。

這一以建造繁榮國家為目標的新奉獻，尤其得到老一輩德國人明確的讚許。進入六〇年代許久以後，仍有許多超過六十歲的德國人（包括幾乎所有掌權者），認為在威廉二世皇帝下的日子過得比較好。但從後來的發展來看，聯邦德國境內消極順服的日常生活作息帶給他們安全、平靜，改過這樣的生活，他們還是非常滿意。但年輕一代，就沒這麼篤定。「懷疑的一代」——威瑪共和快結束時出生，年紀大到有機會經歷納粹主義，但又不夠大到得為納粹罪行承擔責任的那一代——對於新獲得的德國體制特別不信任。

對於出生於一九二七年的作家鈞特・葛拉斯（Günther Grass）或社會理論家于爾根・哈伯馬斯

（Jürgen Habermas）之類人士來說，西德是個沒有民主人士的民主國家。西德公民以令人震驚的輕鬆，從效忠希特勒一下子跳到忠於消費主義；他們以日漸繁榮撫慰他們愧疚的記憶。在德國人背離政治、轉向私人財富積累的現象中，葛拉斯等人看到德國人否認了公民的過去責任以及當前責任。他們十分贊同西柏林市長恩斯特・羅伊特（Ernst Reuter）在一九四七年三月，針對貝托爾德，布萊希特的警句「吃飽最大，道德其次」（Erst kommt das Fressen, dann kommt die Moral），所發出的不同見解：「沒有哪句話比『吃飽最大，道德其次』更危險。我們又餓又凍，正是因為我們容許這句話所表達的錯誤道理。」

後來的人一想到哈伯馬斯，就會想到他對「憲法愛國主義」（Verfassungspatriotism）的追求。在他眼中，只有這種民族情操是適合——且明智——向他的同胞鼓吹的思想。但早在一九五三年，他就以在《法蘭克福匯報》上的一篇文章受到公眾矚目。他在該文裡抨擊馬丁・海德格在其海德堡演講稿重新印行時，同意印行者保留原來文中提及納粹之「內在偉大」的部分。當時，這是孤立事件，未激起國際多大注意。但它還是立下了一個標竿，預示了後來十年忿恨的質問。

在其一九七八年電影《瑪麗亞・布勞恩的婚姻》中，萊納・韋納・法斯賓達（Rainer Werner Fassbinder，生於一九四五）深刻剖析了聯邦德國環環相扣的弊病，也就是在該片的年輕影評家眼中的西德弊病。片中的同名女主角在戰敗後滿目瘡痍的環境裡，在「所有男人看來都畏畏縮縮」的德國，討生活，毅然決然把過去拋諸腦後，宣布「眼前不是感傷的時刻」。然後瑪莉亞一往無前、一心一意投入全國上下正埋頭從事的活動——賺錢，事實證明她的賺錢本事高超。最初脆弱無比的女主角，後來披上了憤世嫉俗的堅硬外殼，利用男人（包括一名美國黑人軍官）的資源、愛慕、易受騙，改善自己的生活，同時仍「忠於」她的德國軍人丈夫赫爾曼。赫爾曼被監禁於蘇聯，他的戰時事蹟則在片中遭刻意模糊帶過。

瑪莉亞的男女關係、成就、舒適享受，全都用金錢來衡量，最後，經過個人的努力，她終於拚到一棟配備有新奇設備的新房子，打算用它來迎接與她重逢的丈夫。就在他們要重歸舊好，過幸福婚姻生活時，一個疏忽把他們和他們的世間財物全炸得灰飛煙滅——超現代化的廚房裡，瓦斯開關未關。在這同時，電台裡傳來歇斯底里的播報聲，盛讚西德贏得一九五四年世界盃足球賽冠軍。對法斯賓達和接下來那一代忿恨不滿的西德人來說，新歐洲境內的新德國所新獲得的特質——繁榮、妥協、政治動員消解、不喚醒沉睡的國家記憶的默契——未能使人將目光移離舊的弊病。它們是舊弊病，披上新偽裝。

9

破滅的幻想

Lost Illusions

Indië verloren, rampspoed geboren.

（如果失去東印度群島，我們就完了。）

荷蘭俗語，一九四〇年代廣受引用

⁘ ⁘ ⁘

改變的風正吹遍這大陸，而不管我們喜不喜歡，

（非洲）意識的成長是個政治事實。

哈羅德．麥克米倫，一九六〇年二月三日在開普敦演講文

⁘ ⁘ ⁘

英國已失去帝國，還未找到可扮演的角色。

艾契遜，一九六二年十二月五日在西點軍校演講文

⁘ ⁘ ⁘

匈牙利人民共和國部長會議主席伊姆雷．納吉，在此向各位講話。

今天淩晨，蘇聯部隊攻打我們首都，

明顯有意推翻合法、民主的匈牙利政府。我們部隊正在抵抗。

政府仍在。在此向全國人民和世界輿論告知此事。

伊姆雷．納吉（Imre Nagy）在匈牙利電台上講話，

一九五六年十一月四日早上五點二十分

⁘ ⁘ ⁘

請外國部隊來教訓人民是大錯特錯。

狄托，一九五六年十一月十一日

二次大戰結束時，難以治理自己、甚至連餵飽自己都力不從心的西歐人，仍統治歐洲以外的許多地方。這一不合時宜的弔詭現象，帶來不合情理的後果，而且歐洲殖民地上的本土菁英也注意到這一弔詭的意涵。對英、法或荷蘭境內的許多人來說，他們國家在非、亞、中東、美洲的殖民地和帝國領地，乃是讓他們在歐戰期間受苦受辱時不致一蹶不振的慰藉；在二戰時，它們作為重要的國家資源，展現了它們的物質價值。若未有偏遠的領土可茲利用，未有靠殖民地而取得的物資、人力，特別是英國人、法國人，在與德、日奮戰時，將處於更大的劣勢。

就英國人來說，這一點尤其明顯。對在戰後英國長大的任何人（例如本書作者）來說，「英格蘭」、「英國」、「大英帝國」三者幾乎是同義詞。小學地圖呈現的世界裡，有許多地方染上了帝國紅；歷史教科書仔細介紹英國的征服史，特別是在印度、非洲的征服史；戲院新聞短片、電台整點新聞、報紙、插畫雜誌、兒童故事書、喜劇、運動比賽、餅乾盒、水果罐頭標籤、肉店窗戶；每樣事物都在提醒人們，無論就歷史還是地理來看，在一個國際海上帝國的核心，英格蘭占據了多麼關鍵的位置。殖民地和自治領的城市、河川、政治人物的名字，就像英國本身城市、河川、政治人物的名字一樣為人所熟悉。

英國人已失去他們在北美的「第一個」帝國；他們後續取得的殖民地，即使不是在「一時失神」的情況下獲得，也絕非是刻意追求的結果。這帝國的秩序維持、服務、治理，所費不貲；而且，在肯亞或羅德西亞之類地方，一如法國在北非的控制地區，最熱情肯定、捍衛帝國者是由農場主、牧場主組成的一群人數不多的白人移民。「白人」自治領——加拿大、澳洲、紐西蘭——和南非是獨立國家；但他們在形式上對英王室的忠誠、他們與英國的情感紐帶、他們所能供應的食物和原物料、他們的武裝部隊，被視為和國家資產沒有兩樣，只差沒賦予這樣的名稱而已。大英帝國其他地方的戰略價值，就比物質價值來得重要：英國在東非的領地——一如英國在阿拉伯半島、印度洋兩地周邊和中東境內所控制的諸多領土、港口——尤其被視為是英國主要帝國資產的附屬物。而主要的帝國資產，指的是印度，當時印度除了包括斯里蘭卡、緬甸，還包括後來脫離自立的巴基斯坦、孟加拉。

歐洲國家的帝國全都是在斷斷續續、一時興起、對後勤連貫性或經濟獲利少有持續關注的情況下取得（就第三個情況來說，服務英屬印度的陸路、海路是例外）。西班牙人已失去他們帝國的大部分領土，先是輸給英國人，然後輸給要求獨立的本國殖民者，最晚近則輸給國力蒸蒸日上的美國——在當時和現在西班牙反美情緒一直未消的因素之一。剩下的只有在摩洛哥、赤道幾內亞境內的飛地，而一九五六至一九五八年間，這些飛地會被佛朗哥（永遠的現實主義者）拋棄。

但這時非、亞洲仍有許多地方由歐洲人控制：若不是由帝國首都發號施令，透過在當地招募來、在歐洲受過教育的知識分子統治階層予以直接治理，就是透過與歐洲主子結盟、對歐洲主子言聽計從的當地原住民統治者來治理。因此，在戰後歐洲，只認識這類人的政治人物，大體上未體察到民族主義情緒在帝國各地下一代激進分子身上快速壯大的事實（在印度或許是例外，但即使在印度，他們都長期低估了下一代激進分子的人數和決心）。

因此，不管是英國人，還是其他剩下的任何一個殖民強權，都未預見到他們的領地或海外影響力即將瓦解。誠如英國史學家艾瑞克·霍布斯邦已表明的，就連在一九三九年時為來自英國和其殖民地的年輕共產黨人舉辦的研討會上，與會學生都覺得歐洲殖民帝國的終結會是很久以後的事。六年後，世界仍分裂為統治者與被統治者、有權者與無權者、富人與窮人，且分裂程度大到似乎短期間不可能彌合。甚至在一九六〇年，全球各地的獨立運動已更為壯大之後，仍有七成的全球總產出和八成的製造業經濟附加價值，來自西歐和北美。

小小的葡萄牙（最小、最窮的歐洲殖民強權），從其位在安哥拉、莫三比克的殖民地，以極有利的價格取得原物料；這些殖民地還為原本在國際上無競爭力的葡萄牙出口品，提供了沒有對手的市場。因此，莫三比克為葡萄牙的大宗商品市場種植棉花，而非為本地人民種植糧食，如此扭曲為母國帶來可觀的獲利，卻使莫三比克常見饑荒。在這些情況下，儘管殖民地出現以失敗收場的暴動，葡萄牙國內出現軍事政變，對於去殖民化，葡萄牙仍是能拖就盡量拖。[1]

就算歐洲諸國沒了帝國也能應付過來，但當時，大部分人認為那些殖民地若失去外國統治的支持，無法獨力存活。就連贊成歐洲的海外子民自治、最終獨立的自由派、社會黨人，都認為這些目標要在許多年後才能實現。值得一提的，晚至一九五一年，英國工黨籍外長赫伯特・莫里森仍認為若是非洲殖民地獨立，猶如「把鑰匙、銀行帳戶、獵槍交給十歲小孩」。

但二次大戰在殖民地所帶來的改變之大，超乎大部分歐洲人所能理解。英國的東亞殖民地已

1 一九六八年（一九六一年二月開始的安哥拉暴動邁入第七年時），有人問葡萄牙獨裁者安東尼奧・德・奧利維拉・薩拉查（Antonio de Oliveira Salazar），葡萄牙的非洲殖民地安哥拉、莫三比克何時會獨立，他答以「那是幾百年才能解決的問題」，「五百年內。在這期間，他們得繼續參與發展過程。」（見Tom Gallagher, *Portugal. A Twentieth-Century Interpretation*, 1983, page 200.）但薩拉查基於強烈道德原則而拒絕現代世界，可是出了名：一九五〇年代的大部分期間，他不讓可口可樂進入葡萄牙，而這是連法國人都辦不到的事。

在戰時被日本奪走，這些殖民地雖在日本戰敗後歸還，這個舊殖民強權的地位已大不如前。一九四二年二月英國人在新加坡向日本投降，乃是大英帝國的一大羞辱，那種心理衝擊乃是大英帝國在亞洲所從未能復原的。儘管英軍後來擋住日軍攻勢，保住緬甸，進而保住印度，歐洲人不敗的神話已被永遠打破。一九四五年後，亞洲的殖民強權將面臨日益高漲的壓力，要他們放棄傳統領土主張。

對荷蘭這個東亞地區存在最久的殖民強權來說，結果尤其令他們傷痛，久久難以平復。荷屬東印度群島和開發該地的荷屬東印度公司，乃是荷蘭國家神話的一部分，是荷蘭與其黃金時代的直接連結，是荷蘭貿易、航海光榮時代的象徵。過去，特別是慘淡、貧困的戰後時期，眾人還普遍認為，荷屬東印度群島的原物料（特別是橡膠），將是荷蘭經濟起死回生的憑藉。但日本戰敗不到兩年，荷蘭就再度陷入戰爭：荷蘭控制的東南亞土地（今印尼）箝制住十四萬荷蘭軍人（職業軍人、應徵入伍者、志願兵），而印尼獨立的決心，正在太平洋、加勒比海、南美，在荷蘭剩下的殖民地裡，引發欽敬和仿效。

接下來的游擊戰打了四年，使荷蘭付出三千多軍民死傷的代價。一九四五年十一月十七日，民族主義領袖蘇卡諾片面宣布印尼獨立，最後，在一九四九年十二月於海牙召開的會議上，荷蘭當局（和流淚的女王朱莉安娜）終於承認其獨立。一波波歐洲人打包返「鄉」（其實其中許多人出生於荷屬東印度群島，未去過荷蘭）。一九五七年底總統蘇卡諾不准荷蘭商人在印尼經商時，「遭遣返回國」的荷蘭人達數萬。

去殖民化的經驗，使已遭戰爭和戰爭苦難嚴重打擊的荷蘭公眾生活陷入愁雲慘霧。許多前殖民地居民和其友人強調後來人稱「良政迷思」（Myth of Good Rule）的主張，把日本撤走後荷蘭未能重新控制殖民地，怪罪於左派。另一方面，應徵入伍者（占絕大多數）很慶幸，在一場沒人引以為傲且很快就會遭全國人民遺忘的殖民地戰爭後，自己能安然返鄉。在這場戰爭中，許多人覺得聯合國堅持透過談判達成權力轉移，使荷蘭無法在戰場上克盡其功。

從更長遠的角度來看，荷蘭被迫撤出殖民地，有利於國民的「歐洲」情操日益滋長。二次大戰已讓荷蘭人認識到，他們無法置身於國際事務之外——特別是強大鄰邦的事務——而失去印尼，正適時提醒荷蘭人，荷蘭其實是個脆弱的歐洲小國。看似心甘情願，其實是不得已而為之，荷蘭轉型為歐洲經濟整合和後來政治整合的超級熱心鼓吹者。但這過程並非毫無痛苦，也不是一夜之間全國人民的想法就如此改變。一九五一年春之前，戰後荷蘭政府的軍事考量和支出，並非鎖定在歐洲防衛上（儘管荷蘭加入《布魯塞爾條約》和北約），而是以保住殖民地為目標。荷蘭政治人物開始一致將目光放在歐洲事務上，放棄其長久以來所看重的東西，這一轉變非常緩慢，且心中懷著強忍的遺憾。

西歐所有殖民強權和前殖民強權都是如此，只是程度上有別而已。美國學者把華府的經驗和成見投射在西方世界的其他國家，有時未注意到戰後歐洲這一特點。在美國，冷戰至關緊要，且內政、外交上的優先事項和措辭都反映這點。但在海牙、倫敦或巴黎，同一時期卻為距本國遙遠且愈來愈管不住的殖民地上耗費資源的游擊戰爭，忙得焦頭爛額。在一九五〇年代，有許多時候，戰略上的頭痛事，不是莫斯科和其野心，而是民族獨立運動——儘管在某些時候兩者有部分重疊。

法蘭西帝國，一如大英帝國，受惠於一九一九年後從戰敗的同盟國那兒沒收來的亞、非土地的重新分配。因此，一九四五年時，解放後的法國再度統有敘利亞、黎巴嫩，以及撒哈拉沙漠以南非洲的大片地區和加勒比海、太平洋上的某些島嶼。但法蘭西帝國皇冠上的「珍珠」是中南半島的殖民地，以及特別是法國在北非地中海沿岸建立已久的老殖民地：突尼西亞、摩洛哥、以及最重要的，阿爾及利亞。但在法國的歷史教科書裡，殖民地的地位，或許比在英國更為含糊——這有一部分是因為法國是共和制國家，帝國領地在法國不是天經地義的東西，還有一部分是因為法國早期拿下的土地，有許多老早就被英語系統治者拿走。為爭奪埃及、蘇丹、尼羅河上游的控制權而與英國起衝突的法國，在一八九八年從衝突中退卻，是為「法紹達事件」（Fashoda Incident），而一九五〇年時，仍有數百萬法國人記得此事。在法國，一說到帝國，令人想起的除了勝利，還有挫敗。

另一方面，法國的學童持續被灌輸以「法國」是跨海洋連續體的形象。在這個連續體裡，法蘭西的公民屬性、文化屬性對所有人敞開大門，從西貢到達喀爾（塞內加爾首都）的小學都在教「我們的祖先是高盧人」（nos ancetres les Gaulois），都在宣揚——即使只是原則上——無間斷文化同化的殊勝之處，而英國、荷蘭、比利時、西班牙或葡萄牙的殖民地行政長官，大概怎麼也想不到世上竟會有這樣的文化同化。[2]只有在法國，才真正有超越民族、地域偏見的當局，將他們最珍貴的殖民地，不只視為外國異地，還視為法國自身的行政延伸。因此，「阿爾及利亞」只是個地理名詞；人稱阿爾及利亞的那個地區，被當成法國三個省來治理（但在那三個省，只有歐裔居民享有完整公民權）。

如同英國人和荷蘭人，法國人在戰時被日本奪走他們最看重的東南亞殖民地。但就法國的東南亞殖民地來說，日本人的占領來得頗晚——維琪政權直到一九四五年三月才失去其對法屬東印度支那的監護——且其所帶來的心理創痛，再怎麼說都遠不如一九四〇年法國本土的戰敗。法國在歐洲的屈辱，突顯其海外帝國的象徵意涵：如果在法國人自己眼中，法國人未淪落為一個「無助、無望的原生質群體」（一九五四年艾森豪對他們的描述），那大部分得歸因於他們作為主要殖民強權的身分仍得到世人的信服，這一身分因此頗為重要。

戴高樂已在一九四四年二月上旬的布拉札維爾會議（Brazzaville Conference）上，重新確立法國在非洲的影響力。在那裡，在與比屬剛果隔河相對的法屬赤道非洲的首府，「自由法國」的領導人對他眼中法國殖民地的前景，給了典型的描述：

> 在法屬非洲，一如飄揚著我們國旗的每個地方，除非人能在精神上、物質上得益於他們的母土，除非能把自己一步步提升到能參與自身事務管理的程度，否則不可能有真正的進步。促成這一目標的實現是法國的職責。

戴高樂究竟想表達什麼，我們不清楚——這是他常有的事——或許是刻意如此。但外界的確把他的話解讀為提到殖民地解放和最終自治。情勢有利於這樣的發展。法國輿論對殖民地改革並不反感——法國作家紀德在《剛果之行》（*Voyage au Congo*，一九二七）中痛斥強徵民力的行徑，

2 法國人的這項主張，偶爾並非空言：一九四五年法屬赤道非洲的總督費利克斯·埃布耶（Félix Eboué），是法國殖民地高級官員，而且是個黑人。

已在戰前使公眾認識到歐洲人在中非洲的罪行——而美國人則已在大發令人覺得不妙的反殖民論點。不久前美國國務卿科德爾・赫爾（Cordell Hull）已表示，贊同較不發達的歐洲殖民地未來交由國際控管，其他殖民地採行初期自治。[3]

在貧困、孤立的非洲法語地區，大談改革大可不必兌現，特別是宗主國法國本身都還遭占領時，談改革等於是空話。東南亞則情況不同。一九四五年九月二日，越南民族主義領袖（暨法國共黨創黨成員之一）胡志明宣告越南獨立（他年輕時參加了一九二〇年十二月該黨在圖爾的成立大會）。不到兩個星期，英軍開始進抵南越城市西貢，一個月後，法國人也抵達。在這同時，此前由中國控制的越南北部，在一九四六年二月交還法國。

這時候，法國當局與民族主義代表開始會談，經由談判達成自治或獨立顯得指日可待。但一九四六年六月一日，法國海軍上將暨法國駐越南全權代表達尚禮（Thierry d'Argenlieu），片面宣布交趾支那（越南南部）脫離由民族主義者支配的北部，此舉破壞了法國政府欲達成妥協的試探性努力，中斷了政府與胡志明的對話。同年秋天，法國轟炸海防港，民族主義組織越盟攻擊河內的法國人，第一次越南戰爭開始。

戰後法國欲恢復其在中南半島的管轄權，結果招來政治上、軍事上的大災難。胡志明受到法國國內左派的雙重肯定，既肯定他是民族獨立運動的戰士，且肯定他是共黨革命分子——這兩種身分，在他個人的思惟裡，一如在他熠熠發亮的國際形象裡，緊密交織，不可分割。[4]派年輕子弟到中南半島打一場「骯髒戰爭」，戰死戰場，在大部分法國選民眼中沒什麼意義；比起支持明顯不適任的保大（法國人在一九四九年三月策立的越南新「皇帝」），讓河內接管越南，顯然也不算是不明智。

另一方面，法國軍方無疑熱衷於打這場越南戰爭；在那裡，一如後來在阿爾及利亞，法國的勇武傳統（或者說剩下的勇武傳統）似乎面臨喪失的危機，法國最高指揮部得想辦法展現這一傳統。但若沒有強力外援，法國經濟絕對支持不了在遙遠殖民地打一場曠日廢時的戰爭。法國的中南半島戰爭得到美國人資助。最初，華府是間接援助：拜美國的貸款、援助之賜，法國人得以將可觀的資源挪用於這場成本愈來愈高、勝算愈來愈低、以打敗越盟為目標的戰爭。可以說美國支持了法國戰後的經濟現代化，而法國則傾其本身稀少的資源打這場戰爭。

一九五〇年起，美國的援助變得較直接。那年七月（韓戰爆發一個月後）開始，美國一下子提高其對東南亞法軍的軍事援助。法國人拚命討價還價，才同意支持注定會失敗的歐洲防衛計畫，同意讓西德加入北約（在忿恨不平的華府知情人士眼中，法國人同意支持，等於是同意讓美國保護他們）：而他們為此付出所得到的回報，則是非常龐大的美國軍援。一九五三年時，法國是歐洲諸國中最倚賴美國援助的國家，不管是金錢還是實物上的援助都是。

直到一九五四年，華府才喊停，駁回法國人日益急切的請求——請求給予空中援助，以挽救難逃被殲下場的奠邊府法國守軍。經過將近八年慘烈而徒勞無功的奮戰，華府看出法國人不只無

3 據某些消息來源，戴高樂不贊成公開討論殖民地自治的事，以免歐裔殖民地居民，特別是阿爾及利亞境內的這類居民，逮住機會脫離法國，仿南非模式建立分離主義政權。一如後來的事態發展所表明的，這樣的憂心有其道理。

4 一九五〇年一月十四日，毛澤東、史達林率先承認胡志明剛剛宣布成立的越南民主共和國時，胡志明的國際共黨偶像地位，不管在友人、敵人眼中，都得到了確立。

力恢復其在中南半島的管轄權，還打不贏胡志明的正規軍、游擊隊。在美國人眼中，法國人是在浪費錢，對法國人的投資愈來愈不划算。奠邊府於一九五四年五月七日投降，法國人要求停火時，沒人感到意外。

法屬印度支那的垮台，加速了竭力欲保住該殖民地的法國最後一個聯合政府的瓦解，以及皮耶·孟戴斯－佛朗斯的組閣。在孟戴斯－佛朗斯領導下，法國人談成協議，並在一九五四年七月二十一日在日內瓦簽署。根據該協議，法國人撤出中南半島，留下兩個互不統屬的實體「北越」和「南越」，南北越的政治關係和體制，交由未來的選舉決定。但選舉從未舉行，而維持法國前殖民地南半部的重任，這時由美國人一肩挑起。

在法國，少有人遺憾於失去中南半島。與荷蘭人不同，法國人在該地區待得不久；即使第一次越南戰爭是由美國出錢（當時只有極少數法國人對此知情），在該地打仗、戰死者還是法國軍人。法國右派政治人物特別嚴厲批評孟戴斯－佛朗斯和此前的幾位總理未能打好這場戰爭，但沒有人有更好的對策，幾乎所有人都竊喜於甩掉越南這個燙手山竽。只有法軍，或許更確切的說，只有法國職業軍官，仍懊悔不已。有些年輕的軍官，特別是在投入戰時反抗運動或追隨「自由法國」組織時展開個人戎馬生涯，從而培養出獨立政治判斷之習慣的年輕軍官，開始生出模糊但危險的怨恨。他們再度低聲抱怨，戰場上的法軍遭他們在巴黎的法國政治主子扯了後腿。

失去中南半島後，法國把目光轉向北非。從某一點來看，事情的確按照如此順序發生——阿爾及利亞暴動爆發於一九五四年十一月一日，即簽署《日內瓦協定》只有十四個星期之後。但北非老早就是巴黎關注的焦點。法國人於一八三〇年初抵今日的阿爾及利亞時，該地的殖民地就已是法國更早且更大之野心的一部分——欲從大西洋岸到蘇伊士支配撒哈拉沙漠以南非洲的野心。在東邊受挫於英國人之後，法國人把西地中海列為殖民首要對象，且把殖民腳步跨越撒哈拉沙漠進入非洲中西部。

撇開魁北克境內遠更古老的殖民地和某些加勒比海島嶼不談，北非（特別是阿爾及利亞）乃是惟一已有大量歐洲人永久定居的法國殖民地。但那些歐洲人裡，有許多不是法裔，而是西班牙裔、義大利裔、希臘裔或其他族裔。就連作家卡繆之類典型的法裔阿爾及利亞人，都是半西裔、半法裔；而且他的法裔先祖是很晚才來阿爾及利亞。法國人口過剩已是很久以前的事；與俄羅斯、波蘭、希臘、義大利、西班牙、葡萄牙、斯堪地納維亞、德國、愛爾蘭、蘇格蘭（乃至英格蘭）不同的，法國已有好幾代不是移民輸出國。法國人並不是天生的殖民者。

但如果說有個法國之外的法國，那地方就位在阿爾及利亞——阿爾及利亞被納入宗主國行政體系的一部分，在法理上位在法國之**內**，就證明了這點。在其他地方，與阿爾及利亞的處境最類似者是英國的北愛爾蘭。北愛爾蘭也是位在前殖民地境內的海外飛地，體制上被併入「本土」，擁有存在已久的移民族群，且那移民族群比宗主國大多數人更依戀於帝國心臟地帶。對於阿爾及利亞有朝一日可能獨立（因為阿拉伯人、柏柏人占了人口上絕大多數，阿爾及利亞將由阿拉伯人統治），該地居少數的歐裔人口根本無法接受。

因此，法國政治人物長久以來不願思考阿爾及利亞的問題。除了一九三六年萊昂·布呂姆的短命「人民陣線」政權，歷來的法國政府沒有一個認真關注殖民地官員在法屬北非施行的暴政。費哈特·阿巴斯（Ferhat Abbas）之類溫和的阿爾及利亞民族主義者，二次大戰戰前和戰後為法國政治人物和知識分子所熟悉，但沒有人真的指望巴黎會在不久後讓他們實現其溫和目標：自治或「地方自治」。但阿拉伯裔領導階層最初很樂觀，認為希特勒戰敗將帶來他們期待已久的改革，而當他們於盟軍登陸北非後的一九四三年二月十日發表宣言時，他們特意強調對一七八九年理想的服膺，強調他們喜愛「他們所得到且珍惜的法國、西方文化」。

他們的請求未得到回應。解放後的法國政府不大關心阿拉伯人的感受，而當這一冷淡造成一九四五年五月在阿爾及爾東邊的卡比利亞（Kabylia）地區發生暴動時，叛亂分子遭到毫不留情的鎮壓。接下來十年，巴黎把目光轉向別處。等到這些年積壓的憤怒和受挫的期待，在一九五四年十一月一日化為有組織的暴亂時，妥協已不再列入行動方案。阿爾及利亞民族解放陣線的領導階層，屬於年輕一代的阿拉伯民族主義者，嘲笑老一輩的溫和、親法策略。他們的目標不是「地方自治」或改革，而是法國政府所無法接受的獨立建國。結果就是長達八年的血腥內戰。

法國當局遲遲才提議改革。一九五六年三月，居伊・摩勒（Guy Mollet）的社會黨新政府同意阿爾及利亞旁邊的法國殖民地突尼西亞、摩洛哥獨立——法國第一次放棄在非洲大陸的殖民權。但摩勒訪問阿爾及爾時，一群歐裔殖民地居民拿爛水果砸他。巴黎夾處在兩方之間，左右為難，一方是提出毫無轉寰餘地之要求的地下組織「民族解放陣線」，另一方是這時由法屬阿爾及利亞防衛委員會領導，完全不願與其阿拉伯裔鄰居妥協的歐裔阿爾及利亞居民。法國的策略——如果那稱得上策略的話——乃是先以武力擊敗民族解放陣線，然後逼歐裔居民接受政治改革和某些權力分享措施。

法軍對民族解放陣線的游擊隊打了慘烈的消耗戰。雙方常訴諸恐嚇、刑求、謀殺、赤裸裸恐怖手段。經過一九五六年十二月一連串令人髮指的阿拉伯人暗殺、歐洲人報復後，摩勒的政治代表羅貝爾・拉科斯特（Robert Lacoste）允許法國傘兵部隊上校雅克・馬敘（Jacques Massu）以任何必要的手段，摧毀阿爾及爾的民族主義叛亂分子。一九五七年九月，馬敘已瓦解一場總罷工，在阿爾及爾戰役中擊潰叛亂分子，取得勝利果實。阿拉伯裔付出慘重代價，但法國的名聲則遭到無法回復的玷污。而歐裔殖民地居民仍一如以往懷疑巴黎的長遠打算。[5]

一九五八年二月，新成立的費利克斯・加亞爾（Felix Gaillard）政府，因法國空軍越境轟炸突尼西亞境內涉嫌充當阿爾及利亞民族主義分子基地的薩吉耶（Sakhiet）鎮而大為難堪。因此招致的國際抗議聲浪，還有英美主動表示願意出面「斡旋」，協助解決阿爾及利亞難題，使阿爾及利亞的歐裔居民更加擔心巴黎拋棄他們。巴黎和阿爾及爾的警察、軍人，開始公開表態支持歐裔居民的奮鬥目標。加亞爾政府，十一個月來的第三任政府，四月十五日總辭。十天後，阿爾及爾出現龐大示威，要求保住法屬阿爾及利亞，讓戴高樂復出掌權；示威活動的主辦人自己組成「公共安全委員會」，即法國大革命時期的同名機構，挑釁意味十足。

五月十五日，在由皮耶・佛林朗（Pierre Pflimlin）領導的另一個法國政府於巴黎就職四十八小時後，拉烏爾・薩朗（Raoul Salan）將軍（法國駐阿爾及利亞部隊司令），在阿爾及爾的廣場向歡呼群眾高喊戴高樂的名字。自離開公職，退居法國東部家鄉科龍貝（Colombey）村，就不問世事的戴高樂，五月十九日再度公開露面，在記者會上講話。武裝叛亂分子拿下科西嘉島，傘兵部

5 吉爾・蓬特科爾沃（Gilles Pontecorvo）的一九六五年電影《阿爾及爾之役》，對這些事件有精彩描述。

隊即將登陸的傳言，在巴黎四處流傳。五月二十八日，佛林朗辭職，總統勒內・科蒂（René Coty）請戴高樂出馬組閣。戴高樂連做個樣子猶豫一下都沒有，六月一日就職，隔天由國民議會授予他全權。他上任後的第一個作為乃是飛到阿爾及爾，六月四日在阿爾及爾以充滿解讀空間的口吻，向歡呼的軍人和感激的歐裔居民組成的熱情群眾宣布：「我懂你們。」（Je vous ai compris.）

這位法國新總理的確了解他的阿爾及利亞支持者，而且比他們所認知的還更了解。他受到阿爾及利亞歐裔居民的熱烈歡迎，他們把他當作救星：一九五八年九月的公民複決，戴高樂拿下法國境內八成選票，在阿爾及利亞則拿下九成六選票。[6]但對秩序與合法性堅定不移的重視，乃是戴高樂個人的諸多鮮明特質之一。這位「自由法國」的英雄，戰時堅定不移批判維琪政權，一九四四年後恢復了法國政府的公信力，他對阿爾及利亞叛軍毫不友善（其中許多叛亂分子曾效忠貝當政權），更別提對那些支持叛軍、滿腦子自由思想的年輕叛亂軍官。按照他的認知，他的首要任務乃是恢復政府在法國的公權力。他的第二個目標（與前者相關的目標），乃是解決已使法國政府威望大失的阿爾及利亞衝突。

不到一年，情勢就清楚顯示，巴黎和阿爾及爾的對撞勢不可免。國際輿論愈來愈有利於阿爾及利亞的民族解放陣線和該組織的獨立要求。英國人已開始同意其非洲殖民地獨立。就連比利時人都終於在一九六〇年六月放掉剛果（但以不負責任的方式放手，造成大禍）。[7]一如戴高樂所充分理解的，殖民地阿爾及利亞正迅速變成與時代脫節的東西。他已設立「法蘭西共同體」（Communauté Française），作為將法國諸前殖民地組成「國協」的第一步。對於撒哈拉沙漠以南的非洲地區，那些弱得無法獨力存活、因而會在接下來幾十年完全倚賴法國的國家，戴高樂迅速同意那些國家受過法國教育的統治菁英正式獨立。一九五九年九月，這位法國總統上台後只一年，針對阿爾及利亞提出了「自決」方案。

阿爾及利亞境內的軍官和歐裔居民，把這視為法國打算出賣他們的明證，大為憤怒，開始計畫全面暴動。阿爾及利亞境內出現陰謀、政變，還有人主張革命。一九六〇年一月，阿爾及爾境內立起路障，「極端愛國者」朝法國憲兵開槍。但在戴高樂的不妥協作風下，這場暴動瓦解，不可靠的高階軍官，包括馬敘和其上司莫里斯·夏爾（Maurice Challe）將軍，遭調離阿爾及利亞。但騷動未歇，最後在新成立的「秘密軍事組織」鼓動下，升高為一九六一年四月一場失敗的軍事政變。但這些陰謀叛亂者未能動搖戴高樂的意向，戴高樂在法國全國性電台上譴責「一小撮退休將領的軍事政變宣言」。這場政變的最大受害者，乃是法軍的士氣和國際形象（僅剩的國際形象）。絕大多數法國男女——其中許多人有兒子在阿爾及利亞服役——斷定，阿爾及利亞獨立不只勢不可免而且樂見其成，而且為了法國，愈快愈好。[8]

永遠根據現實利害行事的戴高樂，開始在日內瓦湖畔的溫泉療養鎮埃維昂與阿爾及利亞的民族解放陣線談判。一九六〇年六月和一九六一年六、七月的初期談判，都未能談出共識。一九六二年三月重啟的談判較為成功，只討論十天雙方就達成協議，三月十九日，連續打了將近八年的仗後，民族解放陣線宣布停火。根據在埃維昂談定的協議，戴高樂於七月一日星期日舉行公民複

6 這場公民複決建立了新共和，即第五共和。三個月後戴高樂選上該共和國的第一任總統。
7 比利時人於一九六〇年放棄剛果時，只留下三十位剛果大學畢業生填補四千個高階行政職缺。
8 一九五四至一九六二年，有兩百萬法國軍人在阿爾及利亞服役；其中一百二十萬人是應徵入伍者。

決，法國人民絕大多數投票支持甩掉阿爾及利亞這個包袱。兩天後，阿爾及利亞獨立建國。

阿爾及利亞悲劇未就此結束。秘密軍事組織發展成完整的地下組織，先是矢志保住法屬阿爾及利亞，然後在未能如願之後，決意懲罰「背叛」他們大業者。光是一九六二年二月，該組織的特工和炸彈就殺害了五百五十三人。對法國文化部長安德烈・馬爾羅（André Malraux）和戴高樂本人的暗殺未能得手，但至少有一次趁戴高樂坐車穿過巴黎郊區小克拉馬爾時伏擊他的座車，差點得手。六〇年代頭幾年期間，法國陷入堅定不移且日益鋌而走險的恐怖主義威脅中。法國情報機構最終瓦解秘密軍事組織，但那段記憶徘徊不去。

在這同時，數百萬阿爾及利亞人被迫逃亡法國。黑腳法國人[9]大部分定居於法國南部；第一代人對法國當局長期懷恨在心，認為法國當局背叛他們的奮鬥大業，迫使他們丟下資產、失去工作。阿爾及利亞的猶太人也拋棄家園，有些人投奔以色列，許多人，一如先前的摩洛哥猶太人，投奔法國，最後在法國形成西歐最大的猶太族群（以西班牙系猶太人居多數的猶太族群）。也有許多阿拉伯人離開獨立的阿爾及利亞。有些人離開是因為他們預期若留下來會受到民族解放陣線壓迫、教條式統治，還有些人，特別是曾與法國人共事或在法國軍、警機構裡當雇傭兵者（也就是所謂的harki），認為必定會受到得勝民族主義分子的報復，於是逃離。許多人被捕，受到可怕的報復；但即使是安然逃到法國的那些人，也絲毫未得到法國人感謝，他們的犧牲未得到應有的肯定或補償。

法國急於忘掉阿爾及利亞帶來的創傷。一九六二年的《埃維昂協議》，結束了將近五十年的戰爭以及法國人對戰爭的憂心。人心厭煩，對危機厭煩，對打仗厭煩，對威脅、謠言、陰謀厭煩。

第四共和只存在了十二年。它存在時不受喜愛，結束時也沒人感到惋惜，從一開始它就因為欠缺幹練的行政部門而難以有所作為——而欠缺幹練的行政部門，乃是維琪經驗所直接造成，戰後的國會議員因為維琪經驗而不願賦予總統過大的權力。有利於多黨制，造成不穩定之聯合政府的國會制度和選舉制度，也是使第四共和無法放手施為的原因。第四共和期間出現前所未有的社會變遷，但這些變遷帶來政治反彈，進而造成分裂。皮耶·布熱德（Pierre Poujade），來自法國西南部內陸深處之聖塞雷（St Céré）的書商，組成歐洲第一個單一議題的抗議政黨，以保衛：被歷史遺棄且遭剝削、遭誆騙、遭羞辱的卑微男女。五十二位反體制的「普熱德派」代表，在一九五六年全國性大選中進入國會。

但最重要的，法國戰後第一個共和國被其殖民地戰爭拖垮。一如法國大革命前運行數百年的舊制度，第四共和因戰爭開銷而元氣大傷。一九五五年十二月至一九五七年十二月，儘管經濟穩定成長，法國仍失去三分之二的貨幣儲備。匯兌管制、多重匯率（類似於後來幾十年期間蘇聯集團施行的匯率）、外債、預算赤字、長期通膨，全都可歸因於一九四七至一九五四年和一九五五年後徒勞無功之殖民地戰爭無節制的開銷。不管是哪種政治立場的政府，碰上這些麻煩，都會陷入分裂，然後倒台。即使沒有心懷不滿的軍隊，第四共和都難以在該國史上最慘的軍事挫敗（二戰）和有辱顏面的四年占領（維琪政權）的十年後，克服這些挑戰。令人訝異的是，它竟存在了十二年。

9 譯注：pied-noir，指阿爾及利亞獨立後回歸法國的法國人。

戴高樂的第五法蘭西共和國，創立制度時著意避開第四共和的弊病。國民議會和政黨遭貶低，行政權大幅強化：憲法賦予總統在決策上相當大的控制權和主動權，以及對總理的絕對支配權，幾乎可隨意任免總理。趁著成功結束阿爾及利亞衝突後的餘威，戴高樂提議共和國總統此後由全民直接選出（而非像此前那樣由國民議會間接選出）；這一憲法修正案如期在一九六二年十月二十八日的公民複決中通過。在個人所創制度、個人豐功偉業、個人人格——還有法國人對由間接選舉總統造成政治不安的記憶——加持下，這位法國總統擁有的權力，超過當時世上其他任何民選的國家元首或行政首長。

在內政上，戴高樂大部分很滿意於將日常庶務交給他的總理。隨著一九五八年十二月二十七日新法朗的發行而展開的激進經濟改革計畫，符合國際貨幣基金會先前的建議，直接穩定法國紛亂的財政。戴高樂渾身散發出濃濃的高級官僚魅力，卻是天生的激進派，不怕改變：一如他在《未來軍隊》（*Vers l'armée de métier*）——年輕時論軍事改革的著作——裡所寫的：「除非不斷更新，否則什麼東西都無法持久。」因此，不足為奇的，法國交通基礎建設、城市規畫、政府主導的工業投資上最重大的改變，有許多是在他當政期間構思出來並開始推動。

但一如戴高樂追求國內現代化時的其他許多作為，特別是文化部長馬爾羅欲恢復、清理法國所有古公共建築的浩大計畫，這些改變無一不是更大政治目標的一部分，這更大的目標乃是恢復法國的壯麗輝煌。一如西班牙佛朗哥將軍（他倆沒有什麼共通之處），戴高樂把經濟穩定和現代化大體上視為恢復國家榮光的武器。至少自一八七一年起法國就每下愈況，軍事挫敗、外交受辱、撤出殖民地、經濟惡化、國內動盪正是衰落的明證。戴高樂的目標乃是結束法國的衰敗時期。他在個人的戰爭回憶錄中寫道，「我對法國一向抱有某種看法。」而這時他就要落實那看法。

這位法國總統選定的施展舞台是外交政策，而之所以從外交政策著手，個人喜好和政治考量都是原因。戴高樂老早就因法國的連番受辱感到痛心——一九四〇年受自敵國德國的侮辱，還不如那之後受自英美盟友的侮辱來得大。戰時他在倫敦當法國的代言人，貧窮落魄，大部分時候受人冷落，那種難堪孤立的處境，他永遠沒忘記。一九四〇年七月，英國在凱比爾港（Mers-el-Kebir）擊沉法國引以為傲的地中海艦隊，令他與其他法國人都感到悲痛，但對軍事現實的理解，使他把悲痛藏在心裡；不過，英國這一作為的象徵意涵，還是令他耿耿於懷。

戴高樂對華府又愛又恨，有其特殊原因。美國的小羅斯福總統從未認真看待他，美國與戰時維琪政權保持良好關係的時間之久，遠超過合理或明智的考量。戰時同盟國協商，法國無緣與會；儘管這使戴高樂在日後得以語帶挖苦的宣稱，他不必為他所私下認可的《雅爾達協定》負責，但這段往事仍令他耿耿於懷。不過，最大的羞辱來自打贏戰爭後，有關德國的任何重大決定，法國實質上無緣與聞。英、美間分享的情報，從未進一步知會法國（法國被認定有洩密的風險，而這認定有其道理）。核子「俱樂部」成員不包括法國，因而，在國際軍事考量上，法國的地位低落到前所未有的無足輕重。

更糟的是，法國在亞洲打殖民地戰爭時，完全仰賴美國。一九五六年十月，英、法、以色列陰謀攻打納瑟的埃及時，英國不敢美國總統艾森豪的施壓而收手，令法國火大，但也只能火大。一年後的一九五七年十一月，儘管法國擔心武器最後會落入阿爾及利亞叛軍之手，英美還是將武器運到突尼西亞，此舉令法國外交官怒火中燒，但又無力改變。一九五八年上台後不久，戴高樂就得到北約美籍司令諾爾斯塔德將軍直率告知，他沒有資格了解美國在法國境內部署核武的詳情。

這就是戴高樂當上總統獨攬大權後，其外交政策的背景。對於美國人，他不抱什麼期望。從核武到美元作為儲備貨幣在國際上享有的特權地位，美國有能力強迫西方聯盟的其他國家接受其利益，而且很有可能會這麼做。美國不可信賴，但至少可預測；重點在不要像在中南半島和蘇伊士時的法國政策那樣倚賴華府。法國得竭盡所能，例如藉由擁有自己的核武，來堅持自己立場。但戴高樂對英國的態度就比較複雜。

一如大部分觀察家，這位法國總統合理且正確的推斷，英國會竭力保住在歐、美之間不依附任何人的中間位置，而如果非得在兩者之間擇一，倫敦會選擇其大西洋盟友，而非其歐洲鄰邦。一九六二年十二月，英國首相哈羅德·麥克米倫在巴哈馬群島的拿騷（Nassau）會晤甘迺迪總統，接受某個非正式協議，正清楚說明這點。根據這一協議，美國將提供英國由潛艇發射的北極星核導彈，作為將英國的核武實質上納入美國控制的多邊力量的一部分。

戴高樂大怒。前往拿騷之前，麥克米倫與戴高樂在朗布依耶（Rambouillet）有過會談；但會談時麥克米倫完全未告知接下來英國與美國要談的事。因此，拿騷又是英美背著法國自行達成的一個非正式協議。當美國表示願意根據類似條件提供法國北極星導彈，事前卻未讓法國參與會談時，巴黎更是怒不可遏。就是在這背景下，戴高樂於一九六三年一月十四日的總統記者會上宣布，法國會否決英國申請加入歐洲經濟共同體。如果英國想成為美國的衛星國，悉聽尊便。但英國不能既當那樣的角色，又當「歐洲」國家。在這同時，誠如前面已提過的，戴高樂轉向波昂，與聯邦德國簽署了極具象徵意義但內容完全空洞的條約。

法國想藉由與萊茵河對岸的宿敵結盟，補強面對英、美施壓時的弱勢，並非這時才有。早在一九二六年六月，法國外交官雅克・塞杜（Jacques Seydoux）就在呈給上司的密函中寫道，「與其和德國人對抗，不如和德國人合作，一起主宰歐洲……言歸於好將使我們得以更快擺脫英美的掌控。」[10]一九四〇年支持貝當的那些保守外交官，其利害考量的背後也存有類似想法。但在一九六三年的情況下，與德國簽署的那個條約，對現實局勢影響不大。法國人無意離開西方聯盟，戴高樂一點也不想捲進德國人欲修改東歐戰後協議的計謀。

一九六三年的法德條約，以及法德結束敵對、邁向合作所真正體現的改變，乃是法國毅然決然地轉向歐洲。對戴高樂來說，二十世紀的教訓，乃是法國若要恢復其失去的榮光，只有透過投身於歐洲一體化計畫，將歐洲改頭換面，使其有助於法國目標的實現。阿爾及利亞已經失去，眾殖民地就要失去。英美一如以往不在乎法國的死活。過去幾十年一連串的挫敗與喪失，使法國若冀望恢復過去部分影響力，別無選擇：誠如法國人因為美國施壓和英國抽腿而不得不停止其在蘇伊士的行動那天，艾德諾要法國總理居伊・摩勒放心時所說的，「歐洲會是你們報仇雪恥的機會。」

除了一個重大例外，若從帝國撤退上比較，英國人與法國人大不相同。英國保有的殖民地較

10 引自 Fernand L'Huillier, *Dialogues Franco-Allemandes 1925-1933* (Strasbourg, 1971), pp. 35-36.

大，較複雜。大英帝國，一如蘇聯帝國，戰後雖然滿目瘡痍，但寸土未失。與法國不同的，英國極倚賴帝國各地農民種植基本糧食（法國在糧食上自給自足，其絕大部分位於熱帶的帝國領土，生產大不相同的大宗商品）；在二戰某些戰場，特別是北非，大英國協軍隊人數多過英國軍人。英國本身的居民，誠如前面已提過的，帝國意識遠比法國人濃厚——倫敦之所以比巴黎強大那麼多，原因之一在於倫敦在帝國裡扮演港口、貿易集散地、製造中心、金融首府的角色，憑著這角色繁榮壯大。一九四八年英國廣播公司的員工準則，提醒廣播人員要考慮到占聽眾多數的海外非基督徒聽眾：「絕對要避免以不敬口吻，更別提以帶貶意的口吻，提到佛教徒、印度教徒、穆斯林之類的……可能引起強烈不快。」

但一九四五年後的英國人，認清現實，對保有其帝國遺產不抱奢望。英國的資源已經捉襟見肘，無以為繼，就連維持印度帝國，從經濟或戰略的角度來衡量，都已不符成本：一九一三年時對印度次大陸的出口，占了英國總出口的將近八分之一，但二次大戰後，降為只剩百分之八．三，且還繼續往下降。總而言之，幾乎每個人都看出來，獨立的壓力已經擋不住。根據一九三一年《西敏寺法》成立的大英國協，原意在為自治領和半自治領提供一個架構，藉此讓它們可繼續效忠、順從英國王室，同時拿掉他們所不喜、象徵受帝國宰制的飾物，以打消殖民地急欲獨立的需求。但這時，對已獨立建國的前殖民地來說，大英國協反倒將成為一權宜性的社團，一旦大英國協會員國的身分妨礙它們的利益和想法，它們即把這身分視如敝屣。

印度、巴基斯坦、緬甸於一九四七年獲准獨立，隔年錫蘭也獲准獨立。過程中死了很多人——數百萬印度教徒、穆斯林於獨立後的種族清洗、人口交換中遭屠殺——但殖民強權本身的撤走，相對來講沒受什麼傷。但在附近的馬來亞，一場共黨暴動促使英國政府於一九四八年六月宣布進入緊急狀態，十二年後叛軍徹底潰敗，緊急狀態才撤銷。但整體來講，儘管伴隨著從印度和其鄰近地區撤回數千名殖民地居民和官員，英國退出東南亞的行動，比預期還要有條理，沒有預期那麼痛苦。

在中東，情況較複雜。在英國托管地巴勒斯坦，一九四八年，英國於受辱但（還是從英國的角度來看）相對死傷沒那麼嚴重的情況下，拋棄它的治理責任——英國人撤走後，阿拉伯人、猶太人才武力相向。在攸關英、美石油利益的伊拉克，美國漸漸取代英國，成為最大的帝國勢力。弔詭的是，英國是在埃及這個按照傳統觀點來看從不曾是英國殖民地的國家裡，體會到去殖民化的諷刺性和戲劇性，遭遇到具有重大歷史意義的挫敗。在一九五六年的蘇伊士危機中，英國首度蒙受到法國人已非常熟悉的那種國際羞辱——彰顯了並加速其衰落。

英國之所以對埃及感興趣，源於印度對英國很重要，後來則又多了石油需求這個原因。一八八二年，即由巴黎的蘇伊士運河公司管理的蘇伊士運河開通十三年後，英軍首度拿下開羅。一次大戰之前，埃及實質上由一名英國駐紮專員（主要是厲害的克羅默勛爵）統治。從一九一四到一九二二年，埃及是英國的保護國，接下來埃及成為獨立國家。英、埃兩國關係，繼續穩定了一段時間，並在一九三六年的條約定形下來。但一九五二年十月，由推翻埃及國王法魯克的陸軍軍官領導的開羅新政府，廢止該條約。英國擔心就此失去對蘇伊士運河這條戰略水道的使用特權，於是以重新占領運河區作為回應。

不到兩年，革命軍官之一的賈邁勒・阿卜杜勒・納瑟（Gamal Abdul Nasser）就出任埃及總理，極力要求英軍退出埃及領土。英國人傾向妥協，畢竟他們需要埃及人的合作。英國愈來愈倚賴經蘇伊士運河運來而以英鎊支付的廉價石油。如果這一供應遭切斷，或阿拉伯人不接受用英鎊支付，英國將得使用她珍貴的貨幣儲備去購買美元，然後從其他地方買進石油。此外，誠如當時英國外長艾登在一九五三年二月向英國內閣建議的：「軍事占領可以用武力來維持，但就埃及來說，軍事占領所憑藉的基地，如果沒有當地人力去運作，沒什麼用。」

因此，倫敦於一九五四年十月簽署協議，同意於一九五六年前撤出蘇伊士基地——但彼此有一諒解，即如果英國的利益因為該地區受攻擊而被威脅或遭到該地區其他國家的威脅，英國可「重新」在埃及駐軍。協議生效，一九五六年六月十三日，英國如期從蘇伊士撤走最後一批部隊。但這時候，已在一九五四年十一月自行宣布為埃及總統的納瑟上校，本身正漸漸成為麻煩製造者。亞、非洲的第三世界國家，一九五五年四月在印尼萬隆召開大會，譴責「各種形式的殖民主義」，而在這些國家新發起的不結盟運動裡，納瑟風頭很健。對中東各地的阿拉伯激進分子來說，他是具有群眾魅力的明燈。而且他已開始拉攏蘇聯：一九五五年九月，埃及宣布與捷克斯洛伐克談成一重大軍火交易。

一九五六年時，英國已愈來愈將納瑟視為威脅——威脅既來自他本身身為控制一重要水道的激進專制君主，也來自他帶動的跟進效應。艾登和其顧問常將他比擬為希特勒；有待解決而非有待安撫的威脅。巴黎抱持同樣觀點，但法國人討厭納瑟，與他對法國的北非子民所帶來的破壞性影響關係較大，而與他對蘇伊士運河的威脅、乃至他與蘇聯集團的日益交好，關係較小。美國也不是很滿意這位埃及總統。一九五六年七月十八日與狄托在南斯拉夫會晤時，納瑟與印度總理尼赫魯共同發表了「不結盟」聯合聲明，聲明中清楚表示埃及完全不靠西方。美國人不高興：儘管已在一九五五年十一月就美國資助埃及在尼羅河興建亞斯文大壩一事展開會談，美國國務卿杜勒斯還是在隔年七月十九日中止會談。一個星期後的七月二十六日，納瑟將蘇伊士運河公司收歸國有。[11]

西方列強最初的反應是組成聯合陣線：英、美、法在倫敦開會商討如何回應。會議如期召開，八月二十三日擬出「計畫案」，由澳洲總理羅伯特・孟席斯（Robert Menzies）交給納瑟。但納瑟不接受。三國代表再次會談，從九月十九日談到二十一日，這一次同意組成蘇伊士運河使用者協會。在這同時，英、法宣布將把蘇伊士運河爭端提交聯合國解決。

至這時為止，英國一直努力根據華府的意向，決定如何回應納瑟的作為。英國仍欠美國很大一筆債，仍在支付未償貸款的利息；一九五五年英鎊受到的壓力，甚至促使倫敦考慮請美國暫時讓它免付利息。倫敦始終非常懷疑美國在這地區的動機：有人認為華府打算取代英國在中東的地位，因此美國發言人才會偶爾發出反殖民主義的辭令，畢竟這樣較能博取當地菁英的歡心。但英美兩國的關係大體上良好。韓戰──和冷戰風雲──已掩蓋掉一九四〇年代彼此的怨恨，英國人覺得可倚賴美國的支持，實現英國的國際利益和國際承諾。因此，即使艾森豪已親自告知英國領導階層，他們對納瑟和納瑟所帶來的威脅太多慮了，他們仍理所當然地認為如果事態到了攤牌階段，美國仍會始終支持他們。

11 運河本身始終位在埃及領土上，且毋庸置疑是埃及的一部分。但運河的收入大部分落入這家外國公司。

就是在這背景下，已在前一年接替老邁的邱吉爾出任英國首相的艾登，著手欲將這個麻煩的埃及人一勞永逸地解決掉。不管公開擺出的姿態為何，英、法都不耐煩於聯合國和聯合國複雜無效率的程序。他們不想要外交解決。就在為因應納瑟的作為而召開各種會議，討論國際計畫時，英國政府開始與法國秘商，打算聯合出兵，入侵埃及。十月二十一日，計畫參與對象擴大，把以色列納入，以色列與英、法在塞佛爾一起進行最高機密的協商。以色列關注的事項，明眼人都看得出：以、埃兩國的國界已藉由一九四九年二月的停火協議劃下，但雙方都認為那是暫時劃定，且襲擾事件頻傳，特別是越過加薩邊界而來的襲擾。埃及人早在一九五一年七月就封鎖阿卡巴灣，限制了以色列貿易和行動自由，耶路撒冷決意拆除這束縛。以色列決心殺殺納瑟的銳氣，確保其在西奈半島和該半島周邊的領土利益和安全利益。

在塞佛爾，策畫者達成協議。以色列負責攻打西奈半島的埃及軍隊，往前挺進以占領整個半島，包括位於半島西緣的蘇伊士運河。法國和英國則會發出最後通牒，要求雙方撤兵，然後擺出代表國際社會的公正第三者姿態，出兵攻打埃及：先是空中攻擊，然後是海上攻擊。英法將拿下運河，將申明埃及太無能，無力公平、有效率的管理如此重要的資源，將恢復原來狀況，並把納瑟打得一蹶不振。計畫的確保密到家，在英國，只有艾登和四名內閣資深部長知悉經過三天（十月二十一至二十四日）討論後於塞佛爾簽署的議定書。

最初，一切照計畫順利進行。十月二十九日，即聯合國安理會未能談定蘇伊士運河的解決方案（因蘇聯行使否決權）的兩個星期後，塞佛爾會議一個星期後，以色列部隊越境進入西奈半島。在這同時，英國軍艦從其位於馬爾他的基地往東航。隔天，十月三十日，英、法否決聯合國要求以色列撤兵的動議，向以色列、埃及發出最後通牒，惺惺作態地提出雙方停火，由英、法軍隊占領運河區的要求。隔天，英、法飛機攻擊埃及機場。不到四十八小時，以色列就完全占領西奈半島和加薩走廊，無視聯合國大會的停火呼籲；埃及則擊沉船隻，使運河實質上斷航。兩天後的十一月五日，英、法第一批地面部隊登陸埃及。

然後英、法的計謀開始破滅。十一月六日艾森豪當選連任美國總統。華府當局火大於英、法的欺騙，深深不滿於這兩個盟邦說謊，未告知它們的真實意圖：倫敦、巴黎公然漠視一九五〇年三方宣言的字面意義和精神實質。根據三方宣言，英、法、美三國得在以埃衝突時一致對付侵略一方。美國開始在公開、私底下大大施壓，特別是對英國施壓，要求其停止入侵埃及，甚至揚言讓英鎊「完蛋」。艾登震驚於美國如此直接反對，但又無力擋住日益升高的英鎊搶購熱潮，於是在短暫遲疑後，還是屈服。十一月七日，即英國第一批傘兵登陸賽義德港才兩天後，英、法部隊停火。同一天，聯合國授權派遣維和部隊到埃及，而納瑟是在埃及主權不受侵犯的條件下，十一月十二日同意維和部隊入境。三天後，聯合國維和部隊抵達埃及，十二月四日進入西奈半島。

在這同時，英、法宣布撤出蘇伊士，十二月二十二日完全撤出。在這場危機期間英鎊、美元儲備下降了兩億七千九百萬美元的英國，獲美國承諾給予金援（且以美國輸出入銀行五億美元信用額度的形式金援）；十二月十日，國際貨幣基金會宣布，已同意貸予英國五億六千一百四十七萬美元，且承諾視情況需要會再貸予七億三千八百萬美元。以色列則在美國公開保證其有權通過阿卡巴灣、蒂朗海峽後，於一九五七年第一個星期將部隊撤出加薩走廊。英、法撤兵一個星期後，蘇伊士運河的航行障礙開始清除，一九五七年四月十日重新通航。運河仍在埃及手上。

每個國家都從蘇伊士危機得到教訓。以色列儘管倚賴法國的軍事硬體，卻清楚看出他們的未來繫於把自己的利益與華府的利益盡可能緊密結合——一九五七年一月美國總統發布「艾森豪主義」，表示「國際共黨」一旦侵略中東，美國會動武，在這聲明之後，以色列更如此認定。納瑟在不結盟陣營裡的地位，則因為看來成功壓下老牌殖民強權的氣燄而大大提升——誠如法國人所擔心的，納瑟對阿拉伯民族主義者和他們支持者的道德影響力和引領作用，這時達到前所未有的高點。法國在埃及的失敗，預示了法國在阿爾及利亞將有更多麻煩。

對美國來說，蘇伊士危機除了給了展示實力的機會，也提醒了美國自身該負的責任。艾森豪和杜勒斯痛恨摩勒、艾登把美國的支持視為理所當然。他們惱火於法國人和英國人：不只因為他們暗中搞一場計畫如此不周全、執行又如此差勁的遠征，還因為他們挑的時機。蘇伊士危機的發生，幾乎和蘇聯占領匈牙利同時。倫敦和巴黎只顧自己高興，以如此公然帝國主義的心態，密謀對付一個阿拉伯國家，使世人覺得這個國家是因為行使領土主權而遭到報復。英、法此舉吸引了世人的目光，而蘇聯入侵一獨立國家、破壞該國政府的行徑，則因此受到漠視。英、法把自己的利益看得比整個西方聯盟的利益還要重要，在華府眼中，這是在開時代的倒車。

更糟的是，英、法送給莫斯科一個前所未有的宣傳大禮。蘇聯在蘇伊士危機中幾乎未起作用——蘇聯十一月五日發出照會，揚言英、法、以色列若不接受停火，會對他們動武，但這照會對整個局勢影響不大，且赫魯雪夫和其同僚對於若真的動武，要怎麼做，並無計畫。但英、法讓莫斯科扮演起受傷一方之保護者的角色，即使只是象徵性的扮演，都已促使蘇聯開始熟悉它所將在未來幾十年裡臨場發揮、大展身手的角色。拜蘇伊士危機之賜，冷戰的對立和辭令將深深導入中東和非洲。

蘇伊士失策的衝擊，感受最強烈者是英國。對付納瑟的陰謀要到許多年後才會全盤公諸於世，儘管有許多人懷疑曾有此事。但事後才幾個星期，臉上無光的安東尼．艾登就被迫辭職——他所批准的軍事策略一敗塗地，還有美國人公開拒絕支持該策略，都使他顏面無光。執政的保守黨未因此在選舉上受重創——當初哈羅德．麥克米倫雖然參與了蘇伊士遠征計畫，但有點被打鴨子上架的味道，而在他的領導下，保守黨相當輕鬆的贏了一九五九年大選——但英國不得不徹底重新評估其外交政策。

蘇伊士危機帶來的第一個教訓，乃是英國再也無法維持全球性的殖民勢力。誠如蘇伊士危機已清楚表明的，英國欠缺軍事、經濟資源，而且在英國國力的侷限如此顯著地表露之後，接下來英國很可能要面對更高漲的獨立聲浪。因此，經過將近十年的平靜——在這期間只有蘇丹（一九五六）、馬來亞（一九五七）與英國斷絕關係——之後，英國進入腳步更快的去殖民化階段，尤以在非洲為然。在諸多追求獨立的殖民地中，黃金海岸搶下頭香，一九五七年獲得自由，獨立建國，取名迦納。一九六〇至一九六四年，又有十七個英國殖民地在英國重要人士到場時，舉行獨立儀式，降下英國國旗，成立新政府。一九五〇年時只有八個會員國的大英國協，一九六五年時將擁有二十一個，且成員還會增加。

比起阿爾及利亞帶來的心理創傷，或一九六〇年比利時放棄剛果造成的災難，大英帝國的解體相對來講較平和。但也有例外。在東非洲，以及特別是南非，帝國解體所引發的爭議，比在西非引發的更大。哈羅德．麥克米倫於一九六〇年在開普敦的一場著名演說中告訴南非人，「改變的風正吹遍這大陸，而不管我們喜不喜歡，（非洲）意識的成長是個政治事實」時，心知不會得到歡迎，而事實也的確如此。為保住自一九四八年起實施的種族隔離制度，南非的白人移民在一九六一年自行宣布建立共和國，退出大英國協。四年後，在鄰邦南羅德西亞，殖民地白人居民片面宣布獨立、自治。在這兩個國家，居人口少數的白人統治族群，在接下來一些年裡，無情壓下反對他們的人。

但南非是特例。在其他地方，例如在東非，相對本土居民來講享有較多特權的白人移民族群，認命地接受時代的浪潮。一旦認清倫敦既無資源也無意願實行殖民統治以對付大多數居民的反對時——晚至五〇年代初期，英軍在肯亞偷偷打一場殘酷、齷齪的戰爭，以平定茅茅黨人（Mau-Mau）叛亂時，退出殖民地還不是不證自明的事——歐裔殖民地居民認命，悄悄走人。

一九六八年，哈羅德·威爾森（Harold Wilson）的工黨政府，從一九五六年十一月的諸多事件得出無可避免的結論，宣布從此以後英軍將永遠撤離英國在「蘇伊士以東」維持的各種基地、港口、貨物集散地、燃料補給港口和其他帝國時代的設施，特別是位於阿拉伯半島的著名天然良港亞丁。英國再也沒有能力追求全球性的霸權和影響力。在英國境內，大部分人對這一結果的反應是如釋重負：誠如亞當·斯密在一七七六年、英國建立起的頭一個帝國崩解時就已預見的，拋掉「華麗耀眼的帝國裝備」，乃是抑制負債，讓國家得以「使她的未來視野和意圖與她實際條件的平庸相一致」的最佳法門。

蘇伊士危機的第二個教訓，一如當時英國統治階層的絕大部分人所認為的，乃是英國絕不可再站錯邊，與華府爭執。這不表示英、美兩國將永遠意見一致——例如在柏林與德國問題上，倫敦遠更願意向莫斯科讓步，使英、美關係在一九五七至一九六一年間有所降溫。但同樣是認識到不可指望華府在任何情況下都支持其盟友，哈羅德·麥克米倫據此得出的結論，卻與同時代的法國戴高樂得出的結論截然相反。不管英國政府有何遲疑，不管對美國的特定行動如何愛恨交雜，英國政府此後都將惟美國馬首是瞻。只有如此，他們才能指望影響美國的抉擇，確保美國在英國亟需其支持時，支持英國所看重的事務。這一戰略性調整，將對英國和歐洲都帶來重大影響。

蘇伊士危機為英國社會帶來長遠影響。英國，特別是英格蘭，一九五〇年代初期明顯很樂觀。一九五一年選出保守黨政府，還有經濟快速成長的先期徵兆，已驅散戰後頭幾年的平等主義陰霾。新女王在位頭幾年，英格蘭人沐浴在即將結束的幸福安寧時光，沾沾自喜於生活的康樂。英格蘭人是最早征服聖母峰者（一九五三）——在一殖民地嚮導的協助下——且是最早在四分鐘內跑完一英哩者（一九五四）。此外，全國人民常被提醒，是英國人分裂了原子、發明電報、發現盤尼西林、設計出渦輪噴射引擎，還有其他許多東西。

當時的電影貼切傳達了這些年——有人有點高興過頭地將這些年稱作「新伊莉莎白時代」——的心情。五〇年代前半最賣座的英國電影——《飛車艷史》（*Genevieve*，一九五三）、《屋中醫生》（*Doctor in the House*，一九五四）之類喜劇片——描寫開朗、年輕、富裕、自信的英格蘭南部人。場景和人物都不再灰撲撲或遭壓迫，但在其他方面，仍然牢牢沿襲傳統：每個人都是開朗、年輕、受過教育、中產階級、談吐文雅、恭恭敬敬。在這時的英格蘭，首次進入社交界的青年女子仍得到女王在宮廷接見（不合時宜且愈來愈荒謬的儀式，一九五八年女王終於將其廢除）；五分之一的保守黨國會議員讀過伊頓公學；一九五五年時勞動家庭出身的大學生所占比例，和一九二五年時一樣低。

除了溫良敦厚的社會喜劇片，這些年的英格蘭電影業靠大量推出的戰爭片而大為興旺：《木馬》（*The Wooden Horse*，一九五二）、《滄海無情》（*The Cruel Sea*，一九五三）、《轟炸魯爾水壩記》（*Dam Busters*，一九五四）、《輕舟英雄》（*Cockleshell Heroes*，一九五五）、《血拚大西洋》（*The Battle of the River Plate*，一九五六）。這些電影全根據二次大戰時英國人的英勇事蹟改編，大體上忠於史實（特別著重於海戰），提醒人們英國人足以感到自豪——和自給自足——的原因。它們不美化戰鬥，且培養了英國戰爭神話，特別著重於呈現跨階級、跨職業間同志情誼的重要。暗暗提及社會緊張或階級區隔時，語氣往往是世故詼諧和懷疑，而非衝突或憤怒。只有在查爾斯·克萊頓（Charles Crichton）的《橫財過眼》（又稱「雷文坡的匪徒」，*Lavender Hill Mob*，一九五一）——伊林公司喜劇片中最尖刻的一部——才出現直率的社會評論，而在這部片中，那是「布熱德主義」（poujadism）稍有變異的英格蘭翻版：中產階級溫順小人物的怨恨和夢想。

但一九五六年起，調子開始變得明顯灰暗。《桂河大橋》（一九五七）或《敦刻爾克》（一九五八）之類戰爭片，帶有質疑、懷疑的意味，好似一九四〇年的自信傳統正漸漸瓦解。一九六〇年，恪守更古老表現模式的戰爭片《擊沉俾斯麥號》，顯得出奇地與時代脫節，與當時的主流氣氛相當格格不入。新氛圍由約翰·奧斯本（John Osborne）的劃時代劇作《憤怒回顧》（*Look Back in Anger*）立下。這劇本於一九五六年在倫敦首度上演，兩年後改編成極忠於原著的電影。在這部充滿挫折、幻想破滅的戲中，主角吉米·波特在既無法丟掉又無法改變的社會、婚姻中苦苦撐著。他因妻子艾莉森的資產階級背景而侮辱她，而她也夾處在她憤怒的勞動階級丈夫和她老邁的前殖民地居民父親之間，因她所不再理解的世界而困惑、難過。誠如艾莉森對她父親的責備，「你難過，因為每樣東西都變了。吉米難過，因為每樣東西都沒變。而你們兩個誰都無法面對這事實。」

這個對蘇伊士危機時英國的不穩定氣氛所做的診斷，或許不夠精細入微，但似乎切合事實。《憤怒回顧》一片在戲院上映後，有眾多類似意涵的電影跟著上映，其中大部分影片取材自一九五〇年代後半問世的小說或劇作：《上流社會》（*Room at the Top*，一九五九）、《年少莫輕狂》（*Saturday Night and Sunday Morning*，一九六〇）、《長跑者的孤寂》（*The Loneliness of the Long-Distance Runner*，一九六二）、《一夕風流恨事多》（*A Kind of Loving*，一九六二）、《如此運動生涯》（*This Sporting Life*，一九六三）。五〇年代初期電影的主角，若不是穿著考究、帶BBC腔的中產階級演員——肯尼思．摩爾、德克．博嘉德、約翰．格雷森、雷克斯．哈里森、喬福瑞．基因——就是通常由猶太裔性格演員飾演討人喜歡的倫敦人（悉尼．詹姆斯、艾爾菲．巴斯、悉尼．塔佛勒或彼得．塞勒斯）。較晚期的電影，因寫實呈現日常生活而被叫做「廚房洗滌槽戲」（kitchen-sink drama），主演者是新一批年輕的演員——湯姆．考特尼、亞伯特．芬尼、理察．哈里斯、亞蘭．貝茨。它們通常以北部勞動家庭族群為背景，語言和口音符合那族群的特色。它們把英格蘭呈現為一個分裂的、怨憤的、憤世嫉俗的、猜疑的、厚臉皮的世界，在那個世界裡幻覺已經破滅。五〇年代初期、六〇年代初期的電影，大概只有一共通之處，即女人幾乎總是扮演次要角色，演員清一色是白人。

如果說帝國的幻覺破滅於蘇伊士運河，英格蘭郊區中產階級的孤島島民信心，則已受圍困一段時日。一九五六年的災難只加速其敗亡。一九五〇年，英格蘭國家板球隊首次敗於西印度群島的球隊之手，而且是在板球比賽「聖地」倫敦羅爾德板球場（Lord's）落敗。這場敗戰的象徵意義，在三年後的一九五三年，英格蘭足球隊在當地國家體育館慘敗時，為人們所充分理解——他們敗於來自小國匈牙利的球隊，且以六比三這前所未有的比數落敗。板球、足球都是英格蘭人推展到全世界的運動，而在這兩場國際比賽中，英格蘭已不再是睥睨全球的霸主。

這些彰顯國力衰落的非政治性活動，衝擊反而比較大，因為在這些年裡，英國大體上是個厭惡政治的社會。蘇伊士運河危機時在野的英國工黨，未能把艾登的失敗化為自己邁向執政的助力，因為選民不再透過以政黨政治為主的格網來過濾經驗。一如西歐其他地方，英國人愈來愈感興趣於消費和娛樂。他們對宗教的興趣愈來愈低，對任何種集體動員也隨之愈來愈不感興趣。具有自由派本性的保守黨政治人物哈羅德·麥克米倫——偽裝為愛德華時代鄉紳的中產階級政治騎牆派——正是這一過渡階段非常適當的領袖，在國外宣傳退出殖民地，在國內宣傳繁榮寧靜的生活。老一輩的選民很滿意這結果；只有年輕人愈來愈不抱幻想。

從帝國退卻的舉動，直接促成英國對國家失去方向一事愈來愈感到不安。由於失去帝國的榮耀，對英國來說，大英國協扮演的角色，大體上就變成糧食來源地。由於大英國協的關稅優惠制（即對來自大英國協會員國的進口品給予優惠關稅），來自大英國協的糧食價格便宜，一九六〇年代開始時占了英國進口總值的將近三分之一。但英國對大英國協成員國的出口，占國家總出口的比重持續下滑，出口歐洲的比重較大（一九六五年時英國與歐洲的貿易將首度超越其與大英國協的貿易）。蘇伊士大挫敗之後，加拿大、澳洲、南非、印度都已發覺到英國國力的衰落，且已開始據此重新定位他們的貿易和政策：轉向美國，轉向亞洲，轉向不久後將被稱為「第三」世界的那些國家。

至於英國本身：美國或許是不可少的盟邦，但美國無法讓英國人重新找到方向，更別提符合時代要求的國家身分。相反地，英國之倚賴美國，說明了英國根本上的虛弱、孤立。因此，儘管在他們的直覺、他們的文化、或他們的教育裡，鮮少有東西要他們朝向歐陸，但許多英國政治人物和其他人，特別是麥克米倫本人，愈來愈清楚看出，無論如何，英國的未來在英吉利海峽的對岸。眼下，英國要恢復其國際地位，除了指望歐洲，還有什麼地方可依靠？

「歐洲計畫」(European Project)於一九五〇年代中期就已停擺，只有某些理想主義者還不死心。法國國民議會已否決組成歐洲軍隊的提議，隨之阻斷有關提升歐洲統合的任何商談。仿荷比盧模式的多種地區性協議已經談成，特別是一九五四年的「斯堪地納維亞共同勞動市場」(Common Nordic Labor Market)，但未有更具雄心的計畫列入待議事項。對於提倡歐洲合作者來說，只有一九五五年春宣布成立的歐洲原子能共同體可堪告慰；但這個組織，就如歐洲煤鋼共同體，是法國所發起，其成敗取決於它所獲得少數且大體上屬技術性的授權項目。即使英國人仍如以往對歐洲一體化的前景存疑，但是他們的觀點是有其道理的。

重新啟動的推力，非常適切地，來自荷比盧三國。這三國的跨邊界聯盟經驗最豐富，而且國家身分遭稀釋後會喪失的東西最少。這時候，歐洲主要的政治家，特別是比利時外長保羅－昂利·史帕克，清楚看出政治或軍事整合不可行，至少目前不可行。無論如何，五〇年代中期時，歐洲關注的事項已明顯偏離前十年一股腦投入的軍事領域。情勢似乎清楚表明，重點該擺在歐洲經濟整合上，在經濟整合這領域，國家私利與合作可並行不悖，且不會觸犯傳統民族情感。一九五五年六月，史帕克與荷蘭外長在義大利墨西拿（Messina）會商經濟整合策略。

墨西拿會議的與會者是歐洲煤鋼共同體六國代表，還有一名英國的（低階）「觀察員」。史帕克等人針對關稅同盟、貿易協定、其他傳統性跨國協調計畫，提出包羅廣泛的建議，並將這些建議小心包裝，以免觸怒英國或法國的民族情感。法國人熱衷但有所提防；英國人則明顯心存疑忌。墨西拿會議之後，繼續在由史帕克本人親自主持的國際規畫委員會裡協商，欲就歐洲經濟的更高度整合，即「共同市場」，提出確切的建議。但一九五五年十一月時，英國人已退出，因為擔心未來可能出現的歐洲，會是他們始終懷疑的那種前聯邦（pre-federal）的歐洲。

但法國人決定冒險一試。一九五六年三月史帕克委員會回報，已得出一有利於建立共同市場的正式建議，巴黎同意。英國觀察家仍然心存疑忌。他們當然清楚英國被排除在外的風險——誠如史帕克的建議公諸於世的幾個星期前，英國政府某委員會私下表示的，「墨西拿會議諸國若達成經濟整合，而英國被拒於門外，這將表示德國會稱霸歐洲。」[12]儘管立場親英的史帕克一再敦勸，儘管幾個月後蘇伊士運河危機暴露了國際英鎊領域的脆弱，倫敦還是不願與「歐洲人」攜手合作。一九五七年三月二十五日在羅馬簽署條約，確定成立歐洲經濟共同體（和歐洲原子能共同體），一九五八年一月一日條約生效，新成立的歐洲經濟共同體把總部設在布魯塞爾，其成員就是七年前加入歐洲煤鋼共同體的那六個國家，不多也不少。

《羅馬條約》的重要性，切不可高估。這條約大體上代表了對未來美好願景的宣示。簽約國針對關稅降低與一致化訂出時程表，提出最後貨幣統一的前景，同意一起邁向貨物、貨幣、勞力的自由移動。條約大部分旨在建立架構，以利制定一個程序，供往後建立、執行管理規定。惟一真正重大的創新——根據第一七七款成立歐洲法庭，供各國法院提出案子讓其裁定——在後來幾十年裡被證明意義無比重大，但在當時鮮有人注意到。

歐洲經濟共同體建立在衰弱上，而非強大上。誠如史帕克一九五六年的報告所強調的，「歐洲曾獨占製造業，從其海外領地取得重要資源，如今其在外面的地位降低，影響力每下愈況，進步能力因內部分裂而喪失。」正因為英國人未——*尚未*——從這角度理解自己的處境，才婉拒加入歐洲經濟共同體。有人認為歐洲共同市場是精心構想出來以挑戰美國日益壯大之勢力的策略的一部分，還在後來幾十年裡，在華府決策圈中得到某些人的認同，但從上述歐洲情勢來看，這一說法實在荒謬，因為新成立的歐洲經濟共同體完全倚賴美國提供的安全保障，沒有這保障，歐洲經濟共同體會員絕無法在完全不必擔心共同防禦問題下，埋頭追求經濟整合。

即使在歐洲經濟共同體會員國裡，都不是人人完全滿意這些新提議。在法國，許多保守派（包括戴高樂派）國會議員基於「國家理由」投票反對批准《羅馬條約》，同時有一些社會黨人和左派激進分子（包括皮耶．孟戴斯－佛朗斯）主張，沒有英國參與，讓人不放心，反對在此情況下成立「小歐洲」。在德國，艾德諾的經濟部長，熱衷倡導自由貿易的路德維希．艾哈德（Ludwig Erhard），仍以批判眼光看待新重商主義的「關稅同盟」，因其仍對可能危害德國與英國關係、限制貿易流動、扭曲價格的新重商主義「關稅同盟」，持批判立場。在艾哈德眼中，歐洲經濟共同

12 引自 Alan Milward, *The European Rescue of the Nation-State* (Berkeley and Los Angeles, U of California Press, 1992), page 429.

體是「總體經濟上的胡鬧」。誠如某位學者的精闢評論，結果本大有可能是另一番局面：「如果是艾哈德統治德國，結果可能是出現一個毫不涉及農業的英德自由貿易協會，而經濟排除的效應最終會使法國不得不加入。」[13]

但事態未如此發展。歐洲經濟共同體的定案成形，的確有其不得不然的地方。一九五〇年代期間，歐陸西部諸國彼此貿易與日俱增，每個國家最大的貿易對象都是西德，因而，歐洲的經濟復甦愈來愈依賴西德的市場和產品。此外，每個戰後歐洲國家，這時都埋頭搞經濟：透過規畫、管制、設定成長目標、各種補貼來促進經濟發展。但提升出口；將資源從舊產業轉向新產業；鼓勵農業或運輸之類受優惠的產業：這些全需要跨國合作才得以實現。西歐諸經濟體沒一個是自給自足。

因此，推動西歐走上互利式協調之路者，是國家私利，而非舒曼的「煤鋼機關」目標，在這些年裡，該機關與經濟決策無關。一九三九年前，保護、促進本國利益的心態，使歐洲諸國把目光轉向內部，而同樣的心態，這時使歐洲諸國更為緊密。為了去除障礙，又鑑於晚近的歷史教訓，或許是促成這一改變的最重要因素。例如荷蘭人對於可能會出現使本地價格上漲的歐洲經濟共同體高額的對外統一關稅，並不全然樂見，且和鄰邦比利時一樣憂心於沒有英國的參與。但與主要貿易夥伴切斷往來的風險，他們可擔不起。

對德國人來說，歐洲經濟共同體是有利有弊。作為歐洲最大的出口國，德國愈來愈看重西歐內部的自由貿易——由於德國製造業者已失去其在東歐的重要市場，又沒有過去的殖民地可利用。但誠如艾哈德所理解的，只有六國參與的受關稅保護的歐洲關稅同盟，不必然是德國合理的政策目標。若可以，他和其他許多德國人會和英國人一樣，希望有更大、更寬鬆的歐洲自由貿易區。但基於外交政策考量，不管德、法彼此利益有多分歧，艾德諾都不會與法國決裂。然後還有農業的問題。

二十世紀上半葉，有太多效率不佳的歐洲小農，生產的農作物剛好夠市場所需，但從市場所得到的收入卻不夠他們過活。結果就是貧窮、人口外移、鄉村法西斯主義。緊接在二次大戰後那飢餓的數年，各種計畫出爐，以鼓勵、協助農民，特別是幫助有可耕地的農民增產。為降低對從加拿大、美國進口、以美元標價的糧食的倚賴，歐洲把重點擺在提升產量，而非提升效率。農民不必擔心戰前價格緊縮的情況重演：直到一九五一年歐洲的農產量才恢復到戰前水平，而農民的收入在保護和政府價格補貼雙管齊下之下，得到有效的保障。因此可以說四〇年代是歐洲農民的黃金年代。一九五〇年代，儘管多餘的鄉村勞動力流向城市，投入新工作，農產量有增無減：歐洲的小農正轉變為愈來愈有效率的農民，但他們繼續受惠於形同永久公共福利的東西。

在法國，情況特別弔詭。一九五〇年，法國仍是糧食的淨輸入國。但那之後，法國農產量大增。一九四九至一九五六年，法國的黃油產量成長百分之七十六；一九四九至一九五七年，乳酪產量成長百分之一百一十六；一九五〇至一九五七年，甜菜糖產量成長百分之兩百零一；同一期間大麥、玉米的產量，分別是成長驚人的百分之三百四十八、百分之八百一十五。自此，法國不只自給自足，還有糧食剩餘。第三個「現代化計畫」（一九五七－一九六一），仍把投資偏重於肉

13 Andrew Moravcsik, *The Choice for Europe. Social Purpose and State Power from Messina to Maastricht* (Ithaca, Cornell University Press, 1998), page 137.

類、牛奶、乳酪、糖、小麥（法國北部和巴黎盆地——法國農業大財團影響力最大的地方——的主要產物）。在這同時，時時謹記土地在法國公共活動領域之象徵意涵和農村選票之重要的法國政府，竭力維持價格補貼制，竭力為這些食物尋覓外銷市場。

法國之所以決定加入歐洲經濟共同體，這是重要的因素之一。法國最想從歐洲共同市場得到的經濟利益，乃是替肉類、乳製品、穀物尋找進入外國市場的優惠管道，特別是德國（或英國）市場。還有可繼續實施價格補貼制的保證、其歐洲夥伴承諾買進法國過剩的農產品，乃是法國國民議會願意讓《羅馬條約》通過的原因。法國則承諾向德國的非農業產品開放本國市場，作為交換。法國此舉將其國內的鄉村保障制度，有效轉嫁到歐洲經濟共同體其他會員國身上，從而使巴黎卸下一個高昂得無法忍受（且可能引爆政治災難）的長期負擔。

這是歐洲經濟共同體那惡名昭彰的共同農業政策（Common Agricultural Policy, CAP）問世的背景。共同農業政策於一九六二年啟用，經過十年協商，一九七〇年成為定制。隨著歐洲固定價格上漲，歐洲所有的糧食生產都變得成本太高，無法在世界市場上與他人競爭。有效率的荷蘭乳製品聯合企業，處境和規模小而無生產力的德國農場一樣慘，因為這時候全受制於一共同的定價結構。一九六〇年代期間，歐洲經濟共同體戮力打造一套用來處理這問題的習慣作為和規定。歐洲經濟共同體將針對所有品項的食物制定目標價格（target price），然後，歐洲經濟共同體對外統一關稅，把進口農產品的成本提升到上述水平——通常根據歐洲經濟共同體內價格最高、效率最差的生產者的情況。

從此之後，每一年歐洲經濟共同體會以低於「目標」價格百分之五至七的價格，買下所有會員國的剩餘農產品，然後透過補貼，使剩餘農產品以低於歐洲聯盟的價格轉售到歐洲共同市場之外，藉此予以出清。這一顯然無效率的做法，出自某種非常老式的協商——以拚命討價還價和妥協為特色的協商。德國的小農場需要高額補貼才經營得下去。法國、義大利農民，生產成本不是特別高，但沒有人敢要他們限制產量，更別提要他們以市價出售他們的產品。結果，每個國家都讓其農民得其所願，把一部分成本轉嫁給都市消費者，但大部分轉嫁給納稅人。

共同農業政策並不盡然是新發明。十九世紀晚期歐洲針對來自北美洲的廉價進口穀物實施的穀物關稅，有一部分就類似於此。一九三〇年代初期大蕭條正嚴重時，曾數次欲藉由買進剩餘農產品或花錢要農民減產來支撐農產品價格。一九三八年法、德達成一項後來從未落實的協議，若真照該協議做，德國將保證進口法國農產品，換取法國對德國的化學製品、機械製品開放其國內市場。（戰時，巴黎遭占領後，巴黎有場為「歐洲法國」——La France européenne——而辦的展覽，強調法國農業的富饒和法國將從參與希特勒的新歐洲中得到的好處。）

現代農業從未能擺脫出於政治動機的保護。就連對外關稅於一九四七至一九六七年間降了九成的美國，都想辦法將農業排除在貿易自由化的範圍之外（如今仍是）。農產品從初期就未被列入《關稅暨貿易總協定》的審議項目。因此，歐洲經濟共同體的農業政策談不上獨一無二，但共同農業政策的弊害，或許還是有其獨特之處。隨著歐洲生產者效率愈來愈高（受保障的高收入使他們得以買進最好的設備和肥料），產量大大超過需求，特別是在受政策特別照顧的大宗商品上：政策明顯有利於法國大型農業綜合企業所專攻的穀物和牲畜，而對南義大利的水果、橄欖、蔬菜農民則照顧不多。

隨著一九六〇年代晚期世界糧食價格下跌，歐洲經濟共同體的價格被困在高得離譜的價位。共同農業政策啟用才幾年，歐洲玉米、牛肉的售價就達到世界價格的兩倍之多，歐洲黃油則是四倍之多。一九七〇年，共同農業政策的業務執行者，占去共同市場行政人員的五分之四，農業耗去七成的預算；對全球工業化程度最高的某些國家來說，這是非常突兀的情況。沒有哪個國家能承受如此荒謬的一套政策，但藉由將負擔轉移給整個共同體，且把共同體與共同市場的更廣大目標掛鉤，每個國家的政府都有可能獲益，至少短期來講是如此，只有城市裡的窮人（和非歐洲經濟共同體的農民）遭殃，但至少前者一般來講有得到補償。

在這階段，當然大部分西歐國家不是歐洲經濟共同體成員。在共同市場啟用一年後，仍想阻止超國家歐洲集團問世的英國，建議將歐洲經濟共同體擴大為包括歐洲經濟共同體成員、其他歐洲國家、大英國協的工業自由貿易區。可想而知，戴高樂予以拒絕。在英國倡議下，一九五九年十一月，一些國家在斯德哥爾摩會談，組成歐洲自由貿易協會（European Free Trade Association, EFTA），作為回應。會員國——最初是奧地利、瑞士、丹麥、挪威、瑞典、葡萄牙、英國，後來又加入愛爾蘭、冰島、芬蘭——大部分是富裕、邊陲、且積極擁護自由貿易者。除了葡萄牙這個例外，其他成員國的農業規模不大但效率很高，且是世界市場導向。

因為這些原因，還因為他們（特別是斯堪地納維亞諸國）與倫敦的緊密關係，他們對歐洲經濟共同體用處不大。但歐洲自由貿易協會是個走溫和保守路線的組織（至今仍是），是為回應《布魯塞爾條約》的弊病而成立的，並非真的欲在歐洲經濟共同體之外提供另一個選擇。它始終只是工業製成品的自由貿易區；農產品則任由各國自訂價格。有些較小的會員國，例如奧地利、瑞士或瑞典，能靠其高附加價值的工業產品和觀光魅力，在利基市場裡蓬勃發展。其他國家，例如丹麥，則大大倚賴英國為他們的肉類、乳製品提供市場。

但英國本身需要的工業產品外銷市場，光靠其斯堪地納維亞、阿爾卑斯山區的小盟邦，遠遠無法滿足。認知到這一不可避免的需求，哈羅德．麥克米倫的政府儘管仍希望影響歐洲經濟共同體的政策走向，仍在一九六一年七月，即倫敦心懷不屑地退出墨西拿會談的六年後，正式申請加入歐洲經濟共同體。經濟上與英國關係密不可分的愛爾蘭與丹麥，一起申請加入。英國申請能否獲准，沒人說得準──歐洲經濟共同體大部分會員國仍希望英國加入，但他們也無可非議地懷疑倫敦是否真心追求《羅馬條約》的核心目標。但這問題已不重要──誠如前面已提過的，一九六三年一月戴高樂公開否決英國加入案。英國想加入她原來鄙視的歐洲共同體，卻吃了閉門羹，促使麥克米倫在其日記裡寫下這段絕望的話：「我努力這麼多年的目標……如今全完了。我們的國內外政策全一敗塗地。」

英國別無他計，只有再試。一九六七年五月再次申請，六個月後還是遭冷冷心懷報復的這位法國總統否決。最後，一九七〇年，在戴高樂辭職、接著去世之後，英國、歐洲第三度協商，這一次英國終於如願（原因之一是英國與大英國協的貿易額已大幅下滑，因而倫敦不再催促不情不願的歐洲經濟共同體會員國，保證給予非歐洲經濟共同體國家第三方貿易優惠）。但等到一九七三年英國、丹麥、愛爾蘭終於加入時，歐洲經濟共同體已經建制完備，他們已無法如英國領袖所曾企盼的那般影響它。

歐洲經濟共同體是德、法共管的組織，由波昂支持這共同體的財務，巴黎決定其政策。因此，西德是以高昂代價買到歐共體的入場券，但此後幾十年，艾德諾和其繼任者毫無怨言支付那代價，緊緊黏著法國這個盟友——此舉令英國大為意外。在這同時，法國人將他們的農業補貼和農場轉讓「歐洲化」，而不必付出喪失主權的代價。至這時為止，不喪失主權一直是法國外交策略上的最重要考量——一九五五年在墨西拿，法國外長安端・皮內（Antoine Pinay）就已清楚闡明法國的目標：設立超國家的行政機關可以，但前提是得服從政府間一致同意的決定。

歐洲經濟共同體成立頭十年，戴高樂逼共同體其他會員國照他的意思行事時，心裡就抱著這目標。根據原來的《羅馬條約》，所有重大決定要由政府間的部長理事會（Council of Ministers）採多數決做出（但新成員的入會案例外）。但這位法國總統一九六五年六月退出政府間的會談，直到其他會員國的領袖同意根據法國需求調整該共同體的農業經費，才肯再加入會談，藉此戴高樂癱瘓了共同體的運作。其他會員國堅不讓步六個月後，還是屈服；一九六六年一月，他們勉強同意未來部長理事會不再有資格以多數決通過議案。這是《羅馬條約》原始條文第一次遭推翻，法國國力赤裸裸的展現。

但歐洲經濟共同體成立初期成就不凡。共同體內部的關稅於一九六八年廢除，比預定時程提前了不少。六個會員國之間的貿易於同一期間成長了三倍。農業勞動人口持續下降（每年約百分之四），農業界的人均產量六〇年代時每年成長百分之八・一。儘管擺脫不掉戴高樂的影響力，共同體成立十年時，已讓外界覺得這是未來必走的路，於是，其他歐洲國家開始排隊要加入。

但並非沒有麻煩。這個高定價、為自我利益服務的關稅同盟，由位於布魯塞爾的中央集權式統籌機關和非民選的行政部門主導，對歐洲或世界其他地方來說，並非全然有利無害。事實上，在法國要求下施行的保護性協議和間接補貼制度，完全牴觸了布雷頓森林會議後幾十年裡問世的國際貿易體系的精神和制度。歐洲經濟共同體的治理體制，在某種（很大）程度上取法法國的治理體制，其傳承自拿破崙時代的遺風並不是好兆頭。

最後，法國在歐洲經濟共同體成立初期的影響力，協助塑造了一個新「歐洲」，而這個新歐洲，面對外界批評它如法炮製了民族國家所有最糟糕的特色時——批評西歐雖然復甦，但很有可能為此陷入以歐洲為中心的褊狹地域心態時——很難理直氣壯地反駁。歐洲經濟共同體雖然日漸繁榮富裕，這個共同體的世界卻不大。在某些方面，它其實比當年法國人或荷蘭人在他們的民族國家向大海彼岸的遙遠人民、地方敞開大門時所知道的世界，還要小了許多。在此時的情況下，這對大部分西歐人來說並不重要，畢竟不管怎樣他們的選擇不多。但那將在日後產生明顯褊狹的「歐洲」觀，對未來產生令人頭痛的影響。

史達林於一九五三年三月去世，加劇他那些緊張不安的接班人彼此間的權力鬥爭。最初，可能成為這位獨裁者惟一接班人的，似乎是秘密警察頭子拉夫倫蒂・貝利亞（Lavrenti Beria）。但正因為這理由，他的同僚於該年七月便陰謀暗殺他，然後，在由格奧爾基・馬林科夫（Georgy Malenkov）短暫擔任最高領導人，繞了一個小圈子後，赫魯雪夫——絕對談不上是史達林核心圈子裡最為人知的人物——於兩個月後正式出任蘇聯共產黨第一書記。這有點諷刺：貝利亞雖有精神病傾向，卻主張改革，甚至主張後來人稱「去史達林化」的政策。從史達林去世到貝利亞被捕這短暫期間，貝利亞批駁「醫生的密謀」，釋放勞改營裡的部分囚犯，甚至提議衛星國改革，令衛星國的共黨領袖大惑不解。

新領導階層──名義上採集體領導，但赫魯雪夫愈來愈獨大──除了走貝利亞已倡導的路線，別無什麼選擇。在多年的壓迫和貧困後，史達林的去世促使抗議和要求改變的主張在各地猛然爆發。一九五三、一九五四年，諾里爾斯克（Norilsk）、沃爾庫塔（Vorkuta）、肯吉爾（Kengir）的西伯利亞勞改營發生暴亂；克里姆林宮動用坦克、飛機、為數不少的部隊，才予以平定。但「秩序」一旦得到恢復，赫魯雪夫即重拾貝利亞的策略。一九五三至一九五六年間，約五百萬勞改營犯人獲釋。

在各個人民民主共和國，後史達林時代的引人注目之處，不只一九五三年的柏林暴動（見第六章），還有連落後純樸的保加利亞這類少有人知、一般來講乖乖聽話的帝國偏遠據點都出現反對聲浪──該年五、六月，保加利亞的菸草廠工人暴動。蘇聯的統治在任何地方都未受到嚴重威脅，但莫斯科當局非常認真看待民間不滿的程度。赫魯雪夫和其同僚這時所面對的任務，乃是埋葬史達林和其暴行，卻同時不讓史達林恐怖統治所已打造的體制，以及黨從獨攬大權所取得的有利地位受到威脅。

接下來幾年裡我們會看到，赫魯雪夫的策略是四管齊下。首先，誠如前面已提過的，在西德重新武裝、西德加入北約、共黨國家成立華沙公約組織後，他得穩定與西方的關係。第二，在這同時，莫斯科開始與「不結盟」世界建立聯繫──首要對象是南斯拉夫。一九五五年五月（簽署《奧地利國家條約》只在一個月後），赫魯雪夫和陸軍元帥布爾加寧（Bulganin）訪問南斯拉夫，以重新活絡已陷入谷底七年的兩國關係。第三，莫斯科開始鼓舞諸衛星國裡的共黨改革派，允許對史達林派老臣所犯的「錯誤」施以審慎的批評，平反一部分受他們迫害者，結束周而復始的擺樣子審判、大規模逮捕、黨內整肅。

就是在這樣的環境下，赫魯雪夫小心翼翼地將有所節制的改革推進到第四階段（也就是他認知中的最後階段）：與史達林劃清界線。為此事選定的舞台是一九五六年二月召開的第二十屆蘇聯共黨黨代表大會，會中赫魯雪夫發表了他後來著稱於世的「秘密演說」，譴責總書記史達林的罪行、錯誤和對他的「崇拜」。事後來看，這一演說讓人覺得虛幻不實，但其劃時代的意義不該過度強調。赫魯雪夫是共產黨員、列寧主義者，且至少和他同時代人一樣真心相信黨的領導。他為自己設下一個棘手目標，即承認、詳細交待史達林的所做所為，同時把這些作為的責任全歸在史達林一人身上。照他看來，他的任務乃是大加詆毀已死的史達林，把罪責推到這死人身上，藉此確認共黨計畫的合法性。

這一發表於二月二十五日的演說，在長度上和用語上，都完全沿襲傳統。它是針對黨內菁英而發，內容純粹在描述史達林對共黨信條的「歪曲」。這位獨裁者被控「漠視黨的活動準則，踐踏列寧主義的黨集體領導原則」：也就是說他自作主張做了決定。他職位較低的那些同僚（包括自一九三〇年代初期起就是其中之一的赫魯雪夫），因此不必為史達林的惡劣罪行，更重要的，不必為他政策的失敗，承擔任何責任。赫魯雪夫在完全考慮過可能的後果下，甘冒風險，詳細交待史達林個人的缺失（從而令他聽眾中那些乖乖牌幹部感到驚愕、不快），以保存甚至提升，列寧潔白無瑕的地位、列寧主義政府制度、史達林的接班人。

這場秘密演說達到了目的，至少在蘇聯共黨內部是如此。它對史達林主義時代畫下了明確的句點，承認該時代的醜陋和災難，同時讓人繼續相信當前的共黨領導階層毫無罪責這一不實的認知。赫魯雪夫因此穩穩掌控大權，且為其改革蘇聯經濟、放鬆恐怖機器的行動，掙得相當寬裕的施展空間。老史達林派這時遭邊緣化——六月狄托回訪莫斯科前夕，莫洛托夫遭拔除外長職務。至於與赫魯雪夫同時代的人，還有布里茲涅夫之類年輕的黨工，在史達林當權時和赫魯雪夫一樣助紂為虐，因此既沒有資格否定赫魯雪夫的主張，也沒資格批評赫魯雪夫的公信力。有所節制的去史達林化，幾乎人人樂見其成。

但赫魯雪夫對史達林的抨擊無法密不外洩，從而種下這一抨擊失敗的禍根。這場演說的內容，直到一九八八年蘇聯官方才正式公諸於世，但西方情報單位在幾天之內就得到有關它的情報。西方的共黨，儘管未被私下告知赫魯雪夫的意向，同樣在幾天內就知悉。因此，才幾個星期，有關赫魯雪夫譴責史達林的傳言，就在各地流傳。結果是令人大為振奮。對共產黨人來說，譴責史達林和其作為令人困惑不安；但那也令人如釋重負。許多共產黨人覺得，自此共產黨人不必再為加諸他們的那些更駭人的指控辯解或予以否認。有些西方共產黨員和支持共黨者漸棄共黨而去，但其他共產黨人不改初衷，重申其對共黨的信仰。

在東歐，赫魯雪夫據傳公開批駁史達林一事，帶來的衝擊更為劇烈。赫魯雪夫最近和狄托和解，還有四月十八日他解散已沒什麼作用的共產國際情報局，在這樣的情勢下，赫魯雪夫公開批駁史達林，不由得讓人覺得莫斯科此後將正面看待不同的「通往社會主義之路」，不再以恐怖和壓迫作為共黨控制的工具。此後（或者說有人如此認定），將得以首度公開表達自己的想法。誠如捷克作家雅羅斯拉夫・塞佛特（Jaroslav Seifert）一九五六年四月在布拉格向「作家代表大會」說明的，「在這次大會上，我們一再聽到作家必須說真話。這表示最近幾年他們沒說真話……而今一切都過去了。夢魘已遭驅除。」

在捷克斯洛伐克——共黨領袖對於自己的史達林主義統治過往仍舊緊閉嘴唇，不表意見——由於恐怖過往記憶猶新，來自莫斯科的傳言無法轉化為政治行動。[14]去史達林化的震波，對鄰國波蘭的衝擊大不相同。六月，波蘭當局出動軍隊鎮壓波茲南（Poznan）市西區的示威。一如三年前東柏林的示威，這場示威肇因於薪資與指定工作進度上的爭執。但在波蘭，蘇聯化從未像其他地方做得那麼徹底，且波蘭共黨領袖捱過戰後的整肅，大體上毫髮無傷，當局的軍事鎮壓反倒促使不滿情緒在那年秋天四處蔓延。

一九五六年十月，擔心民心可能失控，波蘭團結工人黨決定撤除蘇聯陸軍元帥康斯坦提・羅科索夫斯基（Konstanty Rokossowski）的波蘭國防部長之職，並將他逐出政治局。在這同時，該黨選出瓦迪斯瓦夫・哥穆爾卡擔任第一書記，取代史達林派的博列斯瓦夫・畢耶魯特。此舉的象徵意義非常鮮明：哥穆爾卡數年前才出獄，驚險逃過審判。對波蘭大眾來說，他代表波蘭共產主義的「國家」面孔，對於他出任第一書記，外界普遍解讀這是被迫在本國選民和莫斯科主子之間抉擇的波蘭共黨，一項未言明的反抗。

蘇聯領導階層無疑也如此看待這事。赫魯雪夫、米高揚、莫洛托夫和另外三位高階人物在十

14 史達林派領導階層仍牢牢在位，秘密審訊又持續了兩年，一九五五年五月一日，在俯瞰布拉格市的山丘上，立起一座醜陋的超大型史達林雕像。要再十年後，去史達林化的浪潮才抵達捷克斯洛伐克，並造成驚天動地的後果。

月九日飛到華沙，打算擋下哥穆爾卡的人事案，阻止逐出羅科索夫斯基，恢復波蘭的秩序。為清楚表明意向，赫魯雪夫同時指示一個蘇聯坦克旅往華沙進發。但在與哥穆爾卡激烈交談後（有一部分交談是在機場跑道上進行），赫魯雪夫斷定，接受波蘭共黨的黨內新形勢，不把事態逼到無法轉寰、幾乎必然會挑起暴力衝突的程度，或許最有利於蘇聯在波蘭的利益。哥穆爾卡則向俄國人保證，他能重新控制大局，無意拋棄共黨執政權、無意讓波蘭退出華沙公約、無意要求蘇聯軍隊撤出波蘭。

鑑於赫魯雪夫、哥穆爾卡雙方力量的懸殊，這位波蘭新領袖能讓他的國家避開一場浩劫，成就可說不凡。但赫魯雪夫已把哥穆爾卡摸得很清楚——隔天返回莫斯科後他向蘇聯政治局說明，蘇聯駐華沙大使波諾馬連科（Ponomarenko）「嚴重誤判哥穆爾卡」。共黨要控制波蘭，可能得付出某些人事變動和公眾生活自由化的代價，但哥穆爾卡是可靠的共產黨員，無意把權力讓給街頭示威者或反對共黨者。他也認清並接受現實：如果他無法平定波蘭的騷亂，另一條路就是由紅軍出面。哥穆爾卡體認到，去史達林化不表示赫魯雪夫打算放棄蘇聯的領土影響力或政治獨攬權。

於是，「波蘭十月」運氣不錯，平和收場——當時少有人知道華沙差一點就再度遭蘇聯占領。但在匈牙利，事態有了不同的轉折。這並非當下就清楚可見。早在一九五三年六月，匈牙利的史達林派領導階層，就在莫斯科的主動示意下遭撤換，改由有心改革的共產黨員伊姆雷·納吉領導。一如哥穆爾卡，納吉遭整肅過，下過獄，因而，對於他的國家剛走過的那段恐怖、治理不當的歲月，他要負的責任不大；事實上，他當上黨的領導後，第一項作為是在貝利亞的支持下提出自由化計畫。根據這計畫，拘留營和勞改營要關閉，要允許想離開集體農場的農民離開。整體來講，要更加提倡農業，不切實際的工業目標則要揚棄：匈牙利共黨一九五三年六月二十八日的一項機密決議，以一貫含蓄的語言說道，「強行推動的重工業，以實際上根本無法完全籌得的資源和原料為先決條件，因此，虛假的經濟政策所顯露的，除了冒險，還有某種浮誇。」

從莫斯科的觀點來看，納吉當然不是符合傳統要求的人選。一九四九年九月，他批判過馬特雅斯·拉科西的極端史達林主義路線，而當年要處決拉斯洛·拉伊克時，匈牙利政治局裡只有兩位成員反對，他是其中之一。這一點，加上批評農村集體化，使他遭逐出黨的領導圈子，被迫公開「自我批判」——不情不願地承認自己有「機會主義心態」，未能緊緊追隨黨的路線。匈牙利的政治菁英，一如該國的經濟，已遭史達林派的暴行摧殘殆盡，在這樣的國家裡，一旦改變的時機到來，他雀屏中選，自是非常合理。拉科西當政時，約四百八十位公眾人物於一九四八至一九五三年間遭處決（不包括拉伊克和其他共產黨員受害者）；同一期間，有超過十五萬人（在不到九百萬人口中）入獄。

納吉掌權直到一九五五年春為止，而自納吉重新掌權，拉科西與匈牙利共黨其他忠貞黨員，就一直想方設法扯他們這位討人厭同志的後腿，試圖削弱他的領導地位。然後，一九五五年春，他們終於讓莫斯科相信，在蘇聯正面臨擴大後之北約的威脅，鄰邦奧地利就要成為獨立、中立國家之際，靠他無法牢牢掌控政權。蘇聯中央委員會果然譴責納吉的「右傾」，他被革職（後來遭開除黨籍），拉科西和其友人重掌匈牙利大權。這一退離改革的行徑，發生在赫魯雪夫的演說只過了八個月時，預先說明了這位蘇聯領導人在搞臭史達林的名聲時，極不希望破壞共黨政權的平順運作。

有約一年時間，未獲當局正式認可的「納吉集團」，在匈牙利共黨內扮演某種以「改革」為訴求的非正式反對派角色。在戰後共產世界裡，這是前所未見的現象。同時，換成拉科西引來莫斯科的反感。一如前面已提過的，赫魯雪夫欲極力恢復蘇聯與南斯拉夫的聯繫。但先前歇斯底里般猛批狄托時，拉科西在其中扮演了特別突出的角色。「狄托主義」這罪名在匈牙利的擺樣子審判中，特別是在對拉伊克的審判中，如此突出，絕非偶然——在這些行動裡匈牙利共黨被委以執行者的角色，而該黨的領導階層幹勁十足地執行了交付的任務。

因此，對蘇聯來說，拉科西愈來愈令人難堪，而對蘇聯的大計來說，拉科西愈來愈成為與時代脫節的絆腳石。一九五六年六月蘇聯、南斯拉夫的高階官員在莫斯科會商，這時，讓一個頑固守舊、與糟糕的過往如此密不可分的史達林主義分子，繼續執掌匈牙利大權，就似乎是沒必要的挑釁——由於他過去的行徑和現在的頑固已開始在匈牙利激起民眾抗議，這麼做又更顯得挑釁。一九五六年三月，拉科西在匈牙利《自由人民報》（*Szabad Nép*）刊出一篇文章，激烈譴責貝利亞和其匈牙利秘密警察機關首腦加博・佩特（Gábor Péter）。文中，他緊跟赫魯雪夫的腳步，譴責「個人崇拜」，頌揚揭露這些迫害無辜者的真面目。但儘管如此賣力表現，拉科西大勢已去。一九五六年七月十七日，阿納斯塔斯・米高揚（Anastas Mikoyan）飛到布達佩斯，粗暴拔除拉科西的第一書記之位。拉科西自此未能翻身。

蘇聯提拔埃爾內・蓋雷（Ernö Gerö），又一個道地史達林派出身的匈牙利人，接替拉科西。事實證明，蘇聯找錯了人；蓋雷既無法主導改變，也無力遏制改變。十月六日，為表達立場，特別是向貝爾格勒表達立場，布達佩斯當局允許公開遷葬拉斯洛・拉伊克和與他在同場擺樣子審判中受害的其他人的遺體。貝拉・薩斯（Béla Szász），拉伊克受審案的倖存者之一，在墓邊講話：

遭以莫須有的罪名處死後，拉斯洛・拉伊克在沒有墓碑的墳墓裡長眠了七年。但他的死已成為匈牙利人民和全世界人民的警訊。因為走過這棺木旁邊的數十萬人，不只想向這位死者致敬；他們還殷切期盼埋葬一整個時代，且堅決認為非這麼做不可。那段不光彩歲月裡的無法無天、專斷獨行、道德敗壞，得永遠埋葬；而藉由暴力、藉由個人崇拜來遂行統治的那些匈牙利人所帶來的危險，得永遠禁絕。

拉伊克的遭遇在這時所激起的同情，不免令人感到諷刺，畢竟拉伊克本人也把許多無辜的（非共黨籍）受害者送上黃泉路。但不管諷不諷刺，遷葬拉伊克為匈牙利革命的引爆，提供了火花。

一九五六年十月十六日，塞格德（Szeged）市的大學生組成不受官方共黨學生組織控制的「匈牙利學生聯盟」。不到七天，全國各地都出現學生組織。十月二十二日，布達佩斯理工大學學生擬出「十六點」聲明，學生運動達到最高潮。學生的要求包括工業改革和土地改革、更為民主和言論更自由、結束共黨統治下繁雜瑣碎的生活限制和規定。但也包括，較為爭議性的，希望讓伊姆雷・納吉出任總理、使拉科西和其同僚為他們的罪行受審、蘇聯軍隊撤出匈牙利。

隔天，十月二十三日，學生開始聚集於布達佩斯的國會廣場示威，以支持他們自己的要求。共黨政權茫然無措，不知如何因應：蓋雷先是禁止示威，然後又放行。那天下午示威展開後，蓋雷在那天晚上由匈牙利電台廣播的演說中，譴責這場集會和其主辦人。一個小時後，憤怒的示威者拉下市中心的史達林雕像，蘇聯部隊進入布達佩斯攻擊群眾，匈牙利中央委員會徹夜會商。隔天早上八點十三分宣布已任命伊姆雷．納吉為匈牙利總理。

如果黨的領導階層希望納吉復出會使革命瓦解，那他們就大大失算。納吉本人無疑很希望恢復秩序：上台不到一小時就宣布戒嚴。與當天從莫斯科搭機來的蘇斯洛夫、米高揚晤談之後，他與匈牙利新領導班子的其他成員堅持認為該和示威者協商。這兩位俄國人在十月二十六日向蘇共中央主席團回報，雅諾什．卡達爾（János Kádár）[15]已向他們說明，匈牙利當局有能力區別哪些人是因為黨過去的錯誤而與黨疏離的忠貞群眾，哪些人是納吉政府所希望孤立的武裝反革命分子；而且應該這麼做。

卡達爾的區別之說或許讓某些蘇聯領導人相信，但那並未反映匈牙利的實際情形。學生組織、工人委員會、革命「民族委員會」正在全國各地自發形成。警察與示威者的衝突激起反擊和私刑處死。匈牙利共黨領導階層，無視內部某些成員的意見，最初不願將這場暴動視為民主革命，反倒堅稱那是「反革命活動」，從而錯失了將其拉攏吸收的機會。直到十月二十八日，第一輪示威活動爆發將近一個星期後，納吉才透過電台提議武裝衝突雙方停火，承認最近幾場抗議的合法性和革命特性，承諾廢除飽受唾棄的秘密警察，宣布蘇聯軍隊不久後就會離開布達佩斯。

蘇聯領導階層，不管心中有何疑慮，已決定支持這位匈牙利領導人的新路線。納吉發表電台演說那天，蘇斯洛夫回報莫斯科，稱這些新讓步乃是使群眾運動納入黨的掌控所要付出的代價。但匈牙利事態演變的迅速，超乎莫斯科的盤算。兩天後的十月三十日，在布達佩斯的共黨總部遭攻擊、二十四名大樓守衛喪命之後，伊姆雷．納吉再上匈牙利電台講話。這一次他宣布政府此後將建立在「一九四五年重新出現的聯合政黨的民主合作」上。換句話說，納吉要組成多黨政府。納吉不與反對勢力相抗，反倒要讓其權力基礎日益倚重人民運動。在最後一句話，頌揚「自由、民主、獨立」的匈牙利時，他甚至破天荒略去「社會主義的」這個已受唾棄的形容詞。他公開籲請莫斯科「開始（從布達佩斯和匈牙利其他地方）撤走蘇聯軍隊」。

納吉由衷相信他能恢復匈牙利的秩序，從而消除未言明的蘇聯干預的威脅。納吉的豪賭得到他內閣裡其他共產黨人的支持，但他已讓出主動權。人民起義委員會、政黨、報紙在全國各地迅速冒出。反蘇心態到處可聞，頻頻有人提到帝俄鎮壓一八四八至一八四九年匈牙利暴動之事。而最重要的，蘇聯領導階層漸漸不相信他。納吉於十月三十一日下午宣布他已開始就匈牙利退出華沙公約組織一事展開協商時，他的下場大概就已注定。

赫魯雪夫和其同僚始終認為，在匈牙利，一如在早先的波蘭，如果「反革命」失控，他們將不得不出面干預。但他們一開始似乎不願走這條路。晚至十月三十一日，蘇共中央主席團還發布聲明，宣布願意就蘇軍撤出匈牙利一事與匈牙利領導階層「開始適當的商談」。但就在他們如此讓步時，他們也收到報告，指羅馬尼亞的蒂米什瓦拉（Timişoara）有學生示威，支持匈牙利革命分子的保加利亞知識分子對蘇聯懷有「敵意」。情勢漸漸讓蘇聯領導階層覺得，他們長久以來所擔心的污染效應已經出現，他們因此改弦易轍。

於是，在承諾商談撤軍事宜的隔天，赫魯雪夫向蘇共中央主席團建議，如今這事免談。「帝

15 三年前被納吉釋放出獄的卡達爾，十月二十五日獲任命為匈牙利共黨第一書記，取代同一天早上因安全部隊對國會廣場上無武裝示威民眾開槍而下台的蓋雷。

國主義分子」會把這一撤軍行動解讀為蘇聯衰弱的證據。蘇聯不能撤軍，反倒得「主動出擊，恢復匈牙利的秩序」。蘇聯駐羅馬尼亞、烏克蘭的陸軍師隨之奉命移向匈牙利邊界。得知此事之後，匈牙利總理召見蘇聯大使尤里·安德洛波夫（Yuri Andropov），告以為抗議蘇軍重新調動，匈牙利要片面宣布退出華沙公約組織。那天晚上，十一月一日晚上七點五十分，納吉在電台上宣布匈牙利從此是中立國，要求聯合國承認其新身分。這一宣布得到該國人民普遍贊同；自暴動起就罷工的布達佩斯工人委員會，呼籲工人返回工作崗位作為回應。納吉終於贏得原本懷疑他意圖的匈牙利人的其中大部分人支持。

納吉發表其歷史性宣告的那天晚上，雅諾什·卡達爾被秘密帶到莫斯科，赫魯雪夫讓他相信有必要在蘇聯支持下，在布達佩斯成立新政府。紅軍不管怎樣都會進入匈牙利恢復秩序；惟一要解決的問題，乃是會有哪些匈牙利人有幸和他們合作。卡達爾再怎麼不願意背叛納吉和他的匈牙利同胞，都因為赫魯雪夫堅稱蘇聯已體認到他們七月讓蓋雷上台時犯了錯，而不再猶豫。一旦布達佩斯恢復秩序，他們就不會再犯同樣的錯。然後赫魯雪夫前往布加勒斯特會晤羅馬尼亞、保加利亞、捷克的領導人，協調共同干預匈牙利的計畫（前一天已有一低階代表團會晤了波蘭領導人）。在這同時，納吉繼續抗議蘇聯增加軍事活動；十一月二日，他請求聯合國秘書長哈馬紹出面斡旋，尋求西方承認匈牙利的中立地位。

隔天，十一月三日，納吉政府就撤軍之事與蘇聯軍事當局展開（或認為就要展開）談判。但匈牙利談判小組於當天晚上再次來到匈牙利托克爾（Tököl）的蘇軍司令部時，立即遭逮捕。不久後，十一月四日凌晨四點，蘇聯坦克攻打布達佩斯，一個小時後，從蘇聯占領的匈牙利東部發出廣播，宣布伊姆雷．納吉已下台，換上新政府。納吉本人則向匈牙利人民發出最後的電台演說作為回應，呼籲抵抗入侵者。然後他和他最親信的同僚避難駐布達佩斯的南斯拉夫大使館，得到該館庇護。

蘇聯出兵的結果，不用想也知道：雖遭遇激烈抵抗，蘇軍不到三天就拿下布達佩斯，十一月七日雅諾什．卡達爾的政府宣誓就職。某些工人委員會過了一個月才遭消滅——卡達爾希望若非必要，不要直接攻擊他們——零星的罷工持續到一九五七年：據一九五六年十一月二十二日呈給蘇共中央委員會的機密報告，匈牙利的礦場產能已降到只剩一成。但不到一個月，新政府就自認已掌控局勢，於是開始行動。一月五日，明令「挑唆罷工」者處以死刑，開始大力鎮壓。除了戰鬥期間死掉約兩千七百名匈牙利人，接下來幾年裡又有三百四十一人遭審判處死（最後一個遭處死者是一九六一年）。總共約兩萬兩千匈牙利人，因參與「反革命」被判刑入獄（許多人被判刑至少五年）。另有一萬三千人被送進拘留營，還有更多人被拿掉工作或受嚴密監控，直到一九六三年三月宣布大赦為止。

據估計有二十萬人（占人口超過百分之二）在蘇聯占領後的短期間內逃離匈牙利，其中大部分人是年輕人，許多人是來自布達佩斯和該國都市化西部而受過教育的專業菁英分子。他們定居美國（美國接納了約八萬匈牙利難民）、奧地利、英國、西德、瑞士、法國和其他許多地方。有一陣子，納吉和其同僚會受到何種處置，混沌未明。在布達佩斯的南斯拉夫大使館待了將近三星期後，他們誤信人言，在十一月二十二日離開大使館，迅即遭蘇聯當局逮捕，劫持到羅馬尼亞監獄。

卡達爾花了數月才決定該如何處置他的前戰友和同志。對參與過街頭戰鬥的年輕工人、軍人的報復，大部分盡可能低調不張揚，以免招來國際抗議；儘管如此，針對一些著名人物，例如作家約澤夫．加利（József Gáli）、久洛．奧貝索夫斯基（Gyula Obersovszky），國際上還是出現要求寬厚處置的呼聲。該如何處置納吉，則是特別敏感的問題。一九五七年四月，卡達爾和其同僚決定將納吉和其「共犯」送回匈牙利受審，但訴訟過程拖到一九五八年六月才展開，而即使到那時候，他們仍受到極隱密的拘押，外界不知他們下落。一九五八年六月十五日，眾被告全被裁定犯了挑唆反革命之罪，分別判以死刑或長期徒刑。伊斯特萬．畢博（István Bibó）、阿帕德．根斯（Árpád Göncz）之類作家被判無期徒刑（根斯後來成為後共產時代的匈牙利總統）。另兩位作家，約澤夫．錫拉吉（József Szilágyi）、蓋札．洛宗錫（Géza Lozonczy），則在出庭受審前就在獄中遇害。伊姆雷．納吉、帕爾．馬萊特（Pál Maléter）、米科洛斯．吉梅斯（Miklós Gimes）於一九五八年六月十六日拂曉遭處決。

匈牙利起義雖是發生在蘇聯帝國邊遠據點的一場短暫而不可能成功的暴動，卻大大撼動世局。首先，它讓西方外交界認清今後應走的路。在那之前，美國雖然表面上承認不可能使東歐諸衛星國脫離蘇聯控制，仍鼓吹當地人發揮「反抗精神」。引用美國國家安全會議第一七四號政策文件（一九五三年十二月）的話說，透過暗地行動和外交支持，以「促成將使這些衛星國得以在未來有利時機得到解放的環境」。但後來一九五六年七月因應那一年的動亂而寫成的某份機密政策文件強調，「美國無意為了打破蘇聯對諸衛星國的宰制而訴諸戰爭」（NSC5608/1〈美國對蘇聯在東歐諸衛星國的政策〉）。

事實上，早自一九五三年柏林暴動遭鎮壓起，美國國務院就已斷定，在可預見的未來，蘇聯對其勢力範圍的控制都會牢不可破。「不干預」是西方對東歐的惟一因應策略。但匈牙利叛亂分子不可能知道這點。其中許多人在美國官方辭令堅不妥協的語氣鼓勵下，在自由歐洲電台廣播員的鼓勵下——流亡西歐的東歐籍廣播員鼓勵匈牙利人拿起武器，保證不久就會得到外國支持——衷心認為西方會出手相助。希望落空時，這些落敗的叛亂分子可想而知滿懷怨恨，對西方不再抱持幻想。

即使西方諸國政府有心做更多，當時的情勢也極不利於這麼做。匈牙利人暴動那天，英法兩國代表正在塞佛爾與以色列人密談。尤其是法國正為其北非難題而焦頭爛額：十月二十七日法國外長克里斯蒂昂·皮諾（Christian Pineau），在寫給聯合國安理會法國代表的極機密備忘錄中說明，「將送交安理會討論的匈牙利問題決議草案，絕不可含有會打亂我們在阿爾及利亞之行動的任何意向……我們尤其反對組成調查委員會。」英國外長塞爾溫·洛伊德（Selwyn Lloyd）在四天前以類似的立場寫了份東西給首相艾登，以回應英國駐莫斯科大使主張倫敦應直接籲請蘇聯領導階層不干預匈牙利情勢的建議：「個人認為這不是發出這一訊息的時機。」

赫魯雪夫在十月二十八日向其蘇共中央主席團的同僚說明，「英國人和法國人在埃及正焦頭爛額。」[16]至於艾森豪，他正在選戰的最後一個星期——他勝選連任那天，布達佩斯市戰事正激烈。他的國家安全會議甚至直到蘇聯入侵三天後才討論匈牙利的事；他們遲遲才了解，在這個對美國的大戰略無足輕重的國家裡，納吉的作為，特別是他放棄一黨專政，所具有的意義（遠不如華府對不久前的波蘭危機所給予的關注）。而十一月八日的會議裡，匈牙利問題終於列入美國國家安全會議的待議事項時，從艾森豪以下的與會者都認定，那全是英國人、法國人的錯。要不是他們入侵埃及，蘇聯不會有機會趁大家都不注意時對付匈牙利。艾森豪政府不必良心不安。

然後，蘇聯領導階層看到有利形勢，並未錯失那形勢。在共產黨眼中，納吉所構成的真正威脅，既不是他的經濟自由化，也不是檢查制度的放鬆。匈牙利宣布中立之舉，雖被莫斯科視為「挑釁」，卻不是納吉下台的原因。克里姆林宮所無法容忍的，乃是匈牙利共黨放棄一黨專政，放棄「黨的領導角色」（波蘭的哥穆爾卡絕不容許的事）。這一背離蘇聯慣常作為的行徑，乃是可由小見大的民主開端，預示了共產世界的每個共黨政權都將垮台。為何其他衛星國的共黨領導人全一呼百應般支持赫魯雪夫拉下納吉的決定，原因在此。捷克斯洛伐克政治局於十一月二日開會，表示願意貢獻心力，「用各種必要手段維持匈牙利的人民民主政體」時，那股情操無疑是由衷真誠的。[17]

就連狄托最後都承認，匈牙利共黨政權的崩潰和國家安全機器的瓦解，立下了危險的榜樣。這位南斯拉夫領導人最初把匈牙利的改變視為去史達林化的另一個明證，而樂見其成。但十月底時，布達佩斯事態的發展，已開始令他改變想法——考慮到匈牙利毗鄰南斯拉夫、南斯拉夫伏伊伏丁那地區住了為數不少的匈牙利裔少數族群，對於歪風蔓延的後果，他憂心忡忡。赫魯雪夫與馬林科夫於十一月二日特地飛到狄托位於亞得里亞海的海島靜居地，向他扼要說明即將展開的入侵行動時，狄托顯得憂心但諒解。他最在意的事，乃是將來在匈牙利扶植的傀儡政府，不能有拉科西和其他頑固守舊的史達林派分子在其中。在這點上，赫魯雪夫樂於讓他放心。

兩天後狄托向納吉、納吉政府的十五名成員、他們的家眷提供庇護時，赫魯雪夫很明顯就沒那麼高興。南斯拉夫似乎是在匈牙利危機最嚴重時即已做出這決定，且推斷俄國人無意製造烈士，才這麼決定。但當蘇聯領導階層表示不悅時，特別是在納吉等人得到卡達爾本人讓他們安全離開的保證，而他們卻一離開南斯拉夫大使館就遭劫持之後，狄托處境變得很尷尬。在公開場合，這位南斯拉夫領導人仍肯定卡達爾的新政府；但私底下他毫不掩飾其對事態如此演變的不滿。

蘇聯在此立下肆無忌憚干涉共產兄弟之邦的先例，而這個先例不可能令南斯拉夫人對蘇聯領導階層心生好感。莫斯科與貝爾格勒的關係再度惡化，南斯拉夫政權主動向西方和亞洲不結盟國家示好。因此，狄托對蘇聯入侵匈牙利的反應是憂喜參半。一如蘇聯領導階層，共產秩序的恢復令他鬆了口氣；但恢復的方式立下危險的先例，令他不快。

在其他地方，反應就沒那麼地矛盾。赫魯雪夫的那場秘密演說，一旦在西方洩露，就代表某種共產信仰已經畫下句點。但那場演說也為後史達林時代的改革和重生提供了契機，而且赫魯雪夫拿史達林當祭品，以保住列寧主義革命純潔的幻覺，藉此他已為黨員和進步派同路人提供了一

16 早在十月二十八日，即英法入侵前三天，這位蘇聯領導人就知道此事，意味著蘇聯的情報工作，做得比當時西方諸盟國所擔心的還要出色。

17 就連波蘭的哥穆爾卡都很快就同意蘇聯的論點。在波蘭，納吉的退出華沙公約組織，令人不安——波蘭人擔心德國壯大後會想奪回已劃歸波蘭的失土，因此特別在意靠蘇聯軍力保障的安全協議。但應該指出的，一九五七年五月與赫魯雪夫會晤時，哥穆爾卡極力欲說服這位蘇聯領導人勿將納吉送審，只是未如願。

個他們可緊緊抓住的迷思。但布達佩斯街頭的殊死搏鬥，打破了有關這一蘇聯新「革新」模式的任何幻覺。事實再度清楚無誤地揭露，共黨威權只靠一樣東西來維持，即坦克炮管。剩下的是辯證法。西方共黨開始大失血。根據義大利共黨自己的統計，一九五五至一九五七年間流失約四十萬黨員。托利亞蒂在匈牙利危機最嚴重時向蘇聯領導人說明，「匈牙利事件的發展，使我們在黨內的澄清很難收到效果，也使我們難以取得有利於領導黨的共識。」

在義大利，一如在法、英和其他地方，成群離去者是年輕、受過教育的黨員。[18]就像非共黨籍的左派知識分子，他們原來心動於蘇聯後史達林時代的改革承諾和匈牙利革命本身——匈牙利革命的工人委員會、學生運動、以及此一革命所傳達的，連蘇聯集團的執政黨都能歡迎新方向、能因應新方向而改變自己的這意義。例如漢娜·鄂蘭認為，象徵民主對抗獨裁、自由對抗暴政的浪潮已真正高漲者，是工人委員會的興起，而非納吉的恢復多黨制。最後，一如當時所予人的感覺，共產主義與自由並行不悖，這並非不可能。當時是西班牙年輕共產黨人，在巴黎從事地下工作的豪爾赫·森普倫（Jorge Semprun）後來說道，「這場秘密演說解放了我們；它至少給了我們機會免於……理性沉睡。」入侵匈牙利後，帶有希望的這一刻消失了。

有些西方觀察家試圖將蘇聯干預合理化，或至少藉由接受共黨官方的說法——伊姆雷·納吉領導反革命或被捲進反革命——來說明蘇聯為何這麼做：沙特堅稱匈牙利暴動被「右派精神」玷污了。但不管布達佩斯和其他地方的叛亂分子動機為何——這些動機遠比當時所清楚看出的還要複雜多樣——讓外國觀察家留下較深印象的，不是匈牙利人的暴動，而是蘇聯的鎮壓。從此，在人們腦海中，只要提到共產主義就會想起的，是壓迫，而非革命。此前四十年，西方左派一直對俄羅斯寄予厚望，原諒甚且欣賞布爾什維克的暴力，把那視為革命自信的代價和歷史必走的路。莫斯科是映現他們政治幻覺的一面鏡子，而且是美化過的映現。一九五六年十一月，這面鏡子碎裂在地。

在日期注明為一九五七年九月八日的備忘錄中，匈牙利作家伊特斯萬．畢博論道，「蘇聯摧毀匈牙利革命，從而對促成共產主義壯大的『同路人』組織（反戰、婦女、青年、學生、知識分子等等），給予嚴重、說不定是致命的一擊。」事實證明，他的看法的確是真知灼見。蘇聯共產主義失去史達林式恐怖所具有的引人好奇的吸引力，且在布達佩斯暴露其徒有武力的平庸本質，因此使大部分原本支持它、欣賞它的西方人不再著迷。法國詩人克羅德．魯瓦（Claude Roy）之類的前共產黨人，決意逃離「史達林主義的惡臭」，於是把「我們的鼻子轉向其他地方」。一九五六年後，歷史的秘密不再可能於人民民主共和國的沉悶工廠和效能不彰的集體農場裡找到，而要到其他的、更具有異國情調的領域裡去找。原就居於少數且人數還愈來愈少、一味為列寧主義辯護的頑固人士，緊抱著過去；但從柏林到巴黎，新一代西方進步人士，在歐洲以外，在當時還未被叫做「第三世界」的那些地方的抱負和劇變裡，尋求慰藉與榜樣。

在東歐，幻覺也破滅。英國駐布達佩斯某外交人員，在十月三十一日，第一波戰鬥正激烈時，報告「匈牙利人民竟擋住並擊退這殘忍的屠殺，簡直就是奇蹟。他們永遠不會忘記，也永遠不會原諒」。但將把蘇聯坦克的教訓謹記在心者不止匈牙利人。羅馬尼亞學生示威支持他們的匈牙利

18 在與時代脫節特別嚴重的那些共黨，例如遲遲不願承認赫魯雪夫譴責史達林之事的法國共黨，許多黨員退黨，主要不是因為蘇聯集團所正發生的事，而是因為本地的黨領導階層禁止黨員討論那事。

鄰居；東德知識分子因批評蘇聯的行動而被捕、受審；在蘇聯，一九五六年的事件使得年輕的萊奧尼德・普柳希（Leonid Pliushch）之類原本死忠的共產黨人認清共黨。新一代知識界異議人士，從布羅馬尼亞的保羅・戈馬（Paul Goma）、東德的沃爾夫岡・哈里希（Wolfgang Harich）之類人士，從布達佩斯的瓦礫堆中誕生。

當然，在東歐，差別在於置身受唾棄的政權下，幻覺破滅的子民，無法把臉轉向遙遠異地，或無法在遙遠農民暴動的慷慨激昂中重燃自己的革命信仰。共產政權的承諾，他們已不再相信，但他們無所逃於天地間，必得生活在那政權裡，忍受那政權。對東歐人來說，一九五六年的事件，使他們日積月累的失望轉化為絕望。他們對共產主義的期望，曾隨著去史達林化的承諾而短暫重新燃起，而今又熄滅了；但他們對西方伸手援助的希望也同樣破滅。赫魯雪夫對史達林惡行的揭發，或勉為其難平反擺樣子審判的受害者的舉動，原使他們覺得共產主義內部或許還存有重生、解放的種籽，但匈牙利事件之後，悲憤認命成了最多人的心情。

這不盡然是件壞事。正因為共產東歐的人民不再鬧事，因為局勢平定，秩序恢復，赫魯雪夫時代的蘇聯領導階層才會在一段時間後，允許東歐有限度的自由化——而且夠諷刺的，匈牙利獲准自由化的程度最高。在匈牙利，卡達爾於懲罰報復一九五六年的叛亂分子和他們的支持者後，建立了模範「後政治」共產國家。匈牙利人民乖乖接受共黨的一黨專政，共黨當局則給予人民在生產、消費上嚴格受限但貨真價實的自由，作為回報。但這不表示他們就會支持共黨，更別說支持共黨領導人；他們只是壓抑住衝動，完全不表露反對之意。他們的緘默將會被解讀為默然同意。

因此產生的「匈牙利式共產主義」，[19] 確保了匈牙利的穩定；而對匈牙利人不幸遭遇的記憶，則使蘇聯集團的其他國家保持穩定，至少接下來十年是如此。但這有其代價。激進、前瞻、烏托邦式的許諾，曾被視為「社會主義」制度的特色，且晚至五〇年代初期仍是這制度打動人心的地方之一——特別是年輕人——但這時，對大部分生活在共產主義下的人來說，這制度已不再保有這些東西，這制度只是不得不忍受的一種生活方式。那不表示它維持不了多久——一九五六年後少有人認為蘇聯式統治制度會早夭。事實上，在那一年的動亂之前，對此一直較樂觀得多。但一九五六年十一月後，東歐的共產國家，一如蘇聯本身，開始漸漸墮入為期數十年的停滯、腐敗、懷疑悲觀期。

蘇聯也將為此付出代價——從許多方面來看，一九五六年代表了列寧和其繼承人所成功打造出的革命迷思的失敗和崩潰。許多年後的一九九二年十一月十一日，葉爾欽在匈牙利國會的演說中承認，「一九五六年的悲劇……將永遠是蘇聯政權上無法抹除的污點。」但比起蘇聯所強加在其受害者身上的代價，那不值一顧。三十三年後的一九八九年六月十六日，在為國家邁向自由而大肆慶祝的布達佩斯市，數十萬匈牙利人參加了另一場遷葬儀式：這一次是遷葬伊姆雷·納吉和其同僚。在納吉墳旁致詞者中，包括年輕的維克托·奧爾班（Viktor Orbán），即後來的匈牙利總理。他告訴群集的民眾，「如今我們不得不擔起無力清償債務的重擔，想辦法走出我們被推進去的亞洲死胡同，這一切都得歸因於當年血腥鎮壓那場革命。說真的，匈牙利社會主義工人黨在一九五六年時剝奪了今日年輕人的未來。」

19 編按：goulash Ccommunism，一種有限度自由的共產體制。

10

富裕的年代
The Age of Affluence

坦白說，我們大部分人日子從來沒有像現在這麼好過。

哈羅德・麥克米倫，一九五七年七月二十日

✣ ✣ ✣

對於這由日益提升的生產力，加上通貨膨脹，加上日益提高的生活水平，
加上緊迫盯人的廣告和行銷手法，加上大眾傳播，加上文化民主，
加上大眾人問世，所構成的整個體制，我把它叫做admass。

J・B・普里斯特利

✣ ✣ ✣

「看看這些人！原始人！」
「他們來自何處？」
「盧卡尼亞。」
「那位在哪裡？」
「最底下！」

《洛可兄弟》，盧基諾・維斯康蒂導演（一九六〇）

✣ ✣ ✣

我們要去陽光燦爛的地方，
我們要去海水湛藍的地方。
我們在電影裡看過那地方——
如今我們來看看是不是真有這地方。

克利夫・理察，《暑假》歌詞局部

✣ ✣ ✣

生活在美國時代，何等的枯燥乏味——當然若你是美國人則例外。

吉米・波特，電影《憤怒回顧》

一九七九年，法國作家尚．富拉史蒂耶（Jean Fourastié）出版了二次大戰後三十年間法國社會、經濟轉型的研究結果。書名《光榮的三十年：一九四六至一九七五年的無形革命》（*Les trente glorieuses: ou, La Révolution invisible de 1946 à 1975*），取得很貼切。在西歐，希特勒戰敗後那三十年的確「光榮」。經濟成長顯著加快，前所未有的繁榮時代隨之揭幕。歐陸西部諸經濟體，以一個世代的時間，就補回四十年戰爭和「大蕭條」所造成的損失，歐洲的經濟表現和消費模式開始類似美國。踉踉蹌蹌走出戰後廢墟不到十年，歐洲人就進入富裕年代，令他們自己感到驚訝，且有點不安。

把戰後西歐的經濟史理解為此前幾十年歷史進程的反轉，最為恰當。這時，不再如一九三〇年代馬爾薩斯人口論所強調的，著重於保護、削減開支，反倒追求自由化的貿易。諸國政府不削減支出和預算，反倒予以增加。幾乎每個西歐國家都深信不疑該對基礎設施和機器設備進行長期的公、私投資；老的工廠和設備更新或替換，效率和生產力隨之提升；國際貿易顯著成長；就業的年輕人口要求享有愈來愈多樣的商品，也買得起這些商品。

戰後經濟「勃興」的起始時間，因地而稍有不同，先是德國和英國，不久後是法國、義大利；因各國在課稅、公共支出或投資重點上有所差異，所以對經濟「勃興」的感受有所不同。戰後大部分西歐政府，支出最初側重於基礎設施的現代化——建造或升級鐵公路、房子、工廠。在某些國家，消費性支出受到刻意的壓抑，結果，如先前已提過的，許多人覺得戰後頭幾年是雖然有所改善但仍始終拮据的時期。當然，改變程度的高低，也因起始點而異：愈富裕的國家，愈覺得改變慢且不劇烈。

但每個歐洲國家的人均國內生產毛額（GDP）和國民生產毛額（GNP）——甫被奉為圭臬的

國力、康樂衡量標準——都平穩成長。一九五〇年代期間，西德人均國民產出的年均成長率是百分之六·五；義大利百分之五·三；法國百分之三·五。拿同樣這些國家在此前幾十年的表現相比，如此高且持續的成長率就顯得意義不凡：一九一三至一九五〇年，德國年均成長率只有百分之〇·四，義大利百分之〇·六，法國百分之〇·七。即使在一八七〇年後威廉帝國繁榮的幾十年期間，德國經濟都只有百分之一·八的年平均成長率。

到一九六〇年代，成長速度開始放慢，但西歐諸經濟體的成長幅度仍是史上所罕見。整體來講，一九五〇至一九七三年，德國人均GDP，按實值計算，成長了兩倍多。法國的人均GDP成長了一·五倍。義大利經濟，起始點較低，表現更為出色。過去屬於窮國的國家，經濟改善程度亮眼：一九五〇至一九七三年，奧地利的人均GDP從三七三一美元成長為一一三〇八美元（一九九〇年美元幣值）；西班牙從二三九七美元成長為八七三九美元。荷蘭經濟在一九五〇至一九七〇年每年平均成長百分之三·五，年均成長率是此前四十年的七倍。

如此出色的經濟表現，主要助力之一是海外貿易的持續成長。在大部分歐洲國家，這方面的成長速度比國民總產出的成長速度快得多。光是移除國際貿易的障礙，就大有助於戰後西方諸國政府克服此前幾十年的停滯。[1]最大受益者是西德，西德占全球製造品出口量的比重，一九五〇年是百分之七·三，十年後就成長為百分之十九·三，使德國經濟重登一九二九年華爾街股市崩盤之前它在國際貿易圈的地位。

一九五〇年後的四十五年間，全球出口量增加了十五倍。就連在這些年裡占全球貿易比重一直保持在一成左右的法國，都大大受益於國際貿易上如此全面的巨幅成長。事實上，在這些年裡，所有工業化國家都受益，二次大戰後貿易條件明顯轉為有利於他們，因為從西方以外地方引進原料、食物，成本持續下跌，製成品的價格則持續上升。在獨占優勢的條件下，西方與「第三世界」從事了三十年的不平等貿易，在這期間，西方形同擁有隨心所欲印錢的權利。[2]

但西歐經濟勃興的特別之處，在於它促成了歐洲的實質整合。歐洲經濟共同體的會員國，在《羅馬條約》之前，即成立這共同體之前，彼此間的貿易就占他們各自對外貿易的最大宗：一九五八年，百分之二十九的德國出口額銷往法、義、荷比盧，另有三成銷往其他歐洲國家。簽署《羅馬條約》前夕，已有百分之四十四的比利時出口值，銷往其日後的歐洲經濟共同體夥伴。即使像奧地利、或丹麥、或西班牙之類在許多年後才肯正式加入歐共體的國家，都已開始融入歐共體的貿易網：一九七一年，即奧地利加入後來之歐洲聯盟的二十年前，已有一半以上的進口來自歐洲經濟共同體的六個創始會員國。並不是歐洲共同體（即歐盟前身）為日後經濟整合的歐洲奠下基礎，而是，它的誕生體現了正在進行中的這個過程。[3]

戰後經濟大幅成長的另一個關鍵因素，乃是歐洲工人生產力的提升。一九五〇至一九八〇

1 但不該誇大舊規定廢除的速度。例如，進入一九六〇年代許久以後，義大利政府仍認為維持法西斯時代對外國車的關稅、配額，從政治來看是明智之舉，並認為保護國內生產商（基本上是飛雅特公司）比較妥當。英國政府採取類似的策略。

2 如此得到的錢，有許多會以貸款的形式，重新輸入這時債台高築的第三世界。

3 一如英國在其他方面所常見的，在這點上，英國也不同於歐陸國家。一九五六年，百分之七十四的英國出口銷往歐洲以外地區，大部分銷往其殖民地和大英國協。即使在一九七三年英國終於加入歐洲經濟共同體時，仍只有三分之一的出口銷往後來一九九二年時組成歐盟的十二個國家。

年，西歐勞動生產力的成長率是此前八十年成長率的三倍之多：每小時GDP的成長率，比人均GDP的成長率還要快。把勞動人口增加的數目考慮在內，可看出上述現象代表效率明顯提升和幾乎可見於每個地方的勞資關係大有改善。這在某種程度上也是戰後百廢待舉所致：此前三十年的政治動亂、大量失業、投資不足、實體破壞，使歐洲大部分地方在一九四五年後處於歷史性的低起始點。即使當時無意現代化，即使技術沒有改良，經濟表現大概還是會有所改善。

但在生產力的穩定成長背後，存在著工作性質上一個永久的、更深層的改變。一九四五年，歐洲大部分地方仍處於前工業時代。地中海諸國、斯堪地納維亞、愛爾蘭、東歐主要仍是農村社會，無論用哪個標準來衡量，都是落後。一九五〇年，南斯拉夫、羅馬尼亞的勞動成人，四分之三是小農。在西班牙、葡萄牙、希臘、匈牙利、波蘭，一半的勞動人口從事農業；在義大利，是五分之二。在奧地利，三分之一的就業人口在農場工作；在法國，將近三成的就業人口務農。甚至在西德，都有百分之二十三的勞動人口務農。只有在英國（只有百分之五的勞動人口務農）和比利時（百分之十三），十九世紀的工業革命已預示了後農業社會的到來（但在這點上，比利時不如英國顯著）。[4]

接下來三十年期間，大量歐洲人不再務農，改到城鎮工作，最大的改變出現在一九六〇年代期間。一九七七年時，只有百分之十六的義大利就業人口務農；在東北部的埃米利亞－羅馬涅地區，務農人口所占比重陡降，從一九五一年的百分之五十二降為一九七一年只有百分之二十。在奧地利，降為百分之十二，在法國降為百分之九．七，在西德降為百分之六．八。即使在西班牙，一九七一年時都只有兩成就業人口務農。在比利時（百分之三．三）和英國（百分之二．七），農民在統計上愈來愈無足輕重（甚至在政治上也是如此）。農業和乳製品生產變得更有效率，勞力密集程度降低，特別是在丹麥或荷蘭之類國家——在這類國家，黃油、乳酪、豬肉產品這時是有賺頭的出口品和國內經濟的支柱。

農業占GDP的比重持續下滑：在義大利，占全國產值的比重，從一九四九年的百分之二十七·五降為一九六〇年的百分之十三。最大受益者是第三產業（包括公務員領域）——許多前農民或他們的小孩最後就業的領域。有些地方——義大利、愛爾蘭、法國、部分斯堪地納維亞地區——則在一個世代的時間裡從農業經濟直接跳到以服務業為基礎的經濟，幾乎略過英國或比利時已走了將近百年的工業階段。[5]在英、德、法、荷比盧、斯堪地納維亞、阿爾卑斯山諸國，一九七〇年代結束時，從事服務業——傳播、運輸、銀行、政府公務部門之類——者已占就業人口的明確多數。在義大利、西班牙、愛爾蘭，比例則稍低。

相對地，在共產東歐，絕大多數的前小農被導入勞力密集型、科技落後的礦業和工業製造業；在捷克斯洛伐克，第三產業的就業人口數在一九五〇年代期間竟然下降。煤、鐵礦砂的產量，在一九五〇年代中期的比利時、法國、西德、英國逐漸減少，在波蘭、捷克斯洛伐克、東德卻持續成長。共產黨對原料開採和初級產品生產一意孤行的側重，的確在初期促成總產出和人均

4 相對地，一九五〇年的美國，務農人口占勞動人口的百分之十二。

5 瑞典在某一方面來講是個例外——瑞典戰後繁榮的關鍵，乃是在高價值產品的製造上找到自己的專攻領域。但瑞典人有廉價、易取得的（芬蘭）外籍勞工可用，還有幫瑞典減輕油價衝擊的水力發電業。一如瑞士，出於類似的原因，他們是個特例。

GDP的急速增長。因此，共黨指令性經濟對工業的側重，短期來說似乎成果不凡（尤其是在許多西方觀察家眼中）。但那為該地區的未來埋下禍根。

農業式微可以說是歐洲經濟成長的一大指標，一如一個世紀前英國開始稱霸世界時，同時出現勞動人口從鄉村轉移到城鎮、從農業轉移到工業的現象。事實上，英國沒有剩餘的農業人口可轉移到低工資的製造業或服務業，從而未能在快速脫離落後的過程中得到該有的效率增長，而這一事實正有助於說明在這些年裡英國為何表現較差，成長率一直落後法國或義大利（或甚至羅馬尼亞）。出於同樣原因，在這幾十年裡荷蘭的表現比其工業化鄰國比利時還要出色，因為它受益於剩餘的農村勞動力「一次性」轉移到此前未開發的工業、服務業。

政府和官方規畫在歐洲經濟奇蹟裡發揮的作用，較難估量。在某些地方，那似乎幾可說是有也可以、沒有也可以的東西。例如，北義大利的「新」經濟，其動力有不少來自數千家小商行。這些小商行由往往兼差當季節性農業工人的家庭員工組成，固定成本、投資成本低，幾乎沒繳稅。一九七一年時，該國勞動力八成受雇於員工數不到一百——往往遠低於一百——的公司。在支持這些商行的經濟活動上，義大利中央政府所發揮的作用，除了對財務、土地使用劃定、營建、其他違法活動視而不見之外，說不出還有什麼。

在這同時，政府在某個方面發揮了關鍵作用，即針對個人主動作為或私人投資所無力促成的大規模變革提供所需的資金：在歐洲，非政府的資金挹注付諸闕如了很長一段時間，而來自美國的私人投資直到五〇年代晚期才開始取代馬歇爾援助或軍援。在義大利，靠世界銀行的一筆大貸款支持的「南部基金」，最初把資金投入基礎設施和農業改良上：土地開拓、道路修築、排水、高架橋之類。後來，轉而支持新工廠。「南部基金」為願意投資南部的私人公司提供誘因（貸款、補助款、減稅優惠）；引導國有控股企業將它們新投資資金的高達六成投入南部；一九五七年後的幾十年裡，它在義大利半島南三分之一地區，建立了十二個「成長區」，三十個「成長核心」。

一如其他地方的大型官方計畫，「南部基金」效率不彰且非常腐敗。它的補助金大部分落到較受照顧的沿海地區；它所引進的新產業，有許多屬於資本密集型，因此創造的就業機會不多。該地區土地改革後形成的較小型「獨立」農場，有許多仍倚賴政府，使義大利的「南部地區」成為某種半永久性的福利制度地區。在某一代人的記憶中，義大利南部是歐洲最悲苦、最落後的地區之一，但到了一九七〇年代中期，南部的人均消費已成長一倍，當地收入每年平均成長百分之四，嬰兒死亡率已減半，電氣化即將完成。考慮到工業北部經濟起飛的速度之快——後面會提到，在某種程度上得歸功於南部來的工人——南部引人注目之處，不在「南部基金」未能在羅馬以南促成經濟奇蹟，而在該地區能夠不落後。就這點來看，羅馬當局的確值得稱許。

在其他地方，政府的角色不一；但都絕非無關緊要。在法國，政府把自己應有的作為侷限在後來人稱「指示性規畫」（indicative planning）的活動上——利用公權力將資源導入選定的地區、產業、乃至產品上，有意識地彌補戰前數十年囿於馬爾薩斯人口論導致的投資嚴重不足。政府官員能特別對國內投資施以相當有效的管制，乃是因為在戰後頭幾十年期間，貨幣法和國際資本的有限流動阻退了外來競爭。在法國和其他地方，銀行業者和民間放貸者無法隨心所欲往國外尋求較有利可圖的短期利潤，於是投資國內。[6]

在西德——衝突與不穩定（包括政治上和貨幣上），乃是人民對兩次大戰之間那段時期永難忘懷的記憶——波昂當局在規畫或主導經濟行為上，遠不如法國或義大利政府那麼積極，但在設法防止或舒緩社會衝突（特別是雇主與工人間的衝突）上遠更用心。特別值得一提的，波昂當局鼓勵並支持旨在降低罷工或工資飛漲的協商和「社會契約」。因此，私人產業（和它們所合作的銀行或擁有它們的銀行）更願意做長遠的投資，因為相信它們工人的工資會長期受到抑制。西德的工人，一如斯堪地納維亞的工人，較聽話，但為此得到補償：工作機會有保障、低通貨膨脹，以及最重要的，靠從陡進的累進稅率籌得的資金，所提供的全面性公共福利和補助金。

在英國，政府對經濟的干預較直接。一九四五至一九五一年工黨政府所執行的國有化，在保守黨執政後，大部分蕭規曹隨，未予更動。但兩黨都保證不再做長期經濟規畫或積極干預勞資關係。英國官方的積極介入，採取需求－管理（demand-management）的形式——操控利率和邊際稅階，以鼓勵儲蓄或開支。這些是短期策略。在這些年裡，英國各種政治立場的政府，其主要戰略目標乃是避免一九三〇年代的嚴重失業重演。

於是，在整個西歐，政府、雇主、工人共同追求一良性循環：政府高支出、累進稅率、工資小幅成長。誠如前面已提過的，這些目標已成為戰時、戰後所打造出的普遍共識——需要計畫性經濟和某種「福利國制度」的共識——的一部分。因此，它們是政府政策和集體意向的產物。但使這些目標如願實現的有利條件，卻不是政府所能直接左右。促成歐洲經濟奇蹟以及那之後的社會、文化劇變的因素，乃是歐洲人口的快速且持續成長。

二次大戰之前，歐洲人口就出現過數次劇增——最晚近一次出現在十九世紀中葉。但這些劇增未如一般情況下所見帶來人口的持續增長：原因若非傳統農業無法餵飽太多嘴，就是因為戰爭、疾病，或因為新出現的多餘人口，特別是青壯一輩，移往海外尋求更好的生活。而在二十世紀，戰爭和人口外移使歐洲的人口增長幅度，大大低於根據此前幾十年升高的出生率所可預見的增長幅度。

到了二次大戰前夕，一次大戰失去一代壯丁所產生的連鎖效應，加上經濟大蕭條和一九三〇年代的內戰、政治動蕩，已使西歐部分地區的出生率降到史上低點。在英國，每一千人只有十五·三個活產；在比利時是十五·四；在奧地利十二·八。在法國，一九三九年時出生率是千分之十四·六，而死亡人數多於出生人數的現象，不只出現於一次大戰期間和一九一九年、一九二九年，還出現於一九三五至一九四四年間的每一年。在法國，一如在內戰期間的西班牙，全國人口持續減少。在地中海歐洲和維也納以東，出生率較高，有時達西歐的兩倍。但嬰兒死亡率的上升和各年齡層裡更高的死亡率，意味著即使在那些地區，人口成長都不顯著。

我們該在這一背景下，在二次大戰造成又一場人口浩劫的背景下，理解戰後的嬰兒潮。一九五〇至一九七〇年，英國人口成長了百分之十三；義大利成長了百分之十七，西德成長了百分之二十八；瑞典百分之二十九；荷蘭百分之三十五。在其中某些國家，人口的增長受到移入人口的

6 這一與過去迥然不同的作法，透露了鮮為人知的事實。法國工業化初期，就連巴黎的大投資銀行都缺乏資源支持法國工業基礎設施的現代化，也未得到政府的援助或鼓勵。一九四五年法國工廠、道路、鐵路網、公用設施的破敗，正是這些缺陷的有力證明。

推波助瀾（返回荷蘭的殖民地居民、逃往西德的東德難民和其他國家的難民）。但在法國，外來因素影響不大：從一九四六年戰後第一次人口普查到六〇年代結束，法國人口成長了將近三成，是法國有紀錄以來最高的成長率。

因此，一九五〇、六〇年代的歐洲，其引人注目之處——可從當時任何街頭立即注意到的特色——乃是孩童、年輕人為數眾多。中斷了四十年後，歐洲再度愈來愈年輕。大部分國家戰後出生的高峰出現在一九四七至一九四九年——一九四九年法國出生八十六萬九千名嬰兒，相對地，一九三九年只有六十一萬兩千名。一九六〇年時，在荷蘭、愛爾蘭、芬蘭，都有三成人口不到十五歲。到了一九六七年，在法國，三分之一人口不到二十歲。令人驚奇之處，不只戰後有數百萬小孩出生，而且從來沒有這麼多小孩活下來。

在這幾十年裡，拜營養、住居、醫療保健都有所改善之賜，西歐嬰兒死亡率——每千名活產兒中滿一歲前死亡的嬰兒數目——遽降。在比利時，從一九五〇年的五十三・四降為一九七〇年的二十一・一，其中大部分改變出現在頭十年。在義大利，從六十三・八降為二十九・六，在法國從五十二・〇降為十八・二。老年人也變得更長壽，至少在西歐是如此，西歐的死亡率在這期間持續下降。在東歐，嬰兒存活率也提高，但無可否認，其起始數據比西歐低得多：在南斯拉夫，嬰兒死亡率從一九五〇年的每千人一一八・六，降為二十年後的五十五・二。[7]在蘇聯本身，從一九五〇年的千分之八十一降為一九七〇年的二十五，只是境內各共和國之間差異頗大。但共產國家的人口出生率降得比西歐還快，一九六〇年代中期起比日益惡化的死亡率更低（特別是男性成人的死亡率）。

關於二次大戰後歐洲人口出生率的復甦，歷來有多種解釋，但大部分解釋把原因簡化為樂觀心態加免費牛奶。在一九一三至一九四五年人口成長長期陷入谷底那段期間，各國政府就已著手提高出生率——透過鼓吹增產報國、家庭「法典」、其他法令，以抵消男人、住屋、工作機會、安全感的長期短缺這些不利人口成長的因素——但未如願。而在戰後，甚至在戰後經濟成長促成安穩的就業和消費型經濟之前，當和平、安全、官方鼓勵同時出現時，就足以達成一九四〇年前再怎麼撲天蓋地鼓吹提高人口出生率都不可能達成的成果。

復員戰士、返鄉戰俘、因政治原因遭驅逐出境而在戰後返國者，在有利於結婚生子的配給、分配計畫和對每個小孩的現金補貼鼓勵下，一有機會就結婚成家。而促成人口成長的因素不止這個。一九五〇年代初期，西歐諸國提供給人民的，不止希望和社會安全網，還提供了大量的就業機會。一九三〇年代期間，西歐的平均失業率達百分之七．五（英國是百分之十一．五）。到了一九五〇年代，除義大利，其他國家都已降到百分之三以下。到了一九六〇年代中期，歐洲的平均失業率只有百分之一．五。自有紀錄以來，西歐首度出現完全就業。這時，許多產業都面臨人力普遍短缺。

這為勞工組織的壯大提供了有利條件，但工會若非力量薄弱，就是不願運用他們的力量（但英國是明顯的例外）。這是兩次大戰之間那二十年所直接造成：經歷過大蕭條、法西斯壓迫的戰鬥聯盟或政治聯盟，其元氣從未完全復原。為回報自己所新獲得作為全國性協商夥伴的崇高地

7 一九五〇年時，歐洲境內只有南斯拉夫、波蘭、羅馬尼亞、阿爾巴尼亞四國，其一歲前嬰兒死亡率達一成以上。在西歐，排名殿後的國家是葡萄牙，一九五〇年該國的嬰兒死亡率是千分之九十四．一。

位，整個五〇年代和六〇年代初期，工會代表往往較偏向於和雇主合作，而較不願趁著勞力短缺，獲取當下可得的利益。一九五五年，汽車工人代表和國有化的汽車製造商雷諾敲定法國有史以來第一個生產力協定，正象徵工人視角的轉移：工人的主要獲益，不是來自工資，而是來自公司的創新作法，把工人的有薪休假日延長到三個禮拜。[8]

傳統藍領工會在西歐不再舉足輕重的另一個原因，乃是它們的成員——有專門技術的男性體力勞動者——愈來愈少。煤、鋼、紡織和其他十九世紀產業的就業機會愈來愈少，雖然這直到六〇年代才變得顯著。愈來愈多工作機會出現於第三產業，而且在第三產業就業者有許多是女性。有些職業——紡織業、幫忙家務——在此前數十年，女性從事人數就大大偏多；但戰後，這兩項工作的就業機會都急遽減少。女性勞動人口，不再都是當女僕或擠奶工的單身女子，反倒是在店鋪、辦公室、某些低薪職業（特別是護士、教師）工作的婦女（往往是已婚、年紀較長的婦女）愈來愈多。一九六一年時，英國的就業人口有三分之一是女性，三分之二就業女性從事辦事員或秘書工作。在義大利，年紀較大的婦女傳統上不外出工作，但即使在這裡，一九六〇年代結束時，都有百分之二十七的勞動人口是女性。

在繁榮的歐洲西北部，對勞動力無可滿足的需求，說明了一九五〇年代和一九六〇年代初期為何出現顯著的集體遷徙。這表現為三種形式。首先，男人和女人、小孩離開鄉下投奔城市，遷往國內較發達地區（就程度上來說，女人、小孩不如男人）。在西班牙，有一百多萬安達盧西亞居民於一九五〇年後的二十年間北遷到加泰隆尼亞：一九七〇年時，有一百六十萬安達盧西亞出生的西班牙人住在安達盧西亞以外地區，其中光是巴塞隆納市就住了其中的七十一萬兩千人。在葡萄牙，貧困的阿連特茹（Alentejo）地區，有相當多居民離鄉前往里斯本。在義大利，一九五五至一九七一年間，據估計有九百萬人從一地區遷居另一地區。

這一人口遷徙模式，也見於地中海以外地區。一九五〇至一九六一年從東德投奔西德的數百萬年輕人，或許是為政治自由而離開家鄉，但他們這麼做，也是為覓得待遇較好的工作和較美好的生活。在這點上，他們與同時代的西班牙人或義大利人，或一九四五年後的十年裡，從瑞典中、北部鄉村遷到城市的二十五萬瑞典人，差別不大。促成這類遷徙的一大原因是收入落差；但逃避困苦、孤立、鄉村生活的乏味、農村社會傳統階層體制的束縛，也是原因，特別是年輕人。隨之帶來的好處是，留在農村者的薪資和他們所能取得的土地面積，因此提高。

第二個遷徙模式是在歐洲內跨國遷徙。歐洲人外移當然並非這時才有。但一八七〇至一九二六年出國的一千五百萬義大利人，一般是投奔大西洋彼岸：美國或阿根廷。同一段期間外移的數百萬希臘人、波蘭人、猶太人和其他國人，或更早一個世代外移的斯堪地納維亞人、德國人、愛爾蘭人，亦是如此。沒錯，在一次大戰之後，就有礦工和農場工人從義大利、波蘭持續而小量移入法國之類的事情；一九三〇年代則有躲避法西斯、納粹的政治難民往西逃。但歐洲內部的跨國遷徙，特別是以覓得工作為目的的跨國遷徙，仍不多見。

一九五〇年代底時，情況完全改觀。勞動力跨國流動在戰後不久就展開——一九四六年六月的某項協議之後，數萬義大利年輕工人，以有組織的車隊，前往瓦隆尼亞的礦場工作，以換取比

8 隔年，一九五六年三月，這一權利擴大適用到法國所有工人。一九六二年雷諾工人的有薪休假日延長到四個禮拜，但這一次，要再經過七年，全國其他地方才跟進。

利時供煤給義大利的承諾。但一九五〇年代期間，西北歐的經濟成長速度，超過當地人口成長速度：「嬰兒潮」世代尚未進入勞動市場，但勞力需求正處於高峰。德國經濟開始加速起飛時，波昂政府不得不往國外尋覓廉價勞力。

一九五六年，德國總理艾德諾來到羅馬，表示願為有意前往德國工作的義大利勞工免費提供交通費，並希望義大利官方與其合作，將南義大利的失業者輸送到德國。接下來十年期間，波昂當局與外國簽訂一連串協議，對象除了義大利，還有希臘、西班牙（一九六〇）、土耳其（一九六一）、摩洛哥（一九六三）、葡萄牙（一九六四）、突尼西亞（一九六四）、南斯拉夫（一九六八）。德國鼓勵外國工人（客籍工人）前來工作——因為知道他們只是短期居留，最終會回自己的國家。一如在瑞典工作的芬蘭籍外勞，或在英國工作的愛爾蘭籍外勞，這些人（大部分不到二十五歲）幾乎個個來自貧窮的、或鄉村的、或多山的地區。大部分沒有專門技能（但有些人是為了得到工作而接受不需專門技能的工作）。他們出國工作，減輕了當地人找工作、覓屋的競爭壓力，而他們在德國和其他北歐國家所賺的錢，則成為他們家鄉經濟的重要支柱。一九七三年，赴國外工作者所匯回的錢，占了土耳其出口收入的九成，希臘、葡萄牙、南斯拉夫的五成。

這些人口轉移對人口組成的影響甚大。表面上，這些外移者是「短期」移居，實際上是永遠離開家鄉。如果返鄉退休，也都是許多年後的事。一九四五至一九七〇年有七百萬義大利人外移。一九五〇至一九七〇年，有四分之一希臘勞動人口出國找工作：一九六〇年代中期，外移最高峰時，每年有十一萬七千希臘人外移。[9]據估計，一九六一至一九七四年，有一百五十萬葡萄牙工人在國外找到工作——葡萄牙史上最大的人口遷徙，使葡萄牙境內的勞動人口只剩三百一十萬。對總人口在一九五〇年時只有八百三十幾萬的國家來說，這是很驚人的數據。年輕婦女外移至巴黎等地方尋找幫忙家務的工作，對葡萄牙鄉村的影響尤其明顯，鄉村年輕成人的不足，靠來自葡萄牙在佛得角群島、非洲之殖民地的移民，只得到局部填補。在葡國北部鄉間的薩布加爾（Sabugal）鎮，人口外移使當地人口從一九五〇年的四萬三千五百一十三人，降為三十年後的只有一萬九千一百七十四人。

對人力「輸入」國來說，經濟獲益相當可觀。一九六四年時，外籍（大部分是義大利籍）工人占瑞士勞動人口的四分之一。瑞士的觀光業極度倚賴廉價的季節性勞工：易雇，易打發。在西德，一九七三年，外籍工人最多的年份，境內有兩百八十萬外籍工人，其中大部分人投入營建業和金屬加工、汽車製造。他們占了德國總勞動人口的八分之一。在法國，該年登錄的兩百三十萬外籍工人，占總勞動人口的百分之十一。其中許多人是幫忙家務的婦女，受雇當廚子、清潔工、門房、保姆，且絕大多數是葡萄牙籍。

這些人大部分沒有永久居留權，他們未享有工會與雇主為提供本地雇員安全、福利、退休金所簽協議的保障。因此對他們所投奔的雇主、國家來說，必須負擔的義務或長期成本不大。進入一九八〇年代許久以後，德國境內「客籍工人」的地位和工資，仍被壓在新進員工的水平。他們過著克難生活，把大部分收入寄回老家：不管在西德或法國所賺的薪水如何微薄，都抵得上在家鄉村子裡所能賺得的好幾倍。他們的處境類似佛朗科·布魯薩蒂（Franco Brusati）在其一九七三年

9 因此，六〇年代末期觀光業開始起飛時，希臘境內的最低階工作竟出現人力短缺。

電影《麵包與巧克力》（*Pane e Cioccolata*）中，以稍稍誇張的手法描寫的那位在美國盧澤恩工作的義大利籍孤苦服務生。

一九七三年時，光是西德境內就有將近五十萬義大利人、五十三萬五千南斯拉夫人、六十萬五千土耳其人。[10]德國人，一如瑞士人、法國人、比利時人或英國人，不是很樂見國內突然迸出這麼多外國人。與這麼多來自異國的人一起生活，對大部分歐洲人來說，是他們所不熟悉的經驗。如果這現象得到相當地包容，只偶爾對外籍工人族群爆發偏見和暴力，在某種程度上乃是因為他們與當地人不混居，單獨住在大城市周圍枯燥乏味的郊區城鎮；因為他們在充分就業的時代未構成經濟威脅；因為至少就來自葡萄牙、義大利、南斯拉夫的基督教徒來說，他們在外觀上和文化上是「可同化的」，不是黑人或穆斯林；還因為當地人普遍知道他們總有一天會離開。

但這類看法並不適用在第三類外籍勞力上：來自過去與現在之歐洲殖民地的移民工。這一類外籍勞工最初無足輕重。從位於亞洲、非洲、南美洲、太平洋地區的前帝國領地返回荷蘭、比利時、法國者，有許多是白人專業人士或退休的農場主。即使是住在法國的阿爾及利亞裔國民，一九六九年時為數也只有六十萬，比當地的義裔或西裔族群還少。

在英國，一九五〇年代時政府積極鼓勵加勒比海人移入，以為該國的火車、巴士、市政服務提供人力，但即使如此，在英國，這類人口的數量都不是特別多。一九五一年英國人口普查，英國境內有一萬五千名來自西印度群島的居民（以巴貝多的居民居多）：其中四千人住在倫敦。到了一九五九年，從西印度群島移入英國的人數，達到每年一萬六千人左右。來自大英國協其他地方的移民更少——一九五九年，來自印度、巴基斯坦的移民只有三千人。後來，這類數據會升高，特別是英國政府勉強同意接納遭烏干達獨裁者阿敏驅逐出境的東非亞裔時，但晚至一九七六年，英國境內的「非白人」仍只有一百八十五萬，只占總人口的百分之三，而且其中四成在英國出生。

會有這樣的差異，原因當然出在這些人是棕色人種或黑人——而且身為大英國協公民，他們擁有在宗主國永久居留和最終成為公民的推定權。一九五八年時，西倫敦的種族暴動，就已令英國政府警覺到讓「太多」外來移民進入向來是白人社會的英國所可能帶來的風險。因此，儘管經濟上仍極需要沒有專門技能的外籍工人，且當時的外籍工人總數並不多，英國仍開始管制非歐裔人口的移入。一九六二年的《大英國協移民法》首度規定，得擁有官方發放的「就業證明」才能定居英國，嚴格管制非白人移入英國。一九六八年的《大英國協移民法》，管制更嚴，限制至少得有父母一方是英國人者才能成為英國公民；一九七一年的另一項法案則公然將矛頭對準非白人，嚴格限制已在英國居住的外來移民所扶養的親屬入境。[11]

這些法律的最後效應，乃是使非歐裔人口的移入英國，在開始不到二十年後戛然而止。此後，非白人在英國人口裡的比重增加，乃是英國境內非洲裔、加勒比海裔、南亞裔出生率高所致。另一方面，在對黑人、亞裔進入英國的權利嚴予設限之後，他們一旦置身英國，其改善生活品質的

10 在這十五年前，即一九五八年，據官方普查，才只有兩萬五千義大利人、四千南斯拉夫人、人數少到不值得紀錄的土耳其人。

11 對來自殖民地的移民施加這些嚴格的限制，反映了兩大黨內的主流立場。但不到一個世代前（一九四八年七月），在大不相同的情況下，工黨首相艾德禮曾如此寫道：「按照傳統，英國子民，不管是自治領出身或殖民地出身（且不管是哪種種族或膚色），都應可以自由進入英國。我認為，那傳統不該予以率爾拋棄，特別是在我們正大量引進外勞時。」

機會，自然而然隨之大幅提升。一九六五年的《種族關係法》，嚴禁公共場所種族歧視，推出職場歧視的對治之道，對煽動種族仇恨的行為制訂罰則。十一年後的《種族關係法》終於明訂凡是建立在種族上的歧視行為都是非法，設立了種族平等委員會。英國（和後來的法國）境內非歐裔的新住民，在某些方面來說，比在阿爾卑斯山以北討生活的二等歐洲人還要幸運。英國女房東再也不能擺出「不歡迎黑人、愛爾蘭人或狗」的招牌；但在瑞士的公園裡，要再過一些年，禁止「狗與義大利人」進入的告示牌才絕跡。

在歐洲北部，諸國政府刻意使外籍勞工和其他外籍住民處於隨時可能待不下去的處境。荷蘭政府鼓勵西班牙、南斯拉夫、義大利（和後來土耳其、摩洛哥、蘇利南）的工人，前來荷蘭的紡織廠、礦場、造船廠工作，但舊產業式微時，丟掉飯碗的是這些工人，而且往往沒有保險或社會安全網來減輕他們和他們家人所受的衝擊。在西德，一九六五年的《外國人法》，將一九三八年納粹首度頒布的《外國人治安條例》納入條文中。外籍工人被視為過客，去留由當局決定。但到了一九七四年，歐洲經濟成長變得非常緩慢，不再需要許多外籍工人，這時他們已成為永久居民。那一年，西德出生的小孩中，有百分之十七．三是「外國人」的小孩。

這些人口遷徙最終所帶來的衝擊，再怎麼高估都不為過。總計有約四千萬人在遷徙，在國內移動、在國與國間移動、從海外移入歐洲。這些勞動人口難以保護自身權益，大體上未組成工會，但沒有這些廉價、充沛的勞力，歐洲的勃興不可能出現。戰後歐洲諸國——和民間雇主——大大受益於這批源源不絕的穩定、溫順、低工資的工人，卻常不願為他們付出完全的社會成本。當勃興畫下句點，該資遺多餘勞力時，首當其衝者就是外籍工人和逐工作而居的民工。

一如其他所有人，這些新來的工人不只製造東西，也買東西。這是過去很少見的現象。有史以來，以迄這時，在歐洲——一如在世上其他地方——大部分人都只擁有四種東西：繼承自父母的東西；自己製造的東西；透過以物易物從他人那兒換來的東西；不得不以現金買進、幾乎都是由他們所認識之人製造的少數東西。十九世紀期間的工業化已使城鎮居民的世界改頭換面；但在鄉村歐洲的許多地方，直到二次大戰時，甚至在戰後，傳統經濟的運作仍大體上一如往昔。

傳統家庭預算裡，最大的開銷在食、衣，而食、衣與住耗掉家庭收入的很大部分。大部分人不血拼或不從事現代意義上那種「消費」；過著僅足溫飽的生活。對歐洲絕大部分人來說，直到二十世紀中葉，「可支配收入」仍是矛盾字眼。晚至一九五〇年，西歐家庭的現金支出，平均來講，仍有一半以上花在民生必需品上：食物、飲料、菸草。在地中海歐洲，比重又更高得多。再加上衣物、租金方面的開銷，就沒剩多少錢可用來買非必需品。

到了下一個世代，情況完全改觀。一九五三年後的二十年間，西德和荷比盧三國的實質薪資成長將近兩倍。在義大利，收入成長速度又更高。甚至在英國，國民平均購買力在這期間都成長將近一倍。到了一九五六年，在英國，食與衣的開銷只占消費性開銷的百分之三十一；到了一九八〇年，北歐、西歐這方面的平均值不到百分之二十五。

人有了閒錢，並開始花閒錢。一九五〇年，西德零售商只賣掉九十萬雙女用長絲襪（戰後頭幾年的「奢侈品」象徵）。四年後的一九五三年，他們賣出五千八百萬雙。在傳統的大宗商品上，這一支出革命的主要衝擊，表現在商品的包裝上和商品的販售規模上。超級市場開始出現，特別是購買力提升所帶來的衝擊感受最劇烈的一九六〇年代時。在荷蘭，一九六一年時境內只有七間超市，十年後變成五百二十間。同樣十年內，鄰國比利時的超市數量從十九增加為四百五十六；在法國，從四十九增加為一千八百三十三。[12]

超市的問世，乃是建立在如下的理論上：如果採買者（大部分是家庭主婦）所需——或受誘惑而會想需要——的東西，大部分可在同一個地方方便購得，他們每一次出門購物都會花較多錢。但這接著又表明了，女人有地方擺放她們買回家的食物；這代表了冰箱的存在。一九五七年，大部分西歐家庭仍沒有冰箱（擁有率從西德的百分之十二到義大利的不到百分之二）。原因主要不在技術層面（一九五〇年代中期時，西歐幾乎各地都已供電，只有挪威部分鄉間和義大利南部、高山地區是例外），而出在財力和運送能力上：除非家庭主婦有錢能一次外出就買進許多易腐食物，還能把食物搬回家，不然花大筆錢買台冰箱沒有意義。[13]

冰箱的普及程度，反映了其他許多相關的改變。到了一九七四年，在大部分地方，冰箱已普及到若家裡沒有會引來側目的地步：在比利時和英國，百分之八十四的家庭有一台；在法國是百分八十八；在荷蘭、西德是百分之九十三。最引人注目的，這時有百分之九十四的義大利家庭擁有一台冰箱，比率高居歐洲之冠。事實上，這時義大利已是歐洲最大的冰箱和其他「白色家電」的製造國。一九五一年，義大利工廠只製造出一萬八千五百台冰箱；二十年後，義大利一年生產五百二十四萬七千台，幾乎和美國一樣多，比歐洲其他地方的生產總和還要多。

一如家用冰箱，洗衣機也在這些年裡問世。它也是為減輕剛晉身有錢階級的家庭主婦的家務負擔，鼓勵她們擴大採購範圍而推出。但洗衣機的普及比冰箱還要慢，原因之一是一九五〇年代中期時，法國、斯堪地納維亞兩地的許多地區，還有比利時、義大利、奧地利、西班牙境內，仍有一半以上家庭沒有自來水可用，另一個原因是許多地方的電力網仍不夠讓一個住家用上兩台大型電器。[14]即使在一九七二年，大部分西歐人的居家已配備室內馬桶和完整的管道設備，仍只有三分之二家庭擁有洗衣機，這一比例以每隔十年平穩但緩慢的成長。有好多年，洗衣機一直是窮人可望不可及的東西，特別是最需要洗衣機的大家庭。部分因為這因素，洗衣機和一九七〇年代中期後的洗碗機一樣，在當時的商業行銷上，始終被界定為有錢中產階級的家用設備。

洗衣機和冰箱變得較便宜。一如玩具業和服飾業，隨著一端的投資和另一端持續不墜的高需求拉下價格，它們的製造規模，變得比以往大許多：即使在大量生產上始終落後他國的法國，玩具業的營業額在嬰兒潮初期的一九四八至一九五五年間，都成長了兩倍半。但數百萬大宗商品消費者的誕生產生了良性循環，其最重大的衝擊，不在家庭裡，而在家庭以外。歐洲繁榮的最搶眼

12 惟一的例外是義大利。一九七一年時，在該國五百三十八間超市購買的商品，只占該國人民所採購商品的不到百分之五，幾乎人人仍繼續到在地的專門店購物。二十年後仍是如此：一九九一年，西德境內販售單一製造商之食品的店家已減少到三萬七千家，在法國只剩兩萬一千五百家，在義大利卻有十八萬兩千四百三十二家食品店。就人均數值來講，只有波蘭勝過義大利。

13 也有人從「文化」觀點反對冰箱。一九五二年，法國共黨作家羅歇．瓦揚（Roger Vailland）主張，「法國一年裡除了兩個月之外，始終都很冷，而且不是每年都有這樣的兩個月。因此，在像法國這樣的國家，窗台上的食物箱就足以把烤肉保存一個星期，而且冰箱是個『象徵』，是（美國的）『騙人玩意兒』。」

14 直到一九六三年，法國電力公司才開始將其市區電力輸送線升級，使家庭得以同時使用多台電器，數年後，鄉間也升級。

指標，乃是房車所造成的革命。

一九五〇年代之前，汽車仍是大部分歐洲人眼中的奢侈品，在許多地方難得一見。即使在大城市，汽車的出現都還是一九五〇年代之前不久的事。大部分人不為了休閒而出遠門，出門工作或上學時，使用大眾運輸工具：火車、電車、巴士。一九五〇年代開始時，西班牙境內只有八萬九千輛私家車（不計入計程車）：每三十一萬四千人有一輛。一九五一年，只有十二分之一的法國家庭擁有汽車。只有在英國，擁有汽車是集體現象：一九五〇年英國境內有兩百二十五萬八千輛私家車。但地理分布不均：將近四分之一的車子登錄於倫敦，英國鄉間仍有許多地方和法國或義大利一樣看不到汽車。即使如此，許多倫敦人仍沒有車，有數千名市場商人、小販和其他生意人仍靠馬車做生意。

接下來二十年，汽車擁有者大增。在英國，一九三〇年代的初步成長因戰爭和戰後物資短缺而停擺，但在一九五〇至一九八〇年間，每隔十年增加一倍。從一九五〇年的兩百二十五萬輛，成長為一九六四年的八百萬輛，六〇年代底的一千一百五十萬輛。義大利人在二戰爆發時只擁有二十七萬輛私家車，一九五〇年時三十四萬兩千輛（比大倫敦區的汽車數還少），一九六〇年時達到兩百萬輛，一九六五年五百五十萬輛，一九七〇年超過一千萬輛，五年後據估計達一千五百萬輛（每七人有兩輛車）。[15]在法國，私人擁有的汽車數量從不到兩百萬增加為一九五〇代的將近六百萬輛，接下來十年間又增加一倍。停車計費器於一九五〇年代底引進，正說明汽車數量的大增。計費器於英國首度使用，然後在六〇年代期間擴及到法國和其他地方。[16]

歐洲人能買進車子供個人使用，使歐洲街頭出現數量前所未見的眾多汽車，不只是因為歐洲人可花用的錢變多。汽車製造商推出的車子，多到可滿足數十年大蕭條、戰爭所壓抑下的需求還綽綽有餘。一九三九年之前許久，就已有一些歐洲汽車製造商（德國的保時捷、法國的雷諾、雪鐵龍、英國的莫里斯），預期大蕭條後對私家車的需求會升高，而開始思考新式房車──功能上與二十年前福特的T型車類似的車子：可靠、大量製造、買得起。二戰使這些新款車的問世延後，但到了一九五〇年代初期，新設置的生產線已開始生產這類車子，數量有增無減。

在每個西歐國家，都有一稱霸市場的本土製造商和車款，但基本上它們全部非常相似。福斯金龜車、雷諾4CV、飛雅特500與600、奧斯汀A30、莫里斯Minor，都是兩門小房車：售價便宜、行駛成本低廉、易修理。它們都有薄而含錫的車架；動力不足的小引擎（藉此盡可能省油）；將附件和固定裝置減到最少。福斯、雷諾、飛雅特的車子是後置引擎，後輪驅動，在駕駛前方留下一隔間，供擺放電池、備胎、手搖柄、工具和少量行李。

前置引擎的莫里斯汽車，一如當時與它競爭的福特「大眾」（美國品牌的車子，但在倫敦附近達格納姆的福特英國廠製造，供應英國國內市場），有心給予乘客稍高的舒適度，後來衍生出四門型。四門型首次問世那幾年，正好遇上英國景氣大好，很符合社會的需求。法國的雪鐵龍推出風格獨具的2CV（最初鎖定想升級或想換掉牛車的農民），四門，車頂、座椅可拆卸，配置中

15 費里尼電影《八又二分之一》（一九六三）的開場畫面，正貼切捕捉到汽車劇增的現象。即使就費里尼本人的標準來看，這一市區交通壅塞情景，若再早個幾年，都會令人難以置信。

16 當地人對這一新措施的反應，遵循過去的先例：英國汽車駕駛人把計時收費視為擅自收稅的行為，拒不繳納。法國人則把巴黎的計時收費器砍頭，表達他們的反對。

型摩托車的引擎。雖然有這些文化上的差異，五〇年代的小車有一共同目的：使西歐幾乎家家戶戶有機會擁有車、買得起車。

歐洲的戰後交通革命開始後，有幾年時間，汽車供不應求（在東歐同樣的情形一直持續到一九八九年）。因此，單車、摩托車、掛了邊車的摩托車，有一陣子大行其道——買不起汽車或還弄不到汽車的人，拿掛了邊車的摩托車當臨時的家用交通工具。速克達在法國問世。第一屆全國性速克達大會師於一九四九年十一月十三日在羅馬舉行，這些方便、價格合理、象徵城市自由與機動的摩托車，銷售量隨之爆炸性成長。速克達大受年輕人歡迎，在當時義大利所製作或以義大利為主題的每部電影中大出風頭（特別是偉士牌）。

但到了六〇年代開始時，汽車在西歐已牢牢位居主流，人民捨鐵路，改走公路，棄大眾運輸公具，改開私家轎車。鐵路網的長度和乘坐人次於一次大戰後那幾年達到高峰；而這時，不賺錢的服務縮減，數千哩鐵軌遭拔除。在英國，一九四六年時鐵路載客量達九億一百萬人次，逼近其歷史高峰。但此後載客量逐年下降。在西歐其他地方，火車的營運情況較理想：在鐵路營運有效率且國土小而人口稠密的國家，例如比利時、荷蘭、丹麥，載客量還成長，但成長速度遠低於公路運輸。

隨著愈來愈多人開車上班，搭巴士的人次也首度開始下滑。由於通勤族開始開車上班，一九四八至一九六二年間，在擁擠的英國首都倫敦，大眾運輸系統的巴士、有軌電車、無軌電車、地鐵的總載客量，從一年三十九億五千五百萬人次降為二十四億八千五百萬人次。歐洲的公路狀況雖然明顯不佳——除了德國，其他的國家自一九二〇年代晚期以來國道路網皆未有顯著的改善

——但個人，特別是家庭，愈來愈常使用汽車作為上下班、上下學以外的出門交通工具：到城市邊緣新近設立的超大型賣場購物，最重要的，週末短程出遊和一年一度的長假。[17]

在歐洲，休閒式旅行並非這時才有，但在這之前，那是貴族的專利，然後只有較有錢、較有文化抱負的中產階級這麼做。但一如其他每個經濟產業，「觀光」受到二戰和經濟衰退的摧殘。一九一三年前來瑞士的觀光客，投宿天數達到兩千一百九十萬；然後直到一九五〇年代中期，這盛況才恢復。而一九五〇年代觀光業的蓬勃發展，情況與過往有別。私人運輸工具的取得，特別是樂於花錢度假的人愈來愈多，促進了這時的觀光業：一九六〇年時，歐陸大部分員工依法都享有兩個星期的有薪長假（在挪威、瑞典、丹麥、法國是三星期），而且利用這長假出遠門度假的風氣愈來愈盛。

休閒式旅行漸漸成為平民大眾的休閒活動，不再是某些人所獨享。長途汽車客運公司生意大好，將工廠工人、農場工人一年一次搭敞篷大馬車赴海邊旅遊的傳統，擴大為國內、跨國的營利性服務。新投入航空載客事業的企業家，例如買下生產過多之布里斯托不列顛型渦輪螺旋槳式客機的英國佛雷迪·雷克（Freddie Laker），推出赴義大利、法國、西班牙境內，新開張的夏季度假勝地遊旅的包機服務。戰前就已受到沒錢度假客和熱衷戶外活動者喜歡的露營，在五〇年代晚期

17 所謂的超大型賣場，乃是單一樓層面積至少兩千三百平方公尺，一般距市中心至少三公里的商店。超大型賣場於一九六〇年代底首度出現於歐洲，到了一九七三年，西歐境內有約七百五十家這類賣場，其中六百二十家位在法國和西德。同年，義大利境內只有三家。二十年後，法國境內有整整八千家的超大型賣場和大型超級市場……但義大利境內仍只有一百一十八家。

成為一大產業，催生出位於沿海、鄉間的露營區、露營器材商場、露營指南書籍、露營衣物專門店。古老的度假勝地——位於北歐、西歐沿海和鄉間——生意興隆。新發現（或重新發現）的景點，在光鮮亮麗的宣傳小冊和民間誇大的認知中大放光芒。法國里維拉，曾是愛德華時代英國中上階級所喜愛的平靜避寒勝地，這時則在「陽光歡樂」（fun-in-the-sun）的新浪潮電影中，被賦予風情萬種、青春活力的新風貌：一九五六年，羅傑·瓦迪姆（Roger Vadim）「創造」了聖特羅佩（St Tropez），在《上帝創造女人》（*Et Dieu... crea la femme*）一片中，把該地當作他將新捧的小女星碧姬·芭杜走向影壇的最佳舞台。

並非每個人都去得起聖特羅佩或瑞士——雖然對來自英國或德國，拿英鎊或德國馬克兌換當時幣值遭低估的法朗和里拉的遊客來說，赴法國、義大利海岸、山區旅遊仍算不貴。但到國內的海濱度假，這時的確很便宜，特別是英國人、荷蘭人、德國人，對此趨之若鶩。在遊樂場討生活的加拿大人比利·巴特林（Billy Butlin），一九三六年在英國的斯凱格內斯（Skegness）開設了他第一家附有住宿、娛樂等設施的度假村，五〇年代時，繼續靠著在工業化英格蘭的海岸設立的度假村，販售「便宜、歡樂」、吃住娛樂全包的家庭度假活動，賺了大筆錢：後來某批評家以冷嘲熱諷口吻指斥，它們是「附有過夜設施的沃瑪百貨」。但巴特林的度假村在當時極受歡迎——而且，雖然並未明言，但後來更具國際性的一代所偏愛的集體休閒度假區、法國「地中海俱樂部」制度即脫胎自巴特林度假村，地中海俱樂部的「友善導遊」（gentils moniteur）正如同巴特林的「紅衣人」（Redcoats）。

若要稍微冒險刺激的，也有位於西班牙地中海岸新開的度假勝地可去，遊客在那兒可選擇提供住宿和早餐的B&B旅館、或膳宿公寓、或由新興的旅行團經營者大批預訂下的樸素濱海飯店。這些地方全可開車抵達。數百萬個家庭，一身夏季休閒服（這休閒服本身就是個新產品且是新富裕景況的明證），擠進他們的飛雅特、雷諾、福斯、莫里斯的車子裡——往往擠在同一天出遊，因為國定長假往往集中在八月裡的幾個星期——然後開上為前一個旅行時代所設計，狹窄、維修不佳的道路，前往遙遠的海岸。

結果就是出現前所未見、令人嘆為觀止的交通堵塞，這情形從一九五〇年代晚期起逐年惡化。他們走的不出以下幾條要道：從倫敦往西南通往康沃爾的A303幹道；從巴黎到地中海岸的六號、七號國道；從巴黎到西班牙邊界的九號國道。（法國赴西班牙的遊客，從一九五五年的數千人，增加為一九六二年時的三百萬人，再到兩年後的七百萬人。在佛朗哥主政下的西班牙，法國法朗甚至通行無阻，特別是戴高樂調整法郎幣值之後。）[18]德國觀光客循中世紀的貿易路線南下，大舉穿過奧地利的蒂羅爾，翻過布倫納山口，進入義大利，人數還愈來愈多。許多德國人繼續往前進入南斯拉夫，在這段期間南斯拉夫和西班牙一樣開放外國人前來觀光：一九六三年時已達一百七十萬人，十年後，每年前往歐洲境內這惟一對外開放、擁有旅遊成本非常低廉的長長一段亞得里亞海岸線的共產國家的外國遊客，將近六百三十萬。

已有人精闢論到，大眾旅遊可能對環境不利，但具有明顯的重分配效益。隨著富裕的北部人

18 一九五九至一九七三年間，一年裡赴西班牙的遊客從三百萬增加為三千四百萬。一九六六年時，一年內赴西班牙的觀光客人數（一千七百三十萬），就遠超過赴法國或義大利的觀光客人數。在東北地區和西班牙的地中海岸，只花了半個世代的時間，就從前工業時代的經濟，跳躍到信用卡時代。但美學觀和心理所受到的衝擊不盡然都是正面的。

湧到此前貧困不堪的地中海地區，建築工人、廚師、侍應生、整理旅館房間的女服務生、計程車司機、妓女、行李工、機場維護人員等工作者有了工作機會。在希臘、南斯拉夫、義大利、西班牙，沒有專門技能的男女首度得以在國內找到低薪的季節性工作，而不必到國外找工作。這時，他們不移往日益成長的北方諸經濟體，而是在自己國內為這些經濟體服務。

出國旅遊未必增長人的見識：觀光客所要去的外國觀光區愈是熱門，它就愈快變得和觀光客所來自的國家類似——氣候以外的所有基本特色都類似。事實上，一九六〇年代和那之後的大眾旅遊，其成敗取決於能否使英國人、德國人、荷蘭人、法國人和其他旅遊新手盡可能覺得自在，讓他們置身在自己同胞之間，不接觸到異國的、不熟悉的、突如其來的人事物。但光是每隔一段固定時間（每年）前往遙遠某地這事，以及賴以前往該地的新奇交通工具（私家車、包機），就為此前沒見過什麼世面的數百萬男女（特別是他們的小孩），往更廣大的世界開了一扇窗。

一九六〇年代之前，絕大多數歐洲人主要透過收音機取得訊息、見解、娛樂。人透過收音機了解外面動態，如果一國存有一共通文化，那文化的形成，受自人聽到的東西的影響，遠比受自人見到或讀到的影響還來得大。當時每個歐洲國家，廣播電台都受政府控制（法國的全國廣播網於午夜閉台）。廣播站、發射台、波長都得領有中央政府發的許可證才能運作，而且通常歸中央政府擁有：從國境以外發射的少數非法廣播電台，通常位於船或島上，俗稱「海盜」，由此可見出官方對電台的控制程度。

收音機的擁有，戰前就已普及，到了一九六〇年代則幾乎全民化：那一年，蘇聯境內每五人有一台收音機，法國、奧地利、瑞士是每四人有一台，斯堪地納維亞和東德是每三人有一台。事實上，幾乎每戶人家有一台收音機。[19]這時，大部分家庭內的收音機演化自兩次大戰之間那些大而笨重的真空管收音機，改變不大。通常每戶人家有一台。它座落在客廳或廚房裡的首要位置，一家人聚在一塊時必然打開收聽。在這方面，就連汽車收音機都沒什麼改變——一家人一起出遠門，一起聽廣播，由父母決定聽哪個節目。因此，無線收音機自然而然屬於保守媒體，其內容和它所鼓勵、形成的社交模式（聚在一起收聽）也都屬保守。

電晶體問世，使一切改觀。一九五八年時電晶體收音機還很稀有，例如整個法國只有二十六萬台。但三年後的一九六一年，法國人擁有二百二十五萬台電晶體收音機。到了一九六八年，九成法國人擁有收音機時，其中三分之二收音機是可攜型。青少年不再需要和家人圍坐在一塊，聽大人自己想聽且針對「家庭收聽時間」設計的新聞和戲劇（家庭收聽時間通常在晚餐後）。他們這時有了為他們而推出的節目——法國全國性電台的「嗨朋友」（Salut les Copains）、英國廣播公司的「流行歌曲精選」（Pick of the Pops）之類。彰顯個人風格的廣播電台，推出鎖定特定族群的節目；國營電台未能迅速調整腳步與時俱進，「邊陲」電台——位在國境外靠商業廣告提供資金的合法廣播電台，例如：盧森堡電台、蒙特卡羅電台、安道爾電台——趁勢崛起。

靠電池驅動的電晶體收音機輕巧、好攜帶，因此極符合流動性日增之時代的需求——它們最適合觀光海灘或公園。但收音機仍是個聽覺媒體，在因應日益講究視覺的時代上，因此力有所未逮。對老一輩的人來說，收音機仍是取得訊息、娛樂和增長見識的主要來源。在共產國家，收音

19 只有伊比利半島和南巴爾幹半島是例外。在這兩個地區，一九六〇年時收音機的擁有數，約略只到西歐三十五年前的水準，人民仍聚在咖啡館聽新聞和音樂。

機也是賴以從歐洲自由電台、美國之音、特別是英國廣播公司全球台，取得未經檢查之消息與看法的惟一工具，儘管如此取得的訊息非常不足。但這時世界各地的年輕人聽收音機，主要是為了聽流行音樂。至於其他方面的需求，他們則日益倚賴電視。

電視服務慢慢才出現於歐洲，在某些地方還來得很晚。在英國，定期播放電視節目始於一九四〇年代，許多人透過電視直播觀看伊莉莎白女王一九五三年六月的加冕典禮。到了一九五八年，發放的電視台經營執照已多過發放的電台執照：六〇年代前英國家庭擁有的電視機已達一千萬台。相對地，一九五三年六月時法國只擁有六萬台電視（當時西德已有二十萬台、美國有一千五百萬台）；甚至在一九六〇年時，只有八分之一法國家庭擁有電視，擁有率只有與法國人口相當的英國的五分之一。義大利的擁有率則又比法國低。

但一九六〇年代期間，電視幾乎風靡各地——即使在最樸素的家裡，黑白小電視機都已成為買得起且愈來愈不可或缺的家用設備。到了一九七〇年，西歐境內平均四人有一台電視——在英國，比例更高，在愛爾蘭，比例則低於平均值甚多。當時某些國家——法國、荷蘭、愛爾蘭、義大利（即歐洲最大的冰箱、電視機製造國）——電視機的家戶普及率高於電話的普及率，但從日後的標準來看，他們看電視的時間不多：四分之三義大利成人每週看電視不到十三小時。三分之二東德家庭擁有電視機（不到二分之一擁有冰箱）；捷克人、匈牙利人、愛沙尼亞人緊追在後（早在一九五四年時愛沙尼亞人就能收看到芬蘭的電視節目了）。

電視所帶來的衝擊頗為複雜。最初，電視節目的主要內容不是很有新意——對於針對兒童和成人提供的節目，國營電視台均嚴格管理其政治、道德內涵。營利性電視台一九五五年就在英國出現，但在其他地方要到許久以後才出現，而在大部分歐洲國家，直到進到一九七〇年代許久以後，才准許成立民營電視台。電視問世頭幾十年，大部分電視節目謹守社會習俗、沉悶乏味、說教意味濃厚——確立而非破壞傳統規範和價值觀。在義大利，一九五四至一九五六年執掌義大利廣播公司（Radio Audizioni Italiane，義大利全國性廣播電台）的費利貝托・瓜拉（Filiberto Guala）指示其下屬，節目「不得破壞家庭制度」或描寫「會激起原始本能的心態、姿勢或細節」。[20]

可選擇的頻道很少（在大部分地方只有一個、頂多兩個頻道），只在下午、晚上播映幾個小時。但電視**是個**具社會顛覆性的媒介。它提供每個人同樣的體驗和共通的視覺文化，藉此大大終結偏遠村鎮孤立、無知的狀態。這時，人透過穿門入戶的電視影像所得到對自己國家的認知，比小學教育或全民節慶，更有力形塑了「法國人」或「德國人」或「荷蘭人」的身分認同。不管是好是壞，「義大利人」這身分的形成，出於觀看義大利廣播公司體育或綜藝節目的共通經驗的成分，要多於一個世紀以來統一的中央政府帶來的影響。

最重要的，電視把全國政治動態帶進家裡。電視問世之前，巴黎或波昂、羅馬或倫敦的政治活動，乃是菁英階層的事，在中央掌理國政者都是距人民遙遠的領袖，人民只能透過只聞其聲、不見其人的電台廣播、死氣沉沉的報上照片或制式化電影新聞短片上行禮如儀的短暫露臉，認識他們。但不到二十年，情形就改觀，政治領袖得注重透過電視呈現的形象：既能讓廣大視聽大眾感受到權威和信任，同時又能裝出平易近人、親民愛民的樣子——在這方面，大部分歐洲政治人

20 Paul Ginsborg, *A History of Contemporary Italy. Society and Politics 1943-1988* (1990), p. 240.

物做來，大大不如美國政治人物那麼心甘情願。許多老一輩的政治人物，一面對電視攝影機，表現就一塌糊塗。年輕、能跟上時代腳步的政壇後起之秀，則能獲益無窮。誠如英國保守黨政治人物愛德華．希斯（Edward Heath），在個人回憶錄裡就其死對頭工黨領袖哈羅德．威爾森善用媒體下了評論：「凡是能徹底操縱它（電視）的江湖郎中，都可以不當利用（它）。接下來十年果然應驗。」

作為視覺媒體，電視對電影構成直接挑戰。電視不只提供另一種視覺娛樂，還能將劇情片帶進千門萬戶，使人們除開看院線片，再也不需為了看影片而外出。在英國，一九四六至一九五八年間電影院流失百分之五十六的顧客。在歐洲其他地方，流失率下滑較慢，但不管在哪裡，都遲早下滑。在地中海歐洲，上電影院的人次下滑最晚，特別是在義大利——一九七〇年代中期之前上電影院人次一直變動不大。但那時候，義大利人不只每隔固定一段時間（通常是每週）就去看電影，還製作電影：一九五〇年代中期羅馬電影業的雇用人數僅次於營造業，不只推出由知名電影導演製作的經典電影，還推出一連串由選美皇后、逐漸過氣的小女明星——「身材優於常人者」（le maggiorate fisiche）——擔綱演出看後令人留不下深刻印象的電影。

最後，就連義大利電影業和義大利上電影院人次都萎縮。歐洲製片人，沒有好萊塢的資源，在規模或「產值」上不敢奢望和美國電影一較長短，於是日益專注於拍攝「常民生活」電影，不管是「新浪潮」或家庭喜劇都屬之。在歐洲，電影從社交活動降為藝術的一種。一九四〇、五〇年代觀眾自動自發上本地電影院，電影院播什麼就看什麼，但現在只有特別想看某部電影時才去電影院。至於不加揀選的娛樂，「播什麼」就看什麼的娛樂，他們轉而從電視得到滿足。

電視這媒體問世雖然不久，卻令老一輩觀眾特別著迷，特別是在電視初問世、由政府管理、電視文化立場審慎保守的這些年裡。同樣的國度裡，過去的成年男女會聽收音機或出門看電影，這時的成年男女則待在家裡看電視。靠收門票維持的體育競技活動，特別是足球或賽狗之類傳統的觀賞性活動，受害於電視的普及：最初因為它們的觀眾這時有了另一個娛樂來源，更方便、更舒服的娛樂來源；其次因為體育競技活動不久後開始得到電視轉播，特別是週末時。只有年輕人成群結隊出門，而且他們的娛樂嗜好已開始改變。

到了一九五〇年代底，歐洲經濟已開始感受到嬰兒潮所帶來的全面性商業衝擊。首先，嬰兒、學步兒、孩童用的產品激增：嬰兒車、幼兒床、尿布、嬰兒食品、童裝、運動器材、書籍、遊戲、玩具。然後是學校和教育機構的大量增設，隨之創造出對校服、書桌、教科書、學校設備、日益多樣的教學產品（包括老師）的新需求。但這些商品和服務的購買者全是大人：父母親、親戚、學校行政人員、中央政府。一九五七年左右，年輕人開始自己買東西，為歐洲史上首度出現的現象。

在這之前，年輕人完全談不上是個自成一體的消費族群。事實上，根本不存在「年輕人」。在傳統家庭和社群裡，小孩在離開學校、出外工作之前都仍是小孩，出外工作後則成為年輕成人。「青少年」（teenager）這個位在中間的新分類，根據年齡而非身分地位來界定的一個世代——既非小孩，也非大人——此前未見。早幾年，這類人——青少年——可構成自成一體的消費族群這觀念，會令人覺得不可思議。在這之前，對大部分人來說，家庭始終是生產單位，而非消費單位。家裡的年輕人有獨立的現金收入，都只是家庭收入的一部分，用來協助支付全家開銷。

但隨著實質薪資急速上漲，大部分家庭靠家中主要賺錢者一人的收入就能溫飽——且不只溫飽而已——如果父母兩人都上班，家庭生活又更寬裕。十四歲離開學校的兒女（在這些年裡大部分西歐年輕人於十四歲時不再求學）、住在家裡的兒女、有份穩定工作或兼職工作的兒女，不再理所當然地被認為該在每個星期五交出所有薪水。在法國，一九六五年時，已有百分之六十二仍與父母同住的十六至二十四歲年輕人，保有自己所有收入，想怎麼花就怎麼花。

青少年新消費力最立即可見的表徵，出現在穿著上。在嬰兒潮世代本身發掘出迷你裙和長髮之前許久，其前一代——戰時出生而非戰後初期出生的那一代——就已在五〇年代晚期預示了嬰兒潮世代的存在和出現。法國的blouson noir、德國和奧地利的Halbstarker、瑞典的skinknuttar，一身緊身深色衣褲——有時皮衣褲，有時仿麂皮衣褲，總是線條分明、隱隱帶著威脅——一如倫敦的男阿飛（teddy boy），擺出一副憤世嫉俗的冷酷姿態，言行舉止介於《飛車黨》（*The Wild One*）中的馬龍·白蘭度和《養子不教誰之過》（*Rebel Without a Cause*）中的詹姆斯·迪恩。但儘管偶有暴力行為——在英國最為嚴重，該地的皮衣青年幫攻擊加勒比海裔移民——這些年輕人和他們衣著所帶來的最大威脅，乃是威脅了老一輩人觀念裡的言行得體。他們顯得不一樣。

年輕人穿著講究符合自己年齡，藉此表現獨立自主、乃至反叛意識。這也是新的現象——過去，年輕成人除了穿和父母一樣的衣服，沒什麼選擇。但從經濟上講，這不是青少年開支習慣所帶來的最重大改變：年輕人在衣著上花不少錢，但在音樂上花更多，多出更多。六〇年代初期時，「青少年」與「流行音樂」就自然而然緊密連結在一塊，而這種緊密關係的形成，除了有文化基礎，也有商業基礎。在歐洲，一如美國，家庭生計不需要青少年貢獻心力也能維持時，獲解放的青少年做的第一件事，就是出去買張黑膠唱片。

可長時間播放的唱片（慢轉密紋唱片）於一九四八年問世。隔年，美國無線電公司（RCA）上市第一個每分鐘四十五轉的「單曲唱片」，即兩面各錄一首歌的唱片。在歐洲的銷售成績，不如在美國成長那麼快——在美國，唱片銷售額從一九五五年的兩億七千七百萬美元，成長為四年後的六億美元——但還是有所成長。最初，英國的年輕人比歐陸的年輕人更容易接觸到美國流行音樂，而觀察家認為流行音樂在英國的急速成長，始於一九五六年上映的電影《搖滾一整天》（*Rock Around the Clock*）。這部電影由比爾．海利（Bill Haley）與彗星（Comets）、五黑寶（Platters）兩合唱團主演。外界評價為展現搖滾樂而拍攝的電影時，向來不太苛求，但即使從如此不苛求的標準來看，這部電影都乏善可陳；但它的同名主題曲（由海利演唱），激勵了一代英國青少年。

對爵士樂向來興趣不大的勞動階級青少年，卻立即迷上美國（和緊接其後英國）的流行音樂革命：充滿感情、音調優美、易懂、迷人，最重要的，屬於他們自己。[21]但這場音樂革命沒表現憤怒之情，更別提表現暴力，就連性都被唱片公司製作人、行銷經理、電台廣播主管牢牢包住，不使外露。這是因為流行音樂的初期革命在五〇年代就出現了；它並不是伴隨六〇年代的文化轉型出現，而是在那之前就出現。因此，它常成為官方批評的對象。不認同它的地方政務

21 在此或許也該強調一下爵士樂的非主流性格。一如六〇年代的美國民間音樂，在歐洲只有少數人欣賞爵士樂，購買爵士樂唱片：通常是受過高等教育者、或資產階級、或放蕩不羈的文化人（或一般來講兼具後兩種身分者），且年紀比一般搖滾樂迷來得大。在東歐，情況有點不同。在那裡，爵士樂是美國的東西（和黑人的東西），因此既是異國的且具顛覆性，是西方但又激進的，帶有刺激快感。

監督委員會禁播《搖滾一整天》，一如他們禁播藝術表現絕對更為上乘的貓王音樂劇《監獄搖滾》（*Jailhouse Rock*）。

威爾斯港市史旺西（Swansea）的市議員認為英國的即興搖滾樂演奏者隆尼・唐尼根（Lonnie Donegan）「不像話」。湯米・史蒂爾（Tommy Steele），五〇年代晚期英國的溫和搖滾歌手，想在安息日於樸次茅斯演出，結果不准。法國歌手強尼・哈利戴（Johnny Hallyday），試圖模仿美國搖滾歌手吉尼・文森（Gene Vincent）或艾迪・科克倫（Eddie Cochran）的樂風，但算不上很成功。一九六〇年他的第一張唱片問世時，激起一代法國保守知識分子的憤慨。事後來看，西歐各地家長、教師、神職人員、學者專家、政治人物的驚駭反應，似乎過當到可笑。不到十年，海利、唐尼根、史蒂爾、哈利戴之流歌手，就會顯得無可救藥的過氣，成為某段無知史前史的遺物。

五〇年代晚期、六〇年代初期的歐洲青少年無意改變世界。他們在安穩且小康的環境中長大，大部分人只想顯得不同，想去更多地方，想玩流行音樂，想買東西。在這點上，他們反映了他們所最喜愛歌手和他們所收聽廣播節目的ＤＪ的行為和喜好。但他們也是可讓人由小見大的革命開端。緊追消費熱潮、伴隨消費熱潮、也預見消費熱潮的廣告業，把他們視為比他們父母還重要的目標。製造、購買的商品愈來愈多，種類之多前所未見。汽車、衣服、嬰兒車、包裝食品、洗衣粉，全在這時上市，形狀、大小、顏色之多樣令人眼花撩亂。

廣告在歐洲歷史悠久。報紙，特別是一八九〇年代蓬勃發展的通俗報紙，始終附有廣告。在義大利，一九五〇年代之前許久，就有路邊廣告牌和告示板破壞市容，而在二十世紀中葉的法國，任何旅人見到此時鄉村農家和城市排屋牆上高處，畫著鼓勵人喝聖拉斐酒或杜本內酒的廣告，大概都會覺得熟悉。在歐洲各地，老早就有照片和廣告歌跟著新聞短片和次級片[22]一起出現。但這類傳統廣告幾乎未考慮到置入性行銷，或針對年齡或嗜好予以區隔市場。相對地，一九五〇年代中期起，消費者選擇成為重要的行銷考量；在戰前歐洲，廣告屬少量開銷，這時變得舉足輕重。

此外，英國早期商業電視台上廣告的清潔產品和早餐穀片，鎖定家庭主婦和小孩，但蒙地卡羅和其他地方的插播廣告，主要鎖定「年輕成人」市場。青少年的自主支出——買香菸、烈酒、機動腳踏車、摩托車、平價新潮衣物、鞋子、化妝品、美髮用品、首飾、雜誌、唱片、唱片機、收音機——是此前未被開發的龐大現金池：廣告代理商蜂擁而至，以分一杯羹。在英國，零售業廣告上的支出，從一九五一年的一年一億兩百萬英鎊，成長為一九七八年的二十五億英鎊。

在法國，花在以青少年為訴求對象的雜誌廣告上的支出，在一九五九至一九六二這幾個重要年份期間成長了三倍。對許多人來說，廣告上所呈現的世界，仍令人可望而不可及：一九五七年，有人針對法國年輕人做民意調查，發現其中大部分人抱怨無法從事自己所中意的娛樂、自己所憧憬的度假，無法擁有自己專屬的交通工具。但這些受訪的年輕人，把這些商品和服務視為他們遭剝奪的權利，而非他們所不該奢望的虛幻東西，由此可看出當時的情況。同年，在英吉利海峽對岸，有一群有志改革的中產階級行動主義者，憂心於商業廣告長驅直入的影響和廣告商品的大行其道，出版了歐洲有史以來第一份消費指南。值得注意的，他們把指南取名為該買「**哪個**」，而非該買「什麼」？

22 譯按：second feature，拍攝時間短且製作預算低的影片。

這就是英國小說家普里斯特利一九五五年稱之為「admass」（受大眾傳媒廣告影響的社會）的新世界。對當時其他許多觀察家來說，那根本就是「美國化」：在歐洲採用現代美國的所有慣常作為和渴望。在當時許多人眼中這是徹底背離傳統的作為，但其實這算不上新鮮事。歐洲人「美國化」——且憂心於此——迄這時已至少三十年。[23]美式生產線和「泰勒式」工資制風靡歐洲，就像對美國電影、時尚的著迷一樣，都是二次大戰之前就已有的事。兩次大戰之間，歐洲知識分子就慨嘆每個人未來將面對美國現代文明的「無靈魂」世界；而納粹分子和共產黨人都極力標舉其保存歐洲文化、價值觀的角色，要抵禦美國肆無忌憚的資本主義和「雜交式」無根世界主義，這些東西的象徵符號即是紐約，以及群起效法紐約的現象。

然而，儘管美國鮮明存在於歐洲人的想像中——且有實實在在的美國大兵駐紮於西歐各地——對這時大部分歐洲人來說，美國仍有許多地方是他們所不了解。美國人講英語，那是這些年裡大部分歐陸人民所不懂的語言。歐洲學校不教授美國歷史、地理；就連歐洲人裡占人口少數的受過高等教育者，都不了解美國的作家；對於美國的政治制度，大部分歐洲人不清楚。在這之前，少有歐洲人花大錢千里迢迢到美國：去的只有有錢人（而且是有錢人裡的少數）；特別挑選出的工會人士和其他拿馬歇爾援助資金去的人；數千名交換學生——還有一九〇〇年後移民美國，老了時返回西西里或希臘島嶼的一些義大利、希臘男子。東歐人與美國的聯繫，往往比西歐人與美國的聯繫更多，因為許多波蘭人或匈牙利人認識已經去了美國的親友，而且有更多人若有辦法的話，早已去了美國。

沒錯，美國政府和多個民間機關，特別是福特基金會，正竭盡所能彌合歐洲與美國的鴻溝：

一九五〇年代和六〇年代初期是美國對外文化投資的盛期，有從美國館到傅爾布萊特計畫的多項活動。在某些地方，特別是聯邦德國，成果宏大：一九四八至一九五五年間，有一萬兩千德國人靠這類文化投資前往美國長住一個月或更長時間。整整一代西德人在美國的軍事、經濟、文化影響下長大；路德維希·艾哈德曾自稱是「美國創造的東西」。

但應該強調的是，這種美國影響力和美國所樹立的榜樣，其形成很少倚賴美國的直接經濟參與。一九五〇年，美國擁有西歐五分之三的股本和差不多同樣比重的產出，但收益很少流到大西洋彼岸。一九四五年後的投資，以來自美國政府者最多。一九五六年，美國民間在歐洲的投資只有四十一億五千萬美元，然後開始猛漲，一九六〇年代開始急速成長（特別是在英國），一九七〇年達到兩百四十五億兩千萬美元——這現象在短時間內刺激出一些憂心忡忡的出版品，要人注意美國經濟實力壯大所會帶來的危險，特別是塞爾旺－施萊貝爾（J-J Servan-Schreiber）一九六七年的著作《美國的挑戰》（*Le Défi Américain*）。

說到美國在歐洲的經濟勢力，在直接經濟投資或舉債投資上所感受到的，還不如在對歐、美兩地都有影響的消費革命上所感受到的來得深。這時歐洲人漸有機會取得美國消費者所熟悉而種類之多史無前例的產品：電話、大型家電、電視機、相機、清潔用品、包裝食物、平價鮮艷衣服、汽車和汽車配件，諸如此類。這是作為一種生活方式——「美國生活方式」——的繁榮與消費。對年輕人來說，「美國」的吸引力在於其積極的同時代性（aggressive contemporaneity）。抽象來講，

23 美國作家威廉·史戴德（William Stead）於一九〇二年出版了《世界的美國化》：或許頗有先見之明，但距離實際發生並沒有太久。

美國代表了與過去截然相反的東西；它是巨大、開放、繁榮，而且年輕的。

誠如前面已提過的，流行音樂是「美國化」的外在表現之一——但就連這本身都算不上是新模式：「散拍樂」（ragtime，早期爵士樂的一種）於一九〇三年就在維也納首次演出，二次大戰前和戰後都有美國舞團和爵士樂團在四處演出。這也不是單向流動的過程：大部分現代流行音樂是外來類型與本土類型交混而成。在英國的「美國」音樂，與在法國或德國的「美國」音樂，有細微的差別。特別是法國人的喜好，受到黑人表演者的影響，這些黑人為逃避美國的種族偏見而投奔巴黎——這也是在法國文化裡，為何「美國」這個字眼明顯帶有種族歧視意味的原因。

一九五〇年代，美國榜樣對歐洲觀眾的衝擊，絕大多數透過電影這個媒介傳達。好萊塢的影片，只要是能外銷的，歐洲幾乎都是來者不拒：一九五〇年代晚期時，美國一年上市約五百部影片，歐洲的總產量則約四百五十部。當然，美國電影受制於語言這個不利因素（但在許多地方，特別是義大利，它們從頭到尾配上當地語言）；一部分因為這因素，所以某個年紀以上的觀眾，仍偏愛國產電影。但他們的下一代則不這麼覺得。年輕一輩的觀眾愈來愈欣賞美國劇情片——往往是由逃離希特勒或史達林迫害的歐裔導演所導的片。

當時的批評者擔心，美國流行文化那種自鳴得意的從眾心態，結合以大眾為對象的電影裡所明示或不知不覺傳達的訊息，將腐化或麻木歐洲年輕人的深刻感受力。事實上影響似乎正好相反。歐洲年輕觀眾過濾掉美國主流電影裡的宣傳成分——欣羨電影裡呈現的「美好生活」，就和他們上一代在二十年前的欣羨差不多，但他們也大聲嘲笑美國情愛戲和家庭戲的矯揉造作和幼稚。但在這同時，他們也非常注意演員那往往帶顛覆性的**作風**。

美國電影裡播放的音樂，會在電台、咖啡館、酒吧、舞廳裡再度出現。電影上美國叛逆青年的肢體語言，成為歐洲青年表現時髦的方式。歐洲青年的穿著開始「美國化」——「真品Levi's」牛仔褲於一九六三年五月在「巴黎跳蚤市場」（Marché aux Puces）首度上市時，供應遠遠不敷需求。美國青年的制式打扮——牛仔褲加T恤——帶有的階級意涵極為淡薄（至少在牛仔褲和T恤被高級時裝設計師納為設計標的之前是如此，而即使在那之後，因此而產生的差異也不是社會階級的差異，而是有形財富的高低）；事實上，中產階級和勞動階級都穿的牛仔褲，揭示了衣著風格「由上而下」之傳統發展的反轉，代表不折不扣的勞動衣服由下而上擴散開來。它們的年輕氣息也非常明顯：一如其他許多仿自一九五〇年代晚期電影的貼身打扮，上年紀的人穿起它們，襯不出身形的美好。

很快地，牛仔褲就和摩托車、可口可樂、高蓬髮型（男女皆可）、明星一樣，在西歐各地催生出適應各地需求而有所變異的新版本（電影和它們所誇示的產品，更東邊的人無緣一睹、無緣取得）。這只是更廣大模式的一部分。老套的美國電影主題——科幻、偵探、西部——在歐洲的風格化同類型電影裡得到採用。數百萬西德人透過從未去過美國的本土作家所寫的平裝本小說了解什麼是牛仔；到了一九六〇年，德語「西部」小說的銷售量，光是在聯邦德國，就達一年九千一百萬本。在歐洲，最受歡迎的卡通人物是比利時小偵探丁丁，而次受歡迎的卡通人物幸運盧克（Lucky Luke），即每週在法、荷語連環漫畫裡出現的倒楣、迷人牛仔，也是比利時人所創造。美國，不管是真實的或想像的美國，漸漸成為各類型輕鬆娛樂的自然背景。

美國對歐洲年輕人的衝擊，直接促成當時已普被慨嘆為是「代溝」的現象。他們的長輩注意到，歐洲各地的年輕人，交談時動輒加上一些真實存在或自己想像的美語常用字眼，為此感到遺憾。有項調查估計，六〇年代期間這類「美語常用字眼」在奧地利、德國媒體的出現次數成長了十三倍；一九六四年，法國批評家勒內・埃蒂昂布勒（René Etiemble）出版了《你會說法英文嗎？》（*Parlez-vous Franglais?*），以令人會心一笑的筆法（也許今日可能有人會說，以先見之明的眼光），描述英語對法語的污染傷害。

抱有反美心態者——基於強烈原則而對美國文明和所有彰顯美國文明之物抱持猜疑和厭惡——通常都是文化菁英，而這些人的影響力，製造出反美心態普及的假象。法國的安德烈・席格佛里德（André Siegfried），一九五四年出版《美國描寫》（*Talbeau des États-Unis*）一書，重述了所有怨恨之情和兩次大戰之間的某些反猶思想，而像他之類的文化界保守人士，同意沙特（或幾十年後英國哈羅德・品特）之類文化激進人士的見解：美國是歇斯底里恪守道德或宗教原則者的國度，執著於科技、標準化、從眾心態，思想失去創意。這種文化上的不安全感，與歐洲本身改變的速度關係較大，而與美國所帶來的挑戰或威脅關係較小。歐洲青少年把未來和他們幾乎一無所知的美國畫上等號，他們的父母則把其實從來不曾存在的歐洲的逝去——對自己的身分、權威、價值觀深信不移，對現代性與大眾社會的誘惑不為所動的一塊大陸——怪在美國頭上。

在德國或奧地利，乃至在仍有許多老一輩者把美國人視為解放者的義大利，這些心態這時還不普遍。反倒是在英格蘭和法國這兩個因美國崛起而沒落的前殖民強權，更常有人主張反美。誠如莫里斯・狄維格（Maurice Duverger）於一九六四年三月向法國《快報》（*L'Express*）週刊讀者所說的，共產主義不再是威脅：「當下歐洲只有一個威脅，即美國文明。」如同詩人路易・阿拉貢（Louis

Aragon）在十三年前就已指斥的，那是個「浴缸與電冰箱的文明」。但儘管受到巴黎知識分子的輕視，浴缸與電冰箱的文明——和室內衛生設備、中央暖氣系統、電視、汽車——卻是此時大部分歐洲人所想要的。他們想要這些商品，不是因為它們是美國的東西，而是因為它們代表舒適和某種程度的自在。對歐洲大部分人來說，自在與舒適這時不再是可望不可及，這在歷史上是前所未有。

附言　兩個經濟體的故事
Postscript: A Tale of Two Economies

德國是個處處可見小孩的國度。

想到長遠來看德國人可能還是贏了戰爭，就讓人心驚。

索爾・帕多佛，一九四五

✣ ✣ ✣

顯而易見地，我們如果輸掉兩場世界大戰，

勾銷所有債務——不背負將近三千萬英鎊的債——甩掉所有對外義務，

完全不在國外駐軍，我們可能和德國人一樣富裕。

哈羅德・麥克米倫

✣ ✣ ✣

（英國財政大臣）巴特勒於一九五三、一九五四年

在數場演講裡所頌揚的英國經濟的繁榮、強大，

不過是帶頭的德國經濟拉著歐洲船隊高速前進時，

其尾流撞到英國海岸激起的最後一道繁榮浪花。

事後來看，一九五四年猶如英國最後一個愉快的幻夏。

亞蘭・米爾沃德

戰後西歐史有個引人注目之處，即西德、英國兩國經濟表現的差異。德國在不到三十年內兩度在戰場上落敗，城市滿目瘡痍，貨幣成為廢物，具有勞動力的男性或死或關在戰俘營裡，運輸、服務性基礎設施嚴重受損。英國是二次大戰後惟一實至名歸的戰勝國。除了空襲毀損和人力損失，英國的結構——鐵公路、造船廠、工廠、礦場——毫髮無傷捱過戰爭。但到了一九六〇年代初期時，聯邦德國已是急速成長、繁榮的歐洲經濟發動機，英國則表現不佳，大大落後，成長率遠低於西歐其他國家。[1]一九五八年時，西德經濟規模已大過英國。在許多觀察家眼中，英國就要成為歐洲病夫。

這一令人感到諷刺的際遇反轉，細究其根源，倒頗有啟發性。德國五〇年代的經濟「奇蹟」，建立在三〇年代的復原所打下的基礎。納粹投資通信、軍備與車輛製造、光學儀器、化學業與輕機械業、非鐵金屬，乃是為打造可供戰爭之用的經濟；但這些投資的回報在二十年後到來。路德維希·艾哈德的社會市場經濟源自阿爾貝特·施佩爾（Albert Speer）的政策——事實上，在戰後德國的商界、政界爬上高位的年輕經理人、規畫者，有許多發跡於希特勒當政時；他們把納粹官員所贊同的政策和慣常作為帶到聯邦德國的委員會、規畫機關、企業。

德國商業的基礎設施捱過戰爭，未受損壞。五〇年代初期，製造業公司、銀行、保險公司、經銷商都已恢復正軌，以他們的產品和服務供應胃口奇大的外國市場。就連幣值愈來愈高的德國馬克，都未妨礙德國的進步。它使德國得以廉價進口原料，又不致抑制外國對德國產品的需求

1　一九六〇年，德國經濟成長率達百分之九，英國則是百分之二·六：在已開發世界，成長率只高過愛爾蘭——在當時愛爾蘭離「已開發」還很遠。

——德國產品通常是高價值且技術先進，靠價值而非價格來販售。總而言之，戰後頭幾十年期間，德國幾無敵手：如果瑞典或法國或荷蘭的公司想要某種機械產品或工具，除了向德國購買，幾無其他選擇，而且在價格上由賣方主導。

持續投資有效率的新生產方法——和任勞任怨的勞動力——使德國企業的經營成本不致上揚。聯邦德國得益於幾乎用之不竭的廉價勞動力供應——逃出東德而具有專門技能的年輕工程師、來自巴爾幹半島、具有有限技能的照管機器的員工和組裝工人、來自土耳其、義大利等地的不具專門技能的工人。這些人全對擁有穩定的工作心存感激，而對久久未漲的強勢貨幣工資沒有怨言；他們像來自三〇年代那老一代德國工人一樣，他們不想鬧事。

光以一個產業為例，就可說明其結果。一九六〇年代，德國汽車製造商已成功建立機械品質優良、可靠的名聲，因而斯圖加特的賓士、慕尼黑的寶馬之類公司，得以把愈來愈貴的汽車賣到幾乎由賣方支配的市場——先是國內市場，然後是國外市場。波昂政府，一如當年納粹，肆無忌憚支持這類「本國龍頭企業」，在初期就以優惠貸款予以扶植，鼓勵銀行、企業連結以為德國公司提供現成的投資現金。

以福斯來說，一九四五年之前就打下基礎。一如戰後許多西德產業，福斯受惠於自由市場經濟的種種好處——特別是對其產品有增無減的需求——同時未因競爭而被拖累，或因研發與開模成本而停滯不前。這家公司在一九三九年前就得到取之不盡的資源。納粹主義、戰爭、軍事占領都曾大大得益於福斯的貢獻——同盟國軍政府以肯定態度看待福斯，正因為它的生產力在戰前就已建立，可立即讓它上線生產。在大量生產的小型房車的需求急速成長時，福斯金龜車在國內沒有需要正視的敵手，即使以固定的低價販售，金龜車仍然獲利——拜納粹之賜，福斯沒有舊債得償還。

在英國，也有一家「本國龍頭企業」，即英國汽車公司（British Motor Corporation，以下簡稱英汽）。這是由多家此前獨立經營的汽車製造公司（例如莫里斯、奧斯汀）組成的聯合大企業，後來還與利蘭汽車（Leyland Motors）合併，成立英國利蘭（British Leyland）。晚至一九八〇年，英國利蘭仍把它的產品定位為英國象徵性產品來販售——「把國旗開上路，買輛奧斯汀莫里斯。」一如德國製造商，英國汽車製造商愈來愈看重海外市場。但兩者的相似之處就只有這些。

戰後，歷任英國政府都鼓勵英汽（對通用在英國的子公司或美國企業福特較難使上力），盡可能把車賣到海外——英國政府亟需外幣收入，以抵消英國的龐大戰債（一九四〇年代底官方訂定的出口目標是英國全國汽車生產量的四分之三），鼓勵英汽把車賣到海外，就是實現這一目標的行動之一。為迅速提升產量，英汽刻意忽略品管，英國車因此品質低劣。但最初，品質低劣未帶來多大影響。對英國公司來說，汽車市場是賣方市場：國內和歐洲都是供不應求。而歐陸製造商的產量不如英國製造商：一九四九年，英國生產的客車比歐洲其他地方生產總和還要多。但品質低劣、服務差的形象一旦確立，就洗刷不掉。一旦市面上有更好的國產車款可買，歐洲買家迅即棄英國車而去。

英國汽車製造商終於決定更新其產品，把生產線現代化，只是它無法像德國那樣找到附屬的銀行籌得投資資金和貸款，也無法像義大利的飛雅特或法國的雷諾那樣，指望政府彌補資金缺口。但在來自倫敦的沉重政治壓力下，他們在國內不符經濟效益的地方設立工廠和經銷中心——

以配合官方的地區發展政策，安撫地方的政治人物和工會。後來，這一不符經濟理性的策略遭揚棄，並實施某種整併，但英國汽車業的結構仍是無可救藥的零亂，舉例來說，一九六八年英國利蘭由六十家不同的工廠組成。

英國政府未設法改善英國生產者的無效率，反倒推波助瀾。戰後，鋼鐵生產供不應求，政府根據製造商在戰前市場所占比重，劃定各製造商的鋼供應定額，從而將一重要的經濟產業凍結在過去的模式裡，並使可能較有效率的新生產者處於不利地位。供應量保證、以人為介入方式為製造商所能生產的任何東西塑造出高需求量、囿於政治壓力而做出不符經濟理性的決策，三者共同帶領英國企業走上破產之路。一九七〇年，歐洲、日本生產者已開始攻占英國企業的市場，在品質和價格上贏過它們。一九七〇年代的石油危機、加入歐洲經濟共同體、英國失去其在自治領、殖民地的最後一批受保護市場，終於摧毀英國的獨立汽車業。一九七五年，英國利蘭，英國惟一的獨立大眾汽車製造商便破產，不得不透過收歸國有度過難關。數年後，英國利蘭的可獲利部門以非常低價賣給寶馬。

英國自主汽車產業的衰落、最終消失，可以說是英國整個經濟經驗的縮影。英國經濟最初還不算很糟：一九五一年，英國仍是歐洲最大的製造國，產量達法、德兩國總和的兩倍。英國提供了完全就業，經濟也有確實的成長，雖然成長率居歐洲之末。但英國受到兩個不利因素的嚴重傷害，一個因素來自歷史上的不幸，另一個則是自找。

英國的國際收支危機，大體上是六年對德、對日作戰所積累的債務所致，而在這些債務之外，還應加上為支持有效的戰後防衛機制所付出的龐大成本（一九五五年占全國收入的百分之八．

二，相對地，德國的國防支出比重不到該數據的一半）。英鎊——一九五〇年代仍是主要的國際交易貨幣之一——幣值遭到高估，使英國難以賣出足夠彌補英鎊對美元長期赤字之損失的商品到海外。作為完全倚賴糧食和關鍵原料進口的島國，英國過去都是藉由進入大英帝國與大英國協內受保護市場的特權，彌補這一結構上的弱點。

但對遙遠市場、資源的倚賴，在戰後頭幾年歐洲其他地方奮力復原時，還是個優勢，一旦歐洲，特別是歐洲經濟共同體區域，開始迅速成長，就成為嚴重包袱。在任何受保護的海外市場，英國人先是敵不過美國人，再來敵不過德國人，而在對歐洲本身的出口方面，英國落後歐洲其他生產國的差距被更進一步拉大。英國的製造品出口額，一九五〇年時占全球總額的四分之一，二十年後只占百分之十・八。英國人已失去其在世界市場的占有率，而他們的傳統供應者——澳洲、紐西蘭、加拿大、非洲的殖民地——這時也已開始轉向其他市場。

因此，從某種程度上來說，英國經濟上的相對衰落乃是勢所必然。但不該低估英國自作自受的程度。二次大戰之前，英國的製造業就是出了名的效率不彰、靠吃老本過日子；這樣的形象是有憑有據，絕非抹黑。若說英國人要求的薪資過高，那並非事實。其實正好相反。誠如凱因斯在論英國戰後經濟前景的挖苦文章中所指出的：「在這個國家，時薪是（大略來講）二，在美國是五……就連英國製造業者那著名的效率不彰，在橫跨各個產業的整體層面上，都很難抵消這一項有利的初期成本差距（但願如此），儘管在某些重要例子裡，他們還真能抵消這一項利多……現有的統計數據顯示，只要一項產品不是我們製造的，我們就能憑著成本打敗全世界。」[2]

問題有一部分出在勞動力。英國工廠的員工（男人和某些女人），按照傳統作法，分屬數百個存在已久的行業工會：一九六八年英國利蘭的汽車工廠，有兩百四十六個不同的工會，管理階層得和各個工會分別談定工作進度、工資的所有細節。當時是充分就業的時代。事實上，維持充分就業乃是這些年裡每個英國政府主要的社會目標。因此，他們看重的是避免重蹈三〇年代人力、機器因閒置而敗壞的可怕覆轍，而非成長、生產力或效率。工會——和特別是工會的地方代表，即工廠工會管事——權力之大，既是空前，也是絕後。罷工——工人好戰性格和廠方管理無能的表徵——普見於戰後英國工業界。

就算英國的工會領導階層開始以德國人為榜樣，提供和善的勞資關係、限縮工資，以換取投資、安穩、成長，大部分雇主也不太可能接受。在一九三〇年代，日後會出任工黨籍首相的艾德禮，就已精準識出英國的經濟弊病，在於投資不足、缺乏創新、勞工不流動、管理階層無能。但當上首相後，他面對這病根卻幾乎束手無策，繼任者亦然。德國工業承襲了納粹和戰爭所造成之改變的種種好處，歷史悠久而無競爭力的英國產業，則承襲了停滯不前和對改變的深深恐懼。

紡織廠、礦場、造船廠、煉鋼廠、輕機械廠，全都需要在戰後幾十年重整，更換機械設備；但一如英國工廠經理選擇遷就工會，而非抨擊無效率的工人作為，工廠經理也偏愛在投資不足、有限研發、低工資、顧客愈來愈少這一循環中運作，而不願冒險開創新局，以新產品投入新市場。要找到解決辦法並不容易。凱因斯再論道：「如果因為地理判定上的離譜差錯，美國空軍（眼下要寄重望於敵人已經太遲）摧毀了東北沿海和蘭開夏境內的所有工廠（在最高階經理全坐在那裡、此外別無他人的時刻），我們應該沒什麼好擔心的。除此之外，我想我們沒別的辦法找回初生之犢不畏虎的衝勁；而那種衝勁似乎是成功所必要的。」

在法國，公共投資和積極的指令式規畫，破除了管理無能和因循苟且的類似遺習。但英國政府把它應有的作為限定在（勞資間的）集體協商、需求管理、勸誡上。鑑於政府已在一九四五年後將如此大片的經濟領域收歸國有，且在一九七〇年時已有權花掉全國GNP百分之四十七，如此謹小慎微似乎令人納悶。但英國政府雖擁有或經營大部分的運輸、醫療、教育、通信產業，卻從未擁有綜觀全局、放眼國家未來的雄心；形同任由經濟自行發展。後來才有一代主張自由市場的改革者——和一位徹底厭惡官方的保守黨籍首相——全力施展中央政府的權力，以解決英國經濟停滯的問題。但到了那時候，因為無方的英國「舊」經濟所得到的諸多指責，其中有些批評，出於不同的理由，也被加諸在搖搖欲墜的德國經濟上。

2　摘自Peter Hennessy, *Never Again. Britain 1945-1951* (1993), p.117.

11

社會民主時期
The Social Democratic Moment

對政府來說，重要的不是做個人已經在做的事，
重要的不是把那些事做得更好或更差；而是做眼前還完全沒開始做的事。

凱因斯，一九二六

✣ ✣ ✣

挑戰不會來自美國……來自西德或來自法國；
挑戰會來自不管本身錯得多離譜
（而我認為它們在許多基本要點上做錯了）
最終還是能得到經濟計畫與國有制之實質成果的那些國家。

安奈林・比萬，一九五九

✣ ✣ ✣

我們國家代表民主和管用的排水溝。

約翰・貝傑曼

✣ ✣ ✣

我想猛然打開教會的窗，好讓我們能看到外面，外面的人能看到裡面。

教宗若望二十三世

✣ ✣ ✣

攝影即真實。電影是每秒二十四次的真實。

尚－盧・高達

一九六〇年代是政府在歐洲的鼎盛時期。此前一個世紀期間，在西歐，公民與政府的關係一直游移在軍事需求與政治要求之間：甫獲公民權之公民的現代權利，被保衛王國的更古老義務所抵消。但一九四五年起，彼此緊密交織的社會救濟金和經濟策略，愈來愈成為那關係的鮮明特色，在這關係中，政府要服務其人民，而非人民服務其政府。

後來，西歐福利國家那些包山包海的雄心，不再像過去那麼受到青睞——特別是因為這些國家再無法實現其承諾：失業、通膨、人口老化、經濟成長趨緩，使政府無法放手施為以實現其承諾。國際資本市場和現代電子通信的轉變，使政府難以規畫並執行國內經濟政策。最重要的，干預型國家本身的正當性受到削弱：其一源自本國公家機關和公營事業的僵化與低效；其二源自蘇聯陣營社會主義國家長期的經濟失能和政治壓迫此一無可否認的事實。

但這些都是未來的事。在現代歐洲福利國體制的黃金時期，行政機關的公權力仍然包山包海，行政機關的公信力仍未遭到抨擊時，有項引人注目的共識出爐。當時人普遍認為，政府絕對比不受限制的市場更能滿足人類社會的需求：不只在伸張正義和維護國家安全，或分配商品與服務上，更在規畫和施行有助於社會團結、道德維護、文化活力的策略上。若認為這類事情最好交給開明的自利心態、交給自由市場的商品和觀念去運作，就會被歐洲主流政治界、學術圈視為是前凱因斯時代古意盎然的遺物：在最好的情況下只是未學到三〇年代大蕭條的教訓，最糟的情況下則會招致衝突，且暗暗了訴諸人類最卑劣的本能。

因此，政府是個好東西；而且有不少這樣的好東西。一九五〇至一九七三年，在法國，政府支出從國內生產毛額的百分之二十七·六增加為三十八·八，在西德由百分之三十·四增加為百分之四十二，在英國由百分之三十四·二增加為百分之四十一·五，在荷蘭由百分之二十六·八增加為百分之四十五·五——在國內生產毛額的成長達到空前絕後之速度時。支出成長的部分，絕大部分花在保險、養老金、健康、教育、住宅提供上。在斯堪地納維亞，光是社會保險支出占全國收入的比重，一九五〇至一九七三年在丹麥、瑞典兩地就成長了一倍半，在挪威成長了兩倍。只有在瑞士，戰後政府支出占國民生產毛額的比重始終較低（直到一九八〇年才達三成），但即使在瑞士，都與一九三八年的數據（只百分之六·八）迥然有別。

在歐洲任何地方，戰後歐洲資本主義的成功故事，都伴隨著公部門角色的提升。但政府參與的性質因地而有很大差異。在歐陸大部分地方，政府避免直接擁有產業（但公共運輸或通信是例外），能間接控制就間接控制；往往透過名義上自主的機構來間接控制，義大利的聯合大企業「工業復興公司」，就是最大、最著名的這類機構（見第八章）。

工業復興公司之類的聯合大企業，不只服務其員工和消費者，還服務形形色色的政黨、工會、社會福利機關、乃至教會（它們發送教會的贊助，提升教會的影響力）。下抵村子，上至首都，義大利的基督教民主黨都把觸角伸入各式各樣的公務機構和由政府控制或受政府補助的產品：運輸、電子媒體、銀行、電力、機械業和化學業、建築業、食物生產。最大受益者是這政黨本身，其次是因此在政府機關找到穩當工作的無地農民的數百萬子孫。義大利國立戰爭孤兒協會雇用了百分之十七的孤兒，其年度預算有八成花在薪資和行政管理上。

同樣地，在比利時，由政府資助或控制的企業，使布魯塞爾中央政府得以減輕地方的民怨，因為得以用服務、工作機會、高昂基礎建設投資這類甜頭，化解地區間或不同語言族群間的利益衝突。在法國，戰後收歸國有的作為，建立了久久不消的影響力和資源贊助的網絡。法國電力公司是該國最大的電力提供者，也是法國雇用員工最多的企業之一。根據戰後一項協議，法國電力公司每年將其法國營收的百分之一，交給當時最大的工會組織「法國總工會」，當作社會基金。對法國共黨（法國總工會本身的贊助者）來說，由這筆基金支付費用的度假和其他救助（更別提為該工會員工提供的就業機會），是此後數十年間有利可圖且具重要政治價值的贊助工具。

因此，政府以多種方式促進了商業、政治、社會的順暢運作。而且政府直接或間接使數百萬人有了工作和薪水，從而使他們不管是專業人士或官員，都在政府中擁有既得利益。英國頂尖大學的畢業生，一如同時期法國高等專業學院的畢業生，一般來講不在民間行業求職，更別提在工、商業求職，而是在教育、醫療、社會福利事業、官方司法體系、國營專賣機構或公職部門找工作。在比利時，一九七〇年代底，六成的大學畢業生在公職或由官方補助的社會福利部門找到工作。在歐洲，政府為它所能提供的商品和服務，打造了一個獨一無二的市場，形成一個幾乎得到所有人肯定的「就業、影響」良性循環。

左派與右派、基督教民主黨和共產黨、社會黨和保守黨，或許會因為對政府的目標存有教義上的認知差異而激烈爭辯，水火不容，但幾乎所有人都從政府所提供給他們，可藉以取得收入和影響力的機會中，得到好處。人民幾乎是不分黨派地普遍相信政府扮演的角色——規畫者、協調者、促進者、仲裁者、提供者、照顧者、守護者。[1]福利國家標榜社會主義，但遠遠算不上社會

1 德國、義大利的自由黨和自由派思想家，一如英國保守黨裡主張自由市場的小派系，未認同這一觀點。但在當時——且部分因為這原因——他們的影響力甚小。

主義。從這意義來看，當福利資本主義於西歐展開時，它是不折不扣後意識形態的。

但在戰後歐洲這普遍的共識裡，存有一特殊的願景，那是社會民主黨人的願景。迄這時為止，社會民主主義始終是個混合物；事實上，這正是其左、右派敵人據以反對它的理由。社會民主主義是二十世紀初期一代歐洲社會主義者所獲贈之深刻見解的產物。這一深刻見解乃是：現代歐洲之心臟地帶的激進社會革命——十九世紀社會主義空想家所預言並計畫的革命——存在於過去，而非未來。十九世紀那種城市暴亂的典範，作為解決工業資本主義之不公不義、效率不彰的辦法，不只有害，不可能實現其目標，還是多此一舉。要讓各階級的處境得到真正的改善，可透過和平、漸進的方式來達成。

這不代表十九世紀社會主義信條隨之遭到揚棄。二十世紀中期絕大多數歐洲社會民主黨人，即使與馬克思、宣稱是馬克思接班人者保持距離，仍堅信資本主義因具有內在缺陷而運作不良，堅信社會主義在道德上、經濟上都較優越。他們與共產黨人的不同之處，在於他們不相信資本主義即將滅亡是勢所必然，也不願意透過自身的政治行動加速資本主義滅亡。他們在數十年的大蕭條、分裂、獨裁期間終於體認到，他們的職責乃是利用政府的資源，消除不受限制的市場經濟活動和伴隨資本主義生產形式而來的社會弊病：不是要建造經濟烏托邦，而是要打造美好社會。

日後的發展顯示，社會民主主義的政治主張，不盡然能打動沒耐性的年輕人，但對經歷過自一九一四年後可怕幾十年歲月的男女來說直覺上具有吸引力，而且在西歐某些地方，到六〇年代中期時，社會民主主義已不再是個政治主張，毋寧該說是種生活方式。這在斯堪地納維亞最為清楚。從一九四五至一九六四年，丹麥社會民主黨在全國性大選的得票率從百分之三十三增加為百分之四十二；同期間，挪威工黨的得票率由百分之四十三增加為百分之四十八；至於瑞典社會民主黨，戰後得票率從未低於百分之四十五；一九六八年的選舉，甚至囊括過半票數。

這些得票率引人注目之處，不在數字本身——奧地利社會黨偶爾有幾乎一樣出色的表現，而在一九五一年的英國大選中，艾德禮的工黨拿下百分之四十八．八的選票（但得票率較低的保守黨拿下較多的國會席次）——而在其保持一致。斯堪地納維亞的社會民主黨年復一年拿下超過四成的選票，結果就是數十年執政不間斷，偶爾當老大，糾集唯它馬首是瞻的次要小黨組成聯合政府，但通常是一黨執政。一九四五至一九六八年，丹麥有十屆政府，其中八屆由社會民主黨執政；同一期間，挪威有五屆政府，其中三屆由社會民主黨執政，瑞典有四屆政府，全由社會民主黨執政。人事方面也有一致性：挪威的艾納爾．基哈德森（Einar Gerhardsen）領導社會民主黨兩次執政共十四年；在瑞典，塔格．埃蘭德（Tage Erlander）領導他的政黨和國家二十三年（一九四六～一九六九）。[2]

斯堪地納維亞的諸多社會承繼了某些優勢。它們小、社會組成同質、沒有海外殖民地或帝國野心，行憲已許多年。一八四九年的丹麥憲法，已引入有限的議會制政府，還有廣泛的出版自由、宗教自由。一八〇九年的瑞典（還有當時挪威）憲法，建立了現代政治制度，包括比例代表和極優秀的監察委員制度——後來監察委員制度得到斯堪地納維亞各地的採用——提供了讓政黨政治

2 相對地，在同一段期間，義大利經歷十三個政府、十一個總理；在一九四五至一九六八年間，法國經歷了二十三個政府、十七個總理。黨魁任期長是瑞典的特色：佩爾．阿爾賓．漢松（Per Albin Hansson）把瑞典社會民主黨主席之職交給埃蘭德時，已擔任該職二十年（一九二六～一九四六）。

制度得以在其中發展的穩定架構。這部憲法沿用到一九七五年才廢掉。

但斯堪地納維亞向來貧窮——一個有著森林、農場、漁場、少數初級工業的地區，其中大部分初級工業位在瑞典。勞資關係長期苦惱於衝突，尤以在瑞典、挪威最嚴重——兩國的罷工率在二十世紀頭幾十年名列前茅。一九三〇年代大蕭條期間，這地區失業嚴重。一九三二至一九三三年，三分之一的瑞典勞動人口失業；在挪威和丹麥，四成的成年勞動人口沒有工作——失業率與英國、威瑪德國或美國工業州失業率最糟的年份相當。在瑞典，這一危機造成暴力衝突，特別是一九三一年奧達連（Ådalen）的紙廠罷工遭軍方鎮壓所導致的衝突（瑞典導演博・威德貝格在一九六九年電影《奧達連三十一》中精彩重現了這段歷史）。

如果說兩次大戰之間，斯堪地納維亞——特別是瑞典——未走歐洲邊陲地區其他經濟蕭條社會的路子，很大一部分得歸功於社會民主黨。斯堪地納維亞的社會主義政黨，原來和第二國際的德國組織、其他社會主義組織抱持一樣的激進教條和革命野心，但一次大戰後，大部分放棄了這些東西；一九三〇年代期間，這些政黨轉向勞資間的重大折衷。一九三八年，在薩爾特舍巴登（Saltsjöbaden），瑞典資方、勞方代表簽署了一項公約，為該國日後的社會關係奠下基礎——預示了一九四五年後在德、奧境內形成，但在戰前幾乎無人知曉（除了法西斯治下地區之外）的新統合主義社會夥伴關係。[3]

斯堪地納維亞的社會民主黨樂見這類妥協，因為他們對其他社會主義政黨所賴以取得核心支持且假定存在的「無產階級」選民不抱任何幻想。斯堪地納維亞的社會黨若只倚賴城市勞動階級的選票，或甚至倚賴與中產階級改革者結為同一陣營的勞動階級選票，將永遠不可能執政。他們得把對象擴大到該地區占人口絕大多數的鄉村人口，才有政治前途可言。因此，與歐洲幾乎其他社會黨或社會民主黨不同的，斯堪地納維亞的社會民主黨未像歐洲許多左派那樣，打從骨子裡對鄉村反感——從馬克思論「農村生活的愚蠢」到列寧對沙俄時代「富農」的厭惡，都是這種反感的表現。

兩次大戰之間中歐、南歐的困苦、赤貧小農，成為納粹黨、法西斯黨或單一議題農民黨民粹分子選舉時的現成支持者。但歐洲最北邊同樣煩惱不安的農民、伐木工人、佃農、漁民，愈來愈多人開始支持社會民主黨。這些地方的社會民主黨積極支持農業合作社——在營利性農業普遍且有效率的丹麥這特別重要——從而模糊了社會主義政黨在私人生產與集體主義目標之間、「落後」鄉村與「現代」城鎮之間長久以來堅持的區隔，這隔閡在其他國家使社會黨選舉時一敗塗地。

這一工、農結盟，得到斯堪地納維亞小農特殊獨立性格的加持——這些小農生活在新教信仰濃厚的社群、未受到聽命牧師或地主這一農村傳統束縛——將構成歐洲最成功社會主義政黨賴以安身立命的長期政綱。「紅綠」結盟（最初是農民黨與社會民主黨間的結盟，後來是社會民主黨內部的結盟），在其他地方不可能出現；在斯堪地納維亞卻成為常態。社會民主黨是傳統農村社會和工業勞工賴以一起進入城市時代的工具：從這點來看，斯堪地納維亞的社會民主主義不只是諸多政治主張裡的一種，還正是現代性本身的體現。

3《薩爾特舍巴登公約》在某些方面類似前一年在瑞士境內達成的《勞動和約》。在這份和約中，勞資雙方同意建立某種非對抗性的集體協商制度。後來，這一制度成為瑞士穩定與繁榮的持久基礎。但瑞士的《勞動和約》意在使政府不介入經濟協商，《薩爾特舍巴登公約》卻要政府與老闆和雇員同心協力促進共同的利益。

因此，一九四五年後發展成形的斯堪地納維亞福利國家，淵源自一九三〇年代的兩個社會公約：勞資間的公約、工農間的公約。後來成為斯堪地納維亞「典範」之特色的社會福利事業和其他公共福利，反映了這些淵源，強調一體適用和平等——人人享有的社會權利、公平化的收入、由陡升累進稅率課來的稅收支付的統一費率救濟金。因此，它們與歐陸典型的福利國家類型——政府將收入轉移到或還給家庭與個人，使他們有錢購買基本上是受補助之私人服務的東西（特別是保險與醫療）——迥然不同。但除了一九一四年前就已普及、全面化的教育這個例外，斯堪地納維亞的福利制度並非突然就想出來並落實，而是漸進形成。尤其是醫療保健，較晚才推出：在丹麥，一九七一年才實現全民健保，比安奈林．比萬（Aneurin Bevan）的國民保健服務（NHS）在北海對岸的英國實施，晚了二十三年。

此外，在外界看來是斯堪地納維亞地區共通的一套制度，實際上因國而有很大差異。丹麥是最不「斯堪地納維亞」的國家。它不只嚴重倚賴國外對農產品的需求（特別是乳製品、豬肉製品），從而較易受歐洲其他地方的政策、政治情勢影響；它的專技勞動人口也被以行業為基礎的傳統忠誠觀念、組織分化得較厲害。在這點上，它類似英國，更甚於類似挪威；事實上，六〇年代時，丹麥的社會民主黨不止一次被迫仿效英國政府，試圖對不穩定的勞動市場施予價格、工資管制。從英國的標準來看，這一政策成功；但從較挑剔的斯堪地納維亞標準來衡量，丹麥人的社會關係和丹麥的經濟表現始終問題重重。

挪威是斯堪地納維亞地區最小、同質程度最高的社會（不計入冰島），也是受二戰摧殘最嚴重的國家。此外，在其沿海發現石油之前，挪威的情況就很特殊。它是冷戰時的前線國家，因而國防支出比小國丹麥或中立國瑞典高得多。它也是北歐國土最狹長的國家，不到四百萬的人口分布在一千七百五十二公里長的海岸線上（歐洲最長的海岸線）。許多較偏遠的村鎮，當時完全靠捕魚為生，如今仍是。不管是不是社會民主黨執政，奧斯陸政府都得將官方資源用於社會目標、公共目標：由中央流向邊陲的補助金（針對專業人才與服務的供應、運輸、通信、教育提供的補助金，特別是流向位於北極圈內、占國土三分之一地區的補助金），乃是挪威民族國家的生存憑藉。

瑞典也有其特殊之處，雖然其獨特之處後來被認為是斯堪地納維亞的常態。瑞典有著幾乎和挪威、丹麥人口總和一樣多的人口（光是大斯德哥爾摩區的人口就相當於挪威人口的四成五），是斯堪地納維亞最富裕、工業化程度最高的國家。一九七三年時，其鐵礦砂產量相當於法、英、西德三國的總和，幾乎是美國的一半。在紙張生產、紙漿、航運業方面，它名列全球前幾大。挪威的社會民主主義有許多年著重於管理、節制、分配貧窮社會裡的稀有資源，相對地，瑞典在一九六〇年代時已是世上最富裕的國家之一。在瑞典，社會民主主義著重於均分財富和服務以促進公益。

在整個斯堪地納維亞，私有制和生產工具的利用，從未受到質疑，尤以在瑞典為然。自一九一八年以來，英國工黨的核心教條和計畫，一直建立在對國有制的好處堅定不移的信念上，而與英國工黨不同的，瑞典的社會民主黨樂於讓私人擁有資本和主動權。英國汽車公司是政府從事資源分配權一把抓，實驗裡無助的白老鼠，而在瑞典，從沒有這樣的事發生。富豪、紳寶等民間企業，政府任其自謀發展，成敗自負。

事實上，在「社會主義」瑞典，工業資本集中在比西歐其他地方還少的私人手裡。瑞典政府從未干預私人財富的累積，也未干預商品、資本市場。甚至在挪威，經過社會民主黨十五年執政，新近變成國有或國營的產業，規模仍比基督教民主黨執政的西德來得小。但在這兩個國家，一如在丹麥和芬蘭，政府**真正的**作為，乃是以鐵面無私的累進制對私人收益課稅，予以重分配，以實現公共目的。

在許多外地觀察家和大部分斯堪地納維亞人眼中，結果似乎是不言可喻。從人均購買力來衡量，一九七〇年時，瑞典（和芬蘭）的經濟表現已名列全球前四大（另兩個是美國、瑞士）。斯堪地納維亞人比世上大部分其他人長壽、健康（三個世代前與外隔絕、貧困不堪的斯堪地納維亞小農，若得知此事，肯定會驚愕不已）。教育、福利、醫療、保險、退休、休閒之服務與設施的提供，舉世無匹（尤其是美國、瑞士所不能及），生活愜意的斯堪地納維亞公民，其經濟上、身體上的安全感也是世界最高。一九六〇年代中期時，歐洲「冰天雪地的北部」已獲得近乎神話般的地位：斯堪地納維亞的社會民主模範或許不易在其他地方複製，但受到舉世的推崇，普遍的欣羨。

從易卜生、孟克到英格瑪．伯格曼（Ingmar Bergman），凡是熟悉斯堪地納維亞文化者，都會認出斯堪地納維亞生活的另一面：自我詰問、潛在的憂鬱特質——在這些年裡普遍被理解為容易抑鬱、酗酒、高自殺率的傾向。一九六〇年代，還有那之後的某些時候，批評斯堪地納維亞政治的保守人士，喜歡把這些弊病歸咎於經濟太安穩無虞、集權式領導程度太高所導致的人心麻痺。同時還出現斯堪地納維亞人喜歡在公共場所（和電影裡）脫光衣服，以及——當時普遍謠傳——喜歡和素昧平生者做愛的傾向：在某些觀察家眼中，這正是什麼都提供、什麼都不禁止的過度強大政府所帶來的心理傷害的又一明證。[4]

如果這就是所謂斯堪地納維亞「典範」最可以詬病的地方，那麼瑞典和其他地方的社會民主黨，為何能夠靠著納稅人的錢取得政壇上呼風喚雨的地位，也就可以理解。但這些批評者說對了一點：這種包辦一切的政府，有其陰暗的一面。二十世紀初期對政府有能力造就美好社會的信心，以多種形式呈現：斯堪地納維亞的社會民主主義，一如費邊社的英國福利國家改良主義，誕生自對各種社會工程的普遍著迷。利用政府來調整收入、支出、就業、資訊，稍一過火，就可能禁不住誘惑，擺弄起個人。

優生學——種族改良「科學」——一如吃素或鄉間漫步，不只是愛德華時代的風潮（雖然優生學所打動的往往是同一群人）。優生學曾得到各種政治立場的思想家接受，與出於善意的社會改革者的抱負特別契合。如果懷著改善人類整體環境的社會目標，那為何要放過現代科學所提供逐步小量改良的機會？若有心防止或消除人類處境的不完美，為何不該將這份心擴大到防止（或消除）不完美的人？二十世紀頭幾十年，透過科學方法來規畫社會或基因的訴求，出現於各地，受到十足的肯定；後來因為納粹的「優生學」野心始於掛羊頭賣狗肉的人體測量學，終於毒氣室，優生學在戰後歐洲才成為過街老鼠，受到眾人唾棄。或者說過去是這麼普遍認為。

但多年後的事實表明，至少斯堪地納維亞的政府未對「種族優生學」的理論（和實踐）死心。

4 在西歐，一九七三年時，最發達、最富裕的國家（丹麥、奧地利、芬蘭、西德），自殺率的確最高，較貧窮的邊陲國家，自殺率則最低：丹麥的自殺率是義大利的六倍、愛爾蘭的十四倍。對於富裕、氣候、緯度、日常飲食、宗教、家庭結構或福利國家體的致鬱效應，這一現象帶來什麼啟示，當時人不清楚，如今也仍未探明。

一九三四至一九七六年，挪威、瑞典、丹麥境內都有絕育計畫施行，且每個計畫社會民主黨政府都知情，也支持。在這些年裡，約六千丹麥人、四萬挪威人、六萬瑞典人（其中九成是婦女）為了「優生」目的——「改善人口」——而被絕育。推動這些計畫的學術機構——瑞典烏普薩拉大學的種族生物學研究所——在一九二一年，追求「優生」最狂熱時，就已設立。五十五年後這一機構才解散。

這段悲慘故事為我們了解社會民主主義帶來什麼啟示，沒人說得準——非社會主義、非民主的社會、政府，在這方面做得更多更絕。在戰後的斯堪地納維亞，政府的合法性，即大部分持無異議立場的公民所賦予政府的管轄權和主動權，使政府得以自由從事它所認為符合公益的事，同時不會受到太多監管。監察委員似乎從沒有想過要去調查，那些位於具有權利的納稅公民社群之外的人，所受到的侵害。在社會民主主義當道的斯堪地納維亞，某些戰後政府似乎不是很清楚累進式課稅、育嬰假與強行干預「有缺陷」公民之生殖能力之間有何區別。不管還傳達了什麼意涵，這最起碼表示二次大戰的道德教訓並不如過去所認為的那麼清楚地為人體認到——而且就在（或許並非湊巧）瑞典之類被外界普遍認為清楚展現集體良心的國家裡。

在斯堪地納維亞之外，社會民主主義的理想，在西歐邊陲的另一個中立小國，得到雖未完美但最大程度的實現，這國家是奧地利。事實上，由於兩地表面上相似之處極多，觀察家開始把「奧地利－斯堪地納維亞典範」掛在嘴上。在奧地利，一如在瑞典或挪威，這個原本農民占人口絕大多數而向來貧窮的國家，如先前提過的，已改頭換面成富裕、穩定、政局平靜、由政府提供福利的幸福國度。在奧地利，同樣也在實質上達成一項公約，以避免兩次大戰之間那二十年的公開衝突重演，而在這裡，締約的雙方是社會黨和保守的人民黨。但奧地利與斯堪地納維亞的相似之處僅止於此。

奧地利的確走「社會主義」路線（且國有化的規模在西歐諸民主國家裡僅次於芬蘭），但社會民主主義色彩並不突出。直到一九七〇年布魯諾·克雷斯基（Bruno Kreisky）出任總理，戰後奧地利才首度由社會黨執政。奧地利施行了許多與斯堪地納維亞的社會民主主義社會密切相關的社會福利事業和公共政策——托兒、優渥的失業保險和公共養老金、家庭供養、全民醫療與教育的提供、受官方補貼而堪為楷模的運輸系統——但奧地利有其別於斯堪地納維亞之處，例如：按照政治屬性，將就業、影響力、特殊照顧、資金，施以近乎全民的分配。這一運用奧地利政府與政府資源以穩定國內政治光譜分布態勢的作為，與社會理想的關係，不如與歷史創傷的記憶的關係來得大。有過兩次大戰之間那段經驗，奧地利的社會黨人把穩定國家的脆弱民主，看得比徹底變革該黨的社會政策來得重要。[5]

一如奧地利社會的其他人，該國社會民主黨的表現，顯示他們極善於把自己的過去忘掉。其他地方的社會民主黨，花了稍長的時間，才拋掉對激進轉型的懷舊心情。在西德，社會民主黨直到一九五九年在巴特戈德斯貝格（Bad Godesberg）召開黨代表大會，才重訂該黨的目標和宗旨。在

5 諷刺的是，對維也納二十世紀初期「奧地利－馬克思主義」理論家奧托·鮑爾（Otto Bauer）、魯道夫·希法亭（Rudolf Hilferding）的主張，長期較感興趣者是瑞典的社會民主黨。相對地，這兩位理論家在奧地利的接班人，一般來講很樂於將他們打入冷宮—偶爾才重新搬出他們的理論，如奧地利社會黨一九五八年的黨綱令人費解的宣稱，「民主社會主義位處資本主義與獨裁之間」……

該次大會上採行的新黨綱不加掩飾地表示，「在歐洲根植於基督教倫理、人道主義、古典哲學的民主社會主義，無意宣揚絕對的真理。」該黨綱申言，政府應「約束自己，只能透過間接方法來影響經濟」。貨物與就業方面的自由市場至關重要：「極權式指導的經濟會毀掉自由。」[6]

這是對早已清楚可見的事實遲來的承認，而與此背道而馳的，乃是隔年比利時工黨（Parti Ouvrier Belge）決定重新確認該黨一八九四年創黨憲章，並要求將生產工具集體化；以及同樣在一九六〇年，英國工黨拒絕採行該黨改革派領袖休·蓋茨克爾（Hugh Gaitskell）的建議，不願刪掉明訂於該黨一九一八年黨綱第四款裡的同樣承諾。之所以出現如此南轅北轍的現象，原因之一出在晚近的經驗：對造成民生凋敝、國力大傷的那些爭鬥記憶猶新，還有極權主義威脅的近在咫尺（不管那是不久前的威脅還是國境旁的威脅），促使德、奧的社會民主黨——一如義大利的共產黨——把注意力放在妥協的好處上。

英國工黨沒有這類夢魘要驅除。一如比利時（與荷蘭）的工黨，英國工黨也是從一開始就是個**勞工**運動組織，而非**社會主義**政黨，驅動它的最大動力乃是其轄下工會關注的事項（和工會的資金）。因此，它的意識形態色彩較淡，但關注的範圍較窄。如果被人問到對歐洲社會民主黨之大目標的看法，工黨發言人會不假思索即表示同意；但他們本身關注的事項較務實、褊狹得多。**正因**為英國（或至少英格蘭）政治文化天生的穩定，且因為工黨長久以來以勞動階級為立黨基礎（雖然這基礎日益萎縮），工黨對於已大幅影響斯堪地納維亞、德語系福利國家的那些創新協議，興趣不大。

英國式的妥協，特色反倒是操縱需求的財政政策和花費龐大的全民性社會供給——靠陡升式累進課稅和龐大的國有產業來支撐的社會供給——且是在勞資關係不穩定、過去勞資相敵對的背景下達成妥協。這些特別的非正式協議，大體上得到保守黨、自由黨領導階層的支持，只有工黨對國有化固有好處的強調，未得到他們的認同。如果說英國的政局也有受到不愉快歷史記憶的影響，那就表現在跨黨派的一項普遍認知：幾乎不惜任何代價都要避免集體失業的歷史重演。

即使在工黨新黨魁哈羅德．威爾森於一九六四年奪回政權，結束十三年在野地位，高談當時的「如火如荼科技革命」之後，情況仍沒什麼改變。威爾森在一九六四年選舉的險勝（國會席次只比次要政黨多四席），使他無法在政治上大膽施為，儘管工黨於兩年後的選舉選得較好，經濟或社會政策上也不會有激烈的改變。威爾森本人恪守艾德禮－畢佛里吉的費邊社理論、凱因斯理論的傳統，對經濟（或政治）創新興趣不大。就像不同政治光譜裡的大部分英國政治人物，他極墨守成規且務實，在公共事務上眼光短淺且引以為傲：他說過，「在政治上，一個星期不算短。」

但撇開相關各黨出於褊狹心態而不願把英國叫做社會民主主義國家不談，英國的社會民主主義體制有一獨特之處。英國左派（和當時中間派、中間偏右的許多政治人物）最念茲在茲的目標，乃是公平。正因為戰前社會不公平，也顯然不正義，促使畢佛里吉提出改革方案，並讓工黨在一九四五年壓倒性贏得大選。而保守黨能在一九五一年拿下政權，並長久執政的原因，則是該黨所許下的承諾，要讓經濟自由化，同時保持報酬和服務之公平分配。英國人接受累進式課稅，歡迎全民健保，不是因為這些東西打著「社會主義」的名號端出來，而是因為它們令人直覺地認為較

6 關於這段引文，見 Bark & Gress, *From Shadow to Substance. A History of West Germany, Volume 1* (1992), Chapter 16.

公平。

英國在救濟金、服務的提供上，採取均一價的收費——特別有利於富裕的專業中產階級——作法上奇怪地倒退，卻受到英國人廣泛接受，因為這麼做符合人人平等的精神，即使那只是表面上平等。一九六〇年代工黨政府最重要的創新——推行不按智力分班、入學不用考試的綜合中學教育，廢除文法學校的入學考試（一九四五年後被艾德禮明智忽視的一項工黨長期承諾）——之所以受到歡迎，主要不是因為其本身固有的好處，而是因為此舉被認為是「反菁英主義的」，因而是「公平的」。這就是為什麼一九七〇年威爾森下台後，儘管各界警告教育改革可能帶來諸多流弊，保守黨政府仍實施教育改革的原因。[7]

工黨對工會的仰賴，使其將許多人（包括該黨某些領袖）心知早就該施行的那種工業改革拖著不做。英國的勞資關係仍然困在勞資對立中，困在斯堪地納維亞、德國、奧地利或荷蘭所幾乎見不到，以行會為基礎的計件工資率、工資爭執中。工黨籍部長半推半就，幾次想打破這一惱人的歷史包袱，成效都不大；一部分出於上述原因，英國從未達到歐陸社會民主主義的那種成就。

此外，比法國或義大利還早施行兩、三個世代的英國福利制度，其全民共享福利的設計，掩蓋了英國政府連在物質平等領域的成就都極其有限的情況：晚至一九六七年，仍有一成的英國人擁有全國八成的個人財產。戰後頭三十年重分配政策的最終效果，乃是將收入和資產從最頂端的一成人口移到其下面的四成人口；儘管在生活安穩和福利上普遍有改善，最底層的五成人口獲益甚少。

今天的我們知道福利制度施行數十年後會面臨哪些問題，全面檢討西歐福利國時代的利弊得失時，必不可免會受到我們這種認知的影響。因此，今天，我們很容易就可看出，一九五七年的西德社會福利改革法——該法保障工人退休後能得到配合退休時之工資所訂定、且與生活成本指數相聯繫的養老金——之類的新政策，最終會在人口、經濟情況改變的環境下，成為無法忍受的政府支出負擔。靠著後見之明，我們清楚看出，在社會民主主義的瑞典，徹底拉平收入的作為，降低了民間儲蓄，從而抑制了未來的投資。甚至在當時，就可清楚看出，政府的移轉性支出和均一價的社會福利收費，有益於那些懂得如何善用它們的人，特別是受過高等教育的中產階級。它們形同一套新的特許利益，這些中產階級會為了保住它們而竭力抗爭。

但歐洲諸「保姆國家」的成就，不管是由社會民主黨、具家父長心態的天主教徒、或心態審慎的保守派和自由派促成，終究不容置疑。福利國家先是推出以社會性、經濟性的保護為宗旨的核心計畫，繼而推出津貼、救濟金、社會正義、收入重分配的制度——且在幾未付出政治成本的情況下，完成這一重大轉型。就連福利官員、白領受益者這群自私者的誕生，都不是全無益處：飽受污蔑的「中間下層階級」，一如農民，這時基於既得利益，會努力維護民主國家的制度和價值觀。社會民主黨和基督教民主黨指出，這對兩政黨都有益；但這也對法西斯黨、共產黨有害，且此發展更為重要。

7 摧毀以入學考試遴選學生的英格蘭公立學校，只把更多中產階級孩子趕到私立學校就讀，從而使工黨的激進人士所鄙視的收費貴族化「公學」，其經營前景和收益更好。在這同時，遴選並未消失，只是以收入而非入學考試成績來遴選：讀得起好學校的家長，在「好」學區購屋，窮人家的孩子只能讀最差的學校，給最差的老師教，從而變得較不可能在求學之路上更上層樓。英國中學的「綜合化」（譯注：指招收學生不分資質），乃是戰後英國最倒退的社會性立法。

這些改變反映了先前已指出的人口轉變，但也反映了個人生活的安穩來到前所未有的程度，以及教育上、社會上的流動比以前更強。這時西歐人較不可能留在他們出生時所處的地方、職業、收入級距、社會階級，他們也較不願意去認同他們上一代世界的政治運動和社會關係。一九三〇年代那一代滿足於經濟的安穩，背棄政治動員和隨之而來的風險；他們的孩子，人數多上許多的一九六〇年代那一代，從小到大都生活在和平、政治穩定、福利國的環境裡。他們把這些東西視為理所當然。

隨著政府對其公民之就業與福祉的影響變大，政府對民心、輿論的支配也持續下降。當時，這現象未被視為弔詭。擁護歐洲福利國制度的自由黨人、社會民主黨人，認為原則上政府沒有理由不去密切關注人民的經濟或醫療福利，也就是認為政府應該保障人民從生至死的福祉，同時在宗教與性、或藝術喜好與判斷之類嚴格屬於個人範疇的事情上，絕不干預人民的看法和作為。德國或義大利的基督教民主黨，仍認為政府依法有權干涉人民的生活方式和道德觀念，一時之間無法區別上述兩者的不同。但他們也面臨了愈來愈大、要他們改弦更張的壓力。

一九六〇年代初期之前，西歐各國政府對公民的私事，一直施予高壓的掌控（只有斯堪地納維亞地區的政府不盡然如此）。同性性交幾乎在各地都被列為非法，一旦查到可處以長期徒刑。在許多國家，甚至連在藝術創作時描繪這種事都不行。大部分國家把墮胎列為非法。就連避孕，在某些天主教國家，按照嚴格的法律意義，都屬非法，只是實際上往往受到寬恕。離婚在每個地方都不容易，在某些地方更是不可能。在西歐許多地方（斯堪地納維亞又是個局部例外），政府機關仍然審查戲劇、電影、文字著作，廣播電台和電視在幾乎每個地方都是公營獨占，誠如先前所提過的，播放內容受到嚴格規範，幾乎無法容忍背離主流的意見或「不敬的言行」。甚至在一九五五年就出現商業電視台的英國，播放內容也受到嚴格管理，除了得提供娛樂、廣告，還負有提供「啟蒙與資訊」的官方指定義務。

審查，一如課稅，因戰爭而推動。在英國和法國，有些對行為與意見表達的最嚴苛約束，在一次或二次大戰期間就已施行，這時仍未廢除。在其他地方——義大利、西德和他們所曾占領的某些國家——戰後管制措施乃是民主體制議員選擇保留下來的法西斯律法的遺物。一九六〇年時仍在運行的最高壓「道德」機構，發軔於十九世紀之前者相對較少（最明顯與時代脫節的機構，可能是負責在上演前審批戲劇的英國宮務大臣，早在一七三八年英國就設立了劇戲審查官、副審查官的職務）。就這一點來說明顯的例外，當然是天主教會。

一八七〇年，在高舉反動旗幟的教宗庇護九世的影響和支持下，羅馬天主教會召開了第一次的梵蒂岡大公會議，自那次會議之後，天主教會對其捍衛教徒道德的責任，就一直抱持著無所不管、乾綱獨斷的立場。正因為梵蒂岡被現代國家政府漸漸擠出政治權力領域，梵蒂岡在其他方面對其追隨者發出無可妥協的要求。事實上，原名歐根尼奧．帕切利（Eugenio Pacelli）的庇護十二世，在其漫長且——事後來看——引發爭議的在位期間（一九三九～一九五八），不只保住梵蒂岡對精神事務的支配權，還使天主教會重返政壇。

帕切利在位期間，公開表態站在政治反動的一邊——從梵蒂岡與墨索里尼的密切關係、對納粹主義的矛盾反應，到梵蒂岡對西班牙、葡萄牙之天主教獨裁者的熱切支持，皆是政治反動的表現——因此在民主國家的內政上也走不妥協的路線。特別是在義大利，天主教會對教徒在精神領域的應為、不應為有毫不含糊的規定，更糟糕的是，明確要求教徒不得把票投給基督教民主黨；但即使在較開明的比利時或荷蘭，當地的天主教統治集團仍受到羅馬教會的嚴厲指示——得動員天主教徒把票投給天主教政黨，而且只能投給天主教政黨。一直到一九六七年，即庇護十二世去世九年後，才有一荷蘭主教敢公開表示，荷蘭天主教徒可以把票投給非天主教的政黨，不必擔心被開除教籍。

在這樣的情況下，戰後的天主教統治集團在與家庭、或與道德行為、或與不當書籍、影片有關的問題上，也走不妥協路線，那就不足為奇。但年輕一輩的天主教平信徒和新一代的神父，不安地體認到，梵蒂岡在公共、私人事務上都採取的專制僵固作風，到一九五〇年代底已是既與時代脫節且不明智。一九〇〇年時，義大利境內的婚姻，大部分維持了約二十年，然後因為夫妻之一死亡才仳離。到了一九七五年，婚姻維持超過三十五年，而要求有權離婚的聲浪日益高漲。

在這同時，戰後嬰兒潮已使反節育的主張較站不住腳，使堅決反節育的教會當局陷入孤立。參加彌撒的人數，在西歐各地都變少。不管出於什麼理由——此前順從的村民開始在空間和社會階層流動、女人得到政治解放、在福利國體制盛行的時代天主教慈善機構和教會學校的重要性愈來愈低——這問題真實存在，敏於體察時勢的天主教領袖覺得，這問題無法靠訴諸傳統和權威來解決，或無法靠一九四〇年代晚期那種訴諸反共的方式來壓下。

帕切利一死，繼任教宗若望二十三世即召開新的梵蒂岡大公會議，以處理這些難題，使教會的觀念和作為跟上時代。這場會議於一九六二年十月十一日召開，一九六五年九月十四日結束，後來人稱梵二大公會議或梵二會議（Vatican II）。梵二大公會議不只改了天主教的禮拜儀式和用語（令恪守傳統的少數派不解且憤怒的，教會的日常儀禮不再使用拉丁語），更為重要的，還修正了教會對現代生活之兩難問題的因應之道。梵二大公會議的聲明表明，教會不再驚恐於改變與挑戰，不再反對自由主義民主、多體制混合經濟、現代科學、理性思惟、乃至世俗政治。天主教會採行的第一批措施——試驗性質極濃的措施——旨在與基督教其他教派和解，而且在某種程度上（但程度不大）承認，羅馬教會該調整其長期以來認為猶太人是耶穌遇害凶手的說法，以抑制反猶思想。最重要的，天主教會不會再支持獨裁政權——而是站在其對立面：在亞洲、非洲，特別是拉丁美洲，天主教會大多站在反獨裁政權那一邊。

這些改變，在天主教會本身的改革者之間，並未得到普遍的肯定——有位出席梵二大公會議，來自克拉科夫的年輕神父，後來當上教宗，還把全盤恢復天主教統治集團之道德權威和影響力視為己任。梵二大公會議也未扭轉歐洲天主教徒愈來愈不熱衷日常宗教實踐的趨勢：甚至在義大利，天主教徒參加彌撒的比例，也由一九五六年的六成九下降為十二年後的四成八。但歐洲境內宗教的衰落，不只限於天主教，因此這大概是他們無能為力的問題。梵二大公會議所真正達成的——或至少使其較容易達成並認可的——乃確定歐陸的政教分離。

庇護十二世去世後，再沒有教宗，且幾乎再沒有主教，敢於威脅天主教徒，若不照指示投票會有嚴重後果；教會統治集團與荷蘭、比利時、西德、奧地利、義大利境內天主教政黨或基督教民主黨之間原來緊密的關係，就此被扯開。[8] 甚至在佛朗哥治下，讓天主教統治集團享有罕見特權與權力的西班牙，梵二會議後也都發生劇烈改變。六〇年代中期之前，這位西班牙領導人完全禁止非天主教信仰或實踐的外在表露。但到了一九六六年，他不得不立法允許其他基督教教派存在，只不過仍讓天主教享有特權，不到四年後，同意讓（基督教）信仰享有完全的自由。梵蒂岡成功說服西班牙政府撤銷對天主教會的支持——西班牙政府早就該做的事——從而在佛朗哥當政期間使教會和政府分離，藉此使西班牙天主教會得以免於蒙受其與「舊制度」紛擾不安的長期密切關連所帶來的後果。

這一宗教與政治間、天主教會與其晚近過去的斷離，後來在比利時等地人稱「文化斷離」（rupture culturelle）的現象，對「六〇年代」的形成起了關鍵作用。當然，梵蒂岡的改革心態有其侷限——對梵二會議的許多出席者來說，這次會議背後的長遠動機，不是擁抱激烈改革，而是要避開激烈改革。幾年後墮胎權和離婚自由化成為選戰議題時，在義大利、法國或西德之類天主教徒居多的國家，教會當局激烈反對這些主張（但未能扭轉局勢）。但即使在這些敏感議題上，教會也未死硬堅持到底，教會不再冒著撕裂社會的風險反對。在即將步入「後宗教」時代的社會裡，教會認命接受自己地位的低落，並善用這低落的地位。[9]

在非天主教的社會，即斯堪地納維亞、英國、部分荷蘭地區、西歐的德語少數族群，公民之擺脫傳統道德權威束縛，必然較難一語道盡，但真的擺脫時，改變卻更為迅猛。在英國，這樣的改變最引人注目。一直到一九五〇年代底，英國公民仍不准賭博；不准讀或看上位者認定「淫猥」或政治敏感的東西；不准宣揚（更別提從事）同性戀；不准接受墮胎或替他人墮胎；不准未受公開羞辱就輕鬆離婚。如果犯下殺人罪或其他某些重罪，可予以吊死。

然後，一九五九年開始，傳統規範開始解體。那一年頒行《淫穢刊物處理法》後，未經審查的成人著作，只要被認定是「為了科學、文學、藝術或學習之故」，就可以免遭「淫穢」罪名的指控。從此之後，出版商和作者可以拿著作的整體價值為護身符，在法庭上為自己辯護，可援引「專家」的意見為自己辯解。由於企鵝圖書公司在英國境內破天荒出版一字未刪的《查泰萊夫人的情人》（原本談不上出色的D・H・勞倫斯小說），一九六〇年十月出現了相當震撼的判例案件。查泰萊夫人一案令英國人特別關注，不只是因為他們終於得以一睹該書此前被禁的章節，還因為使該書聲名大噪的跨階級情色行為。控方律師問證人是否會讓其「妻子或女僕」讀這本小說，證人回以他完全不會為這問題困擾：但他絕不會讓這本小說落入他的獵場看守人手中。

企鵝圖書公司找來三十五位專家以證人身分出庭為其辯護，最後獲判淫穢罪不成立，而英國國家權力結構的道德權威的衰落，可以說是從這一宣判無罪開始。同年，賭博在英國合法化。四年後，新上任的英國工黨政府廢除死刑，而在改革旗幟鮮明的英國內政大臣羅伊・詹金斯（Roy Jenkins）領導下，工黨促成一九六七年由國家出資的家庭計畫診所的成立、同性戀法令改革、墮胎的合法化，次年促成戲劇審查制的廢除。一九六九年，通過《離婚法》。《離婚法》的通過，與其說是加速婚姻制度的劇烈轉型，不如說是揭露其已轉型的程度：二次大戰前一年，英格蘭、威爾斯每五十八對夫妻只有一對離婚，四十年後離婚率升高到將近三分之一。

一九六〇年代英國的開明、自由化改革，在西北歐各地得到跟進，但開始跟進的時間因地而

8 隨著教士政治的銷聲匿跡，政治上的反教權主義失去了著力點，從而結束了為期將近兩百年的爭執與執著。
9 但在愛爾蘭，教會權威和教會對日常政治活動的參與較久，一直延續到進入九〇年代許久以後。

異。社會民主黨領導的西德聯合政府，在威利・布蘭德領導下，一九六〇年代晚期和一九七〇年代期間施行了類似的改革，而就這個例子來說，改革阻力主要不是法律或先例，而是他們聯合政府的其他夥伴不願意配合——特別是經濟上立場自由開明但社會上態度保守的自由民主黨。在法國，得等到一九八一年密特朗的社會黨上台，死刑才遭廢除，但一如在義大利，七〇年代初期法國已修訂了《墮胎法》、《離婚法》。整體而言，除開英國、斯堪地納維亞這兩個例外，解放後的「六〇年代」要到七〇年代才真正降臨歐洲。但一旦完成法律改革，社會迅即有了相應的改變：一九七〇至一九八五年，比利時、法國、荷蘭的粗計離婚率成長了兩倍。

政府對道德與個人人際關係的管轄日益低落，絕不代表政府在國家的文化事務上影響力降低。其實正好相反。當時西歐的普遍共識為，只有政府有資源滿足其公民的文化需求：若放任個人與族群自行其是，他們將缺乏財力，也無主動權。對一個運作良好的政府來說，提供文化養分，就和提供食物、住所、工作一樣重要。在這類事務上，社會民主黨和基督教民主黨所見略同，兩者都承繼了維多利亞時代那些偉大改革者的抱負，手上擁有的資源還遠多於那些改革者。六〇年代的美學反叛，在這方面改變不多：新文化（指「反」文化）所爭取和得到的資金，與舊文化所爭取到的一樣。

一九五〇、六〇年代是文化補助大行其道的年代。一九四七年時，英國工黨政府就把地方稅增加了六便士，以支應地方藝術活動的支出——戲劇、交響樂社團、地區性歌劇等——等於是一九六〇年代文藝協進會（Arts Council）的先聲。文藝協進會大筆贊助藝文活動，使藝術教育和五花八門的地方、全國性節慶、機構雨露均霑。經濟拮据的法國第四共和，對文藝的贊助沒這麼慷慨，只贊助素負盛名的上流文化的傳統表演或展示場所——博物館、巴黎歌劇院、法蘭西劇院——和國家專營的電台、電視台。不過戴高樂再度上台，任命安德烈·馬爾羅為文化部長之後，情況改觀。

在這之前，法國政府一直扮演贊助者的角色。但馬爾羅對自己的角色有了全新的認定。傳統上，王廷和接下來的共和國政府，都運用其權力、財力將藝術家和藝術帶到巴黎（或凡爾賽），吸光國內其他地方的藝術人才和藝術創作。在這之後，法國政府則會花錢扶植地方各省的表演者和表演活動。博物館、美術館、節慶活動、劇院開始在巴黎之外的法國各地大量冒出。其中最著名的活動，由尚·維拉（Jean Vilar）主導的亞維儂戲劇節，始於一九四七年；但這戲劇節的闖出名號，卻是在一九五〇、六〇年代維拉爾執導的劇目對法國戲劇的轉型、重生發揮重大作用時。有許多法國最知名演員——珍妮·摩露（Jean Moreau）、瑪麗亞·卡薩雷斯（Maria Casarès）、傑哈·菲利普（Gérard Philipe）在亞維儂工作。法國的藝術復興，就始於亞維儂和聖埃蒂昂、圖魯茲、雷恩、科爾馬之類讓人意想不到地方。

馬爾羅對地方文化活動的鼓勵，當然倚賴中央由上而下的倡議。就連維拉爾本人的計畫，主要在打破窠臼，這點都極具巴黎特色：重點不在將文化帶到地方，而在與主流戲劇傳統決裂——「使戲劇、集體藝術重現生機……助它得以再度自由呼吸，脫離小『卡巴萊』餐館和客廳的桎梏：調和建築與戲劇詩」——這是在遠離巴黎之處可輕易達成的事，但得有中央政府經費和部會級的支持。另一方面，在真正地方分權的國家，例如聯邦德國，文化與藝術乃是地方政策與地區自利心態的直接發展結果。

在德國，一如在西歐其他地方，官方的藝術支出於戰後幾十年裡劇增。但在西德，文化、教育事務歸各州管，因此在這方面的付出，重疊的情況頗常見。每個州和大部分重要的鎮和城市，都有歌劇團、管弦樂廳和音樂廳、舞團、受補貼的劇院、數個藝術團體。據某份估計，兩德統一時，西德境內有兩百二十五家地方劇院，它們的經費受州或城市補貼，補貼金額從五成到七成不等。一如在法國，這一制度有其歷史淵源——就德國來說，進入現代之前，德國林立小公國、公國、教會采邑，其中許多養了全職的宮廷樂師和藝術家，定期請他們創作新作品。

德國這一制度，對藝術活動助益不小。後納粹時代的西德，文化上懷疑自己，但西德所慷慨資助的文化機構，成為各類藝術家的聖地。斯圖加特芭蕾舞團、柏林交響樂團、科隆歌劇院、數十個較小的機構——曼海姆國家劇院、威斯巴登國家劇院等——為數千名舞者、音樂家、演員、編舞者、劇院技師、辦公室職員，提供了穩定的工作（還有失業救濟金、醫療保險、養老金）。特別是有許多舞者、音樂家來自國外，包括來自美國。他們，和購買政府補貼門票，以觀賞、聆聽他們演出的地方觀眾，同樣大大受惠於蓬勃發展的歐洲文化活動。

一如在許多地方，「六〇年代」其實要到一九七〇年代初期才真正降臨，世人刻板印象中的一九五〇年代——穩重、沉悶、無生氣、停滯——大體上出於虛構。在《憤怒回顧》中，約翰·奧斯本筆下的吉米·波特痛斥戰後繁榮與自滿的虛妄不實；直到一九五〇年代底才被掃除的溫文順服的虛假作風，無疑令許多觀察家，特別是年輕人，大為沮喪。[10]但事實上，一九五〇年代有不少具創意的作品——特別是在戲劇、文學、電影上，有不少作品比後來的作品更禁得起歲月的考驗。西歐在權力和政治威望上所已喪失的東西，這時在藝術裡得到彌補。事實上，五〇年代晚期堪稱是歐洲「上流」藝術即將步入尾聲之前的繁榮時期。當時的環境特別有利：「歐洲品質」（這時，這一特別加上的引號尚未被賦予幾十年後具諷刺性的貶低意味）首度得到官方大規模資助的支持，但尚未受到「可取得」、「可究責」、「實用性」這些民粹需求的染指。

一九五三年三月，撒繆爾·貝克特的《等待果陀》在巴黎的巴比倫劇院首次公演，歐洲戲劇自此進入現代主義的黃金時代。在英吉利海峽對岸，倫敦皇家宮廷劇場的英格蘭舞台公司採用貝克特和東德的貝托爾德·布萊希特，還有約翰·奧斯本、哈羅德·品特、阿諾德·魏斯克（Arnold Wesker）的作品，這三人的劇作全結合了風格化的簡約主義和美學上的高姿態，其手法往往很難在傳統政治光譜上予以界定。就連英國主流戲劇都變得大膽求變。五〇年代晚期，除了人才輩出的一代英格蘭戲劇界大咖——奧立佛、吉爾古德、理察森、瑞格雷夫、金尼斯——還加入了甫從大學畢業的年輕表演者（大部分是劍橋畢業生），以及一群具創意的導演、製作人，包括彼得·布魯克（Peter Brook）、彼得·霍爾（Peter Hall）、強納森·米勒（Jonathan Miller）。

一九四六年首度有人提議成立英國的國家劇院，一九六二年才正式誕生，以勞倫斯·奧立佛（Lawrence Olivier）為創院院長，以劇評家肯尼思·泰南（Kenneth Tynan）為其顧問和助理，但位在倫敦「南岸區」的該劇院常設總部，一九七六年才開幕。將在日後成為英國新戲劇之最大贊助者

10 在一次頗具代表性的抒發中，奧斯本把英國王室寫成「破敗嘴巴裡塞滿的金子」。

和主要表演場所的國家劇院，與皇家莎士比亞公司，同是文藝協進會慷慨贊助的主要受惠者。在此該指出，那不表示戲劇成為較通俗的娛樂。相反地，自音樂廳沒落，劇院就已是中產階級人士的娛樂場所，即使戲劇的題材明顯偏無產階級亦然。劇作家可能以勞動階級的生活為題寫劇本，但前去觀賞者是中產階級人士。

一如貝克特和其作品輕易就移入英國，英國的戲劇和戲劇界主要人物在國外也是如魚得水；在倫敦以指導演出莎士比亞作品（《仲夏夜之夢》最為著名）闖下名號之後，彼得·布魯克將永久定居巴黎，輕鬆橫跨美學、語言學兩領域。一九六〇年代初期，愈來愈有機會提到所謂的「歐洲」戲劇，或者起碼提到以富爭議的當代歐洲主題為題材的戲劇。羅爾夫·霍赫胡特（Rolf Hochhuth）的《上帝的代理人》（*The Deputy*），一九六三年在德國首度公演，不久後在英國演出。該劇以戰時教宗庇護十二世未能援助猶太人抨擊該教宗；但在下一部劇作《軍人》（一九六七）中，霍赫胡特把矛頭指向邱吉爾，抨擊他在戰時轟炸德國城市。結果，該劇最初在英國遭禁演。

同樣是在一九五〇年代，一波「新浪潮」作家和電影導演橫掃歐洲藝文界。這批人與傳統敘事成規的決裂，和對性、青年、政治、疏離的關注，預示了不少六〇年代那一代自認是他們之成就的東西。五〇年代最具影響力的西歐小說——阿爾貝托·摩拉維亞（Alberto Moravia）的《同流者》（*Il Conformista*，一九五一）、卡繆一九五六年出版的《墮落》（*La Chute*），或鈞特·葛拉斯的《錫鼓》（*Die Blechtrommel*，一九五九）——都比後來的小說更富創意，且無疑更勇敢。就連佛朗索瓦茲·莎岡（Françoise Sagan）的《日安憂鬱》（*Bonjour Tristess*，一九五三）或科林·威爾森（Colin Wilson）的《外人》（*The Outsider*，一九五六），以自戀角度描述過了青春期的年輕人只關注自我世界的心態（在《外人》中帶了相當濃厚的獨裁式厭惡人類的色彩），在當時都是發前人所未發。這兩部小說寫成時，作者分別只有十八歲、二十四歲，小說的主題——和小說的大獲好評——預告了六〇年代「青年革命」的出現，而且早了整整十年。

前文已說過，歐洲看電影人數下滑，但歐洲電影在藝術性和創意方面歷久不衰的名聲，卻是在一九五〇年代後半和一九六〇年代初期取得。事實上，下滑和名聲兩者之間大概有連帶關係，因為西歐的電影從通俗娛樂蛻變（或沒落）為高尚文化。歐洲電影的復興，無疑不是靠觀眾需求推動——若只迎合觀眾的好惡，法國電影大概仍侷限於五〇年代初期的「優質」古裝劇，德國電影院大概會繼續放映以黑森林為背景的浪漫「故鄉」（Heimat）電影，英國觀眾則大概會喜歡看戰爭片和愈來愈色情的輕鬆喜劇。無論如何，歐洲的一般觀眾仍對美國通俗電影有明顯的偏好。

諷刺的是，正是他們自己對美國片的推崇，特別是對一九四〇年代晚期嚴肅、樸素「黑色電影」風格的推崇，刺激一批新的法國電影人發起革命。一群法國年輕人——一九五八年被法國評論家皮耶·比亞爾（Pierre Billard）稱之為「新浪潮」的一批人——絕望於老一輩所拍電影的陳腐主題、洛可可式布景，於是決意改造法國電影業：先是在理論上，繼而在實務上。理論方面，在新刊物《電影筆記》（*Cahiers du Cinéma*）中得到粗略的陳述，以導演即「作者」的觀念為核心：希區考克或霍華德·霍克斯（Howard Hawks）之類導演的電影，或義大利新寫實派的作品，令這些影評家欣賞的地方，在於他們的「自主性」——即使是在攝影棚裡拍片，都能在自己所導電影上「簽名」的作風。基於同樣的理由，他們推崇前一代法國導演的電影，特別是尚·維果（Jean Vigo）、尚·雷諾（Jean Renoir）——當時這些導演是受到忽視的。

這一切使人聯想到天生的高尚品味，但籠罩它的理論氛圍，除了極少數一群人，很少人對其感興趣——甚至往往無人能理解。但實務部分，在路易・馬盧（Louis Malle）、克勞德・夏布洛（Claude Chabrol）、尚—盧・高達、賈克・希維特（Jacques Rivette）、艾力・侯麥（Eric Rohmer）、安妮・華妲（Agnès Varda）的努力下，特別是佛朗索瓦・楚浮（François Truffaut）的努力下，電影改頭換面。一九五八至一九六五年，法國電影業拍出數量驚人的作品。馬盧在一九五八年導了《死刑台與電梯》（*Ascenseur pour l'échafaud*）、《情人》（*Les Amants*）；一九六〇年《地下鐵裡的莎姬》（*Zazie dans le métro*）；一九六一年《野貓癡情》（*La Vie privée*）、一九六三年《鬼火》（*Le Feu follet*）。高達導演了《斷了氣》（*À bout de souffle*，一九六〇）、《女人就是女人》（*Une femme est une femme*，一九六一）、《賴活》（*Vivre sa vie*，一九六二）、《法外之徒》（*Bande à part*，一九六四）、《阿爾伐城》（*Alphaville*，一九六五）。同一期間夏布洛的作品，包括《俊男賽吉》（*Le Beau Serge*，一九五八）、《兩次旅行》（*A double tour*，一九五九）、《好女人》（*Les bonnes femmes*，一九六〇）、《第三個愛人》（*L'Oeil du malin*，一九六二）。

希維特有趣的作品出現的較晚。一如在那段期間以《五至七時的克萊歐》（*Cléo de 5 à 7*，一九六二）、《幸福》（*Le Bonheur*，一九六五）兩片而最為人知的華妲，希維特常陷入自我放縱；但侯麥從未如此。侯麥是這群人中年紀最長者，後來以其散發哀悼情緒的「道德故事」聞名國際。「道德故事」系列電影的頭兩部，《麵包店的女孩》（*La Boulangère de Monceau*）、《蘇珊的愛情事業》（*La Carrière de Suzanne*），都完成於一九六三年。但最終將新浪潮的風格與衝擊具體化者，乃是才華無人能及的楚浮。楚浮以一系列由尚皮耶・李奧（Jean-Pierre Léaud）飾演安端・杜瓦內（Antoine Doinel，楚浮自傳性電影裡的「男主角」）的電影而最為人知，特別是一九五九年的《四百擊》（*Les Quatre cents coups*）、《二十歲之戀》（*L'Amour à vingt ans*）、《偷吻》（*Baisers volés*）。他不只是這場法國電影革命背後的主要理論大師，在實踐方面也是最成功，部部佳作。他充滿個人風格的電影，有許多都名列藝術經典，例如一九六二年的《夏日之戀》（*Jules et Jim*）、一九六四年的《柔膚》（*La Peau douce*）、一九六六年的《華氏四百五十一度》（*Fahrenheit 451*）、一九八〇年的《最後一班地下鐵》（*Le dernier Métro*）。

最優秀新浪潮電影導演的長處之一，乃是他們始終把自己的作品視為知性的陳述，而非消遣的娛樂（《電影筆記》撰稿人常提到當時被稱作「存在主義」的觀念對他們的幫助），但他們的電影還是具有娛樂性（從沒有人說看楚浮或馬盧的電影乏味如喝白開水，但高達、希維特後來的作品則招來這樣的評價）。新浪潮電影令外國仿效者看重之處，就在這兼具知性深度與視覺樂趣的風格。如同阿倫・雷奈《廣島之戀》（*Hiroshima mon amour*，一九五九）曾經激起的回應所表明的，法國電影已成為國際道德論戰所偏愛的工具。

因此，一九六二年二十六名德國年輕電影導演聚集於奧伯豪森（Oberhausen），宣告「德國傳統電影瓦解」，宣布他們有意「創建新的德國劇情片……擺脫既有產業的束縛，擺脫特殊利益團體的控制」時，公開坦承受了法國人的影響。一如高達在一九五七年《電影筆記》的著名文章〈伯格曼視野〉（Bergmanorama）中，頌揚英格瑪・伯格曼，聲稱這位瑞典籍「作者型導演」是「歐洲電影界最富原創性的電影製作者」，德國的埃德加・雷茨（Edgar Reitz）和其同僚，就像西歐、拉丁美洲各地的年輕電影導演，也師法高達和高達的友人。[11]

楚浮、高達和他們同僚年輕時所看的美國黑白電影，令他們欣賞之處，在於不「虛矯」。而法國導演重現美國寫實主義風格的作品，令美國和其他國家的觀察家感到欣羨之處，乃是他們手法的精妙和知性的洗練：法國人將令人讚嘆的文化意涵注入人與人瑣碎互動之中的獨有能力。在侯麥一九六九年的《慕德家的一夜》（*Ma Nuit Chez Maud*）中，尚路易——由尚路易・特蘭蒂尼昂（Jean-Louis Trintignant）飾演的數學家——因大雪不得返家，而在慕德家的沙發上過了一夜。由佛朗索瓦茲・法比昂（Françoise Fabian）飾演的慕德，是尚路易某友人的女友，聰明且誘人。身為天主教徒的尚路易，為當下情境的道德意涵，為該不該和主人上床而苦惱，偶爾停住內心的掙扎，和一名共產黨同事談道德問題。最後，什麼事都沒發生，就回家了。

很難想像會有美國電影導演，乃至英國導演，拍這樣的電影，更別提發行這樣的電影。但對新一代歐美知識分子來說，侯麥的電影捕捉到法國電影裡世故、厭世、詼諧、暗示、成熟、歐洲的所有東西。當時的義大利電影，在國外發行甚廣，卻未產生這樣的衝擊。賣座的電影太做作地賣弄義大利、義大利人的富裕、「性感」的新形象——往往圍繞著蘇菲亞・羅蘭的曼妙肉體或馬切洛・馬斯楚安尼（Marcello Mastroianni）飾演的浪子回頭喜劇角色打轉：例如在《義大利式離婚》（*Divorzio all'italiana*，一九六一）或《義大利式婚姻》（*Matrimonio all'italiana*，一九六四）中所見。

在一九六〇年費德里科・費里尼（Federico Fellini）的《生活的甜蜜》（*Dolce Vita*）中，馬斯楚安尼就已飾演這樣的角色，只是調子較嚴肅。在許多與楚浮、高達重疊的交遊圈子裡，費里尼有一批死忠的追隨者，特別是在一九六三年《八又二分之一》、一九六五年《朱麗葉與魔鬼》（*Giulietta degli spiriti*）問世之後。才華洋溢的老一輩義大利導演，這時尚未離開電影界——維托里奧・狄西嘉導演了根據沙特劇作編成的《萬劫餘生情海恨》（*I Sequestrati di Altona*，一九六二），與費里尼共同導演了《三艷嬉春》（*Boccaccio '70*，一九六二），六〇年代底導演了《費尼茲花園》（*Il Giardino dei Finzi-Contini*）——但他們的作品從未再現一九四〇年代偉大新寫實主義電影的政治、美學衝擊，也就是被認為由他們，尤其是由狄西嘉本人，促成的那種衝擊。較具影響力者是米開朗基羅・安東尼奧尼（Michelangelo Antonioni）之類的導演。在《情事》（*L'Avventura*，一九六〇）、《慾海含羞花》（*L'Eclisse*，一九六二）、《紅色沙漠》（*Il Desserto rosso*，一九六四）這三部全由莫妮卡・維蒂（Monica Vitti）主演的電影中，安東尼奧尼不帶情感的運鏡手法和不迷人、憤世嫉俗、省悟前非的角色，預示了六〇年代更晚期不滿、疏離的藝術世界，那是安東尼奧尼本人在《春光乍現》（*Blow Up*，一九六六）中刻意捕捉的世界。

義大利電影沒有法國（或瑞典）電影那種誘人的知性，但它們一樣充滿**風格**。在外國（特別是美國）觀察家眼中，歐陸電影的與眾不同之處，正是這一歐洲風格——藝術自信、知性自負、優雅風趣三者的多變平衡。一九五〇年代底，西歐不只已從蕭條、戰爭中復原；還再度成為充滿抱負之文人雅士的嚮往之地。紐約有錢，或許還有現代藝術。但當時許多美國人自己都覺得，美國仍有些稚嫩。約翰・甘迺迪競選總統時和當上總統後所散發出的魅力，有一部分來自他帶進華府的那批人馬所具有的高雅的世界主義：「卡美洛」。[12]而卡美洛有很多地方得歸功於甘迺迪妻子的歐洲背景和歐陸式自我表達。

如果說賈桂琳・甘迺迪把歐洲風格引進白宮，這並不讓人驚訝。五〇年代晚期和六〇年代，

11 特別是高達，擁有兼容並蓄的風格。據說他「著迷」於尼可拉斯・雷（Nicholas Ray）所導，由瓊・克勞馥（Joan Crawford）主演的《荒漠怪客》（*Johnny Guitar*，一九五四）。

歐式「設計」之興盛前所未見，是地位與品質的表徵。商品、觀念或個人只要貼上歐洲標籤，就代表了與眾不同，從而代表較高的價錢。這情形其實是相當晚近才出現。當然，巴黎貨的確在奢侈品行業長期占有一席之地，至少從十八世紀晚期起就是如此；瑞士錶被視為精品至這時已有數十年。但認為德製汽車的品質就是比其他國家製汽車精良，或認為義大利人設計的衣服、比利時的巧克力、法國廚房用具或丹麥家具，毋庸置疑舉世最優，這樣的觀念，光是早個三十年提出，大概就會讓人覺得奇怪。

事實上，曾長期受到這樣的肯定，直到相當晚近才晚節不保者，乃是英格蘭製造品，十九世紀英國工業霸權的直接產物。英國製家庭用品、車輛、工具或武器，在外國市場曾長期奇貨可居。但一九三〇、四〇年代時，英國生產者在幾乎每樣大宗商品上（男人成衣除外），都把自己的名聲搞壞，因而，一九六〇年代時，英國零售商得以利用的利基，只剩搶眼、劣質的「時髦」風潮——他們將在下一個十年裡拚命開發的一個市場。

歐洲商業風格的引人注目之處，乃是其依國、依產品而區隔的現象。義大利汽車（飛雅特、愛快羅密歐、蘭吉雅）的劣質、不可靠人盡皆知；但它們難堪的名聲未對義大利在其他市場的崇高地位——例如皮革製品、高級女子時裝，乃至屬於較低階產業的白色家電——帶來可察覺到的傷害。[13]國際上對德國成衣或食品的需求差不多是零，而這樣的待遇對它們並不冤枉。但到了一九六五年，凡是德國車床上車削出的東西或操德語工程師構思出的東西，都能以賣方訂的好價錢在英國或美國的商品陳列室賣出。只有斯堪地納維亞在多樣的產品上以品質得到普遍的肯定，但即使在那裡，市場需求都有獨特的小差異。有錢外國人把最新式樣的瑞典製或丹麥製家具搬進家裡，即使那有點不耐用也不在乎，因為那些家具很「現代」。但同樣的消費者，不會在乎瑞典富豪汽車的缺乏風格，因為它們看來撞不壞。但「風格」與「價值」這兩種品質這時已和「歐洲」密不可分：往往與美國呈強烈對比。

這時巴黎仍是引領女性高級時裝風潮的時尚之都。但勞動成本較低且未像法國或英國那樣受到紡織品配額限制的義大利，早在一九五二年第一屆國際男性時裝節於聖雷莫舉行時，就已是強勁的競爭對手。法國的高級女子時裝——從克莉絲汀迪奧到聖羅蘭——風格上再怎麼創新，仍極符合社會習俗：晚至一九六〇年，法國和其他地方的雜誌主編和專欄作家，不只出席年度時裝秀時戴帽子、手套，上班時也如此。只要中產階級婦女在穿著上仿效一票巴黎服裝設計師和時裝店，設計師、時裝店就不愁地位（和收益）不保。但到了六〇年代初期，歐洲婦女，一如男人，不再習以為常地穿戴正式的帽子、統一風格的外衣或晚禮服。大眾成衣市場既師法乎上，也師法乎下，沒有偏重。歐洲作為風格、時尚之都的名聲很穩固，但未來繫於多樣化的流行樣式，其中許多樣式是歐洲人改編自美國、乃至亞洲的原型，事實證明義大利人特別是這方面的佼佼者。在衣物上，一如在觀念上，巴黎在歐洲引領風騷，而且還會保有這地位一陣子。但未來，將由他地引領風騷。

12 編按：Camelot，原本是亞瑟王故事裡的宮殿，象徵美好而喜悅的地方，後來用來指稱甘迺迪領導美國的那段時期是樂觀、快樂的時期。

13 任何賽車迷都會篤定認為，義大利人的確能設計車子。頭一個將小型房車上的擋泥板、踏板和其他多餘東西拿掉者是義大利的汽車車身設計者——就和米蘭的裁縫師在同一段期間拿掉長褲褲腿的翻邊，發明現代義大利服裝的分明、簡潔線條和款式差不多。在外人眼中，義大利汽車製造廠未能維持一貫品質的地方，就是無法按照製圖者所畫的圖樣造車。

一九五五年三月，文化自由代表大會（Congress for Cultural Freedom）在米蘭集會時，雷蒙·阿宏提議將「意識形態時代的結束」列為討論議題。當時，底下出席觀眾覺得這提得有點太早——畢竟，在鐵幕的另一頭，還不只在那裡，意識形態似乎仍活力四射，沒有衰退跡象。但阿宏的主張有其道理。西歐諸國，一如當時情勢所顯露的，正愈來愈脫離教條式計畫；而且前面已提過，福利國的興起已緩和了政治宿怨。有史以來從沒有這麼多人直接關注國家的政策和支出，但他們不再為由誰來控制國家而武力相向。西歐人似乎比預期還早達到繁榮、和平的「陽光普照的遼闊高地」（邱吉爾語）：政治之事漸漸交給政府一手負責，政府的角色則愈來愈侷限於行政。

但福利國制度可預期的後果（即使是後意識形態的福利國家亦然）乃是在從小到大只知這種制度的人眼中，實現政府打造更美好社會的承諾乃是政府的職責——從而，當發展不順遂時，就是政府的錯。在一群好心的監督者操持下，公共事務看來變得例行化，而這不必然就會促成民眾對公共事務的冷漠；至少在這方面，阿宏預測失準。但對這樣的缺陷最為惱火、痛恨者，是在父母所渴望的社會民主主義樂園裡長大成年的那一代。這一弔詭現象的重要症候，可在冷戰雙方陣營裡的進步國家都特別熱衷的公共計畫、公共工程領域裡實際看到。

戰後的人口成長，加上急速都市化，使城市規畫者面臨了前所未見的需求。在東歐，許多都市在戰爭結束時已被毀或局部遭到廢棄，在戰後頭二十年期間有兩千萬人從鄉間移入城鎮。在立陶宛，一九七〇年時，有一半人口住在城鎮；二十年前，則只有百分之二十八。在南斯拉夫，農業人口從解放到一九七〇年間少了一半，大量人民從鄉村湧入城市：一九四八至一九七〇年，克羅埃西亞首府薩格勒布，人口翻了一番，從二十八萬增加為五十六萬六千；國都貝爾格勒也差不多，從三十六萬八千增加為七十四萬六千。

一九五〇至一九七〇年，布加勒斯特人口從八十八萬六千增加為一百四十七萬五千，在索非亞，由四十三萬五千增加為八十七萬七千。在蘇聯，城市人口於一九六一年超越鄉村人口，白俄羅斯首府明斯克的人口，一九五九年時是五十萬九千，十二年後就成長為九十萬七千。於是，從柏林到史達林格勒的這些城市裡，出現了蘇聯時代典型的住屋問題解決辦法：綿延數哩、外觀一模一樣的灰色或褐色水泥公寓大樓；便宜、營造品質低劣，沒有建築特色，缺乏美感（及公共設施）。

在仍保有市中心區原貌的城市（例如布拉格），或已根據舊格局將市中心區精心重建的城市（華沙、列寧格勒），大部分新建築座落於城市邊緣，構成一長串直抵鄉間的郊外住宅區。在其他地方，例如在斯洛伐克首府布拉提斯拉發，新貧民區在市中心出現。至於較小的鎮和村落，被迫接納數千名小農出身、如今改行當礦工或煉鋼工人者，沒有東西需保存，幾乎在一夜之間就被改造成連一絲絲古鎮風韻都沒有的工業住宅區。集體農場工人被迫搬進一九五〇年代由赫魯雪夫首創、後來得到尼古拉．希奧塞古予以改良的農業城裡。農業城之類的新公共建築——技職學校、文化館、黨辦公室——用心模仿蘇聯已有的同類建築：有時刻意走社會主義寫實主義風，個個身形都過於龐然，鮮少有美感可言。

強制性工業化、鄉村集體化、對私人需求的蔑視，有助於說明共產黨的城市規畫為何一敗塗地。但西歐城市議員在這方面也好不到哪裡去；特別是在地中海歐洲，人口從鄉村大量移往城市，使城市資源捉襟見肘，難以支應新需求。大雅典區的人口從一九五一年的一百三十八萬九千，增加為一九七一年的兩百五十四萬。同一期間，米蘭人口由一百二十六萬成長為一百七十二萬四千；巴塞隆納由一百二十八萬成長為一百七十八萬五千。這些地方，一如在北義大利的小城鎮和在倫敦、巴黎、馬德里、其他城市迅速擴張的郊區城鎮，官方的規畫速度趕不上需求。一如同時代共黨城市的計畫官員，他們直覺認為該建造外觀一模一樣的公寓大樓——不是蓋在因戰爭和都市更新而清出的土地上，就是蓋在城市邊緣的未發開地區上。特別是在米蘭和巴塞隆納，從南方遷來的第一代移民，一九六〇年代期間開始從貧民窟遷入高層公寓大樓，結果令人戚戚想起蘇聯集團——但在這裡，多了一個蘇聯集團境內所沒有的不利條件，即許多有意租屋者租不起工作地點附近的房子，因此不得不每天靠不完善的公共運輸工具長程通勤，或者開自己新買的車子上班，從而使城市基礎設施的運作更為吃力。

但在這些年裡西歐都市建築一眼就可看出的醜陋，不能只歸咎於人口壓力。建築評論家雷納．班納姆（Reyner Banham）所謂的「新野獸主義」（New Brutalism），其出現並非出於意外或一時的疏漏。在西德，許多大城市得到重建，但重建方式缺乏想像與遠見的程度令人吃驚；在倫敦，倫敦郡政會的建築師部門核可推動類似羅漢普頓（Roehampton）一地阿爾頓（Alton）住宅區的集體住屋工程。阿爾頓住宅區受了科比意的啟發，特色是侵略性的直線、沒有擋強風的遮蔽物。而在西德或倫敦，醜陋似乎幾可說是刻意的，是精心設計的結果。米蘭那差勁的韋拉斯卡大廈（Torre Velasca），一九五七至一九六〇年由某民間英、義財團建造的強化混凝土摩天大樓，乃是當時侵略性超現代主義的典型建築；當時超現代主義的重點，乃是與過去完全脫鉤。一九五九年三月法國建築聯合會批准了蒙帕納斯辦公大樓（Tour Montparnasse）的設計圖時，該組織的報告總結道：「巴黎絕不可迷失在自己的過去裡，未來幾年，巴黎得有令人讚嘆的改頭換面。」

結果是不只出現蒙帕納斯大廈（或該大廈的其他衍生建築，位於拉德芳斯區的醜陋建築群），還有短期間內迸出的一些新鎮：位在大巴黎區邊緣，超高密度、極多住戶、缺少就業機會或地方服務機能的大型住宅區。其中最早建成、因而最為人知的住宅區，位在巴黎北部的薩塞勒（Sarcelles），一九五四年只住了八千人，七年後就成長為三萬五千人。從社會學、美學上來講，它沒有根，類似當時其他國家位於城市郊區的工人住宅區（例如位於立陶宛維爾紐斯邊緣、驚人相似的拉茲迪奈聚落），遠更甚於類似按照法國本土住宅設計傳統或城市傳統建造的任何住宅區。

這一與過去的決裂乃是刻意而為。在其他生活領域裡備受推崇的歐洲「風格」，在此完全不見蹤影。事實上，這一風格遭到刻意且用心的迴避。一九五〇年代的建築，特別是一九六〇年代的建築，刻意和歷史劃清關係；在設計、格局、材料上與過去決裂（鋼、玻璃、強化混凝土最受青睞）。[14]結果沒有比過去的建築更有想像力：相反地，在那幾十年裡使歐洲許多城鎮改頭換面的「都市再開發」計畫，乃是白白被糟蹋的大好機會。

在英國，一如在其他地方，都市「計畫」在最好的情況下都是戰術性，都只是權宜之計：未

14 在巴黎某批評者語帶肯定的評論中，按照巴黎某評論者的讚頌之詞，這數千間外觀一模一樣、塞進新大型住宅區的公寓，乃是「被併入一垂直結構體裡不折不扣的小房子，就像擺在同一葡萄酒架上的許許多多不一樣的瓶子」。見 Pierre Agard, 'L'Unité de résidence' in *Esprit*, October-November 1953. 我得感謝 Nicole Rudolph 博士指點我這篇文章。

擬出長期戰略去整合住屋、服務、工作或休閒活動（這些新鎮和住宅區幾乎個個沒有戲院，遑論體育設施或完善的大眾運輸系統）。[15]目標在快速且低成本地掃除城市貧民窟，容納有增無減的人口：一九六四至一九七四年，光是倫敦一地就冒出三百八十四棟公寓大樓。其中許多大樓會在不到二十年內就遭棄置。最糟糕的大樓之一，位於倫敦東區的「羅南尖」（Ronan Point），頗有自知之明，一九六八年就自行決定拆除。

公共建築也好不到哪裡去。龐畢度中心（一九六〇年代設計，但一九七七年一月才啟用），一如其西邊的阿爾（Halles）建築群，或許將形形色色的通俗文化資源帶到巴黎市中心，但長遠來看，它未能與周遭區域融為一體，或者說未能使其周遭更古老的建築相得益彰。倫敦大學新建的教育研究所也是如此。這棟建築突兀地座落在古老的布魯姆斯伯里區（Bloomsbury）中央的沃本廣場（Woburn Square）上，引用鑽研倫敦歷史的學者羅伊・波特（Roy Porter）的話，「獨一無二地醜」。同樣地，倫敦的「南岸」建築群將形形色色的表演藝術、藝術服務匯聚於一地；但它難看、低矮的房子、任由強風吹刮的小巷、龜裂的混凝土正立面，仍在訴說著城市批評家珍・雅各（Jane Jacobs）所謂的「沉悶的枯萎病」，令人看了心情低落。

就算我們考慮到，經歷兩場世界大戰和一場長期經濟蕭條之後，歐洲渴求新鮮、新穎、與過去沒有瓜葛的任何東西，但戰後歐洲的政治人物和規畫者為何會犯下這麼多錯，原因還是不明。若說當時人不知道他們新環境的醜陋，似乎不然：大型住宅區、高層公寓大樓、新城鎮的住民，從未喜歡它們，而且只要有人問起，他們都是如此據實以告。建築師、社會學家或許不知道他們的住宅區計畫會在不到三十年內滋生社會棄民和暴力黑幫，但這樣的發展，當時的居民就已清楚看出。就連歐洲電影，幾年前還帶著溫馨、懷舊的心情關注老城市和城市生活，這時則把注意力放在現代大都會冷漠、現實、無人情味的一面。高達或安東尼奧尼之類導演，在《阿爾伐城》（一九六五）或《紅色沙漠》（一九六四）之類電影裡，拍攝俗麗的新城市環境、工業環境，彷彿從中得到感官的快感。

火車站是戰後破舊立新建築風潮的受害者之一。火車站是維多利亞時代成就的雅致化身，往往本身就是深具意義的建築瑰寶。在美國，火車站也未能倖免於難（一九六六年紐約的賓夕法尼亞車站遭拆除一事，如今仍被許多人視為說明官方流氓行徑的典型例子）；但至少美國的城市規畫人員有理由這麼做：在汽車、飛機的夾擊下，火車運輸前景黯淡。不過，在地小人稠的歐陸，火車運輸的前景從未受到嚴正的質疑。在歐洲，舊火車站遭拆除，換成枯燥乏味、不吸引人而執行同樣功能的建築。拆除倫敦尤斯頓車站（Euston Station）、或巴黎蒙帕納斯車站、或造形優雅的柏林恩哈特車站（Anhalter Bahnhof），既無實際效益，在美學上也站不住腳。

大規模破壞城市、充斥整個歐洲欲與過去決裂的念頭、在一個世代內從廢墟搖身一變為超現代城市，都使得歐洲反受其害（多虧一九七〇年代的經濟衰退，使官方、民間的經費遭到削減，從而使城區更新熱潮戛然而止）。早在一九五八年，城市翻新熱潮還未達到高峰時，英國就有一群保護古文物的人士成立了維多利亞學會。這是英國典型的志工組織，致力於找出英國受到威脅的建築遺產並予以保住；但接下來十年間，懷有類似宗旨的組織在西歐各地出現，力促居民、學

15 但鹿特丹的情況正相反：被德國炸得滿目瘡痍，接下幾十年裡分階段重建，這座荷蘭港市乃是有心「設計」且真正「設計」過的城市。

術界、政治人物合力避免進一步的損失。在某些地方，這類組織出現太晚，沒保住特定區域或建築，但至少保住剩下的古蹟——例如米蘭馬真塔大道（Corso Magenta）史帖利內宮（Palazzo delle Stelline）的正立面和內迴廊：這是十七世紀城中某孤兒院僅剩的部分，其他都在一九七〇年代初期遭拆除。

在歐洲城市的實體歷史上，一九五〇、六〇年代是悲慘的二十年。在這些年裡，城市生活的有形結構所受到的傷害，乃是經濟發展「三十年光輝歲月」裡仍未得到充分承認的黑暗面——類似為前一世紀的工業都市化所付出的代價。爾後幾十年裡會有某些補救措施，特別是在法國——在這裡，有計畫的現代化和對道路、運輸網投入的龐大資金，使某些糟糕的郊區城鎮的生活品質有了明顯的改善——但傷害已永遠無法完全平復。大城市（法蘭克福、布魯塞爾、特別是倫敦）遲遲才發覺，為了野獸主義的眼前小利，他們出賣了城市與生俱來的寶貴資產。

一九六〇年代令人倍覺諷刺的現象之一，乃是對於當時無情「更新」、重建過的城市景觀，最感深惡痛絕者，竟是生活在那些城市裡的年輕人。他們的房子、街道、咖啡館、工廠、辦公室、學校、大學或許現代，且毋庸置疑的「新」。但除開家境最優渥的年輕人，對其他年輕人來說，如此造就的環境讓人覺得醜陋、枯燥乏味、令人窒息、沒有人性，以及——套用正開始流行的用語——「令人疏離」。當這些吃得好、住得好、受高等教育的小孩，在歐洲良善的福利國裡長大，反叛「體制」時，那即將爆發的改變之初期徵兆，將會出現在某所枯燥乏味大學的「附設校區」——座落在巴黎某人口過剩之郊區城鎮的高層公寓大樓和壅塞交通之間的校區——的組合式水泥宿舍裡，這樣的發展完全合乎情理。

12

革命的幽靈

The Spectre of Revolution

性交始於一九六三年，
在查泰萊一書的出版解禁和披頭四的第一張黑膠唱片問世之間。

菲力浦・拉金

✣ ✣ ✣

這場革命——我們愛死了。

丹尼爾・柯恩班迪特

✣ ✣ ✣

心懷悔恨的資產階級反叛自滿、壓迫的無產階級，
是當世較古怪的現象之一。

以撒・柏林爵士

✣ ✣ ✣

如今世上所有新聞記者都在拍你的馬屁……但老兄，我不是。
你長得像寵壞的小孩，我很討厭你，就像我討厭你爸爸一樣……
昨天在朱利亞谷區你痛毆警察時，
我同情那些警察，因為他們是窮人的兒子。

皮耶・保羅・帕索里尼，一九六八年六月

✣ ✣ ✣

我們不支持杜布切克，我們支持毛。

義大利學生口號，一九六八

具有重大文化意義的時刻，往往都是在事後才得到肯定。六〇年代則不一樣：當時人賦予他們所處時代——和他們自身——的超凡重要性，乃是當時的特色之一。六〇年代有相當多時間耗在「談我這一代」（引用 The Who 搖滾樂團的話說）。後面會提到，這樣的執著並非完全不合理；但可想而知的，它促成某些觀念上的扭曲。一九六〇年代真的是對現代歐洲特別重要的十年，但當時讓人覺得重要的東西，並非每一樣都在歷史上留下印記。那股沾沾自喜、打破窠臼的衝動——在衣著上或觀念上——很快就歸於沉寂；相對地，始於一九六〇年代晚期，政治上、公共事務上的那個真正革命性的變動，卻要再過數年才能完全發揮作用。六〇年代的政治局勢有時會誤導人——最重要的發展不盡然都發生在最為人知的地方。

一九六〇年代中期時，戰後人口急遽成長對社會的衝擊，已在各地顯現。當時人覺得，歐洲到處是年輕人——在法國，一九六八年時，十六至二十四歲的學生族群有八百多萬人，占全國人口的百分之十六・一。若在更早時，這樣的人口遽增大概會讓法國的糧食供應大為吃緊；而且即使吃不成問題，他們的就業前景大概也會很黯淡。但在經濟成長、繁榮的時代，歐洲諸國面臨的最大難題不是如何滿足人口日增之年輕人衣、食、住、就業的需求，而是如何教育他們。

一九五〇年代之前，歐洲大部分小孩讀完小學就不讀，離校時通常在十二至十四歲之間。十九世紀底開始施行的強制性小學教育，這時在許多地方實行並不徹底——在西班牙、義大利、愛爾蘭、共黨當政前的東歐，小農的孩子通常在春、夏、初秋期間不上學。中學教育仍是只有中產階級、上層階級才能享有的東西。在戰後義大利，擁有中學學歷者占人口不到百分之五。

預期到未來人口增加，也為了作為更大社會改革過程的一部分，戰後歐洲諸國政府在教育上實施了一連串重大變革。在英國，義務教育的法定結束年齡於一九四七年提高到十五歲（一九七二年時提高到十六歲）。在義大利，戰後頭幾年大部分小孩仍在十一歲時就結束求學，一九六二年時提高到十四歲。在義大利，上全日制學校的孩童，一九五九至一九六九這十年間成長了一倍。在法國，一九五〇年時只有三萬兩千名高中畢業生，接下來二十年期間，這類人口會增加四倍多：一九七〇年時，高中畢業生占他們所屬年齡層的五分之一。

這些教育變革打破了社會現狀。這之前，大部分歐洲社會，文化斷層線落在兩種人之間，一種人是學過讀、寫、基本算術、了解國家歷史梗概後就不再求學者，占人口絕大多數，另一種人是求學到十七、十八歲、拿到極受看重的中學畢業證書、接著接受專業訓練或就業者，只有得天獨厚的少數人屬之。英國的文法學校，法國的公立中學（lycée），歐洲部分地方的文科中學（Gymnasium），原只有統治階層的子弟可以就讀，這時則對社會上各種出身且人數愈來愈多的年輕人敞開大門，教授過去鄉村、都市窮人家子弟所無緣學習的古典教育課程。隨著愈來愈多小孩進入、通過中學教育，他們的世界與他們父母所知的世界之間裂開一道鴻溝。

這一前所未有的代溝，本身就構成一場雖無其名但有其實的社會革命——儘管這場革命的影響仍侷限在家庭裡。但隨著數萬孩童湧進倉促建成的中學，使原本為大不相同的時代需求而設計的教育體制，在實體上和財政上都大為吃緊，規畫者已開始關注這些改變對大學的影響——在這之前大學一直是更稀少的菁英分子才能就讀的教育機構。

如果說一九六〇年之前大部分歐洲人無緣一睹中學校園的面貌，那麼能懷抱進大學夢想的人就更少。十九世紀期間傳統大學已擴大招生，且其他類高等教育機構也變多（大部分是技術養成學校）。但一九五〇年代期間，歐洲境內的高等教育仍幾乎只有家境特別優渥的某些人讀得起。這些人可以讀到十八歲，不必早早為分擔家計外出工作，且負擔得起中學、大學學費。當然這時也有獎學金供窮人、中間階級的子弟申請。但除開法國第三、第四共和期間主張人人平等、以成績不以身分地位招生的法國教育機構，這些獎學金鮮少能支應額外進修的成本；它們完全無法彌補失去的收入。

儘管前一代改革者極有心變革，英國牛津、劍橋、法國高等師範學校、義大利波隆納大學、德國海德堡大學，歐洲其他歷史悠久的教育機構，仍是只有極少數人有幸就讀。一九四九年，瑞典有一萬五千大學生，比利時有兩萬大學生。整個西班牙只有五萬大學生，在人口四千九百萬的英國，大學生則不到十萬。同年，法國大學生人數勉強超過十三萬。但歐洲這時正處在大眾中學教育的高峰，因此不久後也會面臨擴大高等教育的不可抗拒壓力。屆時會有許多地方不得不變。

首先，歐洲會需要更多大學。在許多地方，沒有這類高等教育「制度」。大部分國家承繼了由各自為政的機構淩亂組成的教育網絡：由規模小、名義上獨立行事的古老機構構成的基礎設施，這些機構每年頂多能招收數百學生，常位在幾無公共基礎設施的地方城鎮。它們沒有空間擴大校區，教學大樓、實驗室、圖書館和宿舍也無法支應多出來的數千年輕人的需求。

歐洲典型的大學城——帕多瓦（Padua）、蒙佩利耶（Montpellier）、魯汶、佛里堡（Fribourg）、烏普薩拉（Uppsala）、劍橋——小且距大城市有段距離（數百年前正因為這因素而選中現址）：巴黎大學例外，儘管是個重要大學。大部分歐洲大學沒有美國人認知中的那種校園（在這點上，英國大學，特別是牛津和劍橋，是顯而易見的例外），校區與周遭城區融而為一：學生住在大學城裡，住宿、服務倚賴大學城居民提供。最重要的，儘管有許多歐洲大學已有數百年歷史，歐洲大學幾乎都沒有自己的物質資源，經費完全靠城市或政府提供。

因此，歐洲的高等教育如要及時因應隨著通過小學、中學教育者的增加而暴增的大學入學人數，肯定得由中央出面。在英國和斯堪地納維亞，這問題是透過在省級大城市和郡首府郊外的「未開發地區」蓋新大學來解決（但在這點上，斯堪地納維亞的作為沒英國那麼積極）：在英格蘭的科爾切斯特（Colchester）或蘭開斯特、丹麥的奧胡斯（Aarhus）。等到第一批中學畢業生入大學時，這些新大學，建築上再怎麼枯燥乏味，至少已能滿足增加的入學需求，且為尋覓教職、人數日多的大學畢業生提供了職缺。

英國的教育規畫者未開設新大學以容納大批升學者，而是選擇將他們納入古老的菁英制度裡。因此，英國大學保留了選擇或拒絕學生入學的權利：申請就讀大學者，其在全國高中畢業考的成績得達到一定水平以上，才可能如願，且每所大學可自行決定什麼樣的學生可以入學，可根據自己的能力決定招生人數。這時，在英國，大學生仍可以說是得天獨厚的少數人（一九六八年時只占他們年齡層人數的百分之六），從長期社會影響來看這現象無疑是倒退的作為。但對少數的幸運兒來說，這制度運作非常順利，使他們幾乎完全不會有歐洲其他地方的大學生所面臨的那些問題纏身。

因為在歐陸，高等教育的走向大不相同。至這時為止，在西歐大部分國家，從中學要升上大學，從未有人為阻礙：只要參加並通過全國高中畢業考，就自動取得大學入學資格。一九五〇年代結束之前，這未帶來困擾：升大學者不多，大學沒有理由擔心學生人滿為患。無論如何，在歐陸大部分大學裡，學術研究沿襲古老傳統，非常客觀且自由。高傲、難以親近的教授，一本正經向教室裡滿滿不知名姓的學生授課，而這些學生幾乎沒有得在特定期限前取得學位的壓力。對他們來說，學生身分既是受教育的憑藉，也是標誌人生進入另一個階段的通過儀式。[1]

歐洲諸國中央的大部分規畫人員，未走創立新大學之路，而只是要既有的大學擴大招生。這同時，他們未另外施加入學障礙，或未強制施行入學篩選制度。他們反倒出於最良善的理由，頻頻廢除剩下的入學障礙——一九六五年義大利教育部廢除所有大學入學考和招生限額。原屬特權的高等教育，從此成為權利；結果是一場浩劫。例如，向來有約五千名學生就讀的巴里大學（University of Bari），一九六八年時忙著處理三萬多學生的問題。同年，那不勒斯大學有五萬學生，羅馬大學有六萬學生。光是這三所大學的學生，就比十八年前義大利所有大學生還多；其中許多學生未畢業。[2]

到了一九六〇年代底，義大利年輕人上大學的比例已達到七分之一（十年前是二十分之一）。在比利時是六分之一。在西德，一九五〇年有一萬八千大學生，到了六〇年代底，傳統大學已開始苦於學生過多，大學生人數將近四十萬。在法國，一九六七年時，大學生人數已和一九五六年的公立中學學生一樣多。整個歐洲的大學生比過去多了許多，受教品質急速惡化。每個地方——圖書館、宿舍、教室、餐廳——都是**人滿為患**，環境品質極差（即使是新落成的亦然，甚至如果

1 很顯然地，這段描述不適用於法國的巴黎綜合理工學院（École Polytechnique）或高等師範學校之類學生不多的菁英學院。這類學校透過嚴格的入學考篩選出少數人中龍鳳，然後予以非常用心的教導，但它們是特例，不常見。

2 一九六〇年代中期，只有四成四的義大利大學生畢業；一九七〇年代期間，比例又更低。

是新落成的，尤其糟）。戰後政府的教育支出，不管哪一國都是暴增，主要花在設立小學、中學和提供設備、師資。這無疑是正確的選擇，還有，為了拉攏選民，也不得不如此。但這有其代價。

在此應該指出的，即使到了一九六八年，歐洲每個國家的年輕人，仍有過半數**不是**在學學生（這是有關這一時期的描述裡常遭忽視的一個小地方），特別是如果他們的父母是小農、工人、無專門技能者或外來移民（不管是來自邊陲省分或國外）的話。這些占了年輕族群一半以上、未求學的年輕人口，對六〇年代的體驗必然大不相同：特別是對六〇年代晚期的體驗——此一時期似乎有太多事情圍繞著大學裡、大學周遭的活動打轉。對於他們的看法，特別是他們的政治立場，我們不該拿他們在求學的同輩的意見來一概而論。但在其他方面，年輕人已共同分享自成一格、共通的文化。

每個世代都覺得當前的世界是新的。六〇年代那個世代則覺得當前世界既新且**年輕**。放眼歷史，大部分年輕人進入的是充斥著年長者的世界，在那世界裡，年長者占去有影響力的位置，是晚輩效法的榜樣。但對一九六〇年代中期的那個世代來說，世界不是如此。文化生態系正以比過去快了許多的腳步在演進。將人數眾多、富裕順遂、備受呵護、充滿自信、文化自主的一代，與他們父母那一代——人數出奇的少、沒有安全感、吃過大蕭條的苦、受過戰爭蹂躪的一代——隔開的鴻溝，比不同年齡族群間的傳統隔閡還要寬。至少，在許多年輕人眼中，他們所生長的這個社會正在不情不願地奉命改變——改變其價值觀、其作風、其規則。流行音樂、電影、電視充斥著年輕人的身影，還愈來愈鎖定他們作為觀眾和市場。一九六五年時，已有專門為年輕人推出，以年輕人為衣食父母的電台、電視節目、雜誌、商店、產品、整個產業。

每個國家的青年文化各有自己的偶像和機構，有本土青年文化專屬的參照依據（一九六三年六月二十二日在巴黎民族廣場舉行的夥伴節（Fête des Copains）是法國六〇年代青年文化的濫觴，但在其他地方，幾乎無人注意到它），但當時許多種流行文化很輕易就跨越國界，傳到他國。可以說，大眾文化漸漸成為國際文化。發跡於英語世界（往往就在英格蘭境內）的（音樂或衣著）潮流，會接著往南、往東傳：這種傳播受益於日益視覺化（因而跨國界）的文化的推波助瀾，偶爾才因本土自產的另一種潮流而受阻，或更常見的，被政治干預。[3]

這些新時尚必然以較有錢的年輕人為訴求對象：即歐洲白人中產階級的孩子，他們買得起唱片、音樂會門票、鞋子、衣服、化妝品、時髦髮型。但這些商品的呈現方式，大剌剌背離傳統路線。當時最成功的音樂表演者——披頭四和模仿他們者——汲取美國藍調吉他手（大部分是黑人）的節奏，並搭配以直接汲取自英國勞動階層之語言與經驗的素材。[4]這一極富原創性的組合，於是成為歐洲本土的跨國性青年文化。

流行音樂的內容的確很重要，但其形式更受看重。一九六〇年代，人特別注重**風格**。可能有人認為這現象以前就有。但風格能如此直接取代內容，可能是那時代的獨有特色之一。六〇年代

3 在共產集團，對於作為流行文化之「六〇年代」的體驗，必定是二手的。但兩者間的差異不該誇大。舉例來說，在東歐，人人知道披頭四是幹什麼的，許多人聽過他們的歌。而且不只披頭四：法國搖滾歌手強尼．哈利戴於一九六六年在斯洛伐克小鎮科希策（Košice）演唱，吸引了兩萬四千人前來聆聽。

4 披頭四出身利物浦的勞動階層，其中保羅．麥卡尼出身自更高一兩級的社會階層。六〇年代另一個偶像搖滾樂團「滾石」，在題材上走的是較傳統的波希米亞風，吻合該團成員倫敦中產階級的背景，但風格上的刻意粗魯和滾石樂團廣為周知、放浪形骸的私生活，克服了這一背景所造成的障礙。

的流行音樂，在**調子**上，在表現**方式**上，是叛逆的——其歌詞則往往平淡乏味，在最好的情況下都令外國聽眾聽得似懂非懂。在奧地利，演唱或聆聽英、美流行音樂，就是在嗆自己飽受驚嚇的父母（希特勒那一代）；在奧地利鄰國匈牙利或捷克斯洛伐克亦然。這類流行音樂，可以說，是替你表示抗議。

如果說六〇年代的主流音樂文化，讓人覺得有很大一部分繞著性在打轉——至少在它將焦點短暫轉到毒品、政治之前是如此——這也大體上是風格使然。比起此前，不與父母同住的年輕人變多，而且在更年輕時就離開父母。避孕藥變得較安全、較易用，且變成合法。[5]公開袒露身體，電影和文學作品描寫肆無忌憚的性放浪行為，變得更為常見，至少在西北歐是如此。因為這些原因，老一輩深信性約束已完全瓦解——他們的小孩則樂於加深其夢魘。

事實上，六〇年代的「性革命」，對包括老少在內的絕大多數人來說，幾乎無疑只是個錯覺。就我們目前所知，大部分歐洲年輕人的性喜好和性作為，其改變的速度或幅度，遠不如當時人所喜歡宣稱的那麼大。根據當時的調查結果，就連學生的性生活都與前幾代相差不大。六〇年代獲解放的性作風，一般來講與五〇年代——被描述成道德端正、情緒斂抑的時代（不盡公允）——大相逕庭。但比起一九二〇年代，或十九世紀末的歐洲，或一八六〇年代巴黎的風流社會（demi-monde），「**搖擺**的六〇年代」算是相當溫順。

六〇這一代特別強調要看起來不一樣，正與對風格的強調相一致。衣著、髮型、化妝、「流行飾品」，成為不可或缺的世代、政治識別標誌。倫敦是這類潮流的發源地：歐洲人在衣著、音樂、攝影、模特兒、廣告、乃至大眾市場雜誌上的好惡，全師法倫敦。鑑於英國的設計平庸、製造品質低劣早已聲名遠播，如此現象著實不可思議。這是年輕人對這類事物的傳統規矩的逆轉，且最終維持不久。但「搖擺倫敦」（一九六六年四月《時代》雜誌為倫敦冠上的名字）的假曙光，為那時代投下特別的一道光。

一九六七年時，英國首都境內已有兩千多家自稱「時裝店」（boutique）的商店。這些店大部分模仿卡爾納比街（Carnaby Street）上突然冒出的衣服店，毫不怕人恥笑。卡爾納比街長期以來是男同性戀者的流連之地，這時則搖身一變成為同性戀、異性戀者的「摩登」時尚發源地。在巴黎，時裝店「新男人」（New Man）——服裝革命在法國的頭一個徵兆——一九六五年四月十三日在舊劇院路開張。不到一年，就有一堆類似的店跟著出現；這些店全跟流行，冠上聽來有英國味的店名——「Dean」、「Twenty」、「Cardiff」之類的。

卡爾納比街風格，在西歐各地受到仿效（但在義大利最不顯著），強調鮮艷、突顯身體曲線、往往男女不分、刻意不適合三十歲以上者穿著的服裝。「新男人」販售的緊身紅色燈芯絨長褲、合身黑襯衫，成為接下來三年巴黎街頭示威者的標準服裝，還受到各地的群起仿效。一如有關六〇年代的其他任何事物，它們是由男人製造，為男人製造；但年輕女子也能穿，後來愈來愈多女子願意穿。就連巴黎的主流時裝店都受到影響。一九六五年起，該市的女時裝店裡，陳列的長褲多過裙子。

5 但應該指出的是，六〇年代大部分期間，在西歐、東歐許多地方，仍禁止散布避孕知識。英國於一九六一年批准使用避孕丸，是為特例——在英吉利海峽對岸，歌手安端在唱片裡以哀嘆口吻想像哪天避孕丸終於在法國「不二價商店販售」的情景，結果這唱片於一九六六年賣了一百萬張。

這些店也縮減了帽子的產量。這現象正說明青少年市場的最重要變化：頭髮取代帽子，成為最重要的自我表現工具，傳統帽子只有「老一輩」於正式場合時會戴。[6]但帽子並未因此消失。在服裝變革的第二階段，傳承自五〇年代晚期的「摩登服裝」的明亮原色，被較「嚴肅」的外衣取代，反映了音樂上的類似改變。這時年輕人衣著的裁剪、行銷，都非常注重其「無產階級的」、「激進的」靈感來源：不只牛仔褲和「工作襯衫」，還有靴子、深色短上衣、皮質「列寧」帽（或模仿十九世紀匈牙利叛亂分子之「科蘇特帽」而外覆毛氈的類列寧帽）。這一富政治自覺意識的時尚從未在英國流行開來，但六〇年代底，它已是德國、義大利激進分子和追隨他們的學生的準制式服裝。[7]

與這兩套時尚重疊的，乃是嬉皮的類吉普賽打扮。「卡爾納比街」和「街頭戰士」風格，都是歐洲本土出身，而嬉皮風格——其非西方的、「反文化的」、無性的、以減少消費為特色的道德觀念，乃是隱隱「烏托邦式的」——則與此相反，屬於美國進口的東西。它的商業價值顯而易見，六〇年代中期為滿足緊身、輪廓分明的時尚需求而猛然冒出的許多店家，不久後就拚命改變自己的陳售商品，以迎合這變化。它們甚至曾短暫想行銷「毛裝」。毛裝是一種寬鬆的短上衣，有著線條分明的領子，搭配無所不在的「無產階級」帽，巧妙結合了這三種風格，特別是有這位中國獨裁者充滿革命洞見的《毛語錄》「當配件」時。但儘管一九六七年高達推出電影《中國女人》（*La Chinoise*），片中有一群法國學生認真研究毛澤東，想效法他，「毛裝」的喜愛者仍只占少數，甚至在「毛派人士」中亦然。

「反文化」政治主張和它們的象徵，因為密切連結到對於「第三世界」游擊叛亂分子的浪漫化描述，而在一九六七年後更為鮮明。即使如此，它們在歐洲仍未完全大眾化。我們絕不可被切・格瓦拉死後的著名形象——基督般的殉難者，西方不滿現狀之青少年的化身——給誤導：歐洲的六〇年代始終是以歐洲為中心的。甚至「嬉皮革命」也可以說是從未傳到大西洋彼岸，頂多給沖上英國、荷蘭海岸，留下比其他地方更為發達的毒品文化，算是某種沉積證物——還留下一張特別富有原創性的LP唱片。

六〇年代輕浮淺薄的一面——時尚、流行文化、性——不該被視為只是虛華空洞的東西而一笑置之。那是一個新世代與祖父母的時代——仍掌理歐陸事務的老人統治集團（艾德諾、戴高樂、麥克米倫——和赫魯雪夫）——劃清界線的表現。當然，六〇年代諸多裝腔作勢、引人注目之處——將與這時代永遠緊密相連的自戀式自我放縱——整個看來讓人覺得虛假。但在當時，在它們的支持者眼中，它們新穎且富獨創性。甚至當時藝術那冷冽、刺眼的光澤，或六〇年代晚期憤世嫉俗的電影，相對不久前資產階級的自得偽詐，都令人覺得清新且真實。當時的唯我自負——年輕人將藉由「做自己的事」、「忠於自己」、「做愛，不打仗」改變世界——始終是個錯覺，這錯覺不久就破滅。但那不是當時惟一的錯覺，且絕非最愚蠢的錯覺。

6 但在偏遠省分，帽子較晚才褪流行。在那些地方，黑色貝雷帽、布帽、乃至有帶子的女帽，日常生活中仍被使用。作為地區出身和社會階級的可靠傳統指標，帽子這一功用又保留了更久。

7 它也會輕易演變為下一個十年的光頭打扮。

一九六〇年代是理論大放光芒的偉大時代。這句話的意義，有必要釐清：這當然不是指當時生化界、天體物理學界或遺傳學界正在進行而真正具有劃時代意義的工作，因為非專業人士大體上未注意這類工作。這也不是在描述歐洲社會思想上的復興：二十世紀中期未產生黑格爾、孔德、馬克思、米勒、韋伯或涂爾幹之流的社會理論大師。「理論」也不表示哲學：當時西歐最著名的哲學家——伯特蘭・羅素、卡爾・雅斯培、馬丁・海德格、貝內戴托・克羅齊、莫里斯・梅洛龐蒂、沙特——不是已死、老了，就是投入其他領域，而東歐最頂尖的思想家——揚・帕托什卡（Jan Patočka）、萊塞克・科瓦科夫斯基（Leszek Kołakowski）——在他們國家之外，仍只有少數人知道。至於一九三四年前就在中歐大放異采的那群熠熠發光的經濟學家、哲學家、社會理論家，有幸活下來的人，大部分已永久流亡於美國、英國或紐澳，並在那些地方就他們的學術領域組成現代「盎格魯－撒克遜」學術界的知識核心。

就「理論」一詞剛流行時的用法來說，「理論」意指大不相同的東西。它大體上致力於「訊問、詰問」（當時的專業用語）學科的方法和目標：特別是社會學科——歷史、社會學、人類學——但也包括人文學科，乃至後來的實驗室科學。在大學大幅擴張而期刊、雜誌、講師迫切追求「有新聞價值的題材」的時代，對各式理論的需求應運而生——推波助瀾的因素不是已獲改善的知識供應，而是無法滿足的消費者需求。

這場理論革命的領導者是歷史學科和較軟性的社會學科。在一個世代前，歷史研究在歐洲復興：《經濟史評論》（*Economic History Review*）和《年鑑：經濟、社會、文明》（*Annales: Économies, Sociétés, Civilizations*）都創刊於一九二九年，而刊物的名稱隱隱表明它們的修正主義計畫。一九五〇年代出現了「英國共黨史學家團體」和具影響力的社會史刊物《昔與今》(*Past & Present*);受理察・霍加特(Richard Hoggart)、雷蒙・威廉斯(Raymond Williams)的著作啟發,而在英格蘭的伯明罕大學成立的文化研究單位;以及更晚時在西德的畢勒費爾德(Bielefeld)大學出現,以漢斯-烏爾里希・韋勒(Hans-Ulrich Wehler)為核心的社會史學派。

與這些團體、機構有密切關係的學者,其學術研究不必然都是打破窠臼的;事實上,雖然通常被認為非常出色,方法論上卻往往沿襲陳規。但那些學術研究是自覺性走上「詮釋」(interpretive)路線的,通常出自非教條的但清楚左傾的立場。如此呈現的是個社會理論色彩非常鮮明、非常強調階級、特別是下層階級的歷史研究。重點不只在敘述、乃至解釋特定歷史時刻,而且在揭露其更深層的意義。這一風格的歷史著作,似乎彌合了過去、現在間的鴻溝,學術研究成果與當代實際作為間的鴻溝,新一代的學生也從這一角度來解讀它(且往往錯誤解讀它)。

但歷史儘管在政治上得到種種應用,卻是門特別不易受高深理論性研究成果影響的學科:理論侵犯愈深,歷史後退愈多。雖有六〇年代一、兩位史學界巨擘在老年時獲致偶像地位,但不管其學術研究成果多麼具有顛覆性,他們無一人成為文化大師。其他的學科情況較好——或者較糟,視個人觀點而定。由克勞德・李維史陀(Claude Lévi-Strauss)領軍的文化人類學家,汲取語言學領域更早期的研究成果,針對不同社會間的變異、差別,提出全面性的新解釋。重要的不是可見到的社會實踐或文化癥候,而是內在本質,人類世界的深層結構。

這一後來人稱「結構主義」的學說,魅力逼人。作為將人類經驗分類的方式,結構主義與年鑑歷史學派有著家族性的相似性,因此與當時的學術風格輕鬆接合。當時最著名的年鑑學派健將費南德・布勞岱爾（Fernand Braudel），已靠著對「長時段」（longue durée）的研究闖出名號，「長時段」是種鳥瞰式的史觀，描述跨越數個長時段而緩緩變動的地理結構、社會結構。但更重要的，乃是結構主義可立即被知識分子和非專家所理解。誠如同類學科裡欣賞李維史陀的學者所闡明的，結構主義連具象理論都談不上：它所描述的社會符碼，亦即「記號」，與任何特定的人或地或事無關，而只與在某封閉體系裡的其他記號有關。因此，它不會受以經驗為依據的檢測或反證影響——結構主義絕不可能被證實為錯；結構主義的主張所帶有的打破陳窠的雄心，加上這一絕不可能陷入矛盾的特點，使它大受歡迎。任何事物都可解釋成「數種結構」的結合：誠如法國作曲家皮耶・布列茲（Pierre Boulez）把他的某部作品取名為「結構」時所指出的，「那是當世的關鍵字」。

一九六〇年代期間，結構主義的運用趨於浮濫：在人類學、歷史學、社會學、心理學、政治學、當然還有文學，都有結構主義的身影。最著名的實踐者——通常是那些將學術研究的大膽創新與自我推銷的天賦不多不少適切結合的人——在電視漸漸成為大眾媒體的時候，運氣絕佳得到知識界的注目，而成為國際名人。若置身此前的時代，米歇爾・傅科（Michel Foucault）可能是上流社會的寵兒，巴黎演講圈的明星，類似五十年前的昂利・柏格森（Henri Bergson）。但一九六六年問世的《詞與物》（*Les Mots et les Choses*），只四個月就賣出二萬冊，傅科幾乎是一夜成名。

傅科本人堅決不用「結構主義者」這個稱號，就和卡繆始終堅稱自己從來不是「存在主義者」，不知道何謂存在主義者差不多。[8]但至少傅科本人不得不承認，他怎麼想並不重要。這時「結構主義」成為一種簡稱，指的是任何對過去或現在看似顛覆的敘述，在這種敘述裡，傳統的線性解釋和範疇受到動搖，它們的假設遭到質疑。更重要的，「結構主義者」乃是將個人和個人的主動作為在人類事務上的作用貶到最低、乃至否認有這作用的人。[9]

但所有人事物都是「結構的」這一觀念，儘管得到多樣的運用，仍無法解釋一件至關重要之事。對布勞岱爾、或李維史陀、乃至傅科來說，目標在於揭開文化體系的深層運作方式。無論這是不是一種顛覆性的學術研究衝動——就布勞岱爾來說，確定不是——但它確掩蓋了，或貶低了改變與過渡。事實顯示，這一方法用在決定性的政治事件上特別說不通：你能解釋為何事情得在某個階段改變，但事情如何改變，或個別的社會行動者為何選擇促進這過程，仍未得到釐清。因此，作為對人類經驗的解釋，凡是倚賴「人類已無從選擇之結構的安排」的理論，都會受阻於自己的假設。結構主義在知識上具顛覆性，在政治上卻是被動的。

六〇年代的年輕衝動，不是為了了解世界；引用馬克思寫於二十六歲，在當時常被引用的一段話，《關於費爾巴哈的提綱第十一條》(*Eleventh Thesis on Feuerbach*)：「哲學家只以不同的方式解釋了世界；但重點在改變世界。」說到改變世界，仍只有一個宏大的理論聲稱不只將對世界有所解

8 一九六〇年時，「存在主義」（一如幾年後的「結構主義」）已成為萬用的流行語，就和幾十年前的「bohemian」一詞差不多：前來漢堡的瑞伯街聆聽披頭四演唱的待業藝術學習者都自稱是存在主義者（Exis）。

9 如此一來，大受歡迎的精神分析理論家雅各・拉岡（Jacques Lacan），竟會被大眾納入這一範疇，就可能令人覺得奇怪。但拉岡是特例。即使就六〇年代巴黎的寬鬆標準來看，他仍對當時醫學、生物學、神經學的發展出奇地無知，同時他的執業或名聲未因此受到明顯的傷害。

釋，還將把包羅一切的改變計畫聯繫在一塊；只有一個主敘述表示能夠理解所有事物，同時為人類的主動作為留下施展空間：那就是馬克思主義的政治計畫。

六〇年代歐洲的知識契合和政治執念，只有從對馬克思、馬克思主義如此持續著迷的角度切入，才能得到理解。誠如沙特於一九六〇年在其《辯證理性批判》裡所說的，「我認為馬克思主義是當世無法超越的哲學。」並非人人都和沙特一樣對馬克思主義如此堅信不移，但不管是持哪種立場的人都同意，凡是想理解世界的人，都得非常認真看待馬克思主義和其政治遺緒。與沙特同時代、曾與沙特友好、後來在知識上成為沙特死敵的雷蒙·阿宏，一輩子反共。但他也坦率（且既遺憾又著迷的）承認，馬克思主義是當代最具影響力的觀念：該時代的世俗宗教。

一九五六至一九六八年間，馬克思主義在歐洲處於一息尚存但近乎不動的生命暫停狀態——而且可以說是在這狀態下興盛發展。由於一九五六年的揭露和事件，史達林派共產主義顏面掃地。西方的諸共產黨若不是在政治上無足輕重（在斯堪地納維亞、英國、西德、荷比盧）；就是處於緩慢但明確的衰落（法國）；或者如在義大利所見，拚命要與他們傳承自莫斯科的東西劃清界線。各列寧主義共黨的歷史及教義之中呈現出來的官方馬克思主義，大體上遭到唾棄，特別是在仍受官方馬克思主義宰制的地方。就連在西方把票投給共黨的人，都對這主題興趣缺缺。

在這同時，知識界和學術界普遍感興趣於馬克思主義遺產裡可與蘇聯版馬克思主義區隔，且可從其道德破產中搶救出來的部分。馬克思這位開山始祖去世後，就一直存有標榜馬克思主義、傾馬克思主義的派系和脫離自立門戶的小派別——一九一四年之前許久，就有一些自稱得到真傳的小政黨。其中有些政黨，例如英國的社會黨，至這時仍在：標榜自己政治主張的純正，斷言只有自己對馬克思主義原典的解釋正確。[10]但十九世紀晚期的大部分社會主義組織、圈子、社團、會社，已被併入一九〇〇至一九一〇年間經由合併小組織所產生的多目標型社會黨、工黨裡。現代馬克思主義紛爭，源於接下來發生的列寧主義分裂。

蘇聯時代初期的派系鬥爭，產生存世最久的馬克思主義「異端」，即托洛斯基與其追隨者的異端。托洛斯基流亡墨西哥時遭蘇聯特務暗殺，而在遭暗殺二十五年後（且大體上因為這暗殺），在未明令禁止托派政黨的每個歐洲國家裡，都有托派政黨存在。一般來講這類政黨不成氣候，由一位富群眾魅力、作風獨裁的頭子，仿其創黨人托洛斯基的方式領導，黨的信條、策略都由這人說了算。這類政黨的一貫策略是「打進內部」：在更大的左翼組織裡工作（政黨、工會、學會），以掌控它們或促使它們的政策、政治結盟朝托派理論所定的方向移動。

對外人來說，托派政黨——和它們所加入而漸漸式微的第四（工人）國際——似乎和共產黨沒有區別，都效忠列寧，只因為托洛斯基、史達林間的血腥權力鬥爭史而與共黨分道揚鑣。在教條上有一重大區別——托派繼續談「不斷革命論」，指責史達林主義將工人革命侷限於單一國家而使工人革命夭折——但在其他方面，惟一顯而易見的差異，乃是史達林主義已在政治上得勢，托洛斯基主義則始終落敗，而且是無可非議的清白落敗。

令托洛斯基日後的追隨者大為欣賞的，無疑正是這一落敗。過去或許慘淡，但他們認為，他們對過去缺失的分析——蘇聯革命已遭官僚反動行為劫持，和一七九四年推翻雅各賓黨的熱月黨

10 至作者撰寫此書時，英國社會黨仍存在。該黨完全不受外在變化的影響，規模小到在政壇無足輕重也不致受到傷害，因此應該會永遠存在。

人政變類似——必將使他們在數年後成功。但即使托洛斯基本人也曾短暫大權在握——畢竟在蘇聯政權成立頭幾年他位居要津，該政權的偏離正軌，他得負部分責任。對於在政治上還沒有犯錯新一代人來說，真正令人著迷的失敗是歐洲共產主義界那些失去的領袖，那些從沒有機會在政治上一展抱負的男女。

於是，在一九六〇年代，羅莎·盧森堡（Rosa Luxemburg）、傑爾濟·盧卡奇（György Lukacs）、特別是安東尼奧·葛蘭西（Antonio Gramsci），重獲重視。盧森堡是波蘭籍猶太裔社會主義者，在一九一九年一月那場注定失敗的柏林革命中，遭德國自由軍團暗殺。盧卡奇是匈牙利共產主義思想家，其一九二〇年代的政治著作，曾為世人在史達林主義的歷史、文學觀之外提出另類選擇，但不久就被迫公開放棄其觀點。葛蘭西是義大利共黨的兩位創黨人之一，針對革命政治學和義大利歷史寫了一連串見識卓越但未公開發表的文章，其中大部分文章寫於他遭法西斯黨關在獄中期間。他從一九二六年入獄，直關到一九三七年死亡為止，享年四十六歲。

一九六〇年代期間，這三人的著作以多種語言大量重新出版或首次出版。他們三人共通之處不多，而共通之處又大部分是負面的：都未曾掌有權力（但一九一九年三月至八月，盧卡奇曾在貝拉·庫恩於布達佩斯的短命共黨獨裁政權裡當文化政委）；都曾一度不認同列寧派作為（就盧森堡來說，甚至在布爾什維克掌權之前就如此）；和其他許多人一樣，三人此前都在史達林主義理論、實踐的陰影籠罩下長期無人聞問。

隨著盧森堡、盧卡奇、葛蘭西和其他遭遺忘的二十世紀初期馬克思主義者的著作重見天日，[11]馬克思本人也重新被發掘出來。事實上，表面上大不相同於以往的新馬克思的重新問世，乃是馬克思主義在這些年成為顯學的關鍵原因。「舊」馬克思是列寧、史達林的馬克思：他是維多利亞時代的社會科學家，其新實證主義著作預示並認可了民主集權制和無產階級獨裁。即使這個馬克思不該為他成熟期著作的遭人使用負直接責任，他和他們的密切關係都是不可改變。不管是為共產主義還是為社會民主主義服務，他們都屬於舊左派。

新左派（一九六五年時已開始如此自稱）找到新文本——在馬克思年輕時的著作中，在馬克思才剛成年時所寫的形上學文章和筆記中。當時這位德國年輕哲學家浸淫於黑格爾的歷史主義和對終極自由的浪漫主義憧憬裡。馬克思生前選擇不出版其中某些著作；事實上，在一八四八年革命失敗後不久，他就毅然決然背離它們，轉而研究政治經濟學和當代政治，即此後世人一想到他就會浮現的東西。

因此，馬克思的早期著作，有許多就連學術界都只有少數人知曉。在莫斯科的馬克思－恩格斯協會支持下，一九三二年它們首度以全文形式出版，當時未得到什麼注意。三十年後，它們，特別是《經濟哲學手稿》和《德國意識形態》，才重新得到關注。突然之間，人可以拋掉傳統西方左派髒污沉重的包袱，而仍然是馬克思主義者。年輕馬克思似乎一心一意要解決特別現代的難題：如何改變「異化」意識，解放人類，使其不再無知於自己的真實處境和能力；如何扭轉資本主義社會裡的輕重緩急順序，把人類擺在他們自身存在的中心；簡而言之，就是如何改變世界。

對老一輩馬克思學者來說，對已成立的馬克思主義政黨來說，這樣執拗堅持在馬克思本人所

11 例如與葛蘭西幾乎同時代的德國馬克思主義者卡爾・科西（Karl Korsch），以及奧地利作家奧托・鮑爾、魯道夫・希法亭。

選擇不出版的著作，實在是兒戲。但此舉隱隱帶有顛覆性：如果任何人都可以親讀原文，隨意解讀馬克思，那麼共產主義（和在這件事情上也會受影響的托洛斯基主義）的領導權威必然瓦解，當時所認知的主流革命政治主張的理論依據，也隨之會大受削弱。於是，馬克思主義的當權派起身反擊。路易・阿圖塞（Louis Althusser）——法國共黨的主要理論家、國際知名的馬克思主義專家、法國高等師範學校的教師——宣稱已在信仰黑格爾的「年輕」馬克思和崇尚功利主義的「成熟」馬克思之間，構築了一道防火牆，藉此阿圖塞建立了職業聲譽和為時不久的名聲。他堅稱，只有較晚期的著作才是科學的，因而可名正言順稱為馬克思主義的。[12]

共產黨人和其他保守馬克思主義者所正確預見到的，乃是這一人道主義新馬克思竟能那麼輕易就符合當代的喜好和時尚。後工業西歐的「壓抑性的寬容」，這時激起某些人的反對，而馬克思之類十九世紀初期浪漫主義者，抨擊資本主義的現代性和工業社會的斲喪人性，正特別符合這些反對者的需要。繁榮、開放的西歐，其看似無可限量的彈性，其海綿般吸收激情與差異的能力，令批評西歐者怒不可遏。他們堅稱壓抑普見於資產階級社會，不可能完全消失。消失於街頭的壓抑，必然已移到*某處*：已移進人的靈魂裡——和最重要的，人的身體裡。

威瑪時代知識分子赫伯特・馬庫色（Herbert Marcuse），在他最後的落腳地南加州巧妙改造其舊認識論，以配合他的新環境。上面的種種思想，在他手上得到有益的整合。他解釋道，西方消費型社會不再倚賴對無產階級赤裸裸的經濟剝削，反倒將人的心力帶離了對滿足（特別是性滿足）的追求，帶進了對商品和錯覺的消費。真需求——性、社會、市民的需求——被假需求取代，而假需求的滿足是以消費者為中心之文化的目標。即使是以馬克思年輕時可能有的想法為本，這樣的解讀都太過牽強附會，但這得到廣大的共鳴：不只是為數不多、讀過馬庫色文章的人，當這論點於文化界大為流行開來時，還有更多學會這套措詞和論點之主旨的人。

把性滿足視為一根本目標而予以強調，令老一輩左派人士頗為不悅。在自由社會，自由戀愛不是什麼新觀念——十九世紀初期就有某些社會主義派系擁護這觀念，蘇聯成立頭幾年，道德約束特別寬鬆——但歐洲激進主義的主流傳統，非常重視道德、家庭倫理。在這之前，舊左派從未在文化上離經叛道或在性上追求冒險新奇，即使在舊左派存在初期時亦然：放蕩不羈的文化人、唯美主義者、藝術家才會這樣，特別是這些人中具有個人主義傾向、乃至政治反動傾向者。

但性與政治的合流再怎麼令人窘迫，都未真正構成威脅——事實上，不止一位共黨知識分子特意指出，這種重私欲而輕集體鬥爭的新作風，客觀上是反動的。[13]新左派改造馬克思之舉，其真正顛覆性的意涵，要在別處尋得。共產黨人和其他人可能表示，性解放不值一談，甚至對年輕一代的反獨裁美學，對他們要求在臥室裡、課堂上、工作場所裡由他們當家作主一事，不覺不安；那些東西，他們可能輕率地斥之為事態自然發展過程中的短暫騷動。引發遠更深層之反感者，乃

12 阿圖塞的主張建立在從結構主義觀點對馬克思發出的古怪論述上，而對當時追求理論的年輕人來說，這一論述愈是詭辯難懂，愈有吸引力（老一輩學者則不為所動）。但確立權威的用意非常明確：他堅稱思考馬克思只有一條正道，亦即他走的路。在法國，阿圖塞的魅力隨著他所支持的政黨垮台而式微；如今他那隱晦風格，只剩盎格魯－撒克遜學術圈的外圍分子感興趣。

13 他們說的不無道理。因此，比利時情境主義者拉烏爾·瓦內根（Raoul Vaneigem）在一九六七年寫道：「就一個可獲致狂喜的世界來說，我們所可能損失的只有乏味。」事後來看，這類口號究竟是妙語、無知還是憤世嫉俗，很難說得準。無論如何，它們對現狀的傷害不大。

是年輕激進分子愈來愈將馬克思主義理論和在異國裡的革命實踐等同為一的傾向——那是既有的範疇和權力似乎無一適用的國度。

歐洲舊左派的核心主張，乃是它代表了無產階級：藍領工人階級，而共產主義更自視為無產階級的**化身**。把社會主義與都市勞工緊密相連，不只是出於選舉考量；那還是意識形態左派與眾不同的標記，使它與懷著善意的自由派或天主教社會改革者有所區別。勞動階級選票，特別是**男性**勞動階級選票，乃是英國工黨、荷蘭與比利時的工人黨、法國與義大利的共黨、德語系中歐的諸社會民主黨權力、影響力的基礎。

在這之前，除開斯堪地納維亞，大部分勞動人口從未投入社會黨或共產黨的懷抱——勞動人口的政治效忠對象橫跨整個政治光譜。但傳統左派政黨極倚賴勞動階級的票，因而與勞動階級關係密切。但一九六〇年代中期時，勞動階級正漸漸消失。在西歐的已開發國家，礦工、煉鋼工、造船工、金屬加工工人、紡織工人、鐵路職工和各種體力勞動者，正大批退休。在甫降臨的服務業時代，他們的位置正漸漸被大不相同的一種勞動族群取代。

照理傳統左派應會因此而憂心：他們所獲得的工會會員、政黨黨員以及資金，極倚賴這一民眾基礎。但儘管當時的社會調查宣告歐洲傳統無產階級已開始消失，舊左派仍堅持以勞動階級為其「基礎」。特別是共產黨仍不妥協。他們仍然認為世上只有一個革命階級，即無產階級；只有一個政黨能代表並促進那階級的利益，即共產黨；共黨指導下的工人鬥爭，只有一個應有的結果，即革命，一如五十年前在俄羅斯所創下的先例。

但對並不強烈支持這種版本歐洲史的人來說，無產階級不再是激進社會改造惟一可取得的工具。在這時愈來愈被人稱作「第三」世界的那些國家中，有替代的選擇：北非和中東的反殖民民族主義分子；美國的黑人激進分子（美國算不上第三世界，但與第三世界密不可分）；從中美洲到南中國海，各地的農民游擊隊。若要實現革命願望，這些人與「學生」、乃至年輕人，是比富裕西方安分、滿足的勞動大眾人數遠更多、更容易動員的人力資源。一九五六年後，西歐年輕激進分子把目光轉離東歐共黨令人喪氣的表現，轉向更遠的地方尋找啟發。

這一針對異國所新燃起的興趣，既受到當時民族解放運動之渴望和去殖民化的推波助瀾，也因為歐洲自身破滅的幻覺被投射到其他人身上而得到強化。雖然學術界出現了家庭手工業形態的「小農研究」，這一新興趣卻建立在對異國當地的了解出奇淺薄之上。特別是古巴、中國的革命，被賦予歐洲人所渴望擁有但付之闕如的所有特質和成就。義大利馬克思主義作家馬莉亞－安東妮耶塔．馬喬基（Maria-Antonietta Macciocchi），以熱情洋溢的口吻，描述了當時歐洲的悲慘狀況和毛澤東治下，文化大革命正處於高峰的中國這個後革命的烏托邦，兩者間的差別：「在中國，完全見不到異化、神經失調或可在消費型社會裡見到的個人內在的分崩離析。中國人的世界是緊湊、整合且徹底完整的。」

歐洲以外世界的農民革命，還有一個特性打動了當時西歐的知識分子和學生：訴諸暴力。當然，從西歐往東，只幾小時車程距離的蘇聯和蘇聯衛星國境內，就不乏暴力。但那是官方的暴力，史達林主義的暴力。第三世界暴動的暴力，乃是解放性的暴力。誠如沙特在一九六一年為佛朗茨．法農（Frantz Fanon）的法文版《大地上的受苦者》（*The Wretched of the Earth*）寫的序文中所說明的，反殖民革命的暴力是「重新創造自身者……射殺一名歐洲人有一石二鳥的功效，既摧毀壓迫者，同時粉碎被他壓迫的人：留下一個死者和一個自由人；倖存者首度感受到自己腳下的國家土地。」

這種對異國模式投以自我否定式的欣賞，在歐洲並非頭一遭——好久以前托克維爾就論及異國模式對十八世紀法國大革命前法國知識分子的吸引力，而且蘇聯之所以曾令人心動，有一部分就是這種欣賞心態使然。但在一九六〇年代，有人拿遠東或極南處的國家當榜樣，呼籲歐洲仿效。有人鼓動米蘭、柏林的激進學生，以東方成功的策略為師：德國學生領袖魯迪．杜奇克（Rudi Dutschke）一九六八年呼籲其追隨者展開「貫穿體制的長征」，其結合毛澤東措詞和托派策略的作風，正揭露了時代的風潮。

對他們保守的老一輩來說，這一隨興搬出外來模式的作風，說明了舊歐洲可敬的革命語法，正何等輕率地瓦解為意識形態的巴別塔。當義大利學生主張，在新到來的服務業經濟裡，大學是知識生產中心，因而學生是新勞動階級時，他們其實是把馬克思主義的交換原則做最牽強的濫用。但至少他們有辯證的先例支持，而且是在眾所接受的規則內玩。幾年後，當米蘭學生報《裸身國王》（*Re Nudo*）宣告「歐洲的普羅青年，吉米．罕醉克斯（Jimi Hendrix）把我們團結在一塊！」，辯證法已淪為搞笑模仿的東西。誠如批評他們者從一開始就主張的，六〇年代的青年男女實在不正經。

然而六〇年代也是意義深遠的十年。第三世界，從玻利維亞到東南亞，都陷入動亂。蘇聯共產主義世界，「第二」世界，只有表面上看來穩定，爾後會看到，那表面的穩定也維持不久。西方的龍頭大哥，煩擾於暗殺和種族暴動，正在越南打一場全面戰爭。美國的國防支出於六〇年代中期持續攀升，一九六八年達到高峰。越戰在歐洲不是個引發分裂的議題——不管是哪種政治立場，都有人反對越戰——但越戰成為歐陸動員的催化劑；甚至在英國，還出現六〇年代最大規模的示威，以表達反美國政策的立場。一九六八年，越南團結運動（Vietnam Solidarity Campaign）動員數萬學生上街示威，學生走過倫敦街頭，來到美國大使館，憤怒要求結束越戰（和英國工黨政府對越戰半推半就的支持）。

這場示威局部說明了六〇年代的獨特情勢——當時許多紛爭和要求是圍繞著政治議題而非經濟議題在打轉——和最出鋒頭的公共行動主義者所在的社會背景。一如一八四八年，六〇年代的革命是知識分子的革命。但當時的不滿裡含有經濟成分，只是許多參與者仍未察覺到。戰後數十年的繁榮尚未走到盡頭，西歐的失業率仍在歷史低點，但六〇年代初期西歐各地周而復始的勞資糾紛，暗示未來將不平靜。

這些示威和一九六八至一九六九年會爆發的示威，肇因於戰後成長過了高峰，實質工資逐漸下滑所引發的不滿；但不滿的真正原因是工作環境；特別是勞資關係。除開奧地利、德國、斯堪地納維亞這三個特例，歐洲工廠、辦公室裡的勞資關係並不好；在米蘭或伯明罕或巴黎工業帶的一般工作場所裡，心懷不滿、好鬥的員工受到專制頑固的雇主監視，彼此少有溝通。在西歐部分地方，勞資關係（industrial relations）一詞是個自相矛盾的字眼。

在服務業和專業圈，有些領域也差不多如此：只拿法國的全國性「電台與電視」組織（ORTF）和原子能委員會這兩個突出例子來說，機構裡就充斥著心懷不滿的技術性員工（從記者到工程師）。傳統的威權、懲罰、講話（乃至衣著）作風，已跟不上過去十年社會、文化上的快速變遷。工廠和辦公室採由上而下的威權方式管理，未採納來自下面的意見。經理人可隨意懲罰、羞辱或辭退員工。員工往往不大受到尊重，意見遭漠視。各地都出現要求給予員工更大主動權、更多專業自主權、乃至「自我管理」（法文autogestion）的呼聲。

自一九三六年「人民陣線」在法國贏得大選而執政以來，這些議題從未是歐洲勞資衝突裡的爭執重點。在這之前，它們大體上不受工會和政黨的重視，因為工會和政黨把焦點放在較傳統、較易操控的要求上：較高工資，較短工時。但這時，這些議題很快就和激進學生的主張局部合流。這些與工廠好鬥工人在其他方面幾無共通之處的學生，對過度擁擠、管理不善的大學也發出類似的不滿。

這種無緣參與決策、從而無緣掌有權力的感覺，反映了六〇年代的另一個層面，這點在當時未得到完全的體認。由於施行兩輪制議員改選和總統全民普選，法國的政治活動到六〇年代中期時已合併為以兩個政治家族為中心且非常穩定的選舉聯盟、國會聯盟體制。這兩個家族分別是左派的共黨與社會黨、右派的中間派和戴高樂派。基於涵蓋整個政治光譜的默契，較小的黨和邊緣團體不得不與上述四大組織合併，不然就會被擠出主流政治圈。

出於不同的原因，在義大利、德國境內也正出現同樣現象。在義大利，由中間派、左派組成，涵蓋大段政治光譜的聯盟，一九六三年起占據了全國大部分政治空間，只有共黨和前法西斯黨被排除在外。聯邦德國從一九六六年起由基督教民主黨、社會民主黨組成的「大聯合政府」治理，這兩個黨加上自由民主黨，壟斷了德國聯邦議院（下議院）。這些安排確保了政治穩定和政治延續性；但在西歐三大民主國家，激進反對勢力因此不僅給推到邊緣，還給完全推到國會之外。誠如新左派有段時間所主張的，「這套體制」似乎被「他們」單獨把持。激進學生迫於無奈，只好自稱「國會外」反對勢力，政治活動於是走上街頭。

這方面最著名的例子，同時也是最短命的例子，是一九六八年春發生於法國的事件。這例子之所以引人注目，主要得歸功於它當下驚駭人心的潛力和在巴黎街頭叛亂所具有的特殊象徵意義，而非任何持續久遠的效應。「五月事件」始於一九六七年秋的楠泰爾（Nanterre）。楠泰爾是個單調乏味、非常靠近巴黎市西城區的郊區城鎮，古老大學巴黎大學所倉促擴建的諸多校區中，有一處就座落在楠泰爾。楠泰爾的學生宿舍裡，有來來去去的合法學生、「地下」激進分子和少數毒品販子、吸毒者住宿，已有一段時間。而且他們不繳房租。儘管校方嚴格禁止男女住宿生夜間進入異性宿舍，但這類行為仍然相當頻繁。[14]

楠泰爾校區的行政當局怕出亂子，原本不願強制實施規定，但一九六八年一月，他們驅逐一名「擅自入住者」，揚言以侮辱來訪政府部長的罪名，懲罰合法學生丹尼爾．柯恩班迪特（Daniel Cohn-Bendit）。[15] 隨之再度爆發示威。激進學生攻擊巴黎市中央的美國運通公司大樓，遭逮捕，然

14 這是造成摩擦的長期根源之一。在巴黎南部安東尼學生宿舍區的紛爭在持續數個月之後，一九六六年一月，新任主管推出在當時屬激進制度的新措施。從此之後，凡年滿二十一歲的男女住宿生，都可在自己宿舍房間招待異性。不滿二十一歲者，只要有父母的書面許可，也可這麼做。這樣的開放措施，不見於當時其他任何地方。

15 青年部長佛朗索瓦．米索佛（François Missoffe）前來楠泰爾為一新體育設施啟用。當地的激進派學生柯恩班迪特，詢問為何教育部遲遲不處理宿舍紛爭（或如他所說的，「性問題」）。受到挑激的青年部長，建議柯恩班迪特如果有性問題，不妨跳進漂亮的新游泳池。有德國人血統的柯恩班迪特回道，「那是希特勒青年團常說的」。

後，三月二十二日，一個組織成立，柯恩班迪特為該組織領導人之一。兩個星期後，楠泰爾校區於學生再度與警方衝突之後遭關閉，該組織——和行動——轉到巴黎市中心索邦大學校園內和周遭古老的大學建築。

在此應該指出的是，引發「五月事件」的議題，關注的是自身的事務和利益，有此認知，我們才不致被接下來幾星期意識形態濃厚的語言和雄心勃勃的計畫誤導。學生占領索邦大學和接下來設路障、與警方衝突，特別是五月十至十一日、五月二十四至二十五日的衝突，領導者除了既有之學生會和較次要之講師會的行政人員，還有（托派）革命共產主義青年團（Jeunesse Communiste Révolutionnaire）的代表。但隨之出現的馬克思主義激昂言詞，雖然熟悉，卻掩蓋了以拔除、羞辱權威為當下目標、基本上屬無政府主義的一股精神。

從這角度看，心懷輕蔑的法國共黨領導階層正確主張了，這是個嘉年華，而非革命。它具有法國傳統暴動的所有象徵——武裝示威者、路障、占據具戰略價值的建築和路口、政治要求和反要求——但完全不具實質內涵。學生群眾中的年輕男女，絕大多數是中產階級出身——事實上其中許多人出身巴黎資產階級：一如法國共黨領袖喬治・馬爾歇（Georges Marchais）所戲稱的，「老爸的兒子」（fils à papa）。他們在街上排成隊伍，挑戰法國政府的武裝力量時，從舒適資產階級公寓大樓的窗子往下看著他們的，是他們的父母、姑嬸、祖父母。

戴高樂派總理喬治・龐畢度（Georges Pompidou），迅即摸清這些騷亂的底子。初步對抗之後，他不顧黨內、政府內的批評，撤離警察，讓巴黎學生實質上控制他們的大學和周邊地區。媒體大肆報導學生的活動，令龐畢度和總統戴高樂大為難堪。但除了一開始嚇了一跳，接下來他們未再覺得示威學生是個威脅。時機成熟時，只要警方出馬，特別是鎮暴警察——從鄉村招募來的貧窮農家子弟，他們對打破巴黎富貴家庭青年的頭絕不遲疑——就可恢復秩序。令龐畢度煩擾不安的，乃是遠更嚴重的事。

學生暴動和占據校園，已在全國各地引發一連串罷工和占領工作場所的行動，使法國在五月底幾乎停擺。早期的某些抗議，例如「法國電視與電台」記者的抗議，把矛頭指向下令審查學生運動新聞報導的政府首長，特別是指向某些鎮暴警察過度殘暴的行為。但隨著總罷工展開，罷工潮擴及圖魯茲的飛機製造廠和電力產業、石化產業，以及最不妙的，擴及巴黎邊緣的雷諾汽車大工廠，情勢就變得很清楚，不只是幾千名激憤學生，更嚴重的事情將使整個法國陷入險境。

這些罷工、靜坐、占領辦公大樓和隨之而來的示威、遊行，乃是現代法國最大規模的社會抗議運動，波及範圍之廣遠超過一九三六年六月的抗議運動。即使事後來看，都很難篤定地說這些抗議行動目的為何。共黨領導的工會組織法國總工會，最初茫然不知所措：工會組織者想接管雷諾罷工行動時，遭大聲斥退，而政府、工會、雇主三方達成的協議，雖然承諾提高工資、減少工時、聆聽更多員工意見，仍遭到雷諾工人斷然拒絕。

數百萬罷工者，至少在一點上和學生看法相同。不管各有什麼在地的怨言，他們都對自己的生存環境最感到失望。他們想要的，與其說是談出更有利於工作的協議，不如說是改變他們的生活方式：宣傳小冊、宣言、演說都清楚表達這一心聲。對政府來說，這是個好消息，因為這淡化了罷工者的怒氣，使他們把注意力移離政治目標；但這也表示存在一個將是難以處理的普遍心理問題：社會出了毛病，卻難以找到辦法解決。

法國富裕且安穩，有些保守評論家因此斷言，引發這一波抗議者，不是不滿，而只是無聊。但失望情緒的確存在，不只存在於工作環境早就令人不滿的工廠，例如：雷諾之類，而是無所不在。第五共和已使得行之久遠的法國作風更為鮮明：權力集中於一地與少數機構。法國由極少數一批巴黎菁英分子治理，被外界認為：這批人在社交上自成一封閉群體，在文化上享有他人沒有的優勢，高傲、具階級意識，難以親近。甚至某些圈內人（特別是他們的小孩）都覺得那樣的環境綁手綁腳，令人不舒服。

老邁的戴高樂未能理解時代已經變了，那是自一九五八年來他第一次昧於時勢。他最初的反應乃是發表一沒有效果的電視演說，然後自公開場合消失。[16]他認為民心已走向反獨裁，而隔年他試圖以公民複決將這股民心轉為他的助力，且提議施行一連串措施、下放政府權力與決策權時，遭到羞辱性的慘敗；他隨之辭職，退出政壇，歸隱老家，數個月後去世於該地。

在這同時，情勢已顯示，龐畢度靜待學生示威運動自己冷卻的策略已經奏效。學生靜坐和日益升溫的罷工運動達到最高潮時，有些學運領袖和行走政壇多年，照理應該知道不該冒進的少數高階政治人物（包括前總理皮耶．孟戴斯－佛朗斯和日後會出任總統的密特朗），宣告政府已無力因應變局：誰有本事，誰就能拿下大權。這番聲明危險且愚蠢：誠如雷蒙．阿宏在當時指出的，「拉下全民選出的總統和拉下國王是兩碼子事。」戴高樂和龐畢度迅即抓住左派的失策，轉守為攻。他們警告，國家面臨共黨政變的威脅。[17]五月底，戴高樂宣布提早選舉，呼籲法國人民在合法政府與革命無政府狀態間作一抉擇。

右派發動一大型反示威，為其競選活動揭開序幕。五月三十日遊行群眾走在香榭麗舍大道上，人數之多遠勝兩個禮拜前的學生示威，戳破左派所謂政府已經失控的謊言。警方奉命奪回大學建築、工廠、辦公室。接下來的國會選舉中，執政的戴高樂派政黨大勝，得票率成長超過兩成，在國民議會裡拿下絕大多數。工人返回崗位。學生去度假。

法國「五月事件」所帶來的心理衝擊，大大超過其本身實際的重要性。這是場幾乎一行動就出現效果，還在國際電視觀眾前展開的革命。該運動的領袖在電視上都特別有魅力；迷人且口才便給的年輕人，帶領法國青年走過巴黎左派饒富歷史的林蔭大道。[18]他們的要求——不管是要求更民主的求學環境、結束道德性出版審查、或只是要求更美好的世界——都是可辦到的；儘管緊握拳頭，發出革命性的激越言詞，這些要求都不大具威脅。全國性的罷工運動，儘管令人費解、不安，但只不過為學生本身的行動增添了氣勢：他們在無意之間引爆了社會不滿，因而事後有人讚許他們預見甚至抒發了那股民怨。

最重要的，法國「五月事件」與其他地方的革命動亂相比，或與法國過去的動亂相比，出奇平和。建築遭到頗嚴重的暴力破壞，五月二十四日「路障之夜」後，有一些學生和警察不得不送醫治療。但雙方都很克制。一九六八年五月沒有學生喪命；法國的政府代表未遭到攻擊；第五共

16 事實上，他去走訪了駐德法軍，以確保需要他們時，他們忠心耿耿，可以出動。但當時外界不知此事。

17 這話一眼即可看出不實。一九六八年時，法國共黨除了對激進學生大發輕蔑之語，試圖保住其在工人運動中的影響力，別無一貫的策略。說到奪取政權，法國共黨若不是沒這本事，就是不敢作如是想。

18 學運領袖全是男性。在當時的照片和新聞短片中，可看到女孩坐在男朋友肩膀上，非常搶眼，但她們頂多只是學生軍團裡的後備步兵。一九六八年的青年暴動大談性的問題，但不大關注兩性平等的問題。

和的體制從未遭到嚴重質疑，只有法國大學制度例外。作為這場運動之導火線的大學制度，內部混亂未息，遭人唾棄，卻未有任何重大的改革。

一九六八年的激進分子，模仿過去革命的作風和道具，到了令人發噱的地步——畢竟他們是在同樣的舞台上演出。但他們聲言絕不重現過去革命的暴力行徑。因此，一九六八年的法國「心理劇」（雷蒙．阿宏語）幾乎立即進入民間神話裡，成為懷舊的對象，成為一場遵循特定風格的鬥爭；在這場鬥爭裡，生命、能量、自由的力量與過去令人麻木且暗淡的沉悶相敵對。「五月事件」最善於帶動群眾情緒者中，有一些在事後走上傳統政治生涯：阿蘭．克里文（Alain Krivine），富群眾魅力的托派學生領袖，四十年後的今天，是法國歷史最久之托派政黨的六十幾歲領導人。柯恩班迪特於當年五月遭逐出法國後，當上法蘭克福備受敬重的市議員，然後成為綠黨的歐洲議員代表。

但三十年後法國有關這主題的暢銷書，不是嚴肅的歷史分析著作，更別提當時熱血澎湃的教條宣傳小冊，而是當時塗鴉、口號的合集。這一現象正反映了一九六八年五月的氣氛基本上對政治冷感。這些俏皮話收集自巴黎市的牆壁、告示板，街頭，鼓勵年輕人做愛、玩樂、嘲笑當權者、做自己覺得開心的事——以及幾乎被當作附帶結果的：改變世界。誠如口號所高喊的，「鋪路石底下，即是海灘。」（Sous le pavé, la plage.）一九六八年五月的口號撰寫人從未呼籲他們的讀者重重傷害他人。就連那些對戴高樂的攻擊，都只是把他當成老弱無能的絆腳石，而非政敵。他們顯露煩惱與失望，但怒意不多。這將是場沒有受害者的革命，而最終意味著這根本談不上革命。

表面上，義大利與法國的學運都有激昂的言詞，但其實兩者差別相當大。首先，義大利衝突的社會背景與眾不同。六〇年代頭五年期間南部人民大批北移，在北部的米蘭、杜林等工業城，產生對交通、服務、教育的需求，以及特別重要的，義大利政府從未能解決的住的需求。義大利「經濟奇蹟」來得比其他地方晚，脫離農業社會的過程比其他地方更為急促。

因此，第一代工業化所造成的混亂，與對現代性的不滿，既重疊且相衝突。無專門技能和技能有限的工人——通常來自南部，其中許多是女性——從未被納入工業化北部地區既有的專門技能男性工人的工會。傳統的工人／雇主緊張關係，這時因有專門技能工人／無專門技能工人間的紛爭、加入工會的工人和未納入組織的工人間的紛爭而加劇。薪水較高、受到較佳保護、具有專門技能的飛雅特汽車廠或倍耐力輪胎廠的工人，要求在管理階層的決策上——關於班次工時、工資級距、懲罰措施的決策上——有更大的發言權。無專門技能的工人追求這其中某些目標，反對其他目標。**他們**主要反對的東西，乃是令他們做到累不堪言的計件工資率、機械化的量化生產線無休無止地運行、不安全的工作環境。

數百家小型的機械、紡織、化學公司，使義大利的戰後經濟改頭換面，其中許多公司的員工沒有法定或體制性的手段對抗雇主的要求。一九六〇年代義大利的福利國體制仍然相當簡陋，要到七〇年代才達到健全（主要得歸功於六〇年代的社會動亂），許多沒有專門技能的工人和其家庭，仍未享有職場權利或領取家庭救濟金的權利（一九六八年三月爆發全國性罷工，要求實施全國性的養老金計畫）。這些都不是傳統政黨和左派工會有心處理的問題。他們當時最憂心的，毋寧是這批散兵游勇的新勞動力會削弱舊勞工組織的影響力。具有限技能的女工不滿工時利用率提高，向共黨工會尋求支持，結果工會反倒鼓勵她們要求提高工資。

在上述情況下，義大利社會緊張的主要受益者，不是既有的左派組織，而是幾個非正式的「議會外」左派組織。它們的領導人——異議共產黨員、鑽研工人自主權的學界理論家、學生組織的代言人——更早就看出工廠工作環境不滿的新來源，將它們納入他們的計畫。此外，大學本身也出現了相似的現象。在大學裡，也有一批未經組織的新勞動力（大批湧入校園的第一代學生），對他們的生活環境、上課環境大為不滿。在大學裡，也有一群舊菁英分子，在學生事務上享有不受約束的決策權，隨意施加修課量、測驗、評分等級、懲罰。

從這角度來看，中小學、大學裡的行政管理人員、既有的工會、其他專業組織，就和工廠、作坊裡的同類人員和組織一樣，基於既得利益，都希望維持現狀。雖然義大利學生族群絕大部分出身都市中產階級，但這點並不會妨礙推論——身為知識的生產者和消費者，（在他們自己眼中）他們比傳統無產階級勢力更讓當權者感到威脅。照新左派的思惟，重要的不是群體的社會出身，而是該群體破壞統治制度與結構的能力。教室是和機械加工車間一樣理想的起點。

義大利激進政治主張在這些年裡不斷改變自己以因應外在變化的本事，充分體現在流傳於米蘭某中學裡的要求：該學生運動組織宣布，他們的目標乃是「控制、最終廢除評分和不及格制度，進而廢除學校對學生的遴選；人人都有受教權和領取助學金的權利；集會自由；早上召開全體會議；老師對學生負責；撤除所有反動、獨裁老師；由學生制訂課程。」[19]

六〇年代晚期義大利境內的抗議、混亂，始於一九六八年的杜林。杜林大學校方計畫將部分校區（理學院）遷到郊區，遭到學生反對。這與同一時期發生在巴黎郊區楠泰爾的抗議事件一模一樣。後來羅馬大學學生暴動，以抗議國會的大學改革法案，羅馬大學隨之在一九六八年三月遭關閉。這也與楠泰爾的事件有相似之處。但與法國學運不同的，義大利學運組織者始終把對工人運動的支持，看得比對大學制度的改革還重要，這由學運組織的取名——「工人的先鋒」（Avanguardia Operaia）或「工人的力量」（Potere Operaio）就可見一斑。

一九六八年九月倍耐力公司米蘭廠爆發勞資糾紛，一九六九年十一月底，政府逼倍耐力資方接受罷工者的主要要求，紛爭才落幕。這場勞資糾紛為抗議學生提供了來自工業領域的助力，令他們大受鼓舞。一九六九年的罷工運動是當時義大利有史以來最大的一次，對義大利激進青年的動員影響、政治化衝擊，大過前一年法國境內短短一個月的抗議所產生的衝擊。那一年的「熱秋」，數小群要求有權置喙工廠經營方式的工人，未經工會批准自行罷工，自發性占領工廠，促使義大利學生理論家和他們的追隨者斷定，他們所採取徹底否定「資產階級國家」的策略是對的。工人的自主權——作為手段、作為目標——乃是未來之路。改革——校園裡和工廠裡的改革——不只不可行，而且不可取。妥協就是失敗。

「非官方」的義大利馬克思主義者為何會有這一轉變，至今仍未有定論。義大利共黨那種一向巧妙迂迴、識時務的策略，使它難以躲掉在「體制」內運作的指控，難以躲掉基於既得利益而傾向穩定現狀，從而如批評它的左派人士指控它是「客觀上反動」。義大利政治制度本身既腐敗且似乎不受外在改變的影響：一九六八年國會選舉，基督教民主黨和共黨得票率都成長，其他黨

19 引用自Robert Lumley, *States of Emergency. Cultures of Revolt in Italy from 1968 to 1978* (London, 1990), p.96.

一敗塗地。但這或許可以說明「議會外」左派的不滿，卻無法完全說明他們為何改採暴力路線。

在歐洲，「毛澤東思想」——或者總而言之，就是對當時正如火如荼的中國文化大革命不加批判的著迷——傳布最廣的國家，乃是義大利。在這些年裡，受中國紅衛兵的啟發，毛派政黨、團體、期刊，一個接一個冒出，令人目不暇給。這些毛派政黨、團體、期刊，強調將工人與知識分子結合在一塊的共同利益，且從這些政黨、期刊堅持使用「馬列」這個形容詞（以有別於受唾棄的官方共產黨），就可辨識出它們屬於同一群。羅馬、波隆納的學生理論家甚至模仿北京教條主義者的措詞，將學科區分為「資產階級時代前的殘餘」（希臘語、拉丁語）、「純意識形態的」（例如歷史）、「間接意識形態的」（物理、化學、數學）。

一般認定，毛澤東思想結合了革命浪漫主義和工人主義教條，期刊（和運動組織）《不斷鬥爭》（*Lotta Continua*），就體現了這一結合——一如當時所常見的，這期刊的刊名概括說明了它的計畫。《不斷鬥爭》於一九六九年秋問世，那時候抗議活動已開始轉向暴力。一九六八年六月杜林學生的示威口號，包括了「工廠裡不講社會平和！」、「在暴力當道的地方，只有暴力管用。」接下來幾個月裡，大學、工廠的示威裡愈發流露出渴求暴力，包括在言語上（「砸毀政府，而不是改變政府！」）和實質行動上。在那幾個月，義大利學生運動最受歡迎的歌曲是〈暴力〉（La Violenza），正貼合時勢。

這一切所具有的諷刺意味，當時人並非毫無察覺。電影製片皮耶．保羅．帕索里尼（Pier Paolo Pasolini），當學生與警方在羅馬的博蓋塞別墅花園對抗之後論道，此時階級角色是反轉的：享有社會優勢的資產階級子弟高喊革命口號，痛毆受命維護城市秩序而薪水過低的南部佃農子弟。凡是在成年後經歷過義大利那段晚近歷史且還記得那段歷史的人，都會覺得這一轉向暴力的舉動，結局只會很悲慘。對於公權力可能會禁不起來自下層的衝擊而瓦解這想法，法國學生並不是很當真——戴高樂主義穩固的體制使他們得以如此隨興玩玩而不致受罰——但義大利的激進人士卻有充分理由相信，他們終會裂解這個後法西斯的共和國——而且他們躍躍欲試。一九六九年四月二十四日，有人在米蘭商品交易會和火車總站埋設了炸彈。八個月後，在倍耐力勞資衝突已獲解決、罷工運動已結束之後，米蘭豐塔納廣場邊的農民銀行遭炸毀。造成七〇年代社會、政治動蕩期的「緊繃策略」已然啟動。

六〇年代義大利的激進分子，也許會被指控為忘記了國家的晚近過往。在西德，情況則相反。一九六一年之前，戰後一代已在視納粹主義為戰爭、戰敗之罪魁禍首的觀念下長大；但納粹主義真正可怕的地方，卻遭到一貫的淡化。那一年在耶路撒冷對阿道夫·艾希曼（Adolf Eichmann）的審判，繼之一九六三至一九六五年在法蘭克福舉行所謂的「奧許維茨審判」，才使德國大眾遲遲注意到納粹政權的罪惡。在法蘭克福，兩百七十三名證人為德國人非人道罪行的深度和廣度作證，因此遭指控犯罪者，遠超過被起訴的二十三人（二十二名納粹黨衛軍成員、一名為虎作倀的集中營犯人）。一九六七年，米切利希夫婦（Alexander and Margarete Mitscherlich）出版了極具影響力的研究著作《無法哀悼》（*Die Unfähigkeit zu trauen*），主張西德官方雖然承認納粹的惡行，但在個人層次卻從未真正承認納粹的罪過。

西德知識分子熱切接受這一看法。卓有名聲的作家、劇作家、電影製片——鈞特·葛拉斯、馬丁·瓦爾澤（Martin Walser）、漢斯－馬格努斯·恩琛斯貝格（Hans-Magnus Enzensberger）、尤爾根·

哈伯馬斯、羅爾夫・霍赫胡特、埃德加・雷茨（Edgar Reitz），全都生於一九二七至一九三二年間——從此將創作重點日益鎖定在納粹主義和戰後未能正視、處理納粹這棘手問題上。但生於二次大戰期間或戰後頭幾年的年輕一輩知識分子，採取更嚴厲的立場。他們對已發生的過去沒有直接的體驗，因而當他們梳理德國的過錯，其基礎與其說是納粹主義的失敗，不如說是波昂政權的失敗。因此，對魯迪・杜奇克（一九四〇年生）、彼得・施奈德（Peter Schneider，一九四〇年生）、古德倫・恩斯林（Gudrun Ensslin，一九四〇年生）或更年輕些的安德烈亞斯・巴德（Andreas Baader，一九四三年生）、法斯賓達（一九四五年生）來說，西德的戰後民主制度不是解決辦法，而是問題。不關心政治、消費主義掛帥、受美國保護而高枕無憂的聯邦共和國，不只不完美、患了健忘症；還積極與其西方主子合謀，欲否定德國的過去，將過去埋葬在物質商品和反共宣傳裡。就連其憲法屬性都是虛妄的：誠如法斯賓達所說的，「我們的民主是為西方占領區而頒行，我們未親自爭取過它。」

德國六〇年代激進的年輕知識分子，指控波昂政權掩蓋其建國那一代所犯過的罪行。其中許多生於戰時和戰後頭幾年之德國的男女，從不了解自己的生父：生父是誰、做了什麼。學校完全未教他們一九三三年後的德國歷史（對威瑪共和時代的歷史，也只多教了一點點）。彼得・施奈德等人日後說明，他們生活在構築於虛空之上的真空狀態裡；即使在家裡——事實上應該說，特別是在家裡——沒人會談「它」。

他們的父母，生於一九一〇至一九三〇年的德國人，不只不願討論過去。他們對政治承諾和宏大構想抱持懷疑，因而不斷且有點不安地將注意力放在物質福祉、穩定、受尊敬上。誠如艾德諾所已理解的，他們對美國和「西方」的認同，在很大程度上源自希望避免與「德意志特性」（Germannes）有瓜葛的心態。因此，在他們的兒女眼中，他們不代表任何東西。他們的物質成就受到他們的道德傳承污染。如果有哪一代人，真的拒斥他們的父母所代表的一切：包括民族驕傲、納粹主義、金錢、西方、和平、穩定、法律、民主，那麼那一代就是「希特勒的孩子」，六〇年代的西德激進分子。

在他們眼中，聯邦德國散發自滿與虛偽。首先，有所謂的「明鏡事件」。一九六二年，德國最大的新聞週刊《明鏡》，刊出一連串探討西德國防政策的文章，文中暗示艾德諾的巴伐利亞籍國防部長佛朗茨－約瑟夫．史特勞斯（Franz-Josef Strauss）有見不得人的交易。在艾德諾批准和史特勞斯指示下，政府騷擾該週刊，逮捕其出版人，徹底搜索其辦公室。這一明目張膽濫用警力，以壓制冒犯當局之新聞報導的行動，招來全球的譴責——就連立場保守得無以復加的《法蘭克福匯報》（*Frankfurter Allgemeine Zeitung*）都論道，「這是令我們的民主難堪的事，失去自由的新聞業，失去不可分割的新聞自由，民主不可能存活。」

然後，四年後的一九六六年十二月，執政黨基督教民主黨遴選前納粹黨員庫特－格奧爾格．基辛格（Kurt-Georg Kiesinger）接任路德維希．艾哈德的總理之位。這位新總理當過十二年的納粹黨正式黨員，他出任總理被許多人視為是聯邦德國始終蔑視公義的鐵證。如果這位行政首長不為自己曾支持希特勒十二年而覺得難堪，那麼在新納粹組織再度浮現於政治舞台邊緣之際，誰還會相信西德宣稱的悔改或堅信自由開放價值？誠如葛拉斯在新納粹主義重出江湖時在某封公開信中向基辛格表達的：

如果你背負著仍然非常沉重的過去包袱出任總理，我們國家的年輕人要如何找到理由來反對這個已在二十年前死亡，但如今正以國家民主黨的形式復活的黨？

基辛格執政三年（一九六六～一九六九）。在這些年裡，喜歡自稱「德國議會外左派」（German Extra-Parliamentary Left）而不投入選舉的政治反對勢力，大舉進入大學校園，成果斐然。社會主義德國學生聯盟（Der Sozialistische Deutsche Studentenbund）所採納的諸多議題，這時有一些在歐陸西部已變成老生常談：宿舍和教室過度擁擠；教授冷漠、難以親近；教學呆板、沒有新意。但這些年裡最火熱的議題，仍是西德所獨有。最緊張的校園是柏林自由大學（洪堡大學淪入共黨占領區後，為彌補該缺憾而於一九四八年創立的大學），已有許多該校學生選擇逃避兵役。[20]

反軍國主義在德國的學生抗議運動中占有一席特殊地位，不管是用來譴責聯邦德國，還是譴責其所取代的納粹政權，都很管用。隨著反越戰聲勢的高漲，過去與現在間的這一結合，擴及到西德的軍事主子。始終被居少數的激進人士冠以「法西斯」之名的美國，這時成為更眾多人民的公敵。事實上，抨擊美國在越南打的不義戰爭，幾乎被用來代替討論德國自身的戰爭罪行。在彼得・魏斯（Peter Weiss）的一九六八年劇作《越南解放戰爭討論會》（*Vietnam-Discourse*）中，明確點出了美國與納粹的類似之處。

如果美國和希特勒政權一樣糟糕——如果以當時的口號來說，US ＝ SS（美國等於納粹黨衛軍）——那麼也幾乎可以把德國本身視為越南：兩國都被外來占領者分割為兩地，兩國都任人擺布地捲入他人的衝突裡。這種心態使西德的激進人士得以既因聯邦德國當下與「帝國主義－資本主義」的密切關係，且因其過去和法西斯的密切瓜葛，而予以鄙視。更不妙的是，這使激進左派得以順理成章重新搬出德國人本身才是真正受害者的主張——在這之前被視為與極右派關係密切的一項主張。[21]

因此，六〇年代的德國青年雖然憤慨於「奧許維茨世代」，卻不是很關注猶太人大屠殺，也就不足為奇。事實上，一如他們的父母，「猶太問題」令他們不舒服。他們偏愛將這問題納入法西斯主義理論的學術研究需求裡，模糊納粹主義的種族歧視部分，轉而強調其與資本主義生產和帝國勢力的關連——從而將焦點轉向華府和波昂。真正「壓迫性的國家機器」，乃是波昂的那些帝國走狗；遭帝國走狗傷害者，乃是反對美國打越戰的那些人。在這一獨特的邏輯下，走民粹、低俗市場路線、對學生政治活動的批判日益尖刻的八卦報《圖片報》(*Bild Zeitung*)，乃是重出江湖的《衝鋒隊員》(*Der Stürmer*)，學生是新「猶太人」；納粹集中營只是帝國主義罪行的一個好用的比喻。引用一九六六年某群激進分子在達豪集中營牆上塗寫的口號：「越南是美國的奧許維茨」。

因此，德國「議會外」左派與其在反納粹主流裡的根失去了聯繫。過去的社會民主黨學生組織，憤怒於威利·布蘭德的社會民主黨加入由基辛格主導的聯合政府，於是立場迅速轉趨激進。

20 在這些年裡，西柏林本身已開始出現濃厚的反文化氣息。它孤處在國際政治緊張局勢的核心，倚賴波昂與華盛頓的施捨來活命，始終處於前途未卜的狀態。西柏林因這一獨特的孤立處境而動彈不得，懸浮在時、空中，很不踏實。這使異議分子、激進人士和想尋找政治、文化邊陲處境的其他人非常心儀於西柏林。西柏林處境令人備覺諷刺之處——作為西方放蕩不羈作風的據點，它能存活下來完全是倚賴美國的駐軍——當時該市許多年輕市民並未察覺到。

21 這種反轉現象於一九九一年第一次波灣戰爭時會再度出現。當時反對美國出兵的德國人，立即把美國塑造成二十世紀最大的戰犯……德國是第一個美國的受害者。

他們的組成派系，反西方的立場比歐洲其他地方的六〇年代組織更為旗幟鮮明，因此刻意取了第三世界的名字：當然有毛派，但也有「印第安人」、「梅斯卡勒羅人」（Mescaleros）和諸如此類的。如此強調反西方立場，又催生出刻意走異國風，以及就當時的標準來衡量都非常古怪的反文化心態。

有種德國色彩鮮明的六〇年代文化困惑的變體，比其他地方的變體，更認為性與政治關係密切，不可分割。德國（和奧地利、或至少維也納）的激進人士，追隨馬庫色、艾里希．佛洛姆（Erich Fromm）、威廉．賴希（Wilhelm Reich）、二十世紀德國其他性壓抑、政治壓抑理論家的腳步，頌揚裸體、自由戀愛、反專制式的養育方式。希特勒那廣受宣傳的性神經機能病，被人恣意拿來解釋納粹主義出現的原因。再度有人在希特勒的猶太受害者和一九六〇年代的年輕人（他們父母之性壓抑制度下的殉難者）之間的某些地方，做出古怪且令人害怕的類比。

「公社一」（Kommune 1），即積極鼓吹性雜交、解放的毛派小派系，一九六六年散發一張自拍照：七名年輕男女光著身子，張開雙腳，貼牆而立——一九六七年六月照片刊登在《明鏡》上時，圖說寫著「裸牆前的裸身毛派分子」。強調裸體，用意很清楚，即欲重現無助、裸身的集中營人犯身體。這照片在表達：先是希特勒的受害者，如今是毛派革命分子叛逆不穿衣服的身體。如果德國人能正視有關**我們**身體的真相，將也能面對其他真相。

這一「中心思想」——青少年雜交會迫使老一輩對「性」坦白起來，進而對希特勒和其他所有事物持同樣態度——促使社會主義德國學生聯盟的領導人魯迪．杜奇克（在這類事物上，他屬於老一輩那種傳統左派道德主義者）將「公社成員」斥為「神經官能症患者」。他們的確是這樣的人。但他們那種與時代脫節的自戀，隨興將集體屠殺與性裸露癖結合，以逗弄、驚嚇資產階級的作風，並非船過水無痕。有位得意宣稱他的性高潮的革命作用比越南還要大的「公社一」的成員，會在一九七〇年代在中東某游擊隊訓練營裡重新現身。從自我放縱到暴力這條路，就屬在德國境內距離最短。

一九六七年六月，在柏林的反伊朗國王示威中，警方射殺了學生班諾・奧內索格（Benno Ohnesorg）。杜奇克宣布奧內索格之死是「政治謀殺」，呼籲予以集體回應；幾天後，就有十萬學生在西德各地示威。此前對波昂當局批評不遺餘力的尤爾根・哈伯瑪斯，幾天後提醒杜奇克和其友人當心玩火自焚。他提醒社會主義德國學生聯盟的領導人，「左派法西斯主義」和右派法西斯主義一樣要命。那些夸夸其談和平波昂政權的「隱藏性暴力」和「壓抑性寬容」者——以及刻意欲以志願主義式的真暴力行徑，激使政府出手壓迫的人——都不知道自己在幹什麼。

隔年三月，激進學生領袖一再呼籲與波昂「政權」對抗，而政府揚言在西柏林等地報復暴力挑釁時，哈伯瑪斯在葛拉斯、瓦爾澤、恩琛斯貝格、霍赫胡特陪同下，一再籲請接受民主理性，要求學生和政府雙方都尊重共和國的合法性。次月，杜奇克本人為他所鼓動的暴力兩極化付出代價。一九六八年四月十一日，他在柏林遭新納粹的支持者射殺。接下來幾個憤怒的星期裡，光是在柏林一地就有兩人遇害，四百人受傷。基辛格政府通過《緊急狀態法》（在許多社會民主黨議員支持下，以三八四票對一〇〇票通過），允許波昂視情況需要以法令治國——因此激起普遍的憂心，憂心波昂政權和三十五年前的威瑪共和國一樣就要瓦解。

手段日益暴力的德國政治偏激學生團體——K團（K-Gruppen）、自治主義者（Autonome）、社會主義德國學生聯盟的第一線團體——全都高舉「馬克思主義」旗幟，通常是「馬列主義」（亦即毛澤東思想）旗幟。其中許多團體暗地裡接受東德或莫斯科的金援，但在當時知道的人不多。事實上，在德國，一如在其他地方，新左派與史達林主義保持距離——而在西德，史達林主義在政治上無足輕重。但就和西德左派（和不只左派）的許多人一樣，激進分子與東邊的德意志民主共和國有著曖昧關係。

其中不少人出生於這時的東德，或出生於更東邊他們的德裔家庭所被驅逐出的其他地方：東普魯士、波蘭、捷克斯洛伐克。他們父母對失落的那段德國過往所懷有的懷舊心情，無意間重現於他們自己對東邊更美好的另一個德國的憧憬裡，或許並不令人意外。東德雖然（或因為）施行壓抑、審查的獨裁統治，卻特別吸引最頑強的年輕激進分子：東德處處和波昂不同，而且未裝出和波昂相同的樣子。

因此，激進分子對聯邦德國之「虛偽」的痛恨，使他們特別容易受到東德共黨宣稱已正視德國歷史、已將法西斯過往從**他們的**德國滌清這一主張的影響。此外，將西德與大西洋聯盟牢牢綁在一塊，並構成其核心政治信條的反共立場，本身就是新左派抨擊的目標（特別是在越戰那幾年期間），而這有助於說明新左派為何反反共。強調共產主義的罪行，只是欲讓人把注意力移離資本主義的罪行。誠如丹尼爾·柯恩班迪特已在巴黎表示的，共產主義或許是「史達林主義的惡棍」；但自由派民主主義者也沒比較好。

因此，德國左派對華沙或布拉格的不滿聲浪充耳不聞。在西德，一如在整個西歐，六〇年代的注意力被轉為堅決朝內。那一時代的文化革命非常褊狹：如果西方青年真的望向自己國界之外，那也是望向形象飄移、未受到熟悉或資訊限制的異域。至於較接近本國的陌生文化，西方六〇年代所知甚少。一九六八年春捷克改革運動達到最高潮，魯迪．杜奇克赴布拉格做友好訪問時，當地學生為他多元民主政治才是真正的敵人的主張大吃一驚。對他們來說，多元民主才是要追求的目標。

13

大勢底定

The End of the Affair

革命是社會上的大多數人為反對受少數人統治而展開的行動。
革命伴隨著政治權力危機，伴隨著高壓統治機器的弱化。
這就是革命不必透過武裝力量施行的原因。

雅切克．庫隆與卡雷爾．莫傑列夫斯基，
《給黨的公開信》（一九六五年三月）

✣ ✣ ✣

每個共黨都可以在自己國內自由運用馬列主義、社會主義的原則，
但如果要保住共黨身分，就不能自由偏離這些原則。

布里茲涅夫，一九六八年八月三日

✣ ✣ ✣

一九六八年布拉格之春後，才開始認清人的真面目。

日得涅克．姆萊納

✣ ✣ ✣

昨天來得很突然。

保羅．麥卡尼

在蘇聯集團，對六〇年代的體驗必然大不同於西方。一九五六年後的去史達林化，激發對改變的需求，就和去殖民化、蘇伊士危機挫敗在西方激起的改變需求差不多，但匈牙利人起義的橫遭摧折，已在一開始就表明，改革將只會在黨的支持下進行。這轉過頭來又提醒世人，共產主義的主要動力來自莫斯科當局；蘇聯領導階層的思想傾向和政策才攸關大局。在一九六四年赫魯雪夫被拉下台之前，都由他主宰歐洲東半部的歷史。

赫魯雪夫這一代的蘇聯領導人仍深信國際階級鬥爭。事實上，使赫魯雪夫下錯棋，進而引發一九六二年古巴危機和他本人失勢下台者，乃是他不切實際地將蘇聯革命記憶投射在拉丁美洲起義之舉。蘇聯與中國的鬥爭，在一九六〇年趨於公開化，且讓批評莫斯科的左派人士在蘇聯模式之外多了「毛派」模式可供選擇。而與中國的鬥爭不只是爭奪地緣政治霸權的鬥爭；在某種程度上還是爭奪「世界革命」主導者。在這一表象下，與北京的競爭使後史達林主義時代的莫斯科領導階層陷入矛盾處境。身為反資本主義革命的祖國，他們繼續宣傳其煽動性的野心，繼續堅持黨在蘇聯和其衛星國境內未低落的權威。另一方面，克里姆林宮繼續支持與西方列強——和它自己公民——和平共存的路線。

赫魯雪夫當政期間，情況的確有所改善。一九五九年起，史達林的《蘇聯共產黨史簡明教程》（*Short Course*）不再是蘇聯歷史和馬克思主義理論的權威來源。[1]恐怖統治衰退，但恐怖統治所催生出的機構和作為未受影響：古拉格勞改營未廢，仍有數萬名政治犯在勞改營裡受苦，過著痛苦

1 但代之以甫被神話化的另一版本。在這一版本的歷史敘述裡，史達林本人——和他的罪行——遭到局部漠視。

的流放生活——其中一半是烏克蘭人。在赫魯雪夫統治下，史達林時代限制工作流動的法律廢除，公訂工作日縮短，最低工資得到訂定，育嬰假施行，也施行了全民養老金計畫（一九六五年後擴及到集體農場的農民）。簡而言之，蘇聯——和其較先進的衛星國——具備了福利國家的雛形，至少在形式上是如此。

但赫魯雪夫較具雄心的改革，未能生產出他所承諾的多餘糧食（一九六四年十月他被同僚拉下台的另一個原因）。耕種哈薩克和西伯利亞南部境內原屬「處女地」的地區，尤其災情慘重：每年有五十萬噸表土從根本不適於強行栽種穀物的土地上流失，而真有收成時往往雜有大量雜草。吉爾吉斯的共黨領導班子催促集體農場農民，向當地店鋪買進食物，滿足官訂的農場上繳額度，中央規畫和地方腐敗湊在一塊，讓人覺得既可悲又可笑。在地方城市，特別是一九六二年六月在新切爾卡斯克（Novocherkassk），爆發了糧食暴動。一九六三年嚴重欠收，到了一九六四年一月，蘇聯不得不從西方進口穀物。

在這同時，赫魯雪夫所斷斷續續鼓勵成立的民營小農場，成果好得幾乎令當局難堪：到了六〇年代初期，由民間持有的百分之三耕地，產量就超過蘇聯農業產量的三分之一。一九六五年，蘇聯境內消耗的馬鈴薯有三分之二產自私營農民，四分之三的蛋來自私營農民。在蘇聯，一如在波蘭或匈牙利，「社會主義」的存亡取決於境內非法的「資本主義」經濟，而共黨當局對資本主義經濟的存在視而不見。[2]

五〇、六〇年代的經濟改革，從一開始就在試圖修補一個結構不健全的體制，而且這一作為是斷斷續續。它們間接表示了當局有意在半推半就的情況下放經濟決策權，或允許進行實質上私人化的生產活動，因而令保守派裡的強硬分子對這些改革心生不滿。但除此之外，赫魯雪夫和他之後的布里茲涅夫所推動的自由化，未對蘇聯制度所倚賴的權力、恩庇網絡構成立即的威脅。事實上，正因為蘇聯集團內的經濟改革始終服從於政治上的優先考量，改革成效才那麼小。

文化改革則是另一回事。列寧始終憂心批評他的人，更甚於憂心他的基本信念遭到挑戰；他的接班人也和他一樣。知識界的反對，不管那是否可能在黨內外得到更廣大的呼應，都是包括赫魯雪夫在內的共黨領導人所極為忌諱的。一九五六年赫魯雪夫首度公開批判史達林之後，在蘇聯境內，一如在其他地方，都普遍樂觀認為審查制度會放鬆，會讓小心翼翼的異議和批評享有生存空間（同一年，作家博里斯·帕斯特納克將其小說《齊瓦哥醫生》的手稿交給文學期刊《新世界》，未獲採用）。但不久後克里姆林宮就因為它眼中文化寬容風潮的興起而憂心；第二十次黨代表大會召開不到三年，赫魯雪夫就發表公開演說，捍衛官方在藝術上抱持的社會寫實主義，揚言批評該政策者若繼續詆毀它，會招來嚴重後果，並要溯及既往。在這同時，一九五九年，當局拑制東正教教士和浸信會教派，使自史達林下台以來一直享有某種自由的某種文化異議就此消失。

但赫魯雪夫本人，甚至他的同僚，行事變化莫測。一九六一年十月召開的蘇聯共黨第二十二次黨代表大會，揭露了中、蘇決裂的程度（次月，蘇聯關閉其在阿爾巴尼亞的大使館——他們是北京在歐洲的臨時代理人），而為了競逐全球影響力，莫斯科開始以新面孔面對其困惑、猶豫的

2 蘇聯制度的公信力，在很大程度上取決於它能否從土地取得成果。蘇聯制度存世八十年間，大部分時候，農業處於緊急狀態。十八世紀來自歐洲的觀察家，乃至二十世紀來自非洲的觀察家，若見到這情況，不會覺得稀奇；但蘇聯被期待達到較高的標準。

外國支持者。一九六二年，籍籍無名的中學老師索忍尼辛，獲准在《新世界》刊出其悲觀、暗含顛覆性的小說，《伊凡．傑尼索維奇的一天》（*One Day on the Life of Ivan Denisovitch*）——而同一家期刊，六年前才退回帕斯特納克的稿子。

赫魯雪夫執政最後幾年相對較寬容的作風，並未適用於對蘇聯領導階層的直接批評上：即使在「寬鬆」政策達到最高峰時，索忍尼辛後來的著作肯定也不可能獲准出版。但相較於過去，六〇年代初期是享有文學創作自由、能進行審慎文化實驗的時期。但一九六四年十月克里姆林宮政變後，一切改觀。由於惱怒於赫魯雪夫的政策失敗和獨裁作風，同志們陰謀拉下他；但最重要的，他行事前後不一致，才是令他們不安的原因。這位第一書記本人或許清楚知道什麼可以做，什麼不行，但其他人卻可能一不小心就誤解他看來寬容的政策，從而犯下錯誤。

掌權幾個月，克里姆林宮新領導階層就開始壓制知識分子。一九六五年九月，兩名年輕作家安德烈．辛雅夫斯基（Andrei Sinyavsky）、尤里．達尼埃爾（Yuri Daniel）被捕。在這之前，他們已用化名阿布拉姆．特茨（Abram Tertz）、尼古萊．阿爾札克（Nikolay Arzhak），偷偷將數部小說送到西方出版。特茨－辛雅夫斯基還已在國外刊出一篇論蘇聯現代文學的批判性小書《論社會寫實主義》。一九六六年二月，這兩人受審。蘇聯未立法禁止在國外出版作品，因此當局宣稱他們的作品內容就是反蘇活動罪的證據。兩人被判有罪，送進勞改營服刑：辛雅夫斯基判七年（但六年後獲釋），達尼埃爾判五年。

儘管辛雅夫斯基、達尼埃爾是秘密受審的，但媒體對這兩位作家撲天蓋地的醜化，已使大眾關注他們的命運。有幾位獲准在場旁觀的人士，偷偷錄下審判過程，轉謄為文字。一年後這份紀錄以俄文、英文出版，引發國際上籲請、要求釋放他們二人的呼聲。[3]這件事不尋常的地方，在於儘管史達林當政數十年期間作風殘暴，卻從未有人單單因為（虛構性的）寫作內容被捕、入獄。過去，即使為了入人於罪而恣意編造物證，但知識分子始終是因為行為，而非只因為文字，吃上官司。

辛雅夫斯基、達尼埃爾所受的對待，與赫魯雪夫當政期間較寬鬆的作風大相逕庭，在蘇聯境內引發前所未見的抗議。蘇聯存世最後幾十年期間的異議運動，就從這一時期開始：「地下出版」（samizdat）始於他們兩人被捕那一年，且因為他們被捕而帶動起異議運動；七〇、八〇年代蘇聯異議人士圈子裡的許多赫赫有名的人物，首次以抗議者身分現身時，就是為了抗議辛雅夫斯基、達尼埃爾所受的不當待遇。一九六七年，二十五歲學生佛拉季米爾·布科夫斯基（Vladimir Bukovsky），因在普希金廣場主辦以捍衛民權和表達自由的示威被捕。一九六三年他就已因為被控持有反蘇著作遭格別烏（KGB）逮捕，送進精神病院強制治療。這一次他則因為「反蘇活動」被判下放勞改營三年。

辛雅夫斯基－達尼埃爾事件和該事件所引發的反應，似乎清楚彰顯出蘇聯的情勢：已改變的東西和未改變的東西。除開用其自身歷史的標準來衡量，不管是用哪種標準來看，這個政權都是不可撼動、壓迫、僵固的。一九五六年的幻象已然消退。對於訴說歷史真相和未來改革，前景似乎都已變黯淡。赫魯雪夫時代的錯覺遭戳破。不管蘇聯政權對西方列強擺出何種面孔，在國內，

3 辛雅夫斯基於獲釋一年後移民法國，在索邦大學覓得教授俄國文學的工作。達尼埃爾留在俄國，一九八八年去世。

已漸漸甘於接受一個不知何時才會結束的經濟遲滯、道德崩毀的黃昏來臨。

但在東歐的蘇聯集團諸衛星國，改變的前景似乎較為光明。表面上看，這頗為弔詭。畢竟如果蘇聯的人民面對後史達林主義時代的獨裁統治都束手無策，匈牙利或捷克斯洛伐克和他們鄰國的居民必然更覺無力：他們不只生活在高壓政權下，他們的統治者也受制於帝國首都的真正主子。蘇聯帝國的統治原則，已在一九五六年十一月在布達佩斯明白展現於世人眼前。此外，在捷克斯洛伐克和羅馬尼亞，早年擺樣子審判的倖存受害者，有一些經過了十年仍在獄中受苦。

但在東歐情況是不一樣的，當然這有一部分是因為東歐是共產統治晚近殖民擴張的結果。一九六〇年代，共產主義是蘇聯大部分居民有生以來所知的惟一一種統治方式；在「偉大的衛國戰爭」的影響下，共產主義甚至已取得某些合法性。但在更西邊，對蘇聯占領和蘇聯強行接管之事記憶猶新。諸衛星國的共黨領袖是莫斯科的傀儡，因而在本國不得人心，光是這一事實，就使這些領導人比較顧及本國民心。

一九五六至一九六八年間東歐共產國家內批評共黨政權者都不是反共人士，因此改變似乎更有可能。一九五六年沙特斷言匈牙利的革命已被「右傾精神」打上記號，匈牙利籍難民學者佛朗索瓦·費伊特（François Fejtö）得知後回應道，站在「右邊」的是史達林主義者。他們是（一八七一年鎮壓巴黎公社社員的）「凡爾賽分子」。「我們仍是左派分子，忠於我們的理念、理想、傳統。」費伊特堅決認為反史達林主義的左派得取得外界的信任，此一主張捕捉到接下來十二年東歐反對派知識分子的基本精神。重點不在譴責共產主義，遑論予以推翻；目標毋寧在徹底思考哪裡出了這麼嚴重的問題，在共產主義的體制內提出替代方案。

13 大勢底定
The End of the Affair

這是「修正主義」：波蘭領導人瓦迪斯瓦夫・哥穆爾卡，在波蘭團結工人黨一九五七年五月的中央委員會會議上，首度在這語境下使用這詞，以形容批評他的知識分子。這些「修正主義者」——在波蘭最著名的修正主義者是年輕馬克思主義哲學家萊塞克・科瓦科夫斯基——原本在許多情況下屬於正統馬克思主義者，直到一九五六年才改變立場。但這樣的改變並非一夜之間就完成。引用斯洛伐克作家米蘭・希梅卡的話，接下來的十二年裡，他們「想在藍圖上挑出毛病」。一如當時西方大部分馬克思主義者，他們堅信可清楚區隔馬克思主義的可信性和史達林的罪行。

對東歐許多馬克思主義者來說，史達林主義是對馬克思主義信條可悲又可笑的模仿，蘇聯本身是對社會主義改造計畫之可信性的永恒質疑。但與西方的新左派不同的，東歐的修正主義知識分子繼續與共黨合作，且往往在共黨內工作。當然，這有一部分是因為不得不然；但也有一部分是出於真誠的信念。從更長遠的角度看，這一附屬關係將使這些年裡的改革派共產黨人孤立，甚至名譽掃地，特別是在新興起的一代人眼中。這新一代人會愈來愈契合於他們西方同輩的想法，他們的參照依據不是史達林主義的過去，而是資本主義的現在。但從一九五六至一九六八年，東歐的修正主義時期為作家、電影製片、經濟學家、記者等人之擁有另一種社會主義未來，帶來短暫樂觀的曙光。

在波蘭，最重要的批判空間，是天主教會所提供的空間，和天主教會為在其支持下工作的人——特別是盧布林（Lublin）的天主教大學和《標誌》（*Znak*）、《大眾週刊》（*Tygodnik Powszechny*）的工作者——所能提供的保護區。馬克思主義哲學家和天主教神學家在捍衛言論自由和公民自由上意見相同，這是哥穆爾卡當政期間波蘭的獨有特色之一，預示了將於七〇年代形成的聯盟。但在其地方，共黨本身是惟一可讓這類批評安然發聲的場域。就「有益的」批評來說，最可能發揮效果的批評標的是共黨的經濟管理。

原因之一在於傳統馬克思主義據稱就建立在政治經濟上，因此經濟政策（一旦擺脫史達林不散陰魂的糾纏）就是異議知識分子可高談闊論的場域。另一個原因是當時東歐有許多知識分子仍非常看重馬克思主義，把共產主義經濟學的問題視為從事嚴正改革時理論上的重要起點。但主要的原因純粹是到了六〇年代初期，歐洲諸共產國家的經濟已開始顯露嚴重敗象。

共產經濟體的失敗，誰都看得一清二楚。它們只能做到讓人民享有足夠食物（在蘇聯往往連這點都做不到）。它們一心一意欲大量生產多餘的初級工業產品。需求日增的大宗商品，尤其是消費性商品，未得到生產，或者產量不足，或者品質未達標準。而能供應上市的這類商品，其物流、銷售體系又管理極差，因此，物資短缺因為人為因素——瓶頸、剋扣、腐化、嚴重浪費（就食物和其他易腐敗物來說）——更為不足。

戰後頭十年期間，戰後重建的需求，局部掩蓋了共產主義特有的效率不彰。但到了六〇年代初期，在赫魯雪夫誇口共產主義將「超越」西方，在官方宣布已完成向社會主義的過渡之後，黨的漂亮言詞和日常生活拮据之間的鴻溝，已無法再靠敦促修復戰爭損害或敦促提高產量來消弭。雖然在某些地方仍有人把阻礙共產主義前進的罪名，扣在陰謀破壞者頭上——富農、資本主義者、猶太人、間諜或西方「利益集團」——但這時只要一提起這樣的指控，就令人想起恐怖時期：包括赫魯雪夫在內的大部分共黨領導人所急欲甩開的時期。愈來愈多人承認，問題必然出在共產主義經濟制度本身。

以「改革經濟學家」（「修正主義者」一詞帶有貶意）自居者，在匈牙利最多。一九六一年，雅諾什・卡達爾（János Kádár）就已昭告世人，從此以後黨國將認定，凡是未積極反對它，就是擁護它；因此是在卡達爾主義政權的支持下，批評共黨經濟作為者首度覺得可以安然暢所欲言。[4]改革經濟學家還是得小心翼翼地承認，四〇、五〇年代的土地集體化是個錯誤，執著於初級工業產品的大規模提取、生產，妨礙了成長。簡而言之，他們無奈承認——但並非用這麼多的話語承認——把蘇聯強行工業化和摧毀私人財產的作為全盤運用在東歐，結果是場災難。更為激進的是，他們開始想方設法，以讓共產主義經濟體能將價格信號和其他市場誘因併入集體主義的財產、生產制度裡。

六〇年代東歐的經濟改革辯論，不得不戰戰兢兢如走鋼索。有些黨的領導人很務實（很憂心），因而坦承過去犯了技術上的錯誤——甚至新史達林主義的捷克領導階層，都在一九六一年帶來災難的第三次五年計畫走到一半時，揚棄對重工業的著重。但承認中央計畫或集體財產制的失敗是另一回事。奧塔・席克（Ota Sik）之類改革經濟學家或匈牙利人雅諾什・科爾奈（János Kornai）則決意找出「第三條路」：多體制混合經濟。在多體制混合經濟下，原先共同擁有、中央計畫裡面無法轉圜的部分，將會透過地方自治提升、某些價格信號、放鬆管制來得到鬆動。畢竟這些經濟論點是無可辯駁的：沒有這類改革，共產主義制度將退化為停滯不前和貧窮——誠如科爾奈在某著名文章裡所說的，「持續呈現短缺」。

4 六〇年代最著名的改革經濟學家是捷克人奧塔・席克，但影響力最廣、在實務上帶來最大衝擊者卻是匈牙利學派。

只有在匈牙利，卡達爾的確以某種程度的真改革——一九六八年展開的「新經濟機制」（New Economic Mechanism）——來回應對他的批評。卡達爾授予集體農場相當大的自主權，不只允許，還積極鼓勵集體農場把支持私人土地當作副業。有些獨占事業遭打破。某些大宗商品的價格與全球市場掛鉤，獲准透過多重匯率波動。民間獲准經營零售店。這一改革的重點，與其說是在兩個相牴觸的經濟制度間打造一條可行的中間道路，毋寧說是在不稀釋掉政治對經濟制高點的掌控下，引進最大程度的市場活動（從而企盼達到令人滿意的消費性繁榮）。

事後回顧，可以清楚看出，如果這些改革者認為共產主義、資本主義之間的「第三條路」是切實可行，那他們就是在欺騙自己。但這不是因為他們的經濟分析裡有任何形式上的缺陷。他們真正犯的錯，在於出奇天真地錯誤解讀他們所置身的制度。對共黨領導階層來說，重要的不是經濟，而是政治。經濟改革者之理論所必然含有的意涵，乃是若要恢復正常的經濟運作，就必然得削弱黨國的中央管轄權。但面對**那一選擇**時，共產主義黨國將總是選擇經濟反常之路。

但在這同時，諸共產政權把穩定擺在第一要務。至於獲致穩定，這時有三種新興模式。第一種，「卡達爾主義」，並不易出口到他國——這位匈牙利領導人向克里姆林宮當局保證，世上**沒有**匈牙利「模式」，只有針對本國難題所提出而適用範圍有限的務實解決辦法，這是他策略裡很重要的一環。匈牙利的處境的確獨特，卡達爾以前往富裕的西方為餌，吸引難得出遠門的匈牙利人民，藉此讓他們乖乖聽話——此舉正默認了共產主義的失敗。誠如南斯拉夫異議分子米洛凡·吉拉斯在具影響力的一九五七年某部著作中所說的，這個國家這時由「新階級」治理，且是為了「新階級」而治理：那是一批由官員、專業人士所構成且受過高等教育的技術官僚，他們把利用職權牟利和確保權位當作頭等大事。真正的解放不可能成真，但回復原先的壓迫也極不可能。

卡達爾治下的匈牙利備受欣羨——「臨時防禦陣地裡最佳的營房」——但只有斷斷續續受到模仿。第二種模式，狄托治下的南斯拉夫，獨特性更顯而易見。這不是因為南斯拉夫已成功避掉其鄰國所遭遇的難題。蘇聯衛星國的經濟脫軌，有許多是南斯拉夫人所同樣熟悉的；這一現象提醒南斯拉夫人，他們國家在東、西方之間苟延殘喘，乃是歷史偶然的產物，而非意識形態抉擇所造成。但在五〇、六〇年代，狄托已下放部分決策權，允許嘗試建立工廠、施行工人「自治」。

這些革新既出於經濟上的不得不然，也源於民族、地理上的分立現象。組成南斯拉夫這個聯邦國家的諸共和國、諸民族，除了共同擁有令人不快、相互敵對的記憶，此外幾無共通之處。在這樣的國家裡，貝爾格勒對各地下達一體適用的指令，看來很像是戰前作為的重現。這一地區崎嶇的地形，有利於本地人的當家作主；而由於和史達林決裂，狄托版的無產階級獨裁統治，不再被逼重蹈蘇聯通往工業現代性路上所犯的每個錯誤。塑造出南斯拉夫模式者，乃是這些因素，而非這些年裡他的西方崇拜者所一廂情願歸功在狄托身上，那個具創意的另類社會主義行動計畫。

但南斯拉夫還是有所不同：誠如吉拉斯等人對狄托主義的正統觀發出異議，為此付出代價後所體會到的，南斯拉夫不必然對其批評者較仁慈，[5]但在處理全體人民的需求和想望上，它的確較有彈性（尤其得歸功於西方的援助）。南斯拉夫散文家杜布拉夫卡・烏格列希奇（Dubravka Ugrešić）寫到對她年輕時那個已消失的南斯拉夫的懷念時，想到的是「真正的『尖頭皮鞋』、塑膠

5《新階級》於西方問世後，吉拉斯被關了四年，獲釋不久後又被關了四年。

馬金托什雨衣、第一件尼龍材質內褲……第一次到的里雅斯特」。其他東歐人，例如保加利亞人或羅馬尼亞人，回憶過往時不會把這些廉價消費性商品擺在這麼前頭——而「第一次到的里雅斯特」則完全不可能出現在他們的回憶裡。南斯拉夫人不富裕，不自由；但他們未被關在與外隔絕的制度裡。「狄托主義」的特色，主要是殘暴不公，而非限制人民自由。在當時，這一區別很重要。

第三條獲致穩定之道是「國家史達林主義」(national Stalinism)。這是阿爾巴尼亞——受個性多疑、獨攬大權的阿爾巴尼亞共黨獨裁者絕對統治的封閉、貧困社會——所走的路。但那也愈來愈成為羅馬尼亞的模式。極厭惡羅馬尼亞的赫魯雪夫（他那一代俄羅斯人普遍厭惡羅馬尼亞），曾有意要該國在國際共產主義的分工體系裡扮演獨特的農業角色。但布加勒斯特的共黨領袖不想淪為向較富裕、先進的共產主義經濟體供應原物料和糧食的角色。

在匈牙利暴動中，羅馬尼亞站在蘇聯老大哥一方，幫忙監禁人犯、鎮壓暴動，然後，一九五八年，蘇聯軍隊撤出羅馬尼亞，羅國走上日益獨立自主之路。在德治以及希奧塞古當政（一九六五年起）期間，羅馬尼亞不願蹚莫斯科與中國爭吵的渾水，甚至不同意華沙公約組織在其領土上演習。羅馬尼亞領袖向狄托示好（狄托與華沙公約組織的關係只是行禮如儀，談不上友好），德治甚至於一九六三年赴南斯拉夫國民議會演說；這兩位羅國領袖以得自西歐的資金、機器，支持本國的新史達林主義工業化。羅馬尼亞與西方的往來有增無減；與經濟互助委員會的貿易則下滑——一九六〇年代開始時占羅國整體外貿的七成，十年後降為四成五。

這一大受吹捧的「羅馬尼亞優先」策略，在國內並不是不受歡迎——事實上，為了彌補自己明顯非羅馬尼亞出身的缺陷，羅馬尼亞共黨的作法之一乃是替自己披上民族主義外衣。德治首開先河這麼做，希奧塞古跟進，且有過之而無不及。但這一策略在國外更成功。中國在歐洲的代理人阿爾巴尼亞，只能吸引到懷舊的史達林主義者和超級沉迷的毛澤東主義者，但共產羅馬尼亞的國際形象卻出奇地正面。光是藉由與莫斯科保持距離，布加勒斯特當局就得到西方一些怎麼也想不到的人欣賞。一九六六年八月，《經濟學人》稱希奧塞古是「東歐的戴高樂」。

至於戴高樂本人，一九六八年五月走訪布加勒斯特時，觀察到希奧塞古的共產主義不適合於西方，但很可能極適合羅馬尼亞：「對你們來說，這樣的政權管用，它使人動了起來，把事情辦好。」（Chez vous un tel régime est utile, car il fait marcher les gens et fait avancer les choses.）戴高樂認為羅馬尼亞共產主義不適合西方，看法的確沒錯。在羅馬尼亞，共產主義特別邪惡，特別限制人民自由：德治和希奧塞古於一九五八年後和蘇聯保持距離，藉此也使他們不必去複製與赫魯雪夫時代有密切關係的去史達林化和改革。與其他衛星國相反的，羅馬尼亞未給予內部反對勢力生存空間——六〇年代的布加勒斯特知識分子，遭隔絕於自己的社會之外，在國內辯論上完全不起作用（那時完全無國內辯論），不得不滿足於閱讀來自巴黎的新小說（nouveau roman），和間接參與受過高等教育的羅馬尼亞人所始終宣稱與他們特別契合的世界性法國文化。

但西方諸政府未譴責羅馬尼亞獨裁者，反倒多方鼓勵。一九六七年一月羅馬尼亞不顧蘇聯的反對，正式承認西德，此後羅馬尼亞與西方的關係更為升溫：一九六九年八月尼克森往訪布加勒斯特，成為第一位走訪共黨國家的美國總統。國家共產主義（National Communism）——「他的確是共產黨員，但他是我們的共產黨員」——使希奧塞古得利：羅馬尼亞是華沙公約裡，第一個加入關貿總協（一九七一年）、世界銀行與國際貨幣基金會（一九七二年）的國家，第一個得到歐洲共同體給予貿易優惠的國家（一九七三年），第一個得到美國給予最惠國待遇的國家（一九七六年）。[6]

西方外交官自認在布加勒斯特的反蘇獨裁者身上看到的，乃是新狄托的誕生：穩定、聽話、把掌控本國看得比在國際上搗亂重要。至少從某種角度來看，他們沒錯。狄托與希奧塞古，就如卡達爾和民主德國的新史達林主義領導階層，成功穿越了六〇年代暗礁密布的險區。他們各以自己的方式確保了在國內的威權和控制，同時最起碼與莫斯科保持了意見相左卻仍平和相處的關係。在這方面，華沙、布拉格的共黨領導人未能辦到。

一九五六年波蘭暴動的和平收場，乃是付出代價才取得。在哥穆爾卡治下的波蘭，天主教機構和作家得到生存空間，但黨內的反對勢力受到嚴格約束。波蘭團結工人黨在史達林當政期間成功避免了暴力整肅，但仍非常保守。黨領導階層擔心一九五六年的騷亂重演，把對其政策的任何批評都視為對其政治獨占地位的直接威脅，結果就是使「修正主義」知識分子大為失望，不只失望於整個政權，還失望於錯失開創新猷的機會，一九五六年「波蘭十月事件」未竟的志業。

一九六四年夏，華沙大學兩位研究生雅切克．庫隆（Jacek Kuroń）和卡雷爾．莫傑列夫斯基（Karel Modzelewski），撰文批判人民波蘭共和國的政治、經濟制度。他們的文章在中心思想和內容上都是百分之百馬克思主義的，但他們仍遭開除黨籍和社會主義青年聯盟的會籍，且遭官方痛斥散播反黨宣傳。他們的回應乃是公布一封「給黨的公開信」，一九六五年三月交給華沙大學黨支部。信中兩人描述了一個官僚、獨裁的政權，漠視所有人的利益，只關注它所服務之統治菁英的利益，統治貧困的勞動人口而治理無能，審查所有評論和批評。庫隆和莫傑列夫斯基斷言，波蘭惟一的希望是來場真正的革命，且那革命要以工人委員會、新聞自由、廢除政治警察為基礎。

呈上公開信的隔天，兩人被捕，被控倡言推翻政府。一九六五年七月十九日，兩人分別被判三年、三年半徒刑。波蘭政府特別敏感之處在於，他們在批判文中使用了無可挑剔的馬克思主義用語，該文有效利用社會資料，點出共黨政權一塌糊塗的經濟表現，以及該文呼籲工人革命以取代現行的官僚主義獨裁政權（這是無助於兩人官司的新托派語詞）。[7]或許，最重要的，黨決意阻止庫隆、莫傑列夫斯基信中所呼籲：知識界的剖析與無產階級行動的合流。

庫隆、莫傑列夫斯基事件在華沙大學引來真切的反應。這兩位學生的秘密受審令師生震驚，不只有人要求釋放他們，更有人要求將他們的公開信和更早的研究報告公諸於世。資深學者支持他們的主張。隔年，波蘭共黨一九五六年十月全體會議的十週年那天，華沙大學哲學教授萊塞克·科瓦科夫斯基對歷史研究所的學生講話。他解釋道，「波蘭十月事件」錯失大好機會。十年後波蘭成為特權、無效率、審查制的國家。共產黨已和人民脫節，壓抑庫隆、莫傑列夫斯基和他們所提出的批評，乃是黨——和國家——衰落的徵兆。

6 尼克森絕非最後一個受到這位羅馬尼亞獨裁者吸引的美國人。美國聯邦參議員喬治·麥高文（George McGovern）一九七八年訪問羅馬尼亞時，對希奧塞古大為佩服，稱讚他是「世上主張武器管制的最有力人士之一」；晚至一九八三年九月，希奧塞古政權的駭人真相已是眾所周知時，副總統喬治·布希仍以難忘口吻稱他是「歐洲的好共產黨員之一」。

7 隔年在巴黎流行的《公開信》法文版，由托派組織「革命共產主義青年團」經銷。

科瓦科夫斯基的華沙大學同事，勇敢力陳他受國際肯定的馬克思主義資歷，但他還是一如預期遭扣上「資產階級－自由派」的帽子開除黨籍。然後，二十二位赫赫有名的波蘭共黨作家和知識分子上書中央委員會，申言「科瓦科夫斯基同志」是「自由和道地社會主義之文化、民主」的代言人，為他辯護。結果他們反遭開除黨籍。到了一九六七年春，憤怒於左派批評的昏庸波蘭領導階層，已成功塑造出不折不扣的知識界反對勢力；華沙大學已成為學生暴動的中心——為了言論自由、為捍衛他們遭迫害的教授而暴動。

在華沙大學，言論自由這議題於一九六八年一月出現另一個意想不到的轉折。一九六七年十一月下旬起，華沙大學劇場就一直在上演波蘭民族詩人亞當·米基耶維奇（Adam Mickiewicz）的劇作《祖先節前夕》（*Forefather's Eve*）。這部劇作寫於一八三二年，但內容描寫十九世紀叛軍反抗壓迫的故事，在這時反有影射時局的意味，因而吸引了有鮮明立場的觀眾前來觀賞。一月下旬，共黨當局宣布這部戲禁演。然後，最後一次演出之後，數百名學生走到位於波蘭首都的米基耶維奇墓碑前，痛批審查制，要求「戲劇演出自由」。其中兩名學生，亨利克·什拉伊佛（Henryk Szlajfer）、亞當·米奇尼克（Adam Michnik），向法國《世界報》的華沙特派員描述了當時情形，然後自由歐洲電台播出該特派員的報導：米奇尼克與其同學不出所料遭開除華沙大學學籍。

隨之引發一波由學生所組織、向波蘭國會請願的活動，波蘭作家協會華沙支會發出支持性的決議，科瓦科夫斯基等著名教授、作家發表演說捍衛這兩名學生。有位作家公開斥責共產黨對待文化的方式是「啞巴的獨裁」。三月八日，學生在華沙大學校園集會，以抗議米奇尼克和什拉伊佛遭勒令退學，結果遭警方暴力解散。三天後出現全國性學生示威，華沙大學本身出現罷課。黨內的新史達林主義小團體開始語帶悲觀地提到黨已無力控制大局，其中有些人甚至向莫斯科示警可能出現捷克斯洛伐克式的「修正主義」。

哥穆爾卡政權斷然反擊。罷課和接下來的抗議都遭粗暴壓下——由於鎮壓手段太粗暴，有一位政治局委員、兩名資深內閣部長憤而辭職抗議。又有三十四名學生、六名教授（包括科瓦科夫斯基）遭華沙大學開除學籍、教師資格。然後，在鄰國捷克斯洛伐克的布拉格之春（見後文）遭摧毀之後，波蘭政府逮捕了反蘇入侵抗議、請願活動的主辦人，將他們送上法庭。經過一九六八年九月至一九六九年五月間漫長一連串審訊，來自華沙、佛羅茨瓦夫（Wrocław）、克拉科夫（Cracow）、羅茲（Łodz）的學生和其他知識分子，被控以「參加秘密組織」、「散布反政府刊物」等罪名，判處六個月到三年不等的徒刑。判刑最重者是亞當・米奇尼克、揚・里亭斯基（Jan Litynski）、芭芭拉・托倫齊克（Barbara Toruńczyk）之類在學生初期抗議活動中很活躍者。

一九六七至一九六九年在波蘭境內遭逮捕、開除、入獄的學生、教授，猶太裔占了特別多，而這並非巧合。早自一九五六年哥穆爾卡重掌大權以來，波蘭共黨的保守派（新史達林主義者）就在找機會廢掉他所推動的自由化措施，即使是有限的自由化亦不放過。在內政部長梅齊斯瓦夫・莫恰爾（Mieczysław Moczar）的帶領下，這一黨內反對派已在反猶大旗下組成統一陣線。

從史達林去世到一九六七年，反猶雖然普見於東歐和蘇聯境內，但共黨官方從未公開表露這一想法。戰後，東歐倖存的猶太人大部分已投奔西歐或以色列。留下來的猶太人，在史達林晚年迫害猶太人期間，有許多若有辦法都逃了出去。在波蘭和（特別是）匈牙利境內，仍有為數不少的猶太人聚居；但這些人大部分不行猶太教禮儀，一般不認為自己是猶太人。至於戰後出生的猶太人，甚至往往不知自己是猶太人——他們父母認為隱藏猶太身分比較保險。[8]

特別是在波蘭，為數仍然不少的猶太人——其中有些人擔任公職，其他人當專業人士和在大學任教——大體上不關心自己的猶太出身，其中有些人更天真以為大部分波蘭人和他們一樣不在意這個。但只要有人想在黨內奪權，想蠱惑民心，猶太人就成為他們難以抗拒的下手目標。[9]缺的就只是機會，而一九六七年六月以色列與其阿拉伯鄰國之間的六日戰爭，正適時提供了機會。蘇聯支持阿拉伯人的主張，連帶也使得言語批評以色列、猶太復國主義——和猶太人——變得正當。

於是，在一九六七年六月十九日的演說中，哥穆爾卡譴責那些在晚近這場戰爭中支持以色列一方的人，並且肆無忌憚地將批評他的猶太人和以色列牽扯在一塊：「我要在此宣布，如果波蘭的猶太籍公民想回去以色列，我們不會阻止。我們的立場是凡是波蘭公民都應該只有一個祖國：波蘭人民共和國……那些覺得這番話是針對他們而說的人，不管其國籍為何，就讓他們自己去下個適當的結論。我們不希望國內有第五縱隊。」把猶太人叫做波蘭的第五縱隊的話，透過電台、電視播出，有數百萬波蘭人聽到。它的意思再清楚不過。

哥穆爾卡究竟是在表達自己的看法；是在為過去十年的政策失敗找代罪羔羊；還是純粹預期到莫恰爾想拉下他，於是決意先發制人，搶占有利位置以便對付他的史達林派敵人，不得而知。但他這決定影響甚大。波蘭當局以歧視性言語大肆攻擊猶太人：範圍遍及整個波蘭，但以黨內和學術機關裡最猛烈。黨工四處散播各種言論，暗指經濟短缺等問題是猶太裔共產黨員之傑作，且公開區分以波蘭國家利益為重的「好」共產黨員和懷有異心的其他共產黨員（猶太人）。

遭逮捕或退學的猶太學生的父母、其他親人，一九六八年遭撤除公家、學術機關的職位。檢察官特別關注受審學生、教授的名字、出身——這與五〇年代的史蘭斯基等審判案如出一轍，但對共產波蘭來說是頭一遭。反猶最狂熱時，報紙以直接取自《紐倫堡法》的標準來界定猶太人——執政黨的史達林派裡有波蘭法西斯主義者出身的黨員，因此這或許也不令人意外。

這時開始有人要猶太人離開波蘭。許多猶太人真的這麼做，在屈辱的條件下，且個人為此付出極大代價。波蘭境內剩下的三萬猶太人中，約兩萬人於一九六八至一九六九年離開，留下來的只幾千人，其中大部分是老人和年輕人——包括正在服刑的米奇尼克和他同學。這場劇變的受益者，包括莫恰爾和猶太人離去後接收他們黨職、政府職務的他的支持者。至於受害者，除了波蘭的猶太人，還有該國的教育機關（失去了許多它們最優秀的學者和老師，包括科瓦科夫斯基——他不是猶太人，但老婆是猶太人）；太晚才理解到自己惹出的禍而在兩年後被拉下台的哥穆爾卡；以及波蘭本身，波蘭的國際形象再度與迫害境內猶太少數族群扯上抹不掉的關係——且在未來許多年後仍是如此。

波蘭的統治者能如此輕易就孤立、消滅抗議學生，源於他們成功將知識分子、知識分子的不滿與國內其他人分割開——在這一策略中，反猶當然是一大利器。抗議以失敗收場，學生本身或許也難辭其咎；特別是在華沙大學，在抗議、示威中鋒頭最健的學生，都是家境優於一般人的波

8 六〇年代中期波蘭境內約有三萬猶太人，其中不到七千五百人屬於正式猶太組織。

9 一九六六年，有部波蘭語版的反猶偽書《錫安長老會紀要》（*Protocols of the Elders of Zion*），在黨內團體、大學、軍中私下流傳。

蘭共黨權貴子弟，而他們最關注的事項是言論自由和政治權利。誠如他們的新史達林主義敵人所迅速點出的，華沙的異議知識分子不大關心勞動大眾的民生問題。因此波蘭人民大眾對猶太人、學生遭迫害，特別是猶太學生遭迫害，都漠不關心。

兩年後的一九七〇年，政府提高食物價格三成，格但斯克的造船廠工人罷工抗議，這時工人遭到即使是無意但的確悲慘的回敬：沒有人出來聲援。但這幾年所帶來的教訓——如果波蘭的工人和知識分子想扳倒黨，就得消弭彼此的漠不關心，打造一政治聯盟——會在一段時日後得到充分的體認和具有劃時代影響的運用，特別是亞當・米奇尼克、雅切克・庫隆對此的體認和運用。至少在這一點上，波蘭的一九六八年有一正面的結果，雖然那結果拖了一段時日才出現。鄰國捷克斯洛伐克的情形則不同。

六〇年代初期的捷克斯洛伐克是個混合物，陷入從國家史達林主義往改革型共產主義的不安過渡中。一九五〇年代的擺樣子審判和整肅遲遲才降臨布拉格，它們的衝擊比其他地方更大、更久遠。這裡沒有舊史達林主義菁英分子的輪流上台，沒有哥穆爾卡或卡達爾之類的領導人。共黨政權的保守派仍在位。為調查史蘭斯基案和其他審案，設置了兩個調查委員會：第一個運作於一九五五至一九五七年，第二個是一九六二至一九六三年。兩委員會背後的目的，乃是承認該政權晚近的罪行，同時不放鬆對當前的掌控。

短程來看，此目標達成。史達林主義審判的受害者獲釋、平反——在許多例子裡，是當年譴責過他們的那些政治人物、法官、檢察官、訊問人員，要求讓他們獲釋、平反。這些出獄者拿回黨證、錢、配給證（例如汽車配給證），某些人甚至拿回公寓。他們的妻子、小孩再度找得到工作，再度能上學。但儘管實質上承認過去的誣陷，黨和其史達林時代的領導階層仍安然無恙，保有職位。

一如法國共黨領袖莫里斯・托雷斯，波蘭共黨第一書記安托寧・諾沃提尼（Antonín Novotný）等了許多年才確定大局走向，然後效法赫魯雪夫譴責史達林這位蘇聯獨裁者。捷克人經歷史達林主義的恐怖是很晚近且很慘痛的事，因而黨的領導人不願冒險承認「錯誤」，以免因此引發比一九五六年的波蘭動亂，甚至比匈牙利動亂，還嚴重的後果。因此，在捷克斯洛伐克，去史達林化是能拖就拖——連矗立在布拉格近旁高地上那尊雄偉的史達林雕像，就如斯洛伐克首府布拉提斯拉發那尊外觀一模一樣但小得多的雕像，安然屹立於原處，直到一九六二年十月才拆掉。[10]

對共產主義社會革命的後果感受最深刻者，莫過於捷克斯洛伐克人民，而這主要是因為它其實是個已開發的資產階級社會，與其他所有受到蘇聯宰制的國家不同。在捷克斯洛伐克，史達林主義恐怖統治的最大受害者全是知識分子，通常是中產階級出身，其中許多人是猶太人。捷克斯洛伐克社會的其他階層，受害沒這麼嚴重。工人社會地位的上升——或者更精確的說，其他人社會地位的下降——乃是捷克、斯洛伐克兩地一九五〇年代與眾不同的特點之一。在捷克斯洛伐

10 擔心反彈者不只諾沃提尼一人。一九六三年四月五日，義大利共黨領袖帕爾米羅・托利亞蒂偷偷寫信請求諾沃提尼和其同僚，把史蘭斯基等冤案受害人獲平反的消息，拖到即將舉行的義大利選舉結束之後。因為這位義大利共黨領袖深知，會為了自己領導人合力掩蓋十年前大規模司法殺人事件而憤慨者，不只捷克人。

克，勞動階級子弟在受過非技職性高等教育者中所占的比例，從一九三八年的不到一成增加為一九五六年的三成一，一九六三年的將近四成。在該國，六〇年代初期，人民所得分配的差距之小，居共產歐洲之冠。

因此，共黨領導階層的確已如一九六〇年新憲法所宣示的，把捷克斯洛伐克推進到「完全社會主義」的境界。但這一成就是在成長停滯的代價下獲得，且成長停滯的程度，連用蘇聯的標準來衡量，都令人無法接受。於是，在一九六二年十二月第十二次黨代表大會上，黨中央決定「改造國家經濟以因應」國家在社會主義發展上已達到的先進階段——亦即接受不可避免的發展，允許最低限度的非社會主義式改革，以提振遲滯的經濟。但奧塔．席克等黨內改革經濟學家所提議的變革，例如將激勵工人的誘因與分享工廠利潤掛鉤，而非與官方計畫或生產定額的實現掛鉤，卻不受黨內保守派支持，拖到四年後的第十三次黨代表大會才獲得認可。

到了那時候，誠如領導階層所始終憂心的，公開平反、審慎承認史達林的錯誤、即將實施的溫和經濟改革這三者的出現，已開了一扇窗口，讓人更嚴正質疑黨如何箝制公眾生活。一九六三年開始的經濟改革或許未得到工廠工人的普遍歡迎；但史達林主義束縛即將鬆綁的前景，令作家、教師、電影製片、哲學家開始大舉放言批評，開始心懷希望和期待。

於是，一九六三年，在利不利采（Liblice），舉行了一場專門探討卡夫卡的作家大會。在這之前，卡夫卡是個禁忌；原因之一在於卡夫卡是個以德語寫作的布拉格猶太人，令人想起波希米亞失落的歷史；但主要是因為卡夫卡許多著作，對極權主義統治的邏輯，有深刻得令人難堪的先見之明。因此，核准討論卡夫卡似乎預示了公共辯論上更大範圍的自由化：從討論被列為禁忌的作家，到提到遇害的領導人，中間只是一小步之隔。一九六三年四月，獲平反的斯洛伐克作家拉迪斯拉夫．諾沃梅斯基（Ladislav Novomeský），在斯洛伐克作家大會上，以欽敬的口吻公開提及他的「同志和友人」克萊門提斯，即史蘭斯基案的受害人之一。這時人人最看重的事，就是發言——談過去——但仍小心翼翼用「修正主義」的語言來表達：年輕小說家米蘭．昆德拉於一九六三年六月為布拉格文化性期刊《文學新聞》（*Literární Noviny*）撰稿時，把批評矛頭小心侷限在史達林主義者在捷克文學上的「偏差」和如實說出該偏差的需要。

捷克這些年裡較自由開放的氣氛，重現了赫魯雪夫的寬鬆政策，只是來得遲了些。布里茲涅夫政變後，莫斯科的路線有所改變，但在捷克斯洛伐克，藝術的復興繼續前進，只受到斷續的審查制和壓力阻撓。對外人來說，最著名的徵兆乃是突然間冒出一堆新電影，這些電影所審慎處理的題材，若在幾年前，還是不准碰觸的——宜日．門采爾（Jiří Menzel）的《被嚴密監視的列車》（一九六六），溫和揭穿了共產黨在戰時反納粹抵抗運動上建構的核心迷思，而與他合寫這部劇本的約瑟夫．斯科沃雷奇（Josef Škvorecký）著有小說《懦夫》，並已靠這部以小心翼翼手法鋪陳類似主題的小說，在數年前闖出名號。但劇作家、詩人、小說家扮演的角色更為重要，其中許多人，包括昆德拉，在這些年裡兼寫電影劇本。

一九六六年，盧德維克．瓦楚利克出版《斧頭》（*The Axe*），一部以他父親的共產主義理想——和兒子接下來的幻滅——為題材鋪陳的小說。一九六七年，另一位作家拉迪斯拉斯．姆納科（Ladislas Mňačko）出版《權力的滋味》（*The Taste of Power*），書名本身一語道出其意圖，書偽裝成小說，但尖銳批判了諾沃提尼和黨內權貴。同年，昆德拉出版新存在主義小說《玩笑》（*The Joke*），並公開表示這是部自傳體小說，以捷克斯洛伐克境內的史達林主義世代為題。那個世代，也就是官方所謂的「建造社會主義的時代」，這時成為知識分子可譴責的對象，一九六七年夏的第四屆捷克斯洛伐克作家大會上，昆德拉、瓦楚利克、詩人暨劇作家帕維爾·科胡特（Pavel Kohout）、年輕劇作家瓦茨拉夫·哈維爾（Václav Havel），抨擊當時的共黨領導階層造成物質與道德上的敗壞。他們呼籲重拾捷克斯洛伐克的文學、文化傳統，呼籲該國恢復其在自由歐洲中央的「正常」位置。

對捷克斯洛伐克當前領導階層意在言外的抨擊，所有人一眼就看出——如我們所知的，克里姆林宮的領導階層的確正憂心忡忡盯著布拉格的情勢：布里茲涅夫老早就認為捷克斯洛伐克是華沙公約組織裡意識形態最不可靠的成員。布拉格堡那些日益老邁的史達林主義者知道這點，因此長久以來極力欲維持現狀。如果說他們未牢牢壓制住一九六七年冒出的知識界反對勢力，那不是因為他們無意這麼做。但兩項因素使他們裹足不前：一是國家需要施行最近才展開的經濟改革，而這麼做意味著得以某種程度的開放、包容心態，對待以匈牙利路線為榜樣的異議；另一個是斯洛伐克境內正出現的難題。

至這時為止，捷克－斯洛伐克（此國最初的國名）始終是個不安、不穩的國家。位於該國南部、東部，占人口少數的斯洛伐克人，比西北部的捷克人窮，城市化程度較低。斯洛伐克人於一九一八年脫離匈牙利統治，兩次大戰之間，屬於多民族捷克斯洛伐克的一員，卻是國內的次等公民，有時未得到布拉格的善待。因此，許多斯洛伐克籍政治領袖樂見一九三九年該國的裂解，樂見在納粹主導下出現一個以布拉提斯拉發為首都的「獨立」傀儡國家。相對地，戰後選舉時支持共黨候選人者是波希米亞、摩拉維亞兩地立場傾向社會民主黨的城居捷克人，而信仰天主教的斯洛伐克人則仍舊漠不關心或持反對立場。

在共產主義下，斯洛伐克的景況原本不算差。斯洛伐克的知識分子受到共黨整肅，被控抱持資產階級民族主義或陰謀反共黨（或兩種罪名皆有）。而為數不多的斯洛伐克倖存猶太人，和他們的捷克同胞一起受苦。但在斯洛伐克，「資產階級民族主義分子」、共產黨員、猶太人、知識分子較少，且與社會其他人不相往來的程度較大得多。大部分斯洛伐克人貧窮，在鄉下討生活。對他們來說，戰後頭十年的急速城市化、工業化，真的令他們獲益。相較於捷克人，他們絕未不滿於自己的際遇。

但斯洛伐克地區的氣氛，一九六〇年後陡變。新「社會主義」憲法對地方主動權或意見的讓步，少於前一憲法，而且戰後該國重建時給予斯洛伐克的自治權這時遭收回。但對大部分斯洛伐克人來說，較切身的影響乃是經濟成長的停滯（一九六四年時捷克斯洛伐克的成長率已在蘇聯集團裡敬陪末座），斯洛伐克中部的重工業因此受到的打擊甚於其他地方。

按照計畫，黨內專家所建議而其實早該施行的經濟改革，一九六七年一月時諾沃提尼已該開始落實。這些改革經濟學家主張下放決策權、提升地方自主權的提議，受到布拉提斯拉發的歡迎——雖然其中有些改革，例如與利潤掛鉤的工資獎勵措施，幾乎不可能打動斯洛伐克無效率工廠裡那些無專門技能的工人。但直覺告訴諾沃提尼不該實行這類會放鬆黨控制權的措施，於是他鼓勵修改專家所提議的變革，目標在支持中央計畫體制。這不只破壞了席克等黨內經濟學家的提議，還使斯洛伐克民心更為背離黨。斯洛伐克共黨開始談到有必要聯邦化，談到與布拉格老朽黨工合作的困難。他們覺得自己受到占人口多數的捷克人輕視、漠視，心情與斯洛伐克清潔工、建築工、教師、商店助手長久以來的不滿一樣。有人開始談到遭遺忘已久的戰前侮辱，談到史達林主義者對斯洛伐克共產黨員的整肅。

在這同時，數年來頭一遭，出現了爆發另一種動亂的跡象。一九六七年十月三十一日，一群來自布拉格理工大學的學生，在布拉格史特拉霍夫區（Strahov）上街示威，抗議宿舍減少供電：但他們「更多照明！」（More Light!）的訴求，被解讀為不只針對當地瑣碎生活問題而發，而這樣的解讀的確沒錯。「史特拉霍夫事件」遭警方以暴力手段俐落鎮壓下來，但這一事件升高當時的緊繃氣氛，且因為這事件似乎間接表明共黨政權未必不受西方學生心態的影響，而使情勢更顯得一觸即發。

諾沃提尼，一如波蘭的哥穆爾卡，拿捏不定該如何因應這些挑戰。在對付國內批評者上，他沒有反猶這辦法可選，於是求助於布里茲涅夫。但這位蘇聯領導人於一九六七年十二月抵達布拉格後，只提出非常籠統的建議，要這位捷克斯洛伐克總統自己看著辦：「那是你們的事。」諾沃提尼的同僚抓住這機會扳倒他：一九六八年一月五日，捷克斯洛伐克共黨中央委員會選出新的第一書記，亞歷山大．杜布切克（Alexander Dubček）。

這位新領導人正當壯年（四十七歲，比諾沃提尼小十六歲），來自黨內改革派，最重要的是，他是斯洛伐克人。身為過去三年斯洛伐克共黨領導人，他讓許多人覺得是可信且是各方都能接受的人選：會支持改革、平息斯洛伐克民怨的資深黨工。杜布切克上任後的初步作為，似乎吻合這一解讀：他上台一個月後，黨領導階層慷慨同意施行遭中斷的經濟改革計畫。杜布切克的直率作風，特別令年輕人欣賞，而他對黨、對「社會主義」無可爭議的忠誠，令克里姆林宮和不安盯著他看的其他外國共黨領導人暫時放心。

如果杜布切克的意圖令觀察家感到霧裡看花，那大概是因為他本人對該何去何從非常不篤定。最初，這一含糊作法對他有利，因為不同派系爭取他的支持，且主動表示願助他一臂之力。他當選第一書記後的幾個星期裡，布拉格境內的公共集會，要求廢除審查制、給予更大的新聞自由、切實調查五〇年代的整肅和追究諾沃提尼身邊保守派的責任（遭逐出共黨領導圈子後，諾沃提尼仍擔任該國總統）。趁著民氣可用，杜布切克同意放寬審查，開始肅清黨和捷克軍隊裡的諾沃提尼派分子。

三月二十二日，諾沃提尼不情不願地辭去總統職，一個星期後由盧德維克·史沃博達（Ludvik Svoboda）接任。五天後，中央委員會採納一「行動綱領」，該「綱領」主張給予斯洛伐克平等地位和自治地位、平反過去受害者、將政治、經濟制度「民主化」。黨正式批准「綱領」裡所謂的「民主共產主義裡獨一無二的實驗」：即後來大家口頭上慣稱的「具有人性的社會主義」。捷克斯洛伐克共黨將在某段時期後（文件裡提到十年過渡期），允許其他政黨出現，與它在真正的選舉裡競爭。這些算不上是開創性的構想，但由執政的共黨官方機構公開發布，引發了一場政治地震。布拉格之春於焉展開。

當時的三個錯覺，決定了一九六八年春夏捷克斯洛伐克的情勢演變。第一個錯覺於亞歷山大·杜布切克上台後，特別是在「行動綱領」公布之後，普見於國內各地。該錯覺認為正受到討論的自由和改革可併入「社會主義」（亦即共產主義）計畫中，不會扞格不入。若以事後之見認為一九六八年學生、作家、黨內改革者所「真正」追求的是以自由資本主義取代共產主義，或認為他們對「具有人性的社會主義」的熱衷只是口頭上的妥協或習慣，那將是背離事實。相反地：對於存有「第三條路」這想法——與自由制度並行不悖，且尊重個人自由和集體目標的民主社會主義——捷克學生心動的程度絲毫不遜於匈牙利經濟學家。

諾沃提尼那一代受到唾棄的史達林主義和杜布切克時代重受重視的理想主義，這時截然兩分，這種區分得到普遍的接受，甚至特別得到黨員的認同。[11]一九六八年杜布切克命人針對捷克的政治審判寫了第三份報告，但他下台後，這份報告被禁止發布。誠如宜日·佩利坎（Jiří Pelikán）在這份報告的序裡所斷言的，「共黨已贏得廣大人民愛戴和崇高威望，人民已自動自發表示支持社會主義。」[12]那或許有些誇大其詞，但衡諸當時的民心，並不離譜。而這進而滋生出第二個錯覺。

一如人民相信黨能挽救社會主義免於沉淪，黨的領導階層也漸漸認為他們能在不喪失對國家的控制下辦到這點。由奧爾德日夫·切爾尼克（Oldřich Černík）領導的新政府四月十八日成立，在眾多人民公開表露愛戴、支持下（特別是在傳統的五一勞動節慶祝活動時），新政府幾乎完全放鬆了對公開表達意見的所有管制。六月二十六日，正式廢除對出版與媒體的審查。同一天，政府宣布捷克斯洛伐克將成為真正的聯邦國家，由捷克社會主義共和國和斯洛伐克社會主義共和國組成（一九六八年十月二十八日形諸法律，它是杜布切克的諸多改革中，惟一捱過後來的鎮壓而能保住者）。

但全面放寬對意見表達的管制後，壓力從四面八方湧來，要求共黨領導階層改革徹底，勿只是半調子。自由公開選舉為何還要等十年才辦？審查制既已廢除，為何還要在形式上由國家控制、擁有媒體？六月二十七日，《文學紀錄》（*Literární Listy*）等幾家捷克刊物，刊出盧德維克·瓦楚利克針對「工人、農人、官員、藝術家、學者、科學家、技師」而發的《兩千字宣言》。該宣言要求恢復政黨，組成旨在捍衛、推動改革的公民委員會，並提出其他建議，以使進一步的變革脫離黨的主控。瓦楚利克警示道，仗還沒打贏：黨內的反動分子會拚命保住自己的特權，甚至提到「有外國勢力干預我們的發展」。人民得逼共黨本身的改革者加快前進步伐，以強化他們的力量。

杜布切克駁斥瓦楚利克的宣言和該宣言所隱含共黨該放棄一黨專政的意涵。一輩子都是共產黨員的他，不會贊同這一重大的質變（「資產階級多元主義」），並認為沒這必要。對杜布切克來說，如果要保住社會主義制度的重要特性，黨本身就是促成徹底變革的惟一合適工具。黨愈受人民歡迎，就能安然促成愈多改變。但誠如瓦楚利克的宣言所殘酷揭露的，黨贏得人心、受到人民信任的程度，愈來愈取決於黨是否願意進行最終可能使它失去政權的變革。共產主義國家和開放社會之間明確的分界線，自此暴露無遺。

而這反過來將一九六八年夏全國人民的目光導向第三個錯覺，三者中最危險的錯覺：杜布切克深信他能將莫斯科拒於門外，深信他最終將讓他的蘇聯同志相信他們完全不必擔心捷克斯洛伐克的變局——甚至深信捷克斯洛伐克共黨重得民心、人民重新相信改造後的社會主義計畫，對莫斯科大有好處。杜布切克犯下這要命的失策，最主要是因為捷克改革者嚴重誤解了一九五六年的教訓。他們認為伊姆雷·納吉的失策乃是脫離華沙公約組織和宣布匈牙利中立。只要捷克斯洛伐

11 一九六七年十二月，黨員占捷克斯洛伐克人口百分之十六·九，比例居共產國家之冠。

12 Jiří Pelikán, ed., *The Czechoslovak Political Trials. The Suppressed Report of the Dubček Government's Commisson of Inquiry, 1968* (Stanford, 1971), p. 17.

克堅定留在華約組織，明確站在莫斯科一邊，布里茲涅夫和其同僚肯定不會干涉。

但到了一九六八年，蘇聯憂心共黨失去一黨專政地位，更甚於憂心軍事安全問題。早在三月二十一日蘇聯政治局的會議上，烏克蘭共黨領袖佩特羅·謝萊斯特（Petro Shelest）就埋怨捷克斯洛伐克立下壞榜樣：來自布拉格的謠言對烏克蘭年輕人的心態有不好的影響。在同月於德勒斯登召開的會議上，波蘭、東德的共黨領袖向其蘇聯同僚發出類似的抱怨（正為自己國內問題焦頭爛額的哥穆爾卡，特別惱火於布拉格一地對波蘭轉向反猶的公開批評）。在布拉格不知情下，蘇聯KGB頭子尤里·安德洛波夫（Yuri Andropov）已提到可能需要採取「具體的軍事措施」；四月，蘇聯當局悄悄授命國防部長安德烈·格列奇科（Andrei Grechko）就捷克斯洛伐克境內的軍事行動擬訂計畫——後來所謂「多瑙行動」的第一份草案。

布拉格每往自由化跨出一步，莫斯科心頭的不安就添一分。杜布切克想必清楚這點：五月四日、五日，他和其他捷克共產黨員訪問莫斯科，收到東方集團諸領導人遞上的一份清單，上面列了對該國情勢發展的種種不滿。但杜布切克仍堅稱一切都在黨的掌控中，捷克的言論自由無論開放到何種程度，該國都不會摒棄其對共產友邦的義務，另一方面，捷克軍隊的可靠已受到質疑，不必受審查的捷克報紙已開始刊登蘇聯異議分子的見解。訪問布拉格的俄羅斯學生，這時能讀到、聽到在本國早已被禁的人和看法。布拉格漸漸成為開向西方的一扇窗口。

一九六八年七月，莫斯科已斷定布拉格的局勢正迅速脫離黨的控制——而事實上有可能已不受黨的控制。七月十四日蘇聯、波蘭、東德、保加利亞、匈牙利的黨領導人在莫斯科開會——但不含捷克領導人——會中同意致函捷克共黨，提醒它留意反革命風險，並列出該採取的措施：「捷克斯洛伐克的情勢損害其他社會主義國家的重大共同利益。」兩個星期後，蘇聯、捷克領導人在兩國邊界上的蒂薩河畔切爾納（Čierna nad Tisou）會晤，杜布切克再度試圖讓布里茲涅夫相信，捷克共黨施行改革未損害其地位，反倒使其更得民心。

這位蘇聯領導人不只未相信他的說詞，離開時還更加懷疑杜布切克還能在位多久。華沙公約組織宣布將在捷克邊界附近演習。八月三日在布拉提斯拉發舉行的華沙公約會議上（羅馬尼亞的希奧塞古婉拒出席），布里茲涅夫闡明了從此以後將與他的名字緊密掛鉤的那個「主義」：「每個共黨都可以在自己國內自由運用馬列主義、社會主義的原則，但如果要保住共黨身分，就不能自由偏離這些原則……削弱世界社會主義體系裡的任何連結，直接影響所有社會主義國家，對此他們不能視若無睹。」

這一聲明幾乎毫不掩飾的表明，克里姆林宮有權防範於未然，事先阻止任何社會主義國家裡對社會主義的威脅。杜布切克有可能會因此而躊躇不前。但大局幾乎是他所無力改變的，因此他繼續堅稱他的內政改革不會威脅社會主義制度。八月十三日，與心懷猜忌的布里茲涅夫通電話時，杜布切克煞費苦心解釋他正努力壓下人民對蘇聯的批評，但「這問題光靠由上而下的指示無法解決」。他若知道捷克斯洛伐克政府常務委員會的五名同僚已在八月三日偷偷交了一封信給俄羅斯人，或許就不會這麼想。信中描述了捷克斯洛伐克共黨體制所受到迫在眉睫的威脅，要求俄國人出兵干預。[13]

直到八月十八日蘇聯才正式決定入侵捷克斯洛伐克。布里茲涅夫似乎不願這麼做——直覺認為不管贏得多麼輕鬆，後續衝擊可能令人頭大——但在出兵之前許久，那就幾乎是不得不走的路。蘇聯領導階層預期即將召開的第十四次捷克共黨代表大會，可能出現由黨內改革派明確接掌政權的局面，而且這時他們已的確擔心捷克的作為會讓其鄰國起而效法。誠如格列奇科在將入侵決定告知集合開會的蘇聯軍事將領時所說的，「會出兵入侵，即使引發第三次世界大戰亦然。」但蘇聯領導階層清楚知道，不可能發生世界大戰，而這不只是因為華府正深陷越戰泥淖，無力他顧。五個星期前，華府和莫斯科才共同簽署了《禁止擴散核武條約》；美國不會為了數百萬受誤導的捷克人葬送這些辛苦得來的成果。於是，一九六八年八月二十一日，來自波蘭、匈牙利、保加利亞、東德、蘇聯的五十萬華沙公約組織部隊進入捷克斯洛伐克。[14]

入侵部隊遇到些許消極的抵抗和不少的街頭抗議，特別是在布拉格；但由於捷克政府緊急呼籲不抵抗，入侵部隊在其他方面未遭到阻撓。蘇聯領導階層受到誤導，原以為他們的坦克會受到普遍的支持，不料卻得到不友善的接待，令他們有些意外。克里姆林宮一開始就逮捕杜布切克和他的主要同僚，把他們押上飛機，送到莫斯科，逼他們簽署一份文件，文件裡宣布中止他們「綱領」的某部分，並同意讓蘇聯占領捷克斯洛伐克。但這時克里姆林宮必然已不得不接受這批改革者得到捷克人、斯洛伐克人支持的事實，因而不得不讓他們繼續在形式上掌理國家，至少暫時不得不如此。不這麼做，顯然不明智。

然而對布拉格改革的壓制，也就是後來所謂的「正常化」運動，幾乎是立即就展開。即將召開的黨代表大會取消，審查制重新施行，不得再談論施行「行動綱領」的事。蘇聯領導階層裡有不少人支持對布拉格實施軍政獨裁統治。較青睞這一選擇者，除了安德洛波夫和謝萊斯特，還有——饒富深意的——東德的瓦爾特·烏爾布里希特、保加利亞的托多爾·日夫科夫（Todor

Zhivkov）、波蘭的哥穆爾卡。但布里茲涅夫的選擇，卻是讓杜布切克多掌權數個月，使該國聯邦化（目的在於將將斯洛伐克人與較激進的捷克人分開，這時斯洛伐克人的主要要求終於得到承認），然後觀察情勢如何演變——同時讓華約部隊留在當地以防萬一。

偶有學生示威以捍衛改革，在波希米亞和摩拉維亞的工業城，還短暫出現仿一九五六年匈牙利模式的工人委員會組織（一九六九年一月最盛期時，這些委員會宣稱全國勞動力有六分之一是其成員，但在斯洛伐克，這類委員會的勢力非常薄弱）。查理大學二十歲學生揚·帕拉赫（Jan Palach），在布拉格瓦茨拉夫廣場國立博物館的台階上自焚，以抗議蘇聯入侵和後續的發展。帕拉赫捱了三天，還是在一九六九年一月十九日傷重不治。一月二十五日的葬禮，全民哀悼：既哀悼他，也哀悼捷克斯洛伐克失去的民主。

又一次爆發支持民主的街頭示威時（在捷克斯洛伐克於冰上曲棍球賽打贏蘇聯之後），克里姆林宮趁機拉下杜布切克，一九六九年四月十七日指派他昔日同僚古斯塔夫·胡薩克（Gustav

13 這算不上是自發的要求。兩個星期前，在匈牙利巴拉頓湖（Lake Balaton）附近，雅諾什·卡達爾召開了一場秘密會議，會中謝萊斯特告知瓦昔爾·畢利亞克（Vasil Bil'ak，捷克斯洛伐克共黨領導階層裡反對杜布切克的人物之一），莫斯科希望收到「邀請函」。隨之遞上的信函裡清楚提到黨的「失去控制權」、「反革命政變」的可能性、「社會主義面臨的風險」，然後促請莫斯科「干預和全面協助」。最後寫道：「請你們務必保密，不向外透露這份報告，因為考量到這點，我們以俄文，以個人身分，寫信給你們。」

14 希奧塞古不願一起出兵入侵，也不讓華沙公約組織部隊過境羅馬尼亞，保加利亞的特遣隊因而不得不空運到烏克蘭。保加利亞部隊這麼大費周章出動，並不是因為他們的存在攸關入侵的成敗；盡可能把共黨世界的兄弟邦都拉進來，一起肩負攻擊責任，比其他所有考量都重要。

Husák）接任。胡薩克是斯洛伐克人，曾在政治審判受迫害（曾在史達林當政時被以「民族主義」罪名入獄），因而是肅清國內改革派異端，同時不致引來重返史達林主義指控的絕佳人選。接下來的鎮壓不像過去那麼明目張膽，但極有效。避用公開審判，但接下來兩年期間，捷克斯洛伐克共黨內的「不可靠」分子全遭肅清（其中十分之九是捷克人）。布拉格之春的活躍人物或鋒頭人物遭「約談」，被要求簽署聲明，表示摒棄個人此前作為、否定杜布切克改革。大部分人簽了這聲明。拒簽者丟掉飯碗，親人和孩子跟著他們一起成為社會棄民。最大一批受害者是最近幾年活躍於公開場合的人物，黨內、黨外都有：記者、電視播報員、散文家、小說家、劇作家、電影導演、或學生領袖。[15]

負責「審查」、肅清這些知識分子者，是下層官員、警察、黨工——大多是這些受害者的同事。他們的目標是逼這些人為微不足道的小事認罪——主要不是為了入他們於罪，而是為了羞辱他們，進而使他們乖乖合作，共同為紛擾社會的自我平靖貢獻心力。主旨昭然若揭：全國人民在一九六八年經歷了集體精神錯亂，假先知利用接下來的「歇斯底里」妖言惑眾，因而，得把國家確實導回正路，並以消費性產品和無所不在的監視，軟硬兼施來促成。

暴力威脅無疑始終隱而不顯，但鮮少動用暴力一事，只是加深集體屈辱。捷克斯洛伐克再一次在自身的挫敗上扮演幫凶的角色，一如一九三八年和一九四八年之所為。到了一九七二年——詩人和劇作家被迫去清鍋爐、洗窗戶；大學講師去砌磚，令當局頭痛的學生遭退學；警方檔案裡滿是有用的「供狀」；改革派共產黨員嚇得噤聲或流亡國外——誠如某位「正常化」運動受害者在其悲苦文章裡所說的，「秩序」已經「恢復了」。[16]

抗議餘波遍及整個共產集團。一九六八年八月二十五日，在紅場示威抗議占領捷克斯洛伐克者，包括帕維爾．利特維諾夫（Pavel Litvinov）和拉莉莎．達尼埃爾（Larissa Daniel），前者是史達林之外長的孫子，後者是人在獄中的蘇聯小說家的妻子。參與入侵捷克斯洛伐克的東歐軍隊受到洗腦，認為他們在保衛該國，阻止西德或美國入侵，其中有些軍隊後來不得不予以悄悄撤走，因為他們的忠誠，特別是占領捷克斯洛伐克的匈牙利軍隊的忠誠，受到嚴重質疑。誠如先前已提過的，布拉格一地的鎮壓行動，既在波蘭激起學生抗議，也使波蘭當局以更嚴厲手段鎮壓他們。一九六九年四月，在拉脫維亞首府里加，猶太學生伊莉亞．利普斯（Ilia Rips）自焚，以促使世人關注蘇聯對待杜布切克的方式。捷克人、斯洛伐克人原本是蘇聯集團裡立場最親蘇者，布拉格之春後，態度轉成惱怒的認命。

但這些都輕易地就被壓制下來。克里姆林宮已表明立場——社會主義兄弟邦擁有的主權有限，任何偏離共黨一黨專政的作為，都會引來軍事干預。此舉將確保往後局勢的穩定，即便在國內或國外不得民心，也只是為此得付出的小小代價。一九六八年後，因為對莫斯科視情況需要不惜動用武力的心態有了進一步的體認，蘇聯勢力範圍的安全情況穩如泰山。但再也不可能主張共

15 一九八九年後，世人才知道，「正常化」期間捷克秘密警察成立了一個特殊單位，以監控、鎖定國內的猶太人：作法和過去的捷克斯洛伐克、當時的波蘭如出一轍。當局注意到，杜布切克的主要同僚中，只有一人不願簽署莫斯科所示公開摒棄此前作為的文件。那人就是佛朗提塞克．克里格爾（František Kriegel），該群體中惟一的猶太人。

16 Milan Šimečka, *Obnovení Pořádku* (*The Restoration of Order*), (Bratislava, 1984，地下出版). 蘇聯入侵後有八萬捷克人、斯洛伐克人逃亡國外。

產主義建立在人民同意上，或改革後之政黨的合法性上，乃至歷史的教訓上——這是一九六八年真正予人的教訓，先是捷克人有這體認，但最終其他每個人也都會有這體認。

在布拉格，改革運動的挫敗，留下特別愁苦的滋味。那些最熱衷於整肅異己者，有許多在幾個月前還是最大聲支持杜布切克者——共黨改革大將日得涅克．姆萊納寫道，「一九六八年布拉格之春後，才開始認清人的真面目。」杜布切克、黨、整個社會陸續屈服於蘇聯主子和蘇聯在捷克斯洛伐克的打手跟前，而且似乎沒什麼抵抗就屈服。如此輕易的屈服，不只令捷克斯洛伐克人覺得受辱（與十二年前的匈牙利相比，相形失色），還使他們懷疑起過去那個改革時代的理想、希望。

事隔多年，回想起一九六八年八月二十一日紅軍衝進捷克共黨領導階層開會現場，每個政治局委員後面站著一名軍人的情景，姆萊納憶道，「在這一時刻，人的社會主義觀變得最不重要，但同時你知道，那與指著你背後的自動武器有某種直接的關連。」就是這一關連，代表共產主義的歷史從此步上無法回轉的轉折點，這一事件的歷史意義比一九五六年的匈牙利悲劇還要大。

共產主義是可改革的，史達林主義是誤入歧途、是仍可糾正的錯誤，民主多元主義的核心理想仍可與馬克思主義集體主義結構並行不悖：這一錯覺於一九六八年八月二十一日遭坦克輾碎，且未再回復。亞歷山大．杜布切克和其「行動綱領」，不是開始，而是結束。將不會再有激進人士或改革人士指望執政的共黨實現他們的抱負或採納他們的計畫。共產主義在東歐勉力苦撐，靠外來貸款和俄國刺刀這一不可思議的組合支撐：直到一九八九年腐敗的軀骸才終於被抬走。但共產主義的靈魂在這二十年前，在一九六八年八月的布拉格，就已死掉。

六〇年代在各處都糟糕收場。漫長的戰後成長、繁榮週期的結束，驅散了新左派的豪言壯語和宏大計畫；對後工業時代之疏離和現代生活之空洞特質的樂觀強調，將在不久後遭揚棄，代之以對就業、工資的重新關注。[17]在東歐，六〇年代的教訓，乃是你再也無法在「制度」內工作；在西歐，似乎沒有更好的選擇。在鐵幕的兩邊，錯覺都遭廓除。只有真正激進者才一如往昔堅持留在政治共識之外——在德國和義大利，一如在美國和拉丁美洲，這份決心促使他們走上秘密行事、暴力、犯罪。

短期來看，六〇年代的實際成就似乎不大。年滿十八歲者獲得投票權：先是在英國，然後其他地方。大學致力改善設備和課程，致力使自己更願意接受學生的要求，而這樣的努力有成有敗。在下一個十年期間，離婚權、墮胎權、避孕權幾乎在每個地方都得到提升，對性行為的約束——不管是透過文字、影像呈現的性行為，還是實際從事的性行為——大體上消失。一九七〇年五月的工人權利法規，使義大利工人從此有權利免受不當解雇的傷害。整體來看，這些改變構成歐洲社會隱而不顯的文化轉型；但它們算不上是一九六八年那一代的口號、行動中所想像的那種「革命」。[18]

事實上，那革命從一開始就在自拆牆腳。聲稱鄙視、厭惡「消費文化」的那些運動組織，從

17 嬰兒潮世代本身從不愁找不到工作。緊接在它之後，一九五三年後出生的那一群人，才是在工作愈來愈難找時進入就業市場。不足為奇地，後面這一代的政治立場與前者明顯不同。

一開始就是文化性消費的標的，反映了高調辭令與實踐間的廣泛脫節。在巴黎或柏林高調宣稱自己要「改變世界」的那些人，往往是最執迷於褊狹觀念、乃至肉體——預示了下一個十年標榜唯我論的「我」政治——且滿腦子想著自己對社會有所衝擊的人。在六〇年代結束之前，「六〇年代」就已是崇拜的標的。

但如果說六〇年代最終讓人覺得沒有可惋惜之處，只留下寥寥可長可久的紀念物，那或許是因為六〇年代所促成的改變，涵蓋的範圍太廣，因而讓人覺得理所當然，到了七〇年代初期變得完全稀鬆平常。六〇年代開始時，歐洲由老男人治理，且——似乎是——為老男人而治理。不管是在臥室、在家中、在街頭、在教育機構、在職場、在媒體或政壇，權威都是不受質疑。但不到十年，這些老男人（邱吉爾、艾德諾、戴高樂）都死了。權威若不是從社會生活的大部分領域撤走，就是只有在違法犯紀時才得到承認。在某些地方——法國、義大利——這一轉變相當急遽。在其他地方——英國或許——這一轉變歷時數年，其規模要在事後才能完全體會出。[19]

認為六〇年代是政治意識升高的年代，乃是當時自我欺騙的看法之一。「人人」（或至少二十五歲以下在求學、受激進理念吸引的每個人）走上街道，為了某個目標而被動員。因而，這些目標的式微——和接下來幾十年的去動員化——在事後為這政治狂飆的十年抹上失敗的色彩。但在某些重要方面，六〇年代基於截然相反的理由的確是重要的十年：六〇年代是歐陸兩半邊的歐洲人開始堅定不移遠離意識形態政治的時期。

因此，六〇年代那一代拚命欲重振某個革命傳統的語言和象徵，但他們的口號和計畫未重新喚醒那一革命傳統，反倒從事後來看可以說是那一代的臨去秋波。在東歐，「修正主義」插曲和其悲慘結局打破了馬克思主義在實踐上的最後一批錯覺。在西方，馬克思主義理論、類馬克思主義（para-Marxist）理論與在地現實脫節，使其不再參與未來嚴肅的公共辯論。一九四五年，激進右派作為表達政治想法的合法工具，搞臭了自己的名聲。到了一九七〇年，激進左派很有可能走上同樣的路。歐洲意識形態政治長達一百八十年的週期漸漸步入尾聲。

18 在西班牙，社會抗議周期持續到七〇年代中期，然後融入一要求恢復議會制民主的運動中。而只有在西班牙，六〇年代的劇變預示了政治上真正的轉型——這段歷程會於第十六章探討到。

19 英國的一九六三年普羅富莫醜聞（Profumo Affair），摻雜了性、階級、毒品、種族、政治、間諜，使全國人民目不轉睛注意了數個月，若晚個幾年發生就不可能如此。墮落上層人士的過失，可能會繼續激起某種窺淫式的關注，但六〇年代之後，就再也無法令人驚駭。

annotation(New York, Garland Pub., 1975)
Heneka, A, *A Besieged culture : Czechoslovakia ten years after Helsinki* (Stockholm, The Charta 77 Foundation and International Helsinki Federation for Human Rights, 1985)
Lampe, John R., and Mazower, *Mark Ideologies and national identities: the case of twentieth-century Southeastern Europe* (Budapest, Central European University Press, 2004)
Levy, Alan, *Rowboat to Prague* (New York,, Grossman Publishers, 1972)
Littell, Robert, *The Czech Black Book* (New York,, Praeger, 1969)
Mlynár, Zdenek, *Nightfrost in Prague: the end of humane socialism* (New York, Karz Publishers, 1980)
Pehe, Jiri, *The Prague Spring. A mixed legacy* (New York, N.Y., Freedom House 1988)
Pelikan, Jirí, *Socialist opposition in Eastern Europe: the Czechoslovak example* (New York, St. Martin's Press, 1976)
Piekalkiewicz, Jaroslaw, *Public opinion polling in Czechoslovakia, 1968-69; results and analysis of surveys conducted during the Dubcek Era* (New York, Praeger Publishers, 1972)
Raina, Peter K., *Political opposition in Poland, 1954-1977* (London, Poets' and Painters' Press, 1978)
Simecka, Milan, *The restoration of order. The normalization of Czechoslovakia, 1969-1976* (London, Verso, 1984)
Skilling, H. Gordon, *Czechoslovakia's interrupted revolution* (Princeton, N.J., Princeton University Press, 1976)
Valenta, Jiri, *Soviet intervention in Czechoslovakia, 1968. Anatomy of a decision* (Baltimore, Johns Hopkins University Press, 1991)
Williams, Kieran, *The Prague spring and its aftermath: Czechoslovak politics, 1968-1970* (Cambridge, Cambridge University Press, 1997)

CHAPTER 11——社會民主時期

Chevalier, Louis, *The Assassination of Paris* (Chicago London, University of Chicago Press, 1994)

Esping-Andersen, Gøsta, *Politics against markets. The social democratic road to power* (Princeton, N.J., Princeton University Press, 1985)

Levin, Bernard, *The pendulum years: Britain and the sixties* (London, Cape, 1970)

Luther, Kurt & Pulzer, Peter, *Austria 1945-1995: Fifty Years of the Second Republic* (London, Ashgate,1998)

Molin, Karl, ed., *Creating Social Democracy. A Century of the Social Democratic Labor Party in Sweden* (Penn State U. Press, 1993)

Pimlott, Ben, *Harold Wilson* (London, HarperCollins, 1992)

Ponting, Clive, *Breach of Promise. Labour in Power 1964-1970* (London, Penguin, 1990)

Sassoon, Donald, *One hundred years of Socialism: the West European left in the twentieth century* (New York, The New Press, 1996)

CHAPTER 12——革命的幽靈

Brown, Bernard Edward, *Protest in Paris; anatomy of a revolt* (Morristown, N.J., 1974)

Caute, David, *The Year of the barricades. A journey through 1968* (New York, Harper & Row, 1988)

Fink, Carole et al.,*1968: the world transformed* (Cambridge, Cambridge University Press, 1998)

Hirsh, Arthur, *The French New Left: an intellectual history from Sartre to Gorz* (Boston, South End Press, 1981)

Johnson, Richard, *The French Communist Party versus the students; revolutionary politics in May-June, 1968* (New Haven, Yale University Press, 1972)

Lumley, Robert, *States of emergency: cultures of revolt in Italy from 1968 to 1978*(London, Verso, 1990)

Seidman, Michael, *The imaginary revolution. Parisian students and workers in 1968* (New York, Berghahn Books, 2004)

Statera, Gianni, *Death of a utopia. The development and decline of student movements in Europe* (New York, Oxford University Press, 1975)

Suri, Jeremi, *Power and protest: global revolution and the rise of detente* (Cambridge, Mass., Harvard University Press, 2003)

CHAPTER 13——大勢底定

Bell, Peter D., *Peasants in Socialist transition: life in a collectivized Hungarian village* (Berkeley, University of California Press, 1984)

Fišera, Vladimir Claude, *Workers' councils in Czechoslovakia, 1968-69. Documents and essays* (New York, St. Martin's Press, 1979)

Golan, Galia, *The Czechoslovak reform movement; communism in crisis, 1962-1968* (Cambridge, Cambridge University Press, 1971)

Hamsšík, Dusšan, *Writers against rulers* (London, Hutchinson, 1971)

Hejzlar, Zden ek, and. Kusin, Vladimir, *Czechoslovakia, 1968-1969; chronology, bibliography,*

(Princeton, N.J., Princeton University Press, 1999)
Zimmermann, Hubert, *Money and Security. Troops, Monetary Policy and West Germany's Relations with the United States and Britain, 1950-1971* (Washington, D.C., German Historical Institute, 2002)

CHAPTER 9——破滅的幻想

Ambler, John S., *The French Army in Politics, 1945-1962* (Columbus, Ohio State University Press, 1966)
Ansprenger, Franz, *The Dissolution of the Colonial Empires* (London, Routledge, 1989)
Békés, Csaba, Malcolm Byrne, and János Rainer, *The 1956 Hungarian Revolution. A History in Documents*(Budapest, Central European University Press, 2002)
Clayton, Anthony, *The wars of French decolonization* (London, Longman, 1994)
Connelly, Matthew James, *A diplomatic revolution. Algeria's fight for independence and the origins of the post-cold war era* (New York, Oxford University Press, 2002)
Fanon, Frantz, *The wretched of the earth* (Harmondsworth,, Penguin, 1967)
Ferro, Marc, *Colonization. A global history* (Quebec, World Heritage Press, 1997)
Haas, Ernst B., *The uniting of Europe. Political, social, and economic forces, 1950-1957* (Notre Dame, Ind., University of Notre Dame Press, 2004)
Horne, Alistair, *A savage war of peace : Algeria, 1954-1962* (Harmondsworth, UK ; New York, Penguin Books, 1979)
Kopácsi, Sándor, *In the name of the working class. The inside story of the Hungarian Revolution* (New York, Grove Press, 1987)
Litván, György, János M. Bak, and Lyman Howard Legters, *The Hungarian Revolution of 1956. Reform, revolt, and repression, 1953-1963* (London; New York, Longman, 1996)
Louis, William Roger, and Owen, Roger, Suez 1956. *The crisis and its consequences* (New York, Oxford University Press, 1989)
Pinder, John, *Britain and the Common Market* (London, Cresset Press, 1961)

CHAPTER 10——富裕的年代

Alford, B. W. E., *British economic performance, 1945-1975* (Cambridge; New York, Cambridge University Press, 1995)
Berghahn, Volker Rolf, *The Americanisation of West German industry, 1945-1973* (Cambridge UK; New York, Cambridge University Press, 1986)
Berghahn, Volker Rolf, and Karsten, Detlev, *Industrial relations in West Germany* (New York, Berg, 1987)
Bogdanor, Vernon, and Skidelsky, Robert, *The age of affluence, 1951-1964* (London, Macmillan, 1970)
Dunnett, Peter J. S., *The decline of the British motor industry* (London, Croom Helm, 1980)
Franklin, S. H., *The European peasantry: the final phase* (London, Methuen, 1969)
Harp, Stephen L., *Marketing Michelin: advertising & cultural identity in twentieth-century France* (Baltimore, Johns Hopkins University Press, 2001)

Loebl, Eugen, *My Mind on trial* (New York, Harcourt Brace Jovanovich, 1978)

Naimark, Norman M., and Gibianskii, L. I. A. *The Establishment of Communist regimes in Eastern Europe, 1944-1949* (Boulder, Colo., Westview Press, 1997)

Pelikán, Jirí, *The Czechoslovak political trials, 1950-1954* (London,, Macdonald, 1971)

Péteri, György, *Academia and state socialism. Essays on the political history of academic life in post-1945 Hungary and Eastern Europe* (Boulder, Colo., Social Science Monographs, 1998)

Rubenstein, Joshua, and Naumov, Vladimir Pavlovich, *Stalin's secret pogrom. The postwar inquisition of the Jewish Anti-Fascist Committee* (New Haven, CT, Yale University Press, 2005)

Trial of the Leadership of the Anti-Conspiracy Centre headed by Rudolf Slansky (Prague, Ministry of Justice, 1953)

Trial of three Slovak bishops (Prague, Orbis, Ministry of Information, 1951)

Weiner, Amir, *Making sense of war. The Second World War and the fate of the Bolshevik Revolution* (Princeton, Princeton University Press, 2001)

CHAPTER 7——文化戰爭

Berghahn, Volker Rolf, *America and the intellectual cold wars in Europe. Shepard Stone between philanthropy, academy, and diplomacy* (Princeton, N.J., Princeton University Press, 2001)

Caute, David, *The Dancer defects : the struggle for cultural supremacy during the Cold War* (Oxford ;New York, Oxford University Press, 2003)

Judt, Tony, *Past imperfect. French intellectuals, 1944-1956* (Berkeley, University of California Press,1992)

Saunders, Fraces Stonor, *The Cultural Cold War. The CIA and the world of arts and letters* (NY, The NewPress, 2001)

Urban, G. R., *Radio Free Europe and the pursuit of democracy. My war within the cold war*(New Haven, Yale University Press, 1997)

Wagnleitner, Reinhold, *Coca-colonization and the Cold War. The cultural mission of the United States in Austria after the Second World War* (Chapel Hill, University of North Carolina Press, 1994)

CHAPTER 8——追求政治穩定

Duggan, Christopher, and Wagstaff, Christopher, *Italy in the Cold War: politics, culture and society 1948-1958* (Oxford ; Washington, DC, Berg, 1995)

Harrison, Hope Millard, *Driving the Soviets up the wall. Soviet-East German relations, 1953-1961* (Princeton, N.J., Princeton University Press, 2003)

Harrison, Mark, *The Economics of World War II: Six Great Powers In International Comparison* (Cambridge, Cambridge University Press, 1998)

Large, David Clay, *Germans to the Front. West German Rearmament in the Adenauer era* (Chapel Hill, University of North Carolina Press, 1996)

Schwartz, Thomas Alan, *Lyndon Johnson and Europe: in the Shadow of Vietnam* (Cambridge, Harvard University Press, 2003)

Trachtenberg, Marc, *A Constructed Peace. The Making of the European Settlement, 1945-1963*

Hitchcock, William I., *France Restored. Cold War diplomacy and the quest for leadership in Europe, 1944- 1954* (Chapel Hill, University of North Carolina Press, 1998)

Holloway, David, *Stalin and the Bomb. The Soviet Union and atomic energy, 1939-1956*(New Haven, Yale University Press, 1994)

Kennedy-Pipe, Caroline, *Stalin's cold war. Soviet strategies in Europe, 1943 to 1956* (Manchester,Manchester University Press, 1995)

Mastny, Vojtech, *The Cold War and Soviet Insecurity: the Stalin years* (New York, Oxford UniversityPress, 1996)

Naimark, Norman M., *The Russians in Germany. A history of the Soviet Zone of occupation, 1945-1949* (Cambridge, MA., Harvard University Press, 1995)

Novak, Bogdan C., *Trieste, 1941-1954; the ethnic, political, and ideological struggle* (Chicago, Universityof Chicago Press, 1970)

Grant MkrtychevichProcacci, Giuliano, and Adibekov, *The Cominform. Minutes of the three conferences, 1947/1948/1949*(Milano, Fondazione Giangiacomo Feltrinelli, 1994)

Stirk, Peter M. R., and Willis, David, *Shaping postwar Europe: European unity and disunity, 1945-1957*(New York, St. Martin's Press, 1991)

Young, John W., *France, the Cold War, and the Western alliance, 1944-49. French foreign policy and post-war Europe* (New York, St. Martin's Press, 1990)

CHAPTER 6——進入旋風

Bloomfield, Jon, *Passive revolution. Politics and the Czechoslovak working class, 1945-1948*(New York,St. Martin's Press, 1979)

Brent, Jonathan, and Naumov, Vladimir Pavlovich, *Stalin's last crime: the plot against the Jewish doctors,1948-1953*(New York, HarperCollins, 2003)

Connelly, John, *Captive University: the Sovietization of East German, Czech and Polish higher education,1945-1956*(Chapel Hill, University of North Carolina Press, 2000)

Constante, Lena, *The Silent Escape. Three thousand days in Romanian prisons* (Berkeley, University of California Press, 1995)

Deletant, Dennis, *Communist Terror in Romania: Gheorgiu-Dej and the Police State, 1948-1965*(NY, St Martin's, 2000)

Dimitrov, Georgi, and Ivo Banac, *The diary of Georgi Dimitrov, 1933-1949* (New Haven, Yale UniversityPress, 2003)

Grossman, Vasili Semenovich, *Life and Fate. A novel*(New York, Harper & Row, 1986)

Hodos, George H., *Show trials. Stalinist purges in Eastern Europe, 1948-1954*(New York, Praeger, 1987)

Kaplan, Karel, *Report on the murder of the General Secretary* (Columbus, Ohio State U.Press, 1990)

Kenney, Padraic, *Rebuilding Poland. Workers and Communists, 1945-1950* (Ithaca, Cornell UniversityPress, 1997)

Kersten, Krystyna, *The Establishment of Communist rule in Poland, 1943-1948* (Berkeley, University of California Press, 1991)

Hogan, Michael J., *The Marshall Plan: America, Britain, and the reconstruction of Western Europe, 1947-1952* (New York, Cambridge University Press, 1987)
King, Russell, *Land reform-the Italian experience* (London, Butterworth, 1973)
Maier, Charles S., and Bischof, Günter, *The Marshall Plan and Germany: West German development within the framework of the European Recovery Program* (New York, Berg, 1991)
Milward, Alan S., *The reconstruction of Western Europe, 1945-51* (London, Methuen, 1984)
Pelling, Henry, *Britain and the Marshall Plan* (New York, St. Martin's Press, 1988)
Schain, Martin, *The Marshall plan: fifty years after* (New York, Palgrave, 2001)
Shennan, Andrew, *Rethinking France. Plans for renewal, 1940-1946* (Oxford, Clarendon Press, 1989)
Turner, Ian D., *Reconstruction in post-war Germany. British occupation policy and the Western zones,1945-55* (New York, Berg, 1989)

CHAPTER 4——無解的難題

Annan, Noel, *Changing Enemies : the defeat and regeneration of Germany* (New York, Norton, 1996)
Berend, T. Iván, et al., *Evolution of the Hungarian economy 1848-1998* (Boulder, Colo., Social ScienceMonographs, 2000)
Deighton, Anne, *The Impossible Peace: Britain, the division of Germany and the origins of the cold war*(Oxford, Oxford University Press, 1990)
Hammond, Thomas Taylor, *Witnesses to the origins of the cold war* (Seattle, University of WashingtonPress, 1982)
Kennan, George Frost, and Lukacs, John, *George F. Kennan and the origins of containment, 1944-1946: the Kennan-Lukacs correspondence* (Columbia, University of Missouri Press, 1997)
Kertesz, Stephen, *Between Russia and the West : Hungary and the illusions of peacemaking, 1945-1947*(Notre Dame, Ind., University of Notre Dame Press, 1984)
Kuniholm, Bruce R., *The Origins of the cold war in the Near East : great power conflict and diplomacy in Iran, Turkey, and Greece*(Princeton, N.J., Princeton University Press, 1979)
Rostow, W. W., *The division of Europe after World War II: 1946* (Austin, University of Texas Press, 1981)
Thomas, Hugh, *Armed Truce. The beginnings of the cold war, 1945-46* (New York, Atheneum, 1987)

CHAPTER 5——冷戰來臨

Åman, Anders, *Architecture and ideology in Eastern Europe during the Stalin era. An aspect of Cold War history* (New York, Architectural History Foundation, 1992)
Banac, Ivo, With Stalin against Tito. *Cominformist splits in Yugoslav Communism* (Ithaca, CornellUniversity Press, 1988)
Betts, Reginald Robert, *Central and South East Europe, 1945-1948* (London, Royal Institute of International Affairs, 1950)
Djilas, Milovan, *Conversations with Stalin*(New York, Harcourt, Brace Jovanovitch, 1963)
Gillingham, John, *Coal, steel, and the rebirth of Europe, 1945-1955. The Germans and French from Ruhr conflict to Economic Community* (New York, Cambridge University Press, 2004)

GreenwoodPress, 1989)
Deak, Istvan, Gross, Jan Tomasz and Judt, Tony, *The politics of retribution in Europe: World War II and its aftermath* (Princeton, N.J., Princeton University Press, 2000)
Domenico, Roy Palmer, *Italian fascists on trial, 1943-1948* (Chapel Hill, University of North Carolina Press,1991)
Footitt, Hilary, and John Simmonds, *France, 1943-1945* (New York, Holmes & Meier, 1988)
Kedward, H. R., and Nancy Wood, *The Liberation of France: image and event* (Oxford, Berg, 1995)
Lottman, Herbert R., *The Purge* (New York, Morrow, 1986)
Marrus, Michael Robert, *The Nuremberg war crimes trial, 1945-46: a documentary history* (Boston,Bedford Books, 1997)
Merritt, Anna J., and Merritt, Richard L., *Public opinion in occupied Germany: the OMGUS surveys, 1945- 1949* (Urbana,, University of Illinois Press, 1970)
——, *Public opinion in semi-sovereign Germany : the HICOG surveys, 1949-1955*
(Urbana, University of Illinois Press, 1980)
Merritt, Richard L., *Democracy Imposed : U.S. occupation policy and the German public, 1945-1949* (NewHaven, Yale University Press, 1995)
Novick, Peter, *The Resistance versus Vichy: the purge of collaborators in liberated France* (London,Chatto & Windus, 1968)
Olsson, Sven-Olof. *German coal and Swedish fuel, 1939-1945* (Thesis, Institute of Economic History,Gothenburg University, 1975)
Osiel, Mark, *Mass atrocity, collective memory, and the law* (New Brunswick, N.J., Transaction Publishers,1997)
Stern, Frank, *The whitewashing of the yellow badge. Antisemitism and philosemitism in postwar Germany* (Oxford, Pergamon Press, 1992)
Taylor, Lynne, *Between Resistance and Collaboration: popular protest in Northern France, 1940-45* (New York, St. Martin's Press, 2000)
Taylor, Telford, *The Anatomy of the Nuremberg Trials : a personal memoir* (New York, Knopf, 1992)
Tent, James F., *Mission on the Rhine. Re-education and de-nazification in American-occupied Germany* (Chicago, University of Chicago Press, 1982)

CHAPTER 3——歐洲的復興……

Diefendorf, Jeffry M., *In the wake of war. The reconstruction of German cities after World War II* (New York, Oxford University Press, 1993)
Ellwood, David W., *Rebuilding Europe: Western Europe, America, and postwar reconstruction* (London,New York, Longman, 1992)
Harper, John Lamberton, *America and the reconstruction of Italy, 1945-1948*
(New York, CambridgeUniversity Press, 1986)
——, *American visions of Europe: Franklin D. Roosevelt, George F. Kennan, and Dean G. Acheson* (Cambridge, Cambridge University Press, 1994)

延伸書目
Bibliography

CHAPTER 1——戰爭遺緒

Booker, *Christopher, A Looking-glass Tragedy. The controversy over the repatriations from Austria in 1945* (London, Duckworth, 1997)
Byford-Jones, W., *Berlin Twilight* (New York, Hutchinson, 1947)
De Zayas, Alfred M.,*Nemesis at Potsdam : the expulsion of the Germans from the East* (Lincoln,University of Nebraska Press, 1989)
Flanner, Janet, *Paris journal* (New York, Harcourt Brace Jovanovich, 1977)
Footitt, Hilary,*War and liberation in France. Living with the liberators*
(New York, Palgrave, 2004)
Lewis, Norman, *Naples '44. An intelligence officer in the Italian labyrinth* (New York, H. Holt, 1994)
Luza, Radomir, *The transfer of the Sudeten Germans : a study of Czech-German relations, 1933-1962* (New York, New York University Press, 1964)
Macardle, Dorothy, *Children of Europe; a study of the children of liberated countries; their war-time experiences, their reactions, and their needs, with a note on Germany*
(London, Gollanez, 1949)
Overy, R. J., *Russia's war* (New York, Penguin Putnam, 1997)
Pearson, Raymond, *National minorities in Eastern Europe, 1848-1945* (London, Macmillan, 1983)
Proudfoot, Malcolm Jarvis, *European refugees: 1939-52; a study in forced population movement* (London,, Faber and Faber, 1957)
Report on conditions in central Europe (Philadelphia, American Friends Service Committee, 1946)
Rystad, Göran, *The Uprooted: forced migration as an international problem in the post-war era* (Lund,Lund University Press, 1990)
Skriabina, Elena, *The Allies on the Rhine, 1945-1950* (London, Feffer & Simons, 1980)
Vachon, John, and Vachon Ann, *Poland, 1946: the photographs and letters of John Vachon* (Washington,D.C., Smithsonian Institution Press, 1995)
Waller, Maureen, *London 1945. Life in the debris of war* (New York, St. Martin's, 2004)
Wyman, Mark, *DPs: Europe's displaced persons, 1945-1951* (Ithaca NY., Cornell University Press, 1998)

CHAPTER 2——懲罰

Buscher, Frank M., *The U.S. war crimes trial program in Germany, 1946-1955* (New York,

POSTWAR

A HISTORY OF EUROPE SINCE 1945

左岸歷史　386

戰後歐洲六十年〔新版〕

[上冊] 重建與冷戰（1945-1971）

作　　者　東尼・賈德（Tony Judt）
譯　　者　黃中憲
總 編 輯　黃秀如
責任編輯　林巧玲、蔡竣宇
編輯協力　王湘瑋、非爾
行銷企劃　蔡竣宇
美術設計　黃暐鵬

出　　版　左岸文化／左岸文化事業有限公司
地　　址　231新北市新店區民權路108-3號8樓
發　　行　遠足文化事業股份有限公司（讀書共和國出版集團）
　　　　　電話（02）2218-1417　傳真（02）2218-8057
　　　　　客服專線 0800-221-029
E-Mail　rivegauche2002@gmail.com
左岸臉書　facebook.com/RiveGauchePublishingHouse
法律顧問　華洋法律事務所　蘇文生律師
印　　刷　呈靖彩藝有限公司
初版一刷　2012年2月
二版一刷　2024年12月

定　　價　850元
I S B N　978-626-7462-34-8
　　　　　978-626-7462-25-6（PDF）
　　　　　978-626-7462-29-4（ePub）

戰後歐洲六十年〔新版〕. 上冊：重建與冷戰（1945-1971）／
東尼・賈德（Tony Judt）著；黃中憲譯.
－二版.－新北市：左岸文化，左岸文化事業有限公司出版，
遠足文化事業股份有限公司發行，2024.12
　面；　公分.－（左岸歷史；386）
譯自：POSTWAR: A History of Europe Since 1945
ISBN 978-626-7462-34-8（平裝）
1.CST: 西洋史
740.275　　　　113018090